Schumann's Whisk(e)y Lexikon

Stefan Gabányi

Schumann's

WHISK(E)Y LEXIKON

Gestaltet und illustriert
von Günter Mattei

1. Auflage 2015
ISBN 978-3-89883-501-5

Texte: Stefan Gabányi
Illustration, Layout und Cover: Günter Mattei
Redaktion: Ines Alms, Edelgard Prinz-Korte
Herstellung: Jan Russok, Peter Karg-Cordes
Druck & Bindung: L.E.G.O., Vicenza

Die ZS Verlag GmbH ist ein Unternehmen der Edel AG, Hamburg.
Besuchen Sie uns auch im Internet unter
www.zsverlag.de

VORWORT

Ich erinnere mich noch gut an die Zeit, als Whisk(e)y an der Bar eher stiefmütterlich behandelt wurde. Die wenigen Whisk(e)y-Kenner – meist Ausländer – genossen unsere größte Sympathie. Beratung war hier nicht angebracht, die wussten bestens Bescheid. Single Malt Whisky wurde dann mehr oder weniger über Nacht populär, und Barkeeper wetteiferten, wer die meisten und originellsten Labels hinter seinem Tresen hatte. Echtes Wissen hatten damals allerdings die wenigsten.

Als ich vor zwanzig Jahren gefragt wurde, ob es mich interessieren würde, ein Whisk(e)y-Lexikon zu machen, verneinte ich. Aber ich hatte damals Stefan Gabányi in Schumann's Team. Ich war überzeugt davon, dass er das könne – und auch machen sollte. Stefans Passion für Whisk(e)y war allgemein bekannt. Er hatte bereits auf mehreren Reisen viel zum Thema recherchiert und systematisch die Fachliteratur studiert.

Günter Mattei, der meine auch international erfolgreichen Barbücher gestaltete und illustrierte, entwickelte damals mit Stefan ein völlig neuartiges Konzept.

Von diesem Schumann's Whisk(e)y Lexikon gab es seither mehrere überarbeitete Auflagen, zuletzt vor zehn Jahren. Jetzt wünschte sich der Verlag eine aktualisierte Ausgabe. Gabányi, der inzwischen eine eigene Bar betreibt, und Mattei scheuten weder Zeit noch Mühe, über das Thema nochmals lokal und international zu recherchieren und zu arbeiten.

Ergebnis ist das vorliegende bemerkenswerte Buch. Das Whisk(e)y Lexikon ist in der Zwischenzeit ein ähnliches Standardwerk geworden wie Schumann's Barbuch, und ich wünsche allen Lesern und Interessierten viel Freude damit.

Charles Schumann

Einleitung

Als dieses Buch vor 20 Jahren das erste Mal erschien, war Whisk(e)y ein recht übersichtliches Thema. Da gab es die großen schottischen Single Malts und zahllose Blends, ein paar feine Iren, die ersten High-End-Bourbons und jede Menge Canadians, für die sich kaum jemand interessierte. Der Rest waren Exoten aus Japan, Indien und einigen mitteleuropäischen Ländern.

Heute gibt es in Deutschland mehr Whisky-Brenner als in Schottland, die Japaner haben sich zu legitimen Mittbewerbern unter den großen Whisk(e)y-Nationen gemausert, in den USA schießen kleine Craft-Brennereien wie Pilze aus dem Boden, und immer mehr internationale Spirituosenkonzerne legen sich eine Brennerei in Irland zu. Selbst die Kanadier liefern mittlerweile anspruchsvollere Whiskys (für die sich allerdings zumindest in Europa immer noch kaum jemand interessiert). Der weltweit größte Whisky-Markt ist derzeit Indien, wo nicht nur Unmengen an nach traditionellen Maßstäben eher zweifelhaften Whiskys enstehen, sondern auch reichlich Scotch konsumiert wird. Und Scotch ist all der neuen Vielfalt zum Trotz noch immer die Königsklasse, zumindest in Form von Single Malt, der heute in einer Fülle von Abfüllungen angeboten wird, die wohl niemand mehr überblicken kann.

Grund genug, um mit einer runderneuerten Version dieses Whisk(e)y Lexikons zu versuchen, wenigstens einen Überblick davon zu geben, was die wundervolle Welt des Whisk(e)ys heute zu bieten hat.

Stefan Gabányi

Benutzerhinweise

Kursiv gesetzte Fachbegriffe werden im **Glossar** (S. 548) erklärt.

Whisk(e)ys der Welt (S. 565) listet alle besprochenen Marken nach ihrer Herkunft auf. Hier findet man auch Verweise auf Marken, die keinen eigenen Eintrag haben, aber unter anderen Stichworten erwähnt werden.

One Scotch,
One Bourbon,
One Beer

John Lee Hooker

1,2,3...

„Whisky per tutti“
Giaccomo Puccini „La fanciulla del West“

2 GINGERS
Blended Irish von ➛Beam Suntory, seit 2011 produziert in ➛Cooley für den US-Markt.

3 HOWLS
US-Whiskey aus der gleichnamigen ➛Craft Distillery, eröffnet 2013 in Seattle, Washington, von Will Maschmeier und Craig Phalen; zu haben als **Single Malt** (das zum Teil getorfte Malz wird aus Schottland importiert), als **Rye** und als **Hopped Flavored Whiskey** (Rye mit Hopfenaroma). Der Markenname bezieht sich auf Cù Sìth, ein monströses Fabelwesen aus der keltischen Mythologie, das ein dreifaches, gruseliges Heulen hören lässt, bevor es menschliche Seelen raubt.

8PM
Indischer Whisky von ➛Radico Khaitan. Die 1999 erschienene Marke ist der Flagship Brand des Hauses Radico und gehört mit jährlich zweistelligen Zuwachsraten zu den am schnellsten wachsenden Spirituosenmarken weltweit. Die Standardversion wird aus „Qualitätsgetreide“ hergestellt, so der Pressetext, der hochwertigere **8PM Royale** aus indischem Sprit und Blended Scotch.

21ST CENTURY

Indischer Whisky von ➛Som Distilleries; ein billiger *IMFL*, der laut Pressetext „die Langeweile auslöscht“.

45TH PARALLEL DISTILLERY

US-Craft Distillery in New Richmond, Wisconsin, geführt von der Familie Werni, die hier in erster Linie Wodka produziert. Das Getreide stammt ausschließlich von einer benachbarten Farm. 2012 erschien mit ➛**Border** der erste Bourbon des Hauses, es folgte ein ➛**New Richmond Rye** und 2014 wurden erstmals 2 Fässer von Wernis **Wheat Whiskey** abgefüllt.

66 GILEAD

Kanadische ➛Craft Distillery in Bloomfield, Ontario, betrieben von Sophia Pantazi und Peter Stroz. Seit 2010 verarbeiten die beiden hauptberuflichen Radiologen in ihrer mit zwei *pot stills* ausgerüsteten alten Farm lokale Getreidesorten. Neben Wodka, Gin und Shochu bieten sie auch zwei Whiskys (schottische Schreibweise) an: ➛**Crimson Rye** und **Wild Oak**.

1,2,3...

77

US-Whiskey von Breuckelen Distilling, einem 2010 in Brooklyn gegründeten ➛Craft Distiller. Die Marke wird als **77 New York Wheat** (100 % Weizen) und als **77 Local Rye & Corn** (83 % Roggen, 15 % Mais) angeboten, beide ohne Altersangabe gereift in frischen Fässsern aus amerikanischer Eiche. Es gab auch einmal einen Blended Scotch namens 77, der kam von ➛Douglas Laing.

100 PIPERS

Blended Scotch von ➛Chivas Bros. (Pernod Ricard). Die Marke wurde 1965 von ➛Seagram in den USA lanciert und hieß ab 1992 vorübergehend **100 Pipers Black Watch** (in Großbritannien mutierte die Marke später zu **Black Watch**; sie wurde mittlerweile wieder eingestellt). Mit dem Ausverkauf von Seagram kam der Whisky zu den heutigen Besitzern, die ihn höchst erfolgreich als „local brand" vermarkten, also nur auf einigen ausgewählten Märkten anbieten. In diesem Fall in Thailand – dort ist er der mit Abstand meistverkaufte Scotch –, in Spanien, Lateinamerika und Indien. 100 Pipers, den es seit 2005 auch als Vatted Malt gibt, gehört heute zu den Top 15 Scotch-Marken weltweit. Die auf dem Label dargestellten Pipers (Dudelsackspieler) sollen an die 100 Pipers erinnern, die Bonnie Prince Charlies Truppen 1745 im Kampf gegen die englische Regierungsarmee anführten (➛**Prince Charlie**).

291
US-Whiskey-Marke aus der Distillery 291 in Colorado Springs von Michael Myers. Der ehemalige Modefotograf gibt seit 2011 einige Whiskeys heraus, darunter **291 Colorado Whiskey, 291 Colorado Bourbon, 291 Colorado Rye, 291 Bad Guy Colorado Bourbon** und **291 American Whiskey**. Seine Brennblase ließ er sich aus Kupferplatten zusammenschweißen, die er früher für seine hochwertigen Fotogravüren verwendet hatte. Die nach dem *sour mash*-Verfahren hergestellten Brände reifen in der Regel nur 6 bis 12 Monate; um den Reifeprozess zu fördern, befüllt Myers seine Fässer zusätzlich mit Pappelholzplanken, der 291 American Whiskey wird außerdem durch eine Pappelholzkohleschicht gefiltert.

1792
Kentucky Straight Bourbon aus der Brennerei ➛Barton 1792 (Sazerac Co.). Dieser reichhaltige Bourbon mit solidem Rye-Anteil erschien 2003 unter dem Namen **Ridgemont** Reserve. Das klang dann doch zu sehr nach ➛**Woodford Reserve**, und so wurde Barton per Gerichtsbeschluss zur Namensänderung verdonnert. Vorübergehend hieß der Whiskey dann **Ridgemont Reserve 1792**, mittlerweile ist nur noch die Jahreszahl übrig geblieben. Sie bezeichnet das Jahr, in dem Kentucky der amerikanischen Union beitrat. 1792 ist Bartons einziger Whiskey, der auch international vermarktet wird.

A

„I like my men the way I like my whiskey: aged and mellow“.
Esther Philipps

AASS & EGGE
Norwegischer Single Malt aus der Brennerei Egge Gård in Lier. Norwegens erster Single Malt, ein 3-Jähriger aus dem Sherryfass, erschien 2011. Hergestellt wurde er in der kleinen Obstbrennerei von Marius Egge. Als Rohstoff dient ihm ein eigens für ihn gebrautes Bier aus der benachbarten Aass Bryggeri, weshalb sein Whisky denn auch den Untertitel „Eau de vie de bière“ trägt – Bierschnaps.

ABERFELDY
Schottischer Single Malt (Central Highlands, Aberfeldy) von John Dewar & Sons (Bacardi Ltd.). Ein typischer Highland Malt, gut ausbalanciert, weich und voll im Körper. Als Single Malt wird Aberfeldy offiziell erst seit 1992 angeboten – derzeit gibt es ihn mit 12, 18 und 21 Jahren. Davor kam er nur von →unabhängigen Abfüllern, von denen auch heute zahlreiche Versionen zu finden sind. Die Destillerie wurde 1898 von John Dewar & Sons (→Dewar's) errichtet; es war die erste Brennerei dieser berühmten Firma, die noch heute die Lizenz für Aberfeldy besitzt und einen Teil der Malts für ihre Blends von hier bezieht. Daher gehörte die Destillerie auch zu dem Paket, das →Bacardi 1998 mit der Marke Dewar's von →Diageo erwarb (Jahreskapazität 3,5 Millionen *lpa*).

ABERLOUR
Schottischer Single Malt (Speyside, Glenlivet) von →Chivas Brothers (Pernod Ricard). Ein vollmundig weicher Digestif-Malt mit deutlichen Sherryfass-Einflüssen, derzeit mit 10, 12, 16 und 18 Jahren abgefüllt sowie als **A'bunadh** – ein

verführerisches Schwergewicht in *Fassstärke.* Aberlour gehört seit Ende der 1980er-Jahre zu den internationalen Topmarken (derzeit N°7 Single Malt weltweit), besonders erfolgreich ist er in Frankreich, der Heimat von Markeninhaber Pernod Ricard. Die erste Brennerei in Aberlour wurde 1826 errichtet, die heutige Anlage (Jahreskapazität 1,8 Millionen *lpa*) stammt von 1898 und ist ein Werk des großen schottischen Brennerei-Designers ➔Doig.

ABHAINN DEARG

Schottischer Single Malt (Isle of Lewis) von Mark Tayburn. Ein noch sehr junger, geringfügig getorfter Whisky aus Schottlands kleinster Destillerie. Sie ging 2008 in Carnish in Betrieb und kann derzeit gerade mal 20 000 *lpa* pro Jahr liefern (der schottische Durchschnitt liegt bei über 3 Millionen Litern). Viel mehr wird es auch in Zukunft nicht werden, denn Betreiber Tayburn, ein geborener Lewisianer, versteht sich als *farmhouse distiller,* einer jener unabhänigen Kleinbrenner also, die möglichst nur lokale Produkte verarbeiten und den gesamten Herstellungsprozess selbst kontrollieren wollen *(craft distillers).* Bis es so weit ist, importiert er den Großteil seines Malzes allerdings noch vom Festland. Die Abhainn Dearg Distillery (gesprochen etwa: Avin Dscharek) ähnelt äußerlich eher einem Hangar als einer traditionellen Brennerei und die beiden eigenwillig geformten *pot stills,* wie auch die übrige minimalistische Ausstattung, gemahnen an alte Schwarzbrennerzeiten. Der erste Single Malt erschien 2011 als **The Spirit of Lewis**, spätere Abfüllungen tragen den Namen der Brennerei (➔Viking).

A

ABRAHAM BOWMAN

Virginia Whiskeys von ➛A. Smith Bowman (Sazerac Co.). Eine Reihe von Whiskeys, die seit 2009 herausgegeben wird. Den Anfang machte ein 12-jähriger Rye Whiskey, den es auch als *Single Barrel* in *Fassstärke* gab, gefolgt von zwei ebenfalls unverdünnten Bourbons (18 und 17 Jahre – Letzterer mit grenzwertigen 73,5 Vol.-%). Dann kam ein Bourbon mit einem *wood finish* im Portweinfass – amerikanischer „Port" wohlgemerkt. Auch ein Gingerbread-Beer-Finish gab es (Gingerbread Beer ist ein mit Ingwer, Zimt und Nelken gewürztes Stout), ferner einen ➛„Double Barrel" Bourbon, der nach 6-jähriger Reife ein weiteres Jahr in ein frisches Fass umgefüllt wurde, sowie zuletzt einen 7-Jährigen, der mit zerkleinerten Vanilleschoten versetzt wurde (➛Bowman Brothers, ➛John J. Bowman).

AC

Indischer Whisky, *IMFL*, von ➛Jagatjit Industries, die ihn als günstigere Variante ihres Flagship-Brands ➛Aristocrat vermarkten; zu haben als **AC Black**, **AC Sek C** und **AC Neat**. Letzterer bietet „eine ungewöhliche Geschmackserfahrung, die am Gaumen tanzt". Selbst seine Verpackung soll „Trinkgenuss auf einer völlig neuen Ebene" bieten.

ACHN

Internationaler Vatted Malt, 10 Jahre, den die ➛Still Waters Distillery herausgibt, bestehend aus einem Einzelfass ➛Auchentoshan und Malt von Still Waters selbst.

A. D. RATTRAY

Schottische Handelsfirma in Kirkoswald, Ayrshire, gegründet 1868 von Andrew D. Rattray in Glasgow. Wie so viele schottische Whisky-Karrieren begann auch die von Rattray mit einer Kolonialwarenhandlung (z. B. ➛Johnnie Walker und ➛Valvona & Crolla). Später mauserte sich Rattray zum erfolgreichen Vertreter einiger Highland-Brennereien; nach seinem Tod fiel die Firma an James Sword & Son, einem kleineren Blending-Haus, das 1983 von ➛Morrison Bowmore übernommen wurde. Die Morrisons wiederum waren mit den Rattrays verwandt und so blieb alles in der Familie, als

Tim Morrison, der Sohn von Morrison-Gründer Stanley P. Morrison, den Namen Rattray 2004 wieder aufleben ließ, um sich selbstständig zu machen. Heute gibt er eine kleine Reihe von Single Malts in Einzelfassabfüllungen heraus, außerdem die Marken ➔**Stronachie**, ➔**Cask Islay** und ➔**Bank Note**. Derzeit plant A. D. Rattray den Bau einer Brennerei am Hafen von Glasgow – das wäre dann nach der ➔Glasgow Distillery die zweite, die seit über 100 Jahren in dieser Stadt in Betrieb ginge.

ADELPHI DISTILLERY

Schottischer ➔unabhängiger Abfüller in Glenborrodale, Argyll, geführt von Keith Falconer und Donald Houston. Angeboten werden ➔Einzelfassabfüllungen *(nc, ncf)* in *Fassstärke*; in den Serien **Laudale, Facadale** und **Liddesdale** gab es auf 46 Vol.-% heruntergesetzte Abfüllungen, die aus jeweils 5 Fässern zusammengestellt wurden und die verschiedenen Whisky-Regionen Schottlands repräsentieren (➔Malt Whisky). Mit **Adelphi Private Stock** hat die Firma auch einen eigenen Blend im Programm. Falconer und Houston führen das Unternehmen seit 2004 und sind seit 2014 auch Besitzer der neuen ➔Ardnamurchan Distillery in Glenbeg. Das Unternehmen wurde 1993 von James Walker gegründet, dessen Großvater Archibald Walker zeitweise die Brennerei Adelphi besaß. Sie war von 1825 bis 1907 in Glasgow in Betrieb.

ADNAMS

Englischer Whisky aus der Adnams Cooper House Distillery von Adnams plc, einer alteingesessenen Brauerei in Southwold, Suffolk. Die Brennerei ist seit 2010 in Betrieb und liefert einen 3-jährigen Single Malt sowie einen **Triple Grain Whisky**, der aus Weizen, Gerste und Hafer entsteht. Eine derartige Kombination verschiedener Getreidesorten erinnert an die Produktion von ➔Bourbon und auch Adnams' Brenntechnik orientiert sich an amerikanischen Gebräuchen: Die erste Destillation erfolgt in einer säulenförmigen *beer still*, erst die zweite in einer *pot still*. Der Whisky reift in neuen Fässern aus französischer und amerikanischer Eiche. Demnächst soll ein zu 100 % aus Roggen gebrannter Whisky abgefüllt werden.

AFRICA SAFARI

Kenianischer Whisky von ➔London Distillers (Mohan Meakin). Die Flasche hat die Form des afrikanischen Kontinents, drin ist „erstklassiger Neutralsprit" mit „natürlichen Malt Whiskys", so die Website von London Distillers.

AFRIKANISCHER WHISKY

Mit den Briten, die sich im Laufe des 19. Jahrhunderts nahezu die Hälfte des afrikanischen Kontinents unter den Nagel gerissen hatten, kam auch der Whisky nach Afrika. Anfangs vor allem ein Sorgenbrecher für die Offiziere der Kolonialarmee, wurde er mit der Zeit auch für die einheimische Bevölkerung zum wesentlichen Bestandteil gehobenen Lebensstils. Die wichtigsten Whisky-Märkte sind dementsprechend heute jene Staaten, die aus den ehemals britischen Protektoraten Süd- und Ostafrika hervorgingen (➔Ägyptischer Whisky). Allerdings können sich nur die wenigsten die teure Importware leisten, der große Rest muss sich mit Spirituosen zweifelhafter Qualität und Herkunft begnügen. Mit **Johnnie Talker** zum Beispiel, einer weitverbreiteten Scotch-Kopie aus Ostasien oder mit ➔**Regency**, einem angeblich schottischen Destillat, das im Plastikbeutel angeboten wird. Etwas seriöser sind die Produkte von ➔London Distillers, einem kenianischen Unternehmen in indischer Hand, das mit seinen Zuckerrohr-Whiskys ➔**Africa Safari** und ➔**Top Secret** vor allem in Ostafrika erfolgreich ist. Mittlerweile haben auch internationale Konzerne den afrikanischen Markt für sich entdeckt. Insbesondere die großen Hauptstädte, deren mittelständische Bevölkerung getreu dem britischem Vorbild ein Faible für Blended Scotches entwickelt hat (z. B. ➔**Glen Eagle**). Der wichtigste Markt ist die Republik Südafrika. In diesem lange Zeit von europäischen Siedlern dominierten Land lohnt sich auch die Herstellung von Whiskys, die westlichen Ansprüchen Genüge tun (➔**Distell**, ➔**Drayman's**).

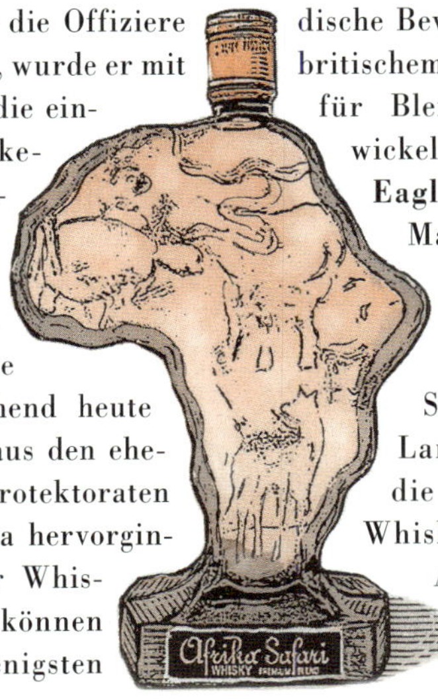

AFTER DARK

Indischer Grain Whisky, den ➛Radico Khaitan mit dem einladenden Slogan „Meet your Dark Side" bewirbt.

AGE INTERNATIONAL

Handelsfirma in Frankfort, Kentucky, die die Bourbon-Interessen des japanischen Spirituosenherstellers ➛Takara Shuzo wahrnimmt. Age International wurde 1983 von zwei ehemaligen Managern der ➛Fleischmann Distillery gegründet. Die beiden erwarben die heutige ➛Buffalo Trace Distillery (von ➛Schenley) und machten sich daran mit ihrer neuen Marke ➛**Blanton's** den japanischen Bourbon-Markt zu erkunden. Offensichtlich mit Erfolg, denn 1992 bot ihnen Takara Shuzo einen zweistelligen Millionen-Dollar-Betrag für ihre Firma. Die Brennerei gaben die Japaner an die ➛Sazerac Co. ab, die Age-International-Marken – neben Blanton's sind das ➛**Ancient Age**, ➛**Elmer T. Lee**, ➛**Hancock's Reserve** und ➛**Rock Hill Farm** – behielten sie und lassen sie weiterhin von Buffalo Trace produzieren. Sie werden dort mit einer speziellen *mashbill* hergestellt, die etwas mehr Roggen enthält.

ÄGYPTISCHER WHISKY

Dass die Ägypter bereits zur Pharaonenzeit Bier aus Gerste brauten, gilt als sicher, ob sie aber tatsächlich die Kunst der Destillation beherrschten, wie manche Autoren vermuten, wird wohl nie geklärt werden. Einer, der in der Existenz von Gerstenbier sogar einen möglichen Beweis für antiken Malt Whisky sah, war Sir Bruce Lockhart (1887–1970), ein Nachkomme des Gründers der ➛Balmenach Distillery, britischer Diplomat und Spion und außerdem Verfasser des Standardwerks „Scotch" (1951). Lockhart war es auch, der erstmals auf die Herstellung von Whisky im neuzeitlichen Ägypten hinwies. Er sei hier als „Bolonachi" bekannt und bei den britischen Soldaten während des Zweiten Weltkriegs recht beliebt gewesen. Tatsächlich existierte damals in Alexandria – zu jener Zeit das kosmopolitische Zentrum Ägyptens – schon seit Längerem so etwas wie eine Spirituosenindustrie. Es waren hauptsächlich griechische Einwanderer, die hier seit dem Niedergang des Osmanischen Reiches Destillerien errichtet hatten und vor allem Zabib – eine lokale Variante des Ouzo – aber eben auch Whisky herstellten. Die erste Brennerei ent-

Staatspräsident Mubarak, der nach dem Genuss eines einheimischen Whiskys erblindete. Der stammte von der staatseigenen Egyptian Vineyards Company, die die einzige lizensierte Brennerei des Landes führte. Sie hieß **Zottos** und war 1916 in Alexandria gegründet worden. Hier wurden in altertümlichen

stand 1880 und hieß nach ihrem Gründer **Bolanachi** (daher rührt wohl Lockharts Synonym für ägyptischen Whisky). Mit zunehmendem Einfluss der Briten stieg auch der Whiskykonsum im Land, allerdings der des schottischen und den konnten sich nur die Kolonialherren und die einheimische Elite leisten. Daran änderte auch die 1963 von Gamal Abdel Nasser initiierte Verstaatlichung nichts, im Gegenteil, sie zog hohe Importzölle nach sich und verfestigte eine Situation, wie sie noch heute in Ländern der Dritten Welt zu beobachten ist: Während die Oberschicht, ihre ausländischen Geschäftspartner und die Touristen internationale Top-Marken konsumieren, wird der große Rest der Bevölkerung mit lokalen Produkten abgefunden. Dass dies in Ägypten nicht ungefährlich ist, zeigt der Fall eines Piloten von

Brennkesseln und in einer Art *patent still* – einem 80er-Jahre-Fabrikat aus der DDR – Zuckerrohr, Melasse, Fruchtsäfte und Traubentrester zu Whisky (sowie jeder anderen gewünschten Spirituose) verarbeitet. Neben den alten Marken **Bolanachi** und **Zottos** gab es auch einen „Pure Malt" namens **Cavendish**. Im Zuge der Reprivatisierungsphase um die Jahrtausendwende verschwanden Eygptian Vineyards von der Bildfläche. Seit 2004 gibt es mit **Auld Stag** wieder ein einheimisches Produkt. Es stammt von der Al Ahram Beverage Group, die seit 2006 vom Brauereikonzern Heineken kontrolliert wird.

AILSA BAY

Schottische Destillerie innerhalb des Brennereikomplexes ➛Girvan, Ayrshire (Lowlands), von ➛William Grant & Sons; hier werden vier unterschiedliche Malts produziert: einer leicht und süß, einer schwer und ölig, ein mittelstark und ein stark getorfter. Keiner von ihnen wurde bisher als Single abgefüllt und das soll auch so bleiben, denn alle Ailsa-Bay-Whiskys sind ausschließlich fürs Blending des Bestsellers ➔Grant's vorgesehen. Seit 2008 wird hier gebrannt, anfangs mit 8, seit 2013 mit 12 *Stills*, alles State of the Art, computergesteuert und sehr effizient. Mit einer Jahresproduktion von 12 Millionen *lpa* ist Ailsa Bay heute die drittgrößte Destillerie Schottlands (nach ➔Glenfiddich und ➔Roseisle). Damit wird vor allem ➔Balvenie entlastet, jene Brennerei, die bislang viel zu viel von ihrem guten Stoff fürs Blending abgeben musste.

AINSLIE'S

Scotch-Marke im Besitz von Bruggeman S.A., Gent, Belgien; als Standard-Blend und neuerdings auch als Speyside Single Malt ohne nähere Herkunftsangabe zu haben. Die alten De-luxe-Versionen **Ainslie's King's Legend** und **Royal Edinburgh** dagegen gibt es nicht mehr; die stammten aus den Zeiten, als die Marke noch zu Ainslie & Heilbron gehörte, einer Glasgower Firma, die als Inhaber der Brennerei ➔Clynelish bekannt wurde. Ainslie & Heilbron gingen 1912 bankrott und so kam die

Marke über Umwege zum ➔Diageo-Vorläufer UDV, der Ainslie's 1998 an den belgischen Genever-Produzenten Bruggeman abgab. In Belgien zählt Ainslie's schon lange zu den beliebtesten Scotches, weitere Märkte sind Griechenland, Frankreich und Spanien.

AKASHI

Japanischer Single Malt aus der ➔White Oak Distillery von Eigashima Shuzo; der erste Single aus einer der ältesten Brennereien Japans erschien 2007 als 8-Jähriger in einer Auflage von gerade mal 4000 Flaschen. Es folgten einige ältere Versionen, auch die jedoch nur in Kleinstmengen. Darunter war ein 15-jähriger Single Cask mit einem *wood finish* in einem Fass aus Konara-Eiche (quercus serrata), wie es normalerweise nur zur Saké-Lagerung verwendet wird. Derzeit wird Akashi als 5-Jähriger und ohne Alterangabe angeboten, und auch einen **Akashi Blend** gibt es. Gerüchtehalber enthielten zumindest einige Chargen des auch in Europa erhältlichen Blends reichlich Neutralsprit (in Japan durchaus zulässig, nicht aber in Europa), und schon war bei den Whisky-Polizisten der Blogosphäre wieder der Teufel los.

La ALAZANA

Argentinischer Single Malt aus der gleichnamigen Brennerei bei Lago Puelo, Patagonien, gegründet 2001 von P. Tognetti und N. Serenelli. Der erste Single Malt Argentiniens erschien 2014 und die Herren meinen es offensichtlich ernst: lokale Gerste, schottischer Torf, zwei kleine *pot stills*, Ex-Bourbon- und argentinische Süßweinfässer – alles wie es sich gehört. Mal sehen, ob es La Alazana nach Eruopa schafft.

ALBERTA

Kanadischer Blend aus der gleichnamigen Brennerei in Calgary, Alberta, von →Beam Suntory. Ein klassischer Canadian Rye, pfeffrig, leicht mit fruchtiger Süße, bei dem nicht nur der Grund-Whisky aus (ungemälztem) Roggen entsteht, sondern auch der hochprozentige Verschnitt-Whisky (→Canadian). Das gilt zumindest für den Bestseller des Hauses Alberta **Premium** (5, 25 und 30 Jahre) und dessen High-End-Version **Alberta Premium Black Horse**. Andere hier produzierte Marken wie **Alberta Springs**, →**Tangle**

Ridge und →**Windsor** sind ebenfalls im Wesentlichen Ryes, können aber auch Destillate aus Mais, Weizen Gerste und Tritical (ein Roggen- Weizen-Hybrid) enthalten, die in Alberta in kleineren Mengen hergestellt werden.

Die Brennerei wurde 1946 gegründet und ist seit 1987 bei der US-Firma Beam. Sie gilt heute als die wohl größte Rye-Destillerie der Welt, allerdings werden mehr als drei Viertel der Produktion per Tank exportiert, vorwiegend in die USA, und von anderen Firmen abgefüllt, wie zum Beispiel →**Lord Calvert**, →**Tap** und →**Whistle Pig**. Beams eigene Canadian-Labels für den US-Markt wurden mittlerweile eingestellt: **Autumn Gold**, **Canada House**, **Rocky Falls**.

ALDUNIE

Schottischer Vatted Malt, den Jürgen Setter, renommierter Fachbuchautor und Whisky-Händler in Jever, 2001 für die Cool-Celtic-

Whisky-Messe in Bonn abfüllte. Aldunie ist ein sogenannter ➛Tea Spoon Whisky von ➛William Grant & Sons. Er besteht aus ➛Kinvinie Malt, der mit einem Schuss ➛Balvenie oder ➛Glenfiddich versetzt wird.

ALL MALT

Japanischer Single Malt von ➛Nikka. Eine eigenwillige Mischung von zwei verschiedenen Malts aus der Brennerei ➛Miyagikyou. Einem regulär in *pot stills* gebrannten und einem aus den normalerweise für Grain Whisky vorgesehenen *Coffey stills*. All Malt wird seit 2015 wegen der angespannten Lage in Nikkas Lagerhäusern nicht mehr produziert.

ALLAN'S

Blended Scotch von ➛Eaglesome (Mitchell).

ALLOA

Schottischer Single Grain (Lowlands), destilliert 1964 in ➛Strathmore, abgefüllt 2005 von ➛Hart Brothers und 2008 von Alambic Classique, einem Großhändler und Importeur in Bad Wörishofen, der vorwiegend französische Brände anbietet. Die Brennerei existiert schon länger nicht mehr, beide Abfüllungen sind also echte Raritäten.

ALLT-A-BHAINNE

Schottischer Single Malt (Speyside, Benrinnes) von ➛Chivas Brothers (Pernod Ricard): Ein eher süßes Mittelgewicht, seit einigen Jahren gibt es auch eine leicht getorfte Version. Als Single kommt Allt-a-Bhainne (gesprochen etwa: oltawejin) nur von ➛unabhängigen Abfüllern. Die Besitzer verwenden ihn ausschließlich fürs Blending, vor allem für die Marke ➛**100 Pipers** und ➛**Chivas Regal**.

Allt-a-Bhainne wurde 1975 von ➛Seagram errichtet und war damals die erste nahezu vollständig automatisierte Brennerei Schottlands – zwei Mann pro Schicht reichen aus, um sie am Laufen zu halten. Da auch die Architektur nicht gerade dem traditionellen Bild entspricht, setzte man dem Hauptgebäude kurzerhand vier Pagodendächer auf,

die zwar keine Funktion haben, aber irgendwie nett aussehen. Von 2002 bis 2005 war die Brennerei außer Betrieb (→Braeval), ihre Jahreskapazität beträgt 4 Millionen *lpa*.

ALLTECH LEXINGTON BREWING & DISTILLING Co.

US-Hersteller, in Lexington, Kentucky, im Besitz der Biotech-Firma Alltech von Pearse Lyons, einem in Irland geborenen Biochemiker, der seit den 1980er-Jahren ein international aufgestelltes Futtermittelunternehmen betreibt. Mit dem Erwerb der Lexington Brewery in Kentucky im Jahr 1999 schuf er sich ein neues Geschäftsfeld, das mittlerweile auch die Produktion von Whiskey einschließt: 2008 erweiterte er die Brauerei um eine Destillerie, in der mit schottischen *pot stills* Malt Whiskey gebrannt wird. Mit der für Selfmademen typischen Bescheidenheit benannte er seine erste Marke nach sich selbst: →**Pearse Lyons Reserve** erschien 2010. Mittlerweile gibt es von Alltech auch einen Bourbon und einen Rye, beide unter dem Label →**Town Branch**. 2012 ging Alltech ein Joint Venture mit der irischen Carlow Brewing Co. in Bagenalstown, County Carlow, ein. Nach anfänglichen Brennversuchen in der Brauerei erwarb Lyons eine eingemottete Kirche in Dublin, die derzeit zur Destillerie ausgebaut wird. In naher Zukunft sollen hier Single Malt und Irish Single Pot Still Whiskey gebrannt werden.

The ALRIK

Deutscher Single Malt aus der Spirituosen-Manufaktur Hammerschmiede, die High-End-Version der Marke →**Glen Els**.

AMERICAN WHISKEY

→US-Whiskey

AMMERTAL WHISKY

Deutscher Whisky aus der Brennerei →Volker Theurer. Ein 7-jähriger Single aus Gerstenmalz (70–85 %), Roggen und Weizen destilliert in einer kupfernen Brennblase und zwar zwei- bis dreimal – „wie es halt nötig ist“ heißt es. Die Einzeldestillate lagern jeweils für sich in schwäbischer Eiche und werden erst nach der Fassreife miteinander vermählt. Der Blend ist seit 2003 auf dem Markt und trägt auch die Namen **Black Horse** und **Schwäbischer Whisky**.

AMRUT

Indischer Single Malt aus der gleichnamigen Brennerei von Amrut Distillers bei Bangalore im Bundessaat Karnataka. Der erste indische Whisky, der auch nach schottischen Regeln als solcher bezeichnet werden darf, erschien 2004 – in Schottland wohlgemerkt, in Indien kam er erst 6 Jahre später auf den Markt. Dank seiner unstrittigen Qualität gilt Amrut (Sanskrit:„Lebenselixier") heute als legitimes Mitglied der Single-Malt-Familie. Er ist in zahlreichen Versionen zu haben: getorft und ungetorft, jeweils mit 46 Vol.-% oder in Fassstärke (alle *nc*, *ncf*), als **Amrut Fusion** aus 75 % ungetorftem indischen und 25 % getorftem schottischen Malt, mit diversen *wood finishes* und in der **Two Continents**-Reihe. Hier erschien beispielsweise 2011 der **Amrut Herald**, der nach vierjähriger Reife in Bangalore noch einmal 18 Jahre auf Helgoland gelagert wurde — also unter nahezu entgegengesetzten klimatischen Bedingungen. **Amrut Greedy Angels** schließlich ist ein mit 8 und 10 Jahren für indische Verhältnisse geradezu uralter Whisky, reift er doch dank der extremen Temperaturschwankungen hier deutlich schneller als in gemäßigteren Klimazonenem (➔Alter). Dementsprechend hoch ist auch der Anteil der „gierigen Engel" (➔Angel's Share): Bereits nach 8 Jahren waren mehr als zwei Drittel des reifenden Whiskys verdunstet. Amrut Distillers ist Teil der Jagdale Group, eines 1948 gegründeten Unternehmens in Familienbesitz, das neben Pharmazeutika, Nahrungsmitteln und Tierfutter jede Menge Spirituosen herstellt. Ein kleines Schmuckstück wie die Amrut Distillery (Jahresproduktion 200 000 *lpa*) kann man sich also leisten. Weitere Marken des Hauses sind ➔**MaQ**, ➔**MaQintosh** und ➔**Prestige**.

ANCESTRAL

Unter diesem Label füllt ➔Inverarity Vaults 14-jährige Single Malts ab, zuletzt einen Whisky aus ➔Balmenach.

ANCHOR BAY

Schottischer Vatted Malt von ➔Lombard Brands.

ANCIENT AGE

Kentucky Straight Bourbon, der in der ➛Buffalo Trace Distillery für ➛Age International (Takara Shuzo) hergestellt wird; ein günstiger Alltags-Whiskey, dessen 10-jährige Version **Ancient Ancient Age** (auch **Triple A** oder **10 Star** genannt) man durchaus auch pur trinken kann (sofern man sie noch findet – die Produktion wurde kürzlich eingestellt). Die Marke erschien erstmals 1936, sie wurde damals allerdings noch als „bourbon-style"-Whiskey in Kanada hergestellt, denn die Destillerie verfügte nach dem Ende der Prohibition nicht über ausreichend gelagerten Stoff. Als echten Kentucky Straight Bourbon gibt es Ancient Age seit 1946. Er wird mit Buffalo Traces *mashbill* #2 hergestellt, die etwas mehr Roggen enthält als die für Buffalos eigene Marken verwendete #1.

ANCIENT CLAN

Blended Scotch von ➛Takara Shuzo, hergestellt auf der Basis von ➛Tomatin.

ANCNOC

Schottischer Single Malt (Eastern Highlands, Knock) aus der Knockdhu Distillery von ➛Inver House Distillers (ThaiBev). Ein delikates, cremig-süßes Mittelgewicht, das es als 12-, 16- und 22-Jährigen gibt und seit 2014 auch in einer Reihe von deutlich rauchigeren Versionen (11 bis 20,5 *ppm*). Sie tragen die Namen von verschiedenen Spaten, die zum Torfstechen benutzt werden: **Rutter**, **Flaughter**, **Tushkar** und **Cutter**. Als Single wird dieser Malt offiziell erst seit 1990 abgefüllt, anfangs unter dem Namen **Knockdhu**, seit 1993 als AnCnoc um Verwechslungen mit ➛Knockando zu vermeiden. Von ➛unabhängigen Abfüllern gab es ihn schon früher, dort aber unter dem Namen der Brennerei. Knockdhu war 1894 von der ➛DCL eröffnet worden, die den Malt hauptsächlich für ihre ➛**Haig**-Blends verbrauchte und die Brennerei 1983 stilllegte. 5 Jahre später wurde sie von Inver House erworben und wieder in

Betrieb genommen. Das Gros der Produktion fließt nun in die Blends ➛**Catto's**, ➛**Hankey Bannister** und ➛**MacArthur's**.

ANGEL'S ENVY
US Whiskey-Marke der Louisville Distilling Company (Bacardi Ltd). Dieser neue Super-Premium-Whiskey wird als Bourbon mit Portwein *wood finish* angeboten und als Rye, der einige Monate in Rumfässern nachreifte (Plantation XO Barbados, immerhin). Der Rye stammt von ➛LDI, die Herkunft des Bourbons wurde nicht veröffentlicht. Die Marke war noch von Lincoln Henderson († 2013) konzipiert worden, der als Master Distiller von ➛Brown-Forman die Marken ➛Woodford Reserve, ➛Gentleman Jack und ➛Jack Daniel's Single Barrel entwickelt hatte. Heute wird die Louisville Distilling Co. von Lincolns Sohn Wes geführt. Der von den Hendersons initiierte Bau einer eigenen Brennerei in Louisville, Kentucky kam bisher nur zögerlich voran, nachdem ➛Bacardi das Unternehmen Anfang 2015 erwarb, dürfte sich das schnell ändern.

ANGELS' NECTAR
Schottischer Vatted Malt von Highfern Ltd., eine 2014 erschienene Kombination von Speyside und Highland Malts. Highfern-Günder Robert Ransom, ein ehemaliger ➛Glenfarclas-Mitarbeiter, bietet seine Marke mit der launigen Behauptung an, er habe versucht, den ➛Angel's Share in Flaschen abzufüllen. Das Ergebnis ist ein gefälliger Alltags-Whisky, dessen verspielte Aufmachung wohl die Nachwuchs-Whisky-Kundschaft ansprechen soll.

ANGEL'S SHARE
Als „Anteil der Engel“ bezeichnet man den verdunstungsbedingten Flüssigkeits- und Alkoholverlust während der Fassreife. Dieser Vorgang trägt wesentlich zur Entwicklung jedes Destillats bei, die Wehmut, die Whisk(e)y-Liebhaber beim Gedanken an den Verlust befällt, ist also reine Koketterie (es sei denn, sie wollten *new make* trinken). In Schottland, wo der Angel's Share auch als „Devil's Dram“ bekannt ist (➛Devil's Share), beträgt der jährliche Flüssigkeitsverlust 2 bis 4 % (die Steuerbehörden erkennen allerdings nur 2 % an), in den USA ist er etwas höher; in den tropischen Regionen Indiens kann der Angel's Share bis auf 20 % steigen

(→Amrut). Der Alkoholverlust beträgt in Schottland etwa 3 bis 5 % Alkohol in 10 Jahren.

THE ANGUS
Blended Scotch, den →Angus Dundee für den chinesischen Markt produziert.

ANGUS DUNDEE DISTILLERS
Schottischer Hersteller mit Sitz in Huntly und London. Das von der Familie Hillman geführte Unternehmen besitzt die Brennereien →Glencadam und →Tomintoul (→**Old Ballantruan**) und betätigt sich mit dem Label →**Mackillop's Choice** und **Montgomerie's** als →unabhängier Abfüller. Das Hauptgeschäft macht Angus Dundee aber immer noch mit der Herstellung von Handelsmarken für andere Firmen, insbesondere im asiatischen Raum (→**The Angus**, →**Castle Pride**, →**Piper's Clan**). Daneben produziert man auch preisgünstige eigene Marken wie die Single Malts →**Glen Parker** und →**Hamiltons**, die Vatted Malts →**Glen Kirk** und →**Smokey Joe** sowie die Blends →**The Dundee**, →**Parkers** und →**Scottish Royal**.

ANKARA
Türkischer Whisky, hergestellt aus Gerstenmalz, Roggen und Reis, auf dem Etikett als „Malt Viski" deklariert. Ursprünglich kam die Marke von Tekel, dem 1926 eingerichteten Staatsmonopol für Alkohol, Tabak, Schießpulver und Salz. Bis in die 1970er-Jahre war Ankara der einzige in der Türkei legal erhältliche Whisky, und wer es sich leisten konnte, trank (mit gutem Grund) lieber geschmuggelten Scotch. Nach der Auflösung des Monopols im Jahre 2002 übernahm das eigens zu diesem Zweck gegründete Joint Venture Mey Icki die 17 Brennereien des Landes. 2008 schnappte sich →Diageo Mey Icki, in erster Linie wegen dessen Vertriebsnetz und der Raki-Marke Yeni (Raki ist mit einem Marktanteil von nahezu 80 % noch immer die beliebteste Spirituose des Landes). Die Marke Ankara wurde aufgegeben (auch der Türke soll schließlich Johnnie Walker trinken), die beiden *pot stills* der Ankara-Brennerei nach Kentucky verkauft. In ihnen wird nun der zukünftige →Virginia Highland Malt gebrannt.

ANNANDALE

Schottische Brennerei in Annan, Dumfriesshire (Lowlands), von der Annandale Distillery Co., einer privaten Gesellschaft, die die von 1830 bis 1921 aktive Brennerei mit soliden staatlichen Zuschüssen wieder in Gang setzte. Sie verfügt über drei *pot stills* und produziert seit 2014 einen getorften (**Man o' Swords** mit 45 *ppm*) und einen ungetorften Malt (**Man o' Words**), beide in Ex-Bourbonfässern gereift.

ANTIPODEAN

→Cradle Mountain

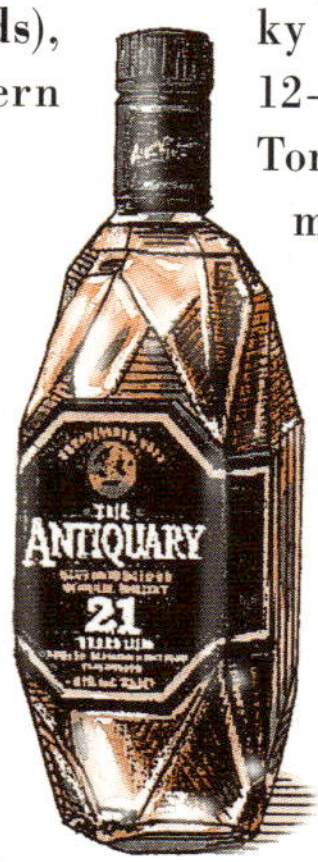

The ANTIQUARY

Blended Scotch von der →Tomatin Distillery, der schottischen Niederlassung von →Takara Shuzo. Eine nach einem Roman von Walter Scott benannte traditionsreiche De-luxe-Marke, die nach jahrelangem Schattendasein im riesigen Portfolio des →Diageo-Vorläufers United Distillers seit 1996 wieder in sorgsameren Händen ist. Damals erwarb der japanische Konzern Takara Shuzo The Antiquary und erfreulicherweise auch gleich den Namen Hardie. So hieß die 1861 in Edinburgh gegründete Firma, die The Antiquary Ende des 19. Jahrhunderts auf den Markt gebracht hatte. Hardie landete 1937 bei der →DCL und führte dort die Brennerei →Benromach, deren Malt dann lange die Basis für The Antiquary bildete. Der Niedergang der Marke begann unter DCL-Nachfolger UD, der Hardies Lizenz löschte, Benromach schloss und den zur Standardmarke herabgestuften Antiquary nur noch sporadisch abfüllte. Heute gibt es diesen feinen Whisky wieder regelmäßig, auch als 12- und als 21-Jährigen. Neben Tomatin spielt auch →Cragganmore eine wichtige Rolle in dem Blend.

ANTIQUITY

Indischer Whisky von →United Spirits (Diageo). Diese Mischung aus Blended Scotch, indischem Malt Whisky und Neutralsprit galt zeitweise als teuerster Whisky Indiens. Damals kam er von Shaw Wallace.

ARDBEG

Schottischer Single Malt (Islay) von →Glenmorangie plc (Moët Hennessy). „The peaty paradox" nennen sie ihren Whisky hier und bringen damit dessen subtile Wucht und das einzigartige Zusammenspiel von süßen Fruchtaromen mit maritimer Rauchigkeit auf den Punkt. Und damit ist noch nichts über seinen maßlosen Abgang gesagt. Neben der Stan-

dardversion **Ardbeg Ten** werden mit **Corryvreckan** und **Uigeadail** zwei fassstarke Abfüllungen *(nas)* angeboten, außerdem erscheinen jährlich streng limitierte Sondereditionen, begehrte Sammel- und Spekulationsobjekte, wie der elegante **Perpetuum** (2015), der barbecueske **Alligator** (2011) und die mit über 100 *ppm* extrem getorfte **Supernova** (alle *nas*). Auch weniger rauchige Ardbegs gab es schon: den mittlerweile eingestellten **Blasda** und **Kildalton**, eine gänzlich ungetorfte Version, von der 2004 einige Flaschen zu Wohltätigkeitszwecken abgefüllt wurden (10 Jahre später erschien ein weiterer Kildalton, der allerdings war getorft und deutlich jünger, was bei der Gemeinde für einige Entrüstung sorgte). Die 1815 gegründete Brennerei kam in den 1970er-Jahren unter die Kontrolle von ➛Hiram Walker, die sie hauptsächlich für ihre ➛Ballantine's-Blends missbrauchten. Damals wurden auch die (unbelüfteten) floor *maltings* aufgegeben – bis 1974 hatte Ardbeg ausschließlich selbst produziertes Malz verarbeitet und aus dieser Zeit stammen jene rauchgeschwängerten Whiskys, deren ungezähmte Kraft die nahezu kultische Verehrung begründete, die der ehemalige Geheimtipp heute in weiten Kreisen genießt. Von 1981 bis 89 stand die Brennerei still, danach arbeitete sie mit Unterbrechungen, bis Glenmorangie sie 1997 erwarb und aufwendig renovierte (Kapazität 1,3 Millionen *l.p.a*). Damit begann die Auferstehung dieses großen Malts, der nun zwar duch den (sparsamen) Einsatz von Sherryfässern und einen *purifier* gebändigt wird, der aber immer noch mehr *Phenole* enthält als jeder andere schottische Whisky – vom nur sporadisch produzieren →**Octomore** einmal abgesehen.

ARDMORE

Schottischer Single Malt (Highland, Kennethmont, Aberdeenshire) von →Beam Suntory. Ein mittelschwerer, fruchtig-weicher Digestif-Malt mit leichter Rauchnote, lange Zeit nur von den →Unabhängigen zu bekommen. Erst 2007 erschien mit dem jungen **Ardmore Traditional** endlich auch eine Destillerieabfüllung dieses noch immer unterschätzten Whiskys. Seit 2014 ist der etwas ältere **Ardmore Legacy** auf dem Markt, beide Versionen reifen in Ex-Bourbonfässern. Der Löwenanteil der Produktion geht in die →**Teacher's**-Blends, eine ungetorfte Version, Brennerei-intern **Ardlair** genannt, wird auch für andere Blends verwendet. Die Brennerei wurde 1898 von William Teacher & Sons gegründet ist seit 2005 bei Beam. Sie gehört mit einer Kapazität von 5,4 Millionen *lpa* zu den zehn größten in Schottland.

ARDNAMURCHAN

Schottische Brennerei (Western Highlands, Glenbeg), eröffnet 2014 von →Adelphi Distillery. Wie alle →unabhängigen Abfüller, die über die nötigen Mittel verfügen, macht sich auch Adelphi mit einer eigenen Brennerei selbstständig. Das wurde schon deshalb notwendig, weil Großbrenner wie →Diageo, →Pernod Ricard und →Beam Suntory, die selbst unter einem Mangel an ausgereiften Malts leiden, kaum noch Fässer an andere Hersteller abgeben. Ardnamurchan verfügt über zwei *pot stills* und eigene *malting floors*, kann also selbst Malz produzieren. Die geplante Jahresproduktion von bis zu 500 000 Alkohol *lpa* soll drei unterschiedliche Single Malts hervorbringen: einen nur in Ex-Bourbonfässern gereiften Whisky, eine Sherryfassversion und eine deutlich torfhaltige.

ARISTOCRAT

Indischer Whisky von ➔Jagatjit Industries. Die älteste und bis heute erfolgreichste Marke von Jagatjit gibt es in drei Versionen: **Aristocrat** ist ein Blend aus indischen Grains und Malts, **Aristocrat Premium** aus indischen Grains und Blended Scotch und **Aristocrat Old Reserve** aus indischen Grains und schottischen Malts.

ARKAY

Alkoholfreier „Whisky" ohne Herkunftsbezeichnung von Arkay Global, Fort Lauderdale, Florida, hergestellt aus naturidentischen Zutaten, künstlichen Aromastoffen und „natürlichem Malzextrakt". Arkay erschien 2011 in den USA und soll in nächster Zukunft auch in Europa erhältlich sein – na endlich! Es wird sicher ein Riesenspaß zu erkunden, ob das Gebräu tatsächlich genauso schmeckt wie echter Scotch – so jedenfalls die verwegene Behauptung von Arkay Global. Die Firma wurde von Sylvie Grattagliano gegründet, die auch Vorsitzende der Best Spirit Company ist, jener Firma, die die Produkte von ➔Scottish Spirits in Asien und der Karibik vertreibt. Scottish Spirits wiederum ist eine Tochterfirma von Reynald & Sons, Glasgow, die Sylvies Gatten Reynald Grattagliano, aka Reynald Katz, gehört (noch mehr Information aus den unseriösen Grenzbereichen der Branche unter dem Stichwort Scottish Spirits). Arkay ist halal-zertifiziert, sein Genuss also für Moslems erlaubt.

ARMORIK

Französischer Single Malt aus der Brennerei ➛Warenghem. Frankreichs erster Single Malt erschien 1999; damals noch mit jugendlichen 3 Jahren, heute gibt es ihn in mehreren Altersstufen, gereift in Bourbon-, Sherry- und Sauternesfässern.

ARRAN

Schottischer Single Malt (Islands) von Isle of Arran Distillers. Ein duftiges, reichhaltiges Mittelgewicht, standardmäßig abgefüllt mit 10, 12, 14 und 16 Jahren, seit 2010 auch in der getorften Version ➛**Machrie Moor**. Für Liebhaber von ➛*wood finishes* bietet Arran immer wieder diverse Rot- und Süßweinversionen an, auch ein hochtrabendes „Champagner Cask Finish“ gab es schon mal. Die vom Ex-Chivas-Manager Harold Currie gegründete Brennerei steht bei Lochranza im Norden der Insel Arran. Mit nur zwei *pot stills* und einer Jahresproduktion von 750 000 Litern gehört Arran zu den kleineren Brennereien Schottlands; mit dem Eröffnungsjahr 1995 ist sie auch eine der jüngsten. Um die trockenen drei Jahre bis zur ersten eigenen Abfüllung (anfangs noch unter dem Label **Isle of Arran**) zu überstehen, lancierte Currie damals einige Whiskys, die er von anderen Herstellern bezog: einen Single namens **Glen Eason**, den Vatted **Eileandour** sowie diverse Blends, von denen heute noch ➛**Robert Burns** und **Arran Lochranza** im Handel sind.

A. SMITH BOWMAN

US-Hersteller in Fredericksburg, Virginia, eine Tochterfirma von →Sazerac Co. Gegründet 1935 von Abraham Smith Bowman sen., der ein Vermögen mit der Herstellung von Autobussen verdient und sich nach der Prohibition eine Brennerei im Westen von Washington, D.C., zugelegt hatte. Von 1935 bis 1988 wurde hier Virginia Whiskey gebrannt, dann verlegten die Bowmans ihre Brennerei ins südlichere Fredericksburg, wo heute in erster Linie Gin, Wodka, Rum etc. produziert werden. Ende 2003 wurde Smith Bowman von Sazerac übernommen. In deren →Buffalo-Trace-Brennerei finden Maischeproduktion und erste Destillation aller Smith-Bowman-Marken statt. Der Rohbrand wird dann nach Fredericksburg gebracht und dort ein zweites und – für einzelne Marken – drittes Mal in einer Kupferbrennblase destilliert. Nach der Fasslagerung bei Smith Bowman geht es in Sazeracs Brennerei →Barton 1792 zur Abfüllung. Seit 2015 verfügt A. Smith Bowman über eine zweite, modifizierbare Brennblase (eine Art *Lomond still*), in der neben Gin und Wodka auch Whiskey gebrannt werden kann. Ein Maischebottich und eine *washback* für die Fermentation sollen ebenfalls bald installiert werden. Damit besteht nun die Möglichkeit die gesamte Whiskey-Produktion in Virginia durchzuführen. Die älteste und bekannteste Marke des Hauses ist der →**Virginia Gentleman**, daneben gibt es noch das einfache →**Bowman's**-Label und neuerdings eine Reihe →Small Batches: →**Abraham Bowman**, →**Bowman Brothers** und →**John J. Bowman**.

AS WE GET IT

Schottischer Single Malt, den →Ian Macleod in zwei Versionen anbietet: als Highland (wahrscheinich aus →Tamdhu) und als Islay aus einer ungenannten Brennerei, beide in *Fassstärke* ohne Kühlfiltration und Farbstoff. Zwei sehr überzeugende Whiskys in angenehm schlichter Aufmachung zu einem mehr als fairen Preis – wo gibt's denn so was noch? Die Marke ist seit 2002 bei Ian Macleod, davor gehörte sie dem Großbrauer Bass, der sie sich von verschiedenen Herstellern abfüllen ließ.

ASAMA
Japanischer Single Malt aus der Brennerei ➔Karuizawa, abgefüllt von der ➔Number One Drinks Co., die 2011 die gesamten Restbestände der 2001 geschlossenen Brennerei erworben hatte – größtenteils Whiskys aus den Jahren 1999 und 2000. Die Malts der beiden Jahrgänge wurden miteinander vermischt und in die Originalfässer (Ex-Sherry) zurückgefüllt. Der erste Schwung erschien 2012 unter dem Namen **Asama** mit 46 Vol.-%, zwei Einzelfässer davon gab es auch in Fassstärke. Als Nächstes gab es **The Spirit of Asama** von The Whisky Exchange (➔Speciality Drinks), abgefüllt mit 48 bzw 55 Vol.-%. Zuletzt kamen 2013 noch einige Flaschen mit 50,5 Vol.-% heraus, diesmal wieder unter dem Label Asama. Der Whisky wurde nach dem Vulkan benannt, in dessen Schatten die Brennerei liegt.

ASYLA
Blended Scotch von ➔Compass Box; der hohe Maltanteil von 50 % stammt laut Webseite aus Brennereien in Alness und Longmorn, also entweder von ➔**Dalmore** oder ➔**Teaninich** und ➔**Longmorn** oder ➔**Glen Elgin**. Der Grain kommt von ➔**Cambus**.

AUCHENTOSHAN
Schottischer Single Malt (Lowlands) von ➔Morrison Bowmore (Suntory). Ein typischer Lowland-Malt: leicht, malzig und trocken, mit zunehmendem Alter würziger und fruchtig, besondes gelungen als **Three Wood**, der in drei verschiedenen Fassarten reift (Bourbon, Oloroso- und PX-Sherry). Auchentoshan (gesprochen etwa: ochntoschn) ist die einzige schottische Brennerei, die ihre gesamte Malt-Produktion dreifach destilliert, was ihm seine delikate Leichtigkeit verleiht. Mit über einer Million verkaufter Flaschen pro Jahr gehört die Marke neuerdings zu den Großen im Single-Malt-Segment (Jahreskapazität 2 Millionen *lpa*). Die heutige Anlage im Nordwesten Glasgows stammt aus dem Jahre 1948. Ihre 1823 gegründete Vorgängerin war deutschen Bombenangriffen zum Opfer gefallen. Auchentoshan gehört seit 1984 zur Morrison Gruppe.

AUCHNAGIE
Schottischer Vatted Malt von ➤The Lost Distillery Company, benannt nach einer Brennerei, die von 1833 bis 1911 in Tullymet (Highlands, Perthshire) betrieben wurde, zuletzt von den ➤Dewars.

AUCHROISK
Schottischer Single Malt (Speyside) von ➤Diageo. Ein malzig-weicher, vom Sherryfass geprägter Malt, der erst seit 1986 als Single abgefüllt wird. Damals wurde die Brennerei noch von Justerini & Brooks (➤J & B) geführt, die den Whisky unter dem prätentiösen Namen **Singleton of Auchroisk** herausgaben (als ➤Singleton wird im Allgemeinen ein Einzelstück bezeichnet, im Speziellen auch ein Einzelfass). Seine Eleganz trug ihm damals die boshafte Bezeichnung „Designer-Whisky" ein – und das ist nicht allzu weit hergeholt, denn es besteht Grund zu der Annahme, dass er speziell als Malt-Gegenstück zu **J & B** für dessen Yuppie-Klientel herausgegeben worden war. Wie bei der Schwestermarke ➤Knockando leistete man sich auch hier die Extravaganz, statt des Alters das Jahr der Destillation auf dem Etikett anzugeben (der erste Jahrgang war ein 1975er). All das machte einen ziemlich smarten Eindruck, half jedoch nicht viel beim Publikum. Seit 2001 kommt Auchroisk ganz konventionell als 10-Jähriger in der ➤Flora & Fauna-Reihe heraus, in der Diageo Malts veröffentlicht, die normalerweise nur für Blends verwendet werden; auch in der ➤Rare Malts Selection gab es einen Auchroisk.
Die Brennerei (Jahreskapazität 5,9 Millionen *lpa*) wurde 1974 errichtet, im Lego-Haus-Stil, wie der britische Autor Gordon Brown bemerkte. Sie verfügt über 10 Lagerhäuser, in denen neben Auchroisk auch Malts vieler anderer Diageo-Destillerien reifen, um dann zu Blends verarbeitet zu werden.

AUGUSTUS
Deutscher Single Grain aus der Brennerei Feller. Ein kontinuierlich gebrannter Whisky aus selbst angebautem Weizen, abgefüllt nach 5-jähriger Reifung mit Portwein *wood finish*.

AULD REEKIE
Schottischer Vatted Malt von ➛Duncan Taylor; wie der Name vermuten lässt, handelt es sich hier um Islay-Malts: auld reekie, sinngemäß etwa „die verrauchte Alte" ist ein alter Spitzname für Edinburgh aus der Zeit, als die Stadt noch ein verrußtes Industriezentrum war.

AULTMORE
Schottischer Single Malt (Speyside) von John Dewar & Sons (➛Bacardi Ltd.). Ein leichter, fruchtig-süßer Whisky, der auf dem Single-Malt-Markt so gut wie gar keine Rolle spielt, denn er verschwindet fast ausschließlich in den ➛**Dewar's**-Blends sowie in ➛**Vat 69** und ➛**Johnnie Walker Black**. Nach vereinzelten Destillerieabfüllungen in den 1990er-Jahren und einigen von den ➛Unabhängigen gibt es Aultmore erst seit 2004 regelmäßig als Single (derzeit mit 12, 21, 25 und 30 Jahren). Die Brennerei stammt aus dem Jahre 1896 und ist seit 1923 bei Dewar & Sons. Aultmore (Jahreskapazität 3 Millionen *lpa*) verfügt nicht mehr über eigene *warehouses*. Die Whiskys reifen in einer zentralen Anlage in der Nähe von Glasgow.

AUREUM 1865
Deutscher Single Malt aus der Brennerei Ziegler in Freudenberg, Baden. Selbstverständlich müssen auch die Wildkirsch-Edelbrenner von Ziegler (gegr. 1865) auf der Whisky-Welle mitschwimmen. Ihren ersten Aureum füllten sie 2011 ab, heute gibt es ihn als 5-Jährigen, zweifach destilliert, gereift in neuen französischen Eichenfässern und in Kastanienholzfässern mit einem Ex-Bourbon-Finish.

AUSTRALIAN WHISKEY COMPANY
Australischer Malt Whiskey (irische Schreibweise) aus der Castle Glen Distillery in The Summit, Queensland, von Cedric Millar, der sich seit 2009 eine eigene Brennerei (und eine Brau-

erei) auf seinem Weingut leistet. Das Gerstenmalz lässt er aus der Schweiz kommen. Gebrannt wird zweifach, gelagert in nicht näher bezeichneten Eichenholzfässern. Der Whiskey wurde erstmals 2012 abgefüllt.

AUSTRALISCHER WHISKY

Als Commonwealth-Mitglied orientiert sich Australien in Sachen Whisky selbstredend stark am Scotch. Tatsächlich war dieser Kontinent bis zum Zweiten Weltkrieg der wichtigste Exportmarkt für schottische Whiskys. Noch heute ist Scotch die meistverkaufte Spirituose in Australien, dicht gefolgt von Bourbon, der vor allem bei der jüngeren Generation immer beliebter wird. Die eigene kommerzielle Whiskyproduktion, die 1866 mit dem Bau der Myers Distillery in Ballarat, Victoria, begann, hatte anfangs keine Chance gegen die Importe aus dem Mutterland. Erst als die australische Regierung in den 1920er-Jahren die Einfuhrzölle für Spirituosen erhöhte, wurde die Sache wirtschaftlich interessant, und man brachte mit dem Blend **Old Court** erstmals eine erfolgreiche australische Marke heraus. Das blieb auch dem schottischen Brennereikonzern ➛DCL nicht verborgen, der sich 1927 mit vier lokalen Herstellern zusammentat, um eine moderne Destillerie in Corio (†1980), Victoria, zu errichten. Aus dieser Zusammenarbeit erwuchs 1931 die Gruppe United Distilleries (nicht zu verwechseln mit dem späteren DCL-Nachfolger United Distillers), die lange Jahre zwei der erfolgreichsten australischen Whiskys produzierte: **Corio** und **Four Seasons**. Eine andere bedeutende Marke, **Bond 7**, wurde ebenfalls von einer britischen Firma hergestellt, nämlich von Gilbey (➛Glen Spey).

Trotz eines vorübergehenden Hochs in den 1950er- und 60er-Jahren konnten sich die einheimischen Produkte nie gegen die Konkurrenz aus Schottland durchsetzen. Die Nachfrage sank in den 1980er-Jahren derart, dass inzwischen alle großen Hersteller den Betrieb eingestellt haben; zuletzt United Distilleries, die einen Teil ihrer großen Lagerbestände zu Gin umdestillierten, bevor sie Ende

1995 dicht machten (→**Great Outback**). Die Wende kam durch eine Gesetzesänderung, die die Alkoholproduktion auch in kleinerem Maßstab legalisierte, was zur Gründung mehrerer →Craft Distilleries führte, die im wesentlichen Single Malts produzieren: Den Anfang machte die Brennerei →Lark (1992), gefolgt von Small Concern Whisky Distillery (1993, nicht mehr aktiv, →**Cradle Mountain**), →Tasmania Distillery (1995), →Bakery Hill (1998) und →Hellyers Road (1999). Mittlerweile gibt es eine ganze Reihe vielversprechender Neueröffnungen, und so war schon davon die Rede, Aussie-Whisky werde bald ähnliche Anerkennung finden wie die Weine von Down Under (→Great Southern Distilling, →Nant, →Overeem, →Redlands Estate, →Black Gate). Herstellung: Die meisten Brennereien stehen in den Bundesstaaten Tasmanien und Victoria, wo die besten Boden- und Klimabedingungen herrschen. Auf Tasmanien gibt es auch reichhaltige Torfvorkommen, die aufgrund der dortigen Vegetation (Eukalyptus, Moos, Wacholder, Gummibaum) spezielle Aromen im Malz befördern können. Australische Blends werden aus Gerste, Mais und Hirse hergestellt, müssen mindestens 2 Jahre lagern und 25 % Malt enthalten. Malt Whisky darf nur aus Gerstenmalz gebrannt werden und muss ebenso lang im Fass liegen. Einige australische Craft Distiller nehmen das From-grain-to-glass-Konzept der *farmhouse distillers* beim Wort und küfern sogar ihre Fässer selbst.

AUSTRASIER
Deutscher Single Grain aus der Brennerei →Blaue Maus von Robert Fleischmann; wie üblich bei Fleischmann eine Einzelfassabfüllung.

AYERS
Deutscher Single Malt aus der Hausbrauerei Altstadthof von Reinhard Engel in Nürnberg. Deutschlands erster organisch produzierter Whisky wird mit 3 bis 4 Jahren in mehreren Versionen abgefüllt: gereift in neuer amerikanischer Eiche, in Ex-Bourbonfässern, mit Sherryfass-Finish und mit grenzwertigen 68,2 Vol.-% („der stärkste Whisky auf dem Festland“).

AYRSHIRE →Ladyburn

„Give me a whisky, Baby, and don't be stingy."

Greta Garbo

BACARDI Ltd.
Familiengeführter Spirituosenkonzern mit Sitz in Bermuda. Neben dem internationalen Rum-Bestseller Bacardi besitzt der exilkubanische Familienclan auch einige Whisk(e)y-Marken: Mit dem Erwerb des Turiner Vermouth-Produzenten Martini & Rossi, bei dem es wohl in erster Linie um das europäische Vertriebsnetz der Italiener ging, kamen 1993 die schottische Brennerei →Macduff und die Marken →**Glen Deveron** und →**William Lawson** zur Familie. Entschieden größer war das Paket, das man 5 Jahre darauf schnürte: die US-Kartellbehörden hatten den gerade entstandenen Riesenkonzern →Diageo dazu verdonnert, sich von einigen seiner Marken zu trennen, und so kam Bacardi an die Weltmarke →**Dewar's** inklusive der Brennereien →Aberfeldy, →Aultmore, →Craigellachie und →Royal Brackla, die die Malt-Basis für diesen Blend liefern (der Kaufpreis betrug in etwa das Dreifache dessen, was zur selben Zeit die Firma Rolls-Royce brachte). 2015 arrondierte Bacardi sein Imperium um die US-Marke →**Angel's Envy** und die dazugehörige, gerade im Bau befindliche Brennerei in Louisville, Kentucky.

BACHELOR
Indischer Whisky von →Tilaknagar Industries, ein *IMFL* aus „gereifter Gerste und ausgewähltem indischen Malz". Die Marke kam ursprünglich von Bahrat Distillers, einem Familienunternehmen bei Mumbai, das mittlerweile nicht mehr existiert (→**Golden Chariot**).

BAGPIPER
Indischer Whisky von →United Spirits (Diageo); die erste indische Marke, die den Titel „meistverkaufter Whisky der Welt" erobern konnte, ist mittler-

weile auf Platz 5 zurückgefallen, liegt damit aber immer noch vor ➔**Jack Daniel's**. Wie alle indischen Top-Whiskys ist auch Bagpiper eine Mischung aus Neutralsprit und indischen Malts, die Premium-Version **Bagpiper Gold** enthält außerdem noch „ausgewählten Scotch", wie es heißt. Die Marke erschien 1976 und war die erste, deren Werbekampagnen auf Bollywood-Glamour setzten und auch die erste, die im praktischen Tetrapak angeboten wurde.

The BAILIE NICOL JARVIE (B.N.J.)

Blended Scotch, den ➔Moët Hennessy bis vor Kurzem noch von ➔Glenmorangie produzieren ließ. Es ist wirklich schade um dieses herausragende Beispiel für die hohe Kunst des Blendings. B.N.J. bestand aus neun Malts, darunter auch Glenmorangie selbst und einem Grain von ➔North British. Die Marke war um 1880 entstanden und erst 1994 wiederbelebt worden. Sie trug den Namen einer Figur aus Walter Scotts Roman „Rob Roy".

BAINBRIDGE BATTLE POINT

US-Single-Grain Whiskey von Bainbridge Organic Distillers, gegründet 2009 auf Bainbridge Island, Washington, von Keith Barnes. Ein 2-jähriges Weizendestillat aus organisch angebautem Getreide (mit staatlichem USDA-Zertifikat), das Barnes von unabhängigen Farmern aus der Region bezieht.

BAIN'S CAPE MOUNTAIN

Südafrikanischer Single Grain aus der James Sedgwick Distillery von ➔Distell, erstmals erschienen 2009 als 5-Jähriger.

BAKER'S

Kentucky Straight Bourbon von ➔Beam Suntory. Ein 7-jähriger ➔Small-Batch, der 1992 auf den Markt kam und für seine 53 Vol.-% erstaunlich weich ist. Der Bourbon trägt den Namen von Baker Beam, einem Großneffen des berühmten Jim.

BAKERY HILL

Australischer Single Malt aus der gleichnamigen Brennerei in North Balwyn, Victoria. Seit 1999 brennt der gelernte Lebensmitteltechniker David Baker hier seinen Whisky streng nach schottischem

Vorbild: aus selbst produziertem getorftem und ungetorftem Gerstenmalz in *pot stills* schottischer Herkunft, gereift in Ex-Bourbonfässern und solchen aus französischer Eiche. Bakers erster Malt kam 2003 heraus, inzwischen gibt es eine ganze Reihe von Abfüllungen, alle *nc* und *ncf*.

BALBLAIR

Schottischer Single Malt (Northern Highlands, Tain) von →Inver House Distillers (ThaiBev). Ein schlanker, trockener Malt mit rauchigem Anklang, der seit 2007 in diversen Jahrgängen angeboten wird. Die erste Balblair-Destillerie wurde 1790 oder früher errichtet und existiert heute nicht mehr. Die heutige Anlage entstand 1872; sie hat sich äußerlich seither kaum verändert und ist ein schönes Beispiel traditioneller Destillerie-Architektur des 19. Jahrhunderts (und war Drehort von Ken Loachs Film „Angel's Share"). 1970 wurde sie von →Hiram Walker übernommen, seither spielt der Malt eine wesentliche Rolle in den →**Ballantine's**-Blends. Inver House, seit 1996 Besitzer von Balblair, liefert weiterhin große Mengen seines Malts an Ballantine's, sorgt jedoch seit 1998 auch dafür, dass es diesen unterschätzten Malt regelmäßig als Single gibt (Jahreskapazität 1,8 Millionen *lpa*). Außerdem verwenden sie Balblair als Basis für ihren Blend →**Hankey Bannister** (→**Oak Cross**).

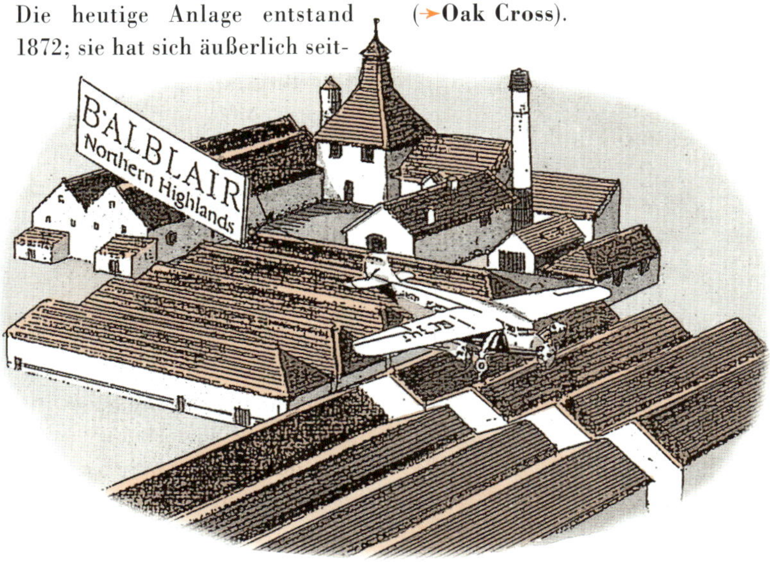

BALCONES

US Craft Distillery in Waco, Texas, eröffnet 2007 von Chip Tate und Jared Himstedt. Der gelernte Braumeister Chip Tate ist ein Star der amerikanischen Craft-Distilling-Szene. Seine mit Auszeichnungen überhäuften Whiskys (schottische Schreibweise!) verkaufen sich so gut, dass der Bau einer neuen Brennerei (ausgestattet mit bis zu 12 neuen *pot stills* der renommierten schottischen Kupferschmiede Forsythe's) in Angriff genommen wurde. Besonders erfolgreich sind seine gerade mal 2 Jahre gereiften **Balcones Texas Single Malts**, besonders interessant seine ebenso jungen Corn Whiskys: **Baby Blue** und **True Blue** aus einer alten Maissorte namens Hopi blue. Deren tiefblaue Körner enthalten deutlich mehr Proteine als gelber Mais und sind süßer und nussiger im Geschmack. Ebenfalls ein Corn ist der rauchige **Brimstone**, der (nach der Destillation) mit einem speziellen Verfahren über dem Holz einer buschigen Eichenart (*Texas scrub oak*) geräuchert wird – „Lagerfeuer in der Flasche" nennt Mr. Tate das.

BALLANTINE'S

Blended Scotch von ➛Chivas Bros. (Pernod Ricard). Eine der erfolgreichsten Spirituosenmarken der Welt, seit 2007 die Nr. 2 unter den Scotches, in Europa gar die Nr. 1, die wichtigsten

Märkte sind hier Spanien, Frankreich und Deutschland. Neben dem einfachen **Ballantine's Finest** gibt es einen 12-, 17-, 21- und 30-Jährigen; sie alle bauen auf den Malts von →**Miltonduff**, →**Glentauchers** und →**Scapa** auf, außerdem auf →**Glenburgie**, der den früher verwendeten →**Ardmore** ersetzt. Das auf dem Etikett angegebene Gründungsjahr 1827 bezieht sich auf George Ballantines Ladengeschäft in Edinburgh, die Marke selbst wurde erst von seinen Söhnen entwickelt und 1910 eingetragen. 9 Jahre später verkauften sie an Jimmy Barclay (→**Old Smuggler**), der sich mit Ballantine's daran machte, den amerikanischen Bürgern durch die dunkle Zeit der →Prohibition zu helfen. Einer seiner angeblich erfolglosesten Mitarbeiter war David Niven, der es später in Hollywood zu einem wesentlich besseren Ruf bringen sollte. 1936 verkaufte Barclay an das kanadische Unternehmen →Hiram Walker, das seine Prohibitionsgewinne unter anderem in Schottland investierte (→Dumbarton) und Ballantine's zur Weltmarke aufbaute. Bis in die 1960er-Jahre war Ballantine's der führende Scotch in den USA, in den 1970ern gehörte er zu den ersten westlichen Spirituosen, die auch im damaligen Ostblock verkauft wurden. Seit 2005 ist Ballantine's bei Pernod Ricard und wird jetzt mit großem Erfolg in Asien vermarktet.

BALLECHIN

Schottischer Single Malt aus →Signatorys Brennerei →Edradour. Seit 2002 wird hier auch ein deutlich getorfer Malt gebrannt (ca. 50 *ppm*). Die Standardversion ist 10 Jahre alt, daneben gibt es, wie üblich bei Edradour, eine Reihe von *wood finishes* aus Süßweinfässern. Der erste Ballechin erschien 2006. Der Whisky trägt den Namen einer Brennerei, die zwischen 1810 und 1927 in der Nähe von Edradour aktiv war.

BALLINDALLOCH
Schottische Brennerei auf dem Landsitz der Familie MacPherson-Grant in Banffshire (Speyside), eröffnet 2014. Mit einer geplanten Jahresproduktion von 100 000 *lpa* zählt Ballindalloch zu den kleinsten Destillerien Schottlands. In den beiden *pot stills* soll ein herzhafter, robuster Single Malt entstehen, die Gerste stammt von den Ländereien der Macpherson-Grants, gelagert wird in Ex-Bourbon- und Sherryfässern. Für £ 35 pro Person kann man die Brennerei besichtigen, wer noch etwas drauflegt, darf sich auch auf dem hauseigenen Golfplatz amüsieren und die Jagd- und Fischereirechte von Ballindalloch Estate in Anspruch nehmen. Die MacPherson-Grants waren früher Teilhaber der ➛Cragganmore Distillery.

BALMENACH
Schottischer Single Malt (Speyside, Cromdale) von ➛Inver House (ThaiBev). Ein kraftvoll-würziger Malt mit leichter Sherry-Note, der seit den 1990ern nur noch in sehr limitierten Mengen von der Destillerie selbst abgefüllt wurde. Regelmäßig zu finden ist er von ➛unabhängigen Abfüllern und als ➛**Deerstalker**. Als die Destillerie 1824 eröffnet wurde, wimmelte es in dieser Gegend noch von Schwarzbrennern. Eine schöne Schilderung der damaligen Zustände ist in dem Buch „Scotch" von Bruce Lockhart nachzulesen, einem Nachkommen des Gründers. In den 1920ern verlor die Brennerei ihre Unabhängigkeit, 1993 wurde sie stillgelegt. Vier Jahre später erwarb Inver House die Brennerei und nahm sie 1998 wieder in Betrieb, die Jahreskapazität liegt bei 2,8 Millionen *lpa*. Seit 2009 wird in Balmenach auch ein Gin namens Coarunn gebrannt.

The BALVENIE
Schottischer Single Malt (Speyside, Dufftown) von ➛William Grant & Sons. Ein fülliger, komplexer Whisky von großer Eleganz, einer der 10 meistverkauften Malts Schottlands. Berühmt sind hier insbesondere die *wood finishes*, allen voran der große 21-jährige **Port Wood**. Balvenies Brennmeister David Stewart gilt als Pionier dieser Methode, bei der ein Whisky nach der regulären Reifung im Ex-Bourbon-Fass noch einige Zeit in anderen Fässern (vorzugsweise Sherry oder Port) lagert. Stewart war wohl auch der erste, der geröstetes Malz verwendete, wie es beim Brauen von dunklem Bier üblich ist. Balvenie ist eine der wenigen schottischen Brennereien, die noch „from grain to glass" produziert: Zumindest teilweise stammt die Gerste aus eigenem Anbau, auch die *floor maltings* sind hier noch in Betrieb. Außerdem verfügt Balvenie über eine eigene Küferei. Mit einer Jahreskapazität von 6,8 Millionen *lpa* gehört die Destillerie zu den zehn größten des Landes. Sie wurde 1892–93 von W. & J. Grant erbaut und ist nun schon seit fünf Generationen in der Familie. Balvenie muss selbstverständlich auch für deren erfolgreichen ➛**Grant's**-Blend bluten (➛Ailsa Bay). Die Brennerei ist Fördermitglied der Organisation Slow Food.

BANFF
Schottischer Single Malt (Speyside). Ein erdiger, rauchiger Malt, der kaum noch zu bekommen ist – dann aber ist er „a good bite", wie ➛Milroy sagt. Zuletzt gab es Banff von ➛Douglas Laing, ➛Duncan Taylor und der ➛Scotch Malt Whisky Society. Die Eigentümer selbst (Scottish Malt Distillers, ein Vorläufer von ➛Diageo) füllten Banff nur begrenzt als Single ab: als Haus-Whisky für die Bar des House of Commons. Von Diageo gab es ihn in der ➛Rare Malts Selection. Banff wurde 1863 erbaut, 1941 von deutschen Bombern schwer beschädigt und 1983 endgültig geschlossen.

BANK NOTE

Blended Scotch, 5 Jahre, von ➛A. D. Rattray; die Marke kam ursprünglich von James Sword & Son (➛A. D. Rattray).

BARRELHOUND

Blended Scotch von ➛Chivas Bros. (Pernod Ricard). Eine neue Marke, deren „zugänglicheres Geschmacksprofil" insbesondere Bourbon-Trinker ansprechen soll. Ähnliches versucht ➛Bacardi gerade mit dem neuen ➛**Dewar's Scratched** – anscheinend verspricht man sich viel von dieser Nicht-Fisch-nicht-Fleisch-Masche.

BARROGILL

Schottischer Vatted Malt den ➛Inver House Distillers (ThaiBev) seit 2006 für die Firma North Highland Products herstellen. Der Whisky trägt den früheren Namen des Castle of Mey in Caithness, das Prinz Charles gehört. Seine Hoheit war an der Auswahl der verwendeten Whiskys beteiligt und hat ein Aquarell fürs Label beigesteuert.

BARTERHOUSE

Kentucky Straight Bourbon, 20 Jahre, von ➛Orphan Barrel Whiskey Co. (Diageo), erschienen 2014; diese *Einzelfassabfüllung* stammt vermutlich aus der ➛Bernheim Distillery, die zu der Zeit, als der Whiskey destilliert wurde, im Besitz von Diageo-Vorläufer UDV war.

BARTON 1792

US-Brennerei in Bardstown, Kentucky, im Besitz der ➛Sazerac Co. Von hier kommen Sazeracs Massenprodukte für den heimischen Markt, allein ➛**1792 Ridgemont Reserve** bringt etwas Klasse in Bartons Whiskey-Sammelsurium.

Dazu gehören einfache Bourbons wie ➛**Kentucky Tavern**, ➛**Tom Moore**, ➛**Very Old Barton** und ➛**Zachariah Harris**; die Corn Whiskeys ➛**Cabin Hollow**, ➛**Corn Crib**, ➛**Golden Grain** und ➛**Old Dispensary** sowie zahllose Blended Americans, darunter **Barton**, ➛**Colonel Lee** (den gibt es auch als Straight Bourbon),

➛**Fleischmann's** (auch als Rye zu haben), ➛**Imperial**, ➛**Kentucky Dale**, ➛**Kentucky Gentleman**, ➛**Old Thompson**, ➛**Ten High** und viele mehr. Unter dem Namen Barton wird auch ein Canadian angeboten (➛**Canadian Mist**). Zu Bartons Portfolio gehören ferner die Scotch-Marken ➛**Highland Mist**, ➛**House of Stewart** und ➛**Old Barrister**. Die Brennerei wurde 1946 von der Firma Barton auf den Überresten der Ende des 19. Jahrhunderts erbauten ➛Tom Moore Distillery errichtet. Unter der Führung von Oscar Getz († 1983), den Bourbon-Freunde noch heute wegen seines einzigartigen Whiskey-Museums in Bardstown schätzen, erlebte Barton die Heydays des amerikanischen Whiskeys und expandierte nach Schottland (➛Littlemill, ➛Loch Lomond). Dort kam Barton unter die Räder und landete nach diversen Umstrukturierungen und Übernahmen 1993 unter dem Dach des US-Konzerns ➛Constellation Brands, der mit der Produktion von Billigweinen groß geworden war. Unter dessen Regie übernahm Barton die Firmen ➛Glenmore und ➛Medley sowie die kanadischen Brennereien Lethbridge (heute ➛Black Velvet Distillery) und ➛Valleyfield. 2008 gab Constellation der Brennerei Barton den Namen Tom Moore Distillery, nur um im Jahr darauf sämtliche Spirituoseninteressen mit Ausnahme der kanadischen Brennereien an die Sazerac Company zu verkaufen. Die wiederum taufte die Brennerei in Anlehnung an ihr renommiertestes Produkt Barton 1792. Barton betreibt noch weitere Brennereien in Georgia (➛Viking) und Kalifornien, in denen Gin, Wodka, Rum, Tequila, Liköre etc. hergestellt werden.

BASIL HAYDEN'S

Kentucky Straight Bourbon von ➛Beam Suntory. Ein verhältnismäßig leichter und trockener 8-jähriger ➛Small Batch Bourbon, der seit 1992 auf dem Markt ist. Sein spezieller Charakter entsteht durch die roggenlastige *mashbill*, die gleichermaßen für seinen deutlich jüngeren Stallgenossen ➛**Old Grand-Dad** verwendet wird. Die beiden Marken gehören auch namensgeschichtlich zusammen: Old-Grand-Dad-

Schöpfer Raymond B. Hayden ehrte mit diesem Bourbon in den 1880er-Jahren seinen Großvater Basil, der etwa 100 Jahre zuvor in Kentucky Whiskey brannte.

BATTLE CRY

US Single Malt von ➛Sons of Liberty Spirits, Rhode Island: Destilliert mit einer *mashbill* aus 80 % Gersten- und 20 % Roggenmalz, vergoren mit Hefe, wie sie auch für belgische Trappistenbiere verwendet wird, gereift in frischen Fässern aus amerikanischer Eiche, erstmals abgefüllt 2014.

BAUERNHOFBRENNEREI LÜTHY

Schweizer Destillerie in Muhlen, Kanton Aargau; seit 2005 brennt Urs Lüthy Single Malts in seiner mobilen, mit zwei kleinen *pot stills* bestückten Brennerei. Er verwendet ausschließlich selbst gemälzte Braugerste aus der Schweiz und lässt seinen *new make* 3 bis 5 Jahre in kleinen Fässern aus einheimischer Eiche reifen, die vorher Schweizer Weine enthielten. Sein erster Malt hieß Insel-Whisky (*2008), seit 2010 füllt er jährlich ein Einzelfass unter dem Label **Herr Lüthy pure swiss** ab.

BEAM SUNTORY

Internationaler Hersteller mit Sitz in Deerfield, Illinois, Tochterfirma von ➛Suntory Holdings, dem drittgrößten Spirituosenkonzern der Welt. Mit Marken wie **➛Jim Beam**, **➛Maker's Mark**, **➛Canadian Club**, **➛Laphroaig**, **➛Teacher's** und den irischen Brands von **➛Kilbeggan** ist Beam Suntory in allen klassischen Whisk(e)y-Nationen vertreten. Der Konzern entstand 2014, als Suntory Holdings den US-Hersteller Beam Inc. erwarb. Das amerikanische Unternehmen selbst wurde 1933 von Jim Beam und seinem Sohn Jeremiah als James B. Beam Distilling Company gegründet. Namenspatron Jim (1864–1947), der vor der ➛Prohibition einigen Erfolg mit seinem **Old Tub Whiskey** hatte, war damals bereits 70 Jahre alt. Er war ein Nachkomme von Jacob Beam (1770–1834), der wiederum von einem deutschen Einwanderer namens Böhm abstammte und bereits 1795 Whiskey brannte. Die Beams haben die Entwicklung des Bourbon in einem Maße beeinflusst wie keine andere der alten Whiskey-Familien.

Sie betrieben eine ganze Reihe von Brennereien (→Early Times) und brachten immer wieder talentierte Brennmeister hervor, die ihr Wissen auch anderen Destillerien vermittelten. Beams waren unter anderem in der →Four Roses Distillery tätig, bei →Stitzel-Weller und bei →Michter's (→**Limestone Branch**). Bei →Heaven Hill ist mit Craig Beam nun schon die dritte Beam-Generation für die Herstellung verantwortlich. Booker Noe, ein Enkel von Jim Beam, führte die →Small-Batch-Kategorie ein und leitete damit den Aufstieg des Bourbon in die Whisk(e)y-Upper-Class ein. Bis dahin war es allerdings ein weiter Weg: Nach der Prohibition versuchten Jim und Jeremiah in einer Brennerei in Clermont bei Bardstown mit ihrem Old Tub Whiskey an frühere Erfolge anzuknüpfen. Doch Geld und ausgereifter Whiskey waren knapp, und so nahmen sie einen Finanzier namens Harry Blum ins Geschäft, einen Schnapshändler aus Chicago, der vielleicht nicht so viel von Whiskey verstand wie Jim, umso mehr aber von Marketing. Unter seiner Ägide wurde 1942 die Marke →**Jim Beam** herausgebracht und die verkaufte sich so gut, dass die Beams ihren Partner bereits 1945 wieder ausbezahlen konnten. Die steigende Nachfrage führte 1953 zum Bau einer weiteren Brennerei im nahe gelegenen Boston. 1967 wurde die Firma von

American Brands übernommen, einem Mischkonzern, der damals hauptsächlich im Tabakgeschäft engagiert war und auch die legendäre Detektei Pinkerton besaß. Unter der Regie dieses Konzerns stieg die Jim Beam Co. nun richtig ins Geschäft ein: 1987 erwarb sie die Destillerien ➛Old Crow, ➛Old Grand-Dad und Old Taylor (➛**Colonel E.H. Taylor**) mitsamt deren Marken, außerdem die ➛Alberta Distillery in Calgary, Kanada. Zeitweise besaßen die Amerikaner die schottischen Firmen ➛Whyte & Mackay und ➛Invergordon Distillers. 2005 übernahm der Konzern, der mittlerweile als Fortune Brands firmierte, die Brennereien ➛Ardmore und ➛Laphroaig sowie die Marken ➛**Teacher's** und ➛**Maker's Mark**. 2011 lösten sich Fortune Brands auf, das gesamte Spirituosengeschäft wurde fortan von Beam Inc. weitergeführt, die im selben Jahr das irische Unternehmen ➛Cooley schluckten. Weitere Marken des Hauses sind: ➛**2 Gingers**, ➛**DYC**, ➛**Jacob's Well**, ➛Kessler, ➛**Old Bourbon Hollow**, ➛**Parker's Heritage Collection**, ➛**(ri)1**, ➛**Sunnybrook**, ➛**Tangle Ridge**, sowie die Marken von ➛Morrison Bowmore, ➛Alberta, Cooley/Kilbeggan und natürlich von ➛Jim Beam selbst.

BEER BARREL BOURBON

US-Whiskey von ➛New Holland Artisan Spirits, Michigan, erstmals abgefüllt 2012. In frischen Eichenholzfässern gereifte Destillate werden mit zugekauftem Whiskey vermählt und dann noch einmal für 3 Monate in hauseigenen Bierfässern gelagert.

BEINN A'CHEÒ

➛Morrison & Mackay

BELFAST DISTILLERY COMPANY (BDC)

Nordirische Firma mit Sitz in Holywood, County Down, gegründet 2005 von Peter Lavery, einem Belfaster Busfahrer, der mit einem ansehnlichen Lotteriegewinn ins Whiskey-Business einstieg. Zuerst entwickelte er die Marken ➛**Danny Boy** und ➛**Titanic**, die er sich von ➛Cooley herstellen ließ. Dann kaufte er ein seit 1996 leer stehendes Belfaster Gefängnis, um es in eine „Boutique Distillery" umzuwandeln. Die soll spätestens 2016 ihren Betrieb aufnehmen und in drei großen *pot stills* den Single Malt ➛**McConnel's** produzieren (geplante Kapazität 300 000 *lpa*). Die Marke erschien bereits 2014 in sehr kleiner Auflage, der 15-jährige Malt stammte ebenfalls von Cooley. Laverys Deal mit dieser Firma lief bis Ende 2015, seit Cooley aber von ➛Beam übernommen wurde, erhält die BDC nur noch

maximal 4 Jahre alte Whiskeys. Derzeit laufen die Verhandlungen über mögliche Lieferungen von älterem Stoff, und es bleibt zu hoffen, dass es Lavery gelingt, Belfast zurück auf die Whiskey-Landkarte zu bringen. Immerhin beherbergte die Stadt einst die Royal Irish Distilleries, eine der renommiertesten Brennereien Irlands (➛**Dunville's**).

The BELGIAN OWL

Belgischer Single Malt aus der Owl Distillery in Grâce Hollogne, Lüttich, im Besitz von Etienne Bouillon, Pierre Roberti und Christian Polis. Der erste Single Malt Belgiens erschien 2007. Die Gerste stammt aus eigenem Anbau, die beiden *pot stills*, die ursprünglich in ➛Caperdonich standen, aus dem 19. Jahrhundert. Abgefüllt wird The Belgian Owl in der Regel nach 3- bis 4-jähriger Reifung in Ex-Bourbonfässern. Im Nachhinein eigentlich überraschend, dass die Belgier mit ihrer großen Bier- und Jenever-Tradition nicht schon eher als Whisky-Produzenten von sich reden machten. Tatsächlich hatte der Obstbrenner Etienne Bouillon bereits 1997 damit begonnen, in seiner Destillerie Lambicool Malz zu verarbeiten. Anfangs füllte er ungelagerten Schnaps als **Belgian Pure Malt** ab, erst nach dem Einstieg seiner heutigen Partner und der Installation der alten Pot Stills ist die Whisky-Produktion innerhalb von Lambicool unter dem Namen The Owl Distillery im Gange.

BELLOWS

Whisk(e)y-Marke von ➛Luxco: simpler Supermarktstoff zu haben als Blended American, Bourbon und Blended Scotch (sowie als Gin, Rum und Wodka). Bis 2013 gehörte Bellows zu ➛Beam, wo die Marke auch heute noch für Luxco produziert wird.

BELL'S

Blended Scotch von ➛Diageo. Seit den 1970ern die Nr. 1 in England und heute unter den 30 weltweit erfolgreichsten Whisky-Marken; neben der sehr anständigen Standardversion gibt es Bell's auch als 8-Jährigen. Die Grundlagen der Blends kommen aus den Brennereien ➛Blair Athol, ➛Caol Ila, ➛Dufftown, ➛Glenkinchie und ➛Inchgower. Die Marke geht auf Arthur Bell (†1900) zurück, der sich 1851 in Perth als Whisky-Händler selbstständig gemacht hatte. Er war maßgeblich an der Einführung standardisierter Flaschengrößen beteiligt und eröffnete 1863 eine Niederlassung in London. Seine Söhne brachten 1904 erstmals eine Marke unter dem eigenen Namen heraus und stiegen selbst ins Brennereigeschäft ein. 1932 erwarben sie die Destillerien Blair Athol und Dufftown, 1936 kam Inchgower hinzu, 1974 erbaute die Firma die ➛Pittyvaich Distillery, 1983 erwarb sie ➛Bladnoch. Arthur Bell & Sons war eine der letzten alten Firmen, die sich ihre Unabhängigkeit bewahren konnten, bis auch sie 1985 von Guinness geschluckt und dem Konzern einverleibt wurde, aus dem später Diageo erwuchs (➛DCL).

BELMONT FARM DISTILLERY
US-Microdistillery in Culpeper, Virginia, von Chuck Miller. „America's first craft distiller" ist einer der wenigen, bei dem die Berufung auf uramerikanische Schnapsbrennertradition und altem Familienrezept nicht nach hohlem Marketinggedöns klingt. Seit 1987 betreibt er seine kleine Brennerei und er war höchstwahrscheinlich lange Zeit der einzige legale *pot-still*-Whiskey-Brenner in den USA und noch dazu einer, der tatsächlich „from grain to glass" produziert: Miller verarbeitet ausschließlich selbst angebautes Getreide und destilliert in einer kleinen *pot still* (Baujahr 1930) und einem „doubler" (→Bourbon). Bis vor Kurzem füllte er unter dem Namen →**Virginia Lightning** nur ungelagerten →Corn Whiskey ab, neuerdings hat er auch einen fassgelagerten →**Kopper Kettle** im Programm.

BEN AIGEN
Blended Scotch von Strathnairn, einer Tochterfirma von →Gordon & MacPhail.

BEN ALDER
Blended Scotch von →Gordon & MacPhail. Die Marke kam Anfang des 20. Jahrhunderts heraus, damals noch unter dem Namen **Dew of Ben Alder** (→Dew).

BEN NEVIS
Schottischer Single Malt (Western Highlands, Fort Williams) von ➤Nikka. Ein eher kräftiger Malt mit vollem Körper und dezent schokoladig-fruchtiger Süße; in Zukunft soll es auch eine stark getorfte Version geben. Als Single wird Ben Nevis offiziell seit 1996 abgefüllt, ein Drittel der Produktion geht per Tank nach Japan, um den Blends von Nikka eine solide Basis zu geben. Der Malt ist außerdem Bestandteil von ➤**Dew of Ben Nevis** und ➤**Glencoe**. Die Destillerie wurde 1825 vom legendären ➤Long John Macdonald erbaut; sie fiel 1955 dem Kanadier Joseph W. Hobbs in die Hände, der als Schnapsschmuggler während der US-Prohibition ein Vermögen gemacht und wieder verloren hatte. In den 1930er-Jahren kam er nach Schottland, kaufte die Destillerien ➤Benromach und ➤Glenlochy und eröffnete eine Rinderfarm, deren Arbeiter als Cowboys kostümiert herumliefen. In den 1950er-Jahren erwarb er die Destillerie ➤Lochside und eben Ben Nevis, rüstete beide mit *continuous stills* aus und produzierte Malt und Grain Whiskys, die an Ort und Stelle zu

Blends verarbeitet wurden. 1981 kam Ben Nevis zurück zu Long John Distillers, die die *continuous stills* entfernten und den Betrieb 1986 einstellten. 3 Jahre später erwarb die japanische Firma Nikka die Brennerei, seit 1991 wird dort auch wieder produziert (etwa 1,8 Millionen *lpa*).

BEN WYVIS
Schottischer Single Malt (Northern Highlands, Invergordon) von ➤Invergordon Distillers (Whyte & Mackay). Zwischen 1965 und 1977 betrieben Invergordon Distillers auf dem Gelände ihrer riesigen Grain-Fabrik eine kleine Malt-Produktion unter dem Namen Ben Wyvis. Deren Whisky war ausschließlich für Blends bestimmt, erst Jahrzehnte nach ihrer Stilllegung kam Ben Wyvis auch als Single in die Flasche: da gab es einen 27- und einen 37-Jährigen von der Brennerei selbst und einen 31 Jahre alten von ➤Signatory – alle drei längst vergriffen. Später legte Invergordon einen 10-Jährigen nach, der selbstverständlich nicht aus Ben Wyvis stammen kann. Nicht gerade die feine Art, rechtlich aber nicht zu beanstanden. Ähnlich

verhält es sich mit Invergordons Single Malt ➛**Ferintosh** von 1997: Auch der trug den Namen einer längst geschlossenen Brennerei. Sie wurde neben Ferintosh auch Ben Wyvis genannt, denn sie lag ebenfalls am Fuße des Bergrückens gleichen Namens.

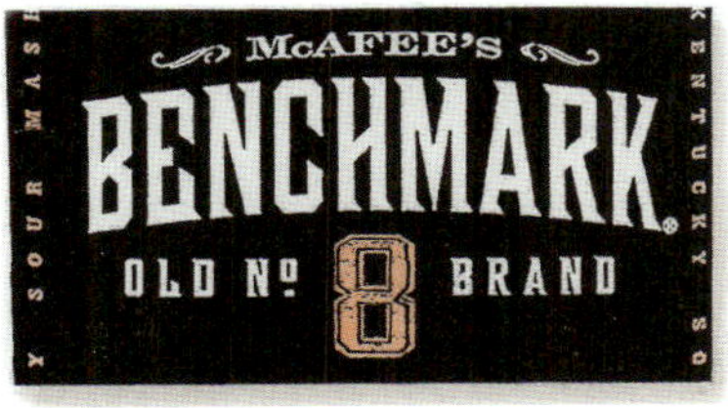

BENCHMARK
Kentucky Straight Bourbon aus der ➛Buffalo Trace Distillery (Sazerac Co.). Ein gediegener, arg harmloser Whiskey, den ➛Seagram 1967 in der Hoffnung herausbrachte, das angeschlagene Image von ➛Bourbon etwas aufpolieren zu können. Der zukunftsweisende Slogan „Sip it with arrogance" verfing allerdings nicht, und Seagram gab die Marke 1989 an Sazerac ab. Dort erhielt sie als **Benchmark XO** ein Upgrade zum ➛Single Barrel, der den asiatischen Markt erobern sollte. Auch das brachte nicht den gewünschten Erfolg, und heute fristet der Whiskey sein Dasein als Jack-Daniel's-Kopie: **Benchmark Old N° 8 Brand** (bei Bedarf auch mit Pfirsichgeschmack zu haben).

BENJAMIN PRICHARD'S
US-Whiskey aus der Prichard's Distillery, eröffnet 1999 in Kelso, Tennessee, von Phil Prichard, der in seinen *pot stills* in erster Linie Rum produziert. Seine Whiskeys besorgte er sich anfangs in Kentucky, ließ sie noch einmal annähernd drei Jahre in eigenen Fässern reifen und nannte das Ergebnis „Double Barreled Bourbon". Mittlerweile brennt Prichard seinen Whiskey zumindest teilweise selbst, seit 2014 auch in seiner zweiten Brennerei in Fontanel, Tennessee. Dabei verzichtet er auf den von Tennessees Großbrennern favorisierten Lincoln County Process (➛Tennessee). Die Benjamin Pritchard's Whiskeys (benannt nach einem von Phils Vorfahren, der schon Anfang des 19. Jahrhunderts Whiskey gebrannt haben soll) gibt es in folgenden Versionen: **Double Barreled Bourbon**, **Double Chocolate Bourbon** (mit Kakaobohnenessenz aromatisiert), **Tennessee Whiskey**, **Rye Whiskey**, **Tennesse Malt Whiskey** („nach irischer Tradition gebrannt") und **Lincoln County Lightning** (ungelagerter Corn Whiskey).

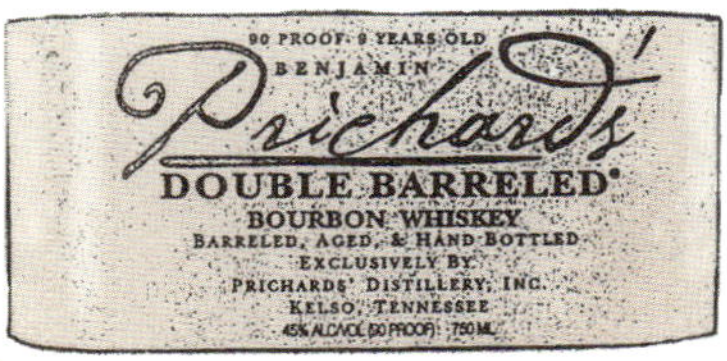

BENMORE
Blended Scotch, den ➛Diageo in Südostasien als „contemporary and masculine“ anbietet. Er trägt den Namen einer Brennerei, die von 1868 bis 1927 in ➛Campbeltown betrieben wurde (die Reste der Anlage dienen heute als Busdepot).

BENRIACH
Schottischer Single Malt (Speyside, Longmorn) der BenRiach Distillery Co. Ein hochinteressanter Whisky, den es in fruchtig-süßer Speyside-Manier ebenso gibt wie in nahezu Islay-hafter Rauchigkeit. Die Brennerei wurde 1898 eröffnet. 1977 übernahm ➛Seagram und gab BenRiach, der bis dahin nur von den ➛Unabhängigen zu haben war, erstmals 1994 als Originalabfüllung heraus. Der weitaus größte Teil der Produktion floss aber in den Blend ➛**Queen Anne**. Die Brennerei wurde 2002 geschlossen und 2004 an die heutigen Besitzer verkauft. Unter der Leitung des ehemaligen ➛Burn-Stewart-Chefs Billy Walker wurde die auffällige Schreibweise mit dem großen R eingeführt, vor allem aber ging man daran, auch die bisher unbekannten, stark getorften Malts, die von Seagram nur zum Blending verwendet worden waren, als Single abzufüllen (allerdings werden etwa 60 % der gesamten Malt-Produktion fürs Blending an ➛Chivas Brothers verkauft). Seit 2013 sind auch die 1999 aufgegebenen *floor maltings* wieder in Betrieb, zumindest sporadisch. Die Jahreskapazität liegt bei 2,8 Millionen *lpa*. Mit dem Erwerb der Destillerien ➛GlenDronach (2008) und ➛Glenglassaugh (2013) verschaffte sich die BenRiach Distillery Co. zwei weitere Standbeine in der von Großkonzernen dominierten Scotch-Industrie.

BENRINNES

Schottischer Single Malt (Speyside, Aberlour) von ➔Diageo). Ein erdiger Kraftmeier mit einem „meaty punch“, wie es ➔Michael Jackson formulierte. Diese Wucht resultiere, so Jackson, unter anderem aus der partiellen Dreifach-Destillation, die man in Benrinnes bis 2009 praktizierte. Dabei wurde – ähnlich wie bei ➔Springbank – ein Teil des zweiten Destillats in einer dritten *still* noch einmal gebrannt. Seine Kraft macht Benrinnes zu einem wichtigen Bestandteil vieler Blends, darunter ➔**Johnnie Walker** und ➔**Crawford's**, als Single kam er offiziell nur in den Diageo-Serien „Flora & Fauna“ (erstmals 1991) und „Manager's Choice“ heraus, außerdem in der ➔Rare Malts Selection. Von den ➔unabhängigen Abfüllern gibt es ihn immer mal wieder und auch der ➔**Stronachie** von ➔A. D. Rattray kommt aus Benrinnes. Die Brennerei wurde 1834 als Lyne of Ruthrie Distillery eröffnet, seit 1838 trägt sie ihren heutigen Namen. 1922 wurde sie von ➔Dewar's übernommen und in den 1950ern nahezu komplett umgebaut. Die Jahreskapazität liegt bei 3,6 Millionen *lpa*.

BENROMACH

Schottischer Single Malt (Speyside, Forres) von ➔Gordon & MacPhail: Ein delikat würziger Malt, den es seit einigen Jahren auch in einer deutlich getorften Version gibt sowie als zertifizierten Bio-Whisky (➔**Da Mhile**, ➔**Highland Harvest**). Die Brennerei wurde 1898 erbaut, gehörte in den 1930er-Jahren dem Kanadier J. W. Hobbs (➔Ben Nevis) und später der ➔DCL. Damals war Benromach ein wesentlicher Bestandteil des Blends ➔**The Antiquary**. 1983 wurde die Brennerei geschlossen, seit 1993 gehört sie Gordon & MacPhail, die sie komplett neu ausstatteten und 1998 wieder in Betrieb nahmen. Mit einer Jahreskapazität von 500 000 *lpa* gehört Benromach zu den kleinsten Brennereien Schottlands.

BERKSHIRE MOUNTAIN DISTILLERS

US ➛Craft Distiller in Great Barrington, Massachusetts, gegründet 2007 von Chris Weld. Neben Wodka, Gin und Rum produziert Weld auch einen **Berkshire Bourbon** und einen **New England Corn Whiskey**. In der Reihe Cask-Finished gibt es den Bourbon auch mit *wood finishes* in Fässern bekannter Craft Brewer wie Samuel Adams und Terrapin.

BERNHEIM DISTILLERY

US-Destillerie in Louisville, Kentucky, im Besitz von ➛Heaven Hill. Bevor der deutsche Auswanderer Isaac W. Bernheim (1848–1945) seine eigene Destillerie eröffnete, hatte er sich als Patentinhaber des Flachmanns und als Whiskey-Händler einen Namen gemacht. Bereits 1879 ließ er seine Marke ➛I.W.Harper registrieren. Damals kaufte er seinen Whiskey noch bei anderen Brennern, erst im Jahre 1897 ging er selbst unter die Hersteller. Die Prohibition überstand Bernheim mit der Herstellung von medizinischem Alkohol, danach wurde die Destillerie (1937) von ➛Schenley übernommen und kam damit 1987 zu ➛Diageo-Vorläufer UD. Der ließ sie abreißen und errichtete 1992 ganz in der Nähe die moderne Bernheim Distillery, die 1999 an Heaven Hill verkauft wurde. Hier werden heute vier unterschiedliche Sorten produziert: Heaven Hills reguläre Bourbons sowie die ➛Wheated Whiskeys ➛**Old Fitzgerald** und ➛**Rebel Yell** (für ➛Luxco). Erstere entstehen aus einer *mashbill* mit 86 % Mais, 6 % Roggen und 8 % Gerstenmalz; sie werden mit etwa 70 Vol.-% gebrannt und reifen in beheizten *warehouses*. Die Wheated-Mashbill beträgt 75 % Mais, 20 % Weizen und 5 % Gerstenmalz; gebrannt wird auf etwa 65 Vol.-%, gereift in unbeheizten *warehouses*. Die dritte Sorte ist der Weizen-Whiskey ➛**Bernheim Original**, die vierte schließlich die Rye-Whiskeys (*mashbill*: 65 % Roggen, 23 % Mais, 12 % Gerstenmalz). Der Hefekultur stammt noch aus Schenley-Beständen und wird wie auch der *sour-mash*-Anteil von 25 % für alle vier Sorten verwendet. (➛**Barterhouse**, ➛**Blade & Bow**, ➛**Forged Oak**, ➛**Old Blowhard**.)

BERNHEIM ORIGINAL

Kentucky Straight Wheat Whiskey von Heaven Hill. Mit diesem delikat-würzigen Mittelgewicht schuf Heaven Hills Master Distiller Parker Beam einen neue Whiskey-Sorte: den →Wheat Whiskey, der größtenteils aus Weizen hergestellt wird (*mashbill*: 51 % Weizen, 39 % Mais, 10 % Gerstenmalz). Er ist etwa 5 Jahre alt und erschien erstmals 2005; eine 13-jährige Version gab es in →Parker's Heritage Collection.

BERRY BROS. & RUDD

Londoner Wein- und Spirituosenhandelshaus von höchstem Renommee, erstmals erwähnt 1690; auf dem internationalen Whisky-Markt seit 1923 mit dem Blended Scotch →**Cutty Sark** erfolgreich. Die Marke wurde 2010 an →Edrington im Tausch gegen den Single Malt →**Glenrothes** abgegeben. Mit dem Label **Berry's Own Selection** tritt das Haus seit 2002 auch als →unabhängiger Abfüller auf (bis dahin gab es BB&Rs Malts nur für Privatkunden und die königliche Familie); Vatted Malts gibt es in der Reihe →**Blue Hangar** und →**St. James's** ist der Blended Scotch des Hauses.

BIB & TUCKER

US-Whiskey von 35 Maple Street, jenem kleinen kalifornischen Markenentwickler, der mit →**Masterson's** einen fulminanten Start hinlegte. Dass Bib & Tucker ein ebenso großer Wurf werden könnte, darf bezweifelt werden. Die Marke war als 8-jähriger Bourbon aus einer Brennerei in Tennessee – →George Dickel vermutlich – angekündigt worden, erschien dann aber (2014) als 6-Jähriger ohne Herkunftsangabe und leider auch ohne die Geschmacksfülle der Masterson's-Whiskys. Bei Bib & Tucker (ein Slang-Ausdruck für Sonntagskleidung) gab man sich offensichtlich mehr Mühe für das Design der Flasche (retro, was sonst) als für deren Inhalt.

BIG PEAT
Schottischer Vatted Malt, 46 %, von ➛Douglas Laing, komponiert ausschließlich aus Malts von ➛Islay; seit 2009 erscheinen immer wieder neue Versionen dieser erfreulich günstigen Torfbombe für den Hausgebrauch; zusammengestellt aus ➛**Ardbeg**, ➛**Bowmore**, ➛**Caol Ila**, ➛**Port Ellen** und zwei weiteren ungenannten Malts.

The BIG SMOKE
Schottischer Vatted Malt von ➛Duncan Taylor, zu haben mit 40, 46 und 60 Vol.-%. Eine solide, preiswerte Mischung junger Islay-Malts.

BIG „T“
Blended Scotch der ➛Tomatin Distillery Co., der schottischen Niederlassung von ➛Takara Shuzo.

BILL'S MICHIGAN WHEAT
US-Whiskey von ➛New Holland Artisan Spirits, Michigan, destilliert aus einer Weizen- und Gerstenmalzmaische, gereift in kleinen Fässern aus amerikanischer Eiche.

BLACKADDER
Unabhängiger Abfüller, den Robin Tucek von Schweden aus führt. Tucek hatte die Firma 1995 zusammen mit John Lamond in Tunbridge Wells, Kent, gegründet, wo die beiden, die auch den mehrfach wieder aufgelegten „Malt Whisky File“ verfassten, ihr ➛Master-of-Malt-Geschäft betrieben; Lamond ist mittlerweile ausgeschieden. Tucek ist ein radikaler Purist: Er verzichtet nicht nur auf Färbung *(nc)* und Kühlfiltration *(ncf)* sondern filtert in seiner Reihe **Raw Cask** nur grobe Holzreste der Fässer heraus, alle übrigen Sedimente kommen mit in die Flasche.

Weitere Single Malts werden in den Reihen Aberdeen Distillers, ➛Clydesdale, Caledonian Connections, Legendary, Peat Reek und Smoking Islay angeboten. Blackadder besitzt außerdem die Marken ➛**Blairfindy**, ➛**Drop of the Irish** und ➛**Old Man of Hoy**.

BLACK & WHITE

Blended Scotch von ➛Diageo. Die große alte Marke aus dem Hause ➛Buchanan hat ihre besten Zeiten hinter sich und wird heute vorwiegend auf regionalen Märkten wie Osteuropa und Südafrika verkauft. Ihre wesentlichen Komponenten kommen von ➛Dalwhinnie, ➛Glendullan und ➛Clynelish. 1884 als **Buchanan's Blend** auf den Markt gebracht, hieß er zwischenzeitlich ➛**House of Commons** (seit es nämlich Buchanan gelungen war, die Bar des britischen Unterhauses damit zu beliefern), doch da ihn alle Welt wegen seiner dunklen Flasche mit dem hellen Label nur „Black & White" nannte, wurde er 1904 unter diesem Namen eingetragen. Damals kamen auch die beiden Tölen aufs Etikett.

BLACK BOTTLE

Blended Scotch von ➛Burn Stewart (Distell). Der anerkannt hohe

Gehalt an ➛Islay-Malts wurde wegen Nachschubproblemen reduziert. Noch immer spielt ➛**Bunnahabhain** hier die Hauptrolle, doch seine Sidekicks kommen nun von der Insel Mull: ➛**Ledaig**, ➛**Tobermory**. Die Marke wurde 1897 vom Aberdeener Handelshaus Gordon Graham geschaffen, gehörte zeitweise zu ➛Schenley und später zu ➛Edrington, die sie 2003 an Burn Stewart abgaben. Die feine 10-jährige Version wurde 2010 eingestellt.

BLACK BULL

Blended Scotch von ➛Duncan Taylor; das solide Flaggschiff des Hauses wird als **Black Bull Kyloe** (*nas*), als 12- und als 21-Jähriger angeboten sowie in limitierter Auflage mit 30 und 40 Jahren. Wie es sich für einen Whisky diesen Namens gehört, kommt der Bulle mit mächtigen 50 Vol.-%. Die Marke stammt ursprünglich von George Willsher, gegründet 1864 in Dundee, und wurde 2009 von Duncan Taylor wiederbelebt.

BLACK BUSH
Blended Irish aus der ➛Old Bushmills Distillery von Casa Cuervo. Ein reichhaltiger, komplexer Blend mit hohem Malt-Anteil (80 %), international einer der populärsten Irish Whiskeys. Black Bush reift teilweise in Sherryfässern, der Grain stammt aus ➛Midleton.

BLACK CUILLIN
Schottischer Single Malt von ➛Highland & Island Whisky Co. Die Herkunft des Malts wird nicht angegeben, höchstwahrscheinlich kommt er von ➛Talisker. Diese Brennerei steht auf der Insel Skye und dort liegt auch die für britische Verhältnisse spektakuläre Bergkette Black Cuillin, nach der dieser Whisky benannt ist. Wie auch die anderen Highland & Island-Whiskys verfügt Black Cuillin über ein sehr überzeugendes Preis-Leistungs-Verhältnis.

BLACK DIRT
Bourbon von Black Dirt Distilling, Warwick, New York, seit 2014 zu haben als 3-Jähriger und als Single Barrel. Anfangs stammten die Whiskeys wohl noch von anderen Herstellern, denn die beiden Black-Dirt-Gründer Jason Grizzanti und Jeremy Kidde begannen erst 2012 auf dem Gelände ihrer Warwick Valley Winery selbst zu destillieren. Ein Jahr später eröffneten sie ein paar Straßen weiter eine eigenständige Brennerei, in der nun mit zwei unterschiedlichen *mashbills* gearbeitet wird: 80 % Mais, 12 % Gerstenmalz, 8 % Roggen und 60 % Mais, 10 % Gerstenmalz, 30 % Weizen.

BLACK DOG
Blended Scotch von ➛United Spirits (Diageo). Ein anständiger Whisky und ein anschauliches Beispiel für die Entwicklung der Whisky-Industrie: Die Marke wurde 1883 von ➛Mackinlay herausgebracht und nach einem Fliegenfischerknoten Black Dog benannt (Fliegenfischen war bereits damals ein beliebter Zeitvertreib für bessergestellte Schottlandreisende). Etwa 100 Jahre später wurde Mackinlay

SINCE 1883
BLACK DOG
SCOTCH WHISKY

von →Whyte & Mackay geschluckt (damals in US-Besitz) und fiel mit diesem Unternehmen 2007 an das indische Zuckerrohrschnapsimperium →United Spirits. Das wiederum schnappte sich inzwischen Weltmarktführer Diageo, der die Marke nun exklusiv in Indien vertreibt. Dort ist Black Dog heute einer der erfolgreichsten De-luxe-Blends. In Schottland wird der Ausdruck „einen schwarzen Hund auf der Schulter haben" als Metapher für alkoholbedingte Depressionen verwendet (→**Cú Dhub**).

BLACK DOUGLAS

Blended Scotch von Carlton & United Breweries, (CUB), einer Tochterfirma des australischen Brauereikonzerns Foster's (→Cougar). Die Marke war von →Seagram für den neuseeländischen Markt entwickelt worden und kam 1999 zu Foster's. Sie ist nach James Douglas (1286–1330) benannt, der sich als Gefolgsmann des schottischen Königs Robert the Bruce bei der Schlacht von Bannockburn (1314) auszeichnete. Damals fügten die Schotten den Engländern eine empfindliche Niederlage zu. Auch →Hart Brothers hatten einmal eine Marke dieses Namens.

BLACK GATE DISTILLERY

Australische Brennerei in Mendooran, New South Wales, eröffnet 2012 von Brian und Genise Hollingworth. Ihr Single Malt reift derzeit noch in Ex-Sherryfässern; auch eine getorfte Version soll bald abgefüllt werden.

The BLACK GROUSE

Blended Scotch von →Edrington; eine deutlich getorfte Version der populären →**Famous Grouse**.

BLACK KNIGHT

Indischer Whisky von →Mohan Meakin. Ein Blend aus Melasse-Destillat und Malt Whisky aus der Brennerei Mohan Nagar.

BLACK MAPLE HILL

Kentucky Straight Bourbon, den sich CVI Brands von →Kentucky Bourbon Distillers abfüllen lässt.

Als diese herausragende Marke Ende der 1990er-Jahre erschien, stammten die 14- bis 20-jährigen Whiskeys – auch ein Rye war darunter – aus Julian Van Winkles alten Beständen (→**Old Rip Van Winkle**). Nachdem Van Winkle 2002 zur →Buffalo Trace Distillery gewechselt war, fand CVI-Chef Paul Joseph offenbar erneut eine gute Quelle, allerdings gibt es Black Maple Hill heute nur noch als 8-jährigen Bourbon. Die in San Carlos, Kalifornien, ansässige Firma CVI Brands ist seit den 1970er-Jahren im Geschäft und füllt hauptsächlich Armagnac und schottische Single Malts ab.

BLACK NIKKA
Japanischer Blend von ➛Nikka. Die Marke existiert seit den 1960er-Jahren und ist heute eine der wichtigsten des Hauses; zu haben als 8-Jähriger und als **Black Nikka Special**.

BLACK TOP
Blended Scotch, den ➛Ian Macleod seit 1996 für Aberko produziert. Dieses unabhängige, kleine Unternehmen in Glasgow war 1994 als Aberfoyle & Knight gegründet worden und firmiert seit 2003 unter seinem heutigen Namen. Aberko ist auch für den Malt ➛**Deerstalker** verantwortlich und produziert Hutchieson's Ginger Wine, einen mit Ingweröl aromatisierten Likör, wie er in dieser Geschmacksausprägung nur von den Briten erdacht werden konnte. Er wird gerne mit Scotch vermischt als „Whisky Mac" getrunken.

BLACK VELVET
Blended Canadian aus der Black Velvet Distillery in Lethbridge, Aberta von ➛Constellation Brands. Dieser vanillig-süße Whisky ist derzeit die Nr. 2 unter den Canadians. Die Standardversion ist 3 Jahre alt und wird hauptsächlich für den Export produziert; daneben gibt es einen **Black Velvet De Luxe** und die 8-jährige **Reserve**. Die Herstellung erfolgt nach einer „blending at birth" genannten Methode, bei der *new make* mit den geschmacksgebenden, bis zu 6 Jahren gereiften Mais- und Roggenbränden vermischt und dann in ehemaligen Bourbonfässern gelagert wird. Black Velvet

erschien 1951 in der „Velvet“-Reihe von der Firma Gilbey (➛**Glen Spey**), die ihn in ihrer Gin-Brennerei in Toronto produzierte (die anderen Labels der Reihe existieren heute nicht mehr: **Red**, **Golden** und **Royal Velvet**, der in den USA **Regal Velvet** hieß). 1973 wurde die Produktion in die neue Palliser Distillery in Lethbridge verlegt. Palliser kam 1999 zu Constellation Brands, die sie 10 Jahre später nach ihrer erfolgreichsten Marke Black Velvet Distillery tauften. Weitere hier produzierte Whiskys sind ➛**Danfield's**, ➛**Mac Naughton**, ➛**McMasters** und ➛**Schenley**.

BLACK-WOOD
Deutscher Single Malt aus der Schwarzwaldbrennerei Walter Seeger in Calw-Holzbronn, Baden-Württemberg. Zu haben als 4-jähriger, in Sherryfässern gereifter Single Malt und als **Weizen Whisky**, für den Seeger Weizen und Gerstenmalz verwendet. Von Hause aus Obstbrenner begann Seeger bereits 1990 mit einer kleinen Whisky-Produktion. Sein erster Blend erschien 1993, ohne dass die Whisky-Welt davon Notiz nahm.

BLACKGRANGE ➛Cambus

BLACKWOOD ➛Muckle Flugga

BLACPOWER
Indischer Whisky von ➛Tilaknagar Industries, der hier nur wegen seiner individuellen Orthographie und dem offiziellen Werbeslogan auftaucht: „every sip a power trip“ – was will man mehr?

BLADE & BOW
Kentucky Straight Bourbon von ➛Diageo, erschienen 2015. Bourbons ungenannten Ursprungs mit einem Upgrade aus geringen Mengen alter ➛Stitzel-Weller-Whiskeys.

BLADNOCH
Schottischer Single Malt (Lowlands, Wigtown) der Vatika Group: einst ein delikater, blumiger Malt (den gab es in Diageos ➛Rare Malts Selection), zuletzt dann etwas würziger und – ungewöhnlich für einen Lowland-Malt – mitunter auch mit deutlicher Torfnote ange-

legt. Die Brennerei wurde 1817 von den ➛McClellands errichtet und blieb bis 1938 in Familienbesitz. Nach mehreren Besitzerwechseln landete sie beim ➛Diageo-Vorläufer United Distillers, der sie 1993 stilllegte und 1995 an den nordirischen Bauunternehmer Raymond Armstrong verkaufte, mit der Auflage allerdings, es dürfe dort nie wieder Whisky gebrannt werden. Daher nutzte Armstrong die Anlage erst mal als Ferienwohnanlage und Trailerpark, bis Diageo im Jahr 2000 einlenkte und die Produktion zumindest in kleinem Maßstab wieder aufgenommen werden konnte. Acht Jahre später kam der neue Bladnoch in die Flaschen, doch trotz einhelligem Lob von Seiten der Fachwelt fand er nicht den nötigen Zuspruch beim Publikum. Die Brennerei wurde geschlossen und 2014 an den indischen Immobilienentwickler Vatika Group verkauft, der Bladnoch weiter betreiben und angeblich auch ausbauen will.

BLAIR ATHOL

Schottischer Single Malt (Central Highlands, Pitlochry) von ➛Diageo. Nahezu die gesamte Produktion geht für die ➛**Bell's**-Blends drauf, von Diageo gab es Blair Athol nur in der Reihe „Flora & Fauna" und in der ➛Rare Malts Selection. Auch von den ➛un-

abhängigen Abfüllern ist dieser mittelgewichtige Aperitif-Whisky mit dezentem Rauch nicht oft zu bekommen (Jahreskapazität 2,8 Millionen *lpa*).

BLAIRFINDY

Schottischer Single Malt, den die Firma ➛Blackadder als *Einzelfassabfüllung* anbietet. Der 25-jährige Whisky stammt aus der ➛Glenfarclas Distillery und trägt den Namen des Landsitzes der Familie Grant, die Glenfarclas seit über 150 Jahren besitzt.

BLAIRMHOR

Schottischer Vatted Malt von ➛Inver House Distillers (ThaiBev). Eine 8-jährige Komposition aus etwa 20 verschiedenen Malts, darunter eine ordentliche Portion ➛**Speyburn**. Bis in die 1970er-Jahre führte Inver House auch einen **Old Blairmhor**, das allerdings war ein Blend.

BLANTON'S

Kentucky Straight Bourbon aus der ➛Buffalo Trace Distillery. Mit diesem konsensfähigen Schwergewicht begann 1984 ein neues Zeitalter in der Geschichte des Bourbon. Als erster Single Barrel Whiskey erschloss Blanton's dem Bourbon jene exklusiven Marktsegmente, die bis dahin schottischen Single Malts und Cognacs von XO an aufwärts vorbehalten waren. Neben dem **Original Single Barrel** werden noch drei weitere Versionen angeboten, darunter auch eine in *Fassstärke*. Sie sind allerdings auf dem US-Markt nicht vertreten, verkaufen sich dafür umso besser im Bourbon-verrückten Japan, wo auch die Besitzer der Marke zu finden sind: Der in Kyoto ansässige Spirituosenproduzent ➛Takara Shuzo hatte die Marke 1992 zusammen mit ➛Age International erworben, jener New Yorker Handelsgesellschaft, die Blanton's seinerzeit speziell für den japanischen Markt entwickelt hatte. Wie auch die anderen Age-International-Whiskeys wird für Blanton's eine *mashbill* verwendet, die etwas mehr Roggen enthält als die regulären Buffalo-Trace-Bourbons. Die Marke ist nach Albert Bacon Blanton benannt, der die Brennerei bis 1953 leitete.

BLAUE MAUS

Deutscher Single Malt aus der gleichnamigen Brennerei in Eggolsheim, Franken, von Robert Fleischmann. Dieser eigenwillige Whisky erschien erstmals im Jahr 2000 als *Einzelfassabfüllung* mit 40 Vol.-%, mittlerweile ist er auch in *Fassstärke* zu haben. Seit 1980 macht Fleischmann von seinen Brennrechten Gebrauch, seit 1983 produziert er neben Korn- und Obstbränden auch Whisky. Mit seinem **Piratenwhisky** füllte er 1996 Deutschlands ersten Single Malt ab, der aber dank Fleischmanns erfreulich unbedarfter Öffentlichkeitsarbeit keine große Beute machen konnte. Auch die Umbenennung in **Glen Mouse** (1998) brachte nicht viel mehr als Ärger mit der ➛SWA, die ihm die Verwendung des Markennamens gerichtlich verbieten ließ, um mögliche Verwechslungen mit Scotch Whisky zu verhindern. Unter dem Label Blaue Maus ging es dann bergauf und

seither liefert die Brennerei eine ganze Reihe weiterer *Einzelfassabfüllungen*, die sich durch die verwendeten Malzsorten unterscheiden: ➛**Spinnaker**, ➛**Elbe 1**, ➛**Grüner Hund**, ➛**Krottentaler**, ➛**Mary Read**, ➛**Old Fahr**, ➛**Seute Deern** und den Single Grain ➛**Austrasier**. Destilliert werden sie sowohl in den *Obstbrennblasen* der alten Blaue-Maus-Brennerei als auch in der neuen, 2013 von Sohn Thomas eröffneten Destillerie, deren zwei kleine *pot stills* ausschließlich der Whiskyproduktion dienen. In der Regel reifen die Whiskys 8 Jahre in Fässern aus deutscher Eiche und werden mit 40 Vol.-% abgefüllt. Sie verdanken ihre Eigenheit der Tatsache, dass Fleischmann seine Fässer nicht wie allgemein üblich vor dem Befüllen ausbrennt. Die Wechselwirkung zwischen Holz und Destillat wird dadurch stark eingeschränkt.

The BLEND OF NIKKA

Japanischer Blended Whisky von ➛Nikka; die Marke erschien 1986 und war bis vor Kurzem in diversen Versionen zu haben: **The Blend 17 Years Old**, **The Blend Selection**, **The Rich Blend** etc. Aufgrund der spärlichen Vorräte in Nikkas *warehouses* wird die Range derzeit stark ausgedünnt.

BLENDED AMERICAN WHISKEY

Amerikanische Whiskey-Sorte, auf dem Etikett häufig als „A Blend" gekennzeichnet. US-Blends müssen mindestens 20 % ➛Straight Whiskey enthalten, der Rest ist Neutralsprit aus Getreide. Ab einem Straight-Anteil von 51 % kann man auch von Blended Bourbon bzw. Blended Rye sprechen. Um den geringen Gehalt an echtem Whiskey zumindest farblich zu kaschieren, darf ein kleiner Anteil „Sherry" (aus einheimischer Produktion) beigefügt werden. In der Machart erinnern diese Blends stark an ➛Canadian Whisky, mit einigem Recht könnte man sie auch als Canadians auf Mais- statt auf Roggenbasis nennen, und tatsächlich dürfen sie sogar kanadische Destillate enthalten (auch die kommen schließlich aus Amerika). Die Idee für ein derart grenzüberschreitendes Produkt stammte vom großen kanadischen Strategen Sam Bronf-

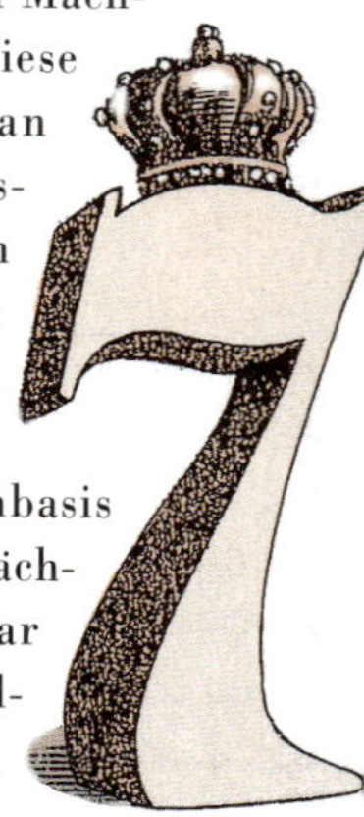

man, der den Grundstein für sein ➛Seagram-Imperium während der ➛Prohibition mit grenzüberschreitenden Whisky-Lieferungen in die USA legte. Mit der Entwicklung seiner Verschnitte schlug er nach der elenden Trockenperiode zwei Fliegen mit einer Klappe: Er konnte aus geringen Mengen ausgereiften Whiskys jede Menge preisgünstige Blends produzieren und gleichzeitig die gesamte Kategorie Whisk(e)y von ihrem durch prohibitionsbedingte Panscherei und Kriminalität verursachten Schmuddelimage befreien. Zu diesem Zweck lancierte Bronfman landesweite Werbekampagnen, in denen er Seagram Blends als leichte und saubere Alternative zu den traditionell deftigen Straights anpries und außerdem zum moderaten, gesellschaftsfähigen Genuss aufrief. Damit traf er den Nerv des amerikanischen Bürgertums. Sein Blend ➛**Seagram's 7 Crown** führte in den 1960er-Jahren die Liste der weltweit meistverkauften Spirituosenmarken an und Seagram selbst stieg zum größten Spirituosenkonzern der Welt auf. Der Boom hielt bis in die 1970er-Jahre an, dann schwenkte die Kundschaft langsam auf klare Spirituosen, insbesondere Wodka, um – warum auch nicht: Geschmacklich gibt Blended American nicht sehr viel mehr her als Wodka, am nächsten Morgen allerdings spürt man ihn stärker (selbstverständlich gab es von Seagram auch Wodka). Heute spielen Blended Americans nur noch im Discounterregal eine Rolle, einzig Seagram's 7 Crown ist noch unter den weltweit führenden Marken zu finden. Getrunken wird er traditionell als Highball mit Eis und Soda oder Limonade – ein gefährlich süffiger Durstlöscher.

BLENDED MALT

Schottische Whisky-Sorte, die aus einer Komposition verschiedener ➛Single Malts besteht, also das, was man früher als ➛Vatted Malt bezeichnete. Die Kategorie wurde 2005 von der ➛SWA mit der Begründung eingeführt, die technische Bezeichnung Vatted sei für Endverbraucher unverständlich. Außerdem würde nach EU-Regularien jedwede Mischung von Whiskys als Blend bezeichnet. Die Entscheidung der SWA stieß in Fachkreisen auf entschiedene Ablehnung. Zum einen gäbe es keinen Grund, den bereits seit 1853 bekannten Terminus Vatted zu verbannen (➛**Usher's**), zum anderen bestehe nun eine Verwechslungsgefahr zwischen Blended Scotch und Blended Malt Scotch. (Möglicherweise war ja genau das der eigentliche Sinn der Sache: es geht hier weniger um Information als um die Zugkraft des weltweit bekannten Begriffes Blended.) Einhellig begrüßt wurde dagegen die Entscheidung, in diesem Zusammenhang die Bezeichnung Pure Malt abzuschaffen, die bis dato sowohl für Singles wie für Vatteds verwendet wurde (➛**Cardhu**).

BLENDED WHISK(E)Y

Die Mehrzahl der Whisk(e)ys, die heute auf den Markt kommen, sind Blends, also eine Mischung aus ➛Malt bzw. ➛Straight Whisk(e)y mit ➛Grain Whisky oder Neutralsprit. Der größte Teil entsteht dabei nach schottischem Muster (siehe auch Blended Scotch, Blended American, Canadian Whisky, Irish Whiskey, Japanischer Whisky etc.). Das Blending findet in großen Tanks statt.

BLENDED SCOTCH

Die bekannteste und am weitesten verbreitete Whisk(e)y-Sorte besteht aus ➛Malt Whiskys, deren intensive Geschmacksfülle durch Verschnitt mit körperleichten ➛Grain Whiskys geglättet wird. Auf diese Weise entstehen die unterschiedlichsten Marken vom simplen Rachenputzer bis zu kunstvollen Kompositionen aus 50 und noch mehr Single Malts mit nur geringem Grain-Anteil. Seit das Geschäft von wenigen weltweit agierenden Megakonzernen dominiert wird (➛Diageo, ➛Pernod Ricard, ➛Beam Suntory), sind viele kleinere Labels verschwunden oder auf regionale Märkte verdrängt worden. Die Großen konzentrieren ihre enormen Werbeetats lieber auf einige strategische Marken, deren diverse Line-Extensions das gesamte Preisspektrum abdecken. Insbesondere im High-End-Bereich. Die erfolgreichsten Marken sind derzeit: ➛**Johnnie Walker**, ➛**Ballantine's**, ➛**Chivas Regal**, ➛**Grant's**, ➛**J&B** und ➛**William Lawson's**. Die Geschichte des Blended Scotch beginnt mit der Erfindung der *patent still* im Jahre 1830, die die Produktion der sauberen Grain Whiskys ermöglichte. Nachdem dann im Jahre 1860 gesetzlich festgelegt wurde, dass auch Grain als Whisky bezeichnet werden darf, begannen innovative Whisky-Händler wie →Usher jr., →Buchanan, →Dewar, →Lowrie, Sanderson (→**Vat 69**) und Walker (→**Johnnie**) mit der Herstellung von Blends. Diese Whiskys waren deutlich milder und ausgewogener als die damals mangels Rohstoffkontrolle und längerer Fasslagerung wohl tatsächlich recht derben Malts. Damit und in Verbindung mit der Entwicklung des modernen Marketings Ende des 19. Jahrhunderts begann der Siegeszug des schottischen Whiskys. Die beherrschende politische Stellung Großbritanniens, dessen mächtige Flotte Vertriebswege in alle Welt garantierte. ist dabei nicht zu unterschätzen.

BLENDERS PRIDE

Indischer Whisky von →Pernod Ricard. Diese Mischung aus schottischem Malt und indischem Grain gehört zu den 20 meistverkauften Whisk(e)y-Marken der Welt. Blenders Pride wurde ursprünglich von →Seagram für den lateinamerikanischen Markt herausgebracht und dann 1994 in Indien lanciert (→**Nasik**). Der Name Seagram steht noch heute auf dem Etikett, obwohl die Firma längst nicht mehr existiert.

Professor Thomas Preparing a Blue Blazer

BLUE BLAZER

Indischer Whisky von DCM Rémy (→DCM Shriram). Die edlere Schwestermarke von →**Red Blazer** wird aus schottischen Malts und einheimischen Destillaten zusammengestellt. Sie trägt den Namen eines spektakulären Whiskey-Drinks von „Professor" Jerry Thomas (1830–1885), dem „Godfather of Mixed Drinks" und Verfasser des ersten Cocktailbuches der Bar-Geschichte (1862). Dafür wird kochendes Wasser mit Whiskey vermischt in einen Silberkrug gegeben, angezündet und mit Schwung in einen zweiten Becher geschüttet. Dieser Vorgang wird mehrfach wiederholt und erzeugt bei geschickter Ausführung den Eindruck eines kontinuierlichen Stroms flüssigen Feuers (nur mit sauberem Whiskey wird die Flamme tatsächlich blau, →Proof).

BLUE HANGER
Schottischer Vatted Malt von ➛Berry Brothers & Rudd. Unter diesem Namen gibt es immer wieder neue Kombinationen hochwertiger Malts, abgefüllt mit 20 under proof (45,6 Vol.-%, ➛Proof), dem vor dem Ersten Weltkrieg üblichen Alkoholgehalt. Die Marke ist nach William „Blue" Hanger benannt, 3rd Baron Colraine (1744–1814), der als einer der bestangezogenen Männer seiner Zeit galt und Kunde bei Berrys war.

BONNIE SPECIAL
Indischer Whisky von ➛Jagatjit, angeboten als „special malted whisky designed for the macho man" – na dann runter mit der Mischung aus Malzextrakt und Neutralsprit. Der ursprüngliche Markenname **Bonnie Scot** wurde von der ➛SWA kassiert (➛**Peter Scot**).

BOOKER'S
Kentucky Straight Bourbon von ➛Beam Suntory. Diese reichhaltige Wucht von einem Bourbon wird mit 6 bis 8 Jahren in *Fassstärke* – deftigen 60 bis 63 Vol.-% in der Regel – abgefüllt. Die Marke erschien 1989 als erste in der ➛Small-Batch-Reihe von Jim Beam, ist aber eigentlich ein echter *Single Barrel* und noch dazu einer der wenigen Bourbons, die ohne *Kühlfiltrierung* in die Flasche kommen. Der Whiskey stammt ausschließlich aus den in der Mitte des Lagerhaus reifenden Fässern, wo die besten Temperatur-, Luft- und Lichtverhältnisse für die Reifung herrschen; Bourbons dieser Qualität sollte man eigentlich pur mit ein paar Tropfen Wasser verdünnt trinken, doch Fred Booker Noe II (1929–2004), Jim Beams Enkel, ehemaliger Brennmeister und Namenspatron dieser Marke, meinte, am besten sei Booker's mit viel Eis und einer Menge Wasser – „Kentucky Tea" nannte er das.

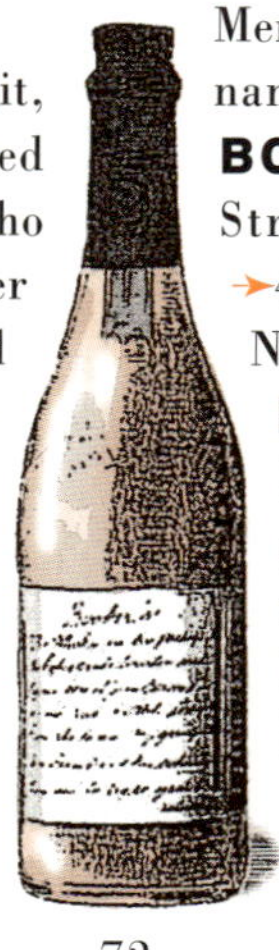

BORDER
Straight Bourbon aus der ➛45th Parallel Distillery in New Richmond, Wisconsin.

BOSCH
Deutscher Whisky aus der gleichnamigen Obstbrennerei der Familie Bosch in Lenningen-Unterlenningen, Baden-Württemberg. Die Standardmarke des Hauses ist der 4-Jährige Dinkel-

Gerstenmalz-Brand **Schwäbischer Whisky**, des Weiteren gibt es einen Single Malt namens **48 Limited**, 3 Jahre, und den Single Grain **Gelber Fels**. Gebrannt wird zweifach in einer *Obstbrennblase*, gelagert in französischer Eiche. Die Brennerei existiert seit 1948, der erste Whisky erschien 1997.

BOSTON CLUB

Japanischer Blend von ➛Kirin, zu haben als **Houjun-Genshu** mit 40 Vol.-% und als **Tanrei Genshu** mit 37 Vol.-%

BOTTLED IN BOND

Gemäß eines 1897 in den USA erlassenen Gesetzes darf Whiskey steuerfrei unter Zollverschluss (in bond) lagern, sofern er mindestens 4 Jahre reift, einen Alkoholgehalt von 100 ° proof (50 Vol.-%) hat und nur aus einer Destillationsperiode einer Brennerei stammt. Obwohl diese Bestimmungen einst nur als Steuererleichterung für die Brenner gedacht waren, wurde die Bezeichnung „Bottled in Bond" in gewisser Weise auch zu einer Qualitätsgarantie, denn die Idee, Whiskey längere Zeit reifen zu lassen, war vielen Brennern jener Zeit noch reichlich fremd. Heutzutage wird durch die Aufschrift „Bottled in Bond" vor allem darauf hingewiesen, dass der Whiskey aus einem Jahr stammt und nicht aus verschiedenen Altersstufen zusammengestellt wurde. (➛**Colonel H. Taylor**)

BOURBON

Amerikanische Whiskey-Sorte die vorwiegend aus Mais hergestellt wird. Laut Gesetz muss Bourbon aus einer vergorenen Maische von mindestens 51 % Mais gebrannt werden, wobei der Alkoholgehalt 80 Vol.-% nicht übersteigen darf. Eine Mindestreifezeit von 2 Jahren ist nur für ➛Straight Bourbon obligatorisch. Neben Mais enthält die Maische auch andere Getreidesorten, meist Roggen und Gerste, Letztere in Form von Malz, das die Vergärung befördert. Das Mengenverhältnis der Getreidesorten in der Maische wird *mashbill* genannt und variiert von Brennerei zu Brennerei, bzw. von Marke zu Marke. Den geringsten Anteil hat hier das Gerstenmalz. Je höher der Maisanteil (in der Regel 75 bis 78 %), desto süßer wird der Bourbon. Mitunter wird der Roggen durch Weizen ersetzt, wodurch der Bourbon etwas milder geraten soll

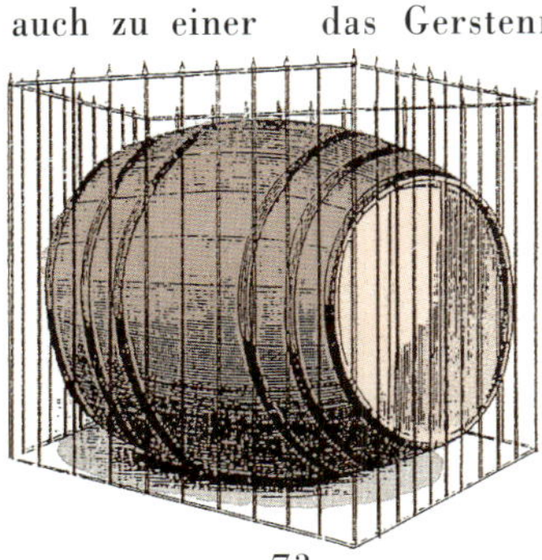

(➛Wheated Whiskey, ➛Rye). Die Maische wird gekocht und mit Hefe sowie Rückständen aus einer vorherigen Destillation versetzt, um einen Säurehaushalt zu erhalten, in dem die Hefe optimal arbeiten kann. Diese Verfahren wird *sour mash*-Prozeß genannt. Alle Bourbons werden heute grundsätzlich im Sour-Mash-Verfahren hergestellt. Die Destillation erfolgt in zwei Schritten: Der erste Brand in einer einzelnen *column still*, beer still genannt, ergibt einen Alkoholgehalt von etwa 55 bis 60 Vol.-%. Das erste Destillat, die sogenannten low wines, wird nun entweder in flüssiger Form in einem „Doubler" oder als Dampf in einem „Thumper" ein weiteres Mal gebrannt. Beide Brennblasen ähneln in der Form einer *pot still*. Das Ergebnis hat einen Alkoholgehalt von bis zu 80 Vol.-% und heißt white dog. Mit Wasser auf höchstens 62,5 Vol.-% verdünnt, wird der white dog in Eichenfässer gefüllt, die vorher ausgebrannt („charred") wurden. Dadurch entsteht im Inneren der Fässer eine Schicht Holzkohle und eine aus karamellisiertem Holzzucker. Beide haben entscheidenden Einfluss auf Färbung und Geschmack des Whiskeys. Bourbon darf (wie auch Rye und Wheated Whiskey) nur in frischen Fässern reifen, einmal benutzte Fässer finden hauptsächlich in Schottland, Japan und Irland Verwendung. Neue Fässer wirken intensiver als gebrauchte, und daher muss Bourbon in der Regel auch nicht so lange zu reifen wie z. B. Scotch. Beträgt die Lagerzeit weniger als 4 Jahre, muss sie auf dem Etikett angegeben werden (Bourbons ohne Altersangabe sind also mindestens 4 Jahre alt); die meisten Marken bestehen aus 4- bis 6-jährigen Einzelwhiskeys, die feineren aus 6- bis 8-jährigen, Lagerzeiten von 10 und mehr Jahren sind eher selten. Allerdings spielen Altersangaben bei Bourbon bei Weitem nicht die Rolle wie bei Scotch. Es ist hier vielmehr üblich, verschiedene Altersstufen eines Bourbons unter verschiedenen Markennamen zu etikettieren (➛**Basil Hayden's** beispielsweise ist eine ältere Version von ➛**Old Grand-Dad**). Der Reifeprozess wird durch die starken jahreszeitlichen Schwankungen

von Temperatur und Luftfeuchtigkeit in Kentucky erheblich beeinflusst. Dadurch entwickeln sich die Whiskeys hier schneller und weniger gleichmäßig als diejenigen aus Schottland. So kann beispielsweise ein Fass, das am Rand des obersten Stockwerks reift, einen gänzlich anderen Whiskey liefern als eines aus der unteren Mitte. Zwar werden diese Unterschiede zum Teil dadurch ausgeglichen, dass die Fässer regelmäßig umgeschichtet werden, dennoch ist der Variantenreichtum innerhalb eines Lagerhauses relativ groß. Bourbon ist zweifellos der bekannteste US-Whiskey und stammt wie so viele genuin amerikanische Kulturgüter (z. B. Rhythm & Blues, Erdnussbutter und Coca-Cola) aus dem Süden der Vereinigten Staaten. Dort begann man um 1770 Mais anzubauen und zu destillieren; kurz nach der Proklamation des Staates Kentucky (1792) wurden hier bereits über 2000 Brennereien gezählt. Dennoch stand Bourbon lange Zeit im Schatten des ➔Rye Whiskeys, der bis Anfang des 19. Jahrhunderts die vorherrschende Whiskey-Sorte in den Vereinigten Staaten war. Nach der ➔Prohibition hatten ➔Canadian und ➔Scotch Whisky den Markt fest im Griff, und auch nach dem Zweiten Weltkrieg, als Bourbon als Teil des American Way of Life die Welt eroberte, wurde in seinem Heimatland noch immer mehr Canadian getrunken. Rein mengenmäßig hat sich daran bis heute nichts geändert, allerdings verzeichnete Bourbon nach einem Tief in den 1970er- und 80er-Jahren in letzter Zeit einen deutlichen Imagegewinn, insbesondere seit der Einführung der Single-Barrel- und ➔Small-Batch-Bourbons. (➔Bottled in Bond, ➔US-Whiskey.)

BOURBON SUPREME

Blended Bourbon von ➛Luxco; als diese kleine Marke noch zu ➛Beam gehörte, war sie ein Straight Bourbon; seit 2013 ist Bourbon Supreme bei den gegenwärtigen Besitzern, die ihn sich nun als Blend von Beam herstellen lassen.

BOWMAN BROTHERS

Virginia Straight Bourbon von ➛A. Smith Bowman (Sazerac Co.). Ein wuchtiger, komplexer Whiskey, bei dem wie bei allen Bowman-Bourbons das erste Destillat aus Sazeracs ➛Buffalo Trace Distillery stammt. Die zweite und im Falle von Bowman Brothers auch eine dritte Destillation in der *pot still* finden dann ebenso wie die Lagerung in Smith Bowmans Brennerei in Virginia statt (➛ **John J. Bowman**).

BOWMAN'S

Whisk(e)y-Marke von ➛A. Smith Bowman (Sazerac Co.). Unter diesem Billig-Label werden ein Kentucky Straight Bourbon, ein Canadian und ein Blended Scotch angeboten (außerdem auch Gin, Wodka und Tequila).

BOWMORE

Schottischer Single Malt (Islay) von ➛Morrison Bowmore (Beam Suntory). Ein fruchtig-süßes Mittelgewicht mit rauchigem Ende, in Jacksons Worten der perfekte Whisky für Torf-Neulinge. Bow-

more wird schon lange und mit großem Erfolg als Single abgefüllt. Es gibt eine Vielzahl von Versionen, darunter das legendäre Sammler- und Spekulationsobjekt **Black Bowmore** (Sherryfassabfüllung eines 1964 gebrannten Malts, abgefüllt 1993–1995). Mit dem Gründungsjahr 1779 ist Bowmore die älteste aktive Brennerei auf Islay (und die zweitälteste Schottlands). Sie gehört zu den wenigen, deren *floor maltings* noch genutzt werden – von hier stammen etwa 30 % des benötigten Malzes mit einem Torfgehalt von 25 bis 30 *ppm* – und macht schon seit Längerem ausgiebig von Ex-Sherryfässern Gebrauch (Jahreskapazität

2 Millionen *lpa*). Bowmore wurde 1963 von der Stanley P. Morrison Ltd. erworben, dem Vorläufer des heutigen Besitzers (→**Big Peat**, →**Glenora**, →**Hart's**).

BOURBONTOWN CLUB

Kentucky Straight Bourbon von →Kentucky Bourbon Distillers.

BOX

Schwedischer Single Malt aus der gleichnamigen Brennerei von Mats und Per de Vahl in Bjärtra, Grafschaft Västernorrlands Län. Box ist seit 2014 auf dem Markt und wird in einer getorften und einer ungetorften Version angeboten. Die Brennerei wurde 2010 gegründet und verfügt über zwei schottische *pot stills*, gelagert wird hauptsächlich in Ex-Bourbon-Fässern.

BRAES OF GLENLIVET

→Braeval

BRAEMAR

Blended Scotch der →Gruppo Campari. Ein älteres Billig-Label, das vorwiegend in Osteuropa und Thailand verkauft wird. Die Marke wurde ursprünglich für die Weinhandelskette Stowells of Chelsea produziert und ist seit 2005 bei Campari.

BRAEVAL

Schottischer Single Malt (Speyside, Ballindalloch) von →Chivas Bros. (Pernod Ricard). Ein leichter, blumiger Malt, den sein Hersteller nur für Blends verwendet, in erster Linie für →**Chivas Regal**. Als Single Malt wird er von einigen →unabhängigen Abfüllern unter dem Namen **Braes of Glenlivet** herausgegeben; so hieß die Brennerei, als sie 1974 erbaut wurde, erst 1995 erfolgte die Umbenennung in Braeval, um Verwechslungen mit →Glenlivet zu vermeiden. Zwei Jahre später wurde die Produktion bei Braeval nahezu vollständig automatisiert, ganz nach dem Vorbild ihrer Schwesterbrennerei →Allt-à-Bhainne. Wie diese wurde sie noch von →Seagram mit einer Kapazität von 4 Millionen *lpa* pro Jahr errichtet und wie diese verfügt sie weder über Lagerhäuser noch über eine Mälzerei, wohl aber über ein rein dekoratives Pagodendach, jenen für schottische Destillerien seit →Doigs Zeiten typischen Luftabzug auf der Mälzerei. Beide Brennereien wurden 2002 stillgelegt, Braeval ist seit 2008 wieder aktiv.

BRAUNSTEIN

Dänischer Single Malt aus der gleichnamigen Brennerei in Køge, Seeland, von Michael und Claus Braunstein. Der erste Malt Whisky Dänemarks erschien 2010 nach 3-jähriger Reifung in einem Ex-Oloroso-Sherryfass, gefolgt von zahlreichen getorften und ungetorften Versionen, teils Bourbon-, teils Sherryfass gelagert. Die Brennerei befindet sich innerhalb der Brauerei Braunstein (*2005), aus der auch die *wash* stammt. Destilliert wird in einer *Obstbrennblase*, die Jahresproduktion beträgt derzeit 50 000 *lpa*.

BREAKING & ENTERING

Bourbon aus der kalifornischen Brennerei →St. George, erschienen 2011. Ein Blend aus etwa 80 Fässern diverser Brennereien Kentuckys, die nach St. George gebracht und dort nach ausgiebiger Verkostung miteinander vermählt wurden – war sicher ein großer Spaß.

BRECKENRIDGE

Straight Bourbon aus der Breckenridge Distillery, Colorado, von Bryan Nolt. Anfangs bezog Nolt *new make* aus Kentucky und ließ ihn in Breckenridge reifen. Mittlerweile stammt sein Whiskey größtenteils aus eigener Produktion, destilliert in einer Kombination aus *pot-* und *column-still* mit einer *mashbill* aus 56 % Mais,

38 % Roggen und 6 % Gerstenmalz, abgefüllt nach 2- bis 3-jähriger Reifung in frischen Eichenfässern. Mit einer Lage von etwa 3000 m über dem Meeresspiegel hat Breckenridge einigen Anspruch auf den Titel „höchstgelegene Brennerei der Welt".

BREIZH

Bretonischer Blend von →Warenghem mit einem Malt-Whisky-Anteil von 50 %. In der keltisch-bretonischen Sprache heißt die Bretagne Breizh.

BRENNE

Französischer Single Malt, den die Organic Spirit Distillerie in Cognac, Poitou-Charente, für Local Infusions, New York, abfüllt. Für diese Einzelfassabfüllungen ohne Altersangabe wird nur organisch angebaute Gerste verwendet, die Destillation findet in Cognac-Alambics statt, die Reifung in frischen Fässern aus Limousin-Eiche und anschließend in Ex-Cognac-Fässern. Die Organic Spirit Distillerie gehört der Familie Brunet, die seit 1920 Cognac produziert, seit 2006 auch Whisky, den sie als **Tradition Malt** abfüllt (4 Jahre in Limousin-Fässern gereift). Auf die Idee, den Malt im Cognac-Fass nachreifen zu lassen, kam Allison Patel, eine ehemalige Handelsvertreterin für →Balcones Whiskeys. Ihr Ziel ist offensichtlich, die Malt-Whisky-Gemeinde ebenso anzusprechen wie die Cognac- Liebhaber – die USA sind der mit Abstand wichtigste Markt für den französischen Edelstoff; und damit auch der solvente Cocktail-Nachwuchs anspringt, preist sie ihren Whisky als „a sophisticated alternative to cocktails" an – netter Versuch.

BRETON'S HAND & SEAL

Blended Canadian, der 1997 von IDV, dem damaligen Besitzer der Lethbridge Distillery herausgebracht worden war (→**Black Velvet**). Dort hatte man die formidable Idee, Lethbridge-Blends mit nach schottischem Muster gebrannten Malts aus der Brennerei →Glenora in der kanadischen Provinz Nova Scotia zu verschneiden. Die Marke gehört heute dem US-Unternehmen →Sazerac, das sie derzeit nicht produziert.

BROOKSIDE RESERVE

US-Whiskey von →Luxco; ein auf 21 Vol.-% verdünnter Blend für die Kundschaft, die am liebsten aus der Flasche trinkt – „incredibly delicious" verspricht die Firma.

BRORA

Schottischer Single Malt (Northern Highlands, Brora) von ➛Diageo. Dieses reichhaltige Schwergewicht wird von Genießern ebenso gesucht wie von Sammlern, denn die Brennerei liegt schon seit 1983 still. Die vorerst letzte Abfüllung war die 35-jährige „Limited Edition“ von Diageo, davor erschien Brora in Diageos Reihen „Special Releases“ und ➛Rare Malts Selection. Deren Brora nannte Ulf Buxrud „a perfect after-dinner dram, or for solitary contemplation“. Der Whisky wurde zwischen 1969 und 1983 in der alten ➛Clynelish Distillery hergestellt und diente vor allem als Torfkomponente für ➛**Johnnie Walker**.

BROWN-FORMAN

US-Hersteller in Louisville, Kentucky, der mit ➛**Jack Daniel’s** einen der großen Namen in der Welt des Whisk(e)ys besitzt. Mehrheitseigner ist die Familie Brown, Nachkommen schottischer Einwanderer, die 1870 begannen, mit Whiskey zu handeln. Zwei Jahre später schrieben sie Geschichte, als sie mit ➛**Old Forester** die erste in etikettierte Flaschen abgefüllte amerikanische Whiskey-Marke anboten. Während der Prohibition machten die Browns Geschäfte mit medizinischem Alkohol und erwarben die Destillerie ➛Early Times in Louisville, Kentucky, in der sich heute der Firmensitz befindet. Eine weitere Early Times Distillery steht in Shively, Kentucky, wo die Marken **Early Times** und **Old Forester** produziert werden. Daneben besitzt das Unternehmen die Brennereien ➛Woodford, ➛Jack Daniel’s und

→Canadian Mist (→**Collingwood**, →**Gentleman Jack**). 2014 verkündete Brown-Forman, zwei alte *warehouses* im Zentrum von Louisville in eine neue Brennerei umbauen zu wollen. Sie soll 2016 als Old Fitzgerald Distillery eröffnet werden. Im irischen County Meath errichten die Browns derzeit die →Slane Castle Distillery.

BRUICHLADDICH

Schottischer Single Malt (Islay) von Rémy Cointreau: ein leichter, fruchtig-erfrischender Whisky, der in zahllosen Versionen angeboten wird. Da gibt es jede Menge *wood finishes*, Destillate aus unterschiedlichen Gerstensorten und mitunter auch mal einen 4-fach gebrannten **X4+3** mit 3 Jahren und 63,4 Vol.-%. Die Marke Bruichladdich (gesprochen etwa: bruikladdi) wird ausschließlich mit ungetorfem Malz gebrannt, die Brennerei hat mit →**Port Charlotte** und →**Octomore** aber auch etwas für Freunde des Rauches im Programm (alle *nc* und *ncf*). Die 1881 gegründete Brennerei wechselte mehrfach den Besitzer (→Ben Nevis, →Invergordon), bis die einstige →Beam-Tochter →Whyte & MacKay die Kontrolle übernahm und die Brennerei 1995 einmottete. Zur großen Freude der Gemeinde fanden sich unter der Führung des unabhängigen Abfüllers →Murray McDavid im Jahr 2000 einheimische Grundbesitzer und amerikanische Geldgeber zur Bruichladdich Distillery zusammen, um die Brennerei aus den Klauen des ignoranten Riesen zu befreien. Als Produktionsleiter konnte der famose Jim McEwan gewonnen werden, gebürtiger →Ileach und ehemals Brennmeister bei →Bowmore. McEwan holte aus der kleinen Brennerei (Jahresproduktion 1,5 Millionen *lpa*) raus, was nur ging. Mit dem Vorsatz „wie ein Modedesigner jedes Jahr etwas Neues vorzustellen“, brachte er eine Bruichladdich-Variante nach der anderen heraus — für den Konsumenten reichlich verwirrend, für die Besitzer aber offenbar lukrativ: 2012 konnten sie die Brennerei mit großem Gewinn an den französischen Konzern Rémy Cointreau verkaufen. Jim McEwan ist mittlerweile im Ruhestand, die demnächst erscheinenden Bruichladdich-Malts →**Lochindaal** und →**Trestarig** gehen aber noch auf sein Konto.

BUCHANAN'S

Blended Scotch von →Diageo, der heute zu den am schnellsten wachsenden Whisk(e)y-Marken weltweit gehört. Buchanan's basiert auf Malts von →**Dalwhinnie**, →**Caol Ila**, →**Glendullan** und →**Talisker**

und verkauft sich vorwiegend in den USA, Mexiko und Venezuela. Die Marke wurde bereits in den 1890ern von James Buchanan (1849–1935) geschaffen, einem Pionier der Blending-Industrie und des Whisky-Marketings. Er betrieb mehrere Brennereien, darunter →Benrinnes, →Convalmore, →Glentauchers und →Port Ellen. Sein →**Black & White**-Blend zählt bis heute zu den erfolgreichsten Scotch-Marken aller Zeiten. 1915 bildete er mit →John Dewar die Scotch Whisky Brands Ltd., damals die einzig nennenswerte Konkurrenz der →DCL. Doch der Riese war stärker, und so landete auch dieses Untenehmen beim Vorläufer von Diageo. Ansonsten tat Buchanan sich als erfolgreicher Rennstallbesitzer, Philanthrop und späterer Lord Woolavington of Lavington hervor.

BUCK

Kentucky Straight Bourbon, den sich Frank-Lin Distillers Products von einem ungenannten Hersteller abfüllen lässt. Ein anständiger 8-Jähriger von der süßen Seite im abgelatschten Retro-Design für Kleinstadt-Cowboys. Die Firma Frank-Lin in San Jose, Kalifornien, vertreibt zahlreiche Spirituosen, darunter auch →**Medley** und →**Wathen's** und besitzt noch einige weitere kleine Whiskey- Labels.

BUFFALO TRACE

Kentucky Straight Bourbon aus der gleichnamigen Brennerei der Sazerac Co. Das Flaggschiff dieser Brennerei ist ein konsensfähiger, seidenweicher Whiskey für jede Tageszeit. Die Marke erschien 1999 anlässlich der Umbenennung der Leestown Distilling Co. in Buffalo Trace Distillery und wurde anfangs nur im Hotel „Seelbach" in Louisville verkauft – Kentuckys einzigem Grandhotel und Treffpunkt der einheimischen Bourbon-Aristokratie. Heute ist sie regulär im Handel und dient außerdem als Label für verschiedene Sondereditionen der Brennerei: da gibt es die Serie **White Dog**, in der *new make* aus unterschiedlichen *mashbills* veröffentlicht wird. **Mash #1** beruht auf der normalen Buffalo-Trace-Mischung aus Mais, Roggen und Gerstenmalz, beim **Wheated Mash** wurde der Roggen durch Weizen ersetzt (er entspricht also ungelagertem ➔W.L.Weller) und beim **Rye Mash** handelt es sich um White Dog für ➔Sazerac Rye. Alle drei Versionen kommen in *Fassstärke* in 0,375-l-Flaschen (und das ist mehr als genug). Ebenfalls in halbe Flaschen wird seit 2006 die **Experimental Collection** abgefüllt. Hier erschienen bis dato 35 Whiskeys, unterschiedlich lang in verschiedenen Lagerhäusern und Fässern gelagert (diversen, verschieden stark ausgebrannten Wein- und Süßweinfässern). Und dann ist da noch das **Single Oak Project**: Dafür wurden aus 96 ausgesuchten Eichen 192 Fässer geküfert und unterschiedlich konditioniert, befüllt und gelagert. Alles in allem eine wahrlich umfassende Untersuchung von Wirkung und Möglichkeiten der Fasslagerung. Nur boshafte Betrachter würden Sazerac vorwerfen, der Kundschaft auch noch die eigenen Forschungsergebnisse zu verkaufen.

BUFFALO TRACE DISTILLERY

US-Brennerei in Frankfort, Kentucky, im Besitz der ➔Sazerac Co. Buffalo Trace ist nicht die größte, wohl aber die derzeit renommierteste Brennerei der USA. Und das mit gutem Grund: Von hier stammt ➔**Blanton's**, der erste aller *Single Barrel*-Bourbons, außerdem der Schwergewichts-Bourbon ➔**George T. Stagg**, die famosen ➔Wheated Whiskeys von ➔Old Rip Van Winkle sowie die wegweisenden Ryes ➔**Sazerac 18**

und ➛**Thomas H. Handy** –, alles Whiskeys, die in ihrer jeweiligen Kategorie zur anerkannten Spitzengruppe zählen. Selbst eine einfachere Marke wie der ➛**Buffalo-Trace-Bourbon** erfährt durch ihre diversen Sonderausgaben einen besonderen Status. Weitere hier produzierte Marken sind ➛**Benchmark**, ➛**Carstairs White Seal**, ➛**Colonel E.H.Taylor**, ➛**Eagle Rare**, ➛**Kentucky Dale**, ➛**Old Charter**, ➛**Rock Hill Farms**, ➛**Stagg Jr.** und ➛**W.L. Weller.** Die Buffalo Trace Distillery liefert ferner einige Bourbons für die Handelsfirma ➛Age International: ➛**Ancient Age**, ➛**Blanton's**, ➛**Elmer T. Lee**, ➛**Hancock's President's Reserve** und ➛**Rock Hill Farms**. Sie werden mit einer *mashbill* bereitet, die 15 % Roggen enthält, anstatt der sonst hier für Bourbons üblichen 10 %. Die 1860 eröffnete Destillerie wechselte den Namen noch häufiger als die Eigentümer: Unter E.H.Taylor hieß sie O.F.C. (1870–1886), unter G. T. Stagg hieß sie G. T. Stagg, unter ➛Schenley hieß sie zuerst Schenley und bekam später den Namen ihres bekanntesten Produkts: Ancient Age Distilling Co. Seit 1992 gehört sie der Sazerac Co., die sie zuerst als Leestown Distilling Co. führte und ihr 1999 den aktuellen Namen gab.

BULLEIT

US-Whiskey von ➛Diageo, zu haben als Kentucky Straight Bourbon und als Straight Rye. **Bulleit Frontier Whiskey** ist ein tadelloser Mainstream-Bourbon, den sich Diageo in der

→Four Roses Distillery herstellen lässt. Der sehr süffige **Bulleit 95 Rye** dagegen kommt von →LDI, die auch Diageos →**George Dickel Rye** produzieren. Die Marke erschien 1987; sie wurde damals in der Ancient Age (heute →Buffalo Trace) Distillery für Tom Bulleit abgefüllt, einen Rechtsanwalt aus Lexington, Kentucky, der seine Marke 10 Jahre später an →Seagram verkaufte. Die Kanadier verlegten die Produktion in ihre Four Roses Distillery und verpassten ihr das aktuelle Erscheinungsbild. Mit der Auflösung des Seagram-Konzerns kam die Brennerei zu →Kirin, Bulleit selbst landete bei Diageo.

BUNNAHABHAIN

Schottischer Single Malt (Islay) von →Burn Stewart (Distell). Wegen seines für Islay-Verhältnisse eher geringen Torfgehalts wird Bunnahabhain von der Rauchsüchtigen Islay-Kundschaft gerne links liegen gelassen. Sie verpassen damit einen subtilen, in seinen älteren Versionen voluminösen Malt mit einer nahezu perfekten Balance. Abgesehen davon werden bei Bunnahabhain mittlerweile etwa 20 % des verwendeten

Malzes mit 35 *ppm* deutlich getorft und so raucht der 10-jährige **Toiteach** denn auch ordentlich. Bunnahabhain wurde 1881 gegründet, kam 1887 zum →Edrington-Vorläufer Highland Distillers, der den Malt seit Ende der 1980er auch als Single auf den Markt brachte. Seit 2003 ist die Brennerei bei Burn Stewart, die den Großteil der Produktion (Jahreskapazität 2 Millionen *lpa*) für Blends wie →**Black Bottle** verwenden. Auch die Marken →**Cutty Sark** und →**Famous Grouse** des ehemaligen Besitzers Edrington enthalten noch Bunnahabhain.

BURN OF SPEYSIDE

Unter diesem Namen erschienen Anfang des Jahrtausends zwei →Tea Spoon Whiskys aus →William Grant & Sons Brennereien →Balvenie und →Glenfiddich. Der eine, firmenintern →**Burnside** genannt, bestand zu 99 % aus **Balvenie** und 1 % aus **Glenfiddich**, beim anderen, **Warhead**, war das Verhältnis genau umgekehrt.

Insgesamt 144 Fässer Burnside und Warhead sollten 2002 nach Japan verschifft werden, wo ein ungenannter Käufer sie zu Blends verarbeiten wollte. Noch im Hafen von Rotterdam kam es zu einer Havarie, der japanische Empfänger machte einen Versicherungsschaden geltend und so landeten die Fässer bei der niederländischen ➛Ultimate Whisky Company, die sie dann unter dem Namen Burn of Speyside abfüllte.

BURNSIDE

Schottischer Vatted Malt den Gordon & Company Distillers 2013 in der Reihe ➛Pearls of Scotland herausgibt. Der Whisky hat mit Sicherheit nichts mit jener Burnside Distillery zu tun, die von 1825 bis 1924 in Campeltown existierte und höchstwahrscheinlich auch nichts mit dem Burnside Single Malt, den die ➛Springbank Distillery in den 1990ern herausgebracht hatte. Es spricht vielmehr einiges dafür, dass wir es hier mit einem ➛Tea Spoon Whisky von ➛William Grant & Sons zu tun haben. Der besteht aus 99 % ➛**Balvenie** und 1 % ➛**Glenfiddich** und wird firmenintern Burnside genannt.

BURN STEWART DISTILLERS

Schottischer Hersteller in East Kilbride bei Glasgow. Das zur südafrikanischen ➛Distell Group gehörende Unternehmen betreibt die Brennereien ➛Bunnahabhain, ➛Deanston und ➛Tobermory/Ledaig und hat mit seinem Bestseller ➛**Scottish Leader** sowie ➛**Black Bottle** zwei solide Blended Scotches im Programm. Mit der Konzentration auf diese Marken will sich Burn Stewart von seinem eigentlichen Kerngeschäft, der Herstellung von preisgünstigen Blends und Supermarkt-Whiskys, lösen, denn der Preisdruck im Billigsektor hatte die Firma bereits in den 1990er-Jahren ins Trudeln gebracht. 2002 war sie von CL Financial übernommen worden, einer Risikokapitalgesellschaft aus Trinidad & Tobago, die unter anderem auch die Rum- und Bitters-Marke Angostura besaß. CL Financial geriet im Zuge der lateinamerikanischen Wirtschaftskrise seinerseits unter Druck und so können Burn Stewart Distillers sich glücklich schätzen, dass sie 2013 unter das

Dach der Distell Group kamen. Ob die kleineren Marken in Burn Stewarts Portfolio diesen Wechsel überleben werden, ist fraglich. Dazu gehören die Vatted Malts **Angus McKay**, **Glen Blair**, **Glen Elg**, **Glenmoriston** und die Blends **Black Cock**, **Black Prince**, **Burn McKenzie**, **Burn Stewart**, **Glen Rowan**, **Highland Rose**, **Old Argyll**, **Old Royal** und **Scottish Castle**.

BUSH PILOT'S PRIVATE RESERVE

Single Cask Unblended Canadian, abgefüllt als 13-Jähriger von →Potter's für Robert Denton & Co., Bloomfield Hill, Michigan. Der Heilige Gral der Canadian-Gemeinde tauchte 1995 aus der kanadischen Wildnis auf: Eine bis dato in Kanada nie gesehene *Einzelfassabfüllung* eines reinen Mais-Whiskys von außergewöhnlicher Qualität. So unerwartet er erschienen war, verschwand der Whisky auch wieder und hinterließ eine große Schar von Jüngern, die noch heute rätseln, aus welcher Quelle der gute Trank denn nun entsprungen sei. Die Firma Potter's in Kelowna, British Columbia, kommt als Hersteller angeblich nicht in Frage, sie trat damals nur als Zwischenhändler und Abfüller auf. Robert Denton, der die Fässer bei Potter gekauft hatte, hüllt sich in Schweigen und so wird weiter spekuliert: stammt **Bush Pilot** vielleicht aus →Hiram Walkers 1995 geschlossener Okanagan Distillery in Kelowna, wo auch die Firma Potter zu finden war? Oder aus dem ehemaligen →McGuinness Betrieb in Weyburn, Saskatschewan († 1986), der bereits als Ursprung der →**Century Reserve** von →Highwood – seit 2005 Inhaber von Potter's – im Gespräch war? Ist diese Century Reserve gar eine neue Version des alten Buschpiloten? Und wieso steht auf →Cadenheads **Indian Corn**, einer weiteren *Einzelfassabfüllung* reinen Mais-Whiskys, er sei bei Potter's destilliert worden? Wurden für Bush Pilot gar, wie D. de Kergommeaux andeutet, Fässer unterscheidlicher Brennereien angezapft, die in Potters *warehouse* lagen? Der Whisky ist längst getrunken oder bei Sammlern eingesprerrt, doch sein Geheimnis hält den Kult am Leben. Die prosaische Version der Geschichte liest sich folgendermaßen: Bush Pilot wurde in Langley, British Columbia, hergestellt. Dort war Potter's bis 1990 als Handelsfirma aktiv, die Blends aus zugekauften Whiskys produzierte aber zumindest sporadisch auch selbst „base whisky“ brannte. So nennt man in Kanada die oft aus Mais hergestellten Brände, die die Grundlage der Blends bilden (➛Canadian). Es könnte durchaus sein, dass Bush Pilot und Cadenheads Indian Corn aus diesen alten Potter's-Beständen stammen und die Geheimnistuerei nur der Preistreiberei dient (zumindest Markeninhaber Denton müsste noch einige Kisten seines Piloten-Whiskys besitzen).

BUSHMILLS

Irish Whiskey aus der ➛Old Bushmills Distillery von Casa Cuervo. Bushmills ist weltweit die Nr. 3 unter den Irish, derzeit in zwei Blend- und drei Single-Malt-Versionen zu haben: Der leichte **Standard Blend**, früher **Bushmills Original** oder seines Etiketts wegen „White Bush“ genannt, heißt heute einfach Bushmills, die gehaltvollere Variante ist der ➛**Black Bush** (die Grains für beide Blends stammen aus ➛Midleton). Die fruchtig-süße Malt-Range umfasst einen 10-Jährigen, einen im Bourbon-, Sherry- und Portweinfass gereiften 16-Jährigen und den honigweichen 21er aus Bourbon-, Sherry- und Madeirafässern.

Chasin' my misery away
Scotch, Scotch, Scotchin' with the soda today.
Nat King Cole/I. W. J. Riley, „Scotchin' with the Soda"

C & S DRAM

Mit diesem Label betätigt sich der Rheinländer Andrea Caminneci als ➛unabhängiger Abfüller. Neben meist fassstarken Single Casks (*nc, ncf*) gibt es hier unter der Bezeichnung **C & S Dram Regional** auch einige Vatted Malts, die den Charakter der jeweiligen Region einfangen sollen. Der **Dram Regional Highlands** beispielsweise ist ein ➛Tea Spoon Whisky aus ➛**Glenmorangie** und ➛**Glen Moray** (von Glenmorangie selbst wird er **Westport** genannt). Abgefüllt werden die Whiskys beim Scottish Liqueur Center von ➛Morrison & Mackay.

CABIN HOLLOW

Kentucky Straight Corn aus der Brennerei ➛Barton 1792 (Sazerac Co.). Echter Hillbilly-Treibstoff (50 Vol.-%,), der fast ausschließlich in Alabama verkauft wird.

CABIN STILL

Kentucky Straight Bourbon von ➛Luxco. Bis in die 1970er-Jahre kam die Marke aus der hochverehrten ➛Stitzel-Weller Distillery, deren *mashbill* Weizen statt Roggen enthielt. Auch ➛Heaven Hill, die Cabin Still heute für Luxco produzieren, verwenden eine solche Mischung, doch die Legende ist selbstverständlich stärker.

CADENHEAD, Wm

Schottlands ältester ➛unabhängiger Abfüller, gegründet 1842 in Aberdeen, heute in Campbeltown ansässig, benutzt die Abfüllanlage der ➛Springbank Distillery, die wie Cadenhead selbst im Besitz von ➛J. & A. Mitchell ist. Die Puristen von einst sind etwas kompromissbereiter

geworden: Cadenhead, neben →Gordon & MacPhail lange Jahre der einzig nennenswerte Unabhängige Schottlands, war die erste Firma, die ihre Malts grundsätzlich ohne Färbung *(nc)* und Kühlfiltration *(ncf)* und seit 1991 auch vorzugsweise in *Fassstärke* abfüllten. Zwar wird es die große alte Authentic Collection mit ihren *cask strength Einzelfassabfüllungen* weiterhin geben, aber mit den neuen Serien Small Batch und Creations setzt Cadenhead nun verstärkt auf Vatted Malts und Blended Scotches mit 46 Vol.-%. Von den alten Cadenhead-Blends **Hielanman**, **Putachieside** und →**Moidart** dagegen ist nur Letzterer noch im Handel.

CAERMORY

Schottischer Single Malt aus der →Tobermory Distillery, herausgegeben vom britischen Investmentfond Caermory Whisky Co. Der Malt wird in verschiedenen Altersstufen in *Fassstärke* abgefüllt und ist in ausgesuchten Spirituosenhandlungen zu finden, etwa bei →Milroy's.

CALEDONIAN

Schottischer Single Grain aus der gleichnamigen Destillerie, die von 1855 bis 1987 in Edinburgh betrieben wurde. Sie diente ausschließlich der Grain-Produktion, heute beherbergt sie unter anderem eine kleine Craft Brewery. Als Single wurde Caledonian erstmals 1996 von →Signatory mit 38 Jahren abgefüllt, zuletzt gab es ihn als 40-Jährigen von →Duncan Taylor und in der →**Clan Denny** Reihe von →Douglas Laing (→**Hedonism**).

CALVERT EXTRA

Blended American von →Luxco. In den 1960er-Jahren ein Millionenseller aus einer längst verschwundenen →Seagram-Brennerei in Maryland, heute eine kleine Handelsmarke (→**Carstairs**, →**Lord Calvert**).

CAMBUS
Schottischer Single Grain von ➛Diageo, derzeit nur von einigen ➛unabhängigen Abfüllern zu haben, beispielsweise in ➛Douglas Laings Reihe ➛Clan Denny (➛**Hedonism**). Die Cambus Distillery wurde 1806 bei Alloa (Lowlands) eröffnet und 1836 zur Grain-Produktion umgerüstet. Cambus war wohl der erste Grain Whisky, der als Single abgefüllt und von seinen Herstellern auch kräftig beworben wurde, sollte er doch seinerzeit dazu beitragen, dass ➛Grain überhaupt als Whisky anerkannt wird (➛Blended Scotch). Die Brennerei gehörte zu den Gründungsmitgliedern der ➛DCL; 1993 wurde sie geschlossen, auf dem Gelände befinden sich heute Diageos zentraler Lagerhauskomlex Blackgrange Bond und die Cambus Cooperage, eine State-of-the-Art-Küferei, die den Bedarf für alle schottischen Diageo-Brennereien deckt (250 000 Fässer pro Jahr).

CAMERONBRIDGE
Schottische Grain-Brennerei in Windygates, Fife (Lowlands), von ➛Diageo. Offiziell wird der Whisky aus dieser Destillerie unter dem Namen ➛**Cameron Brig** verkauft, nur bei einigen unabhängigen Abfüllern steht der Brennereiname auf den (raren) Flaschen. Neuerdings wird Cameronbridge-Grain auch unter dem Label ➛**Haig Club** vermarktet. Mit einer jährlichen Produktion von 120 Millionen *lpa* ist Cameronbridge die größte Schnapsfabrik Europas. Sie war die erste schottische Destillerie, die mit *column stills* bestückt wurde (1830), ist also die älteste Grain-Brennerei des Landes. Damals befand sie sich im Besitz der Familie Haig, die sie als Gründungsmitglied in die ➛DCL einbrachten. Cameronbridge liefert unter anderem die Grains für Diageos Cash Cows ➛**Bell's** und ➛**Johnnie Walker,** außerdem werden hier seit 1989 auch die Gin-Klassiker Gordon's und Tanqueray produziert.

CAMERON BRIG

Schottischer Single Grain aus der ➛Cameronbridge Distillery von ➛Diageo. Lange Zeit war das der einzige Grain, der regelmäßig als Single abgefüllt wurde. Mit Cameron Brigs neuer Schwestermarke ➛**Haig Club** will Diageo dieser Kategorie nun etwas mehr Aufmerksamkeit verschaffen.

CAMPARI

➛Gruppo Campari

CAMPBELTOWN

Schottische Whisky-Region; dass das Städtchen Campbeltown mit gerade mal 5000 Einwohnern heute als eigenständiges Herkunftsgebiet von Malt Whisky anerkannt wird, hat historische Gründe. Die Hafenstadt im Süden der Halbinsel Kintyre war bis in die 1920er-Jahre das Zentrum der schottischen Whisky-Industrie. Um die 20 Brennereien produzierten hier schwere, kräftige Malts und es spricht einiges dafür, dass die Technik der Destillation hier ihr erstes Zentrum in Schottland fand. Heute findet man in Campbeltown noch drei Brennereien, allen voran die kompromisslos konservative ➛Springbank Distillery und deren kleine Schwester ➛Glengyle sowie ➛Glen Scotia, mit der es endlich wieder aufwärts zu gehen scheint.

CAMPBELTOWN LOCH

Blended Scotch von ➛J. & A. Mitchell, komponiert mit soliden Anteilen von ➛**Longrow-** und ➛**Springbank-Malt**.

CANADA GOLD

Canadian Blend, eines der beiden Billig-Labels aus der ➛Forty Creek Distillery (Gruppo Campari). Das andere heißt ➛**Mountain Rock**.

CANADIAN

Kanada gehört zu den ältesten und bis heute größten Whisky-Nationen. Kanadischer Whisky ist vergleichsweise leicht im Geschmack, im besten Fall zeichnet er sich durch eine roggengeprägte Würzigkeit aus. Ihm fehlt die Intensität eines Scotch oder Bourbon, was möglicherweise zu seinem Erfolg beiträgt. Canadian ist in aller Regel ein „Mixer", wird also als Longdrink getrunken, vorzugsweise mit Ginger Ale. Die meistverkauften Marken sind →**Crown Royal**, →**Black Velvet** und →**Canadian Mist**. Der weltweite Premiumization-Trend macht auch vor Kanada nicht halt und so erschienen hier in letzter Zeit einige höherwertige Marken wie →**Collingwood**, →**Danfield's** und →**Legacy**. Geschichte: Die erste kommerzielle Brennerei des Landes wurde 1799 von der Bierbrauer-Familie Molson in Montreal gegründet. Die weitere Geschichte des kanadischen Whiskys wird dann im Wesentlichen von zwei Namen bestimmt: →Seagram und →Hiram Walker. Hiram Walker (1816–1899), der es bereits als Essigproduzent zu Geld gebracht hatte, begann 1854 im Süden Ontarios mit dem Schnapsbrennen. Wie damals allgemein üblich, verkaufte auch er anfangs frisch gebrannten Sprit, der mit allem Möglichen geschönt und als Whisky angeboten wurde. Als weitsichtiger Mensch erkannte Walker aber bald, dass die Zeiten sich änderten und die Zukunft nicht dem rohen Schnaps der Waldläufer gehörte, sondern einem Getränk, das dem Geschmack der Menschen in den gerade entstehenden Industriestädten entsprach. Er entwickelte die noch heute üblichen Methoden, die dem Canadian seinen typisch leichten und trockenen Geschmack geben: Kombination unterschiedlicher Getreidedestillate und groß-

zügiges Verschneiden mit Neutralsprit. Zudem bot Walker seinen anfangs nur „Club“ genannten ➔**Canadian Club** als einer der Väter des Marken-Whiskys relativ früh in mit einem Etikett versehen Flaschen an (erstmals 1884). Canadian Club wurde vor allem in den Großstädten der USA umgehend ein Verkaufserfolg und prägt den Canadian-Blend-Stil bis zum heutigen Tag. Die Erfolgsstory der Firma Seagram begann 1878, als Joseph E. Seagram (1841–1919), Sohn englischer Einwanderer, eine Destillerie in Waterloo, Ontario, erwarb. Er machte ein solides Vermögen mit seinen Marken ➔**Seagram's 83** und ➔**Seagram's V.O.**, doch das war nichts im Vergleich zu dem, was noch kommen sollte: Nach seinem Tod nahmen Seagrams Söhne die Distillers Corporation Ltd., Montreal, mit ins Boot, deren Chef Sam Bronfman, ein Bootlegger vor dem Herren, noch während der ➔Prohibition riesige Whisky-Vorräte anlegte. Als das Alkoholverbot 1933 fiel, überschwemmte Bronfman den amerikanischen Markt mit Canadian Blend. Dabei kam ihm zugute, dass zum einen die meisten US-Whiskey-Produzenten während der Prohibition bankrott gegangen waren, zum anderen hatte sich der geschmuggelte kanadische Whisky in der gleichen Zeit in den USA einen guten Ruf erworben. Kein Wunder, denn im Vergleich zu dem schwarzgebrannten und gepanschten Schnaps, der in den USA damals hergestellt wurde, hatte kanadischer Whisky immer als saubere Sache gegolten. Dass in den Vereinigten Staaten bis heute mehr Canadian als US-Whiskey konsumiert wird, geht zu einem guten Teil auf das Konto der Bronfmans, deren Unternehmen unter dem Namen The House of Seagram nach dem Zweiten Weltkrieg zum größten Spirituosenkonzern der Welt aufstieg (➔Seagram). Das Haus Seagram existiert heute nicht mehr, und auch Hiram

Walker hat seine Selbstständigkeit verloren. Die gegenwärtigen Big Player auf dem Markt sind →Pernod Ricard, →Beam Suntory, →Brown-Forman und →Sazerac. Kleinere Unternehmen sind die gefeierte →Forty Creek Distillery, die Single-Malt-Brennerei →Glenora und →Highwood sowie die →Craft-Distiller →LB Distillers, →Pemberton, →Shelter Point und →Still Waters. Herstellung: Canadian wird traditionell als →Rye Whisky bezeichnet, ist aber keinesfalls mit einem →Straight Rye aus den USA vergleichbar. Mit wenigen Ausnahmen (z. B. →**Canadian Club Chairman's Select**, →**Canadian Corn**, →**Glenora**)

ist Canadian nämlich immer nur ein Verschnitt (Blend), aus „base whisky" (hoch rektifiziertem Getreide- bzw. Neutralsprit, meist aus Mais) und einer geringen Menge „flavouring whisky" (3–5 %, selten mehr als 10 %). In der Regel spielt Roggen nur im Flavouring Whisky eine Rolle (bei →Alberta wird allerdings auch der Base Whisky aus Roggen hergestellt). Laut Gesetz ist die Verwendung von Roggen nicht einmal bei Rye Whisky zwingend vorgeschrieben: Nur von Getreide ist da die Rede! Außerdem wird in Kanada ausgiebig von Geschmackszusätzen Gebrauch gemacht. Das sind Aromastoffe wie aufgespriteter Wein (hier nennt man das „Sherry"), Säfte und vergorene Fruchtsäfte (hauptsächlich Pflaumenwein), die – speziell bei den billigeren Sorten – die geringe Reifezeit und den hohen Anteil an Neutralsprit im Hinblick auf Farbe und Geschmack kaschieren sollen. Ihr Anteil muss unter 9,09 % liegen. Mit etwas bösem Willen kann man also sagen, dass es sich bei Canadian um aromatisierten Neutralsprit handelt, in dem echter Whisky noch die geringste Rolle spielt. Fairerweise ist aber festzuhalten, dass die Kanadier andere Erwartungen an ihren Whisky stellen als die Kollegen in Schottland und den USA: Nicht Nuancenreichtum und Wucht sind hier gefragt, sondern eine unkomplizierte Leichtigkeit, die gelegentlich sogar in Eleganz umschlagen kann. Für diese Art Whisky ist weniger wichtig, welches Getreide destilliert wird, Roggen, Mais, Gerste oder Weizen, die Hauptsache ist, möglichst viele unterschiedliche Flavoring Whiskys zu erhalten, die zu einem perfekten Blend kombiniert werden können. Dementsprechend finden verschiedene Hefen und Brennmethoden Anwendung: Wohl benutzt man in Kanada überwiegend Geräte zur kontinuierlichen Destillation, aber sie sind vielseitiger als anderswo, und die verschiedenen Apparate (Kolonnenapparate, Feinbrandkessel, *pot stills*, Rektifikatoren etc.) werden je nach Bedarf kombiniert. Die solcherart entstandenen, unterschiedlichen

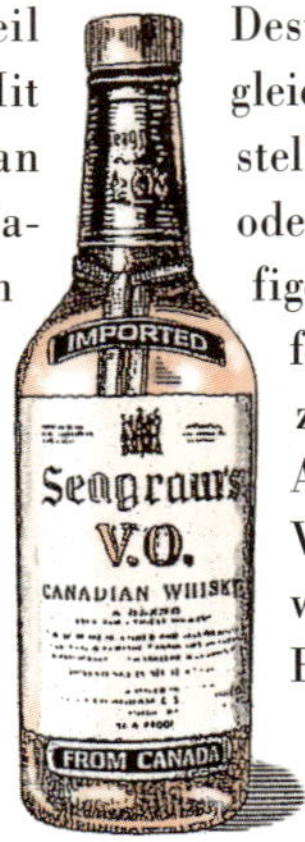

Destillate werden nun entweder gleich zu Blends zusammengestellt, verschnitten und gelagert oder dürfen – und das ist häufiger der Fall – erst für sich reifen und werden anschließend zu einem Blend verarbeitet. Auch die Lagerung bietet Variationsmöglichkeiten: Es werden ehemalige Bourbon-, Brandy-, Sherry- oder frische Fässer benutzt. Die Mindestreifezeit beträgt 3 Jahre, bessere Marken lagern 4 bis 5 Jahre, seltener 6 bis 8 Jahre, äußerst selten 12 oder mehr. Der Alkoholgehalt von Canadian liegt in der Regel bei 40 Vol.-%, aber auch leichtere Destillate dürfen in Kanada als Whisky bezeichnet werden.

CANADIAN 5 STAR

Canadian Blend, den ➛Diageo in seinen Brennereien ➛Gimli und ➛Valleyfield produziert. Ursprünglich hieß diese Marke **Seagram's 5 Star**; sie kam mit dem Ende von ➛Seagram zu ➛Pernod Ricard, die sie 2001 an Diageo weiterreichten. Dort wurde sie umgetauft, der Seagram's-Schriftzug ist aber auf dem Etikett noch präsent.

CANADIAN 83

Canadian Blend, den ➛Diageo in seinen Brennereien ➛Gimli und ➛Valleyfield produziert. Eine symptomatische Markengeschich-

te: 1883 von Joseph E. Seagram (➛Canadian) als 4 Jahre Sherryfass-gereifter ➛Straight Rye unter dem Name **Seagram's 83** lanciert und schon bald sehr erfolgreich in Kanada, mutierte er nach dem Ende der Prohibition zum Blend und war als solcher maßgeblich am Siegeszug des Canadian in den USA (und am Aufstieg des Hauses ➛Seagram, ➛**Seagram's V.O.**) beteiligt. Seit 2001 ist Canadian 83 nur noch ein anonymer Blend in der Masse von Diageos Portfolio.

CANADIAN CLUB

Canadian Blend von ➛Hiram Walker & Sons (Pernod Ricard). Die große alte Marke Kanadas gibt es bereits seit 1884. Sie prägte den leichten, sauberen Stil des ➛Canadian und begründete dessen Weltruhm. Im Gegensatz zu den meisten kanadischen Marken findet das Blending beim „CC", wie er gerne genannt wird, vor der Fasslagerung statt, die bei der Standardversion 6 Jahre, beim De Luxe Canadian **Club Classic** 12 Jahre beträgt. Inzwischen gibt es auch einen Sherryfass-gelagerten CC und seit 2014 einen 7-jährigen **Canadian Club Chairman's Select** 100 % Rye, der aus der ➛Alberta Distillery kommt. Nach der Auflösung von Allied Domecq, dem langjährigen Besitzer von Hiram Walker & Sons kam die Brennerei 2005 zu Pernod Ricard, CC selbst zu ➛Beam. Hergestellt wird der Whisky aber nach wie vor bei Hiram Walker *(contract distilling)*.

CANADIAN HUNTER

Blended Canadian der ➛Sazerac Co. Die Marke wurde 1984 von ➛Seagram speziell für den US-Markt entwickelt und ist auch heute nur dort zu haben.

CANADIAN LTD

Blended Canadian der ➛Sazerac Co.

CANADIAN MIST
Canadian Blend aus der gleichnamigen Brennerei von →Brown-Forman: fruchtig-süß, von nahezu harmloser Leichtigkeit und wohl gerade deshalb so erfolgreich. Canadian Mist war lange Jahre der meistverkaufte Canadian der Welt, noch heute liegt er auf Platz 2 (hinter →**Crown Royal**) und das obwohl er fast ausschließlich in den USA verkauft wird. Die Marke war 1965 von der US-Firma Barton (→Barton 1792) entwickelt worden, die sie sich in der heute nicht mehr existierenden Melcher's Distillery in Quebec herstellen ließ. Canadian Mist war vom Start weg auf der Überholspur und so wurde 1967 eigens eine Brennerei in Collingwood, Ontario, errichtet, um die enorme Nachfrage zu bedienen. Vier Jahre später übernahm Brown-Forman Marke und Destillerie. Seit 2011 wird hier auch ein Hochkaräter unter dem Label →**Collingwood** produziert.

CANADIAN ROCKIES
Canadian Blend aus dem Hause →Highwood, abgefüllt mit 10 Jahren und mit 21 Jahren für den taiwanesischen Markt (seit 2012).

CANADIAN SUPREME
Canadian Blend der →Sazerac Co.

CANADIAN WOODS
Canadian Blend, den →McCormick sich von einer ungenannten Brennerei abfüllen lässt und nur in den USA vermarktet.

CANONGATE
Blended Scotch von →James MacArthur & Co. Canongate ist der Name eines Viertels in Edinburgh.

CAOL ILA
Schottischer Single Malt (Islay) von →Diageo. Ein lange Zeit unterschätztes Mittelgewicht, dessen Aroma an ein Barbecue im Fischereihafen denken lässt. Caol Ila ist die größte Brennerei auf Islay (und mit einer Jahresproduktion 6,5 Millionen *lpa* eine der 10 größten Schottlands) und produzierte

bis 1989 ausschließlich für Blends wie ➛**Bell's**, ➛**Johnnie Walker** und ➛**White Horse**. Heute wird der Malt als Single gebührend vermarktet, in erster Linie als Teil von Diageos Classic-Malts-Reihe; auch ungetorfte Caol Ilas sind inzwischen zu haben, wie sie schon seit Längerem für die Verwendung in Blends gebrannt wurden (etwa 30 % der Produktion). Die 1846 gegründete Destillerie kam 1927 zum Diageo-Vorläufer ➛DCL (➛**Celtique Connexion**).

CAPERCAILLIE

Blended Scotch, den der britische Großhändler Arran Trading für die Guangzhou Yineng Commercial & Enterprise Co. produzieren lässt. Capercaillie bedeutet auf Deutsch Auerhahn. Der Vogel wird auch Capercailzie genannt und unter diesem Namen gab es früher einen Blended Scotch von ➛Edrington.

CAPERDONICH

Schottischer Single Malt (Speyside, Rothes) von ➛Chivas Bros (Pernod Ricard): ein dezenter, leicht fruchtiger Whisky, der rauchig verfliegt. Außer einer 2005 erschienenen offiziellen Version (16 Jahre, *cask strength*) gab es Caperdonich immer nur von den ➛unabhängigen Abfüllern, nahezu die gesamte Produktion floss in Blends: in ➛**Chivas Regal** vor allem, außerdem in ➛**Passport**, ➛**Queen Anne** und ➛**Something Special**. Die Brennerei war 1898 als Glen Grant N°2 Distillery eröffnet worden, diente sie doch damals nur zur Unterstützung der auf der anderen Straßenseite gelegenen Brennerei ➛Glen Grant, mit der sie durch eine Pipeline verbunden war. Bereits 1902 wurde Glen Grant N°2 wieder geschlossen. Erst nachdem sich die Grants mit ➛Glenlivet zusammengetan und die Brennerei komplett überholt hatten, wurde der Betrieb 1965 wieder aufgenommen, diesmal unter dem Namen Caperdonich. 12 Jahre darauf kam die Brennerei zu ➛Seagram und somit später zu Pernod Ricard, die sie 2002 an Forsyth's verkaufte, den weltweit bedeutendsten Hersteller von *pot stills*. 2010 wurde Caperdonich abgerissen.

CARDHU

Schottischer Single Malt (Speyside, Knockando) von ➔Diageo. Dieses fruchtig-süße Mittelgewicht wird seit den 1980er-Jahren als Single abgefüllt, die Standardversion kommt mit 12 Jahren, daneben gibt es ihn unter anderem als **Cardhu Special Cask Reserve** *(nas)*. Der erschien als Ersatz für den unseligen **Cardhu Pure Malt**, der 2002 einen folgenschweren Skandal ausgelöst hatte: Wegen Nachschubproblemen – Cardhu gehört zu den Top 10 Single Malts und muss außerdem noch als Grundlage für den Weltbestseller ➔**Johnnie Walker** herhalten – hatte Diageo Cardhu seinerzeit mit Malts aus ➔**Glendullan** unterfüttert, ohne den Auftritt der Marke wesentlich zu verändern. Der Single war also mir nichts dir nichts zu einem ➔Vatted Malt mutiert. Die Konkurrenz sah nicht zu Unrecht die Glaubwürdigkeit der Bezeichnung Single Malt gefährdet. Diageo ruderte nach zweijährigen Verhandlungen zurück und füllt den Whisky nun als Single ohne Altersangabe ab (*nas*), offiziell erhalten nur Spanien und Frankreich, Cardhus wichtigste Absatzmärkte, die ausgereiften Versionen mit 12 und mehr Jahren. In Folge dieser Affäre wurde der Begriff Vatted Malt durch ➔Blended Malt ersetzt, und das Wort pure, das früher sowohl für Single wie für Vatted Malts verwendet worden war, darf in diesem Zusammenhang gar nicht mehr auftauchen.

CARIBOU CROSSING

Canadian Single Barrel von ➔Sazerac. Eine der Marken, mit denen Sazerac seit einigen Jahren versucht, kanadischen Whisky in besseren Kreisen zu etablieren (➔ **Rich & Rare**, ➔**Royal Canadian**). Caribou Crossing wird als erster Single Barrel des Landes angepriesen (ein Titel, der immer noch dem längst verschollenen ➔**Bush Pilot** gehört), allerdings ohne Angabe der jeweiligen Fassnummer und mit nur 40 Vol.-% – nicht unbedingt die cleverste Methode, um die verwöhnte Einzelfass-Kundschaft zu beeindrucken. Auch die Herkunft des Whiskys wird

nicht verraten. Sazerac verfügt nach eigenen Angaben über etwa 200 000 Fässer verschiedener kanadischer Destillerien und seit 2009 mit ➛Lethbridge auch über eine eigene Produktionsstätte in Kanada. Master Blender Drew Mayville hat also eine große Auswahl.

CÀRN MÒR

Mit diesem Label betätigen sich ➛Morrison & Mackay seit einigen Jahren als ➛unabhängige Abfüller. In der Regel werden hier ausgereifte Single Casks zu vernünftigen Preisen angeboten *(nc, ncf)*, darunter auch Rariäten wie ein ➛**Garnheath** Single Grain.

CARSEBRIDGE

Schottischer Grain Whisky aus der gleichnamigen Destillerie bei Stirling; sie gehörte zu den Gründungsmitgliedern der ➛DCL, war zeitweise die größte Brennerei Schottlands und wurde 1983 eingemottet. Man findet den Whisky noch heute bei ➛unabhängigen Abfüllern, zuletzt gab es ihn in der Reihe ➛Clan Denny und bei ➛Sirius.

CARSTAIRS WHITE SEAL

Blended American der ➛Sazerac Co. 1944, als diese Marke noch von der ➛Seagram-Tochter ➛Calvert kam, sorgte eine ihrer Werbekampagnen für einigen Wirbel: wenige Wochen vor der alliierten Invasion in der Normandie, wurden „Carstairs Invasion Maps“ an die Händler verteilt, Karten von Nordfrankreich, die mögliche Landungspunkte und Kampfschauplätze der Truppen zeigten. Daraufhin stürmten FBI-Beamte Seagrams Hauptquartier, um möglichem Geheimnisverrat auf die Spur zu kommen. Sie fanden nichts, aber der Name Carstairs war in aller Munde – und bald auch der Whiskey. Heute ist Carstairs nur noch eine kleine Regionalmarke, die 1989 zu Sazerac kam.

CASK & SMOKE
US-Malt Whiskey von →New Holland Artisan Spirits. Hauseigenes und aus Großbritannien importiertes, getorftes Gerstenmalz werden zweifach gebrannt und 18 Monate in kleinen Eichenholzfässern gereift.

CASK ISLAY
Schottischer Single Malt von →A. D. Rattray; die Marke erschien erst 2014 und auch der Inhalt der Flasche ist vergleichsweise jung. Aus welcher Brennerei er stammt, gibt die Firma nicht preis.

CASTLE BRANDS
New Yorker Unternehmen, das sein Geld mit Entwicklung und Vertrieb von Spirituosenmarken verdient. Die Firma wurde 1998 als Great Spirits Inc. gegründet, ihren heutigen Namen trägt sie seit 2004. Castle-Brands-Chef Mark E. Andrews ist der Enkel jenes Mr. Andrews, der in den 1980ern mit den Abfüllungen des ersten →**Knappogue-Castle**-Malts von sich reden machte. Als Nächstes kam der Irish →**Clontarf** und seit 2006 besitzen Castle Brands mit der US-Firma McLain & Kyne auch die Marken →**Jefferson's Reserve** und →**Sam Houston**.

CASTLE GLEN →The Australian Whiskey Company

CASTLE HILL
Schweizer Single Malt aus der Brennerei Whisky Castle in Elfingen, Aargau. Seit 2002 produziert der renommierte Edelbrenner Ruedi Käser hier neben Obst auch Whisky, sein erster Castle Hill erschien 2004. Die Jahresproduktion beträgt bis zu 10 000 *lpa*.

CASTLE PRIDE
Schottische Marke, die →Angus Dundee von Mayell & Fraser in Rangpo, Sikkim, für den indischen Markt abfüllen lässt (→**Piper's Clan**). Ursprünglich war Castle Pride ein Blended Scotch, in Indien wird er als „De Luxe Grain Whisky" angeboten.

CATOCTIN CREEK ROUNDSTONE RYE
US-Organic Single Barrel Rye aus der Craft Distillery Catoctin Creek in Purcellville, Virginia, eröffnet 2009 von Becky und Scott Harris. Ein nicht ganz 2-jähriger reiner Roggen-Whiskey, gebrannt in einer *Obstbrennblase*.

CATTO'S

Blended Scotch von ➛Inver House Distillers (ThaiBev). Die Marke existiert seit 1861 und kam 1990 zum derzeitigen Besitzer. Seither bilden dessen Malts ➛**An Cnoc**, ➛**Balblair**, ➛**Balmenach**, ➛**Old Pulteney** und ➛**Speyburn** die Grundlage für die Catto's-Blends. Sie verkaufen sich vorwiegend in Lateinamerika und auf der Iberischen Halbinsel.

CEDAR RIDGE

US-Microdistillery in Swisher, Iowa, gegründet 2003 von Jeff und Laurie Quint. 2010 kam ein 2-jähriger Bourbon auf den Markt, seit 2013 gibt es auch einen 5-jährigen Single Malt, der aus verschiedenen Destillaten besteht: Teilweise getorfte Whiskeys aus unterschiedlichen Gerstenmalzsorten werden nach zweijähriger Reifung in Bourbon-Fässern noch einmal in diversen Fässern (Rum, Brandy, Portwein, Sherry) gelagert und anschließend miteinander vermählt. Daneben produzieren die Quints kleine Mengen an ➛Wheat Whiskey aus reinem Weizenmalz und haben mit ➛**Griff's Cowboy Whiskey** auch eine etwas weniger anspruchsvolle Marke im Programm.

CELP SEAWEED EXPERIENCE

Schottischer „Single Islay Spirit“, 6 Jahre, 55 Vol.-%, abgefüllt für The Ultimate Whisky Company (➔Van Wees). Gerüchtehalber ist das ein ➔**Laphroaig**, der allerdings nicht Whisky genannt werden darf, da ein Seetanghalm in der Flasche schwimmt (genauer gesagt: eine Pflanze namens Wasserpest). Dadurch erhält er einen gallig grünen Farbton, geschmacklich aber kann das Kraut dem Whisky nichts anhaben.

CELTIC CASK

Irischer Single Malt aus der ➔Cooley Distillery, abgefüllt vom Celtic Whiskey Shop in Dublin, der durchaus einen Besuch wert ist.

CELTIC NATIONS

Schottisch-irischer Vatted Malt aus den Brennereien ➔Bruichladdich und ➔Cooley, 2006/7 herausgegeben von ➔Murray McDavid (➔Internationaler Whisky). Der Whisky enthält neben ungetorftem 1994er **Bruichladdich** auch ➔**Port Charlotte**, was ihm in Verbindung mit dem Cooley einen soliden Rauchton verleiht (➔**Teeling**). Der Begriff Celtic Nations steht für jene europäischen Volksgruppen, die zumindest sprachlich der keltischen Kultur zuzurechnen sind, namentlich Schotten, Iren, Bretonen, Walliser, das kornische Volk (Cornwall) und Manx (Isle of Man).

CELTIC WHISKY COMPAGNIE

Französischer Hersteller in Pleubian, Bretagne, im Besitz von Jean Donnay, einem Pionier des französischen – Donnay bevorzugt die Bezeichnung „keltischen“ – Whiskys. Er betreibt die Brennerei ➔Glann ar Mor (➔**Kornog**) und bringt unter dem Label ➔**Celtique Connexion** einige schottische Single Malts mit *wood finishes* in Armagnac- und französischen Weinfässern heraus. Donnay verwendete hierbei als erster Sauternesfässer, deren aromatische Potenz heute auch von anderen Herstellern geschätzt

wird. Außerdem gibt er einige schottische Whiskys unter eigenen Labels heraus: **Glenfinnan** (Highland Single Malt), **Glen Torness** (Blended Scotch) und **Islay Connection** (Vatted Malt). Derzeit plant Donnay in →Gartbreck den Bau einer neuen Brennerei auf der Insel Islay.

CELTIQUE CONNEXION

„Keltische" Single Malts, herausgegeben von Jean Donnays →Celtic Whisky Compagnie. Eigentlich stammen die Malts aus ungenannten schottischen Brennereien; da sie aber in der Bretagne eine weitere Fasslagerung erfuhren *(wood finish)*, dürfen sie nicht als Scotch bezeichnet werden. Französische Whiskys sind sie deswegen noch lange nicht, und so beruft sich Donnay auf den gemeinsamen keltischen Ursprung von Schotten und Bretonen (→**Celtic Nations**). Angeboten werden **Einzelfassabfüllungen** *(ncf, nc)*, die in Armagnac- und diversen Weinfässern nachreifen (Coteaux de Layon, Quarts de Chaume, Sauternes und Vin de Champagne).

CENTENNIAL

Canadian Blend von →Highwood. Eine kleine Marke, die nur im Westen Kanadas verkauft wird.

CENTURY RESERVE

Canadian-Marke von →Highwood Distillers; **Century Reserve Lot 15-25** ist ein vom Roggen geprägter Blend, der 21-Jährige dagegen ein 100%iger Mais-Whisky (Corn). Da Highwood Distillers selbst keinen Mais verarbeiten, heißt es immer wieder, dieser Whisky stamme aus derselben geheimnisvollen Brennerei wie der legendäre →**Bush Pilot's** – möglicherweise aus einem ehemaligen →McGuinness Betrieb in Weyburn, Saskatschewan († 1986). Bei Highwood hüllt man sich dazu in Schweigen und von der auf dem Rückenetikett als Produzent angegebenen Century Distilling Company hat man schon Jahrzehnte nichts mehr gehört.

CHANCELLOR

Indischer Whisky von →DCM Shriram; neben →**Duke** wohl die älteste Whisky-Marke Indiens, hergestellt im Wesentlichen aus Melasse.

CHARBAY HOP FLAVORED WHISKEY

US-Whiskey aus der Charbay Distillery & Winery, Napa Valley, Kalifornien. Das Unternehmen in St. Helena gehört der 1962 aus Jugoslawien eingewanderten Familie Karakasevic, die bereits in ihrer alten Heimat Wein und Spirituosen herstellte. Seit 1983 verfügt ihr Weingut über eine Cognac-Brennblase, in der neben Brandy, Wodka und Obstbränden seit 1999 auch Whiskey produziert wird. Der entsteht nicht wie üblich aus einer ungehopften Getreidemaische, sondern aus bereits fertigen, also gehopften, Bieren. Den Anfang machte ein Pilsner-Whiskey, abgefüllt 2002 *(cask strength)*, inzwischen brennen die Karakasevics auch diverse IPAs und Stout. Die Brände reifen vorwiegend in französischer Eiche.

CHATTANOOGA 1816

US-Whiskey-Marke der Chattanooga Whiskey Co., Tennessee. Die Brennerei der Firma ist noch im Bau und so bezieht man den Stoff aus der Lawrenceburg Distillery, Indiana (➔LDI). Einen Whiskey aus dieser riesigen Schnapsfabrik als „Handcrafted" zu labeln, ist schon mehr als dreist.

CHICHIBU

Japanische Brennerei bei Chichibu, Präfektur Saitama, im Besitz von Venture Whisky. Seit 2007 entwickelt Gründer Ichiro Akuto, der neue Stern am Whisky-Himmel Japans, einen ganz eigenen Stil: einerseits vom schottischen Malt inspiriert, andererseits vom regionalen Ansatz des Ji-whisky, der japanischen Variante des ➔Craft Distilling. Seine beiden kleinen *pot stills* kommen vom schottischen Brennblasen-König Forsythe's, die Gärbottiche und einige der verwendeten Fässer sind aus japanischer Eiche (Mizunara).

Akuto besuchte mit seinem Team mehrfach schottische Mälzereien und verarbeitet in seinen eigenen *floor maltings* vorzugsweise lokales, teilweise über japanischem Torf getrocknetes Malz. Akuto, Spross einer Familie von Sake-Brauern und Shochu-Brennern, die zeitweise auch Whisky produzierten (➛**Hanyu**), studierte Landwirtschaft, war Brand Manager bei ➛Suntory und absolvierte Praktika in ➛BenRiach und ➛Karuizawa. Er verwendet mehr als 20 Fasstypen, darunter Bourbon-, Sherry- und Portweinfässer sowie Mizunara-Quarter Casks aus eigener Herstellung. Der erste Chichibu Single Malt erschien 2011 als 3-Jähriger, später kamen **Chichibu The Peated** und Ichiro's Malt Double-Distilleries (Vatted Malts aus Chichibu und Hanyu Whiskys). Malts aus der elterlichen Hanyu Distillery waren es auch, mit denen Aktuto-san international bekannt wurde: Die Spielkarten-Serie, die er ab 2005 unter dem Label ➛**Ichiro's Malt** abfüllte sorgte bei Genießern und Sammlern gleichermaßen für Furore (➛**Ging ko**, ➛**Golden Horse**).

CHIEFTAIN'S

Schottische Single-Malt-Reihe, mit der ➛Ian Macleod sich als unabhängiger Abfüller betätigt. Mitunter gibt es hier auch alte Malts aus stillgelegten Brennereien in Fassstärke, aus ➛Port Ellen beispielsweise. Früher hieß das Label **Chieftain's Choice** und bezeichnete einige Vatted Malts und einen Blend.

CHITA

Japanische Grain-Brennerei in der Präfektur Aichi auf Honshu, betrieben von der ➛Suntory-Tochter SunGrain Ltd. Aus dieser riesigen Anlage stammen die Grains für Suntorys Blends. In limitierten Auflagen wird Chita-Grain auch als Single abgefüllt.

CHIVAS BROTHERS

Schottischer Hersteller mit Sitz in London, zuständig für die Scotch-Interessen des französischen Konzerns ➛Pernod Ricard. Die wichtigsten Marken des Hauses sind die Blends ➛**Ballantine's** und ➛**Chivas Regal**, bei den Malts konzentriert man sich auf ➛**Aberlour**, ➛**Glenlivet**, ➛**Longmorn** und ➛**Scapa** (weitere Brennereien unter dem Stichwort Pernod Ricard). Viele der kleineren Blended-

Scotch-Marken, die im Laufe von Pernod Ricards Eroberungsfeldzügen ins Portfolio kamen, sind heute vom Markt verschwunden, überlebt haben: ➛**100 Pipers**, ➛**Clan Campbell**, ➛**Doctor's Special**, ➛**Great Scot**, ➛**Long John**, ➛**Passport**, ➛**Prince Charlie**, ➛**Queen Anne**, ➛**Royal Salute**, ➛**Stewart's Cream of the Barley** und ➛**White Heather**; eine Neuerscheinung ist ➛**Barrelhound**. (➛**Caperdonich**, ➛**Craigduff**, ➛**Dumbarton**, ➛**Glenisla**, ➛**Glenugie**, ➛**House of Lords**, ➛**Imperial**, ➛**Inverleven**, ➛**Lochside**).

CHIVAS REGAL

Blended Scotch von ➛Chivas Bros. (Pernod Ricard). Ein ausgewogener De-luxe-Blend, derzeit die Nr. 3 unter den Scotches, angeboten als 12-, 18- und 25-Jähriger. Das Herz des Blends kommt von ➛**Strathisla** und auch ➛**Aberlour**, ➛**Glenlivet** und ➛**Longmorn** spielen hier eine wichtige Rolle.

Trotz rückläufiger Verkaufszahlen ist die Marke noch immer ein Renner in China und auf anderen wichtigen asiatischen Märkten, besonders gut läuft sie auch im Duty-Free-Sektor. Die Brüder James und John Chivas führten seit 1857 eine Wein- und Feinkosthandlung in Aberdeen und waren selbst nicht in Sachen Whisky engagiert; erst ihre Nachfolger begannen unter dem alten Firmennamen eigene Marken herauszugeben und brachten es mit ihrem **Royal Strathythan** bis zum k. u. k.-Hoflieferanten. Die Marke Chivas Regal erschien 1909, kam aber erst unter der Ägide von Samuel Bronfman in die Gänge, dem genialischen ➛Seagram-Chef, der Chivas Brothers 1949 übernommen hatte. Bronfman war es auch, der 1952 anlässlich der Inthronisation von Queen Elizabeth die Chivas-High-End-Version ➛**Royal Salute** herausbrachte.

CIVILIZED SPIRITS
US-Microdistillery in Traverse City, Michigan, gegründet 2009 von Greg Lobdell. Unter dem Civilized-Label gibt es einen 3-jährigen **Single Malt**, einen **Bourbon**, einen **Rye** und einen **White Dog** *(→new make)*. Destilliert wird in einer Kombination aus *pot* und *column still*, sodass die nötige Alkoholstärke bereits in einem einfachen Brennvorgang erreicht wird.

CLAN CAMPBELL
Scotch-Marke von →Chivas Bros. (Pernod Ricard), zu haben als Blended Scotch und als 10-jähriger Vatted Malt, die Basis für beide kommt von →Glenallachie. Clan Campbell ist ein Topseller in Frankreich, dem weltweit größten Markt für Blended Scotch. Die Marke existiert seit den 1930er-Jahren und trägt den Namen eines der größten Clans Schottlands (die Campbells haben allerdings ihren eigenen, nach der Grafschaft Argyll benannten Scotch, den sie sich von der →Morrison-Bowmore-Tochter Beinn Bhuidhe herstellen lassen). Clan Campbell kam ursprünglich von der Firma House of Campbell, die auch die Brennerei →Aberlour besaß. Sie wurde 1974 von Pernod Ricard übernommen und in Campbell Distillers umgetauft. Bis 2001 waren Campbell Distillers für die gesamten Scotch-Interessen Pernod Ricards zuständig, zu denen damals noch die Brennerei →Edradour und der Blended Scotch →**White Heather** gehörte. Diese Aufgabe übernahm dann die Pernod-Ricard-Tochter Chivas & Glenlivet Group, die seit 2005 als Chivas Brothers firmiert.

CLAN DENNY
Schottische Whisky-Reihe von →Douglas Laing; hier gibt es zwei →Vatted Malts: **Sweetly Spiced** aus →**Macallan**, →**Glenrothes**, →**Mortlach**, →**Tamdhu** und zwei weiteren ungenannten Brennereien und **Heavily Peated** (→**Ardbeg**, →**Bowmore**, →**Bruichladdich**, →**Caol Ila** plus zwei) sowie einige sehr interessante Single-Grain-*Einzelfassabfüllungen* in *Fassstärke*, darunter echte Raritäten aus geschlossenen Brennereien wie →Caledonian, →Cambus, →Carsebridge, →Dumbarton, →Garnheath und →Port Dundas. Unter dem Namen North of Scotland gab es auch einen Grain aus der längst stillgelegten Brennerei →Strathmore.

CLAN MACGREGOR
Blended Scotch von ➛William Grant & Sons, der in den 1970er-Jahren für den US-Markt entwickelt wurde und dort heute zu den erfolgreichsten Scotches gehört.

CLAN SINCLAIR
Schottischer Single Malt, den ➛Inver House Distillers für die indische ➛Jagatjit Industries abfüllen. Die Inder erwarben die Marke 2009 zusammen mit ➛**King Henry VIII** von George Sinclair & Sons, einem Familienunternehmen, das von Nachkommen des schottischen Clan Sinclair geführt wird.

CLANSMAN
Blended Scotch, eine Billigmarke der ➛Loch Lomond Group.

The CLAYMORE
Blended Scotch von ➛Whyte & Mackay (Emperador Inc.). Ein anständiger Discounter-Whisky, 1977 von der ➛DCL für den britischen Markt entwickelt und 1986 an Whyte & Mackay verkauft.

CLINTON
Blended Scotch, den Pernod Ricard 1996, während der ersten Amtszeit des gleichnamigen US-Präsidenten, in Thailand herausbrachte.

CLONTARF
Irish Whiskey, der in ➛Midleton für ➛Castle Brands produziert wird, zu haben als **Standard Blend**, **Premium Blend** und als **Single Malt**. In der sogenannten Trinity Bottle können verspielte Trinker auch alle drei Versionen gleichzeitig erwerben: in drei 200-ml-Fläschchen, die derart aufeinander gestellt werden können, dass sich die Form einer großen Flasche ergibt. Mit diesem Marketing-Gag waren die Hersteller bereits bei ihrem ersten Produkt erfolgreich, einem Wodka namens Boru. Dass die beiden Marken zusammengehören, wird nicht nur durch ihre Präsentationsform deutlich: Clontarf, ein kleiner Ort bei Dublin, war im Jahre 1014 Schauplatz jener Schlacht, in der der gälische König Brian Boru den seit Jahren im Lande marodierenden Wikingern eine empfindliche

Niederlage bereitete. Mit diesem historischen Sieg wurde deren militärische Macht gebrochen und ihre Assimilation an die gälische Kultur nahm ihren Lauf.

CLUNY

Blended Scotch von John E. McPherson & Co., einer Tochterfirma von ➛Whyte & Mackay (Emperador Inc.). Eine reine Exportmarke, die heute vor allem in den USA verkauft wird. McPherson & Co. war 1857 in Edinburgh gegründet worden und gehört seit 1985 der Whyte & Mackay-Tochter #Invergordon Distillers.

CLYDESDALE

Schottische Single-Malt-Serie von ➛Blackadder. Eine Reihe 7- bis 12-jähriger *Einzelfassabfüllungen*, die vor allem in Japan erfolgreich ist. Das ist das Verdienst des dortigen Blackadder-Statthalters Takeshi Mogi, eines Schottland-Freaks, der fließend Gälisch spricht, gerne im Schottenrock rumläuft und Dudelsack spielt. Mogi übersetzte auch den „Malt Whisky File" ins Japanische, einen Whisky-Führer aus der Feder der Blackadder-Gründer John Lamond und Robin Tucek. Die Blackadder-Whiskys werden von Tuceks Firma The Clydesdale Original Scotch Whisky Company herausgegeben, nicht zu verwechseln mit der Clydesdale Scotch Whisky Company, die Billig-Labels wie **Queen Margot** für Lidl abfüllt (und möglicherweise identisch mit der ➛Whyte & Mackay-Tocher ➛Invergordon Distillers ist).

CLYNELISH

Schottischer Single Malt (Northern Highlands, Brora) von

➛Diageo. Ein komplexer, vielschichtiger Whisky, den es lange Zeit nur von ➛Gordon & MacPhail gab. Deren Flaschen, die noch den Namen des langjährigen Lizenznehmers Ainslie & Heilbron (➛Ainslie's) auf dem Etikett trugen, konnten sowohl Whisky aus der alten wie aus der neuen Clynelish Distillery enthalten: Die erste Brennerei war 1819 gegründet worden, die zweite, deutlich größere, stammt aus dem Jahre 1967. Kurze Zeit arbeiteten beide parallel, 1968 wurde die alte Brennerei geschlossen, nur um ein Jahr später wieder in Betrieb zu gehen – diesmal allerdings unter dem Namen ➛Brora. Einige Jahre entstand dort sehr stark getorfter Whisky, der für die Blends von ➛**Johnnie Walker** benötigt wurde. 1983 war's dann auch mit Brora vorbei, nur die alten Lagerhäuser werden heute noch von Clynelish benutzt. Seit 2002 wird dieser Malt auch von Diageo selbst abgefüllt, unter anderem in der Reihe „Distillers Edition"; auch in der großartigen ➛Rare Malts Selection gab es einen Clynelish. Die Brennerei liefert pro Jahr 4,8 Millionen *lpa* (➛**Oak Cross**, ➛**Flaming Heart**, ➛**Spice Tree**).

The COASTER
Neuseeländischer Single Malt von ➛Southern Distilleries. Ein deutlich getorfter Whisky nach schottischem Muster *(ncf)*, ertsmals erschienen 2003 als 3-Jähriger.

COFFEY GRAIN
Japanischer Single Grain aus der Brennerei ➛Miyagikyo von Nikka; früher nur als *Single Cask* in *Fassstärke* abgefüllt, seit 2012 auch als Standardversion mit 45 Vol.-%. Miyagikyo ist eine der wenigen Brennereien, die noch heute mit den altmodischen *Coffey stills* arbeiten. Nikka-Gründer Taketsuru zog sie den moderneren *column stills* vor, die für seinen Geschmack allzu sauber destillierten.

COFFEY MALT
Japanischer Single Malt aus der 1999 geschlossenen Brennerei ➛Nishinomiya von Nikka, erschienen 2012. Die alten *Coffey stills* an sich sind heute schon eine Seltenheit, umso mehr ein Malt Whisky, der in diesen eigentlich für Grain konzipierten Brennblasen entstand. Die Nishinomiya-Brennerei diente früher als Grain-Lieferant für Nikkas Blends, ihre Coffey Stills tun mittlerweile in ➛Miyagikyo Dienst.

COILLMÓR
Deutscher Single Malt aus der Brennerei Liebl in Bad Kötzting im Bayerischen Wald. Zu haben als 4-Jähriger aus Ex-Bourbon-Fässern sowie in diversen Süßwein-*Einzelfassabfüllungen*, für die manchmal auch getorftes Malz verwendet wird. Die Liebls brennen seit 1970, bekannt sind sie vor allem für ihren Bärwurz, einen verdauungsfördernden Schnaps aus der Wurzel eines im Bayerischen Wald heimischen Doldengewächses. Mit der Whisky-Produktion began-

nen sie 2006 in einer eigens dafür errichteten Brennerei, die mit für Obstbrenner typischen Roh- und Feinbrandblasen ausgerüstet ist.

COLEBURN

Schottischer Single Malt (Speyside, Longmorn) von ➛Diageo. Ein leichter, eher trockener Malt, der offiziell nur einmal in der ➛Rare Malts Selction abgefüllt wurde; selbst die ➛Unabhängigen haben ihn nur selten. Die Destillerie wurde 1897 von Charles ➛Doig für John Robertson & Son erbaut, ein Blending-Unternehmen in Dundee, das einst auch eine Marke mit dem schönen Namen „Best Ever Bottled" besaß. Robertson wurde in den 1930ern von der ➛DCL geschluckt, die Coleburn-Malt für ihre ➛**Usher**-Blends verwendete. 1985 wurde die Brennerei stillgelegt, 2004 an die Winchester-Brüder verkauft, zwei schottische Folk-Musiker, deren Pläne, hier ein Hotel- und Veranstaltungszentrum zu errichten, nicht realisiert werden konnten. Heute dient Coleburn als *warehouse* und Abfüllstation des 1999 gegründeten Whisky-Brokers Aceo, der seit 2013 Besitzer des ➛unabhängigen Abfüllers ➛Murray McDavid ist.

COLERAINE

Blended Irish aus der ➛Old Bushmills Distillery von Casa Cuervo. Eine kleine Marke mit einem großen Namen: Im 19. Jahrhundert galt Coleraine als einer der besten Whiskeys Irlands. Selbst in der Bar des britischen Unterhauses gab es damals einen 10-jährigen Malt aus der Coleraine Distillery, die 1820 im County Londonderry

gegründet worden war. Wie für die meisten irischen Brennereien brachte auch für Coleraine die US-Prohibition das Aus. In den 1920er-Jahren wurde sie geschlossen, 1933 an Bushmills verkauft. Ende der 1930er-Jahre nahm die Destillerie den Betrieb wieder auf, seit 1978 steht sie endgültig still. Die Produktion wurde nach Old Bushmills verlegt und die Marke zum Blend degradiert. 1993 kamen noch einmal 396 Flaschen eines 34-jährigen Coleraine-Malts auf den Markt, abgefüllt in *Fassstärke*, und nur noch zu Sammlerpreisen zu haben.

COLKEGAN

US-Single Malt von Santa Fe Spirits, Santa Fe, New Mexico, gegründet 2010 von Colin Keegan. Dieser in einer *Obstbrennblase* destillierte Whiskey kam 2013 als 2-Jähriger auf den Markt. Seine dezente Rauchnote stammt nicht vom Torf, das Malz wird vielmehr über Mesquite-Holz geräuchert (➛ **McKendric**, ➛ **Whiskey del Bac**).

COLLIER AND McKEEL

Tennessee-Whisky von der Tennessee Distilling Co., Nashville, Tennessee, eine der vielen kleinen Brennereien, die hier nach 2009 entstanden (damals fiel das Verbot zur Herstellung von Trinkalkohol in allen Counties von ➛Tennessee). Inhaber Mike Williams benutzt eine *mashbill* aus 70 % Mais, 15 % Roggen und 15 % Gerstenmalz und hält sich bei der *Filtration* an den Lincoln County Process (➛Tennessee). Bisher erschienen ein **Collier and McKeel Sour Mash** und ein **Collier and McKee White Dog**.

COLLINGWOOD

Canadian Blend aus der ➛Canadian Mist Distillery von ➛Brown-Forman, erschienen im Jahr 2011. Vor der Abfüllung lagert der Blend noch einige Monate in einem Tank, der angekohlte Ahornholzfassdauben enthält – industrielles *wood finish*, wenn man so will. 2013 gab es einen 100%igen Rye mit 21 Jahren, ein Einzelstück zwar, aber doch ein Beispiel dafür, dass die Kanadier mehr können, als nur simple Blends zu produzieren.

COLONEL E. H. TAYLOR Jr.

Kentucky Straight Whiskey aus der ➛Buffalo Trace Distillery von ➛Sazerac, zu haben in diversen Bourbon-Versionen und als Rye – alles hochkarätige Small Batch Whiskeys. Die Marke ist nach Colonel Edmund H. Taylor Jr. (1832–1922) benannt – einem Pionier der amerikanischen Whiskey-Industrie. Er war maßgeblich an der Entstehung des ➛Bottled-in-Bond-Acts beteiligt, der erstmals eine Art Qualitätsgarantie für Whiskey möglich machte. Zeitweise besaß er die O.F.C. Distillery, aus der später Buffalo Trace wurde. 1887 gab er seinen ersten **Old Taylor** Bourbon heraus. Diese Marke landete später im Hause ➛Beam, wo sie lange Jahre als solider Old-School-Bourbon produziert wurde. 2009 gab Beam sie im Tausch gegen eine belanglose Wodka-Marke an die gegenwärtigen Besitzer ab, die sie seit 2011 unter dem Namen E. H. Taylor als sehr ansprechenden High-End-Whiskey vermarkten.

COLONEL LEE

US-Whiskey aus der Brennerei ➛Barton 1792 (Sazerac Co.), zu haben als Kentucky Straight Bourbon und als Blended American – Fusel für Rednecks.

COLONEL'S SPECIAL

Indischer Whisky von ➛Mohan Meakin. Pure Blended Malt steht auf dem Etikett, also ist wohl außer Melasse-Destillaten auch etwas Malt Whisky enthalten.

COMPASS BOX

Londoner ➛Craft Blender, gegründet 2000 von John Glaser, einem ehemaligen Johnnie-Walker-Mann mit gutem Gespür für modernes Retro-Styling – er selbst nennt es Ikonoklasmus. Seine erste Marke ➛Hedonism war ein Vatted Grain und damals etwas wirklich Neues (➛Grain). Seither produziert Glaser vorwiegend Vatted Malts in kleinen Auflagen: ➛**Eleuthera**, ➛**Flaming Heart**, ➛**Juveniles**, ➛**The Lost Blend**, ➛**Oak Cross**, ➛**The Peat Monster** und ➛**Spice Tree** sowie die Blends ➛**Asyla**, ➛**The General** und ➛**Great King Street**.

CONCANNON

Blended Irish Whiskey, den ➛Cooley seit 2012 für das kalifornische Weingut Concannon produziert. Der Whiskey erhält ein kurzes *wood finish* in hauseigenen Syrah-Fässern. Er dient derzeit als Hausmarke im Buena Vista Cafe in San Francisco, dem Ausgangspunkt des Irish-Coffee-Booms, der Anfang der 1950er-Jahre in den USA ausbrach. Noch heute gehen dort pro Jahr etwa eine halbe Million Irish Coffees über die Theke. Den hauseigenen **Buena Vista** Blend, ebenfalls ein Cooley-Produkt, gibt es heute allerdings nicht mehr und es bleibt die Frage, an wen die Concannons sich wenden, wenn die neuen Cooley-Eigentümer wie angekündigt ihr *contract distilling* einstellen.

CONNEMARA

Irischer Single Malt von der ➛Kilbeggan Distillery Co. (Beam Suntory), hergestellt in ➛Cooley. Ein wuchtiger Whiskey mit einem für irische Verhältnisse ungewohnten Torfaroma. Auch wird er im Gegensatz zu irischen Gebräuchen nur zweifach destilliert, und zwar aus gemälzter Gerste – alles Indizien dafür, dass die 1995 erschienene

Marke eher an schottischem Malt orientiert ist als am traditionellen irischen →Pure Pot Still Whiskey (als der sie auf älteren Etiketten bezeichnet wurde). Connemara wird in verschiedenen, unterschiedlich stark getorften Versionen angeboten (mit bis zu 50 *ppm*) und bildet die Grundlage für den Blend →**Inishowen.**

CONNOISSEURS CHOICE

Mit dieser Reihe trat →Gordon & MacPhail in den 1960er-Jahren erstmals als →unabhängiger Abfüller in Erscheinung und wurde damit zum Paten all der Firmen, die dieses üppige Feld heute beackern. Zahlreiche Malts, die bis dahin nur branchenintern bekannt waren, erblickten erst unter dem Connoisseurs-Choice-Label das Licht der Welt, und das bis heute zu durchaus vernünftigen Preisen. Das einzige Manko der Reihe war lange Zeit ihr Alkoholgehalt von mageren 40 Vol.-% und die Verwendung von Schraubverschlüssen. Seit einigen Jahren kommen nun alle Abfüllungen mit Korken und soliden 43 bis 46 Vol.-%.

CONSTELLATION BRANDS

US-Konzern mit Sitz in Fairport, New York. Der angeblich größte Weinanbieter der Welt ist durch seine Black Velvet Distilling Company in der kanadischen Provinz Alberta auch auf dem Spirituosenmarkt präsent. Sie produziert die Canadians →**Black Velvet**, →**Danfield's**, →**McMaster's**, →**MacNaughton** und →**Schenley**. Als Eigentümer von Barton Brands spielte Constellation von 1993 bis 2009 zumindest mengenmäßig eine maßgebliche Rolle auf dem Spirituosenmarkt der USA (→**Barton 1792**).

CONTESSA

Indischer Whisky von →Radico Khaitan; eine Billigmarke, die auch als Gin, Rum und Wodka angeboten wird.

CONVALMORE
Schottischer Single Malt (Speyside, Dufftown) von Diageo. Ein fruchtig-süßes Mittelgewicht, dessen Aroma einen Tester einmal an „ein Kornfeld nach einem Sommerregen" erinnerte (ein anderer erschnüffelte hier einen „Hauch von sonnengewärmtem Sägemehl"). Angeboten wurde der Whisky meist nur von →unabhängigen Abfüllern, Diageo hatte ihn in der →Rare Malts Selection. Die Destillerie wurde 1894 eröffnet und lange Zeit von der Firma →Lowrie geführt, in deren Blends sie eine wichtige Rolle spielt. Nachdem Lowrie von →Buchanan übernommen wurde, experimentierte man hier kurzzeitig mit kontinuierlich gebranntem Malt Whisky. Über Buchanan kam die Brennerei zu →Diageo, die sie 1985 stilllegten und später an →William Grant & Sons verkauften; die benutzen sie nun als Lagerhaus.

COOLEY
Irische Brennerei in Riverstown bei Dundalk, County Louth, betrieben von der →Kilbeggan Distillery Co. (Beam Suntory). Die Brennerei verfügt über zwei *pot* und zwei *column stills* und produziert derzeit (noch) alle Marken der Kilbeggan Distilling Co.: →**Connemara**, →**Greenore**, →**Inishowen**, →**Locke's** und →**Tyrconnel**. Auch die erste Destillation des Kilbeggan Single Malts findet hier statt (die Unterschiede zwischen den einzelnen Marken entstehen aus der Kombination unterschiedlich gebrannter und gereifter Einzeldestillate). Daneben liefert Cooley zahllose Handelsmarken für Großdistributeure und Privatfirmen, z. B.: →**Celtic Cask**, →**Concannon**, →**Craoi Na Móna**, →**Danny Boy**, →**Dunville's**, →**Feckin**, →**Hot Irishman**, →**Inish Turk Beg**, →**McConnel's**, →**Strangfold Gold** (→**Celtic Nations**, →**Clontarf**, →**Knappogue Castle**, →**Millars**). Solange Cooley noch als unabhängiges Unternehmen agierte, war dieses *contract distilling* dessen wichtigster Geschäftszweig: etwa zwei Drittel von Cooleys Output wurde unter fremden Labels abgefüllt. Zu kleine Brötchen für einen Riesen wie Beam Suntory und so lassen die neuen Besitzer die alten Lieferverträge auslaufen. Mit den frei werdenden Kapazi-

täten und Beam Suntorys internationalem Vertriebsnetz sollen die Kernmarken Kilbeggan und Connemara gestärkt und der Marktanteil auf Kosten der übermächtigen ➛Irish Distillers erhöht werden. Am Whiskey-Stil des Hauses wird sich dadurch vermutlich nichts ändern, denn der war von Anfang an als Alternative zu den Whiskeys von Irish Distillers konzipert: Während ID – um sich ihrerseits vom Scotch abzugrenzen – Dreifachdestillation und Verzicht auf Torf zum irischen Dogma erhoben hatte, machte Cooley-Gründer John Teeling genau das Gegenteil: Mit seinen doppelt destillierten, teilweise getorften Whiskeys, einer aus der schottischen Brennerei ➛Ben Nevis importierten *pot still* und Beratern wie Ex-Chivas-Mann Jimmy Lang und Gordon Mitchell von ➛Arran setzte er deutlich schottische Akzente. Andererseits erweckte er mit Locke's, Tyrconnel und Millars traditionsreiche irische Whiskey-Marken wieder zum Leben und berief sich auf historische Quellen, die belegen, dass die Verwendung von Torf und zweifaches Destillieren in Irland früher durchaus nicht unüblich waren. Auf die Spitze trieb Teeling seine irisch-schottische Fusion, indem er seine erste Marke Tyrconnell als Pure Pot Still Single Malt etikettierte. Terminologisch ist das ein Unding, denn der irische ➛Pure Pot Still wird per definitionem aus gemälzter und ungemälzter Gerste gewonnen, während Single Malt (und eben auch Tyrconnell) zu 100 % aus Gerstenmalz entsteht (➛Single Pot Still). Die Konsumenten ließen sich von derartigen Spitzfindig-

keiten nicht beeindrucken, goutierten vielmehr Cooleys Kombination von Irland-Charme mit einem Anflug von Scotch-Aroma und verschafften Teeling zumindest einen Nischenplatz auf dem weltweit boomenden Irish-Markt. Teeling hatte seine Firma 1987 mit dem Kauf einer staatlichen Spritfabrik gegründet, die er nach den nahe gelegenen Cooley Mountains benannte. Kurz darauf erwarb er die stillgelegte Brennerei Locke's, die er in Kilbeggan umtaufte. In deren Lagerhäusern reifen seither Destillate aus Cooley. Teelings Unternehmung fand einiges Wohlwollen bei seinen Landsleuten, die Teelings Kampfansage an die vom französischen Getränke-Multi Pernod Ricard geführten Irish Distillers schon aus patriotischen Gründen beeindruckte. Umso größer war die Enttäuschung, als er Cooley 2011 an den US-Konzern Beam (heute ➛Beam Suntory) verkaufte. Die Sorge, dass damit die letzte irische Brennerei in irischem Besitz aufgegeben wurde, erwies sich jedoch als unbegründet, denn Teeling schiebt bereits zwei weitere Projekte an: ➛Great Northern Distillery, und ➛Teeling.

COPPER FOX DISTILLERY

US-Brennerei in Sperryville, Virginia, gegründet 2000 von Rick Wasmund, der mit seinen Obstholzexperimenten von sich reden machte. Wasmund räuchert sein selbst gemälztes Getreide (Gerste und Roggen) über Apfel- und Kirschholz und macht reichlich von Chips Gebrauch: eine aus dem Weinbau stammende (und auch dort äußerst umstrittene) Methode, die Reifung zu beschleunigen, indem man die Fässer zusätzlich mit Holzchips – bei Copper Fox Apfel-, Kirsch- und Eichenholz – befüllt. Wasmund gibt seine Whiskeys denn auch sehr jung heraus: weder

→**Wasmund's Single Malt** noch der aus einer Roggen-/Gerstenmalz-Maische gebrannte **Copper Fox Rye** reifen in der Regel länger als 16 Monate. Man kann ihre durchaus speziellen Aromen interessant finden, ihre wegen des jugendlichen Alters mangelnde Integration bemängeln oder Wasmund gar vorwerfen, er sei nur aufs schnelle Geld aus. Lohnen scheint es sich für ihn auf jeden Fall: 2014 erwarb Wasmund ein ehemaliges Hotel im nahe gelegenen Williamsburg, das er derzeit zur Destillerie ausbaut.

CORBY

Kanadischer Hersteller in Toronto, Ontario, der als Tochterfirma des französischen Konzerns →Pernod Ricard dessen →Hiram Walker Distillery führt. Eine Corby Distillery wurde 1859 von Henry Corby in Belleville, Ontario, gegründet. Nach der Prohibition fiel sie an →Hiram Walker und produzierte im Laufe der folgenden Jahrzehnte Marken wie →**Lot N°40**, →**McGuinness**, →**Pike Creek**, →**Rich & Rare** und →**Wiser's**. Zusammen mit Hiram Walker wurde Corby 2005 von Pernod Ricard übernommen, die die Brennerei heute zur Herstellung von Wodka und ähnlichem betreiben. Die Corby-Marken werden nun bei Hiram Walker gebrannt.

CORN CRIB

Kentucky Straight Corn aus der Brennerei →Barton 1792 (Sazerac Co.). Ein „corn crib" ist ein einfacher Maisspeicher, wie ihn die Farmer in den USA aus Holzlatten fertigen.

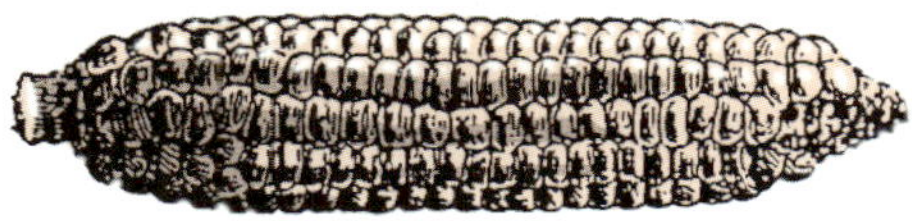

CORN WHISKEY

US-Whiskey-Sorte der einfachsten Art. Corn Whiskey wird aus einer Maische mit über 80 % Maisanteil gebrannt und in unbehandelten oder gebrauchten Fässern gelagert, allerdings meist nur kurz, weshalb er kaum Farbe hat. Sein Alkoholgehalt ist in der Regel sehr hoch, der Geschmack süß und simpel. Er gleicht in vieler Hinsicht dem Schwarzgebrannten (→Moonshine), und wie diesen findet man Corn Whiskey am ehesten im Süden der USA. Corn war auch die einzige Whiskey-Sorte, die das weiße Amerika seinen Sklaven zugestand. Die bekannteste Marke dürfte **Georgia Moon** sein. Neuerdings bringen einige →Craft Distiller wieder etwas frischen Wind in diese verstaubte Whiskey-Nische, darunter →**Balcones**, →**Benjamin Pritchards** und →**Hudson** (→Viking Distillery).

CORNELIUS PASS ROAD-HOUSE DISTILLERY

US-Craft-Distillery in Hillsboro, Oregon, eröffnet 2011 von den ➔McMenamins, den umtriebigen Besitzern der ➔Edgefield Distillery. Der Betrieb am Cornelius Pass ist nicht viel mehr als eine alte Scheune, die einen steinalten, gasbefeuerten „Alambic Charentais" (Cognac-Brennblase) beherbergt – so ein Ding zu handhaben erfordert echte Hingabe. Der *new make* der Brennerei wird als **White Owl** angeboten, seit 2014 gibt es auch den zweieinhalb Jahre gereiften **Billy Whiskey**. Die *mashbill* für beide besteht aus 72,22 % Weizen und 27,77 % Gerstenmalz.

CORNER CREEK

Kentucky Straight Bourbon, den Kentucky Bourbon Distillers seit 1999 für die Corner Creek Distilling Co., Miami, Florida, abfüllt. Die *mashbill* enthält neben Mais und Gerstenmalz sowohl Roggen als auch Weizen.

CORRIEMHOR CIGAR MALT

Schottischer Vatted Malt von ➔Fox Fitzgerald. Dass Whisk(e)y und Zigarren aufs Angenehmste harmonieren können, war bereits bekannt, bevor diese Marke in den 1990er-Jahren erschien. Damals kam sie von ➛Whyte & Mackay, die sie später durch den ➛**Dalmore Cigar Malt** ersetzten. Der gegenwärtige Markeninhaber Fox Fitzgerald wurde von zwei ehemaligen W & M-Mitarbeitern gegründet.

from the hills to the water
THE CORRIEMHOR
perfectly, the finest cigar

CORSAIR ARTISAN

US-Craft-Distiller, gegründet 2010 von Darek Bell und Andrew Webber, die in ihren beiden Brennereien in Nashville, Tennessee, und Bowling Green, Kentucky, jede Menge Whiskey-Experimente betreiben. Die beiden nehmen die Definition des ➛American Distilling Institute beim Wort, derzufolge Craft Distiller Spirituosen „mit einzigartigem Geschmackprofil" herstellen: bei Corsair werden unter anderem Getreidearten wie Quinoa und Buchweizen verarbeitet (**Pumpkin Spice Moonshine Quinoa Whiskey** bzw. **Buck Yeah**), es gibt einen stark gehopften Whiskey (**Hopmonster**), einen aus selbst gebrautem Russian Imperial Stout Beer destillierten, der über Hopfen kondensiert, um die schokoladigen Stout-Aromen zu würzen (**Rasputin**) sowie den hochgelobten American Malt **Triple Smoke**, der aus drei unterschiedlich geräucherten Gerstenmalzversionen (Torf, Buche, Kirschbaumholz) besteht, die in frischen Fässern vermählt werden (➛**Four Kings**).

Est^d 2014
COTSWOLDS
DISTILLERY
outstanding natural spirits

COTSWOLDS

Englische Brennerei in Stourton, Warwickshire, gegründet 2014 von Dan Szor, einem New Yorker Hedgefonds-Manager, der auch mal etwas Brauchbares leisten will. In seinen beiden *pot stills* soll nur lokale, organisch angebaute Gerste zu einem **Organic Odyssey** Single Malt verarbeitet werden, die erste Abfüllung ist für 2017 geplant und kann auf der Website der Brennerei schon jetzt vorbestellt werden. Die Cotswolds sind eine für ihre Naturschönheit gerühmte Hügelregion im Herzen Englands.

COUGAR

Indiana Straight Bourbon mit 37 Vol.-% von CUB, einer Tochterfirma der australischen Brauereigruppe Foster's. Die Marke wurde von ➛Seagram entwickelt; sie hieß anfangs **Sam Cougar Black** und kam nur in Australien auf den Markt (dort darf ein Whisky auch weniger als 40 Vol.-% haben). Als Seagram sich aus der Pazifikregion zurückzog, erwarb CUB das Label, das nun einfach als Cougar angeboten wird. Hergestellt wird der Whiskey nach wie vor in Indiana und zwar bei ➛LDI.

COYOTE UGLY

Canadian Blend von ➛Highwood Distillers: ein simpler Shot-Whisky, passend zum gleichnamigen Film und der ordinären New Yorker Kneipenkette.

CRADLE MOUNTAIN

Australischer Single Malt aus der Small Concern Whisky Distillery in Ulverstone, Tasmanien. Ein dreifach destillierter Whisky, erstmals abgefüllt 1999. Unter dem Namen **Cradle Mountain Double Malt** – auch **Antipodean** genannt – erschien später der erste ➛Internationale Whisky: ein Vatted Malt, dessen Komponenten nicht nur aus verschiedenen Brennereien, sondern auch aus verschiedenen Ländern stammen: Small Concern Malt wurde mit schottischem Malt aus der ➛Springbank Distillery vermählt (dort fand auch das Vatting und die Reifung statt). Die Small Concern Distillery wurde inzwischen geschlossen, den Single Malt findet man aber noch.

CRAFT BLENDER

Unabhängige Abfüller, die *new make* bzw. Whisk(e)ys anderer Hersteller einlagern, zu Blends verarbeiten und unter eigenen Markennamen anbieten. Lange Zeit war dies der übliche Weg bei der Produktion von ➛Blended Scotch. Seit dieses Business aber größtenteils von einigen internationalen Konzernen kontrolliert wird, spielen Blender ohne eigene Brennereien nur noch eine untergeordnete Rolle. Analog zur Entstehung der ➛Craft-Distiller-Szene haben sich einige Blender durch spezielle Abfüllungen in unkonventioneller Ausstattung eine Nische geschaffen, z. B. ➛Compass Box, ➛Master of Malt. In den USA gibt sich so mancher Blender auch gerne als Craft Distiller aus.

CRAFT DISTILLER

Unabhängige Kleinbrenner; wie schon das Konzept der ➛Microdistilleries, so entstand auch die Craft-Distilling-Bewegung in den USA. Beide Begriffe dienen zur Abgrenzung gegenüber der von internationalen Konzernen mit großem Aufwand betriebenen Vermarktung ihrer in Massen produzierten Brände. War Micro-Pionier Fritz Maytag mit seinem ➛**Old Potrero** noch couragierter Einzelgänger, so hat sich Craft Distilling mittlerweile zu einem weltweit präsenten Geschäftsmodell entwickelt. Prinzipiell ist jede Craft Distillery eine Microdistillery, allerdings soll mit dem Begriff craft (Handwerk) der Manufaktur-Gedanke betont werden (mitunter ist hier auch die Rede von artisanal distilling). Speziell in den USA, wo bereits mehrere hundert Craft Distiller aktiv sind, wird gerne auf alte Brenn-Traditionen verwiesen, auf schnapsbrennende Vorfahren, geheime Familienrezepte und wiederentdeckte, autochthone Getreidesorten. Zum Selbstverständnis der Craft Distiller gehört gleichzeitig die Verpflichtung zur Innovation: Ausgefallene Getreidemischungen sind ebenso an der Tagesordnung wie sortenreine Whiskeys (Bio, wenn's geht, z. B. ➛**Bainbridge Battle Point**), es gibt mit Hopfen aromatisierte oder gleich aus fertigem Bier gebrannte Whiskeys (➛**3 Howls**, ➛**Berkshire Bourbon**, ➛**Charbay**, ➛**Corsair Artisan**, ➛**Monkey Puzzle**, ➛**Sons of Liberty**), gerüchteweise werden selbst Kartoffeln und Präriegras zu Whiskey verarbeitet. Gebrannt wird in aus *pot* und *column stills* kombinierten Hybriden, in deutschen *Obstbrennblasen*, selten auch in schottischen *pot stills* oder mit selbst konstruierten Apparaturen (➛Lost Spirits). Verschiedene Holzsorten werden zum Räuchern, zum Fassbau oder gar als Chips eingesetzt (➛Balcones, ➛Colkegan, ➛Copper Fox, ➛Corsair Artisan). Die Fässer selbst sind oft deutlich kleiner als jene, die von Großbrennern verwendet werden. Dadurch bekommt das frische Destillat mehr Holzkontakt, was die Reifung beschleunigt. Und Zeit ist ein kritischer Faktor für Craft Distiller, die selten über ausreichend finanzielle Mittel verfügen, um sich längere Lagerzeiten leisten zu können. Durchaus verständlich also, wenn viele Craft Whiskeys bereits in jungen Jahren in die Flasche kommen, ärgerlich nur, wenn uns dann beispielsweise ➛Rogue Spirits einen gerade mal drei Monate alten „Single Malt" als revolutionäre Errungenschaft andient. Dass es auch anders geht, zeigen Firmen wie ➛Green Mountain Distillers, die ihren Malt nun schon über 10 Jahre reifen lassen und derweil durch den Verkauf von (Bio-)Wodka für Cashflow sorgen. Mitunter ist es gar nicht so leicht zu unterscheiden, ob man es mit leidenschaftlichen Exzentrikern, seriösen Brennern oder cleveren Trittbrettfahren zu tun hat. Letztere sind vor allem unter ➛Craft Blendern zu finden, die ihren Whiskey von anderen Herstellern beziehen, einlagern und dann gerne als sensationelle Eigenkreation anbieten, ohne auf den tatsächlichen Ursprung des Stoffes hinzuweisen (z. B. ➛**Chattanooga 1816**, ➛**Temperance Trader**, ➛**Templeton**). Folgt man der Definition des American Distilling Institute (ADI), einem 2003 ins Leben gerufenen Craft-Distiller-Interessenverbands, dann dürften sich auch einige der jüngeren schottischen Brennereien so nennen: Laut ADI ist eine Craft Distillery ein unabhängiges Unternehmen (eine eventuelle Fremdbeteiligung muss unter 25 % liegen), das seine Brände selbst herstellt und nicht mehr als 100 000 proof gallons (ca. 473 000 l) 40%igen Alkohols pro Jahr abfüllt). Die Schotten bevorzugen hier den Begriff *farmhouse distillers*, der auf vorindustrielle Zeiten verweist, als Schnapsbrennen noch ein Teil der bäuerlichen Kultur war. Hier geht es nicht um Experimente als vielmehr darum, tatsächlich traditionelle Malt Whiskys zu liefern. Echte Farm House Distiller wie →Abhainn Dearg, →Daftmill und →Kilchoman versuchen möglichst den gesamten Herstellungsprozess „from grain to glass", also vom Getreideanbau bis zur Abfüllung selbstständig durchzuführen. Nach diesem Prinzip verfahren auch einige australische Kleinbrenner, die seit einigen Jahren Malts nach schottischem Vorbild produzieren und sogar ihre Fässer selbst küfern (z. B. →Lark, →Redlands Estate). Craft-/Farm-House-Whiskys kommen auch aus Kanada (→LB Distillers, →Pemberton, →Shelter Point), England (→The London Distillery Company) und Japan, wo Craft Whisky als Jiwhisky bezeichnet wird (→**Chichibu**). Auch die meisten europäischen Kleinbrenner können als Craft Distiller gelten, besonders im deutschsprachigen Raum und in Frankreich, wo man allerdings die Bezeichnungen Manufaktur bzw. Distillerie Artisanale bevorzugt.

CRAGGANMORE

Schottischer Single Malt (Speyside, Ballindalloch) von →Diageo. Ein elegantes Mittelgewicht, abgefüllt als 12-Jähriger in Diageos Distiller's Edition. Der Großteil der Produktion geht in die Blends →**Old Parr** und →**White Horse**. Die Brennerei wurde 1869 von John Smith eröffnet, einem Verwandten des →Glenlivet-Gründers George Smith (→Ballindalloch). Später kam sie zur →DCL und damit zum heutigen Besitzer. Die Jahresproduktion beträgt 2,2 Millionen *lpa*.

CRAIGDUFF

Schottischer Single Malt aus der ➔Strathisla Distillery von ➔Chivas Bros. (Pernod Ricard): ein deutlich torfhaltiger Malt, destilliert in den 1970er-Jahren und ausschließlich zum Blending vorgesehen. Von der Existenz dieses Whiskys erfuhr die Öffentlichkeit erst 1969: Damals gab Chivas den Vatted Century of Malts heraus, eine Mischung von 100 Single Malts, zu denen auch Craigduff gehörte. Als ➔Signatory dann 2005 einen 32-Jährigen **Craigduff Single** herausbrachte, tauchte das Gerücht auf, der Whisky stamme aus ➔Glen Keith. Diese noch heute kursierende Theorie ist möglicherweise dem Umstand geschuldet, dass Strathisla-Malts zur Abfüllung in die nahe gelegene Glen Keith Distillery gepumpt werden – das Booklet, das seinerzeit mit dem Century of Malts veröffentlicht wurde, konstatiert jedenfalls Craigduff stamme aus Strathisla (➔Glenisla). Signatory füllte noch weitere Craigduff-Fässer ab, zuletzt gab es einen 40-Jährigen (2013).

CRAIGELLACHIE

Schottischer Single Malt (Speyside, Craigellachie) von John Dewar & Sons (Bacardi Ltd.). Ein fruchtiges Mittelgewicht mit dezentem Raucharoma (gesprochen etwa: kraigelláki). Angeblich wurde dieser Malt bereits Anfang des 20. Jahrhunderts als Single abgefüllt, später erschien er in Diageos ➔Rare Malts Selection, heute kommt er standardmäßig als 13-Jähriger in die Flasche, seit 2014 gibt es auch noch einige ältere Versionen. Der Großteil der Produktion geht allerdings für die

➛**Dewar's** Blends drauf und auch ➛**White Horse** bekommt noch etwas ab. White- Horse-Erfinder Peter Mackie war einer der Gründer dieser Brennerei, die 1898 in Betrieb ging. Nach Mackies Tod fiel Craigellachie an die ➛DCL, deren Nachfolger Diageo sie 1998 an Bacardi verkaufte. Die Jahreskapazität beträgt 4 Millionen *lpa*. In der Nähe der Brennerei ist das berühmte „Craigellachie Hotel" zu finden, an dessen Quaich Bar gut betuchte Golfer und Whisky-Maniacs die Qual der Wahl zwischen etwa 700 Whiskys haben. Die 21-jährige Craigellachie-*Einzelfassabfüllung*, die bis vor einigen Jahren für die Bar produziert wurde, ist aber wohl inzwischen vergriffen (➛Double Single).

CRAIGLODGE

Schottischer Single Malt (Highlands, Alexandria) aus der ➛Loch Lomond Distillery. Lange Zeit wurde dieser deutlich getorfte Whisky (20 *ppm*) nur für Blends verwendet. Die bisher einzige Single-Abfüllung war ein 4-Jähriger, der 2005 erschien.

CRAWFORD'S 3 STAR

Blended Scotch von ➛Diageo. Dieser leichte, um 1900 entstandene Blend, war seinerzeit eine der beliebtesten Marken in Schottland. Zeitweise gab es auch einen **Crawford's Special Reserve** und die in den 1920ern lancierte Deluxe-Version **Crawford's 5 Star**. Die Firma A. & A. Crawford existierte von 1860 bis 1944 als unabhängiges Blending House in Leith und kam dann zur ➛DCL, für die sie lange Jahre die ➛Benrinnes Distillery betrieb.

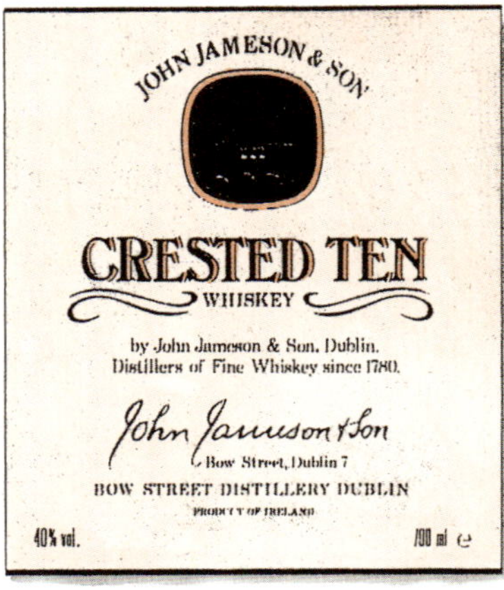

CRESCENT

Japanischer Blend von ➛Kirin.

CRESTED TEN

Blended Irish aus der ➛Midleton Distillery von ➛Irish Distillers (Pernod Ricard). Die erste Marke aus dem Hause ➛**Jameson** erschien 1963. Damals war Crested Ten ein subtiler Blend für Gentlemen alter Schule. Deren Nachfahren geben sich heute bestenfalls mit Jameson's High-End-Versionen zufrieden, sofern sie nicht gänzlich dem Single Malts verfallen sind, und Crested Ten wurde zum Auslaufmodell.

CRIMSON RYE

Kanadischer Whisky von ➛66 Gilead. „A shining star in Canada's microdistillery scene", so Canadian-Experte Davin de Kergommeaux, hergestellt aus ungemälztem Roggen, 42 Monate gereift in frischen Fässern aus amerikanischer Eiche und Rotweinfässern lokaler Winzer.

CROFTENGEA

Schottischer Single Malt (Highlands, Alexandria) aus der ➛Loch Lomond Distillery; ein stark getorfter Whisky (40 *ppm*), der eigentlich nur für Blends verwendet werden sollte. Als Single erschien er erstmals 2001 anlässlich der Limburger Whisky Messe *(Single Cask in Fassstärke)*, im Jahr da-

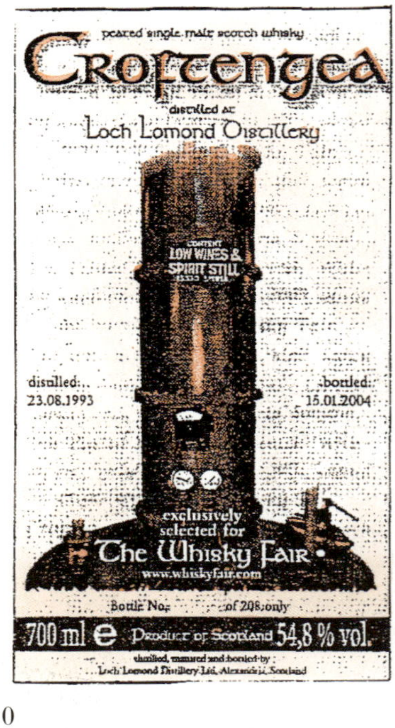

rauf gab es dann auch zwei Originalabfüllungen.

CROWN

Indischer Whisky von ➛Radico Khaitan. Die Marke erschien 2012 auf dem Markt und schaffte es auf Anhieb auf die Liste der 200 meistverkauften Spirituosenmarken der Welt.

CROWN ROYAL

Canadian Blend aus der ➛Gimli Distillery von ➛Diageo. Seit bald 20 Jahren ist Crown Royal weltweit die N°1 unter den Canadians. Er wird in zahlreichen Versionen angeboten, z.B. als **Crown Royal X.O.** mit Cognacfass-Finish und als **Crown Royal Northern Harvest Rye** mit einem Roggenanteil von 90%. Die Marke kam ursprünglich von ➛Seagram und wurde 1939 anlässlich eines Staatsbesuchs des britischen Königspaares kreiert, angeblich von Seagram-Boss Samuel Bronfman höchstpersönlich. Seit 2001 gehören Marke und Brennerei zu Diageo.

CÚ DHUB

Schottischer Single Malt aus der ➛Speyside Distillery von Harvey's of Edinburgh. Dieser süße, leicht rauchige Malt wurde mit jeder Menge Zuckercouleur behandelt, um jene tiefdunkle *Färbung* zu erhalten, die ihn zum Nachfolger von **Loch Dhu** prädestinieren. Das wiederum war ein nahezu schwarzer Single Malt aus der ➛Mannochmore Distillery, der Ende 1996 erschienen war. Anfangs hieß es, seine ungewöhnliche Farbe sei auf die Verwendung erneut ausgebrannter und daher besonders farbspendender Bourbonfässer zurückzuführen. Billiges Marketing-Gedöns, wie sich bald herausstellte, und so folgte eine etwas prosaischere Erklärung: Die Arbeiter, die mit der üblichen Zugabe von Zuckercouleur beauftragt waren, hätten schlicht vergessen, das Gemisch umzurühren, und die nächste Schicht hätte dann – in

der Annahme, es sei noch kein Farbzusatz enthalten – noch einmal Karamell nachgefüllt. Der kleine Unfall verkaufte sich recht ordentlich, allerdings nur in Dänemark, und so ließ die Kopie etwas auf sich warten. Die alberne Gothic-Manier des Etiketts zielt offensichtlich auf die verspieltere Kundschaft ab. Cú Dhub ist gälisch für ➔Black Dog.

CUT SPIKE

US-Single Malt aus der gleichnamigen Brennerei in La Vista, Nebraska, von Brian McGee und Jason Pyne. Seit 2010 brennen die beiden ihren Malt in schottischen *pot stills*, abgefüllt wurde erstmals 2013.

CUTTY SARK

Blended Scotch von ➔Edrington. Ein international erfolgreicher ➔Light Whisky, 1923 von ➔Berry Brothers & Rudd speziell für den US-Markt geschaffen und dort noch heute einer der beliebtesten Scotches. 2010 gaben Berry Bros. Cutty Sark an Edrington ab und erhielten dafür die Markenrechte an deren Single Malt ➔**Glenrothes**. Der spielt eine wesentliche Rolle im Cutty-Sark-Blend, ebenso wie die Malts ➔**Bunnahabhain** und ➔**Tamdhu**; der Grain stammt von ➔**North British**. Zur Zeit seiner Markteinführung herrschte in den USA die ➔Prohibition und so musste sich Francis Berry aus Londons vornehmer St. James's Street höchstselbst in die Staaten begeben, um die nötigen Kontakte zur schnapsschmuggelnden Unterwelt zu knüpfen. Auch schnelle Boote brauchte man, mit denen der Whisky von den Bahamas an die Ostküste transportiert werden konnte; solche wie die Cutty Sark, das damals schnellste Segelschiff der Welt, das noch heute auf dem Label abgebildet ist. Cutty Sark ist auch der Name einer Ballade des schottischen Nationaldichters ➔Robert Burns.

Die leichte Musik
des in die Gläser fallenden Whiskys
bildete ein angenehmes Zwischenspiel
James Joyce, „Dubliner“

DA MHILE
Schottischer Whisky, herausgegeben von Da Mhile Distillery, Ceredigion, Wales; erstmals erschienen im Jahr 2000 (gälisch: da mhile), damals als Sherryfass-gelagerter, 7-jähriger ➛Springbank; 2005 kam dann ein Single Grain von ➛Loch Lomond, ebenfalls ökologisch korrekter Herkunft und kurz darauf ein Blend aus beiden. Nur dieser **Da Mhile Blend** ist heute noch im Handel. Die Firma Da Mhile wurde 1992 vom Bio-Bauern John Savage-Onstwedder gegründet und verfügt seit 2012 über eine eigene Brennerei. Dort wird allerdings nur Gin und Likör produziert.

DAD'S HAT
Pennsylvania Rye Whiskey von Mountain Laurel Spirits, Bristol, Pennsylvania. Seit 2012 bietet Herman Mihalich seinen Whiskey an, produziert mit einer *mashbill* aus 80 % Roggen, 15 % Gerstenmalz und 5 % Roggenmalz. Neben der 3 Monate in frischen *quarter casks* gelagerten Standardversion gibt es zwei *wood finishes* (Portwein und süßer Vermouth), jeweils 9 Monate alt, einen *cask strength* Single Barrel sowie einen 2-jährigen Straight Rye. Mit ihrem sehr hohen Roggenanteil und dem jugendlichen Alter könnten die Dad's Hat Whiskeys – zumindest die ohne *wood finish* – durchaus Ähnlichkeit mit jenen Pennsylvania Ryes aus der Frühzeit des amerikanischen Whiskeys haben, auf die Mihalich sich beruft.

DAFTMILL

Schottische Brennerei bei Cupar (Lowlands), die 2005 von Francis Cuthbert eröffnet wurde. Die seit sechs Generationen hier ansässige Familie Cuthbert verfügt über einen ansehnlichen landwirtschaftlichen Betrieb und führt Daftmill ganz im Stil einer *farmhouse distillery*: Verarbeitet wird ausschließlich selbst angebautes Getreide, destilliert nur im Sommer und Winter, wenn die Feldarbeit es zulässt. Die bisher noch nicht ausgeschöpfte Höchstmenge liegt bei 60 000 *lpa* und nur das Mälzen wird von einer Fremdfirma übernommen. Der Whisky reift in Ex-Bourbonfässern von →Heaven Hill und →Sazerac sowie in Sherryfässern. Er soll frühestens als 10-Jähriger auf den Markt kommen. Die Cuthberts verweigern sich also der bei →Craft Distillern beliebten Cashflow-Generierung durch Verkauf von mehr oder weniger unreifen Destillaten. Auch eines dieser ansonsten unumgänglichen Visitor Centers wird man hier vergeblich suchen. Der Name Daftmill stammt von der liebevoll restaurierten Mühle, in der sich die Brennerei befindet.

DAILUAINE

Schottischer Single Malt (Speyside, Carron) von →Diageo. Ein malziges, vom Sherryfass geprägtes Mittelgewicht, das nur selten abgefülllt wird. Offiziell gab es ihn als 16-Jährigen in der Reihe „Flora & Fauna“ und als →Rare Malt. Dailuaine (gesprochen etwa: daljívn) ist ein wesentlicher Bestandteil der →Johnnie Walker Blends. Die Brennerei

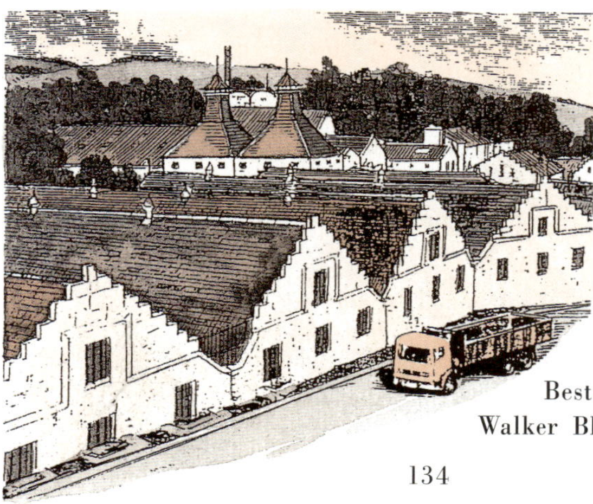

wurde 1854 eröffnet. Sie erhielt 1889 das erste jener Pagodendächer, die heute als Symbol für schottische Brennereien an sich verwendet werden – Dailuaines Pagode wurde allerdings inzwischen abgebaut (➛Doig). Ende des 19. Jahrhunderts bildete Dailuaine mit den Brennereien ➛Talisker und ➛Imperial ein Konsortium, das bald zum größten Hersteller des Landes wurde. 1925 übernahm die ➛DCL das Ruder, der Vorläufer der heutigen Besitzer. Mit einer Jahresproduktion von über 5 Millionen *lpa* gehört Dailuaine zu den 20 produktivsten Brennereien Schottlands.

DALLAS DHU

Schottischer Single Malt (Speyside, Forres) von Diageo/Historic Scotland. Dieser komplexe, eher leichte Whisky wird gerne zum Aperitif empfohlen. Vorausgesetzt man findet ihn noch, denn die Brennerei produziert seit 1983 nicht mehr. Schon damals war er nur von ➛Gordon & MacPhail zu bekommen, später gab es ihn mit 21 und 24 Jahren in Diageos ➛Rare Malts Selection und auch Historic Scotland, die staatliche Denkmalschutzbehörde, unter deren Verwaltung Dallas Dhu heute steht, gab einige alte Abfüllungen heraus. Die Brennerei war 1899 eröffnet worden und diente hauptsächlich der Produktion des damals recht populären Blends **Roderick Dhu** (benannt nach einer Figur in Walter Scotts Ballade „The Lady of the Lake“). 1929 kam die Brennerei zur ➛DCL, die sie 1983 stilllegte. DCL-Nachfolger Diageo gab sie an Historic Scotland ab und heute beherbergt sie ein Museum, das aufs Anschaulichste darbietet, wie die Whisky-Produktion bis Mitte des letzten Jahrhunderts vor sich ging. Auch einen Roderick Dhu kann man dort erwerben – der enthält allerdings heute keinen Tropfen des alten Malts mehr.

The DALMORE
Schottischer Single Malt (Northern Highlands, Alness) von ➛Whyte & Mackay (Emperador Inc.). Ein vollmundiges Prachtstück – mit ➛Milroys Worten: „another really good malt“. Schon der erste Schluck entführt ins Reich der Clubsessel auf edlen Teppichen in tiefe Kontemplation. Als wäre das nicht genug, treibt man es bei Dalmore in den letzten Jahren auch kommerziell auf die Spitze: Neben dem regulären 12-Jährigen und einigen Spezialitäten wie **Dalmore Cromartie** und **King Alexander III.** verdrängt Dalmore mit einigen steinalten Jahrgängen nun sogar den großen Sammlerfavoriten ➛**Macallan** als teuersten Whisky der Welt. Den Anfang machte ein 62-Jähriger, der Malts von 1868, 1878, 1926 und 1939 enthielt (£ 32 000) gefolgt vom derzeitigen Spitzenreiter **The Dalmore Trinitas**, von dem es nur drei Flaschen gibt (à £ 100 000, ➛Sirius). Für etwas mehr als das Doppelte bekommt der Snob die **Constellation Collection**, 21 Flaschen mit

vom Sherryfass geprägten *Einzelfassabfüllungen* der Jahrgänge 1964 bis 1992, für eine knappe Million die **The Paterson Collection**, ausgesucht von Master Distiller Richard Paterson: 12 Flaschen mit bis auf 1926 zurückgehenden Jahrgängen inklusive Vitrine, kalbsledernem Booklet und jeder Menge Kristall und Silberschnickschnack. Wer sparen muss und dennoch am Dalmore-Luxus teilhaben will, kann sich auf der Website ein Paar Hirschlederschuhe bestellen. Die Brennerei wurde 1839 von Alexander Matheson gegründet, vormals Tee- und Opiumhändler in Hongkong. Matheson ließ die Brennerei von der Familie MacKenzie betreiben, die den Malt bereits damals an das Glasgower Blending House Whyte & Mackay lieferten und Dalmore später selbst übernahmen. 1960 fusionierten die beiden Unternehmen und seither teilt Dalmore das wechselhafte Schicksal ➛Whyte & Mackays. Die Kapazität der Brennerei liegt derzeit bei 3,7 Millionen *lpa*.

DALMUNACH

Schottische Brennerei in Carron (Speyside) von →Chivas Brothers (Pernod Ricard); mit 8 *pot stills* und einer Jahreskapazität von 10 Millionen Litern Alkohol eine der größten Brennereien Schottlands, eröffnet 2014 auf dem Gelände der ehemaligen →Imperial Distillery. Ob Dalmunach-Whisky als Single Malt abgefüllt werden wird, steht noch in den Sternen, hier geht's zuallererst einmal darum, den Nachschub für den gestiegenen Bedarf an Blends zu sichern.

DALWHINNIE

Schottischer Single Malt (Highland, Dalwhinnie) von →Diageo. Weich und süß wie Honig, mit einem Hauch von Torf – wer damit nicht klarkommt, ist für Whisky verloren. Der 15-Jährige Dalwhinnie ist einer der Stars von Diageos „Six Classic Malts", außerdem ein wichtiger Bestandteil in den erfolgreichen Blends →**Buchanan's** und →**Black & White**. Die Brennerei ging 1898 als Strathspey Distillery in Betrieb und erhielt noch im selben Jahr den Namen des nahe gelegenen Ortes Dalwhinnie, der mit einer Durchschnittstemperatur von 6 °C als kälteste Siedlung Großbritanniens gilt. 1926 kam die Brennerei zur →DCL und ist seither mit dem Hause Buchanan's verbunden. Sie hat eine Kapazität von 2,2 Millionen *lpa*.

DAN TUCKER

US-Whiskey von →Luxco; „Diluted Bourbon" heißt es auf dem Etikett, verdünnter Whiskey also, und die Website setzt noch eins drauf: „one of America's most authentic bourbon whiskeys" – mit 21 Vol.-%, na dann …

DANFIELD'S

Blended Canadian aus der Brennerei →Black Velvet (Constellation Brands): angeboten als **Reserve** und als **Limited Edition** mit 21 Jahren von Williams & Churchill, einer Constellation-Tochter, die eigens ins Leben gerufen wurde, um diese beiden High-Ender zu promoten. Danfield's sind nur für den kanadischen Markt bestimmt.

DANIEL STEWART
Kentucky Straight Bourbon von ➛Heaven Hill; zu haben als 8- und 12-Jähriger, seit den 1990er-Jahren auf dem Markt.

DANNY BOY
Irish Whiskey, der bei ➛Cooley für ➛Belfast Distillery Company (BDC) hergestellt wird; zu haben als einfacher Blend und als 15-jähriger Single Malt. Die Marke trägt den Namen eines alten, irischen Songs, ohne den keine anständige St.-Patricks-Day-Feier auskommt. Daher verkauft sich der Whiskey größtenteils in den USA, wo der irische Nationalfeiertag heftiger zelebriert wird als in seiner Heimat.

DARKNESS!
Schottische Whisky-Marke von ➛Master of Malt. In der 2014 erschienenen Reihe werden unverdünnte *Einzelfassabfüllungen* verschiedener Brennereien angeboten, die ein 3-monatiges *wood finish* in Sherryfässern erhielten (Oloroso oder Pedro Ximénez). Sie wurden von der renommierten Speyside Cooperage aus Originalfässern neu zusammengesetzt und haben ein Fassungsvermögen von nur 50 l, was den Holzkontakt und damit die Reifung deutlich beschleunigt.

DAVID NICHOLSON 1843
Kentucky Straight Bourbon von ➛Luxco. Der Whiskey für diese kleine Marke stammte lange Zeit aus der 1992 geschlossenen ➛Stitzel-Weller Distillery, mittlerweile wird David Nicholson bei ➛Heaven Hill abgefüllt.

DCL (Distillers Company Ltd.)
Der Name DCL hat heute nur noch historische Bedeutung, dies allerdings in einem Maße, das es nötig macht, hier einige Worte darüber zu verlieren: Das Unternehmen entstand 1877 aus einem Zusammenschluss von sechs Grain-Destillerien, dem sich in den folgenden Jahren immer mehr Firmen anschlossen. Was als bloße

Interessenvertretung einiger Brennereien begonnen hatte, entwickelte sich nach und nach zum einflußreichsten Whisky-Konzern Schottlands. Man expandierte nach Irland, Australien und Kanada, und Ende der 1920er-Jahre fanden sich auch die großen Namen →**Buchanan**, →**Dewar**, →**Haig**, →**Johnnie Walker** und →**White Horse** unter dem Dach der DCL wieder. Zeitweise kontrollierte die Firma über 40 % der gesamten Scotchproduktion, außerdem war sie maßgeblich in der britischen Gin-Industrie vertreten (Gordon's, Tanqueray, Booth) und machte sich als wichtigster Hefezüchter des Landes unverzichtbar (noch heute verwenden die meisten schottischen Destillerien Abkömmlinge von DCL-Hefezüchtungen). Doch schiere Größe macht nicht unverwundbar: In den 1970er-Jahren erwies sich die DCL als schwerfälliger Koloss, unfähig, auf aktuelle Trends und Marktbedingungen zu reagieren, und sah sich durch neue Wettbewerbsverordnungen der EG gezwungen, ihr Paradepferd Johnnie Walker vom britischen Markt zu nehmen.

Derart geschwächt ging die DCL in die Wirtschaftskrise, die Großbritannien in den 1980er- Jahren heimsuchte und das große Destillerien-Sterben auslöste: Zwischen 1983 und 1985 wurden um die zwei Dutzend DCL-Betriebe stillgelegt. Mit anderen Worten: Die alte Festung war sturmreif, und die Eroberungsversuche ließen nicht lange auf sich warten. Als Sieger ging 1986 der irische Biergigant Guinness hervor, der bereits im Jahr zuvor durch die feindliche Übernahme von Arthur Bell & Sons (→**Bell's**) mit Macht ins Whisky-Business eingedrungen war. (Die Marke Bell's hatte damals durch Johnnie Walker's Rückzug bereits einen Marktanteil von 25 % in Großbritannien erobert.) Guinness-Chef Ernest Saunders, der die dramatische Übernahmeschlacht gegen die favorisierte Konkurrenz entfesselt hatte, konnte seinen Triumph allerdings nicht genießen. Um den Kurs der Guinnessaktien in die Höhe zu treiben, hatte er illegale Börsenmanipulationen eingefädelt, die im Zuge des Wall-Street-Skandals um Ivan Boesky ans Licht kamen und Saunders eine fünfjährige Gefängnisstrafe einbrachten. Guinness selbst hat das nicht geschadet: Mit der nun United Distillers genannten Spirituosentocher avancierte der Konzern zum größten Getränkehersteller der Welt. Nicht groß genug, befanden die Herren im Vorstand und kauften sich noch einige Brennereien in Kanada und den USA: ➛Stitzel-Weller, ➛Valleyfield und ➛Schenley, außerdem ➛Glenmore, die später wieder angestoßen wurde. 1987 schließlich fusioniert Guinness mit dem internationalen Getränke- und Lebensmittelkonzern Grand Metropolitan und legte damit den Grundstein für den weltumspannenden Spirituosenmulti ➛Diageo.

DCM SHRIRAM

Indischer Hersteller mit Sitz in Daurala, Uttar Pradesh. Die älteste von indischer Hand gegründete Destillerie wurde 1943 noch unter britischer Kolonialherrschaft eröffnet. Damals begann Lala Shri Ram (1884–1963) in Daurala mit der Herstellung von Industriealkohol. Nach und nach baute er einen kleinen Konzern auf, zu dessen Produktpalette heute auch Chemiefasern gehören. 1969 erfolgte der Einstieg ins Spirituosengeschäft. Neben Rum, Gin und Brandy wurden damals mit ➛**Chancellor** und ➛**Duke** wohl die ersten genuin indischen (Melasse-)Whiskys lanciert (*IMFL*). Seit 1997 besteht ein Joint Venture mit dem französischen Spirituosenkonzern Rémy-Cointreau und den schottischen Highland Distillers (➛Edrington): DCM Rémy. Den Europäern erschloss sich damit ein Vertriebsnetz auf dem vielversprechenden indischen Markt, die Inder sicherten sich so den Zugriff auf schottische Whiskys, mit denen sie ihre eigenen Produkte aufwerten können. So entstanden die DCM-Marken ➛**Blue-** und ➛**Red Blazer**.

DE LUXE

Oberste Preiskategorie (➛Standard, ➛Premium); die Preisgestaltung sagt häufig mehr über das Prestige einer Marke aus, als über die tatsächliche Qualität eines Whiskys. Zwar gilt die Regel, dass De-luxe-Blends mindestens 35 % Malt Whiskys enthalten, doch es gibt bereits Standard-Blends mit höherem Malt-Anteil. De-luxe-Scotches galten in Europa lange Zeit als das Nonplusultra des Whisky-Genusses. Seit diese Rolle vom Malt Whisky übernommen wurde, haftet den De-luxe-Marken hierzulande ein etwas altmodisches Image an. Man bevorzugt daher die Bezeichnung Super-Premium oder gar Ultra-Premium. In

Südostasien, Lateinamerika und manchen südeuropäischen Ländern haben De-luxe-Marken noch nichts von ihrem Glanz verloren.

DEAD GUY WHISKEY

US-Single Malt Whiskey von ➤Rogue Spirits, Oregon. Ein gerade mal einen Monat gelagertes Destillat aus fünf Braumalzsorten. Da die Brennerei keine 100 Meilen vom Pazifik enfernt ist, preist man den Stoff als „ocean-aged" an – sehr überzeugend.

DEAN'S FINEST

Blended Scotch, der von der ➤Loch Lomond Distillery für den deutschen Markt abgefüllt wird.

DEANSTON

Schottischer Single Malt (Southern Highlands, Deanston) von ➤Burn Stewart (Distell Group). Ein leichter und geschmeidiger Whisky, der größtenteils in Burn Stewarts Bestseller ➤**Scottish Leader** verblendet wird. Als Single gibt es ihn mit 12 Jahren *(nc, ncf)* und als **Deanston Virgin Oak** (*nas*, in frischen Fässern gereift) sowie in einigen älteren Versionen. Die Brennerei (Jahreskapazität 3 Millionen *lpa*) ging 1966 in Betrieb, der erste Malt wurde 1971 unter dem Label **Old Bannockburn** abgefüllt. So sollte auch der Blended Scotch heißen, um dessentwillen die Brennerei eigentlich gegründet worden war. Doch dieser Plan schlug fehl und so wurde Deanston an ➤Invergordon verkauft, die den Malt dann unter dem Destillerienamen anboten. Seit 1990 gehört Deanston zu Burn Stewart Distillers.

DEERHAMMER DOWN TIME
US-Single Malt der Deerhammer Distilling Co., einer 2010 eröffneten Craft Distillery in Buena Vista, Colorado. Die Betreiber Lenny und May Eckstein füllten ihren aus einer Mischung von vier verschiedenen Gerstensorten zweifach *pot-still*-gebrannten Whiskey erstmals 2012 nach nur 9-monatiger Reifezeit ab. Durch die Höhenlage der Brennerei (2500 m) und die starken Temperaturschwankungen in den Bergen wird die Reifung allerdings merklich beschleunigt.

DEERSTALKER
Schottischer Whisky von Aberko. Als Single Malt existiert diese Marke seit 1880, eingeführt von der Edinburgher Wein- und Spirituosenhandlung J. G. Thomson. Die heutigen Besitzer erwarben Deerstalker 1994 und erweiterten die Range um einen Vatted Malt und eine Reihe von limitierten *Einzelfassabfüllungen*, darunter auch einen Single Grain von →North British. Die gängigste Version ist aber nach wie vor ein 12-jähriger →**Balmenach**. Ein Deerstalker ist ein Pirschgänger bei der Rotwildjagd, die zu Schottland gehört wie Whisky und Fliegenfischen. Auch die kuriose karierte Kappe, die bei dieser Tätigkeit (und von Sherlock Holmes) gerne getragen wird, nennt sich Deerstalker.

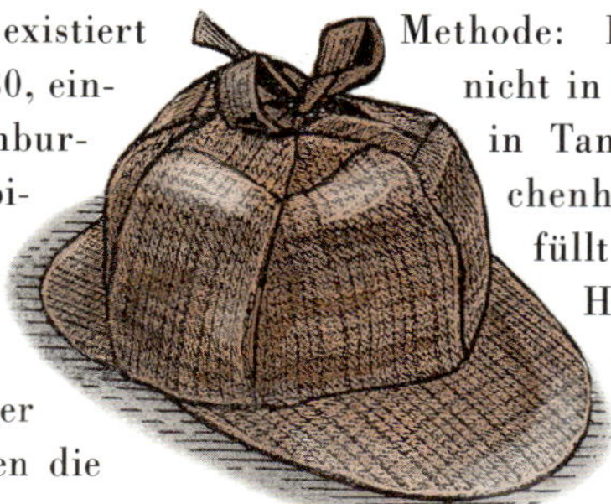

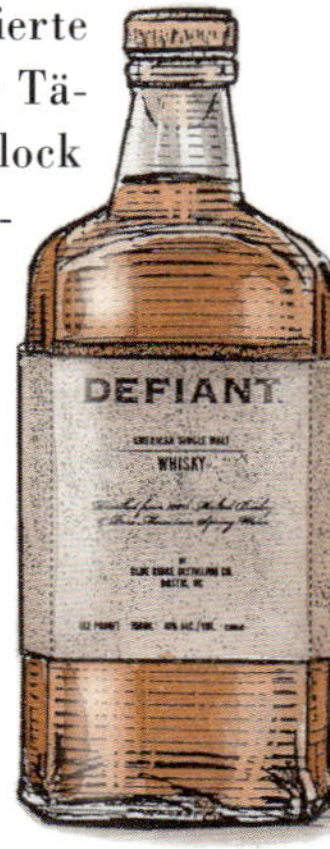

DEFIANT
US-Single Malt von Blue Ridge Distilling, Bostic, North Carolina, gegründet 2010 von Tim Ferris, der seinen in einer *Obstbrennblase* erzeugten Sprit erstmals 2012 nach gerade mal 6-monatiger Reifung abfüllte. Die kurze Lagerzeit rechtfertigt Ferris mit einer „revolutionären" Methode: Der Malt reift nicht in Fässern sondern in Tanks, die mit Eichenholzspiralen befüllt werden, was den Holzkontakt und somit die Reifung verstärken soll. Und das

nennt er dann großspurig die Verbindung bester schottischer Tradition mit amerikanischem Einfallsreichtum.

DEMOCRAT

Indischer Blend von ➛Khoday, hergestellt aus einheimischen und importierten Malts.

DERBY SPECIAL

Indischer Whisky von United Spirits (Diageo). Ursprünglich war das ein Blended Scotch von Kinross, einem Ende der 1960er-Jahre in Sussex gegründeten Familienunternehmen, das seine Billig-Labels vorwiegend in Südostasien vertrieb. Die Marke Derby Special kam 2003 in indischen Besitz, Kinross selbst wurde 2010 aufgelöst.

DERRINA

Deutscher Whisky aus der Kleinbrennerei Fitzke in Herbolzheim-Broggingen, Schwarzwald. Walter Fitzke bietet eine Reihe von Single Malts und Single Grains aus diversen Getreidesorten an: Gerste, Weizen, Roggen, Hafer, Dinkel, Emmer, Buchweizen, Mais, Hirse und – jawohl: einen Single Grain aus Reis. Gelagert werden die Brände jeweils drei Jahre, allerdings nur der rechtlichen Anforderungen für die Bezeichnung Whisky wegen und um den gewünschten Farbton zu erhalten. Eine längere Lagerung würde laut Fitzke die Getreidearomen verfälschen – das typische Obstbrenner-Missverständnis: Während Obstbrände ein möglichst reintöniges Fruchtaroma liefern sollen, geht es es insbesondere beim Malt Whisky um eine ganze Fülle von Geschmackskomponenten, von denen viele eben erst durch eine längere Reifung entstehen. Fitzke dagegen behauptet, dass die Fasslagerung beim traditionellen *pot-still*-Verfahren in erster Linie dazu diene, „gesundheitsschädliche Inhaltsstoffe aus dem Rohdestillat zu entfernen“ (so Fitzkes Website). Der gute Mann hat möglicherweise noch nie einen ordentlichen ➛New Make getrunken und geht offensichtlich davon aus, dass die Schotten zu blöde seien, um Vor- und Nachlauf der Destillation abzutrennen (mehr dazu unter dem Stichwort ➛Malt Whisky). Fitzke dagegen weiß, wie „ein deutscher Whisky der Weltklasse“ zu entstehen hat: „Wir brennen nach dem neuesten Stand der Wissenschaft und Technik auf einer modernen Kolonnen-Brennerei und können auch aufgrund unserer inzwischen über 40-jährigen Brennerfahrung die

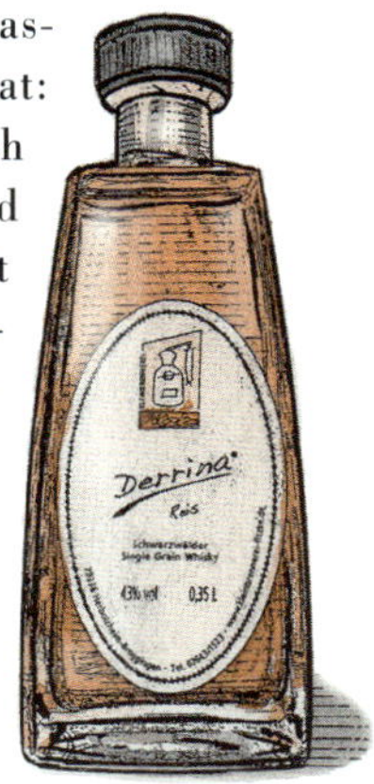

gesundheitsschädlichen Stoffe im Vorlauf und die Fuselalkohole im Nachlauf eines Brandes exakt abtrennen.“ (Da wird der Schotte aber staunen.) Dass Fitzke sein Handwerk versteht, ist sicher, ob er allerdings begriffen hat, dass Whisky mehr ist als ein Getreidebrand (althochdeutsch: Derrina), bleibt die Frage.

DEUTSCHER WHISKY

Das Fieber grassiert auch in Deutschland: Über 200 Whisky-Brenner gibt es hierzulande – weit mehr als in Schottland. Fast alle sind von Haus aus Obstbrenner und fast alle bieten Single Malts bzw. Single Grains an. Den Anfang machte der Franke Robert Fleischmann, dessen **Piraten Whisky** 1994 erschien (→Blaue Maus). Marktführer ist mit großem Abstand **Slyrs Bavarian Single Malt Whisky**, einer der ganz wenigen, die auch international wahrgenommen werden. Die höchste Brennereidichte findet sich in Baden-Württemberg, z. B.: →**Aureum 1865**, →**Black-Wood**, →**Bosch**, →**Brigantia**, →**Fink**, →**Neccarus**, →**Orginal Dettinger**, →**Owen**, →**Rothaus**, →**Senft**, →**Tecker**, →**Volker Theurer**, →**Zaiser**. Die Schwaben haben schon früh damit begonnen, sich als eigenständige Whisky-Region zu präsentieren (stilistische oder gar geschmackliche Gemeinsamkeiten lassen sich daraus nicht ableiten, das ist in Schottland auch nicht anders). Sie sind aber nicht die einzigen, die ihre Produkte als lokale Spezialitäten anbieten: Da gibt es **Saarwhisky**, →**Preussichen Whisky**, **Baltach Wismarian Single Malt** und **Glen Westfalian Single Grain**. Grenzwertige Anglizismen wie diese stehen in gewissem Widerspruch zu der von vielen deutschen Brennern gegebenen Versicherung, man wolle keineswegs schottischen Whisky kopieren, sondern einen eigenen Stil entwickeln. Am weitesten lehnen sich dabei jene aus dem Fenster, die offenbar der Meinung sind, Whisky sei eigentlich ein Obstbrand. Für sie hat die Reintö-

nigkeit der Frucht, also die Sauberkeit des Brands, oberste Priorität und die Fasslagerung dient nur noch dazu, der Rechtslage Genüge zu tun und ansatzweise Whisky-typische Farbtöne zu erhalten (➛**Derinna**, ➛**Senft**). Dementsprechend jung werden solche Destillate dann auch abgefüllt. Diese Haltung ist der Grund dafür, dass so viele deutsche Whiskys kaum mehr zu bieten haben als feine Getreidearomen (Der lustige Lüning nennt sie in Anlehnung an Obstler denn auch „Gerstler"). Glücklicherweise denken nicht alle deutschen Brenner so eindimensional. Martin Steinhauser vom Bodensee mit seinem ➛**Brigantia** und der Brandenburger Torsten Römer (➛**Sloupisti**) haben sehr wohl erkannt, dass ein ausgefuchstes Fass-Management auch *Obstbrennblasen*-Destillaten eine überzeugende Aromatik verleihen kann. Manche räuchern ihr Malz über Buchenholz (➛**Glen Els**, ➛**Haas**). Haas gönnt seinen Bränden Reifezeiten bis zu 10 Jahren und ➛Habbel hat sich gar eine schottische *pot still* zugelegt. An Selbstvertrauen mangelt es den einheimischen Herstellern jedenfalls nicht. Vom Eigentümer des ➛**Rothaus Black Forrest Whiskys** war zu hören, dass deutscher Whisky „sich mittlerweile mit der Beliebtheit eines schottischen Whiskys vergleichen kann", na dann ist ja alles gut.

DEVIL'S BIT

US-Whiskey aus der ➛Edgefield Distillery in Oregon, deren Betreiber, die irischstämmigen Gebrüder McMenamin, sich den Spaß erlauben, diesen Whiskey nur einmal im Jahr anzubieten und auch dann nur in ihrer Brennerei selbst: Am 17. März, dem irischen Nationalfeiertag St. Patrick's Day gibt es Devil's Bit, die Abgabe ist auf zwei 200-ml-Fläschchen pro Person beschränkt. Der Inhalt der Miniaturen ändert sich jährlich, da gab es einen 11-jährigen Rye, einen 10-jährigen Weizen-Whiskey, eine Cuvée aus Roggen-, Weizen- und Gersten-Whiskeys und zuletzt (2015) einen 5-jährigen Single Malt, der in hauseigenen Süßweinfässern reifte.

DEVIL'S SHARE
US-Whiskey von Ballast Point Brewing and Distilling, San Diego, Kalifornien. Seit 2008 beherbergt die Brauerei der Gebrüder Cherney auch eine kombinierte *pot* und *column still*, die ersten Whiskeys erschienen 2013: ein Single Malt und ein Bourbon, beide reiften drei Jahre in neuen, stark ausgebrannten Eichenfässern. Derzeit werden die Devil's Share Whiskeys als 4-Jährige angeboten (→**Angel's Share**).

DEW
Die englische Bezeichnung für Tau(-tropfen) wird seit dem 16. Jahrhundert auch synonym für Branntwein verwendet, ganz offensichtlich aufgrund der Analogie zum tropfenförmigen Vorgang der Kondensation von Alkohol. Zu Beginn des 19. Jahrhunderts wurde dann der Ausdruck Mountain Dew für →Poitín (Schwarzgebrannten) populär, nicht zuletzt deswegen, weil die meisten illegalen Brennereien in den unzugänglichen Bergen Schottlands und Irlands aktiv waren. Zeitweise trug auch eine Destillerie in →Campbeltown diesen Namen. Im Lauf der Zeit mutierte Mountain Dew dann zu einer etwas schwülstigen Bezeichnung für Whisky ganz allgemein. In diesem Sinne findet man den Ausdruck noch heute bei der Marke →**Tullamore Dew** und hier:

DEW OF BEN NEVIS
Blended Scotch von →Nikka. Eine der ältesten existierenden Scotch-Marken: Bereits in den 1820er-Jahren verkaufte →Long John Macdonald den Malt aus seiner Destillerie →**Ben Nevis** unter diesem Namen. Seine Nachkommen mussten die Brennerei und den Namen **Long John** 1911 verkaufen und machten aus der Marke Dew of Ben Nevis einen Blend. Der kam ebenso wie die Ben Nevis Distillery 1989 zum japanischen Konzern Nikka, das sich den Blend heute von →Invergordon Distillers herstellen lässt.

DEW OF HIMALAYA
Pakistanischer Blended Whisky von →Murree.

DEWAR'S
Blended Scotch aus dem Hause John Dewar & Son, einer Tochterfirma von →Bacardi Ltd. Eine der großen internationalen Marken: weltweit in 140 Ländern zu haben, gehört Dewar's zu den 10 erfolgreichsten Blended Scotches, in den USA ist er die Nr. 1. Die Standardversion **White Label** wurde bereits 1899 registriert, außerdem gibt es den 12-jährigen **Special Reser-**

ve, eine 18-jährige **Founder's Reserve** und den luxuriösen **Dewar's Signature**. Der letzte Schrei des Hauses heißt **Dewar's Scratched Cask** und wird als „Scotch produced in a Bourbon Way" angepriesen, da er ein *wood finish* in extra stark ausgebrannten Bourbonfässern erhält, deren Holzkohleschicht vor dem Befüllen zusätzlich aufgeraut wird, um die Geschmacksentwicklung zu verstärken (➔**Barrelhound**). Die Geschichte dieser Marke ist in mancher Hinsicht beispielhaft für die Geschichte des Blended Scotch selbst: Ahnherr John Dewar (1806–1880) hatte sich 1846 als Wein- und Spirituosenhändler selbstständig gemacht und bewies einen guten Riecher bei der Zusammenstellung eigener Blends. Dewar war wohl auch der Erste, der seine Flaschen mit Papieretiketten versah (ab 1863). Um neue Marketingideen waren auch seine Söhne John Alexander und Tommy nicht verlegen: 1885 eröffneten sie eine Niederlassung in London und nutzten die dort gerade im Schwange befindliche romantische Vorstellung vom Highlander als „Edlem Wilden" dazu, Whiksy salonfähig zu machen. Fortan wurde das „Full Highland Dress" mit Dudelsack und Kilt fester Bestandteil all ihrer Kampagnen und diese Stereotypen bestimmten das Bild vom Scotch Whisky bis ins späte 20. Jahrhundert. (Ein Großteil der angeblich typisch schottischen Gebräuche und Kostüme wurde eigens für den Schottland-Besuch des englischen Königs Georg IV. – des ersten eines britischen Staatsoberhaupts seit 200 Jahren – im Jahre 1822 erfunden; maßgeblich daran beteiligt war der schottische Romanautor Walter Scott). Prompt verlieh die für ihr Schottland-Faible bekannte Queen

Victoria Dewar's als erstem Blend ein Royal Warrant. Durch weltweite Werbetourneen erschloss Tommy Dewar zahlreiche Exportmärkte, insbesondere die USA, wo der charismatische Schotte wertvolle Kontakte mit dem Ostküsten-Adel knüpfte. Tommy war ein Pionier in Sachen Leuchtreklamen und der Erste, der Werbefilme für Whisky drehen ließ (1911). Um der steigenden Nachfrage gerecht zu werden, begannen die Dewars 1896 mit dem Bau der Destillerie →Aberfeldy, bis 1923 erwarben sie acht weitere Brennereien, darunter →Aultmore, →Benrinnes, →Glen Ord, Lochnagar und Pulteney. Nachdem sie ein Vermögen verdient hatten, gingen die Brüder in die Politik (der eine für die Konservativen, der andere für die Liberalen) und wurden als Erste einer Reihe von Whisky-Baronen in den Adelsstand erhoben – Tommy Dewar machte außerdem als der dritte Autobesitzer Großbritanniens von sich reden (der Erste war der Tee-Magnat Thomas Lipton, der zweite der Prince of Wales). 1915 formierten die Brüder zusammen mit →Buchanan & Co. die Scotch Whisky Brands Ltd. und kontrollierten damit einen der größten Whisky-Vorräte Schottlands; der Eintritt in die →DCL, wo Dewar bald eine entscheidende Rolle spielte, erfolgte 1925. Mit der DCL kam Dewar's 1998 zu →Diageo, die die Marke mitsamt den dazugehörigen Malt-Brennereien →Aberfeldy, →Aultmore, →Craigellachie und →Royal Brackla an Bacardi verkauften. Innerhalb dieses Konzerns ist die Firma John Dewar & Sons inzwischen für dessen Scotch-Interessen zuständig, eine Aufgabe, die früher von →William Lawson wahrgenommen wurde.

DIAGEO

Der größte Spirituosenkonzern der Welt besitzt über 100 Whisk(e)y-Marken, darunter Weltbestseller wie →**Johnnie Walker**, →**J&B** und →**Bell's** und ist in allen großen Whisk(e)y-Nationen mit der Ausnahme Irlands und Japans als Hersteller vertreten: mit 29 Brennereien in Schottland, →Gimli und →Valleyfield in Kanada und →George Dickel in den USA. Diageo kontrolliert mit →United Spirits den größten Hersteller Indiens und ist auf dem lukrativen Markt Südkoreas durch die führende Scotch-Marke →**Windsor** vertreten. Abgesehen davon besitzt Diageo mit Smirnoff die stärkste Wodkamarke

der Welt und zahlreiche andere Spitzenmarken in verschiedenen Kategorien: Gordon's und Tanqueray Gin, Baileys Likör, Don Julio Tequila, Myer's und Zacapa Rum. Durch ein Vertriebs-Joint-Venture ist Diageo mit ➤Moët Hennessy verbunden. Diageo entstand 1997 durch die Fusion der Konzerne Grand Metropolitan und Guinness (➤DCL). Der ursprünglich für das neue Unternehmen geplante Name „GMG Brands" wurde zugunsten der Wortschöpfung Diageo aufgegeben (von portugiesisch dia = Tag und griechisch ge = Erde), die zum Ausdruck bringt, dass im Reich dieses Riesen die Sonne nie untergeht. Etwas gesucht vielleicht, aber zweifellos richtig.

Diageos Besitz im Einzelnen:

Schottland/Malt: Auchroisk, Banff (†), Benrinnes, Blair Athol, Cardhu, Clynelishm Caol Ila, Coleburn (†), Cinvalmore (†), Cragganmore, Dailuaine, Dallas Dhu (†), Dalwhinnie, Dufftown, Glendullan, Glen Elgin, Glenesk (†), Glenkinchie, Glenlochy (†), Glenlossie, Glen Mhor (†), Glen Ord, Glen Spey, Glenury Royal (†), Inchgower, Knockando, Lagavulin, Lingkwood, Mannochmore, Millburn (†), Mortlach, North Port (†), Oban, Pittyvaich (†), Port Ellen (†), Rosebank (†), Roseisle, Royal Lochnagar, St. Magdalene (†), Strathmill, Talisker und Teaninich (➤Flora & Fauna, ➤Rare Malts Selection).

Schottland/Grain: Caledonian (†), Cambus (†), Cameronbridge, Carsebridge (†), North British (50 %), Port Dundas (†). Auf dem Gelände der ehemaligen Cambus Distillery befindet sich heute Diageos zentraler Lagerhauskomplex **Blackrange Bond** und die **Cambus Cooperage**, die den Bedarf für alle schottischen Diageo-Brennereien deckt. Das Unternehmen betreibt vier Mälzereien: Burghead in Morayshire, ➤Glen Ord, ➤Port Ellen und ➤Roseisle.

Schottland/Blends: Bell's, Benmore, Black & White, Buchanan's, Crawford's 3 Star, Dimple, Haig, J&B, John Begg, Johnnie Walker, Logan, Lowrie's, Old Parr, Peter Dawson, Queen Elizabeth, The Real Mackenzie, Real McCoy, Sandy Macdonald, Usher's, Vat 69, White Horse, Windsor.

USA: Bulleit, George Dickel, I.W. Harper, Seagram's 7 Crown.

Kanada: Canadian 5 Star, Canadian 83, Crown Royal, Seagram's V.O.

Indien: Rowson's Reserve.

DIMPLE

Blended Scotch von ➤Diageo, zu haben als 12-, 15- und 18- Jähriger sowie als **Dimple Golden Selection** *(nas)*. Die De-luxe-Version von ➤Haig stand noch in den 1980ern auf einer Stufe mit Größen wie ➤**Chivas Regal** und ➤**Johnnie Walker Black**, hat aber ebenso wie der Standard **Haig** viel von ihrem Glanz verloren. Ohne nennenswerten Marketing-Input – Diageo konzentriert seine Strategie ganz auf Johnnie W. – wirkt Dimple heute etwas angestaubt. Seine wichtigsten Märkte sind Südkorea, Griechenland, Deutschland, die USA und Mexiko. Er wird seit über hundert Jahren in der charakteristischen dreieckigen Flasche mit den konkaven Oberflächen angeboten, von der er ihren Namen hat: Dimple bedeutet Grübchen; in Nordamerika, einst der Hauptabsatzmarkt, heißt er **Pinch,** was ungefähr (aber weit weniger charmant) das Gleiche bedeutet.

DINGLE DISTILLERY

Irische Brennerei in Milltown bei Dingle, County Kerry, eröffnet 2012 von The Porterhouse Brewing Company, die mit ihren bereits in den 1990er-Jahren eröffneten brew pubs zu den Pionieren von Irlands Craft-Beer-Szene gehört. Auch beim Whiskey fühlt sich Porterhouse-Gründer Oliver Hughes dem Manufakturgedanken verpflichtet und verspricht, nur kleine Mengen traditionellen ➤Single Pot Still Whiskeys abzufüllen. Das hinderte Hughes allerdings nicht daran, bereits vorab einige, bei ➤Cooley hergestellte, Dingle-Blends zu veröffentlichen – um etwas „Markenbewusstsein" zu schaffen, wie es so schön heißt. Der erste echte Dingle Whiskey soll 2016 herauskommen – zum 100-jährigen Jubiläum der ersten Unabhängigkeitserklärung Irlands. Die Brennerei verfügt über zwei *pot stills* und hat eine Jahreskapazität von etwas 65 000 *lpa*.

DIPLOMAT

Indischer Whisky von →Mohan Meakin.

DIRECTOR'S SPECIAL

Indischer Whisky von →United Spirits (Diageo). Dieser Blend aus Melassedestillaten und indischem Malt gehört zu den 20 meistverkauften Whiskys weltweit (Addiert man die Zahlen der De-luxe-Version **DSP Black**, steht er auf Platz 12). Er stammt von der United-Spirits-Tocher Shaw Wallace. die in einem von der →SWA angestrengten Gerichtsverfahren einen historischen Sieg errang: Demnach steht der Verwendung der Bezeichnung Whisky für derartige Zuckerrohrschnäpse zumindest juristisch nichts im Wege. Früher gab es Director's Special auch als echten Blended Scotch. Er wurde von Stenham Ltd. herausgegeben, einem Einmannbetrieb in London, dessen Inhaber Henry H. Stenham zahlreiche Billig-Labels für den Export produzierte.

DISTELL

Südafrikanischer Hersteller in Stellenbosch, West Cape. Mit der James Sedgwick Distillery besitzt Distell die älteste Whisky-Brennerei des Landes sowie die Marken →**Bain's Cape Mountain**, →**Harrier**, →**Knights** und →**Three Ships**, den ersten Single Malt Afrikas. Seit 2013 ist die Gruppe auch in Schottland vertreten. Damals erwarb Distell →Burn Stewart Distillers mit den Brennereien →Bunnahabhain, →Deanston und →Tobermory/Ledaig. Die Firma entstand 2001 durch den Zusammenschluss der Stellenbosch Farmer's Winery und der Distillers Corporation. Sie ist einer der führenden Weinproduzenten des Landes und besitzt mit dem Sahnelikör Amarula die einzig weltweit vertriebene Spirituosenmarke Afrikas.

DOCTOR'S SPECIAL

Blended Scotch von →Chivas Bros. (Pernod Ricard). Seit den 1920er Jahren auf dem Markt, damals noch aus dem Hause Robert Macnish & Co., das in den 1950ern zu →Hiram Walker und damit 2005 zu Pernod Ricard kam (→**Grand Macnish**). Heute wird die Marke fast ausschließlich in Skandinavien verkauft.

DOIG, Charles Chree
Schottischer Architekt und Bauingenieur (1855–1918), dessen als Pagodendach bekannter Lüftungsaufsatz, auch Doig Ventilator genannt, noch heute zahlreiche Brennereien in und außerhalb Schottlands ziert. Der in Elgin ansässige Doig war 1889 von den Besitzern der ➛Dailuaine Distillery beauftragt worden, die Belüftung der *kiln* zu überarbeiten. Doigs Neukonstruktion verbesserte den Abzug wesentlich und wurde bald von zahlreichen Brennereien übernommen. Die geschwungenen Dachvorsprünge waren zwar nur ein Teil des gesamten Konzepts, ihre ästhetische Wirkung machte sie aber bald zum Wahrzeichen der Whisky-Industrie, das heute auch als Piktogramm für Brennereien verwendet wird. Selbst moderne Destillerien ohne Darrböden schmücken sich mit Pagoden (➛All-à-Bhainne, ➛Braeval). Doig war am Bau von 56 Brennereien beteiligt, darunter ➛Aberfeldy, ➛Aberlour, ➛Balblair, ➛Benromach, ➛Dufftown und ➛Old Bushmills. Er galt außerdem als Fachmann für Wasserversorgung und Brennereiabfallbeseitigung.

DOOR COUNTY
US-Single Malt aus der gleichnamigen Craft Distillery in Sturgeon Bay, Wisconsin, eröffnet 2011 von der Familie Pollman. Der Whiskey erschien erstmals 2013 nach einjähriger Reifung.

DOUBLE BARREL
Vatted-Malt-Serie von ➛Douglas Laing, bestehend aus jeweils zwei Einzelfässern unterschiedlicher Brennereien *(nc, ncf)*. Seit 2009 erscheinen hier immer wieder überraschende, naturgemäß leider sehr limitierte Kombinationen wie beispielsweise **Laphroaig/Macallan, Caol Ila/Braeval** oder **Ardbeg/Glenrothes** (➛Tea Spoon Whisky). Manchmal wird Double Barrel auch im Sinne von ➛Double Wood gebraucht (vorwiegend in den USA), also für eine Reifung in zwei verschiedenen Fässern. Die für ihren Hang zur Exzentrik bekannte Brennerei ➛Ardbeg bietet unter dem Namen Double Barrel einen sündhaft teuren Gewehrkoffer für eine

Doppelflinte (engl. double-barrel) an, der, neben einigen Whisky-Paraphernalien, zwei *Einzelfassabfüllungen* des herausragenden Jahrgangs 1974 enthält.

DOUBLE DIAMOND

US-Whiskey von Downslope Distilling, einer 2009 eröffneten Craft Distillery in Centennial, Colorado, die pro Jahre etwa 4000 Flaschen produziert. Der Whiskey wird in einer *pot still* gebrannt, „in schottischer Manier", wie es heißt, mit einer eher unschottischen Getreidemischung aus 65 % Gerstenmalz und 35 % Roggen, abgefüllt erstmals 2010. Seither erschienen immer wieder stark limitierte Spezialversionen von Double Diamond, ein in alten Cognac- und kalifornischen Zinfandelfässern gereifter 3-Jähriger zum Beispiel, der „riecht wie Cognac und im Abgang wie guter Whiskey" schmecken soll.

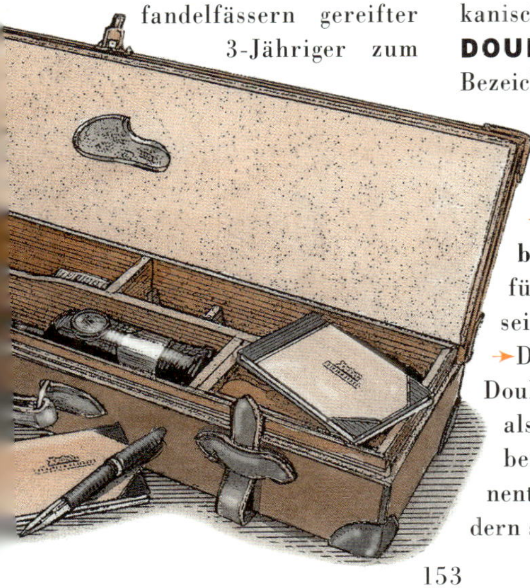

DOUBLE DOWN BARLEY

US-Malt Whiskey von ➛New Holland Artisan Spirits, Michigan, 18 Monate gereift in kleinen, stark ausgebrannten Fässern aus amerikanischer Eiche.

DOUBLE MALT

Bezeichnung für ➛Vatted Malts, die lediglich aus zwei verschiedenen Malts bestehen, z. B. ➛**Celtic Nations**, ➛**Tammer**, ➛**Teeling Hybrid**. Der unabhängige Abfüller ➛Douglas Laing nennt seine Double Malts lieber ➛Double Barrel. Einige dieser Double Malts könnte man auch als ➛Internationale Whiskys bezeichnen, da ihre Komponenten aus verschiedenen Ländern stammen.

DOUBLE Q

Blended Scotch, den sich die Berentzen Gruppe für den deutschen Markt abfüllen lässt. Der schottische Hersteller ist nicht zu ermitteln.

DOUBLE WOOD

Bezeichnung, die häufig für Malt Whiskys verwendet wird, die ein *wood finish* erhielten, also nach ihrer regulären Reifung (meist in einem Ex-Bourbonfass) noch eine gewisse Zeit in einem anderen Fasstyp (meist Sherry oder Port) gelagert wurden (→Kopper Kettle). Mitunter nennt man solche Whiskys auch →Double Barrel (z. B. →**Glendalough**). Nicht zu verwechseln mit →Double Malt. Nach einem weiteren Fasswechsel spricht man von Triple Wood.

DOUGLAS LAING

Schottischer Hersteller und →unabhängiger Abfüller, gegründet 1948 von Frederic Douglas Laing in Glasgow. Nachdem das Haus lange Zeit vor allem Blends für fernöstliche Märkte produzierte, verlegten sich Laings Söhne Fred und Stewart aufgrund der asiatischen Wirtschaftskrise Ende der 1990er darauf, ihre großen Vorräte an ausgereiften Malts unter eigenen Labels abzufüllen. Mit den großartigen Reihen **Old Malt Cask** und **Old & Rare** machten sie sich bald einen guten Namen. Seit 2013 gehen die Brüder getrennte Wege: Fred und seine Tochter Cara führen Douglas Laing weiter, während Stewart mit seinen Söhnen die Firma →Hunter Laing gründete. Neben ansehnlichen Whisky-Vorräten nahm er die für ihre Single-Malt-Raritäten bekannten Labels **Old Malt Cask** und **Old & Rare** mit, außerdem die Tochterfirma →Langside. Bei Douglas Laing verblieben die Reihen **Old Particular**, **Premier Barrel**, **Provenance** und →**Clan Denny**; die Vatted Malts →**Big Peat**, →**Double Barrel**, →**Rock Oyster**, →**Scallywag** und →**Timorous Beastie** sowie die Blends →**King of Scot's**, →**McGibbon's** und **Douglas Laing's Epicurean Blend** mit einem Malt-Anteil von 90 %, angeboten in einem altertümlichen Keramikflachmann.

DOWLING

Kentucky Straight Bourbon von ➛Heaven Hill. Eine Regionalmarke, die heute nur noch in der Gegend um Lawrenceburg angeboten wird, dort allerdings beliebter ist als manche der großen Namen. Das Label geht auf eine schottische Einwandererfamilie zurück, die 1889 in Lawrenceburg mit dem Brennen anfing, ihre Destillerie aber zu Beginn der Prohibition verkaufte und die Brennaktivitäten nach Mexiko verlegte. Dort entstand damals aus nahe liegenden Gründen ein boomendes Spirituosengeschäft.

DRAM

Britisches Apothekergewicht (3,8 g), außerdem gleichbedeutend mit „Schluck“, „Kleinigkeit“; in Schottland die gebräuchliche Bezeichnung für ein Glas Whisky. Über die Größe des Glases wird damit nichts ausgesagt, im Gegenteil, auch ein wee dram, also ein „Schlückchen“, kann eine ansehnliche Menge beinhalten.

DRAYMAN'S

Südafrikanischer Whisky aus der gleichnamigen ➛Craft Distillery in Pretoria von Moritz Kallmeyer, einem Brauer, der seit 2006 auch eine kleine Brennerei betreibt. Der erste **Drayman's Highveld Single Malt** erschien 2010. Für die Herstellung mischt Kallmeyer selbst produziertes mit getorftem Importmalz; gebrannt wird in zwei kleinen *pot stills*, gereift in Fässern aus französischer Eiche.

DRIFTWOOD

Schottischer Vatted Malt von ➛Lombard, zusammengestellt aus Highland und Speyside Malts.

A DROP OF THE IRISH

Irischer Single Malt aus der ➛Old Bushmills Distillery abgefüllt von ➛Blackadder, wie üblich bei diesem Haus ohne Kühlfilterung *(ncf)* und Farbstoff *(nc)*. Das Etikett trägt die Aufschrift „A unique combination of Irish single malt whiskeys". Das lässt einen Vatted Malt vermuten, tatsächlich sind damit aber nur verschiedene Fässer aus Bushmills gemeint.

DRUMGUISH

Schottischer Single Malt (Speyside) aus der ➛Speyside Distillery von Harvey's of Edinburgh. Diesen einfachen, günstigen Whisky gab Speyside-Gründer George Christie bereits 1993, drei Jahre nach Inbetriebname seiner Brennerei, heraus, um etwas Cash aufs arg strapazierte Konto zu bekommen. Er benannte ihn nach einem nahe gelegenen Dorf (gesprochen etwa dramúisch), denn der edle Name ➛Speyside sollte erst auf ausgereiften Whiskys erscheinen. Die sind mittlerweile ebenfalls im Handel, doch auch der junge Drumguish wird noch angeboten. Er hat besonders in Schweden viele Freunde (➛**Glentromie**).

DRUMMER

Blended Scotch, den ➛ThaiBev von ➛Inver House Distillers auf der Basis von ➛**Balmenach** produzieren lässt.

DRURY'S

Brasilianischer Whisky von ➛Heublein do Brasil (Gruppo Campari), ein Verschnitt aus schottischen Malts und einheimischen Grains. Whisky Nacional nennt sich diese Mischung in Bra-

silien und Drury's war der erste seiner Art. Bereits 1959 begann die damals noch selbstständige US-Firma Heublein zusammen mit einem brasilianischen Unternehmer ein derartiges Produkt zu entwickeln und gab ihm den Namen eines kleinen Scotch-Labels der Heublein-Tochter Wellington Whisky Blending. Der Whisky wird mit 39 Vol.-% abgefüllt.

DRY FLY

US-Single Malt aus der gleichnamigen Brennerei, die Don Poffenroth und Kent Fleischmann seit 2007 in Spokane, Washington, betreiben. Ihr Hauptgeschäft machen die beiden mit Wodka, die Whiskey-Range umfasst einen **Washington Wheat Whiskey** (100 % Weizen), den es auch in *Fassstärke* und mit einem *wood finish* in amerikanischen „Portwein"-Fässern gibt, einen **Bourbon 101**, und einen **Triticale Whiskey** (Triticale ist eine Kreuzung aus Weizen und Roggen). Alle drei kommen reichlich jung in die Flasche (zwei bis drei Jahre), aber mit dem erstmals 2008 destillierten Malt Whiskey will man sich bis 2018 Zeit lassen. Bei Dry Fly wird nur Getreide aus der Region verarbeitet, destilliert wird in zwei *Obstbrennblasen*, gelagert in Ex-Bourbon-Fässern.

DUFFTOWN

Schottischer Single Malt (Speyside, Dufftown) von ➛Diageo. Ein einfacher Aperitif-Whisky von der süßen Seite – M. Jackson nennt ihn „a good, no-nonsense Highland whisky“. Nachdem er lange Jahre in Diageos ➛Flora & Fauna-Reihe vor sich hin dümpelte, wird Dufftown nun als einer der drei ➛Singletons etwas offensiver vermarktet. Die Brennerei ging 1896 in Betrieb. Einer der Inhaber war Peter MacKenzie, dessen Blend ➛**The Real MacKenzie** noch heute existiert. 1933 kam Dufftown zu Arthur Bell & Sons, und in den ➛Bell's-Blends verschwindet denn auch der Großteil dieses Whiskys. Bell & Sons wurde 1985 Teil des Diageo-Vorläufers United Distillers. Die Ortschaft Dufftown ist mit insgesamt neun Brennereien unbestritten das Zentrum der Malt-Whisky-Welt (siehe Karte S. 467). Die Dufftown Distillery gehört mit einer Kapazität von 6 Millionen *lpa* zu den größten in Schottland.

DUKE

Indischer Whisky von ➛DCM Shriram. Mit dem Entstehungsjahr 1969 ist dies wohl die älteste Whisky-Marke Indiens. Sie wird im Wesentlichen aus Melasse hergestellt (➛**Chancellor**).

DUMBARTON

Schottische Grain Distillery (Lowlands, Dumbarton). Die lange Zeit größte Brennerei Europas wurde 1938 von ➛Hiram Walker gegründet und diente der Produktion von Weltmarken wie ➛**Ballantine's** und ➛**Teacher's**. Sie beherbergte außerdem die Malt-Brennerei ➛Inverleven. Die

Produktion wurde 2002 nach ➛Strathclyde verlegt, Dumbarton eingemottet und später vom neuen Eigentümer ➛Pernod Ricard größtenteils abgerissen. Als Single Grain wird Dumbarton bis heute von einigen ➛unabhängigen Abfüllern angeboten: ➛Lombard hatte einen 35-Jährigen in seiner Reihe „Jewels of Scotland“, ➛Douglas Laing einen 40-Jährigen in der ➛Clan-Denny-Reihe und ➛Murray McDavid einen 42-Jährigen bei Celtic Heartlands.

DUN BHEAGAN

Schottische Marke von William Maxwell (➛Ian Macleod). Unter dem Label gibt es eine Reihe von Single-Malt-Einzelfassabfüllungen (*nc*, *ncf*) und in der Reihe „Regional Collection“ je einen Single, Highland, Speyside und Islay.

DUN EIDEANN

Schottisches Label, das ➛Signatory als Zweitetikett verwendet, meist für *Einzelfassabfüllungen (nc, ncf)* in *Fassstärke*. Dun Eideann ist der gälische Name Edinburghs; die Malts sind vorwiegend in Frankreich und Italien zu finden.

DUNBAR

Blended Whisky, der von Pernod Ricard in Uruguay aus lokalem Grain und schottischem Malt Whisky verschnitten wird. Die Marke wurde 1981 von ➛Seagram in Lateinamerika eingeführt und ist heute angeblich der meistverkaufte Whisky in Uruguay.

DUNCAN TAYLOR

Schottischer ➛unabhängiger Abfüller in Huntly, gegründet 1938 in Edinburgh. Das Unternehmen begann als Whisky-Broker, vermittelte also Fässer diverser Brennereien an Blending-Firmen, stellte aber auch selbst Blends her, um den ausgetrockneten Post-

Prohibitionsmarkt der USA zu versorgen. Über die Jahre wuchs Duncan Taylors Vorrat an alten und zum Teil sehr raren Fässern und aus diesem Fundus schöpft nun Euan Shand, der die Firma 2001 erworben und nach Schottland verlegt hat. Mit Reihen wie **The Rarest Collection, The Duncan Taylor Single Range** und **Tantalus** festigte die Firma ihren Ruf als hervorragende Quelle für alte Single Malts, vor allem *Single casks*, aus längst verschwundenen Brennereien (→Banff, →Glenlochy, →Inverleven, →Ladyburn). Auch Vatted Malts gibt es von Duncan Taylor: →**Auld Reekie**, →**The Big Smoke**; ferner die Blends →**Black Bull**, →**Loch Ness**, →**Scottish Glory** und →**Smokin'** (→Glendarroch). Euan Shands lang gehegte Pläne selbst eine Brennerei zu errichten, nehmen langsam Form an. Erste Bauarbeiten in Huntly haben jedenfalls begonnen. Duncan Taylor bietet außerdem nicht unelegante Möbel an, die aus alten Whiskyfässern gebaut werden.

The DUNDEE

Blended Scotch von →Angus Dundee

DUNGLASS

Schottischer Single Malt (Lowlands) aus der →Littlemill Distillery (Loch Lomond Group). In den 1960er-Jahren wurde hier mit modifizierten Brennblasen experimentiert, um die Destillation zu beschleunigen. Das Ergebnis ließ Jim Murray vermuten, man habe die Herstellung von schlechtem Whisky perfektionieren wollen. Aber so schlecht kann der Stoff gar nicht werden, dass die wenigen Flaschen, die unter dem Namen Dunglass abgefüllt wurden, nicht zu heiß begehrten Sammelobjekten werden. Nur zu, ihr Narren, im Internet gibt es noch 1967er-Abfüllungen für ein paar hundert Pfund.

DUNPHYS

Blended Irish aus der →Midleton Distillery von →Irish Distillers (Pernod Ricard). Eine kleine Billigmarke, die Anfang der 1950er-Jahre von Cork Distilleries (→**Paddy**) lanciert und in den USA als ideale Irish-Coffee-Basis beworben wurde. Dieses durchaus effektive Aufbaugetränk erfreute sich dort damals großen Zuspruchs und so gab es Dunphys auch in kaffeekannenförmigen Keramikdekantern. Seit dem Abflauen des Irish-Coffee-Booms in den USA findet man die Marke kaum noch, und das ist nicht wirklich ein Verlust.

DUNVILLE'S

Blended Irish, den ➔Cooley für ➔Echlinville herstellt. Eine kleine Marke mit einer großen Vergangenheit: Bis in die 1930er-Jahre gehörte Dunville's Whiskey zu den erfolgreichsten Marken Irlands. Damals wurde er in der Royal Irish Distillery gebrannt, die 1869 von der Familie Dunville in Belfast errichtet worden war (➔Belfast Distillery Company, ➔Bladnoch). Mit Royal Irish ging auch die Marke Dunville's in den 1950ern unter – nur vereinzelt taucht heute noch ein alter **Dunville's Special Liqueur Whiskey** oder gar der 39-jährige **Royal Irish** auf, den Cadenhead 1991 abfüllte. Wiederbelebt wurde das Label in den 1990ern von der damals noch jungen Firma Cooley. Nach deren Übernahme durch den US-Konzern ➔Beam wurde Dunville an Echlinville abgegeben, die den Whiskey aber weiterhin von Cooley beziehen. Das wird sich bald ändern, denn Beam lässt Cooleys zahlreiche Lieferverträge mit anderen Firmen derzeit auslaufen.

DURFEE HALL

Brasilianischer Malt Whisky von ➔Heublein Do Brasil (Gruppo Campari). Der Großteil dieses Whiskys dürfte aus der Union

Distillery in Veranopolis stammen (➛**Union Club Whisky**), möglicherweise enthält er aber auch etwas schottischen Malt wie seine Stallgenossen ➛**Drury's**, ➛**Gold Cup**, ➛**Gregson's** und ➛**Old Eight**. Die Marke ist nach einem der ältesten Gebäude der Yale University benannt.

DYC

Spanischer Whisky von Destilerías y Crianza del Whisky (DYC) bei Segovia, Castilia y Leon, im Besitz von ➛Beam Suntory. Die Marke gehört zu den drei populärsten Whiskys Spaniens und wird in mehreren Versionen angeboten: als Blend (*nas* und 8 Jahre) aus spanischen und schottischen Destillaten, als Vatted Malt aus eigenen und schottischen Singles und seit 2009 als 10-jähriger Single Malt aus der hauseigenen Brennerei Molino del Arco. Sie wurde 1959 vom Anis-Fabrikanten Nicomedes Garcia Lopez gegründet, der drei Jahre später mit der Whisky-Produktion begann. 1973 erwarb DYC die schottische ➛Lochside Distillery, in den 1980er-Jahren fiel das Unternehmen selbst an ➛Hiram Walker. Nachdem dessen Mutterfirma Allied Domecq wiederum 2005 von ➛Pernod Ricard geschluckt worden war, gaben die Franzosen DYC an Beam ab. Die neuen Eigentümer vermarkten den Whisky nun auch in Indien, wo er vor Ort aus lokalem Grain und importiertem Malt kombiniert wird.

Ein Morgen Mais
bietet reichlich Nahrung
William Faulkner

EAGLE OF SPEY

Schottischer Single Malt, 10 Jahre, von J. & G. Grant. Ein Zweitetikett von ➔**Glenfarclas**, ausschließlich in neuen Eichenfässern gereift.

EAGLE RARE

Kentucky Straight Bourbon aus der ➔Buffalo Trace Distillery (Sazerac). Der reguläre 10-Jährige ist ein süffiger Digestif und erstaunlich unbekannt für sein überzeugendes Preis-Leistungs-Verhältnis. Auch sehr gut, aber nicht gerade günstig ist der 17-Jährige aus Sazeracs „Antique Collection". Die ursprüngliche **101-Version**, die 1975 von ➔Seagram als Konkurrenz zum ➔**Wild Turkey 101** entwickelt worden war, wurde 2005 eingestellt. Eagle Rare ist seit 1989 bei ➔Sazerac.

EAGLESOME'S

Blended Scotch von Eaglesome, einer Tochterfirma von ➔J. & A. Mitchell, die in Campbeltown ein Ladengeschäft mit einer ansehnlichen Whisky-Auswahl betreibt. Hier findet man das gesamte Sortiment von Mitchells ➔Springbank Distillery sowie die Abfüllungen von ➔Cadenhead (ebenfalls eine Mitchell-Tochter) und einige Labels von Eaglesome selbst: neben der Hausmarke Eaglesome's sind das ➔**Allan's**, ➔**Burnside** und ➔**Old Spencer**.

EARLY TIMES

US-Whisky (schottische Schreibweise!) aus der gleichnamigen Destillerie von ➛Brown-Forman in Louisville, Kentucky. Ein einfacher Alltags-Whisky, der in zwei Versionen zu haben ist: als **Early Times 354 Kentucky Straight Bourbon** und als **Early Times Kentucky Whisky**. Letzterer reift in gebrauchten Fässern und darf deshalb nicht als ➛Straight Whiskey gelabelt werden. Er wurde 1983 für den US-Markt eingeführt, den echten Stoff gab es nur noch für den Export. Je besser er im Ausland lief, desto schwächer wurde der Umsatz auf dem heimischen Markt und so entschloss man sich 2011, Early Times auch in den USA wieder als Straight Bourbon anzubieten. Die erste Early-Times-Brennerei wurde 1860 von John H. Beam in Louisville gegründet, einem Onkel des berühmten Jim. Während der Prohibition kam sie zu Brown-Forman, heute dient sie unter dem Namen Brown Forman Distillery als Firmensitz und Abfüllanlage für jene Whiskeys, die in der neuen Early Times Distillery in Shively, einem Außenbezirk von Louisville, gebrannt werden. Neben Early Times ist das der gute alte ➛**Old Forester**, der mit einer eigenen *mashbill* hergestellt wird: Während sie für Early Times 79 % Mais, 11 % Roggen und 10 % Gerstenmalz enthält, ist der Roggenanteil deutlich höher für Old Forester (72 % Mais, 18 % Roggen und 10 % Gerstenmalz); der *sourmash*-Anteil beträgt in beiden Fällen 20 %. Ein kleiner Teil der Early-Times-Produktion wird auch für Brown Formans Marke ➛**Canadian Mist** verwendet.

ECHLINVILLE

Irische Brennerei in Kircubbin, County Down, Nordirland, gegründet 2013 von Shane Braniff, der bereits mit ➛**Dunville**, ➛**Feckin** und ➛**Strangford Gold** drei einfache Blends fremder Hersteller vermarktet. Seine eigenen Malts und ➛Single Pot Stills sollen frühestens 2016 abgefüllt werden, fassweise kann man sie bereits jetzt erwerben. Interessenten haben die Möglichkeit, Whiskey- und Fasstyp, Alkoholgehalt und auch das Verhältnis von gemäzter und ungemälzter Gerste selbst zu bestimmen.

ECHO SPRING

Kentucky Straight Bourbon von ➛Heaven Hill. Eine kleine Marke, die außerhalb Kentuckys kaum zu finden ist.

EDDU

Bretonischer Whisky aus der Distillerie des Menhirs in Plomelin, Bretagne, gegründet 1986 von Guy Le Lay. Ein eigenwilliger Whisky, der als Blend und als **Whisky Pur Blé Noir** zu haben ist, beide ohne Altersangabe. Letzterer wird zweifach in *pot stills* gebrannt, allerdings nicht aus Gerstenmalz, sondern aus Buchweizen (frz. blé noir, bretonisch eddu), abgefüllt ohne Altersangabe als **Eddu Silver** und **Eddu Gold**. Der Blend heißt **Eddu Grey Rock** und hat einen Buchweizen-Whisky-Anteil von 30 %. Silver und Grey Rock gibt es auch mit einem *wood finish* in „Brocéliande"-Eiche. Brocéliande ist der Name jenes mythischen Waldes, in dem Teile der Artus-Sage spielen. Realiter stammen die Eichen aus dem Wald von Paimpont im Herzen der Bretagne.

EDEN.MILL

Schottische Brennerei in der Nähe von St. Andrews (Lowlands), betrieben von der Eden Brewery, einem lokalen Craft-Beer-Hersteller. Seit 2014 werden hier drei unterschiedliche, hauseigene Malzsorten zu einem leicht getorften Single Malt veredelt, allerdings nur in sehr geringen Mengen.

EDGEFIELD

US-Craft-Distillery in Troutdale, Oregon; seit 1998 verarbeiten die Gebrüder →McMenamin hier in einer kleinen *Obstbrennblase* vorwiegend Gerstenmalz. Ihr erster Whiskey erschien 2002 unter dem Namen →**Hogshead**, weitere Produkte aus Edgefield sind →**Devil's Bit** und →**Monkey Puzzle**.

EDRADOUR

Schottischer Single Malt (Central Highlands, Pitlochry) der →Signatory Vintage Scotch Whisky Co. Ein fruchtiger, charmanter Whisky, der seit 1986 als Single abgefüllt wird. Neben der 10-jährigen Standardversion gibt es eine ganze Reihe von *wood finishes* in *Fassstärke*. Außer den üblichen Süßweinen (Sherry, Port, Madeira) kommen hier *Fäs-ser* zum Einsatz, die vorher hochwertige Weine aus dem Burgund und Piemont enthielten sowie Châteauneuf du Papes und Super Tuscans. Die Brennerei produziert auch den stark getorften der kleinsten und sicherlich auch hübschesten Brennereien des Landes. Ihre Geschichte ist in mancher Hinsicht typisch für die Entwicklung der schottischen Whisky-Industrie: Von ihren frühen Anfängen als *farmhouse distillery*, erstmals erwähnt 1825, über durch die →Prohibition bedingte Mafiaverbindungen – zeitweise hatte hier ein Handlanger von Frank Costello das Sagen, dem capo di tutti capi (→**House of Lords**) – über die Randexistenz im Reich des französischen Spirituosenkonzerns →Pernod Ricard, bis zur Rettung durch Andrew

Symington. Der hatte bereits mit seiner Firma Signatory einen unabhängigen Geist und guten Riecher für Whisky bewiesen. (Die Familie Symington ist seit fünf Generationen mit Marken wie Graham's, Dow's und Warre's eine Macht im Portweingeschäft.)

EDRINGTON GROUP

Schottisches Unternehmen mit Sitz in Glasgow. Der nach ➔William Grant & Sons bedeutendste unabhängige Whisky-Produzent Schottlands betreibt durch seine Tochterfirma Highland Distillers die Brennereien ➔**Glenrothes**, ➔**Glenturret**, ➔**Highland Park** und ➔**Macallan**, außerdem eine 50%ige Beteiligung an der Grain-Brennerei ➔North British, eine große Küferei (Clyde Cooperage) und einen umfangreichen Lagerhaus- und Abfüllkomplex (Clyde Bonding). Die bekanntesten Marken des Hauses sind die Blends ➔**Famous Grouse** und ➔**Cutty Sark**. Das Unternehmen geht auf William A. Robertson zurück, der

sich 1861 in Glasgow als Whisky-Händler etablierte. 1887 war er an der Gründung der Highland Distilleries Company beteiligt, die im Laufe der Jahre zahlreiche Brennereien erwarb. Robertsons Enkelinnen Agnes, Ethel und Elspeth sicherten die Unabhängigkeit des Unternehmens, indem sie die diversen Beteiligungen ihres Großvaters sowie dessen Firma Robertson & Baxter in eine Holding einbrachten, die Edrington Ltd. Daraus wurde 1999 die Edrington Group, innerhalb derer Highland Distillers für die Führung der Brennereien zuständig sind. Edrington engagiert sich schon seit Längerem auf den asiatischen Wachstumsmärkten: seit 1997 besteht ein Joint Venture mit dem indischen Unternehmen ➛DCM Shriram, 2003 eröffnete die Gruppe als erster Scotch-Produzent eine Niederlassung in China (Shanghai).

EILAN GILLAN

Unter diesem Label bietet das Cognac-Haus Leopold Gourmel eine kleine Auswahl schottischer Single Malts in Einzelfassabfüllungen an.

ELBE 1

Deutscher Single Malt aus der Brennerei ➛Blaue Maus von Robert Fleischmann; wie in diesem Hause üblich eine *Einzelfassabfüllung*.

ELEUTHERA

Schottischer Vatted Malt von ➛Compass Box; eine rauchige Kombination aus Malts von ➛**Caol Ila** und ➛**Clynelish**, erschienen 2002 und zwei Jahre später mangels Nachschub wieder eingestellt; Nachfolger ist ➛**The Lost Blend**.

ELIJAH CRAIG

Kentucky Straight Bourbon von ➛Heaven Hill. Das Paradebeispiel eines Bourbons: üppig, rund, süß und würzig. Unter dem Elija-Craig-Label füllt Heaven Hill seine ältesten Whiskeys ab, angefangen vom vollmundigen, erstaunlich preiswerten 12-Jährigen, den es auch als wahrlich beeindruckenden *barrel proof* gibt, über den derzeit nicht abgefüllten, anschmiegsamen 18-Jährigen

bis zu den limitierten 20 und mehr Jahre alten Single Barrels. Zusammen mit ➛**Evan Williams** vertritt Elijah Craig Heaven Hill auf dem internationalen Parkett. Der namensgebende Elijah Craig (1743–1808) war Baptistenprediger und Nebenerwerbsbrenner – oder andersherum, genau lässt sich das heute nicht mehr verifizieren, ebenso wenig, wie die Behauptung, Craig hätte den Bourbon erfunden (irgendjemand muss es ja gewesen sein).

ELMER T. LEE

Kentucky Straight Bourbon, der in der ➛Buffalo Trace Distillery für ➛Age International (Takara Shuzo) hergestellt wird. Ein sehr solider Single Barrel, der 1992 auf den Markt kam und nach dem ehemaligen Master Distiller der Brennerei benannt ist. Elmer T. Lee († 2013) hatte mit seinem ➛**Blanton's** die Kategorie der Single Barrels begründet. Wie alle Age-International-Whiskeys wird auch hier Buffalo Traces *mashbill* #2 verwendet, die etwas mehr Roggen enthält.

ELSASS WHISKY

Französischer Single Malt aus der Brennerei Lehmann in Obernai, Elsass, zu haben als **Origine** (7 Jahre in Bordeaux-Blanc-Fässern gereift) und als **Premium** (8 Jahre, Sauternes-Fass). Die Familie Lehmann produziert seit 1850 Obstbrände, seit 2001 haben sie auch Whisky im Programm.

EMBLEM

Japanischer Blend aus der Brennerei ➛Fuji-Gotemba von ➛Kirin Distillers Ltd. Ein trockener, rauchiger Whisky im schottischen Stil.

EMBRUJO DE GRANADA

Spanischer Single Malt von Distillerías Liber, einem 2001 in Granda, Andalusien, gegründeten Kleinbetrieb. Der erste Single Malt des Landes erschien 2007, mittlerweile gibt es ihn als 8-Jährigen, gebrannt in zwei kleinen *pot stills* aus lokaler Produktion, gereift in Ex-Sherryfässern aus amerikanischer Eiche.

The ENGLISH WHISKY Co.

Englischer Single Malt aus der St. George's Distillery von The English Whisky Co. Ltd. Whisky als work in progress: The English Whisky wird nicht als ausgereiftes Produkt angeboten, sondern in einzelnen **Chapters**. In Chapter 1 bis 4 (erschienen 2006 ff.) wurden junge Destillate abgefüllt, die noch nicht als Whisky deklariert werden durften, erst mit Chapter 5 war das vorgeschriebene Mindestalter von 3 Jahren erreicht (2009). Die folgenden Kapitel enthielten nun aber nicht einfach ältere Whiskys, sondern diverse Versionen immer noch recht junger Malts, die sich durch Torfgehalt, Art der Fasslagerung und Alkoholstärke unterscheiden. Für jedes Chapter werden nicht mehr als jeweils vier Fässer verwendet. Für die Kundschaft, die es gerne etwas übersichtlicher hat, gibt es The English Whisky Co. auch einfach als **Classic** und **Peated**, beide *nas* mit 43 Vol.-% aus dem Bourbonfass. In der High-End-Serie **Founders Private Cellar** werden *Einzelfassabfüllungen* in *Fassstärke* angeboten. Die St. George's Distillery in Roudham, Norfolk, wurde 2006 von James Nelstrop († 2014) und dessen Sohn Andrew eröffnet. Sie verfügt über zwei *pot stills* und produziert derzeit etwa 160 000 Flaschen pro Jahr. Starthilfe erhielten die Nelstrops von Altmeister Iain Henderson, ehemals Distillery Manager bei ➛**Laphroaig** und ➛**Edradour**.

ETERNITY

Scotch Whisky von Eternity Scotch Whisky Co., Edinburgh, einer Tochterfirma der Denis Charpentier Group. Die Marke erschien 1997 und war anfangs nur als Blend zu haben, produziert wahrscheinlich von ➛QSI. Seit 1999 werden unter dem Label auch zwei Malts angeboten. Denis Charpentier, Spross einer wohlhabenden Pariser Familie, war Bankangesteller in Schottland, Hafenarbeiter in Bordeaux, Tellerwäscher in Schweden, Barmann und Wäschereifahrer in Paris, arbeitete ein paar Jahre für eine Gemüsefirma in Rungis, dem „Bauch von Paris“, bevor er in den 1980er-Jahren nach Japan ging, um dort im Weinhandel mitzumischen. Hier kam ihm die Idee, eigene Marken zu erfinden. Charpentier begann mit einem nach ihm selbst benannten Cognac, dessen Assemblage er ebenso selbst übernahm wie das Flaschen- und Label-Design. In Asien war die Marke bald recht erfolgreich, und Charpentier legte mit Whisky nach. Dem verpasste er ein diamantförmiges Logo und nannte ihn Eternity, um uns die „Perfektion, Einzigartigkeit und Unvergänglichkeit“ dieser Marke anschaulich zu machen – vielen Dank auch.

EVAN WILLIAMS

Kentucky Straight Bourbon von ➛Heaven Hill. Der Flagship Brand des Hauses, weltweit die Nr. 2 unter den Bourbons, ist ein günstiger Konsens-Bourbon ohne Ecken und Kanten. Zu haben unter anderem in zwei einfachen Versionen mit grünem bzw. schwarzen Label in verdächtig an Jack Daniel’s erinnernder Aufmachung sowie als Single Barrel mit Jahrgang. Wie alle Heaven Hill Whiskeys wird auch Evan Williams in deren ➛Bernheim Distillery produziert. Die 2013 in downtown Louisville eröffnete Evan Williams Bourbon Experience ist zwar eine funktionstüchtige, mit *pot stills* bestückte Brennerei, produziert aber nur ein Fass pro Tag als

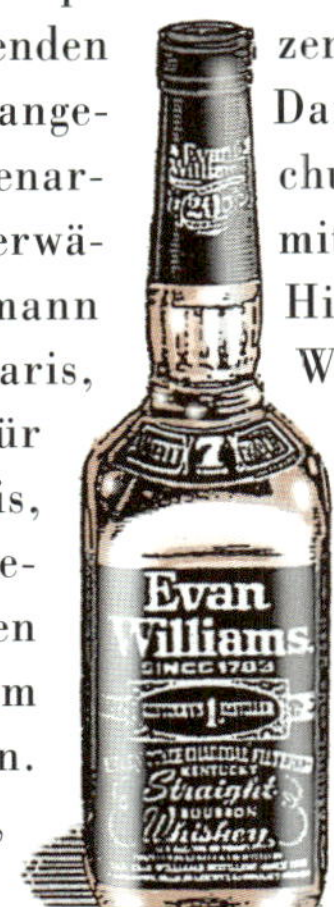

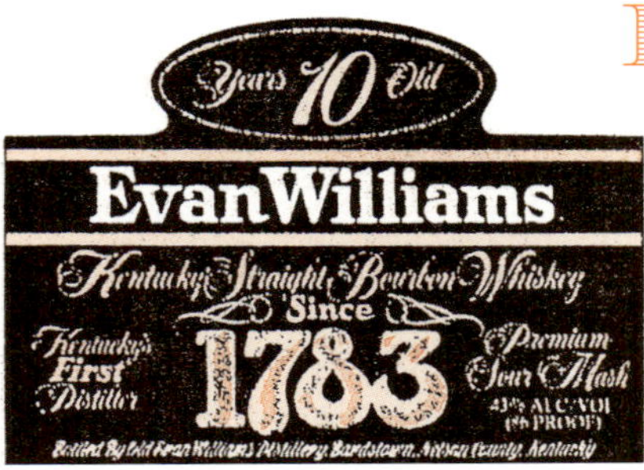

Show für durchziehende Bourbon-Touristen. Die Marke existiert seit 1957 und trägt den Namen eines walisischen Einwanderers, der 1783 die erste Brennerei in Louisville, Kentucky, eröffnete.

EVERMORE

Japanischer Blend von ➛Kirin Distillers. Die Luxusmarke des Hauses wurde 1999 eingeführt, als Kirin noch mit ➛Seagram liiert war. Der Blend bestand aus Malts und Grains aus Kirins Brennerei ➛Fuji-Gotemba sowie aus Vatteds von ➛Chivas, die in Japan reiften. Evermore wurde als 21-Jähriger mit Jahrgang angeboten, allerdings bezog sich die Jahreszahl auf dem Etikett auf das Jahr der Abfüllung und nicht, wie üblich, auf das der Destillation. Der letzte Evermore erschien 2005.

E

EXCELLENCE

Japanischer Blend aus der Brennerei ➛Yamazaki von ➛Suntory.

EZRA BROOKS

Kentucky Straight Bourbon von ➛Luxco; ein traditioneller Alltags-Whiskey, erhältlich als **Black Label**, als 12-jähriger **Ezra B. Single Barrel** und als ➛**Old Ezra**. Ezra Brooks ist eine der wenigen Luxco-Marken, die auch außerhalb der USA zu haben sind. Sie wurde in den 1950er-Jahren von ➛**Medley** als Konkurrenz zu ➛**Jack Daniel's** aufgebaut, recht erfolglos, wie man heute sieht. Medleys späterer Besitzer ➛Barton gab Ezra Brooks an Luxco ab.

Man sollte immer eine kleine Flasche Whisky dabeihaben,
für den Fall eines Schlangenbisses –
und außerdem sollte man immer eine kleine Schlange dabeihaben.
W. C. Fields

FADING HILL

Deutscher Whisky aus der Birkenhof-Brennerei in Nistertal, Westerwald, von Stefanie und Peter Klöckner. Seit 2008 werden hier *Einzelfassabfüllungen* veröffentlicht: angefangen vom sherryfassgelagerten **Single Rye** (90 % ungemälzter und 10 % gemälzter Roggen) über **Single Malts** aus unterschiedlichen Gerstenmalzsorten bis zur Reihe **Fading Hill Selection**, in der diverse Getreidebrände abgefüllt werden, wie z. B. der Dinkel-Whisky aus dem Portweinfass von 2013. Die traditionsreiche Kornbrennerei Birkenhof begann 2002 mit der Whiskyproduktion, die derzeit in der Regel 5-jährigen Abfüllungen sind bisher nur in kleinen Mengen verfügbar.

The FAMOUS GROUSE

Blended Scotch von →Edrington, angeboten als Standard, als 16- und als 40-Jähriger sowie in den Seitenlinien →**Black Grouse**, →**Naked Grouse** und →**Snow Grouse**. Seit Jahren die Nr. 1 in Schottland, weltweit derzeit die Nr. 6 unter den Scotches mit deutlichen Zuwachsraten auf dem wichtigen indischen Markt. Die Hauptrolle in diesem Blend spielt →**Glenturret**, gut besetzte Nebendarsteller sind →**Bunnahabhain**, →**Glenglassaugh**, →**Glenrothes**, →**Highland Park** und →**Tamdhu**. Die Marke wurde 1896 von der in Perth ansässigen Firma Matthew Gloag & Son eingeführt. Anfangs hieß sie nur **The Grouse**, doch das Attribut Famous ließ nicht lange auf sich warten, denn bereits der Name erwies sich als gut gewählt: „The Grouse“, das bei Jägern so beliebte

schottische Moorhuhn, verkörpert aufs Beste jene Assoziationen, die Whisky im Laufe der Jahre zum Gentleman-Getränk schlechthin werden ließen: raues Hochland, Torf und Tweed – Schottenrock und Dudelsack sophisticated. 1970 verkauften die Gloags an Highland Distillers, die heute Teil von Edrington sind (➛Old Perth).

FARY LOCHAN

Dänischer Single Malt aus der gleichnamigen ➛Microdistillery in Give, Jütland, eröffnet 2009 von Erik Jørgensen. Der erste, leicht getorfte Fary Lochan erschien 2013 nach 4-jähriger Reifung in Ex-Bourbon *Quarter Casks* und einem kurzen Sherryfass-Finish. Mittlerweile kam auch eine stark getorfte Version in die Flasche und eine, bei der das Malz nicht über Torf, sondern über Brennesselfeuer geräuchert wurde. Abgesehen von diesem Experiment hält sich Jørgensen an traditionelle Vorgehensweisen: Er mälzt sein Getreide teilweise selbst und destilliert in zwei schottischen *pot stills*. Der Output liegt bei etwa 14 000 Flaschen jährlich.

FASCADALE

Schottische Single-Malt-Reihe des ➛unabhängigen Abfüllers ➛Adelphi Distillery, der unter dem Label Fascadale immer wieder limitierte Abfüllungen mit 46 Vol.-% anbietet *(nc, ncf)*. Bisher erschienen Malts von **➛Clynelish**, **➛Highland Park** und **➛Talisker**.

The FEATHERY

Schottischer Vatted Malt, den die ➛Spencerfield Spirit Company 2014 auf den Markt brachte. Hergestellt wird er wahrscheinlich von ➛Invergordon Distillers.

FECKIN

Blended Irish Whiskey, den sich der nordirische Unternehmer Shane Braniff seit 2005 von ➛Cooley herstellen lässt. Die Marke läuft in den USA offensichtlich derart gut, dass Braniff 2012 mit dem Bau einer eigenen Brennerei in ➛Echlinville beginnen konnte. Dieser Schritt wurde auch notwendig, als Cooley 2011 von ➛Beam übernommen wurde. Der US-Konzern kündigte an, die

Lieferverträge mit den Besitzern von Eigenmarken nicht zu verlängern. „Feckin“ ist nicht jugendfreier irischer Slang.

FERINTOSH

Schottischer Single Malt (Speyside) von ➛Invergordon Distillers (Whyte & Mackay), erschienen in der Reihe „The Malts of Scotland“, in der Invergordon seit 1997 preisgünstige Zweitetiketten unter dem Namen von nicht mehr existierenden Brennereien herausbrachte (➛Ben Wyvis, ➛Lochindaal). Ferintosh stammt entweder aus ➛Tamnavulin oder ➛Tomintoul, keinesfalls aber aus jener heute nicht mehr exakt lokalisierbaren Brennerei im Bezirk Ferintosh (Northern Highlands), die erstmals 1689 urkundlich erwähnt wird, früher als jede andere in Schottland. Ihre Schließung Ende des 18. Jahrhunderts wurde von keinem Geringeren als ➛Robert Burns beklagt, was nicht nur für die Qualität ihres Whiskys spricht, sondern Ferintosh quasi auch zu einer Perle schottischen Kulturerbes erhebt. Dementsprechend schlechte Presse handelte sich Invergordon dann auch mit der Wahl dieses Namens für eine Billigmarke ein. Die Unsitte, Whiskys unter dem Namen historischer Brennereien anzubieten, ist allerdings in Schottland gang und gäbe, zum Beispiel mit ➛Burnside und ➛The Lost Distillery Co.

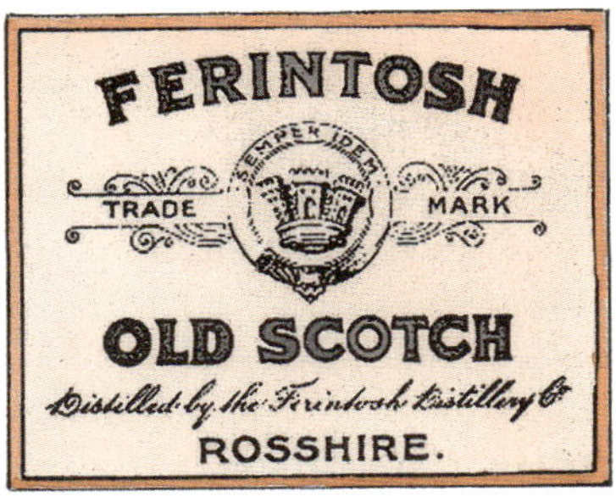

FETTERCAIRN

Schottischer Single Malt (Eastern Highlands, Fettercairn) von ➛Whyte & Mackay (Emperador Inc.). Ein knackiger, milder Whisky, dessen Aroma schon mal mit nasser Erde, wahlweise auch feuchter Wolle assoziiert wurde. Die Standard-

version heißt seit 2010 **Fettercairn Fior** (*nas*), davor wurde der Malt als **Fettercairn 1824** vermarktet und davor als **Old Fettercairn**. Von ➛unabhängigen Abfüllern gibt es diesen Malt nur selten. Seit einigen Jahren produziert die Brennerei auch kleinere Mengen an deutlich getorftem Malt (55 *ppm*). Bisher dient der nur zur Verstärkung des Fior, demnächst soll es aber auch eine torfgeschwängerte **Einzelfassabfüllung** von Fettercairn geben. Die Brennerei existiert seit 1824, seit 1973 ist sie bei Whyte & Mackay. Die Kapazität beträgt 2,3 Millionen *lpa*.

F.E.W.

US-Whiskey von F.E.W. Spirits, einer 2011 von Paul Hletko gegründeten ➛Craft Distillery in Evanston, Illinois, zu haben als Bourbon, als Rye und als Single Malt (➛**Four Kings**). Eine vom Start weg gefeierte Marke im cleveren Retro-Design. Die *mashbill* beträgt 70 % Mais, 20 % Roggen und 10 % Gerstenmalz für den Bourbon, beim Rye sind es 70 % Roggen und 20 % Mais. Der Malt entsteht aus über Kirschholz geräuchertem Gerstenmalz.

FIDDLER'S CHOICE

Kanadischer Single Malt von ➛Glenora Distillers. Der jüngere Bruder von ➛**Glen Breton** erschien 2014 ohne Altersangabe (*nas*). Er reifte etwa 6 Jahre in Ex-Bourbonfässern.

FIGHTING COCK

Kentucky Straight Bourbon von ➛Heaven Hill, der nicht halb so wild schmeckt, wie das Label verspricht. Bei seiner Gemeinde ist er auch als „The Kickin' Chicken" bekannt.

FINCH SCHWÄBISCHER HIGHLAND WHISKY
Deutscher Whisky aus der gleichnamigen Brennerei von Hans-Gerhard Fink in Nellingen, Baden-Württemberg. Hier gibt es zwei Single Grains und einen Single Malt, alle dreifach destilliert und mit 5 bis 6 Jahren abgefüllt. Fink, der seit 2001 in Sachen Whisky unterwegs ist, will seine Brände als tradtionelle Produkte der Region verstanden wissen, keinesfalls als Nachahmungen schottischer Whiskys. Dennoch bietet er sie als „Highland Whisky“ an – der Geschäftssinn ist dann doch stärker als das Traditionsbewusstsein (➛Deutscher Whisky).

FINDLATER'S FINEST
Blended Scotch von ➛Whyte & Mackay (Emperador Inc.), seit Ende des 19. Jahrhunderts auf dem Markt, damals noch im Besitz von Findlater Mackie Todd & Co. Seit 1990 wird der Blend von der Whyte & Mackay-Tochter Invergordon produziert, die ihn unter anderem auch in Indien vertreibt.

FINGER LAKES ➛McKenzie

FINLAGGAN
Schottischer Single Malt (Islay) von ➛The Vintage Malt Whisky. Ein deutlich vom Torfrauch geprägter, preisgünstiger Whisky, dessen Herkunft vom Abfüller nicht angegeben wird. Als mögliche Quelle tauchen immer wieder die Namen ➛**Ardbeg** und ➛**Lagavulin** auf. In der Regel gut informierte Kreise halten ➛**Bunnahabhain** oder ➛**Caol Ila** für naheliegender. Das Finlaggan Castle im Loch Finlaggan auf Islay war einst der Sitz der Lords of the Isles, der Herrscher des Clan Donald, deren Reich bis 1493 bestand und die Hebriden sowie den Nordosten Schottlands umfasste.

FIVE FATHERS
US-Single Malt Rye von ➛Old Pogue, ein Jahr gelagert und bisher nur in geringer Menge abgefüllt, erschienen 2013.

FLAMING HEART
Schottischer Vatted Malt von ➛Compass Box. Die erste Auflage erschien 2006 und bestand aus Malts von ➛**Caol Ila**, ➛**Clynelish** und ➛**Longmorn**, zuletzt gab

es eine Mischung aus ➛**Ardmore**, ➛**Laphroaig** und ➛**Clynelish** mit einem Schuss eines bereits ausgereiften Vatted Malts eines anderen Herstellers.

FLEISCHMANN'S

Amerikanische Whiskey-Marke von ➛Sazerac. Die Fleischmann Distillery in Owensboro, Kentucky, hatte ihre große Zeit vor der ➛Prohibition: Damals war **Fleischmann's Rye** eine der bekanntesten Whiskey-Marken in den USA. In den 1950er-Jahren ging's dann bergab: Der Rye wurde durch den ➛**Blended American Fleischmann's Preferred** ersetzt, die Brennerei geschlossen, und die Marke ging von Hand zu Hand (➛Glenmore). 1995 landete sie beim Supermarkt-Champion ➛Barton, von dem es nun eine ganze Fleischmann's-Range gibt: neben dem Blend ist auch wieder ein **Fleischmann's Rye** im Handel, außerdem je ein Brandy, Gin und Wodka. 2008 fiel die Marke zusammen mit Barton an Sazerac.

FLORA & FAUNA

Schottische Single-Malt-Reihe in der ➛Diageo Malts anbietet, die von Hause aus nur für Blends verwendet werden und bis dato auch nur von ➛unabhängigen Abfüllern zu bekommen waren – die zweiten Geigen also. Die Reihe wurde 1992 noch von Diageo-Vor-

läufer United Distillers initiiert und soll Gerüchten zufolge demnächst eingestellt werden. Dem Namen der Reihe entsprechend sind den Brennereien jeweils in Schottland heimische Tiere oder Pflanzen zugeordnet.

FORGED OAK

Kentucky Straight Bourbon, 15 Jahre, von ➛Orphan Barrel Whisky Co. (Diageo), erschienen 2014; diese *Einzelfassabfüllung* stammt möglicherweise aus der ➛Bernheim Distillery, die zu der Zeit, als der Whiskey destilliert wurde, im Besitz von Diageo-Vorläufer UDV war.

F

FORTY CREEK

Canadian Whisky aus der gleichnamigen Brennerei der ➛Gruppo Campari in Grimsby, Ontario. Seit 2013 gibt es diesen Whisky, dessen Fülle und Komplexität so gar nicht dem gewohnten Easy Drinking Canadian entspricht. Die Qualität von **Forty Creek Barrel Select** und **Forty Creek Double Barrel Reserve** resultiert im Wesentlichen aus dem sorgfältigen Fass-Management von Forty-Creek-Chef John K. Hall, aber auch aus seiner speziellen Brenntechnik: er vergärt seine einzelnen Destillate – Mais, Gerste und Roggen – mit unterschiedlichen Hefen, destilliert sie jeweils für sich in unterschiedlichen Brennblasen und lässt sie in unterschiedlich stark ausgebrannten oder nur angekohlten Fässern reifen. Erst dann erfolgt das Blending und eine erneute Fasslagerung. Barrel Select reift in Fässern, die vorher mit Süßwein von Halls Kittling Ridge Winery konditioniert worden waren, Double Barrel Reserve in Ex-Bourbonfässern. Die gesamte Lagerzeit beträgt sechs bis acht Jahre. Neben den beiden Standardversionen erscheinen jährlich Sonderabfüllungen, außerdem gibt es mit ➛**Canada Gold** und ➛**Mountain Rock** zwei einfache Schnelldreher. Die Brennerei firmiert erst seit Kurzem unter dem Namen Forty Creek. Früher wurde sie, wie das Weingut, auf dem sie sich befindet, Kittling Ridge genannt. Beide Betriebe werden seit 1992 von John K. Hall geführt, der sie 2014 an Campari verkaufte.

FOUR KINGS

US-Whiskey, der aus der Zusammenarbeit von vier ➛Craft Distilleries entstand: ➛Corsair, ➛F.E.W., ➛Journeyman und Mississippi River Distilling brachten je 30 Gallonen (etwa 110 l) Whiskey ein und schufen einen einzigartigen Blend, der dann 2014 während der Whisky Week in Chicago präsentiert wurde. Die Auflage betrug 600 Flaschen. (Einen Whis-

key namens Four Kings gab es bereits in den 1930er-Jahren. Das war ein Blended American von der Firma Kasko Distillers, die später im Reich von ➛Seagram unterging.)

FOUR ROSES
Kentucky Straight Bourbon aus der gleichnamigen Brennerei bei Lawrenceburg, Kentucky, von ➛Kirin Distillery Co. (Mitsubishi); angeboten als Standard, als *Small Batch* und als hervorragender *Single Barrel* (in Japan gibt es Four Roses außerdem noch als **Platinum** und als **Black**). Die verschiedenen Versionen entstehen aus der Kombination von Destillaten aus unterschiedlichen *mashbills* (75 % Mais, 21 % Roggen, 4 % Gerstenmalz bzw. 60 % Mais, 36 % Roggen, 4 % Gerstenmalz) und fünf verschiedenen Hefekulturen. Einzig der *Sour-Mash*-Anteil bleibt immer gleich, er beträgt 25 %. Four Roses ist eine der großen alten Marken in den USA. Sie wurde 1888 von ➛Paul Jones registriert und 1943 von ➛Seagram übernommen, die sie in den USA lange Jahre nur als ➛Blended American anboten und den guten Straight Bourbon nach Europa und Japan exportierten. Erst seit Kirin hier 2002 die Regie übernahm, ist der echte Stoff auch in seiner Heimat wieder zu haben. Die Brennerei wurde 1912 eröffnet und hieß bis 1986 Old Prentice Distillery.

FOX FITZGERALD WHISKY TRADING COMPANY

Englische Handelsfirma in Hereford, gegründet 2010 von Eamon Jones und Aidan Smith, zwei ehemaligen Handelsvertretern, die früher unter anderem für →Bruichladdich und →Whyte & Mackay tätig waren. Ihr Hauptgeschäft machen sie als Markenentwickler und Lieferanten für Großhändler und Discounter, mit →**Corriemhor**, →**Glen Stuart** und →**Peat's Beast** haben sie aber auch eigene Marken im Programm, die sie sich von ungenannten Herstellern abfüllen lassen.

FRASER'S

Schottische Marke von →Strathnairn. In der Reihe Fraser's Reserve werden einige Single Malts aus den Beständen der Mutterfirma →Gordon & MacPhail angeboten, Fraser's Supreme dagegen ist ein Blend. Auch →Whyte & Mackay hatten früher mal einen Blend namens Fraser's.

FROM THE BARREL

Japanischer Blend von →Nikka. Ein *Einzelfass-Blend* in *Fassstärke*: Die Malts und Grains werden nach dem Blending noch einmal in Fässer gelegt und nach einer weiteren Reifezeit fassweise abgefüllt.

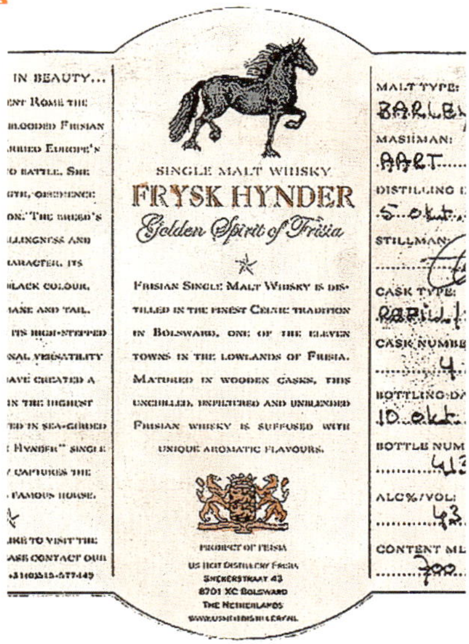

FRYSK HYNDER

Friesischer Single Malt aus der Brennerei Us Heit in Bolsward, Niederlande. Der erste niederländische Single Malt erschien 2005 als 3-Jähriger, zweifach gebrannt in einer kleinen Brennblase, gereift in ehemaligen Cognac- und Sherry- sowie in französischen Weinfässern. In der 2002 von Aart und Mariann van der Linde in ihrer Brauerei eingerichteten Anlage wird selbst gemälztes Getreide aus der Region verarbeitet. Mittlerweile gibt es auch einen 5-jährigen Frysk Hynder, benannt nach einer friesischen Pferderasse.

FUJI GOTEMBA
Japanische Brennerei in Gotemba, Präfektur Shizuoka, von ➛Kirin Holdings (Mitsubishi). Hier werden Single Malts und Grain Whiskys produziert und vor Ort zu Blends verarbeitet. Die Malts entstehen in 4 *pot stills*, für die Grain-Produktion stehen drei unterschiedliche Anlagen zur Verfügung, darunter eine „beer still" und ein „doubler", wie sie bei der ➛Bourbon-Herstellung üblich sind. Der Malt wird unter dem Namen ➛**Fuji Sanroku** als Single abgefüllt (früher gab es ihn, wie auch einen Single Grain als Fuji Gotemba). Die Brennerei wurde 1973 in Zusammenarbeit mit dem kanadischen Konzern ➛Seagram errichtet und fiel nach dessen Auflösung an Kirin. Erst seitdem werden die Malts des Hauses auch als Single herausgegeben.

FUJI NO SEI
Japanischer Blend von ➛Monde Shuzo, dessen Grain-Komponente aus Roggenmalz gewonnen wird.

FUJI SANROKU
Japanischer Whisky aus der Brennerei ➛Fuji Gotemba von ➛Kirin Holdings (Mitsubishi). Unter diesem Namen (dt. „Am Fuße des Berges Fuji") gibt es derzeit einen 18-Jährigen Single Malt und den Blend **Fuji Sanroku 50**. Bis vor einigen Jahren wurden Single Malts und auch ein Single Grain von Fuji Gotemba unter dem Namen der Brennerei abgefüllt.

FUJIKAI
Japanischer Single Malt von ➛Monde Shuzo; ein 10-Jähriger, den Les Whiskies du Monde 2015 herausbrachte. Die französische Handelsfirma in Mérignac, Département Gironde, ist eine verlässliche Quelle für rare, bisweilen auch obskure japanische Abfüllungen (den arrivierten Stoff findet man im Pariser Maison du Whisky).

„Möchten Sie ein Glas oder einen Trichter?“
Paul Cain, „Null auf Hundert“

G. ROZELIEURES
Französischer Single Malt aus der Brennerei Grallet-Dupic in Rozelieures, Lorraine. In der Reihe **Whisky de Lorraine** gibt es zwei leicht getorfte Malts, gereift in Sherry- bzw. Sauternes-Fässern und einen mit deutlicher Torfnote („tourbé d'exception“), alle drei zweifach gebrannt *(nas)*. Zeitweise wurde auch ein Vatted Malt namens **Whisky de France** produziert, eine Mischung aus Malts des Hauses und Malts einer ungenannten elsässischen Brennerei. Ursprünglich kamen die Whiskys unter dem Namen **Glen Rozelieures** heraus, nach dem üblichen Ärger mit der →SWA beließ man es bei G. Rozelieures – das G gilt jetzt als Initiale des Namens Grallet. Die Familie produziert seit 1860 diverse Eaux-de-vies (berühmt ist sie für ihren Mirabellenbrand), mit Whisky beschäftigt man sich seit 2007.

GALLEG
Ein französischer Blend von →Warenghem mit einem Malt-Whisky-Anteil von 50 %. Galleg ist das bretonische Wort für Frankreich bzw. die französische Sprache.

GARNHEATH
Schottischer Single Grain aus der gleichnamigen, 1985 geschlossenen Brennerei in →Moffat. Als Single wurde Garnheath erstmals 1998 von →Signatory mit 25 Jahren abgefüllt, →Clan Denny hatte einen 40-Jährigen und zuletzt gab es einen 41-Jährigen von →Càrn Mòr.

GARRISON BROTHERS
US-Microdistillery in Hye, Texas; seit 2008 brennen die Gebrüder Garrison Whiskey, ausschließlich

aus organisch angebautem Getreide, die erste Abfüllung erschien 2010. Seither gibt es immer wieder limitierte Jahrgangsabfüllungen, gelabelt als **Texas Straight Bourbon** oder als **Cowboy Bourbon** in *Fassstärke*. In ihrer *mashbill* verwenden die Brüder Weizen statt Roggen, für die Zukunft ist aber auch ein Bourbon mit hohem Roggenanteil geplant.

GARTBRECK

Schottische Destillerie, die Jean Donnay, der Betreiber der bretonischen ➛Glann ar Mor Brennerei im Jahr 2016 auf Islay eröffnen will. Sie soll ganz im Stil einer *farmhouse distillery* nur mit Islay-Gerste und eigenen *floor maltings* arbeiten und wird mit einer Jahresproduktion von 55 000 *lpa* eine der kleinsten Brennereien Schottlands sein.

The GENERAL

Blended Scotch von ➛Compass Box, benannt nach Buster Keatons Komödie „The General", genauer gesagt nach der alten Dampflok, die die Handlung dieses Films vorantreibt. Was uns Compass-Box-Boss John Glaser damit sagen will? Vielleicht, dass man mit seinem Whisky – wie Keaton im Film – ans Ziel seiner Wünsche kommt?

GENIUS

Indischer Whisky, *IMFL*, von ➛Som Distilleries.

GENTLEMAN JACK

Tennessee Sour Mash aus der Jack Daniel Distillery von ➛Brown-Forman. Gentleman Jack kam 1988 heraus und wird, anders als sein Stallgenosse ➛**Jack Daniel's**, auch nach der Lagerung noch einmal durch Holzkohle gefiltert. Dies ergibt einen deutlich milderen, fast schon likörhaften Whiskey – perfekt für alle, denen Whisk(e)y im Allgemeinen zu intensiv ist.

GEORGE DICKEL

Tennesse Sour Mash aus der gleichnamigen Brennerei in Tullahoma von ➛Diageo. Der alte Slogan „mellow as moonlight" trifft auch heute noch zu, und doch wird dieser Whisky (schottische Schreibweise) wohl nie mehr aus dem Schatten des anderen großen Tennessee Whiskeys, ➛**Jack Daniel's** heraustreten. Zu haben ist er als ungelagerter **George Dickel N°1**, als **N°8** mit 4–6, als **N°12** mit 8–10 Jahren sowie als **George**

Dickel Barrel Select. Die *mashbill* beträgt 84 % Mais, 8 % Roggen, 8 % Gerstenmalz, der *sour mash*-Anteil liegt bei 25 %. Auch einen feinen **George Dickel Rye** gibt es, der allerdings wird nicht in Tennessee hergestellt, sondern bei ➛LDI in Indiana. Der zeitweise mangels Nachschub als 3-Jähriger produzierte **George Dickel Cascade Hollow** wurde kürzlich wieder vom Markt genommen. Cascade war der Name jener 1877 gegründeten Brennerei, deren Markenrechte George A. Dickel, ein aus Deutschland eingewanderter Spirituosengroßhändler in Nashville, im Jahre 1888 erworben hatte. Nach der Prohibition, die in Tennessee bereits 1910 begonnen hatte, wurden der Name Cascade von ➛Schenley gekauft, die die Marke zunächst in ihrer Brennerei in Kentucky herstellten (➛Buffalo Trace). Erst 1958 wurde in der Nähe des alten Standorts die heutige George Dickel Distillery errichtet, und erst seit 1964 wird der Whisky unter seinem aktuellen Namen vermarktet. Zusammen mit Schenley fiel Dickel 1987 an United Distillers und damit später an Diageo.

GEORGE T. STAGG

Kentucky Straight Bourbon aus der ➛Buffalo Trace Distillery (Sazerac). Ein monströs guter Whiskey, bei dem sich alkoholische Wucht (um die 70 Vol.-%) und aromatische Fülle aufs Beste die Waage halten. Mit diesem Bourbon zeigt Sazerac einmal mehr, wer derzeit Chef im Bourbon-Ring ist. George T. Stagg erscheint seit 2002 jährlich in Sazeracs Antique Collection als 17-Jähriger in *Fassstärke*. Die Auflage ist leider sehr gering und Sohnemann ➛Stagg jr. kein Ersatz. Die Marke trägt den Namen eines früheren Beitzers der Brennerei.

GEORGIA MOON

Kentucky Straight Corn von ➛Heaven Hill. Die Marke kokettiert ganz offen mit dem Image von Schwarzgebranntem, der in den USA ➛Moonshine genannt wird. Wie dieser kommt auch Georgia Moon in Marmeladengläsern daher („whiskey in the jar"), zusätzlich trägt er die Aufschrift „weniger als 50 Tage alt" (manchmal sind es gar nur 30). Er ist folglich fast wasserklar und auch geschmacklich eher dem Moonshine verwandt als dem Bourbon, wie wir ihn kennen. Georgia Moon ist der bekannteste Corn Whiskey in den USA, und einer der wenigen, die man auch nördlich der Mason-Dixon-Linie findet.

GERSTON

Schottischer Vatted Malt von ➛The Lost Distillery Company, benannt nach zwei Brennereien in der Grafschaft Caithness (Northern Highlands); die erste, eine traditionelle *farmhouse distillery* existierte von 1798 bis 1882, die zweite, damals state of the art, von 1886 bis 1900.

GHOSTED RESERVE

Schottischer Vatted Malt von ➛William Grant & Sons. Eine auf etwas mehr als 4000 Flaschen begrenzte Mischung aus Malts von ➛Inverleven und ➛Ladyburn, abgefüllt 2014 mit 26 Jahren. Ghosted Reserve ist der erste Whisky in Grants neuer Reihe „Rare Cask Reserve", für die Masterblender Brian Kinsman auf alte Fässer aus dem Privatbesitz der Familie Grant zurückgreifen kann. In den nächsten vier Jahren sollen insgesamt 12 derartige Raritäten erscheinen.

GIBSON'S

Canadian Blend von ➛William Grant & Sons: Er kommt als 12-jähriger **Gibson's Finest** und als 18-jähriger **Gibson's Rare** in den Handel, allerdings nur in Kanada selbst. Um 1900 war Gibson ein angesehener Rye aus Pennsylvania. Wie so viele andere verschwand die Marke während der ➛Prohibition. 1972 wurde sie von ➛Schenley wiederbelebt, diesmal allerdings als Canadian aus Schenleys Valleyfield Distillery. 2001 kam Gibson zu William Grant, die die Whiskys noch bis 2008 in Valleyfield herstellen ließen, dann aber ➛Hiram Walker & Sons damit beauftragten.

GILORS
Deutscher Single Malt aus der Brennerei Henrich im Obsthof am Berg, Kriftel, Hessen. Ein weiterer Obstbrenner-Versuch auf dem vielversprechenden Whisky-Markt Fuß zu fassen. Der erste Gilors erschien 2012, heute gibt es zwei 3-Jährige aus kleinen Sherry- bzw. Portweinfässern und einen 4-Jährigen mit Islay Cask Finish.

GIMLI
Kanadische Brennerei bei Gimli, Manitoba. Hier produziert ➔Diageo den Bestseller ➔**Crown Royal** sowie einige geschmacksgebende Komponenten (flavouring whisky, ➔Canadian) für untergeordnete Marken wie ➔**Canadian 83** und ➔**5 Star**. Gimli ist die letzte der ehemaligen ➔Seagram-Brennereien in Kanada, die noch in Betrieb ist. Sie wurde 1969 eröffnet und ist seit 2000 bei Diageo.

GINKGO
Japanischer Vatted Malt, komponiert von Ichiro Akuto ➔Chichibu), erschienen 2007 in einer Auflage von 6000 Flaschen. Ginkgo ist nicht nur wegen der geringen Stückzahl eine Rarität, sondern vor allem deshalb, weil japanische Hersteller im Gegensatz zu ihren schottischen Kollegen normalerweise keinen Whisky an Dritte herausgeben. Welche Brennereien einen Beitrag für diesen Vatted leisteten, verriet Ichiro-san nicht. Sicher war etwas aus eigenen ➔Hanyu-Beständen dabei und höchstwahrscheinlich auch ➔Karuizawa-Whisky.

GIRVAN
Schottische Brennerei in Girvan Ayrshire (Lowlands) von ➔William Grant & Sons. Hier ensteht der ➔Grain Whisky für die ➔Grant's-Blends, die vor Ort zusammengestellt werden. Bereits in den 1990er-Jahren hatten die Grants versucht, Girvan-Grain unter dem Label **Black Barrel** als Single populär zu machen. Doch die Marke floppte und wurde wieder eingestellt. Nun versuchen sie es erneut mit dem Namen der Brennerei: **The Girvan Patent Still**, den es in unterschiedlichen Altersstufen gibt, soll das Publikum davon überzeugen, dass Grain „deliciously different" ist. Auch von ➔unabhängigen Abfüllern wie ➔Berry Bros. & Rudd und ➔Cadenhead gab es Girvan bereits als Single. Der 1963 gegründete Brennereikomplex beherbergt seit 2008 die ➔Ailsa Bay Distillery, die in großem Maßstab Malt Whisky produziert. Der allerdings ist nur fürs Blending vorgesehen (➔Ladyburn).

GLAMIS CASTLE
Blended Scotch, den die ➔Speyside Distillery 1989 mit der Übernah-

me des Blending Hauses Campbell & Clark erwarb. Die Marke wurde schon vor Jahren eingestellt, was von einem eklatanten Mangel an Traditionsbewusstsein zeugt: Das namensgebende Schloss bei Glamis in der Grafschaft Angus, ist Schauplatz von Shakespeares Drama Macbeth, es ziert die Zehn-Pfund-Note der Royal Bank of Scotland und hier verlebte Elizabeth Bowes-Lyon, besser bekannt als Queen Mum ihre Kindheit und brachte Prinzessin Margaret zur Welt – beides Damen, die sich nun wirklich um die Spirituosenindustrie des Landes verdient gemacht haben.

GLANN AR MOR

Französische Brennerei in Pleubian, Bretagne, gegründet 1999 von Jean Donnay, dem Inhaber der →Celtique Whisky Compagnie. Eine „keltische Brennerei mit bretonischem Herzen“ nennt Donnay seine charmante kleine Brennerei, die er ganz im Stil einer vorindustriellen *farmhouse distillery* betreibt. In zwei kleinen *pot stills*, die mit offenem Feuer beheizt werden, brennt er seinen Malt nach schottischem (in Donnays Augen keltischem) Vorbild. Sein erster Whisky kam im Jahr 2000 unter dem Namen **Taol Esa** heraus, was im Bretonischen so viel bedeutet wie „der Versuch“. Mehr war es auch nicht, denn die Brennerei arbeitet erst seit 2005 in professionellem Maßstab. Heute liefert sie einen ungetorften Single Malt unter dem Brennereinamen Glann ar Mor, und den torfigen →**Kornog**. Beide Whiskys reifen in ehemaligen Bourbon- und Sauternes-Fässern. Die Brennerei hat eine Kapazität von 50 000 Flaschen pro Jahr und gilt als Frankreichs beste Whisky-Adresse.

GLASGOW DISTILLERY

Schottische Brennerei in Glasgow, Lowlands, eröffnet 2015 von der Glasgow Distillery Company, die erst ein Jahr zuvor von Liam Hughes und Ian McDougall gegründet worden war. Die beiden wollen damit, wie sie sagen, an die große Whisky-Tradition der Stadt anknüpfen, in der im 19. Jahrhundert zahlreiche Brennereien aktiv waren. Bis der erste neue Glasgow-Whisky abgefüllt werden kann, bietet das Unternehmen einen Gin an (was sonst?), außerdem den Single Malt →**Prometheus** aus einer ungenannten Speyside-Brennerei. Auch frisch gefüllte Fässer der Destillerie kann man bereits erwerben.

GLEN ALBYN

Schottischer Single Malt (Northern Highlands, Inverness). Ein unkomplizierter Whisky „für die Gartenparty", so Ulf Buxrud über die Version der →Rare Malts Selection. Sie war die letzte Originalabfüllung, denn von der 1983 geschlossenen Brennerei gab es ansonsten nur einige 10-Jährige, die in den 1970er-Jahren für den italienischen Markt produziert wurden. Heute findet man Glen Albyn nur noch vereinzelt bei →unabhängigen Abfüllern. Den größten Vorrat scheint →Gordon & MacPhail zu haben. Die Brennerei war 1844 gegründet worden und wurde zeitweise vom gleichen Besitzer geführt wie die benachbarte →Glen Mhor Distillery (→Mackinlay's). 1972 kamen beide unter die Kontrolle der →DCL, die sie später stilllegte. 1986 wurde Glen Albyn abgerissen.

GLENALLACHIE

Schottischer Single Malt (Speyside, Aberlour) von →Chivas Bros. (Pernod Ricard). Ein leichter, vom Sherryfass geprägter Whisky, der vergleichsweise selten als Single abgefüllt wird. 2005 erschien eine Originalabfüllung in *Fassstärke*, ansonsten haben ihn nur einige →unabhängige Abfüller im Programm. Die Brennerei wurde 1967 von Mackinlay, MacPherson & Co. gegründet, die den Malt für ihren damals sehr populären Blend →Mackinlay's benötigten. 1989 übernahm die Pernod-Ricard-Tochter Campbell Distillers das Ruder und seither fließt nahezu die gesamte Produktion in deren Marke →**Clan Campbell**. Wie alle Scotch-Töchter des Pernod-Ricard-Konzerns wurden auch Campbell Distillers bei Chivas Brothers eingegliedert. Glenallachie (gesprochen etwa glen allácki) produziert pro Jahr um die 4 Millionen *lpa*.

GLENALMOND

Schottischer Vatted Malt der →Vintage Malt Whisky Company; eine Kombination ungenannter →Highland-Malts.

GLEN ANDREW
Schottischer Single Malt aus einer ungenannten Brennerei in den Highlands, abgefüllt von ➛The Vintage Malt Whisky Company.

GLEN AVON
Schottischer Single Malt von ➛Gordon & MacPhail, die unter diesem Label immer wieder alte Malts ungenannter Herkunft abfüllten. Es gab einmal eine Glenavon Distillery bei Ballindalloch, Speyside, doch die ist schon seit weit über 100 Jahren geschlossen (ein Ballindalloch-Glen Avon aus den 1850er-Jahren wurde 2007 in London versteigert). Da auch die ➛Glenfarclas Distillery bei Ballindalloch zu finden ist, wurde sie manchmal als mögliche Quelle von Gordon & MacPhails Glen Avon genannt – der allerdings wird auf dem Etikett als Highland Malt bezeichnet. Es wird also weiter gerätselt werden, obwohl Gordon & MacPhail das Label derzeit gar nicht verwenden.

GLENBEG
Schottischer Single Malt aus einer ungenannten Brennerei, den ➛MacDuff International vorwiegend in Frankreich vermarktet.

GLEN BLAIR
Schottischer Vatted Malt von ➛Burn Stewart; der meistverkaufte Vatted dieser Firma.

GLENBURGIE
Schottischer Single Malt (Speyside, Glenburgie) von ➛Chivas Bros. (Pernod Ricard). Ein grasig-fruchtiges Leichtgewicht von der

süßen Seite, das nur wenig Aufmerksamkeit findet; der Großteil der Produktion verschwindet in den Blends von ➛**Ballantine's**. Seit 2002 gibt es eine Originalabfüllung in *Fassstärke*, ansonsten findet man Glenburgie regelmäßig bei ➛Gordon & MacPhail. Die Brennerei ging 1829 unter dem Namen Kilnflat in Betrieb, ihren heutigen Namen trägt sie seit 1878. In den 1930er-Jahren kam sie zu ➛Hiram Walker und seither besteht die

Verbindung zu Ballantine's. Zwischen 1958 und 1981 produzierte die Brennerei mit zwei *Lomond stills* einen Malt namens ➛**Glencraig**. 2004 wurde Glenburgie größtenteils abgerissen und durch einen Zweckbau vom Charme einer Lagerhalle ersetzt. Die Kapazität beträgt nun 4,2 Millionen *lpa*. 2005 kam die Brennerei zusammen mit Hiram Walker zu Pernod Ricard.

GLEN BRETON

Kanadischer Single Malt von ➛Glenora Distillers. Ein eher leichter Whisky mit dezenten Rauchnoten, abgefüllt in der Regel mit 10 Jahren. Glen Breton war der erste in Kanada produzierte Single Malt (*2000) und ist bisher der einzige, den es auch in einer Eisweinfass-gelagerten Version gibt.

GLENCADAM

Schottischer Single Malt (Eastern Highlands, Brechin) von ➛Angus Dundee. Ein delikates, rauchfreies Mittelgewicht, lange nur von den ➛Unabhängigen zu haben; seit 2005 gibt es Glencadam auch in Originalabfüllungen *(nc, ncf)*: als 10-, 15- und 21-Jährigen sowie in einigen Limited Editions. Die 1825 gegründete Brennerei wurde 1954 von ➛Hiram Walker übernommen und musste seither vor allem für dessen ➛**Teacher's-Blend** herhalten. Im Jahr 2000 wurde Glencadam geschlossen, drei Jahre später gab Hiram Walkers damaliger Eigentümer Allied Domecq sie an Angus Dundee ab. Dieses familiengeführte Unternehmen nahm die Brennerei wieder in Betrieb (Jahresproduktion 1,3 Millionen *lpa*).

GLEN CALDER

Blended Scotch von ➛Gordon & MacPhail. Ein Blend mit hohem Malt-Anteil und einer der ganz wenigen, die es auch mit Jahrgang gibt, derzeit als 40-Jährigen von 1949.

GLEN CATRINE

Blended Scotch, den die ➛Loch Lomond Group 2014 zusammen mit den Brennereien ➛Glen Scotia und ➛Loch Lomond erworben hat. Ob diese kleine Marke den Besitzerwechsel überleben wird, ist fraglich. Glen Catrine Bonded Warehouse, das ebenfalls zur Loch Lomond Group gehört, ist eine der größten Abfüllanlagen Schottlands.

GLENCOE

Schottischer Vatted Malt von ➛Nikka. Die Marke kam ursprünglich aus dem Hause R.N. MacDonald & Co., das 1970 in Glencoe in der Grafschaft Argyll gegründet worden war, und zwar von einem Nachkommen des großen ➛Long John MacDonald, dem Gründer der nahe gelegenen ➛Ben Nevis Distillery. 1982 verlor die Firma R.N. MacDonald ihre Selbstständigkeit, die Marke Glencoe landete bald darauf bei Nikka. Der japanische Konzern war damals bereits Besitzer der Brennerei ➛Ben Nevis, und so wurde markengeschichtlich wieder eine Verbindung zwischen Glencoe und den MacDonalds hergestellt – zwei Namen, die im Bewusstsein der Schotten untrennbar miteinander verknüpft sind: Die Ortschaft und das Massaker, das der Duke of Argyll, Haupt des ➛Campbell-Clans, hier im Jahre 1692 an den MacDonalds verüben ließ, gelten in der an Massakern wahrlich nicht armen Geschichte Schottlands als grausamer Höhepunkt, verschafften sich die Campbells doch durch das Gastrecht Zugang zu den Häusern derjenigen, die sie dann im Schlafe meuchelten. Eine Freveltat gegen die Gesetze der Gastfreundschaft, die als wesentlicher Zusammenhalt einer Clan-Gesellschaft fungieren. Charles MacLean

vermerkt, noch heute würde ein Pub in Glencoe jedem, der sich zu den Campbells bekennt, die Bewirtung verweigern.

GLEN CORRIE

Scotch-Marke von →QSI (William Grant & Sons). Der Vatted Malt dieses Namens wird nicht mehr hergestellt, den Blended Scotch Glencorry gibt es noch, er ist aber „on it's way out", also ein Auslaufmodell.

GLENCRAIG

Schottischer Single Malt (Speyside) der Brennerei →Glenburgie. Sie war zeitweise (1958–1981) mit zwei *Lomond stills* ausgerüstet, und nur in diesen wurde Glencraig destilliert. Seinerzeit bekam man ihn von →Gordon & MacPhail, inzwischen ist er eine Rarität. Zuletzt erschien ein 36-Jähriger von →Signatory.

GLENDALOUGH

Irische Craft Distillery, eröffnet 2014 in Glendalough, County Wicklow, von fünf Freunden, mit dem Anspruch, das Erbe der traditionellen irischen Whiskey-Manufaktur wiederzubeleben. Erstaunlicherweise verwenden sie dafür anstatt der üblichen *pot still* eine deutsche *Obstbrennblase* – ist eben billiger. Schon nicht mehr erstaunlich, sondern einer insbesondere bei Newcomern verbreiteten Unsitte folgend, bieten sie ihre ungelagert abgefüllten Destillate fälschlicherweise als →Poitín (=Schwarzgebrannter) an. Dass es davon sogar eine Version mit Sherry *wood finish* gibt, macht die Sache auch nicht besser. Bis ihr eigener Whiskey reif für die Flasche ist, bieten die fünf einige Fremdprodukte ungenannter Herkunft unter eigenem Label an: zwei Single Malts *(nas)* und einen 4-jährigen Single Grain namens **Glendalough Double Barrel**, hergestellt aus Gerstenmalz und Mais und ebenfalls destillierten mit Sherry *wood finish*. Das Mönchs-Logo auf dem Label ist passend gewählt: Waren es doch mittelalterliche Mönche, die die Kunst der Destillation in Europa eingeführt hatten.

GLENDARROCH

Schottischer Single Malt aus dem Jahr 1966, den →Duncan Taylor 2009 für das Lonach Gathering abfüllte, eine seit 1822 jährlich in Strathdon, Aberdeenshire, abgehaltene Versammlung der Lochan Society. Ursprünglich ein Familienfest des Clan Forbes, dient die Veranstaltung heute der Erhaltung des „Full Highland Dress", ist also ein Dudelsack-bedröhntes Kostümfest, bei dem der Whisky nicht fehlen darf. Normalerweise führen Duncan Taylors Lochan-Abfüllungen den Namen der Brennerei auf dem Label. Die Glendarroch Distillery allerdings existiert schon lange nicht mehr und es ist mehr als wahrscheinlich, dass wir es hier mit einem alten →**Glenfarclas** zu tun haben. Bis vor einigen Jahren gab es auch einen Glendarroch Blend. Der stammte aus dem Hause W. Gillies & Co., das einst auch die Brennerei Glendarroch führte.

GLEN DEVERON

Schottischer Single Malt aus der →Macduff Distillery von John Dewar & Sons (Bacardi Ltd., →Dewar's). Dieses malzige Mittelgewicht mit deutlichem Sherry-Einfluss wird nur von den Besitzern als Glen Deveron vermarktet – derzeit als 10- und 15-Jähriger –, die →Unabhängigen füllen den Malt unter dem Brennereinamen ab.

GLEN DOUGLAS

Schottischer Single Malt (Western Highlands, Alexandria) aus der →Loch Lomond Distillery (Loch Lomond Group). Ein ungetorftes Leichtgewicht, das in der Regel nur für Blends verwendet wird. 2006 erschienen einige *Einzelfassabfüllungen* des Jahrgangs 2001 *(nc, ncf)*.

GLEN DOWAN

Blended Scotch von J. & G. Grant (→Glenfarclas).

The GLENDRONACH

Schottischer Single Malt (Highlands, Forgue) der →BenRiach Distillery Company. Ein reichhaltiges Halbschwergewicht und ein Fest für Freunde sherrygeprägter Whiskys. Neben dem beliebten 12-jährigen **GlenDronach Original** gibt es eine ganze Reihe von Altersstufen zwischen 8 und 33 Jahren. Bei GlenDronach machte man schon immer ausgiebig von Sherryfässern Gebrauch und bevorzugte ungetorftes Malz. Neuerdings werden aber auch kleinere Mengen an getorftem Whisky produziert. Ein ordentlicher Teil der Produktion dürfte immer noch in die →**Teacher's**-Blends fließen, deren Eigentümern die 1826 gegründete Brennerei lange Jahre gehörte. 2005 wurde GlenDronach von ➛Pernod Ricard erworben, die die Brennerei drei Jahre später an die heutigen Besitzer verkauften (die Marke Teacher's landete bei ➛Beam). Mit einer Jahresproduktion von 1,4 Millionen *lpa* gehhört GlenDronach zu Schottlands kleineren Brennereien.

GLEN DRUMMOND

Schottischer Whisky von Inver House Distillers (ThaiBev). Als die Inver-House-Tochter ➛Hankey Bannister noch ein eigenständiges Unternehmen war, füllte es Glen Drummond als 8-jährigen Vatted Malt ab, heute ist die Marke ein Blend und wird vorwiegend im Nahen Osten und in Ostafrika angeboten.

GLENDULLAN

Schottischer Single Malt (Speyside, Dufftown) von ➛Diageo. Ein fruchtig-süßer Aperitif-Whisky, angeboten in Diageos ➛Singleton-Reihe seit 2007; davor gab es ihn offiziell nur in der ➛Flora & Fauna-Serie und als ➛Rare Malt. Glendullan spielt eine wesentliche Rolle in den feinen ➛**Old-Parr**-Blends und eine eher undankbare in der Affäre um die Pure-Malt-Version von ➛**Cardhu**. Die Brennerei ging 1897 in Betrieb und kam 1926 zur ➛DCL. 1972 wurde auf dem Gelände eine zweite Destillerie errichtet und bis 1985 produzierten beide parallel. Selbstverständlich hieß es immer wieder, der alte Glendullan sei der bessere gewesen, abgefüllt wurde aber immer eine Mischung aus beiden. Mit einer Jahresproduktion von 5 Millionen *lpa* gehört Glendullan zu den größten Malt-Brennereien Schottlands.

GLEN EAGLE

Blended Scotch von ➛Whyte & Mackay (Emperador Inc.), eine Billigmarke, die heute vorwiegend in Ostafrika angeboten wird.

GLEN ELG

Schottischer Vatted Malt von ➛Burn Stewart (Distell); wichtigster Markt ist Frankreich.

GLEN ELGIN

Schottischer Single Malt (Speyside, Longmorn) von ➛Diageo. Ein vollmundig-weiches, gut ausbalanciertes Halbschwergewicht, das erstmals in den 1970er-Jahren als Single abgefüllt wurde. Später kam er in der ➛Flora & Fauna-Reihe, heute wird er zu einem fairen Preis als 12-Jähriger angeboten. Die Brennerei ist seit 1900 in Betrieb und kam 1930 zur ➛DCL. Damals wurde sie von ➛White Horse Distillers geführt, in deren Blend der Malt bis heute eine tragende Rolle spielt. Beide, der Blend und der Malt, haben einen guten Stand in Japan.

GLEN ELS

Deutscher Single Malt von der Spirituosen-Manufaktur Hammerschmiede in Zorge, Harz. Seit 2002 brennt Alexander Buchholz neben Kräuter- und Obstschnäpsen auch Single Malts. Die ersten Abfüllungen erschienen 2006 als **Glan Iarran** und **Glan Taint**, bald darauf entschied sich Buchholz dann für den Markennamen Glen Els. Der Whisky wird zweifach gebrannt und reift 3 bis 6 Jahre in Süßweinfässern unterschiedlicher Provenienz, teilweise auch in Bordeaux- und Cognac-Fässern. Einzelne Malzchargen werden über Buchen- und Erlenholz geräuchert, für die High-End-Version ➛**The Alrik** verwendet Buchholz ausschließlich geräuchertes Malz.

GLENESK

Schottischer Single Malt (Eastern Highlands, Hillside). Dieser leichte, kräutrig-trockene Aperitif-Whisky ist heute nur noch vereinzelt bei unabhängigen Abfüllern zu finden, denn die Brennerei wurde 1985 stillgelegt. Bis dahin gab es den Whisky als 12-jährige Originalabfüllung, später in der ➛Rare Malt Selection, dort allerdings unter dem Namen Hillside. Namensgeschichtlich hat die Brennerei einiges zu bieten: Gegründet 1897 als Highland Esk, hieß sie später lange Zeit North Esk; 1938 kam sie in US-Besitz (➛Ben Nevis), wurde zur Grain-Brennerei umgerüstet und Montrose genannt; 1964 kam sie zur ➛DCL, die sie wieder auf Malt-Produktion umstellen ließ und Hillside taufte. Seit 1980 hieß sie dann Glenesk. Bis zu ihrer Schließung im Jahre 1985 lieferte die Brennerei Malt für den Blend ➛**Vat 69**, 1996 wurde sie abgerissen, ihre Mälzerei ist aber noch in Betrieb.

GLENFARCLAS
Schottischer Single Malt (Speyside, Ballindalloch) von James & George Grant. Erstklassige Whiskys von großer Kraft und Eleganz, die mit zunehmendem Alter eine üppige Tiefe entwickeln können, ein komplexes Zusammenspiel von Malz und Sherry mit dezenten Rauchtönen – Kontemplation in Flaschen. Der Whisky ist in zahlreichen Altersstufen von 8 Jahren aufwärts erhältlich und selbst der 40-Jährige kommt in einer einfachen Pappröhre, denn bei Glenfarclas pflegt man Understatement (auch die Preispolitik ist hier moderat). In der **Family Casks**-Serie gibt es Jahrgangsabfüllungen von 1952 bis 1999 und mit dem 60%igen **Glenfarclas 105** erschien 1968 erstmals eine *High Strength*-Originalabfüllung (die allerdings fälschlicherweise die Aufschrift *Cask Strength* trägt; ➛Glorious 12th). Die Brennerei ist seit 1836 aktenkundig und wird seit 1865 nun schon in der sechsten Generation von

den Grants geführt, einem der letzten Familienbetriebe Schottlands. Wie hierzulande üblich, verkaufen auch die Grants ihren Malt an andere Häuser, doch wenn es um ihre Markenrechte geht, verstehen sie keinen Spaß. Mit wenigen Ausnahmen greifen unabhängige Abfüller daher zu Decknamen, wenn sie Glenfarcals abfüllen (→**Ballindalloch**, →**Blairfindy**, →**Glendarroch**). Die Grants selbst geben ihren Malt auch unter Zweitetiketten heraus (→**Eagle of Spey**, →**Highland Cattle**, →**Meadhan**) und produzieren einige Blends wie →**Glen Dowan**, →**Highland Dream** und →**Top Ten**. Sie sind außerdem mit der Firma →William Lundie & Co. verbunden.

GLENFIDDICH

Schottischer Single Malt (Speyside, Dufftown) von →William Grant & Sons. Der 12-Jährige gilt als Archetyp der Speyside Malts: leicht und duftig, malzig und von einiger Eleganz; mit zunehmendem Alter gewinnt Glenfiddich deutlich an Substanz und wird rauchiger – für Torf-Junkies gibt es seit 2002 auch den 12-jährigen **Glenfiddich Caoran Reserve**. Im selben Jahr erschien die 21-jährige **Glenfiddich Gran Reserva** mit einem *wood finish* in kubanischen Rumfässern (der ursprüngliche Name **Havana Reserve** fiel dem US-Kuba-Embargo zum Opfer). Ausgeklügeltes Fass-Management und große Vorräte an alten Malts sorgen für eine große Bandbreite unterschiedlicher Abfüllungen (zu durchaus vernünftigen Preisen). Da gibt es den in vier verschiedenen Fasstypen gereiften 15-Jährigen, früher **Solera Reserve** genannt und eine Reihe zum Teil sehr

alter Jahrgänge in der **Vintage Reserve** und der **Rare Collection**. Glenfiddich ist der weltweit meistverkaufte Single Malt (der Abstand zum Verfolger →Glenlivet schmilzt allerdings zusehends); die Grants gelten als Wegbereiter der Single-Malt-Vermarktung (→William Grant & Sons) und waren die Ersten, die eines der heute unumgänglichen Besuchszentren in ihren Brennereien einrichteten. Die Brennerei wurde 1887 von William Grant eröffnet und ist seither im Besitz der Familie. Sie produziert mit 28 *pot stills* jährlich 14 Millionen *lpa* und ist damit die größte Malt-Brennerei Schottlands.

GLEN FLAGLER

Schottischer Single Malt Whisky (Lowlands) aus der gleichnamigen Destillerie von →Inver House Distillers. Sie produzierte zwischen 1964 und 1985 innerhalb des Brennereikomplexes →Moffat; der Whisky wurde damals als →Pure Malt oder auch „All-Malt“ gelabelt, war aber tatsächlich ein Single Malt. Neben diesem dezent getorften Glen Flagler wurde hier bis 1970 auch eine deutlich rauchige Version hergestellt, die Brennerei-intern **Islebrae** genannt, aber nie als Single abgefüllt wurde. Sie diente ausschließlich zum Blending. Glen Flagler war schon einige Jahre vom Markt verschwunden, als →Signatory Mitte der 1990er zwei Einzelfässer der Jahrgänge 1970 bzw. 1972 abfüllte, zuletzt erschien 2003 ein 29-Jähriger, den Inver House aus den letzten 5 verbliebenen Fässern zusammengestellt hatte.

GLENFORRES

Schottischer Vatted Malt, den die →Edradour Distillery noch in den 1980er-Jahren produzierte. Die Brennerei hieß zeitweise selbst Glenforres.

GLEN FOYLE

Schottischer Single Malt aus der Fettercairn Distillery von →Wyhte & Mackay (Emperador Inc.), abgefüllt als günstige Handelsmarke für diverse Einzelhandelsketten. Sie trägt den Namen einer Brennerei, die von 1795 bis in die 1920er-Jahre in den südlichen Highlands betrieben wurde.

GLEN FRANCISCAN

Schottischer Single Malt, 12 Jahre, aus der ➛Speyside Distillery; die Marke wird für World Wide Distillers produziert, eine spanische Firma mit Sitz in Madrid, die eine Reihe von Premium-Spirituosen herausgibt, darunter auch einen Blended Scotch namens ➛**Ye Franciscan**. World Wide Distillers ist eine Tochterfirma der CINSA Group. Sie wurde 1963 gegründet und befindet sich im Besitz der – offenbar streng katholischen – Familie De La Fuente.

GLEN FRASER

Schottischer Single Malt von ➛Strathnairn Whisky (➛Gordon & MacPhail). Aus welcher Destillerie dieser rauchige Malt kommt, bleibt das Geheimnis des Abfüllers, nur die Region wird verraten: Highlands.

GLEN GARIOCH

Schottischer Single Malt (Eastern Highlands, Oldmeldrum) von ➛Morrison Bowmore (Beam Suntory). Ein etwas sperriges Mittelgewicht, süß und würzig mit trockenem Abgang. Vor 1995 destillierte Versionen waren spürbar getorft. Angeboten wird Glen Garioch (gesprochen etwa: glen gieri) als **Founders Reserve** *(nas)* und mit 12 Jahren, außerdem in einer Reihe von älteren Jahrgängen. Früher diente der Malt als Grundlage für die Blends ➛**Rob Roy** und ➛**Vat 69**, inzwischen wird die gesamte Produktion (jährlich etwa 1,3 Millionen *lpa*) als Single abgefüllt. Die Brennerei wurde 1797 gegründet und gehörte zeitweise William Sanderson & Son, die mit ihrem Vat 69 einen bis heute erfolgreichen Blend geschaffen hatten. 1970 kam sie zu Stanley P. Morrison und damit zum gegenwärtigen Eigentümer.

GLENGARRY

Schottischer Whisky der ➛Loch Lomond Group, zu haben als einfacher Blend und als Single Malt (*nas* und 12 Jahre). Einen Blend namens Glen Garry gab es bereits Ende des 19. Jahrhunderts. Der kam damals von

John Hopkins & Co., die zeitweise die Brennereien ➛Speyburn und ➛Tobermory führten. Hopkins wurde 1916 von der ➛DCL geschluckt und ging Anfang des Jahrtausends irgendwo in ➛Diageos Imperium verloren.

GLENGLASSAUGH

Schottischer Single Malt (Highlands, Portsoy) im Besitz der ➛BenRiach Distillery Co. Ein würzig-fruchtiger Malt mit maritimen Aromen, der derzeit vorwiegend in jungen Jahren in die Flaschen kommt *(nc, ncf)*: als **Revival** (3-Jähriger mit Sherry*wood finish*), **Evolution** (*nas*, Ex-Bourbon) und als vielversprechender, deutlich getorfter **Torfa** (*nas*, 20 *ppm*). Daneben sind auch einige Einzelfassabfüllungen zum Teil recht alter Whiskys auf dem Markt. Die Brennerei wurde 1875 erbaut und war lange Zeit im Besitz der Highland Distilleries Company, die heute ein Teil von ➛Edrington ist. Deren Marken ➛**Cutty Sark** und ➛**Famous Grouse** waren die Hauptabnehmer für Glenglassaugh-Malts. Die Brennerei stand immer wieder für mehrere Jahre still, zuletzt von 1986 bis 2008. Die Wiedereröffnung erfolgte durch eine private Investorengruppe, die Glenglassaugh im selben Jahr erworben hatte. Nach einigen Modernisie-

rungsarbeiten und dem üblichen Investitionszeitraum von fünf Jahren gab die Gruppe die Brennerei an die gegenwärtigen Besitzer ab. Hier ist Glenglassaugh (Jahreskapazität: 1,1 Millionen *lpa*) ganz offensichtlich in guten Händen.

GLEN GORDON

Schottischer Single Malt aus einer ungenannten Speyside-Brennerei, den die ➛Gordon & MacPhail-Tochter Glen Gordon Whisky Co. abfüllt.

GLENGOYNE

Schottischer Single Malt (Southern Highlands, Dumgoyne) von ➛Ian Macleod. Ein malzig-süßes Weltergewicht ohne jeden Rauch, das mit zunehmendem Alter dezente Lederaromen entwickeln kann. Glengoyne, der in den letzten Jahren stetig wachsenden Absatz verzeichnet, wird in einer Reihe von Abfüllungen von 10 Jahren an aufwärts angeboten. Mit

Glengoyne Scottish Oak erschien 2001 erstmals ein in schottischer Eiche gereifter Whisky. Die Brennerei war 1833 als Burnfoot of Dumgoyne Distillery gegründet worden, später nannte man sie Glenguin, die heutige Schreibweise gilt seit 1905. Damals gehörte sie den Lang Brothers, für deren Marke ➛Langs der Whisky bis heute verwendet wird. Die Firma Lang kam 1965 zu Robertson & Baxter (➛Edrington) und ist seit 2003 bei Macleod. Die Jahreskapazität liegt bei 1,1 Millionen *lpa*.

GLEN GRANT

Schottischer Single Malt (Speyside, Rothes) der ➛Gruppo Campari: ein fruchtig-süßes Leichtgewicht und schon seit Jahrzehnten einer der meistverkauften Single Malts weltweit. In Italien ist er gar die Nr. 1, dort wird er als sommerlicher 5-Jähriger verkauft, der Rest der Welt bekommt ihn als **The Major's Reserve** *(nas)*, als 10- und als 16-Jährigen. Eine große Auswahl an älteren Glen Grants findet man bei ➛Gordon & MacPhail. Nahezu die Hälfte der Produktion verschwindet in Blends, hauptsächlich in ➛**Chivas Regal**. Glen Grant ist neben Pulteney (➛Old Pulteney) die einzige Destillerie Schottlands, die einen Personennamen trägt: den der Brüder James und John Grant, die sie 1840 gegründet hatten. Sie hieß damals Drumbain und war die erste legale Brennerei im Städtchen Rothes, das sich später zum Whisky-Zentrum Schottlands entwickeln sollte. Die Grants exportierten ihren Malt schon früh fassweise nach England und in die Kolonien und waren damit

so erfolgreich, dass sie 1897 mit dem Bau von Glen Grant N° 2 beginnen konnten (➤Caperdonich). Noch bevor ➤**Glenfiddich** weltweit als Single Malt vermarktet wurde, fand Glen Grant seinen Weg ins Ausland, genauer gesagt nach Italien: der rührige Mailänder Hotelier Armando Giovinetti hatte seine Landsleute schon in den 1950er-Jahren für – vorzugsweise jungen – Glen Grant begeistern können. In der Folge entwickelten sich die Italiener früher als andere europäische Nationen zu großen Single-Malt-Freunden. Noch in der kleinsten Caffè-Bar steht zumindest eine Flasche im Regal – Glen Grant in der Regel – und Sammlergrößen wie Giuseppe Begnoni, Giorgio d'Ambrosio und Valentino Zagatti nennen Raritäten ihr Eigen, wie sie die Welt noch nicht gesehen hat (➤Samaroli). 1952 taten sich die Grants mit George & J. G. Smith, den Betreibern von ➤Glenlivet zusammen und bildeten eines der angesehensten Häuser Schottlands. Später kam die ➤Longmorn Distillery zu der nun The Glelivet Distillers genannten Gruppe. Sie wurde 1977 von ➤Seagram übernommen, die sie als The Chivas & Glenlivet Group integrierten. Die wiederum landete 2001 bei ➤Pernod Ricard, die sich aus kartellrechtlichen Gründen von Glen Grant trennen mussten und die Brennerei (Jahreskapazität 6,2 Millionen *lpa*), zusammen mit den Blends ➤**Braemar** und ➤**Old Smuggler**, an Campari abgaben.

GLEN GYLE

Schottischer Vatted Malt der ➤Loch Lomond Group. Die Marke stammt ursrpünglich von Donald Fraser & Co. Diese kleine Firma ist als kurzzeitiger Betreiber einer 1837 geschlossenen Brennerei namens Drumchardney aktenkundig und verschwand später im leidgeprüften Hause ➤Whyte & Mackay. Die Marke Glen Gyle wird derzeit nicht produziert.

GLENGYLE

Schottische Brennerei in Campbeltown im Besitz der Familie →J. & A. Mitchell. Glengyle wurde 1872 von einem Vorfahren der heutigen Besitzer gegründet und fiel 1925 der großen Krise in →Campbeltown zum Opfer. 78 Jahre stand sie still, bis Mitchell-Chef Hedley Wright sie in den Schoß der Familie zurückführen konnte. Nach vierjährigen Renovierungsarbeiten wurde Glengyle 2004 wieder angefahren. Betrieben wird sie von der Belegschaft der benachbarten →Springbank Distillery, die ebenfalls den Mitchells gehört und von der auch das Malz stammt. Die kleine Brennerei hat eine Kapazität von 750 000 *lpa*, die derzeit aber noch längst nicht ausgeschöpft wird. Da sich der Markenname →Glen Gyle im Besitz der →Loch Lomond Group befindet, bieten die Mitchells ihren Malt unter dem Label →**Kilkerran** an, abgeleitet vom gälischen Namen der ersten christlichen Siedlung am Ort.

GLENISLA

Schottischer Single Malt aus der →Glen Keith Distillery von →Chivas Bros. (Pernod Ricard); ein deutlich torfhaltiger Malt, destilliert in den 1970er-Jahren und ausschließlich zum Blending vorgesehen. Von der Existenz dieses Whiskys erfuhr die Öffentlichkeit erst 1969: Damals gab Chivas den Vatted **Century of Malts** heraus, eine Mischung von 100 Single Malts, zu denen auch Glenisla gehörte (→Craigduff). Als Single brachte ihn →Signatory erstmals 2006 als 28-Jährigen heraus, ein 34-Jähriger folgte 2011.

GLENKEIR

Schottische Handelsfirma, gegründet 1992, deren Ladenkette „The Whisky Shop“ als Großbritanniens bedeutendster Whisky-Einzelhändler gilt. Unter dem Label **Glenkier Treasures** betätigt sich die Firma auch als ➛unabhängiger Abfüller: Ausgesuchte Fässer werden von Glenkeir in kleinere Fässer umgefüllt, aus denen sich die Kunden der Shops den Whisky ihrer Wahl in verschiedenen Flaschengrößen abfüllen lassen können. 2013 übernahm Glenkier die beliebte Whisky-Handlung Loch Fyne in Inverary. Geführt wird das Unternehmen von Ian Bankier, einem ehemaligen ➛Burn-Stewart-Manager, der auch dem Fussball-Club Celtic Glasgow vorsitzt.

GLEN KEITH

Schottischer Single Malt (Speyside) von ➛Chivas Bros. (Pernod Ricard). Ein fruchtiges Leichtgewicht, das eine wesentliche Rolle in den Weltmarken ➛**Chivas Regal** und ➛**Passport** spielt. Als Single gab es diesen Malt lange Zeit nur von den unabhängigen Abfüllern. Ende 1994 kamen die ersten Originalabfüllungen auf den Markt – allerdings ohne Altersbezeichnung, nur mit dem Hinweis: „Distilled before 1983“. Später gab es Glen Keith als 10-Jährigen, 2013 erschien dann ein 17-Jähriger in der „Cask Strength Edition“ von Chivas Brothers. Glen Keith war 1958 von ➛Seagram als erste schottische Brennerei eröffnet worden, deren gesamte Herstellung sich von Mikroprozessoren steuern lässt. Bis 1970 wurde hier dreifach destilliert, dann kehrte man zur üblichen Zweifachdestillation zurück. Wegen Überkapazitäten wurde die Produktion 1999 eingestellt, wegen Unterkapazitäten läuft der Betrieb seit 2013 wieder (6 Millionen *lpa*).

GLENKENNY

Schottischer Vatted Malt, den sich der Hamburger Spirituosengroßimporteur Borco seit 2015 herstellen lässt, vermutlich von ➛Invergordon Distillers. Die Familie Matthiesen, die Borco 1948 gegründet hatte, ist auch an der neuen ➛Teeling Distillery beteiligt und besitzt die Bourbon-Marke ➛**PennyPacker**.

GLENKINCHIE
Schottischer Single Malt (Lowlands, Pencaitland) von ➛Diageo. Ein florales Mittelgewicht, mit dem man sich fühlt wie auf einer frisch gemähten Wiese nach einem leichten Regenschauer. Der 12-jährige Glenkinchie vertritt die Lowlands in Diageos Reihe „Six Classic Malts", die „Distiller's Edition" kommt mit 14 Jahren. Als Gründungsjahr der Brennerei wird 1825 angegeben. Damals hieß sie Milton und war eine kleine *farmhouse distillery*. Der heutige Name stammt von 1837, die Gebäude im Wesentlichen von 1890. Glenkinchie trat 1925 der ➛DCL bei und seither liefert die Brennerei einen substanziellen Beitrag zu den ➛**Haig**-Blends. Die 1968 aufgegebenen *floor maltings* beherbergen heute ein Whisky-Museum; die Jahreskapazität beträgt 2,5 Millionen *lpa*.

GLEN KIRK
Schottischer Vatted Malt von ➛Angus Dundee; eine Kombination von ungenannten Speyside-Whiskys.

The GLENLIVET
Schottischer Single Malt (Speyside, Ballinndalloch) von ➛Chivas Bros. (Pernod Ricard). Glenlivet, das Tal des Flusses Livet, gilt als Herzstück der ➛Speyside, und der Malt, der dessen Namen trägt, ist die älteste und renommierteste Marke dieser Region – ein sehr eleganter, malziger Whisky, der mit zunehmendem Alter eine außergewöhnliche Fülle entwickelt. Glenlivet ist eine der internatio-

nalen Spitzenmarken: Nr. 1 Malt in den USA und Indien. Nr. 2 auf dem Weltmarkt, hart auf den Fersen von ➛**Glenfiddich**. Von der Brennerei wird dieser Malt unter anderem mit 12 und 18 Jahren abgefüllt, seit 2005 auch als *cask strength* **Nàdurra**; ➛Gordon & MacPhail geben unter dem Namen **George & J.G. Smith's Glenlivet** eine Reihe von lizensierten Jahrgangsabfüllungen heraus, die bis 1943 zurückreichen. Die offizielle Gründung der Destillerie im Jahre 1824 markiert den Beginn des legalen Brennwesens in Schottland. Wie die meisten Bauern der Highlands brannte auch George Smith (1792–1871) seinen Whisky selbst und ließ sich von den britischen Steuerbeamten auch nicht daran hindern, seine Ware auf die lukrativen Märkte des Südens zu schmuggeln. Smith war jedoch der Erste, der die neuen Steuergesetze von 1823 dazu nutzte, seinen Geschäften eine legale Basis zu geben. Die Energie und Sorgfalt, mit der er sich bis dahin der Geheimhaltung seiner Tätigkeiten widmete, kam von nun an der Herstellung seines Whiskys zugute und trug zur Entstehung der gefeierten, oft kopierten Marke Glenlivet bei. Bevor es so weit war, musste Smith sich allerdings erst des Zorns seiner weiterhin illegal arbeitenden Nachbarn erwehren, für die die Schwarzbrennerei nach wie vor auch ein Akt des Widerstandes gegen die verhasste englische Oberherrschaft war (mit den Worten des schottischen Nationaldichters ➛Robert Burns: „Freiheit und Whisky gehören zusammen"). Smith setzte sich schließlich durch, denn er genoss die Unterstützung der adligen Grundbesitzer, denen viel daran lag, ihre Autorität bei den unbeugsamen Highlandern geltend zu machen. In den folgenden Jahrzehnten wuchs der Ruf Glenlivets derart, dass auch andere Hersteller ihre Produkte unter diesem Namen verkauften, und Glenlivet bald ironisch „das längste Tal Schottlands" genannt wurde (tatsächlich stehen nur die Brennereien ➛**Braeval** und ➛**Tamnavulin** im Tal des Livet, ➛**Tomintoul** gehört immerhin noch zum Distrikt Livet). Erst ein Gerichtsbeschluss regelte 1880 den Fall dahingehend, dass Whisky, der nicht aus der Glenlivet Distillery kam, den Namen nur als Zusatz tragen durfte. Von dieser Möglichkeit machten auch heute so renommierte Firmen wie ➛**Glen Grant** und ➛**Macallan** bis vor nicht allzu langer Zeit Gebrauch. 1953 tat sich die Firma Smith mit J. & J. Grant, den Betreibern der Glen Grant Distillery zusammen, knapp 20 Jahre später kamen die Destillerie ➛Longmorn und das Blending House Hill, Thomson & Co. hinzu (➛**Queen Anne**). Der so entstandene Konzern wurde Glenlivet Distillers benannt und 1977 vom kanadischen Spirituosengiganten ➛Seagram übernommen. Mit der Auflösung von Seagram im Jahre 2001 fiel diese Perle an ➛Pernod Ricard.

GLENLASSIE

Blended Scotch der ➛Tomatin Distillery Co., der schottischen Niederlassung von ➛Takara Shuzo.

GLENLOCHY

Schottischer Single Malt (Western Highlands, Fort William) von ➛Diageo. Dieses unkomplizierte Mittelgewicht inspirierte einen Autor einst zu einem Vergleich mit libanesischem Haschisch. Wer das nachprüfen möchte, muss tief in die Tasche greifen, denn der Malt ist ein echtes Sammlerstück. Von der Destillerie gab es ihn in der ➛Rare Malts Selection, heute findet man ihn noch bei ➛Duncan Taylor, ➛Gordon & MacPhail, ➛Signatory und der ➛Scotch Malt Whisky Society. Die Brennerei existierte von 1898 bis 1983. Zeitweise gehörte sie dem kanadischen Glücksritter Joseph Hobbs (➛**Ben Nevis**), der sie 1953 der ➛DCL verkaufte. Ein Großteil der Gebäude wurde abgerissen, der Rest in Büros und Apartments umgewandelt.

GLENLOSSIE

Schottischer Single Malt (Speyside, Elgin) von ➛Diageo. Ein duftiges, vollmundiges Mittelgewicht, das lange Zeit nur von den ➛Unabgängigen abgefüllt wurde, seit 1987 gibt es ihn auch in Diageos ➛Flora & Fauna-Reihe. Die Destillerie stammt von 1876 und kam 1919 unter die Kontrolle der ➛DCL. Seither verschwindet der Löwenanteil der Produktion (3,7 Millionen *lpa*) in den Blends von ➛**Haig**. Auf dem Gelände befindet sich seit 1971 auch die ➛Mannochmore Distillery und ein großer Lagerhauskomplex, in dem Diageo auch Whiskys aus anderen Brennereien reifen lässt.

GLEN MHOR

Schottischer Single Malt (Northern Highlands, Inverness) von ➛Diageo. Ein fruchtig-süßes Mittelgewicht, das nur noch zu Sammlerpreisen zu haben ist: von einigen ➛Unabhängigen und in der ➛Rare Malts Selection. Das war die letzte Originalabfüllung, denn von der 1983 geschlossenen Brennerei gab es ansonsten nur einige 10-Jährige, die in den 1970er-Jahren für den italienischen Markt produziert wurden. Die Brennerei war 1892 gegründet worden und wurde zeitweise vom gleichen Besitzer geführt wie die benachbarte ➛Glen Albyn Distillery (➛**Mackinlay's**). 1972 kamen beide unter die Kontrolle der ➛DCL, die sie später stilllegte. 1986 wurde Glen Mhor abgerissen, auf dem Gelände stehen nun ein Pub und ein Einkaufszentrum.

GLENMORANGIE

Schottischer Single Malt (Northern Highlands, Tain) der Glenmorangie plc (Moët Hennessy). Ein subtiles, delikates Weltergewicht, für das sich Distillery Manager Dr. Bill Lumdsen immer wieder etwas Neues einfallen lässt: Neben der Standardversion **Glenmorangie Original** *(nas)* gibt es eine ganze Reihe von Abfüllungen, die sich durch die Verwendung unterschiedlicher Malzarten und ein ausgeklügeltes Fass-Management unterscheiden. Die als *wood finish* bekannt gewordene Methode, durch die Verwendung ver-

schiedener Fassarten ein breiteres Aromenspektrum zu erhalten (bei Glenmorangie spricht man mittlerweile lieber von „Extra Matured Expressions“), hat Lumdsen zwar nicht erfunden – da war sein Kollege David Stewart von ➛**Balvenie** etwas früher dran – aber doch bei einem breiteren Publikum bekannt gemacht (➛**Glen Moray**). Mit dem beliebten **Nectar d'Or** beispielsweise, der in einem Ex-Sauternes-Fass (*nas*, Chateau d'Yquem) nachreifte, mit **Lasanta** (*nas*, Sherry-Finish) und **Quinta Ruban** (*nas*, Portwein). Auch Madeirafässer wurden hier schon verwendet, Burgunder, Bordeaux (Chateau Margaux) und Côtes-du-Rhone sowie – für den minzigen **Artein** – Super Tuscans. Artein war Teil der seit 2009 herausgegebenen, streng limitierten Serie „Private Edition“, in der beispielsweise auch der elegant getorfte **Finealta** erschien (5–10 *ppm*). Und dann ist da noch der facettenreiche **Signet**, für den teilweise stark geröstetes Malz („Chocolate Malt“) verwendet wird. Mit diesen und einigen weiteren Versionen ist Glenmorangie heute die Nr. 4 in

der Single-Malt-Weltrangliste und eine der größten Brennereien Schottlands. Die gesamte Produktion von 6 Millionen *lpa* wird als Single Malt abgefüllt. Die Brennerei wurde 1843 gegründet und war viele Jahre mehrheitlich im Besitz der Familie Macdonald, die ihre Anteile 2004 verkaufte. So kam die Glenmorangie plc zu ➛Moët Hennessy, dem Spirituosenarm des französischen Luxuskonzerns LVHM.

GLEN MORAY

Schottischer Single Malt (Speyside, Elgin) von ➛La Martiniquaise. Ein malzig-süßes Leichtgewicht für Vanille-Junkies, angeboten mit 10, 12 und 16 Jahren. Auch ein Portwein-Finish gibt es hier, hatte doch Bill Lumdsen seine ersten Versuche mit *wood finishes* in Glen Moray begonnen, bevor er sie mit ➛Glenmorangie einer breiten Öffentlichkeit vorstellte. Die beiden Brennereien waren über 80 Jahre unter dem Dach von Macdonald & Muir (seit 1969 Glenmorangie plc) miteinander verbunden. 2004 gab die Familie Macdonald ihre Mehrheitsbeteiligung ab und in der Folge kam Glen Moray 2008 zu La Martiniquaise. Die verwenden den Malt nun vorwiegend für ihre Erfolgsmarken ➛**Label 5** und ➛**Sir Edward's** und geben ihn auch unter dem Label ➛**Glen Turner** heraus. Seit 2009 produziert Glen Moray auch kleine Mengen an kräftig getorften Malts (40 *ppm*), die Gesamtproduktion wird derzeit auf 6,5 Millionen *lpa* ausgebaut. Damit gehört die 1897 gegründete Brennerei zu den 10 größten Malt-Herstellern Schottlands.

GLENMORE DISTILLERY

US-Firma in Owensboro, Kentucky, die als Tochterfirma der →Sazerac Co. eine der größten Abfüllanlagen der Vereinigten Staaten betreibt und als Herausgeber einiger Sazerac-Marken fungiert (z. B. →**Old Thompson**, →**Zachariah Harris**). Der Name Glenmore geht auf eine Brennerei zurück, die der irische Einwanderer James Thompson 1910 erworben und nach dem nahe seines Geburtsortes gelegenen Glenmore Castle benannt hatte. Eine der ersten Glenmore-Marken war →**Kentucky Tavern**, später kam noch →**Yellowstone** hinzu, beide gehörten in den 1950er- und 60er-Jahren zu den erfolgreichsten Bourbons in den USA. 1970 erwarb Glenmore die Firma **Mr. Boston Distiller**, die Barkeepern in aller Welt weniger durch ihre Spirituosen als durch den „Old Mr. Boston Official Bartender's Guide" ein Begriff ist. Ende der 1980er-Jahre kamen die Destillerien Fleischmann (→**Fleischmann's**) und →**Medley** zu Glenmore. 1991 wurde das Unternehmen selbst vom →Diageo-Vorläufer United Distillers geschluckt, der es einige Jahre später an →Barton abgab. Mit Barton kam Glenmore 2009 zu Sazerac, die Bourbon-Marke Glenmore gehört aber immer noch Diageo, ebenso wie der alte Glenmore-Blend →**Scoresby Rare**.

GLENN

Schottischer Vatted Malt von Svenska Eldvatten, einem noch jungen unabhängigen Abfüller aus Gothenburg, Schweden (*2011). Die Betreiber haben sich auf *cask strength*-Einzelfassabfüllungen spezialisiert.

GLEN NEVIS

Blended Scotch, den die →Loch Lomond Group erst 2014 zusammen mit den Brennereien →Glen Scotia und →Loch Lomond erworben hat. Ob diese kleine Marke den Besitzerwechsel überleben wird, ist fraglich.

GLENORA

Kanadische Destillerie auf Cape Breton Island, Nova Scotia, im Be-

sitz von Glenora Distillers. Nova Scotia bedeutet Neuschottland, und dieser Name verpflichtet: Hier wird aus Schottland importiertes, leicht getorftes Malz gebrannt, auch die *pot stills* sind schottischer Herkunft, und natürlich verfügt Glenora über ein Pagodendach (ohne die dazugehörige Darre). Kanadas erste und lange Zeit einzige Malt-Brennerei wurde 1990 von Bruce Jardine eröffnet, der sich von schottischen Experten aus ➔Bowmore beraten ließ. Nach problematischen Anfangsjahren wurde Glenora Distillers 1994 von Lauchie MacLean übernommen, unter dessen Leitung die Brennerei im Jahr 2000 ihren ersten eigenen Single Malt ➔**Glen Breton** herausbrachte (der bereits davor abgefüllte **Kenloch** war ein Malt von Bowmore, der 5 Jahre in Glenoras Lagerhäusern reifte). Heute hat die Brennerei eine Kapazität von 400 000 *lpa* und liefert auch einen Single Malt namens ➔**Fiddler's Choice**. 2009 endete ein jahrelanger Rechtsstreit mit der ➔SWA erfolgreich für MacLean. Die SWA wollte ihm das Wort Glen verbieten lassen, um eine Verwechslungsmöglichkeit mit schottischen Whiskys auszuschließen.

GLEN ORD

Schottischer Single Malt (Northern Highlands, Muir of Ord) von ➔Diageo. Ein vollmundiges, süßes Mittelgewicht mit leichten Rauchtönen, abgefüllt als 12-Jähriger unter Diageos Label ➔**The Singleton** und vorwiegend in Südostasien vermarktet. Der Löwenanteil der Produktion – mit einer Kapazität von 11 Millionen *lpa* ist Glen Ord die viertgrößte Maltbrennerei Schottlands – geht in Blends, hauptsächlich in ➔**Johnnie Walker.** Die Brennerei wurde 1838 gegründet und bot ihren Whisky bis in die 1920er-Jahre als **Glen Ord** an. Später hieß die Marke auch **Glenordie** oder einfach nur **Ord** (so heißt er auch heute noch bei ➤Cadenhead). 1923 wurde sie von John Dewar & Sons (➤Dewar's) erworben und kam damit 1925 zur ➤DCL, dem Vorläufer des aktuellen Besitzers. Auf dem Gelände befindet sich auch eine von Diageos vier Mälzereien.

GLEN ORSON

Blended Scotch, den ➤Inver House Distillers für den spanischen Markt produzieren.

GLEN PARKER

Schottischer Single Malt aus einer ungenannten Speyside-Brennerei, abgefüllt von ➤Angus Dundee.

GLEN ROSSIE

Blended Scotch von The Brand Cellar, einem kleinen britischen Markenentwickler, der vom Handtuch bis zu Wurstwaren so ziemlich alles unters Volk bringt. Damit das auch mit diesem Whisky klappt, hat man Francis Rossi, den Frontman der Senioren-Rockband Status Quo als Markenbotschafter verpflichtet. Die Marke Glen Rossi stammt ursprünglich aus dem Hause Stewart & Son (➤**Stewart's Cream of the Barley**).

The GLENROTHES

Schottischer Single Malt (Speyside, Rothes) von ➤Berry Bros. & Rudd: ein komplexes, sherrybetontes Halbschwergewicht. Die Standardversionen heißen **Select Reserve** und **Alba Reserve** (beide *nas*), neu ist die **Sherry Cask Reserve**, die ausschließlich in Sherryfässern reifte *(nas)*; bekannt ist die Brennerei vor allem für ihre Vintages, Jahrgangsabfüllungen, die aber naturgemäß gewisse Qualitätsschwankungen aufweisen. Der weitaus größte Teil der jährlichen Produktion von 5,6 Millionen *lpa* verschwindet in den Blends von ➤**Cutty Sark** und ➤**Famous Grouse**. Beide Marken gehören ebenso wie die Brennerei der ➤Edrington Group. Die Glenrothes Distillery wurde 1878 erbaut und fusionierte 1887 mit ➤Bunnahabhain zu Highland Distillers. 1999 wurde dieses Unternehmen Teil der Edrington Group (mehr dazu unter dem Stichwort ➤Edrington). Schon damals waren Berry Bros. & Rudd für den Vertrieb der Marke Glenrothes zuständig, die gesamten Markenrechte erhielten sie 2010 im Tausch gegen ihren Blend Cutty Sark.

GLEN SCOTIA

Schottischer Single Malt (Campbeltown) im Besitz der ➤Loch Lomond Group. Diesem leicht rauchigen Mittelge-

wicht hat schon manch Verkoster das Aroma von Hafendocks zugeschrieben. Die erst 2012 eingeführte 10- bis 21-jährige Range mit der grenzwertigen, an klebrig-bunte Liköre erinnernden Aufmachung wurde kürzlich auf drei etwas seriöser präsentierte Ausgaben reduziert: Hier gibt es einen 15-Jährigen aus Ex-Bourbonfässern, einen **Double Cask** mit Sherryfass *wood finish (nas)* und den *cask strength* **Victoriana** *(nas, ncf)*. Glen Scotia wurde 1832 eröffnet, war zeitweise im Besitz von ➛Hiram Walker und immer wieder für längere Zeit geschlossen. Nach dem Erwerb durch die Familie Bulloch im Jahre 1994 sah es noch lange so aus, als wäre auch Glen Scotia, neben ➛Springbank die letzte Brennerei in der einstigen Whisky-Hauptstadt ➛Campbeltown, dem Untergang geweiht. Tatsächlich konnte der Betrieb zeitweise nur ein paar Wochen pro Jahr aufrechterhalten werden und das auch nur durch den Einsatz einiger Springbank-Mitarbeiter. Seit dem Jahr 2000 verfügt die Brennerei wieder über ein eigenes Team und seither geht es langsam aufwärts; weit genug jedenfalls, um die Investorengruppe anzulocken, die Glen Scotia zusammen mit ihren Schwesterbrennereien ➛Littlemill und ➛Loch Lomond 2014 erwarb. Wie die neu formierte Loch Lomond Group verlauten ließ, soll Glen Scotias Kapazität von derzeit 750 000 *lpa* in nächster Zeit deutlich gesteigert werden.

GLEN SPEY

Schottischer Single Malt (Speyside, Rothes) von ➛Diageo. Ein leichtes und duftiges Weltergewicht, dessen Aroma einen Autor einmal an frisch gemähte Wiesen erinnerte. Derselbe Herr empfahl auch, man solle Glen Spey zum Pudding trinken – oder statt diesem. Beides ist schwierig, denn der Malt wird nur

selten als Single abgefüllt: in der →Flora & Fauna-Reihe und von einigen →unabhängigen Abfüllern. Der Großteil der jährlich produzierten 1,4 Millionen *lpa* geht für die →**J & B**-Blends drauf. Glen Spey wurde 1878 als Mills of Rothes eröffnet, ihren heutigen Namen erhielt sie vom Londoner Ginhersteller W. & A. Gilbey, der sie 1887 erworben hatte und den Malt lange für einen Blended Scotch namens **Spey Royal** verwendete. Die Verbindung mit J & B kam erst durch Gilbeys Fusion mit dem Blending House Justerini & Brooks im Jahre 1962 zustande. Das neu gegründete Unternehmen hieß International Distillers & Vintners und wurde später Teil von Diageo. Der britische Spirituosengigant verlieh den Namen Gilbey dann für einige Jahre an einen indischen Hersteller und vermarktete auch die Marke Spey Royal noch eine Zeit lang auf dem Subkontinent. Heute erinnert nur noch die Gin-Marke Gilbey's an eine der einstmals erfolgreichsten Spirituosenfirmen Großbritanniens (→**Black Velvet**, →**Knockando**→**Strathmill**).

GLEN STUART

Blended Scotch von →Fox Fitzgerald. Die Marke kam früher von der 1976 in Glasgow gegründeten Handelsfirma W. Brown & Sons.

GLENTAUCHERS

Schottischer Single Malt (Speyside, Mulben) von →Chivas Bros. (Pernod Ricard). Ein fruchtig-süßes Mittelgewicht, das fast ausschließlich für Blends, in erster Linie für →**Ballantine's**, verwendet wird. Die bisher einzige Originalabfüllung (2000, 15 Jahre) ist längst vergriffen, die größte Auswahl findet man bei →Gordon & MacPhail. Die Brennerei wurde 1887 von den Blend-Pionieren →Buchanan und →Lowrie erbaut und lieferte einen wesentlichen Beitrag zu Buchanans Erfolgsmarke →**Black & White**. 1925 kam sie zur →DCL, die sie 1985 einmotteten und bald darauf an Allied Distillers verkauften, seinerzeit einer der größten Spirituosenkonzerne weltweit. Damit war es 2005 vorbei, Glentauchers und ein ganze Reihe weiterer Brennereien kamen zu Pernod Ricard, die ihre gesamten Scotch-Interessen ihrer Tochterfirma Chivas Brothers unterordneten.

GLENTROMIE
Schottischer Single Malt (Highlands) unbekannter Herkunft: Die auf dem Label angegebene Glentromie Distillery gibt es nicht, sehr wohl aber die Ortschaft Glen Tromie. Dort ist die Speyside Distillery zu finden; auch ➛Drumguish liegt ganz in der Nähe, die Ortschaft, die auf dem Etikett als Heimat der Brennerei Glentromie geführt wird. Alles deutet also auf einen Speyside Whisky hin – warum also nennt sich Glentromie einen Highland Malt? Wir werden es wohl nie erfahren, denn es wäre mehr als erstaunlich, wenn Harvey's of Edinburgh, die neuen Besitzer der Speyside Distillery diese kleine Marke weiterführen.

GLEN TURNER
Schottischer Whisky von ➛La Martiniquaise, zu haben als Single und als Blended Malt, abgefüllt in der Glen Turner Distillery (vormals Glen Turner Blending Ltd., gegründet 1981 in London). Diese hochmoderne Anlage, eröffnet 2004 bei Bathgate westlich von Edinburgh, umfasst neben Lagerhäusern, einer Blending- und einer Abfüllanlage (letztere wird ob ihrer Effizienz auch von anderen Scotch-Produzenten in Anspruch genommen) seit 2010 auch eine leistungsstarke Grain-Brennerei. Deren Output dient teils zur Produktion der sehr erfolgreichen Martiniquaise-Blends ➛**Label 5** und ➛**Sir Edward's**, teils wird er gegen frische Malts anderer Brennereien getauscht, die dann ebenfalls in die genannten Blends fließen. Unter dem Namen ➛**Starlaw** wird Glen-Turner-Grain in geringen Mengen auch als Single abgefüllt. Die Malt-Marke Glen Turner stammt aus der Brennerei ➛Glen

Moray und ist mit über einer Million verkaufter Flaschen pro Jahr ein echter Topseller; Hauptmarkt ist Frankreich – quelle surprise.

GLENTURRET

Schottischer Single Malt (Highlands, The Hosh) im Besitz der ➛Edrington Group; ein malzig-fruchtiges Leichtgewicht mit dezenter Rauchnote, derzeit standardmäßig als 10-Jähriger zu haben. Nicht einmal 10 % der Produktion werden als Single abgefüllt, und die unterscheiden sich deutlich vom brennereiintern **Ruadh Maor** genannten extrem getorften Malt (80 *ppm*), der für Edringtons Cashcow ➛**Famous Grouse** bestimmt ist.

Glenturret ist eine der kleinsten und ältesten Destillerien Schottlands. Aktenkundig war sie bereits 1775, damals aber noch als illegaler Schwarzbrennertreffpunkt unter dem Namen The Hosh. Eine Lizenz erhielt die Brennerei immerhin bereits 1818, ihrern heutigen Namen erst 1875. In den 1920ern wurde Glenturret größtenteils demontiert, knapp 30 Jahre später erwarb James Fairlie die zum Geräteschuppen verkommene Anlage, um sie wieder frisch zu machen und 1959 erneut in Betrieb zu nehmen. Seit 1999 ist sie beim gegenwärtigen Besitzer, der ihre Jahreskapazität von 340 000 *lpa* derzeit aber nicht voll ausnutzt.

GLENUGIE
Schottischer Single Malt (Eastern Highlands, Invernetty) von →Chivas Bros. (Pernod Ricard). Ein reines Sammlerstück, denn die Produktion wurde 1983 eingestellt; zu Lebzeiten gab es den Malt nur von den →Unabhängigen, vorwiegend von →Cadenhead oder →Gordon & MacPhail, denn offiziell wurde Glenugie nur für die Marke →**Long John** verwendet. Erst in den letzten Jahren gab Markeninhaber Chivas zwei *fassstarke* 30-Jährige heraus; sie erschienen in der Reihe **Deoch an Doras** (gälisch, in etwa: „one for the road"). Die Brennerei war 1831 in der Nähe des Nordseehafens Peterhead gegründet worden. Die Verbindung mit Long John bestand seit den 1950er-Jahren.

Ihr letzter Betreiber war der englische Brauereikonzern Whitbread, dessen Spirituoseninteressen 2005 zu Pernod Ricard kamen. Nur wenige Gebäude der Anlage stehen heute noch. Sie werden ebenso wie der Name Glenugie von einem ingenieurtechnischen Dienstleister genutzt.

GLEN URQUHART
Blended Scotch von →Gordon & MacPhail. Namenspatron John Urquhart arbeitete seit dem Gründungsjahr 1895 bei Gordon & MacPhail; seine Nachkommen übernahmen die Firma 1915 und leiten sie noch heute.

GLENURY ROYAL
Schottischer Single Malt (Eastern Highlands, Stonehaven) von →Diageo. Einst war das ein leichter, trockener und rauchiger Whisky – die →Scotch Malt Whisky Society empfahl, ihn zu griechischen Oliven zu sich nehmen – heutige Abfüllungen, so man sie noch bekommt, sind eher das Gegenteil: schwere, vielschichtige Digestifs, die nach dunkler Schokolade verlangen. Zuletzt erschien ein 40-Jähriger von 1970, davor gab es Glenury in der →Rare Malts Selection und von einigen →unabhängigen Abfüllern. Die Destillerie wurde 1825 gegründet und gehörte einige Jahre dem Parlamentsmitglied Robert Bar-

clay, dessen Bekanntschaft bei Hofe – von Barclay schlicht „Mrs. Windsor“ genannt – die Brennerei das Suffix „Royal“ verdankt. Später kam Glenury in amerikanischen Besitz, 1953 schließlich zur ➛DCL, die die Brennerei von John Gillon & Co. führen ließ. In deren Blends **Gillon's** und **King William IV** spielte Glenury eine tragende Rolle. 1985 wurde die Destillerie geschlossen, 1993 begann man mit dem Abriss.

GLINA

Deutscher Single Grain aus der Privatbrennerei Günter Schultz in Werder an der Havel, Brandenburg. Aus Roggen und Gerstenmalz gebrannte, 3-jährige *Einzelfassabfüllungen*, gereift in Spessart-Eiche mit unterschiedlichen *wood finishes* (Sherry, Port, Bordeaux, Burgunder).

GLLS

Internationaler Whisky, 12 Jahre, den die ➛Still Waters Distillery herausgibt, bestehend aus einem Einzelfass ➛**Glenlossie** und Malt von Still Waters selbst.

GLORIOUS 12th

Blended Scotch, den das Londoner Handelshaus John Buckmaster 1980 herausbrachte. Der „Glorreiche Zwölfte“ ist der 12. August, der Tag, an dem die Fasanenjagdsaison eröffnet wird. Heute trinkt man zu diesem Anlass vorzugsweise Malt Whisky und so wurde diese kleine Marke mangels Nachfrage wieder eingestellt. Zum Trost: 2012 erschien eine **Glenfarclas 105** Glorious 12th Edition.

GOLD & GOLD

Japanischer Blend von ➛Nikka. Die Marke erschien 1968 und war zeitweise eines der besten Pferde im Nikka-Stall – vielleicht auch wegen der coolen Werbeclips, die damals mit Orson Welles gedreht wurden („Lost in Translation“-Prequel).

GOLD CUP
Brasilianischer Blend aus schottischen Malts und brasilianischen Grain von ➛Heublein do Brasil (Gruppo Campari).

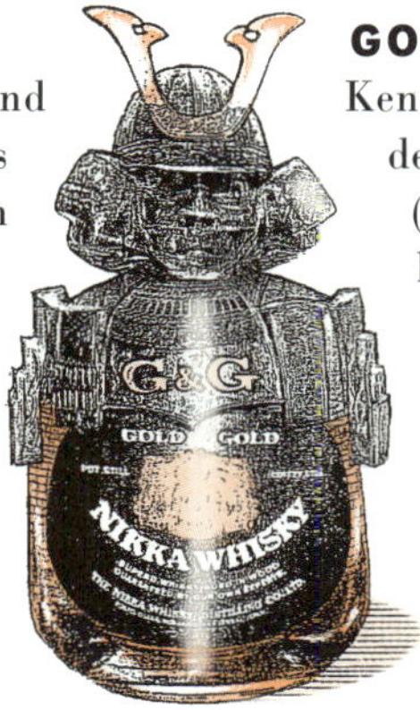

GOLD RIBAND
Indischer Whisky von ➛United Spirits (Diageo); die Marke wird vorwiegend in Nordostindien verkauft, hat aber in den letzten Jahren deutlich Marktanteile verloren.

GOLD RUSH
Indischer Whisky von ➛South Seas Distillers.

GOLDEN CHARIOT
Indischer Whisky von ➛Tilaknagar Industries, geblendet mit „der Essenz von Gerste“, soso. Die Marke kam ursprünglich von Bahrat Distillers, einem Familienunternehmen bei Mumbai, das ebenfalls keine weiterführenden Hinweise auf den Inhalt seiner Flaschen gab; allerdings wies man dort nachdrücklich darauf hin, dass sie vor der Abfüllung gereinigt werden, und auch darauf, dass uns der „Goldene Wagen“ auf eine „unvergessliche Reise“ mitnehmen wird. Bahrat Industries sind jedenfalls von der Bildfläche verschwunden.

GOLDEN GRAIN
Kentucky Straight Corn aus der Brennerei ➛Barton 1792 (Sazerac Co.). Mit einem Alkoholgehalt von 95 Vol.-% ein echter Schlager, und eine beliebte Punschbasis in den lokalen Colleges.

GOLDEN HORSE
Japanischer Whisky aus der Brennerei ➛Hanyu in Chichibu von Tao Shuzo (nicht zu verwechseln mit der ➛Chichibu-Brennerei von Venture Whisky). Da Hanyu den Betrieb im Jahr 2000 einstellte, sind alle Golden-Horse-

Versionen heute unabhängig von ihrer Qualität gesuchte Sammlerstücke. Neben einfachen Blends wie zum Beispiel **Golden Horse Grand**, **Golden Horse Military Affairs** und **Golden Horse Musashi** erschienen die Single Malts unter dem Namen **Golden Horse Chichibu** als 8-, 10-, 12- und 14-Jährige. Zuletzt gab es einen 12-jährigen Single in Fassstärke und sehr limitierter Auflage, den Tao Shuzo 2008 aus den verbliebenen Vorräten abfüllte (geschmacklich aber keineswegs ein Restposten).

GOLDEN PIPER

Blended Scotch von ➛Lombard Scotch Whisky Ltd.

GORDON & MACPHAIL

Der große alte Namen unter Schottlands ➛unabhängigen Abfüllern: Das 1895 von James Gordon und John MacPhail gegründete und seit vier Generationen von der Familie Urquhart geführte Unternehmen hat sein Herz noch immer in der kleinen Feinkosthandlung im Zentrum des Speyside-Städtchens Elgin. Die Verwaltung ist in einem Vorort angesiedelt und dort befinden sich auch die *warehouses* mit ihren unvergleichlichen Schätzen an alten, sehr alten und jungen Whiskys aus nahezu allen Brennereien des Landes. Seit der Gründung kauft Gordon & MacPhail frische Destillate und lässt sie selbst reifen, wobei von Anfang an regelmäßig Eigenimport-Sherryfässer zum Einsatz kamen. Zwar stellten auch die Urquharts eigene Blends her (sie tun das noch heute selbst, z. B.: ➛**Ben Aigen**, ➛**Ben Alder**, ➛**Fraser's Supreme**, ➛**Glen Calder**, ➛**Glen Urquhart**, ➛**Immortal Memory**, ➛**Monster's Choice**); doch ihr eigentliches Betätigungs-

feld war stets die Abfüllung von Single Malts. Da dies lange Zeit für die Brennereien selbst kein Thema war – sie verkauften ihre Ware lieber an Broker und Blending-Firmen –, erschienen Malts wie →**Clynelish**, →**Linkwood**, →**Mortlach**, →**Scapa** und andere mehr nur durch Gordon & MacPhails unbeirrbaren Einsatz als Singles. Damals waren das mehr oder weniger offizielle Lizenzabfüllungen, die auch den Namen des Brennereibesitzers auf dem Label führen. Als tatsächlich unabhängige Abfüller traten die Urquharts dann seit 1956 mit ihrer Serie →Connoisseurs Choice auf (die herstellende Firma wird nun nicht mehr angegeben). Mittlerweile gibt es eine ganze Reihe von Labels, unter denen Gordon & MacPhail Raritäten und zum Teil auch veritable Schnäppchen abfüllt: Bei **Speymalt** beispielsweise gibt es bis 1938 zurückreichende Macallan-Jahrgänge, unter **Rare Old** werden Malts aus stillgelegten Brennereien angeboten, andere Labels sind selbsterklärend wie **Cask Strength** oder **Rare Vintage**, jüngere Whiskys gibt es in der **MacPhail's Collection** und richtig alte bei **Generations**: hier erschien 2010 mit einem 70 Jahre alten →**Mortlach** der älteste jemals abgefüllte Single Malt, gefolgt von einem ebenfalls 70-jährigen →**Glenlivet**. Man darf gespannt sein, was die Elginer noch so alles auf Lager haben.

The GORDON HIGHLANDERS

Blended Scotch von →William Grant & Sons. Diese Marke kam anlässlich des 200. Gründungsjahres der Gordon Highlanders heraus, eines britischen Regiments, in dem Firmengründer William Grant persönlich den Major gab. Die Truppe selbst existiert heute nicht mehr und die Marke wird auch nur noch in Kolumbien angeboten.

GOUDEN CAROLUS

Belgischer Single Malt aus der Brennerei Het Anker in Blaasveld, Antwerpen, von Charles Leclef. Die ersten Abfüllungen erschienen 2008, damals stammte der Whisky allerdings noch aus der traditionsreichen Genever-Brennerei Filliers bei Gent. Nur die Maische kam von der 1471 gegründeten Brauerei Het Anker in Mechelen. Seit der Eröffnung der Brennerei Het Anker im nahe gelegenen Blaasfeld destilliert Leclef

seinen Gouden Carolus selbst in schottischen *pot stills*. Die erste Het-Anker-Version des in stark ausgebrannten Ex-Bourbon- und Bierfässern gereiften Malts erschien 2013.

GRAIN

Getreidedestillat, das zur Herstellung von →Blended Whisk(e)y dient; es wird in *column stills* gebrannt und ist reiner und geschmacksärmer als traditioneller *pot-still*-Whisk(e)y, doch auch Grain ist echter Whisky und keinesfalls Neutralsprit. Er wird sortenrein gebrannt, früher meist aus Mais, in Schottland und Irland bevorzugt man heute – dank Brüsseler Subventionen – Weizen. Die Entwicklung dieser Whisky-Sorte war gleichbedeutend mit der Entstehung der schottischen Whisky-Industrie, wie wir sie heute kennen (→Scotch, →Blended Scotch). In Schottland sind derzeit sieben Grain-Destillerien in Betrieb: →Cameronbridge, →Girvan, →Invergordon, →Loch Lomond, →North British, →Port Dundas, →Strathclyde (→Dumbarton). Als Single wurde Grain früher nur in geringen Mengen abgefüllt (→**Cambus**, →**Caledonian**, →**Cameron Brig**, →**Carsebridge**), galt er doch gemeinhin als „das schmutzige kleine Geheimnis der Industrie“ (Ian Buxton). Mittlerweile scheint man der Kategorie jedoch einiges Potenzial zuzutrauen, die Rolle der Türöffner spielten dabei wohl der irische Single Grain →**Greenore** und die Vatted Grains von →Compass Box. 2013 erschien die vollmundig als „a new style of Scotch whisky“ angepriesene Reihe →**The Girvan Patent Still** von →William Grant, und →Diageo versicherte sich gar der Unterstützung von Designer-Fußballer David Beckham bei der Entwicklung ihres →**Haig Club**. Dessen Aftershave-Verpackung soll der Kategorie wohl so etwas wie Glamour verschaffen. Weniger lautstark, aber durchaus hochwertig kommt die Grain-Serie →**Clan Denny** von →Douglas Laing (→**Sirius**, →**Starlaw**). In Japan

werden schon seit Längerem Single Grains abgefüllt (➛**Black Nikka**, ➛**Coffey Grain**) und neuerdings tun dies auch zahlreiche deutsche Brenner (➛Augustus, ➛Bosch, ➛Finch, ➛J.B.G., ➛Tecker etc.).

GRAND AGE
Japanischer Blend von ➛Nikka.

GRAND ALISTAR
Blended Scotch der ➛Tomatin Distillery Company, der schottischen Niederlassung von ➛Takara Shuzo.

GRAND CASTLE
Blended Scotch von ➛Morrison Bowmore (Beam Suntory). Ein Super-de-luxe, der mit 26 Jahren in einem aufwendigen Keramik-Dekanter angeboten wird und hauptsächlich für den prestigesüchtigen südostasiatischen Markt gedacht ist (➛**Grand Old Highland**).

GRAND DUKE
Indischer Whisky, *IMFL*, von ➛John Distilleries.

GRAND MACNISH
Scotch Whisky von ➛MacDuff International, zu haben als Blend und als Vatted Malt. Die Marke wurde Ende des 19. Jahrhunderts von Robert MacNish kreiert, auf dessen Konto auch ➛**Doctor's Special** geht. Beide Marken landeten später bei ➛Hiram Walker, und von dort kam Grand Macnish 1992 zu MacDuff.

GRAND TRAVERSE
US-*Craft* Distillery in Traverse City, Michigan, von Kent Rabish. Eingedenk seiner polnischen Vorfahren begann Rabish 2008 Wodka zu brennen. Seit einigen Jahren produziert er auch zwei Whiskeys, für die er ausschließlich Getreide aus der Region verwendet: **Grand Traverse Ole George** ist ein 3-jähriger Rye Whiskey (100 % Roggen, *ncf*), der **Grand Traverse Bourbon** *(ncf)* ensteht aus einer *mashbill* von 70 % Mais, 20 % Roggen und 10 % Gerstenmalz und ist auch mit Kirschgeschmack zu haben.

GRAND OLD HIGHLAND
Blended Scotch von ➛Morrison Bowmore (Beam Suntory). Ein Super-de-luxe, der mit 26 Jahren in einem aufwendigen Keramik-Dekanter angeboten wird und hauptsächlich für den prestigesüchtigen südostasiatischen Markt gedacht ist (➛**Grand Castle**).

GRANDE CANADIAN
Canadian Blend von ➛Heaven Hill. Die in Kentucky beheimatete Firma Heaven Hill importiert diesen Whisky en gros aus einer ungenannten Brennerei und füllt ihn für den US-Markt ab.

GRANT'S

Blended Scotch von →William Grant & Sons. Unter diesem Namen gibt es eine ganze Reihe hochanständiger Blends. Der Standard **Family Reserve** (früher: **Standfast**) gehört zu den ältesten und meistverkauften Scotch-Marken der Welt (derzeit Nr. 4). Die Entscheidung, einen Blend herauszugeben, wurde den Grants mehr oder weniger aufgezwungen: 1898 ging die Handels- und Blending-Firma Pattison's Konkurs, der Hauptabnehmer für die Malts aus den Grant-Destillerien →Glenfiddich und →Balvenie. Um nicht auf den eigenen Whiskys sitzen zu bleiben, entschloss man sich daher, sie selbst weiterzuverarbeiten, und nach einigen Anlaufschwierigkeiten entwickelte sich besonders der Standfast zum Exportschlager. Die William-Grant-Blends weisen einen hohen Malt-Gehalt auf, in der Hauptsache →**Balvenie**, →**Kininvie** und →**Glenfiddich**, in kleinen Mengen auch →**Ardmore**, →**Bowmore**, →**Craigellachie**, →**Glen Garioch** und →**Laphroaig**. Die Grants waren die Ersten, die auch ihren Blends ein *wood finish* spendierten (jene bis dato den Malts vorbehaltene Behandlung, die Grants Master Blender David Stewart erstmals und mit großem Erfolg bei →**Balvenie** erprobte): Seit 2001 gibt es einen **Grant's Ale Cask** aus dem Bierfass und **Grant's Sherry Cask** mit Oloroso-Finish sowie neuerdings auch einen **Grant's Nordic Oak**, für den Fässer aus skandinavischer Eiche geküfert wurden.

GREAT KING STREET

Blended Scotch, den →Compass Box 2011 als leichten „**Artist's Blend**" herausbrachte; eine kräftigere Version erschien 2014 als „**Glasgow Blend**" und basiert auf den Malts von →**Laphroaig**, →**Aberlour** und →**Clynelish**.

GREAT LAKES

US-Microdistillery in Milwaukee, Wisconsin, gegründet 2004 von Guy Rehorst, der in seiner deutschen *Obstbrennblase* hauptsächlich weiße Spirituosen produziert. Nur etwa 10 kleine Fässer Whiskey werden pro Monat abgefüllt, hauptsächlich für den Blended American ➛**Kinnickinnic**. Rehorsts andere Marken ➛**Menomonee Valley** und ➛**Repeal Reserve** erscheinen nur in sehr kleinen Auflagen.

GREAT MACAULAY

Blended Scotch von ➛QSI (William Grant & Sons).

GREAT NORTHERN DISTILLERY

Irische Brennerei, die derzeit in einer ehemaligen Brauerei (Harp Lager) in Dundalk, County Louth, entsteht. Treibende Kraft hinter dem Projekt ist John Teeling (➛Cooley, ➛Teeling). Hier sollen in großem Stil Malt und Grain Whiskeys gebrannt werden (3,6 bzw. 8 Millionen *lpa)*, um andere Hersteller damit zu beliefern; insbesondere jene Markeninhaber ohne eigene Brennerei, die bisher auf Destillate von ➛Cooley angewiesen sind (Teelings Ex-Firma Cooley lässt derzeit alle Lieferverträge auslaufen). Teeling geht außerdem davon aus, dass all die kleinen Brennereien, die derzeit in Irland entstehen (➛Irish Whiskey) und fast ausschließlich Malt und ➛Single Pot Still Whiskeys produzieren, in einigen Jahren Grain Whiskey benötigen werden, um schnelldrehende Blends herausbringen zu können. Die Vermarktung eigener Whiskey-Marken macht Teeling davon abhängig, ob sich ein starker Vertriebspartner finden lässt.

GREAT OUTBACK

Australischer Whisky, den Cawsey Menk Ende der 1990er-Jahre herausbrachte, ein auf „Geschenkartikel für Männer“ spezialisierter Großhändler in Sydney. Angeboten wurde Great Outback anfangs als Single Malt, bald gab es dann auch einen **Great Outback Blend**. Woher die Whiskys stammten, wollte bei Cawsey Menk keiner gewusst haben und so brodelte bald die Gerüchteküche. Umso mehr als es hieß, die Bestände seien begrenzt, da sie aus einer geschlossenen Brennerei kämen. Spätestens als Great Outback in französischen Supermärkten auftauchte, hätte klar sein dürfen, dass ein Gemischtwarenladen wie Cawsey Menk alles abfüllt, was ihm in die Quere kommt – nichts Geheimnisvolles also, eher Geheimniskrämerei. Inzwischen hat die Marke ihr verdientes Ende gefunden (und das macht sie für Jäger und Sammler erst richtig interessant).

GREAT SCOT

Blended Scotch von ➛Pernod Ricard, eine Billigmarke für den südostasiatischen Raum.

GREAT SOUTHERN DISTILLING CO.

Australische Brennerei in Albany, Western Australia, eröffnet 2004 von Cameron Syme; gebrannt wird mit zwei kleinen *pot stills*, gelagert in Ex-Bourbon-, Brandy- und Süßweinfässern. 2008 erschien der erste Whisky von Great Southern, der Single Malt ➛**Limeburners**, inzwischen gibt es auch einen ➛**Tiger Snake** im Bourbon-Stil.

GREENORE

Irischer Single Grain von der ➛Kilbeggan Distillery Co. (Beam Suntory), hergestellt in ➛Cooley. Irlands erster Single Grain wird im Wesentlichen aus Mais hergestellt, was ihn deutlich von seinen schottischen Vettern unterscheidet, die derzeit vor allem aus Weizen entstehen. Greenore ist in diversen Altersstufen und auch in *cask strength Einzelfassabfüllungen* zu haben (➛**Limerick**). Neuerdings gibt es den Whiskey in identischer Ausstattung auch unter dem Label Kilbeggan.

GREEN SPOT

Irischer ➛Single Pot Still Whiskey aus der Brennerei ➛Midleton von ➛Irish Distillers (Per-

nod Ricard). Ein würzig-frischer Irish, wie er sein soll – gefährlich trinkbar. Green Spot war lange Zeit einer der raren Vertreter der erst kürzlich wieder zu Ehren gekommenen ➛Pure (Single) Pot Still Whiskeys. Er wurde früher vom Dubliner Weinhandelshaus Mitchell & Son abgefüllt, das den frisch gebrannten Whiskey von ➛Jameson bezog und in den eigenen Kellern 10 Jahre lang reifen ließ (davon 5 Jahre in Ex-Sherryfässern). Seine außerordentliche Qualität machte den Spot bald zum Favoriten in Dublins gehobenen Trinkerkreisen – nicht umsonst ließ sich der große Samuel Beckett den Stoff noch in sein Pariser Exil liefern. Seit den 1970er-Jahren wird Green Spot von Irish Distiller selbst produziert *(nas)*, die die Marke kürzlich von den Mitchells übernahmen und auch deren 12-jährigen ➛**Yellow Spot** wieder zum Leben erweckten. Jetzt warten wir gespannt, ob die anderen Versionen, die Mitchell & Son in den großen Zeiten des irischen Whiskeys herausgaben, ebenfalls wieder auftauchen: der **Blue Spot** mit 7 und der **Red Spot** mit 15 Jahren.

GREGSON'S

Brasilianischer Whisky von ➛Heublein Do Brasil (Gruppo Campari), ein Verschnitt aus schottischen Malts und einheimischen Grains. Die Marke wird heute hauptsächlich in Uruguay verkauft. Sie stammte ursprünglich von W. & A. Gilbey (➛**Glen Spey**).

GRIFF'S COWBOY WHISKEY

US-Whiskey aus der ➛Cedar Ridge Distillery. Eine Mischung aus 2-jährigem Bourbon und einem Destillat, das 6 Monate in einem Tank lag, der auch ein paar Fassdauben enthielt, damit wenigstens ansatzweise etwas Farbe und Aroma entstehen.

GRÜNER HUND

Deutscher Single Malt aus der Brennerei ➛Blaue Maus von Robert Fleischmann; erstmals erschienen 2005 und wie üblich bei Fleischmann eine *Einzelfassabfüllung.*

GRUPPO
CAMPARI

GRUPPO CAMPARI

Die Mailänder Aperitif-Könige drängen seit einigen Jahren aufs internationale Spirituosenparkett. Zwar reicht es nicht für große

Übernahmen im Stil von Diageo, Pernod Ricard oder Suntory, doch auch aus den Brosamen vom Tisch der Großen lässt sich noch ein kleiner Konzern backen: Als Pernod Ricard kartellrechtliche Probleme bekam und außerdem Geld für den Erwerb des Wodka-Bestsellers Absolut brauchte, schnappten sich die Italiener 2006 die ➛Glen Grant Distillery, die Blended Scotch-Marken ➛**Braemar** und ➛**Old Smuggler** sowie den Bourbon ➛**Wild Turkey** (2009). Und als Diageo seine Lateinamerika-Interessen abstieß, ergatterte Campari mit ➛Heublein do Brasil und der Brandy-Marke Dreher (weltweit Weinbrand N°3) zwar keine großen Namen aber doch einige lukrative Regionalmarken. 2014 kam mit ➛**Forty Creek** einer der feineren Canadians nach Mailand. Des Weiteren besitzt die Gruppe die Whiskey-Liköre Carolans und Irish Mist, den Jamaika-Rum Appleton sowie mit Skyy eine der weltweit erfolgreichsten Wodkamarken. Ob aus diesem Sammelsurium tatsächlich ein substanzielles Portfolio zusammenwächst, wird sich noch zeigen.

GUILLON

Französischer Single Malt aus der gleichnamigen Brennerei von Thierry Guillon in Louvais, Champagne. Der gelernte Önologe Guillon hat ein Faible für Weinfass-Finishes. Seine zum Teil getorften Malts reifen in bis zu zehn verschiedenen *Fässern*, die ursprünglich meist hochklassige Weißweine wie Montrachet, Meursault oder Sauternes enthielten. Die Brennerei existiert seit 1997, die ersten Abfüllungen erschienen 2002.

Ich Habe Whisky
schon immer für das beste Stärkungsmittel gehalten.
Eugen O'Neill, „Eines langen Tages Reise in die Nacht"

HAAS

Deutscher Single Malt aus der gleichnamigen Obstbrennerei von Johannes Haas in Pretzfeld, Oberfranken. Haas verwendet über Buchenholz geräuchertes Gerstenmalz, destilliert zweifach im Roh- und Feinbrandverfahren und lässt seinen Whisky 10 Jahre in französischen Rotwein-Barriques reifen. Offiziell läuft die Whisky-Produktion hier seit 1999, tatsächlich aber brannte Haas' Großmutter bereits 1972 einen Whisky aus gemälzter und ungemälzter Gerste. Er reifte in einem Apfelmostfass, das erst vor einigen Jahren bei Aufräumarbeiten wieder auftauchte. 2012 wurde der Whisky abgefüllt. Von den etwa 100 Flaschen dieses mit 40 Jahren wohl ältesten deutschen Whiskys sind nur noch wenige verfügbar.

HABBEL'S DESTILLERIE & BRENNEREI

Deutscher Hersteller in Sprockhövel, Nordrhein-Westfalen. In dieser alteingesessenen Korn- und Obstbrennerei der Familie Habbel wurde bereits 1977 ein Roggen-Whisky destilliert (85 % Roggen, 15 % Malz). Nach 10-jähriger Reifung in Bourbonfässern wurde er in Stahltanks umgefüllt und schließlich 2010 als **Uralter Whi-Sky** abgefüllt (etwa 1200 Flaschen). Jüngeren Datums ist die Marke ➛**Hillock**, die in Zukunft in Habbels 2014 eröffneter Hillock Park Distillery gebrannt werden wird. Sie ist mit einer schottischen *pot still* ausgerüstet.

HADDINGTON HOUSE

Blended Scotch von ➛QSI (William Grant & Sons); eine in Lateinamerika sehr erfolgreiche Marke.

HAIG

Schottische Whisky-Marke von ➔Diageo, zu haben als **Haig Gold Label**, einstmals ein gefeierter Blended-Scotch-Klassiker und noch immer eine sehr angenehme Scotch-Soda-Basis alter Schule; Gleiches gilt für Haigs De-luxe-Version ➔**Dimple**, die auch schon länger in Diageos Riesenportfolio vor sich hin dämmert. Neu dagegen ist **Haig Club**, ein ➔Single Grain, der 2014 mit großem PR-Getöse unter Mitwirkung des Glamour-Kickers David Beckham präsentiert wurde. Das ist der traurige Rest eines der ehemals klangvollsten Namen in der schottischen Whisky-Industrie. Die Familie Haig, deren Vorfahren mit Wilhelm dem Eroberer nach Britannien kamen und sich im 13. Jahrhundert in den Lowlands niederließen, kann mit einigem Recht für sich in Anspruch nehmen, den ältesten Namen in der Branche zu tragen. Urkundlich erwähnt werden sie in diesem Zusammenhang erstmals 1655, als Robert Haig sich wegen sonntäglichen Schnapsbrennens vor den lokalen Kirchenoberen rechtfertigen musste. Spätere Generationen waren mit den ➔Jamesons und den Steins verschwägert und somit auch mit Robert Stein verwandt, dessen Erfindung der Patent still genannten *column still* die Entstehung der Whisky-Industrie auslöste (➔Blended Scotch). Die Haigs gehörten dann auch zu den Ersten, die sich die neue Technik zunutze machten und ihre ➔Cameronbridge Distillery mit *column stills* ausrüsteten (1830). Damals führte jener John Haig (1802–1878) die Geschäfte, der eine treibende Kraft hinter dem Zusammenschluss der großen Lowland-Brennereien zu einem Konzern war, aus dem 1877 die ➔DCL entstand. Unter DCL-Nachfolger Diageo durfte John Haig & Co. nur noch kurze Zeit als selbstständige Firma agieren. Bis zu ihrer Auflösung führte sie die Brennereien ➔Cameronbridge, ➔Glenkinchie und ➔Glenlossie/Mannochmore. Von dort und aus ➔Linkwood stammen die wesentlichen Komponenten der Haig-Blends.

The HAKUSHU

Japanischer Single Malt aus der gleichnamigen Brennerei von ➛Suntory in Hokuto, Präfektur Yamanashi. Der leichte, milde Stil der Hakushu Malts wird in Japan gern als „Duft des Waldes“ beschrieben (die Brennerei steht mitten in einem ausgedehnten subtropischen Waldgebiet). Ältere Versionen zeigen allerdings eine überwältigende, hocharomatische Dichte. Hakushu gibt es – zumindest theoretisch – ohne Altersangabe, mit 10, 12, 18 und 25 Jahren sowie als **Hakushu Heavily Peated** *(nas)* und in diversen Sondereditionen (praktisch ist er, wie nahezu alle Suntory Malts, ausverkauft). Die Brennerei wurde 1973 eröffnet und galt, nach einem Erweiterungsbau ab 1981 als größte Whisky-Destillerie der Welt. Zeitweise brannte sie mit 36 *pot stills* um die 30 Millionen *lpa* jährlich. Infolge der japanischen Rezession wurden große Teile der Brennerei 2006 stillgelegt, derzeit stehen 18 *stills* unter Feuer. Sie unterscheiden sich deutlich in Form und Größe und können daher all die unterschiedlichen Malts liefern, die für Suntorys Blends benötigt werden. Gereift wird größtenteils in Ex-Bourbonfässern, Sherryfässer kommen ebenfalls zum Einsatz und in kleinem Maßstab auch *Fässer* aus neuer japanischer Eiche (mizunara). Seit 2013 verfügt Hakushu über eine vergleichsweise kleine Grain-Brennerei.

HAMASHKEH

Blended Scotch, ➛koscherer Whisky, der von ➛Invergordon für EMA Kosher Foods, London, hergestellt wird; Hamashkeh bedeutet auf Hebräisch „Getränk“.

HAMILTONS

Schottische Vatted-Malt-Reihe, *nas*, von ➛Angus Dundee; seit 2012 werden hier vergleichsweise günstige Malt-Mischungen herausgebracht, die jeweils repräsentativ für die Whisky-Regionen Schottlands ➛Speyside, ➛Highlands, ➛Islay und ➛Lowland Malt sein sollen: Sonderangebote für die Nachwuchskundschaft.

HAMMER HEAD

Tschechischer Single Malt von der ➛Stock Spirits Group, destilliert 1989 in Prádlo bei Pilsen, erstmals abgefüllt 2010 mit 20 Jahren, heute noch als 23-Jähriger zu finden. Stock gibt mit diesem Malt alte Bestände heraus, die noch vor dem Mauerfall destilliert und offenbar in Prádlos Lagern vergessen worden waren. Hammer Head ist nach der Hammermühle benannt, die hier in Betrieb war. Derartige Getreidemühlen findet man heute noch bei ➛Barton 1792, ➛Gimli und ➛Teaninich.

HANCOCK'S PRESIDENT'S RESERVE

Kentucky Straight Bourbon, der in der ➛Buffalo Trace Distillery für ➛Age International (Takara Shuzo) hergestellt wird. Für diesen unspektakulären Single Barrel wird, wie bei allen Age-International-Whiskeys, eine spezielle *mashbill* verwendet, die etwas mehr Roggen enthält als jene, die für Buffalo Traces eigene Marken zum Einsatz kommt.

HANKEY BANNISTER

Blended Scotch von ➛Inver House (ThaiBev), angeboten als **Original Blend**, **Heritage Blend** und in mehreren Alterstufen bis zu 40 Jahren. Die Marke geht auf eine 1757 im Londoner West End gegründete Weinhandlung zurück und verkauft sich heute vor allem in Osteuropa und Lateinamerika. Sie enthält unter anderem Malts aus ➛Balblair, ➛Balmenach und ➛Knockdhu (➛**Glen Drummond**).

HANYU

Japanische Brennerei bei Chichibu, Präfektur Saitama, von Toa Shuzo. Bis ins Jahr 2000 wurde hier in zwei *pot stills* Malt Whisky nach schottischem Vorbild gebrannt und unter dem Label ➛**Golden Horse** abgefüllt. Auch Golden Horse Blends gab es sowie einen **Old Halley**, der mit schottischem Malt unterfüttert wurde. 2006 tauchte in Europa ein 1988 destillierter **Hanyu Single Malt** bei einem niederländischen Abfüller auf, ein Jahr später gab es ein Fass des gleichen Jahrgangs von der ➛Number One Drinks Company (beide in *cask strength*). Die spektakulärsten Hanyus aber sind jene, die unter dem Label ➛**Ichiro's Malt** erschienen: Ichiro Akuto, ein Enkel des Destilleriegründers hatte 2004 die gesamten Restbestände aufgekauft und füllt die etwa 400 Fässer seither in der „Playing Card"-Serie ab (mehr dazu unter dem Stichwort Ichiro's Malt). Die Brennerei Hanyu wurde 1941 von Isouji Akuto eröffnet, dessen Familie im nahe gelegenen Chichibu seit 1621 Sake braut. Isouji brannte hier in erster Linie Japans traditionellen Getreideschnaps Shochu, versuchte sich aber nebenbei auch in Whisky. Nach der Anschaffung der beiden *pot stills* ging man die Sache dann ab 1983 etwas professioneller an, doch mangels Nachfrage gingen in Hanyu 17 Jahre später die Lichter aus.

HARRIER

Südafrikanischer Blended Whisky von ➛Distell. Seit 1994 gibt es diese Mischung aus lokalem Grain und importiertem Malt Whisky, der ein Autor einmal das Aroma von Hühnerbrühe und gekochtem Kohl attestierte.

HART BROTHERS

Schottisches Blending- und Handelshaus, das 1967 in Glasgow gegründet wurde. Es besitzt die Blends **Hart's**, **Old Curlers**, **Old Fox**, **Old Glasgow**, **Old Keg**, **Scots Lion** und **Speakers** und betätigt sich auch als ➛unabhängiger Abfüller. Bekannt wurden die Harts hier mit ihrem spektakulären Dynasty Decanter, einem aufwendig verpackten 31-jährigen Bowmore (➛**Alloa**).

HARWOOD
Canadian Blend von ➔Heaven Hill. Die in Kentucky beheimatete Firma Heaven Hill importiert diesen Whisky en gros und füllt ihn seit 1989 für den US-Markt ab.

HATTER ROYALE
US-Whiskey von ➔New Holland Artisan Spirits. Vor der Fasslagerung wird das Gerstenmalzdestillat mit Hopfen versetzt und mit einer 5%igen Zuckerrohrlösung gesüßt.

HAYWARD'S
Indischer Whisky von ➔UB Spirits (Diageo); seit Jahren gehört Hayward's zu den am schnellsten wachsenden Whisky-Marken weltweit. Dezeit liegt er auf Platz 10 (trinken muss man ihn deshalb aber noch lange nicht).

HAZELBURN
Schottischer Single Malt aus der ➔Springbank Distillery (Campbeltown) im Besitz der Familie ➔J. & A. Mitchell. Ein cremig-fruchtiges Mittelgewicht mit deutlichem Sherryeinfluss, abgefüllt derzeit als 10- und als 12-Jähriger. Seit 2008 gibt es diesen ungetorften, dreifach gebrannten Whisky aus dem Hause Springbank. Er trägt den Namen der größten der ehemals 34 Destillerien Campbeltowns. Erbaut wurde sie 1796, geschlossen 1925. Hazelburn gehörte zeitweise dem umtriebigen Peter Mackie (➔**White Horse**) und diente Masataka Taketsuru, dem späteren ➔Nikka-Gründer, als Ausbildungsstätte.

HAZELWOOD
Schottischer Malt Whisky aus der ➔Kininvie-Brennerei von ➔William Grant & Sons. Die erste Hazelwood-Version war ein ➔Vatted Malt und erschien 2001 als **Centennial Reserve** zur Feier des 100. Geburtstag von Janet Sheed Roberts, der letzten überlebenden Enkelin des Firmengründers William Grant. Sie hatte die Kininvie Distillery 1990 persönlich eröffnet und daher bestand der Whisky denn auch größtenteils aus Malts dieser Brennerei. Benannt wurde er nach dem Anwesen von Mrs. Roberts. Als die gute Dame dann 105 wurde, ließen sich die Grants nicht lumpen und füllten Kininvie erstmals auch als Single ab.

Zur großen Freude aller Sammler erreichte Mrs. Roberts auch noch ihr 110. Lebensjahr und so gab es erneut einen Kininvie-Single – wenn auch nur 1600 Flaschen. Janet Sheed Roberts verschied im Mai 2012. Seither erscheint Kininvie nicht mehr unter dem Namen Hazelwood, sondern nun ganz regulär unter dem der Brennerei.

HEARACH ➛Isle of Harris

HEAVEN HILL BRANDS
US-Hersteller in Bardstown, Kentucky, gegründet 1935 von der Familie Shapira, die noch heute die Mehrheit hält. Damit ist Heaven Hill der größte unabhängige Whiskey-Produzent der Vereinigten Staaten. Bis 2014 firmierte das Unternehmen als Heaven Hill Distilleries, der Name geht auf eine Familie Heavenhill zurück, die an dieser Stelle schon im 18. Jahrhundert Schnaps gebrannt haben soll. Angesichts der prohibitionsbedingten Unterversorgung des Marktes setzten die Shapiras von Anfang an auf Massenproduktion. Der Großteil des Stoffes ging an fremde Abfüller oder Handelsfirmen und noch heute bringt dieser Geschäftszweig einen Gutteil des Firmenumsatzes ein; so stammen zum Beispiel fast alle Marken von ➛Kentucky Bourbon Distillers von Heaven Hill und ebenso die in Deutschland abgefüllten Bourbons ➛**Medley** und ➛**PennyPacker**. Die Hausmarke **Heaven Hill Kentucky Straigth Bourbon** und die zahllosen kleineren, zum Teil sehr alten Labels, die oft nur regional vertrieben werden, sind zumeist einfache Schnelldreher. Erst seit den 1980er-Jahren entwickelt Heaven Hill deutlicheres Markenprofil. Mit ➛**Evan Williams**, nach ➛**Jim Beam** momentan der meistverkaufte Bourbon weltweit,

→**Elijah Craig** und →**Old Fitzgerald** verfügt das Haus über einige renommierte Marken und mit →**Parker's Heritage Collection** über einen veritablen High Ender. Für die Herstellung sind bei Heaven Hill seit drei Generationen Brennmeister aus der Familie →Beam tätig. Sie verwenden eine seit Jahrzehnten gepflegte Hefekultur mit Hopfenbeigabe. Die *mashbill* für die eigenen Marken beträgt 75 % Mais, 13 % Roggen und 12 % Gerstenmalz für Bourbon und 65 % Roggen, 23 % Mais und 12 % Gerstenmalz für die Ryes; der *sour-mash*-Anteil ist mit ca. 30 % außergewöhnlich hoch. Die Heaven Hill Distillery bei Bardstown verfügte über 44 *warehouses* zu je 20 000 Fässern und damit lange Jahre über einen der größten Whiskey-Vorräte der USA. Dies änderte sich schlagartig, als im November 1996 (in eben jener Woche übrigens, in der dieses Buch erstmals erschien) ein Blitz in eines der Lagerhäuser einschlug und ein verheerendes Feuer auslöste, dem mehrere Hunderttausend Liter Whiskey zum Opfer fielen. Augenzeugen berichten von reihenweise explodierenden Fässern und brennenden Whiskey-Strömen, die ein Lagerhaus nach dem anderen verschlangen und

schließlich auch die Destillerie selbst vernichteten. Dank brancheninterner Solidarität konnten die Shapiras die Produktion in Brennereien ihrer Konkurrenten →Beam von →Brown Forman verlagern. Drei Jahre nach dem Feuer erwarben sie die →Bernheim Distillery in Louisville, in der seit 2000 die gesamte Heaven Hill Range produziert wird. Sie umfasst folgende Marken:

Bourbon: **Cabin Still, Echo Spring, Fighting Cock, Henry McKenna, J.T.S.Brown, J.W.Dant, Kentucky Deluxe, Mattingly & Moore, T.W.Samuels, W.W.Beam**

Blend: **Paul Jones, Philadelphia, Wilson**

Rye: **Pikesville, Rittenhouse, Stephen Foster**

Wheat: **Bernheim, Larceny**

Corn: **Georgia Moon, J.W.Corn, Mellow Corn**

Canadian: **Grande Canadian, Harwood, Heaven Hill Canadian Blend** (nur für den US-Markt abgefüllt)

Scotch: **Heaven Hill Blended Scotch** (aus ungenannter Quelle, nur für den US-Markt abgefüllt).

HEDGES & BUTLER

Blended Scotch von →Ian Macleod. Die 1667 in Glasgow gegründete Weinhandlung Hedges & Butler belieferte vornehmlich Fürsten- und Königshöfe in ganz Europa und begann erst nach dem Ersten Weltkrieg, eigene Blends herzustellen. Nach langen Jahren im Besitz des britischen Brauereiriesen Bass ist die Marke seit Anfang des Jahrtausends bei Ian Macleod.

HEDONISM

Schottischer Vatted Grain von →Compass Box. Mit dieser Marke gab Compass-Box-Erfinder John Glaser im Jahr 2000 sein öffentlichkeitswirksames Debüt. Die erste Hedonism-Version erschien in einer Auflage von 690 Flaschen und war eine Mischung aus 10-jährigem →**Cambus** und 20-jährigem →**Caledonian**. Letzterer war eine echte Rarität und wurde in späteren Abfüllungen durch andere Grains ersetzt. Zum 15. Geburtstag der Firma 2015 erschien mit **Hedonism Quindecimus** eine höchst ausgefallene Mischung von →**Port Dundas**, →**Dumbarton**, →**North British** und →**Loch Lomond**, alle zwischen 20 und 32 Jahre alt (Auflage: 6000 Flaschen). Ob es sich bei Glasers neuartigen

Vatted Grains tatsächlich um eine sinnvolle Innovation handelt oder ob wir es hier mit einem eklatanten Fall von Originalitätszwang zu tun haben (→Double Single), sei dahin gestellt. Die Industrie jedenfalls war durchaus angetan von der Möglichkeit, ihre deutlich günstiger zu produzierenden, eher geschmacksarmen Grain Whiskys nun als High-End-Whiskys zu vermarkten (→**Grain**, →**Haig Club**).

HELLYERS ROAD

Australischer Single Malt aus der gleichnamigen Destillerie in Burnie, Tasmanien, erstmals abgefüllt 2006. Neben dem 10-jährigen Original gibt es noch eine leicht getorfte Version und ein Pinot-Noir-Finish sowie die Marke →**Southern Fire**. Das Malz stammt aus einer Brauerei in Hobart, der Torf aus Schottland; die beiden Brennblasen bestehen teils aus Stahl, teils aus Kupfer, die Fässer kommen aus Kentucky und von lokalen Winzern. Hellyers Road ist mit einer Kapazität von 100 000 *lpa* die größte Single-Malt-Brennerei Australiens. Sie wurde 1999 von Whisky Tasmania Pty Ltd. eröffnet, einer Tochterfirma der Milchbauern-Kooperative Betta Milk.

HENRY MCKENNA

Kentucky Straight Bourbon von →Heaven Hill. Als „bequem und anspruchslos wie eine alte Jeans" empfiehlt der Hersteller diesen anständigen Alltags-Bourbon, also her mit der Cola; seit 1995 wird die Marke auch als 10-jähriger *Single Barrel* angeboten und der braucht höchstens ein paar Eiswürfel. Der Whiskey trägt den Namen einer irischen Einwandererfamilie, deren 1855 in Fairfield (Nelson County) eröffnete Brennerei bis zur →Prohibition einen guten Ruf genoss. Nach der Trockenperiode wurde es eng für kleine Familienbetriebe und so verkauften McKennas Nachkommen 1941 an →Schenley. Die Destillerie wurde 1976 abgerissen, die erloschenen Markenrechte sicherte sich →Heaven Hill.

HET ANKER DISTILLERY

→Gouden Carolus

HEUBLEIN DO BRASIL

Die in São Paulo ansässige Tochterfirma der ➛Gruppo Campari produziert die einheimischen Whisky-Marken ➛**Drury's**, ➛**Durfee Hall**, ➛**Gold Cup**, ➛**Gregson** und ➛**Old Eight**. Der Name Heublein geht auf Gilbert und Louis Heublein zurück, Söhne eines aus Österreich eingewanderten Hoteliers, die sich 1875 als Weinhändler selbstständig gemacht hatten. Das große Geld machten sie ab 1892 mit einer Erfindung, die heute zu Recht als Anfang vom Ende der amerikanischen Barkultur angesehen wird: in Flaschen abgefüllte Fertigcocktails (pre-mixes), die sie unter dem Namen „The Club Cocktails" verkauften. Nach der Prohibition erwarb Heublein die Wodka-Marke Smirnoff und vermarktete sie als „White Whiskey". In den USA war Wodka damals noch ein Nischenprodukt für osteuropäische Immigranten, erst durch das Engagement des Hauses Heublein, das ihn vor allem als Cocktail-Ingredienz populär machte, wurde jener Wodka-Boom ausgelöst, der heute den Spirituosenmarkt der westlichen Welt dominiert. Mit der Entstehung der internationalen Spirituosenkonzerne in den 1980ern wurde die Firma Heublein zu einem kleinen Rädchen im mächtigen Betrieb von ➛Diageo, wo sie bald nur noch für den Vertrieb einiger Marken in Lateinamerika zuständig war. Anfang dieses Jahrtausends gab Diageo Heublein an die Mailänder Campari-Gruppe ab.

HEWITTS

Blended Irish von ➛Irish Distillers (Pernod Ricard), kombiniert aus ➛Midleton Grain und je einem Malt aus ➛Midleton und ➛Bushmills. Diese ungewöhnliche Mischung war 1960 nur für den heimischen Markt eingeführt worden, konzipiert als Konkurrenz zu den schottischen Blends, die damals auf den irischen Markt drängten. Zu diesem Zweck enthielt Hewitts anfangs – ganz untypisch für Irish-Distillers-Whiskeys – auch getorften Malt. Der Whiskey trägt den Namen der Familie Hewitt, die 1793 in Cork die Watercourse Distillery eröffnet hatte und 1868 zu den Gründungsmitgliedern der Cork Distilleries Co. gehörte (➛Midleton). Der Betrieb in Watercourse wurde 1975 eingestellt, die Marke Hewitts inzwischen leider auch (2004).

HI

Japanischer Blend, 39 Vol.-%, von ➛Nikka.

HIBIKI

Japanischer Blend von Suntory; die Renommiermarke des Hauses erschien 1989 anlässlich des 90. Firmenjubiläums und ist ein herausragendes Beispiel japanischer Blending-Kunst. Derzeit wird er mit 12, 17, 21 und 30 Jahren angeboten, alle drei kommen in der eleganten Flasche, deren 24 Facetten die 24 Stunden des Tages symbolisieren. Hibiki (dt. „Harmonie“), dessen teils in Ex-Umeshu-(Traubenlikör)Fässern gereifte Malts hauptsächlich aus ➛Hakushu stammen, wurde von Suntory zielstrebig als Exportmarke aufgebaut – die Gastrolle in Sofia Coppolas „Lost in Translation“ hat da sicherlich nicht geschadet.

HICKS & HEALEY

Kornischer Single Malt von Healeys Cornish Cyder Farm in Penhallow, Cornwall, erstmals erschienen 2011 als 7-jährige *Einzelfassabfüllung* in *Fassstärke*. Mittlerweile gibt es diesen Whiskey (irische Schreibweise) auch in länger gelagerten Versionen – eine rühmliche Ausnahme angesichts der Tatsache, dass die meisten der zahllosen Neu- und Kleinbrenner ihren Schnaps des schnellen Geldes wegen kaum noch reifen lassen. Kay und David Healey können sich damit Zeit lassen, da sie ihr Hauptgeschäft mit Cyder (in der von der altehrwürdigen Firma Aspall eingeführten Schreibweise für Cider) und Apfelbränden machen. Seit 2003 brennen sie in ihrer kleinen *pot still* auch Whiskey, und damit hat Cornwall als fünftes Siedlungsgebiet der ➛Celtic Nations seinen Platz auf der großen Whisk(e)y-Landkarte gefunden.

HIGH COMMISSIONER

Blended Scotch der ➛Loch Lomond Group; der Bestseller des Hauses.

HIGH WEST DISTILLERY

US-Hersteller in Park City, Utah, gegründet 2007 von David Perkins. Noch bevor er selbst zu destillieren begann, hatte Perkins sich als Blender von Rye Whiskeys einen guten Namen gemacht. Seinen erstmals 2008 erschienenen **Rendezvous Rye** stellt er aus verschiedenen, bereits ausgereiften Ryes zusammen, die er von ➔LDI bezieht. Von dort stammen auch die Bourbons und Ryes, die er zu **Bourye, Son of Bourye** und **Campfire** kombiniert, Letzterer enthält außerdem noch einen schottischen Vatted Malt unbekannter Herkunft. Sein erstes eigenes Produkt ist der aus einer Hafermaische gebrannte **Valley Tan** (so hieß der Schnaps, den sich die in Utah beheimateten Mormonen im 19. Jahrhundert heimlich brannten). Auch ein Single Malt aus eigener Herstellung soll demnächst abgefüllt werden.

HIGHLAND BIRD

Blended Scotch von ➔QSI (William Grant & Sons).

HIGHLAND BREEZE

Blended Scotch von ➔Inver House Distillers (➔**MacArthur's**).

HIGHLAND CATTLE

Schottischer Single Malt aus der ➔Glenfarclas Distillery von J. & G. Grant. Eines von mehreren Zweitetiketten, unter denen die Grants ihren Malt zu günstigen Preisen anbieten.

HIGHLAND DREAM

Blended Scotch von J. & G. Grant (➤**Glenfarclas**). Ein edler Blend alter Schule, der in Spanien gerne getrunken wird; zu haben mit 12 und 18 Jahren.

HIGHLAND HARVEST ORGANIC

Schottischer Bio-Whisky von The Organic Spirits Company in Bramley, Surrey; zu haben als Vatted und als Single Malt *(Einzelfassabfüllung)*. Die Herkunft der Whiskys wird nicht angegeben, sie könnten aus ➤Benromach oder ➤Springbank stammen, den einzigen Brennereien, die bisher Whisky aus organisch angebautem Getreide veröffentlichten (➤**Da Mhile**). Der vom US-Landwirtschaftsministerium zertifizierte Highland Harvest erschien 2005, damals noch als Blended Scotch. The Organic Spirits Company ist eine Tochter von London & Scottish Spirits, einem auf Handelsmarken spezialisierten Unternehmen.

HIGHLAND MIST

Blended Scotch, den die ➤Loch Lomond Group für die amerikanische ➤Sazerac Co. produziert.

HIGHLAND PARK

Schottischer Single Malt (Highlands, Orkney Islands, Kirkwall) von ➤Edrington. Das ist einer von den Großen: Seine Komplexität macht dieses vollmundige Mittelgewicht zum Archetyp eines Single Malt, das American Spirit Journal (2005) bezeichnete den 18-Jährigen gar als „beste Spirituose der Welt". Highland Park wird seit 1979 als Single abgefüllt und derzeit in zahlreichen Versionen von 12 bis 50 Jahren angeboten; seit 2014 auch ohne Altersangabe als **Dark Origins** und in der limitierten, sammleraffinen **Valhalla Collection (Thor, Loki, Feya, Odin**). Leider verschwindet ein Großteil der jährlichen Produktion von 2,5 Millionen *lpa* noch immer in den Blends ➤**Cutty Sark** und ➤**Famous Grouse**, die interessantere Mischung aus Highland Park und einem einzigen Grain Whisky, die 1996 unter dem Label **Sundowner** erschien, wurde bald wieder vom Markt genommen. Dort, wo mit Highland Park heute Schottlands nördlichste Destillerie steht, wurde nachweislich bereits 1795 illegal

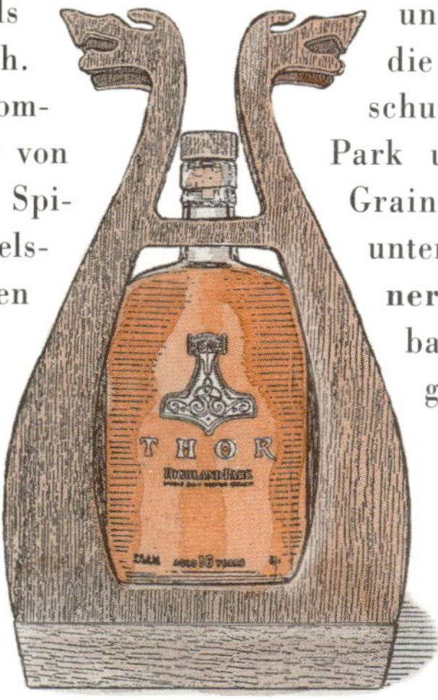

gebrannt, anfangs von dem Priester Magnus Eunson, der seine Fässer Hollywood-tauglich in Särgen und unter seiner Kanzel verbarg. Eunson wurde von einem Steuerbeamten namens John Robertson verhaftet, der die Schwarzbrennerei offensichtlich weiter betrieb, bis die Destillerie 1825 eine Lizenz erhielt. In jenem Jahr wurden auch die ersten Gebäude der heutigen Anlage errichtet. 1937 kam Highland Park zu Highland Distilleries, einem Konsortium, das sich heute mehrheitlich im Besitz der Edrington Group befindet. Highland Park ist eine der wenigen Destillerien, deren *malting floors* noch in Betrieb sind. Von hier stammen etwa 20 % des benötigten Malzes mit einem Torfgehalt von 30 bis 40 *ppm*, das mit ungetorftem Malz von auswärts gemischt wird. Damit ergibt sich ein Phenolgehalt von etwa 2 *ppm* im *new make*. Highland Park reift vornehmlich in Ex-Bourbon- und zu 15 % in Ex-Sherryfässern.

HIGHLAND QUEEN Blended Scotch von →Terroir Distillers. Mit dieser Marke nahm die Entwicklung des 1893 gegründeten Hauses Macdonald & Muir Fahrt auf. Die Blending Firma aus Leith konnte dank des Erfolges ihrer Highland Queen auf vielen Exportmärkten die Brennereien →Glenmorangie und →Glen Moray erwerben, die bis ins Jahr 2004 im Besitz der Familie Macdonald blieben. Glenmorangies heutiger Besitzer →Moët Hennessy legte den Fokus auf die Vermarktung von Singel Malts und so wurde die alte Dame, zusammen mit dem Blend →**Muirhead**, 2008 an das französische Familienunternehmen →Terroir Distillers verkauft. Highland Queen – einst mit dem Slogan „The other woman in your Life“ beworben – wird heute in Skandinavien, Lateinamerika, dem Mittleren Osten und Asien vermarktet; neben zwei Blend-Varianten (*nas* und 12 Jahre) erscheint unter dem Label **Highland Queen Majesty** eine

Reihe von Single Malts aus ungenannten Highland-Brennereien.

HIGHLAND RESERVE

Blended Scotch von ➛QSI (William Grant & Sons).

HIGHLANDS

Schottlands größte Whisky-Region liegt nördlich der alten Steuerbezirksgrenze zwischen Greenock im Westen und Dundee im Osten; offiziell werden auch alle Inseln außer ➛Islay den Highlands zugeordnet. Die Einteilung Schottlands in verschiedene Whisky-Regionen mag historische Gründe haben, zur Unterscheidung verschiedener Whisky-Stile taugt sie wenig. Die Unterteilung in nördliche, östliche, südliche und westliche Highlands sowie ➛Speyside bringt hier auch nicht mehr als geografische Klarheit – zu unterschiedlich sind die Produkte der Destillerien, als dass man aus deren Lage allgemeingültige Rückschlüsse auf den Charakter ihrer Whiskys schließen könnte – und das ist ja gerade das Schöne (➛Scotch, Markenregister im Anhang).

HIGHLANDS & ISLANDS SCOTCH WHISKY CO.

Unabhängiger Abfüller in Glasgow, der in der Reihe **Scottish Castles** einige Einzelfassabfüllungen zum Teil recht alter Single Malts anbietet, außerdem die preisgünstigen Eigenmarken ➛**Black Cuillin**, ➛**The Ileach** und ➛**The Pibroch**.

HIGHWOOD DISTILLERS

Kanadischer Hersteller in High River, Alberta. Die kleine unabhängige Brennerei verarbeitet fast ausschließlich Weizen, nur alle paar Jahre wird die Produktion für einige Monate auf Roggen umgestellt. So erhält man die nötigen *flavoring whiskies*, die mit den nahezu neutralen Weizenbränden und zugekauften Maisdestillaten zu Blends verarbeitet werden (➔Canadian). Außerdem kann Highwood-Manager Michael Nychyk auf die Lagerbestände von ➔Potter zurückgreifen, jener obskuren Brennerei in British Columbia, die Highwood 2005 aufgekauft hatte. Die meisten Highwood-Marken sind Billigblends, gerne auch in Plastikflaschen abgefüllt und nur regional im Handel: ➔**Centennial**, **Highwood**, ➔**Potter's**, ➔**Thunder Bolt**, ➔**True North** und ➔**White Owl**. Mit ➔**Century Reserve**, ➔**Ninety** und dem auf 6000 Flaschen limitierten 25-jährigen **Highwood** (erschienen 2012) hat die Brennerei aber auch ein paar Edelmarken im Programm (➔**Proof**). Ihr Hauptgeschäft macht sie allerdings mit Wodka. Das Unternehmen wurde 1974 als Sunnyvale Distillery gegründet, seinen heutigen Namen erhielt es 1987, Firmensitz ist Calgary, Alberta.

HILLOCK

Deutscher Single Malt aus ➔Habbel's Destillerie & Brennerei, derzeit als **Hillock 4 1/2/12** (viereinhalb Zwölftel) angeboten. Die Abfüllung besteht aus einem viereinhalbjährigen und einem 12-Jährigen Malt. Beide reiften in Ex-Bourbonfässern, der jüngere danach noch in einem Ex-Islay-, der ältere in einem Ex-Cognacfass. Zukünftige Abfüllungen sollen aus Habbels 2014 eröffneter Hillock Park Distillery gebrannt werden wird. Sie ist mit einer schottischen *pot still* ausgerüstet.

HILLROCK ESTATE

US-Craft Distillery in Ancram, New York, gegründet 2011 von Jeff Baker, einem Investmentbanker, der auf seinem weitläufigen Landgut im Hudson Valley den gesamten Herstellungsprozess kontrollieren kann: vom selbst angebauten Getreide über das Mälzen – Hillrock verfügt über einen eigenen *malting floor*, also einen Darrboden, wie er heute selbst in Schottland kaum mehr in Gebrauch ist –, die Destillation in einer maßgefertigten *pot still* und die Reifung in kleinen Fässern. Hillrock ist wohl die einzige US-Brennerei, die amerikanischen Torf verwendet anstatt der sonst hierzulande üblichen Importware aus Schottland. Um auch gar nichts dem Zufall zu überlassen, engagierte Baker Dave Pickerell, der als Master Distiller bei ➛Maker's Mark schon so etwas wie Craft Whisky brannte, als dieser Begriff noch gar nicht im Umlauf war. Der erste Whiskey des Hauses war 2012 ein hochtrabend **Solera Aged** genannter Bourbon – diese Mischung von bestenfalls einjährigem Hillrock Whiskey mit zugekauftem Bourbon hat trotz kurzzeitiger Sherryfasslagerung

nichts mit dem spanischen Solera-System zu tun, bei dem Sherrys unterschiedlicher Altersstufen über Jahre hinweg miteinader vermählt werden (echten Solera-Whisky liefert die südafrikanische Brennerei →Drayman). 2013 kam der erste **Hillrock Single Malt**, gefolgt von einem **Double Cask Rye** und **Hillrock George Washington Rye** (ungelagerter Hillrock Rye gemischt mit ungelagertem →Mount-Vernon-Rye von Maker's Mark).

HIPS

Japanischer Whiskey von → Kirin Holdings. Das Beste an diesem Pseudo-Bourbon ist die Flasche: Sie trägt einen aufgeprägten Alligator auf der Schulter, das bemüht altmodische Etikett wartet mit einem merkwürdig verrenkten Pinup auf sowie dem Hinweis, der Whiskey bestehe aus ausgewählten „Gersten-Bourbons", darunter allerdings sehen wir einen Maiskolben und schließlich die gewagte Behauptung, jeder Schluck würde Körper und Geist stärken. Ein wahres Kleinod und auch nur zu Dekorationszwecken zu gebrauchen.

HIRAM WALKER & SONS

Kanadische Brennerei in Walkerville, Ontario, im Besitz von →Pernod Ricard. Mit einer Tagesproduktion von 180 000 *lpa* ist Hiram Walker die größte Destillerie Nordamerikas. Sie liefert die Marken **Hiram Walker Special Old**, →**Imperial** (Canadian), →**Lot N°40**, →**Pike Creek**, →**Royal Reserve** und →**Wiser's**. Letzterer ist offiziell das wichtigste Label des Hauses, inoffiziell ist es aber noch immer der große →**Canadian Club**. Mit der Entwicklung dieser Marke schrieb Firmengründer Hiram Walker (1816–1899) Whisky-Geschichte (→Canadian Whisky) und obwohl Canadian Club heute zum Portfolio von →Beam Suntory gehört, wird er nach wie vor in Walkerville produziert. Sein Anteil an Hiram Walkers gesamten Whisky-Output liegt bei etwa 40 %. Weitere 30 % werden für Marken anderer Firmen verbraucht, darunter →**Gibson**, →**McGuinness**, →**Rich & Rare** und →**Royal Canadian**. Derartiges *contract distilling* ist für eine Brennerei von

Hiram Walkers Größe überlebenswichtig, und sie ist dank ihrer Ausstattung auch vielseitig genug, um unterschiedlichste Whiskys herzustellen (nicht zu reden von all den Likören, Rums und Wodkas, die hier entstehen). Die früher Walkerville genannte Brennerei wurde 1858 gegründet (der Großteil der heutigen Anlage stammt jedoch aus den 1950er-Jahren), ihre erste Marke war **Hiram Walker Special Old**, damals noch ein echter Rye Whisky, heute als Blend angeboten. 1926 verkaufte die Familie Walker das Unternehmen an einen gewissen Harry C. Hatch, der zur treibenden Kraft hinter Hiram Walkers Aufstieg werden sollte. Der ehemalige Barmann war Kopf einer Gruppe von Investoren, die einige Jahre zuvor die renommierte Gooderham & Worts Distillery in Toronto übernommen hatte. Mit der geballten Kapazität der neuen Hiram Walker-Gooderham & Worts Ltd. und einiger krimineller Energie enterten die Herren den durch die →Prohibition lahmgelegten US-Markt und versorgten die fuselgeplagten Amerikaner mit sauberem Canadian (Hiram Walker liegt am Nordufer des Detroit River, also direkt an der Grenze zu den USA). 1932 übernahm Hatch die kanadische Brennerei →Corby und kaum war das Alkoholverbot gefallen, fasste er mit dem Erwerb der Scotch-Marken **→Ballantine's**, **→Old Smuggler** und **→Macnairs**

in Schottland Fuß. Die beiden Marken hatte er dem notorischen Prohibitionsgewinnler James „Jimmy“ Barclay abgekauft, den er dann zum Direktor seiner schottischen Niederlassung machte (→Strathisla). Die befand sich in →Dumbarton, wo Hatch 1938 die seinerzeit modernste Whisky-Brennerei Europas errichten ließ. Von hier aus baute er **Ballantine's** zur Weltmarke auf. Nach Hatchs Tod 1946 führten seine Nachkommen das Unternehmen noch einige Jahrzehnte weiter und erwarben eine Reihe von schottischen Brennereien: →Ardbeg, →Balblair, →Glenburgie, →Glencadam, →Milton Duff, Pulteney (→Old Pulteney), →Scapa. 1987 übernahm die britische Allied-Gruppe das Ruder. Unter deren Regie erwarb Hiram Walker & Sons den spanischen Whisky-Produzenten →DYC und die Star Hill Distillery in Kentucky (→**Maker's Mark**). Der Verkauf von Allied im Jahre 2005 bedeutete das Ende für Hiram Walker, dessen Geschäftsbereiche aufgeteilt wurden: **Canadian Club** und **Maker's Mark** gingen an →Beam, **Old Smuggler** zur →Gruppo Campari, den Rest griff sich →Pernod Ricard. Die kanadischen Interessen dieses Konzern und also auch die Leitung von Hiram Walker & Sons wurde Corby übertragen (→**Grand Macnish**, →**Laird of Fintry**, →**Lauder's**, →**Ten High**).

HIRSCH SELECTION

US-Marke im Vertrieb von Anchor Distilling; unter diesem Label wird eine ganze Reihe von Sorten angeboten: **Kentucky Straight Bourbon**, **Kentucky Straight Rye**, **Corn Whiskey** und **Canadian Rye**. Über die Herkunft der Whisk(e)ys schweigt man sich bei Preiss aus, sicher ist nur, dass sie nichts mit jenem legendären **A.H. Hirsch Bourbon** zu tun haben, von dessen Ruf und Rarität die Erfinder der Hirsch Selection ganz offensichtlich profitieren wollten: 1974 hatte A.H. Hirsch, ein ehemaliger →Schenley-Manager 400 Fässer Bourbon aus der →Michter's Distillery in Pennsylvania erworben und füllte sie unter eigenem Namen ab. 1990 wurde der verbliebene Whiskey in Stahltanks gelegt, um den Alterungsprozess aufzuhalten. Die zuletzt 2003 erschienenen A. H. Hirsch Bourbons, 16, 19 und 20 Jahre alt, wurden als Sensation gefeiert: von Genießern wegen ihrer Qualität, von Sammlern wegen ihres Status als letzte Überlebende aus Pennsylvania, der Ur-Heimat des amerikanischen Whiskeys (ein kleiner Teil des 16-Jährigen wurde auch unter dem Label **Boone's Knoll** abgefüllt). A. H. Hirsch war in den 1990er-Jahren von Preiss Imports erworben worden, die dann auch das Label Hirsch Selection entwickelten. 2008 gab Preiss die Marke an Anchor Distilling ab, den Produzenten des eigenwilligen →**Old Potrero Rye**.

HOGSHEAD

1) Schottischer Vatted Malt, den eine Firma namens Inverheath herausgibt. Als deren Adresse wird die →Edradour Distillery angegeben, es kann sich also nur um eine Tochterfirma von →Signatory handeln. Ein Hogshead (wörtlich: Schweinskopf) bezeichnet ein circa 250 l fassendes Eichenfass.

2) US-Whiskey aus der →Edgefield Distillery, Oregon, hergestellt aus reinem Gerstenmalz, seit 2002 auf dem Markt.

HOKKAIDO

Japanischer Single Malt aus der Brennerei →Yoichi, auf Hokkaido, von →Nikka. Der erste Malt Whisky, den Nikka als Single abfüllte, erschien 1984 mit 12 Jahren. Damals wurde die Brennerei noch unter dem Namen der Insel Hokkaido geführt.

HOLLEN

Schweizer Single Malt aus der gleichnamigen Brennerei in Lauwil bei Basel. Seit 1999 brennt die Familie Bader auf ihrem Bauernhof kleine Mengen an Whisky und erhebt Anspruch darauf, 2003 den ersten →Schweizer Whisky abgefüllt zu haben. Mittlerweile bieten sie auch einen 9- und einen 12-Jährigen an wie alle Hollen-Malts als *Einzelfassabfüllungen* in *Fassstärke*, gereift in französischen Weinfässern. Die Destillation findet in nur einem Durchgang in einer *Obstbrennblase* statt.

HOMBO SHUZO

Japanischer Hersteller in Kagoshima auf Japans Südinsel Kyushu. Das 1872 gegründete Unternehmen produziert in erster Linie den heimischen Getreidebrand Shochu und unternimmt derzeit den vierten Anlauf in Sachen Whisky: Erste Experimente fanden in den 1920er-Jahren statt, ohne Spuren zu hinterlassen. Ab 1953 versuchte man es erneut in drei verschiedenen Brennereien: im Stammhaus in Kagoshima und parallel dazu in der 1960 errichteten Brennerei Yamanashi. 1985 wurde die Produktion in die →Shinshu Mars Distillery in Miyata, Präfektur Nagano. Sieben Jahre lang brannte man hier in 2 *pot stills* leicht getorften Whisky, dann wurde der Betrieb mangels Rentabilität stillgelegt. Angesichts des seit einigen Jahren in der Whisky-Welt virulenten Japan-Virus heizte man die *stills* 2011 wieder an. Der erste neue Shinshsu Single Malt erschien 2014 als **The Revival 2011 Komagatake**. Das Label →Komagatake wurde schon früher für Hombo Shuzos Whiskys verwendet, im Allgemeinen benutzt man dort aber den Markennamen →**Mars** (der findet sich auch auf anderen Produkten des Hauses: Wein, Bier und Brandy).

HOOD RIVER DISTILLERS

US-Hersteller in Portland, Oregon, gegründet 1934. Anfangs als Obstbrenner tätig, verlegte sich die Firma in den 1960er-Jahren auf den Import und die Abfüllung von Spirituosen fremder Hersteller (→**Pendleton**). Seit der Übernahme von →McCarthy's 2014 verfügt Hood River auch selbst wieder über eine Brennerei.

HOT IRISHMAN LTD.

Irischer Hersteller, gegründet 1999 in Dublin von Bernard und Rosemary Walsh; nach ersten Erfolgen mit ihren →Whiskey-Likören Irish Cream und Hot Irishman brachten die Walshs 2007 den Single Malt →**The Irishman** heraus, zwei Jahre später kam dann →**Writers Tears**. Bisher lässt man sich die Whiskeys von →Irish Distillers liefern, die Eröffnung einer eigenen Walsh Whiskey Distillery in Royal Oak, Carlow, ist für 2016 avisiert. Hier sollen große Mengen an Malt- und Grain-Whiskey produziert werden, um auch jene Whiskey-Markeninhaber zu versorgen, die nach dem Lieferstop von →Cooley sonst auf dem Trockenen sitzen würden. Hot Irishman wird dann wohl unter dem Brennereinamen firmieren. An dem Unternehmen ist auch die italienische Familie Reina beteiligt, die ihr Geld vornehmlich mit der Likörmarke Amaretto di Saronno macht.

HOUSE OF COMMONS
Blended Scotch, den ➛Buchanan früher exklusiv für das britische Unterhaus abfüllte; das Oberhaus (➛House of Lords) bekam seinen Whisky dagegen von William Whiteley, einem alten Blending House, das später im ➛Pernod-Ricard-Imperium verschwand.

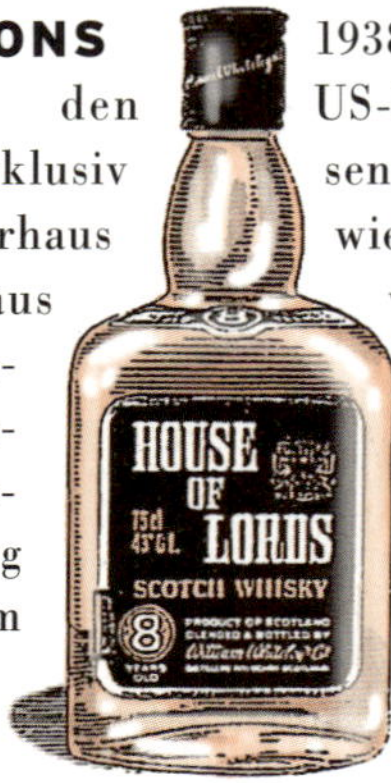

HOUSE OF LORDS
Blended Scotch, den William Whiteley früher für das britische Oberhaus abfüllte (➛House of Commons). Während der Prohibition war House of Lords dann eine jener Luxusmarken, mit denen die Briten den amerikanischen Markt eroberten. Der Whisky wurde damals in extra gehärtete Flaschen abgefüllt, denn die Transportmethoden der Schmuggler stellten hohe Ansprüche an das Material: Die Flaschen wurden in Torpedos verladen und nachts von ehemaligen Navy-Booten an die Strände Long Islands gefeuert. Von dort fand der Whisky seinen Weg nach New York City in Müllkähnen. Der Firma Whiteley bescherte dieser Einsatz wertvolle Kontakte: Nach der Prohibtion konnte sie die Brennerei ➛Edradour erwerben, deren Malt eine wichtige Rolle im House-of-Lords-Blend spielte. 1938 wurde sie selbst von einem US-Finanzier übernommen, dessen Mafiaverbindungen immer wieder Stoff für Spekulationen waren. In den 1980er-Jahren landete Whiteley bei ➛Pernod Ricard und wurde Teil von ➛Chivas Brothers, die den Blend nun in Lateinamerika vermarkten.

HOUSE OF PEERS
Schottischer Vatted Malt von ➛Hunter Laing, der die Marke mitnahm, als er sich von ➛Douglas Laing trennte. Dort gab es House of Peers früher auch als Blended Scotch.

HOUSE OF STUART
Blended Scotch, den die ➛Loch Lomond Group für die amerikanische ➛Sazerac Co. produziert.

HUDSON WHISKEY
US-Whiskey, der in der Tuthilltown Distillery von Ralph Erenzo und Brian Lee für ➛William Grant & Sons hergestellt wird. Seit 2006 gibt es diesen Whiskey, derzeit in folgenden Versionen: **Hudson New York Corn Whiskey**, ungelagerter ➛Corn aus 100 %

Mais (in den Anfangsjahren als **Old Gristmill Authentic American Corn** gelabelt), **Hudson Baby Bourbon**, der Bestseller des Hauses, ein 2 bis 4 Jahre gelagerter Corn Whiskey, **Hudson Single Malt**, eine „amerikanische Neuinterpretation" schottischen Whiskys, **Hudson Four Grain Bourbon**, die „easy sippin' whiskey"-Version aus einer Getreidemischung von Mais, Roggen, Weizen und Gerstenmalz, **Hudson Maple Cask Rye**, ein Rye, der in Fässern reift, die vorher Ahornsirup enthielten, sowie als formidabler **Hudson Manhattan Rye**. Verarbeitet werden ausschließlich lokale Getreidesorten, zweifach in deutschen *Obstbrennblasen* destilliert, in frischen, angekohlten Eichenfässern (12 bis 30 l) gereift und in halbe Flaschen (0,357 l) abgefüllt. Eine Spezialität von Tuthilltown ist das „sonic aging": Die Fässer werden nachts mit tiefen Bassfrequenzen beschallt, was ihren Inhalt in leichte Vibration versetzt, um den Holzkontakt und damit die Reifung zu intensivieren. Die 2003 in einer historischen Mühle eröffnete Brennerei in Gardiner, New York State, wird als erste legale Brennerei in der einstigen Schwarzbrennerhochburg New York gefeiert. Wie so vieles, was mit der großen Stadt in Verbindung gebracht werden kann, verfügt sie über einen besonderen Coolness-Faktor, und dass die Hudson Whiskeys anfangs nur in LeNell's zu erwerben waren, dem inzwischen leider geschlossenen Szenetrinkertreffpunkt im Brooklyner Bezirk ➔Red Hook, hat diese Assoziation nur verstärkt. Der Erfolg der mit Preisen überhäuften Whiskeys rief bald auch einen der Großen auf den Plan: Seit 2010 besteht ein Joint Venture mit dem schottischen Traditionshaus ➔William Grant & Sons, das die Marke nun international vertreibt. Die Brennerei selbst gehört nach wie vor den beiden Gründern.

HUNTER LAING

Unabhängiger Abfüller, Glasgow, von Stewart H. Laing, der nach jahrzehntelanger Zusammenarbeit mit seinem Bruder Fred aus dem väterlichen Betrieb ➔Douglas Laing ausstieg und sich 2013 selbstständig machte. Neben ansehnlichen Whisky-Vorräten nahm er die für ihre Single-Malt-

Raritäten bekannten Labels **Old Malt Cask** und **Old & Rare** mit, außerdem die Tochterfirma ➛Langside. Weitere Single-Malt-Reihen des Hauses sind **Sovereign** und **The First Editions**, die von der von Hunters Söhnen geführten Firma Edition Spirits herausgegeben wird.

HVEN

Schwedischer Single Malt aus der Brennerei Spirit of Hven von Henric Molin. Mit einer Jahresproduktion von 15 000 *lpa* ist dies eine der kleinsten Whisky-Brennereien der Welt. Sie wurde 2008 eröffnet und liefert in der Regel leicht getorfte Whiskys, gereift in amerikanischer und europäischer Eiche (alle *nc*, *ncf*). Der erste Malt, benannt nach der Muse der Astronomie **Hven Urania**, erschien 2012. Es folgten **Hven Dubhe**, **Hven Merak** und **Hven Phecda**; sie sind Teil der Reihe „Seven Stars", in der bis 2019 allen sieben Sternen des Großen Wagens je ein Whisky gewidmet werden soll. Neben Gestirnen gibt es bei Herrn Molin auch Heilige: **Sankt Ibb** und **Sankt Claus** heißen seine bisher erschienenen *cask strength Einzelfassabfüllungen*, die beide mit teilweise kräftig getorftem Malz zubereitet werden (48 *ppm*). Eine besondere Rolle spielt für Molin die Hefe, die der gelernte Chemiker für die wichtigste Zutat bei der Whisky-Herstellung hält. Er verwendet daher unterschiedliche, speziell gezüchtete Hefekulturen. Ebenso genau nimmt er es bei der Wahl der Fässer. Sie werden aus mehrere Jahre lang getrocknetem Holz geküfert und erst dann mit *new make* befüllt, nachdem ausgewählte Winzer ihre Weine darin reifen ließen. Die Brennerei steht auf der Insel Hven, Øresund, auf der die Familie Molin auch ein Hotel mit eigener Whisky-Bar betreibt.

HYDE N 1

Irischer Single Malt aus der ➛Cooley Distillery, abgefüllt für Hibernia Distillers, Blackpool, Cork, als 10-Jähriger mit Sherry-*wood finish*; benannt nach Douglas Hyde (1860–1949), dem ersten Präsidenten der Republik Irland. Die Marke erschien 2015.

Für einen Scotch **I**st immer Zeit
Graham Greene, „Unser Mann in Havanna“

IAN MACLEOD DISTILLERS

Schottischer Hersteller, gegründet 1933 von Leonard Russell in Edinburgh. Die Russells gehören heute zu den größten unabhängigen Herstellern in Schottland. Sie betreiben die Brennereien ➔Glengoyne und ➔Tamdhu sowie Broxburn Bottlers, eine moderne Blending- und Abfüllanlage. Dort lagern auch die großen Vorräte an Malt Whisky, die sie als ➔unabhängige Abfüller unter ihren Labels ➔**Chieftain's**, ➔**Dun Bheagan** und ➔**Shieldaig** herausgeben. Mit ➔**As we get it**, ➔**Six Isles** und ➔**Smokehead** besitzen sie drei interessante Malt-Marken, ihre erfolgreichsten Blends sind ➔**King Robert II**, ➔**Isles of Skye**, ➔**Langs** sowie ➔**Hedges & Butler**; kleinere Labels sind **Dunfife, Glen Halley, Glenshire, Marshal**, und **Queen's Seal**, die vor allem nach Asien exportiert werden. Für einige dieser Marken ist die Tochterfirma William Maxwell verantwortlich. Sie geht auf ein 1796 in Liverpool gegründetes Handelshaus zurück, das Leonard Russell 1936 erwarb. Außerdem produziert Ian Macleod in großem Stil Whiskys für andere Firmen, z. B. ➔**Black Top** und Handelsmarken für einige der größten europäischen Supermarktketten.

ICHIRO'S MALT

Japanisches Label, unter dem Ichiro Akuto, Betreiber der Brennerei ➔Chichibu, Single Malts aus der ➔Hanyu Distillery abfüllt. Nachdem diese ihre Whisky-Produktion im Jahre 2000 eingestellt hatte, erwarb Akuto etwa 400 der restlichen Fässer, die zwischen 1985 und 2000 befüllt worden waren. Nach und nach bringt er seither *cask strength* *Einzelfassabfül-*

lungen dieser Whiskys heraus. Hochgelobt und heißbegehrt trugen Ichiro's Malts in hohem Maße dazu bei, dass japanischer Whisky heute auch außerhalb von Fachkreisen ernst genommen wird. Als besonders clever erwies sich Akotus Idee, einen Großteil der Abfüllungen ab 2005 mit Spielkarten-Etiketten anzubieten und damit Sammler in aller Welt verrückt zu machen. Nachdem die 52. Karte 2013 endlich erschienen war, setzte Akuto-san noch eins drauf und kündigte zum Abschluss einen Joker an. Der kam 2014 in zwei Versionen: als *single cask* und als Mischung aus mehreren Fässern – so hält man Komplettisten bei der Stange. In Europa werden Ichiro's Malts von der ➛Number One Drinks Company angeboten.

The ILEACH

Schottischer Single Malt (Islay) von ➛Highland & Island Whisky Co. Die Brennerei wird vom Abfüller nicht angegeben, das Alter auch nicht, vermutlich haben wir es hier mit einem jungen ➛Laphroaig zu tun. Ileach ist ein gälicher Ausdruck für die Eingeborenen der Insel Islay. Wie auch die anderen Highland- & Island-Whiskys verfügt The Ileach (gesprochen etwa: ihlach) über ein sehr überzeugendes Preis-Leistungs-Verhältnis: viel Torf für wenig Geld (vorzugsweise in der Version mit *Fassstärke*).

IMMORTAL MEMORY

Blended Scotch von ➛Gordon & MacPhail. Die „Unsterbliche Erinnerung" gilt dem schottischen Nationaldichter ➛**Robert Burns** (1759–1796), dessen Geburtstag am 25. Januar bei überzeugten Schotten einen ähnlichen Durst auslöst wie der „St. Patrick's Day" beim irischen Nachbarn. Zu Burns' 200. Todestag 1996 gaben Gordon & MacPhail eine limitierte Sonderabfüllung dieser hochklassigen Marke heraus (➛**John Barleycorn**).

IMPERIAL

Schottischer Single Malt (Carron, Banffshire, Speyside) von ➛Chivas Brothers (Pernod Ricard). Ein kaum wahrgenommener Malt, der seine Speyside-Qualitäten nur selten als Single zeigen durfte. Lange gab es ihn nur von ➛Gordon & MacPhail, später auch von anderen ➛unabhängigen Abfüllern, die einzige Originalabfüllung kam Anfang der 1990er vom damaligen Besitzer Allied Domecq als 15-Jähriger, für den sich heute nur noch Sammler interessieren. Die 1897 nach einem Entwurf von ➛Ch. Doig errichtete Brennerei lieferte von Anfang an wesentliche Komponeneten für den ➛**Black-Bottle**-Blend, später auch für ➛**Long John** und ➛**Ballantine's**. Allerdings war Imperial in ihrer über 100-jährigen Geschichte insgesamt nur 45 Jahre in Betrieb. Nach der Übernahme von Allied durch Pernod Ricard im Jahre 2005 wurde die Brennerei abgerissen, um dem Bau der ➛Dalmunach Distillery Platz zu machen. Unter dem Label Imperial bietet Pernod Ricard des Weiteren einen einfachen Canadian Blend und einen Blended Scotch an. Letzterer ist die führende Scotch-Marke in Südkorea. Auch die US-Brennerei ➛Barton 1792 hat einen Imperial, der allerdings ist ein Blended American.

IMPERIAL BLUE

Indischer Whisky von ➛Pernod Ricard. Diese Mischung aus schottischem Malt und indischem Grain gehört zu den 10 meistverkauften Whisk(e)y-Marken der Welt. Imperial Blue wurde ursprünglich von ➛Seagram für den lateinamerikanischen Markt herausgebracht und dann 1994 in Indien lanciert (➛**Nasik**). Der Name Seagram steht noch heute auf dem Etikett, obwohl die Firma längst nicht mehr existiert.

INCHFAD

Schottischer Single Malt (Highlands, Alexandria) aus der ➛Loch Lomond Distillery. Dieser stark getorfte Malt wurde ab 2006 öfter als *Einzelfassabfüllung* angeboten; ob Loch Lomonds neue Besitzer dies weiterhin tun werden, ist fraglich.

INCHGOWER
Schottischer Single Malt (Speyside, Buckie) von →Diageo. Ein nussiges, eher trockenes Mittelgewicht, das fast ausschließlich für Blends verwendet wird (→**Bell's**, →**Johnnie Walker** und →**White Horse**). Außer der Originalabfüllung in der →Flora & Fauna-Reihe gab es Inchgower in der →Rare Malts Selection; auch einige →unabhängige Abfüller bieten ihn hin und wieder an. Die Brennerei wurde 1871 erbaut, kam 1938 zu Arthur Bell & Sons und damit später zu Diageo. Nach aufwendigen Renovierungsarbeiten liefert dieses fleißige Mauerblümchen von Destillerie nun 3,2 Millionen *lpa* jährlich.

INCHMOAN
Schottischer Single Malt (Highlands, Alexandria) aus der →Loch Lomond Distillery. Lange Zeit wurde dieser deutlich getorfte Whisky nur für Blends verwendet. Als Single gab es ihn erstmals als *single cask* für die Limburger Whisky Messe 2005. Ende desselben Jahres kam dann auch eine offizielle Abfüllung heraus. Beide sind heute Sammlerstücke.

INCHMURRIN
Schottischer Single Malt (Highlands, Alexandria) aus der →Loch Lomond Distillery. Ein florales Leichtgewicht, derzeit zu haben als 12- und 18-Jähriger sowie mit Madeira-*wood finish* (*nas*). Inchmurrin trägt den Namen einer Insel im Loch Lomond.

INDISCHER WHISKY
In den letzten Jahrzehnten hat sich Indien zu einem der größten Whisky-Produzenten und -Märkte der Welt entwickelt. Unter den 10 meistverkauften Whiskys stammen 8 aus Indien: →**Officer's Choice** →**MacDowell's N°1**, →**Royal Stag**, →**Imperial Blue**, →**Old Tavern**, →**Original Choice**, →**Hayward's** und →**Bagpiper**. Das Gros dieser „Indian

Made Foreign Liquors“ (*IMFL*) besteht allerdings aus Melassedestillaten, ist also nach westlicher Auffassung eigentlich Rum (für Traditionalisten: ohne Zusatz einer geschützten Herkunftsbezeichnung ist der Begriff Whisky nicht definiert, →**Director's Special**). Für die einfachsten Marken wird dieser Zuckerrohrschnaps durch Zugabe von nicht näher spezifiziertem Malzextrakt aufgepeppt („malted whisky“); für etwas mehr Geld bekommt man Mischungen aus Melasse-Whisky und Blended Scotch; in wesentlich geringeren Mengen gibt es Blends aus schottischen Malts und indischem Melasse-Whisky, in der obersten Schublade schließlich echte indische Malt Whiskys: den inzwischen international anerkannten →**Amrut** sowie die Marken →**Paul John**, →**Old Gold** und die Single Malt-Version von **McDowell's** (deren Herstellung wird allerdings durch die klimatischen Bedingungen des Landes erschwert, →Alter, →Angel's Share). Das indische Brennereiwesen begann unter britischer Herrschaft (→DCM Shiram, Shaw Wallace), wurde aber nach der Unabhängigkeit von einer landesweiten Prohibition in die Illegalität verwiesen. Nicht zuletzt um die grassierende Schwarzbrennerei einzudämmen, wurde das Alkoholverbot in einigen Bun-

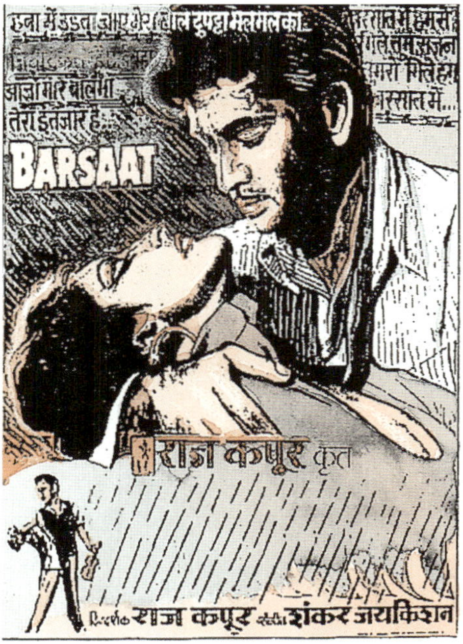

desstaaten aufgehoben, was den derzeitigen Aufschwung auslöste. Der größte Hersteller ist →United Spirits, von Bedeutung sind außerdem →Jagatjit, →Khoday, →Mohan Meakin und →Radico Khaitan (→Som Distillers, →South Sea Distillers, →Tilaknagar Industries, →Vinbros). Hauptkonsumenten sind die Angehörigen der Mittelschicht, deren Zahl ungefähr der der Bevölkerung der USA entspricht. Ein so gewaltiger Markt zog natürlich die großen internationalen Konzerne an, die sich seit Anfang der 1990er-Jahre verstärkt um die Zusammenarbeit mit einheimischen Herstellern bemühen, um so die protektionistischen Restriktionen der indischen Regierung zu unterlaufen. Den Anfang machte hier wie üblich der →Seagram-Konzern, dessen Erbe →Pernod Ricard mit →**Royal Stag** und →**Imperial Blue** heute einer der großen Gewinner auf dem Subkontinent ist. Der andere ist Branchenprimus →Diageo, der sich durch die schrittweise Übernahme von United Spirits nicht nur jede Menge Marken, sondern auch ein weitreichendes Vertriebsnetz sichern konnte. Dies ist umso wichtiger, als die gegenwärtige Entwicklung eine erhöhte Nachfrage nach den großen internationalen Marken verspricht. Mit wachsendem Wohlstand greift das globalisierungsgeprägte Metropolenpublikum zunehmend zu →**Johnnie Walker**, →**Ballantine's**, →**Jim Beam** & Co. Auch Single Malts sind hier gefragt, Spitzenreiter ist derzeit →**The Glenlivet.**

INISH TURK BEG MAYDEN VOYAGE

Irischer Single Malt der Inish Turk Beg Ventures von Nadim Sadek, einem irisch-ägyptischen Unternehmer, der bis 2013 Eigentümer der kleinen Insel Inish Turk Beg im Westen Irlands, County Mayo, war. Er ließ sich den Whiskey von →Cooley brennen und lagerte ihn dann auf seiner Insel ein. Nach etwa 10-jähriger Reifung wurde der Malt mit vor Ort aufgefangenem Regenwasser auf Trinkstärke herabgesetzt. Abgefüllt wurden 2888 Literflaschen.

INISHOWEN

Blended Irish Whiskey von der ➛Kilbeggan Distillery Co. (Beam Suntory). Seit 1995 ist dieser leicht getorfte Irish auf den Markt. Er basiert auf dem Malt ➛**Connemara** und trägt den Namen einer Halbinsel in Nordwest-Irland (County Donegal), die früher für die Qualität ihres Whiskeys und als Zentrum der Schwarzbrennerei bekannt war. Damals wurde ein Whiskey dieses Namens von A. A. Watt herausgegeben (➛**Kilbeggan**, ➛**Tyrconnell**).

INTERNATIONALE WHISKYS

Seit einigen Jahren werden immer wieder Kombinationen aus Whisk(e)s verschiedener Länder angeboten. Den Anfang machte ➛**Cradle Mountain**, es folgten ➛**Celtic Nations** und ➛**Raritas Diaboli** (weitere Marken im Register/Anhang II). Während diese Marken von ihren Herstellern explizit als Spezialitäten beworben werden, ist es beispielsweise in ➛Indien und ➛Japan durchaus üblich, eigene Produkte mit gehaltvolleren Scotches zu unterfüttern, ohne das gleich an die große Glocke zu hängen. Das gilt auch bei ➛Blended Americans, für deren Mischung gerne Tankladungen kanadischen Grains nach Kentucky gekarrt werden.

INVER HOUSE DISTILLERS

Schottische Produktionsfirma in Airdrie, Lanarkshire, im Besitz von ➛ThaiBev. Inver House wurde 1965 vom US-Spirituosenkonzern Publicker mit dem Bau der ➛Garnheath Distillery ins Leben gerufen und besaß zeitweise auch die Brennereien Bladnoch (1973–1983) und Loch Lomond (1985–1986). Durch ein Management-Buy-out machte sich Inver House 1988 selbstständig und erwarb die Destillerien ➛Knockdhu (1988) und ➛Speyburn (1992) sowie die Scotch-Labels ➛**Catto's** und ➛**Hankey Bannister**. Seit 1995 besitzt die Firma auch den Malt ➛Old Pulteney, seit 1996

➛Balblair, seit 1997 ➛Balmenach (➛**Glen Flagler**, ➛**Killyloch**, ➛**Moffat**). Weitere Marken sind unter anderem ➛**Blairmhor**, ➛**Glen Drummond**, ➛**Inver House Green Plaid** und ➛**MacArthur's**; (➛**King Henry VIII**, ➛**Muckle Flugga**). Inver House macht 90 % seines Umsatzes im Export, produziert neben Whisky auch Gin und Wodka. Seit 2001 gehören Inver House Distillers zu ThaiBev, einem Unternehmen des thailändischen Tycoons Charoen Sirivadhanabhakdi.

INVER HOUSE GREEN PLAID

Blended Scotch von Inver House Distillers (ThaiBev); ein günstiger ➛Light Whisky, der in den 1950er-Jahren in den USA lanciert wurde. Heute verkauft er sich auch in Lateinamerika und dem Fernen Osten ganz ordentlich.

The INVERGORDON

Schottischer Single Grain (Northern Highlands) aus der gleichnamigen Destillerie von ➛Invergordon Distillers (Whyte & Mackay/Emperador Inc.); einer der wenigen ➛Grains, die regelmäßig als Single abgefüllt werden (seit 1990). Auch von den ➛Unabhängigen gibt es ihn manchmal (➛**Clan Denny**). Invergordon ist die einzige Grain-Brennerei in den Highlands.

INVERGORDON DISTILLERS

Schottischer Hersteller im Besitz von ➛Whyte & Mackay (Emperador Inc). Die Firma betreibt eine große Produktionsanlage nahe der Ortschaft Invergordon am Cromarty Firth. Dazu gehören die Grain-Brennerei Invergordon mit einer Jahreskapazität von 36 Millionen *lpa* und eine Blending- und Abfüllanlage. Hier werden Whyte & Mackays Whiskys abgefüllt, aber auch große Konzerne beziehen ihre Grains zum Teil von hier (→*contract distilling/blending*). Invergordon wurde 1959 von der Investmentgruppe London Merchant Securities ins Leben gerufen. In deren Auftrag erichtete Invergordon 1966 die →Tamnavulin Distillery. Unter wechselnden Besitzern erwarb die Firma im Laufe der Zeit die Brennereien →Bruichladdich, →Tullibardine, →Deanston, →Glenallachie und →Isle of Jura. Die Invergordon Distillery beherbergte zeitweise die Malt-Brennerei →Ben Wyvis. 1993 wurde die Firma von Whyte & Mackay übernommen und verlor daraufhin die Kontrolle über alle Brennereien bis auf Invergordon selbst. Das Hauptgeschäft des Hauses ist seither die Herstellung von Handelsmarken, in erster Linie für Einzelhandelsketten, aber auch für andere Firmen und Privatkunden. Auf diesem Sektor ist Invergordon der weltgrößte Scotch-Anbieter. Hier einige Invergordon-Produkte: →**Dew of Ben Nevis**, →**Ferintosh**, →**Hamashkeh**, →**Kelt**, →**Pig's Nose**, →**Sheep Dip**, →**Smokey Jim**.

INVERLEVEN

Schottischer Single Malt (Lowlands) von →Chivas Bros. (Pernod Ricard). Ein Whisky-Zombie – schon zu Lebzeiten nur ein unscheinbares Arbeitstier im Dienste der →**Ballantine's** Blends, damals allein von →Gordon & MacPhail freundlicherweise auch als Single abgefüllt (und später noch einmal von →Signatory); Inverleven hatte seine Schuldigkeit längst getan und ruhte in Frieden († 1991), als Chivas ihn wieder ans Licht zerrte, um die Sammler ein wenig zu schröpfen: 2011 erschien ein 36-Jähriger arg müder Malt im aufwendigen Karton mit Schleifchen verpackt für bald £ 300. Ein Jahr später legte →Duncan Taylor noch eins drauf: Eingeperrt in einen Tantalus gab es einen 34-Jährigen für knappe 1000 Pfund. Wäre es wenigstens ein

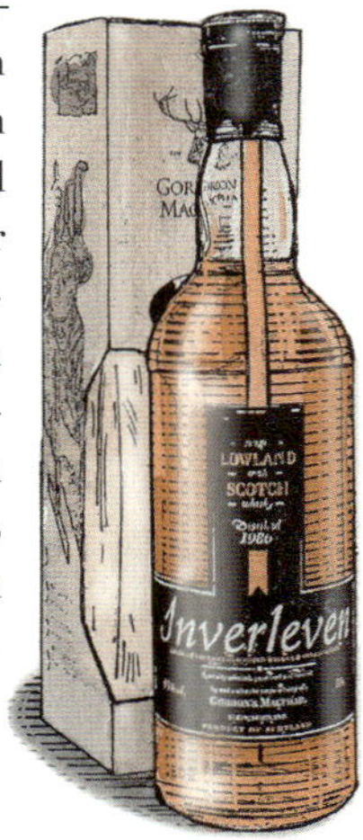

➛Lomond gewesen! So hieß der ebenfalls hier, allerdings in einer *Lomond still* gebrannte Malt, jener merkwürdigen in Inverleven entwickelten Konstruktion, die es möglich machen sollte, in einer Brennblase unterschiedliche Whiskys zu produzieren. Inverleven war 1938 als Teil des riesigen Brennereikomplexes ➛Dumbarton errichtet worden, in dem hauptsächlich Grain Whisky hergestellt wurde. Zur Malt-Herstellung gab es zwei *pot stills* und eine *Lomond still*. 1991 wurde die Malt-Produktion eingestellt. Die Lomond-Still steht heute in ➛Bruichladdich und produziert den hochanständigen Botanist Gin (➛Ghosted Reserve).

IONA ATOLL

Schottischer Single Malt, der aus ➛**Tobermory** und **Ledaig** gemischt wird, den beiden Whiskys aus der Tobermory Distillery von ➛Burn Stewart (Distell). Die Marke wird nur in geringen Mengen abgefüllt und auch nur in Tobermory selbst verkauft. Das namensgebende Eiland Iona liegt südwestlich der Insel Mull und war lange Zeit das Zentrum der keltisch-christlichen Kultur. Irische Mönche gründeten hier im 6. Jahrhundert ein Kloster, in dem vermutlich das „Book of Kells“ entstand. Auch die Missionierung Schottlands durch den Hl. Columba nahm hier ihren Anfang. Iona diente als Grabstätte der frühen schottischen Könige bis hin zu Macbeth.

IRISH DISTILLERS

Die größte Herstellerfirma von Irish Whiskey entstand 1966 aus dem Zusammenschluss der Destillerien John Power & Son, John Jameson & Son und Cork Distilleries (➛**Powers**, ➛**Jameson**, ➛**Paddy**). Einige Jahre später (1972) kam auch die nordirische Destillerie ➛Old Bushmills dazu, und damit hatte das damals noch als Irish Distillers Group firmierende Unternehmen das Monopol in Irland. 1975 konzentrierte die Gruppe ihre Aktivitäten in der neuen ➛Midleton Distillery und schloss alle anderen Betriebe außer Old Bushmills. Doch die Rationalisierungsmaßnahmen halfen nicht über die sinkende Nachfrage hinweg, und der Konzern wurde zusehends schwächer. Ende der 1980er-Jahre begann dann eine Übernahmeschlacht, die in Irlands Geschichte ihresgleichen sucht.

Alle internationalen Spirituosenkonzerne waren daran beteiligt, schließlich setzte sich der französische Konzern ➛Pernod Ricard durch, der Kaufpreis betrug $ 525 Millionen. Die Franzosen konzentrierten sich auf die internationale Vermarktung von Bushmills und Jameson, alle anderen Marken spielen nun nur noch eine untergeordnete Rolle. Das Irish-Distillers-Monopol von ID hielt bis zur Gründung der Firma ➛Cooley im Jahre 1987. Auch nach dem Verkauf von Bushmills an ➛Diageo (2005) beträgt der Marktanteil von ID noch immer an die 70 %.

IRISH WHISKEY

Irish muss von Rechts wegen in Irland gebrannt und in Eichenfässern gelagert werden, die Mindestreifezeit beträgt 3 Jahre. Wie beim ➛Scotch unterscheidet man hier zwischen ➛Malt, ➛Grain und ➛Blended Whiskey, eine Besonderheit ist der ➛Pure- bzw. ➛Single Pot Still Whiskey. Ob es nun die Schotten oder die Iren waren, die als erste Whisk(e)y brannten, lässt sich nicht mit Sicherheit sagen. Die von der Irish Whiskey Association (IWA), dem 2014 gegründeten Dachverband der irischen Brenner, aufgestellte Behauptung, in Irland sei bereits im 6. Jahrhundert Whiskey gebrannt worden, kann man jedenfalls getrost ins Reich der Legende verweisen. Sicher dagegen ist, dass Irish Whiskey bis Anfang des 20. Jahrhundert erfolgreicher war als Scotch. Insbesondere die Pure-Pot-Still-Whiskeys von Dubliner Großbrennern wie John Power und John Jameson (➛**Powers**, ➛**Jameson**) erwiesen

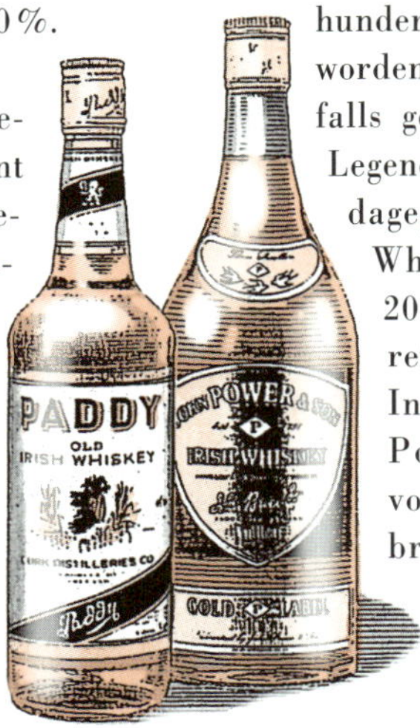

sich mit ihrer samtigen Wucht und verlässlichen Qualität als veritable Exportschlager. Ihre viel besungene Öligkeit und Fülle verdankten Powers & Co. damals unüblichen Methoden: weitgehendem Verzicht auf Torf, gezieltem Einsatz von Sherryfässern und nicht zuletzt der Dreifachdestillation in enormen *pot stills*, die mildere Ergebnisse lieferten als kleinere Brennblasen (noch heute kann man in der alten ➔Midleton Distillery die größte Kupferbrennblase der Welt bestaunen). Die Dubliner waren es auch, die den Buchstaben e in die Schreibweise ihrer Whiskeys einführten um sich von den derberen Bränden kleinerer Provinzbrennereien abzusetzen. So überragend war der Ruf des Irish, dass manch schottischer Händler seinen Whisky nach Dublin verschiffte, nur um in wieder zu reimportieren und anschließend als „Irish Whiskey" anzubieten. Doch die Schotten hatten noch bessere Ideen: Blending und Marketing. Ihre neuartigen leichten ➔Blended Scotches fanden großen Anklang beim Großstadtpublikum, nicht zuletzt dank der cleveren Markenbildung von Unternehmern wie ➔Buchanan, ➔Dewar und Walker (➔**Johnnie W.**, ➔Scotch). Die erfolgsverwöhnten Dubliner dagegen hielten an ihrem traditionellen Pure Pot Still fest und unterschätzten, mit Ausnahme von John Powers & Son, den verkaufsfördernden Wiedererkennunswert von Markennamen und Etiketten (Jameson & Son ließen sich gar bis 1968 damit Zeit, ihren Whiskey unter eigenem Namen abzufüllen). Die Situation war also bereits kritisch, als 1916 der Unabhängigkeitskampf gegen England begann und kurz darauf der Irische Bürgerkrieg ausbrach. Abgesehen von dem Leid, das er über das Land brachte, hatte der Verlust des britischen Marktes inklusive des Commonwealth (Kanada, Australien, Südafrika etc.) ruinöse Folgen für die gesamte irische Wirtschaft. Der letzte verbliebene Auslandsmarkt waren die USA –

und die begannen 1920 mit ihrem „noble experiment", der ➔Prohibition. Damit war auch der bedeutendste Exportmarkt für irischen Whiskey verloren. In der Folge hatten die Iren weder die Mittel noch den kriminellen Unternehmergeist, mit dem die Schotten die amerikanischen Gesetze umgingen (➔**Cutty Sark**) und auch keine ausreichenden Vorräte für die Zeit nach dem Ende von Prohibition und Handelsembargo. Die Zeit des großen Brennereisterbens zog sich bis in die 1950er-Jahre, da half es auch nicht, dass die Iren jetzt selbst hauptsächlich Blends produzierten. Nur der Zusammenschluss der großen Firmen Powers, Jameson, Bushmills und Cork Distilleries (➔**Paddy**) zur IDG (➔Irish Distillers) bewahrte auch die letzten Destillerien vor dem Ende. Übrig blieben die nordirische ➔Old Bushmills Distillery und das neue, leistungsfähige Brennereizentrum in ➔Midleton. Hier entsteht bis heute der größte Teil aller Irish Whiskeys, die aus unterschiedlichen Einzeldestillaten (Pure Pot Stills, Malts und Grains) zu diversen Marken komponiert werden. 1988 übernahm der französische Spirituosenkonzern ➔Pernod Ricard die IDG und baute die Marke Jameson mittels seines weltweiten Vertriebsnetzes zum internationalen Bestseller aus. Dem großen Erfolg dieser Marke ist es zuzuschreiben, dass die zugänglichen Irish-Distillers-Blends heute als Inbegriff irischen Whiskeys gelten. Das bekam auch die 1987 gegründete Firma ➔Cooley zu spüren, deren zweifach destillierte und zum Teil deutlich getorfte Whiskeys bis heute einen schweren Stand gegen das ID-Geschmackspatent haben. Während Cooley-Gründer John Teeling sich mit Recht auf alte irische Herstellungsmethoden berief, schmeckten seine Whiskeys dem Gros der Irish-Aficionados dann doch zu „schottisch". Der von Jamesons getragene Irish-Boom – irischer Whiskey ist seit einigen Jahren die weltweit am schnellsten wachsende Spirituosensorte – rief bald die Großen auf den Plan: 2005 erwarb Weltmarktführer ➔Diageo die Brennerei Old Bushmills, 2010 übernahmen ➔William Grant & Sons Tullamore Dew, 2014 schnappte ➔Beam sich Cooley, und ➔Brown-Forman kündigte für 2016 die

Eröffnung einer Brennerei nördlich von Dublin an (➛Slane). Auch kleinere Unternehmen fühlen sich ermutigt: Derzeit sind ein gutes Dutzend neue Brennereien im Bau oder bereits in Betrieb, darunter ➛Alltech, ➛Belfast Distillery, ➛Echlinville, ➛Great Northern, ➛Hot Irishman, ➛Teeling und ➛West Cork. Das Erfreulichste am Irish-Revival ist zweifellos der Entschlusss von Irish Distillers, den allzu lange vernachlässigten ➛Pure Pot Still Whiskeys wieder etwas mehr Aufmerksamkeit zukommen zu lassen.

The IRISHMAN

Irische Whiskey-Marke von ➛Hot Irishman Ltd., zu haben als Single Malt und als **Founder's Reserve**. Letzterer hieß anfangs **Irishman 70** und ist eine Mischung aus 70 % Malt und 30 % ➛Single Pot Still. Der Ex-Bourbon- und Sherryfass gereifte Single Malt kommt von ➛Bushmills, der Pot Still aus ➛Midleton.

IRONWEED

US-Whiskey von Albany Distilling, einer 2011 in Albany, New York, eröffneten Craft Distillery. Ein drei Monate alter Bourbon für $ 44 und ein 6-monatiger Rye für $ 47 – sonst noch was?

ISAWA

Japanischer Blend von ➛Monde Shuzo.

ISLAY

Schottische Whisky-Region, die, so Michael Jackson, die schottischsten aller schottischen Whiskys hervorbringt. Ihr ausdrucksstarker Charakter wird von phenolischen, oft als „medizinisch" bezeichneten Aromen bestimmt, die an Jod, Seetang und Salz erinnern. Diese Aromen sind größtenteils der speziellen Zusammensetzung von Islays Torf zu verdanken, der in der großen Mälzerei ➛**Port Ellen** und in geringeren Mengen auch noch bei ➛**Bowmore** und ➛**Laphroiag** produziert wird. Das torfhaltige Grundwasser, das beim Maischen zum Einsatz kommt, spielt hier ebenso eine Rolle. Ob auch die salzige Meerluft Einfluss auf die Geschmacksentwicklung hat, wird dagegen von Experten kontrovers diskutiert. Für torfaffine Single-Malt-Liebhaber jedenfalls sind Islays Malt das Nonplusultra, zu ihrem Bedauern aber auch unver-

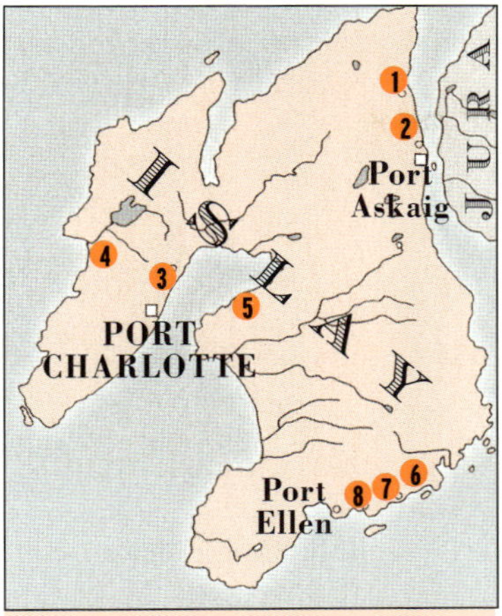

Ardbeg	6	Caol Ila	2
Bowmore	5	Kilchoman	4
Bruichladdich	3	Lagavulin	7
Bunnahabhain	1	Laphroaig	8

Kartenausschnitt von Seite 449

zichtbare Komponenten für jeden Blended Scotch. Doch nicht alle Malts der Insel warten mit jener torfigen Wucht auf, die ➔**Ardbeg**, ➔**Lagavulin** und **Laphroaig** auszeichnet. Bei ➔**Bunnahabhain** beispielsweise wirken die dezenten Torfnoten eher rauchig als medizinisch, bei Bowmore überwiegt die Fruchtigkeit und ➔**Bruichladdich** kommt ganz ohne Torf aus. Von einem einheitlichen Islay-Stil kann also nicht die Rede sein (➔**Caol Ila**, ➔**Kilchoman**).

ISLAY MIST

Blended Scotch von ➔MacDuff International. Islay Mist wurde 1928 von D. Johnston & Co. herausgebracht, dem damaligen Betreiber der Destillerie ➔**Laphroaig**. Von dort stammt noch heute der tonangebende Malt für diesen kraftvoll-eleganten Blend, der durchaus etwas größere Wertschätzung verdient hätte.

ISLE OF FIONIA

Dänischer Single Malt aus der Brennerei Nyborg auf Fünen, eröffnet 2009 von Niels und Nicolai Rømer. Ein in Kleinstmengen produzierter Bio-Whisky, angeboten als 3-jährige *Einzelfassabfüllung* in *Fassstärke*. Unter dem Brennereinamen Nyborg gibt es den Whisky mit einem Sherry- und einem Laphroaig-Fass-Finish.

ISLE OF HARRIS

Schottische Brennerei, die 2015 auf der gleichnamigen Äußeren Hebrideninsel eröffnet wurde. Inhaber sind Isle of Harris Distillers von Simon Erlanger (früher bei ➔Milroy's in London tätig), der einen medium getorften Malt unter dem Namen **The Hearach** (gälisch für die Bewohner der Insel) herausbringen will.

ISLE OF JURA ➔Jura

ISLE OF SKYE
Blended Scotch ➔Ian MacLeod, zu haben in mehreren Altersstufen von 8 bis 50 Jahren. Die Insel Skye ist die Heimat des Clans Macleod und auch des Single Malts ➔**Talisker**, der möglicherweise eine Rolle in diesem Blend spielt. Die Marke wurde 1963 von Ian Macleod erworben und wird heute hauptsächlich in Russland und Asien vermarktet.

I. W. HARPER
Kentucky Straight Bourbon von ➔Diageo. Ein eleganter Old-School-Bourbon und eine der ältesten Whiskey-Marken Amerikas. Isaac W. Bernheim und sein Bruder Bernard hatten sie 1879 registrieren lassen und machten daraus in den folgenden Jahrzehnten einen echten Kassenschlager. 1937 kam die Marke mitsamt der ➔Bernheim Distillery zu ➔Schenley und damit später zu United Distillers. Nachdem dieser Konzern zu Diageo mutiert war, wurde die Brennerei 1999 an ➔Heaven Hill abgegeben, die Marke I. W. Harper blieb jedoch bei Diageo, die den Whiskey zumindest zeitweise von der ➔Four Roses Distillery bezogen. Die Standardversion **I. W. Harper Gold Medal** und der hervorragende 12-Jährige in der allseits beliebten Karaffe wurden fast 20 Jahre nur in Asien vertrieben, vor allem in Japan, wo Harper zu den beliebtesten Bourbons zählt. Seit 2015 gibt es ihn auch wieder in den USA. Der Standard heißt nun nur noch **I. W. Harper** und aus dem 12er wurde ein 15-Jähriger. Den allerdings gibt es nur als Limited Edition, denn er stammt aus Beständen, die in Bernheim destilliert wurden, als die Brennerei noch im Besitz von Diageo war. Auch die Standardversion enthält noch kleine Mengen davon, allerdings gemischt „mit anderen erlesenen Whiskeys“ (O-Ton Diageo), was immer das bedeutet.

J

Zu vorgerückter Stunde Jedoch, wenn ihm der Scotch zusetzte und ihn schwermütig machte, wurde seine Stimme schwarz und guttural, und eine dunkle Drohung lag darin

Nelson Algren, „Calhoun“

J. & A. MITCHELL

Schottischer Hersteller in →Campbeltown; der älteste und (neben →Glenfarclas und →Glenfiddich) letzte unabhängige Familienbetrieb der schottischen Whisky-Industrie besitzt die Brennereien →Springbank und →Glengyle sowie die Firmen →Cadenhead und →Eaglesome. Das Haus Mitchell wird derzeit von Hedley Wright geführt, dem Ururenkel des Gründers (→**Mitchell's**, →**Spirit of Freedom**).

J&B

Blended Scotch von →Diageo; ein typischer →Light Whisky, der schon bessere Tage gesehen hat. Noch in den 1980ern ein Favorit in New York Citys Yuppie-Bars und weltweit die N°2 unter den Scotches, traf es J&B empfindlich, als die Bret-Easton-Ellis-Entourage auf Absolut Wodka umstieg. Der Versuch, mit **J&B-6°C** einen nahezu farblosen Whisky zu platzieren (*2005), der wie Wodka eiskalt und mit Tonic getrunken werden kann, floppte auf der ganzen Linie (†2007). Heute konzentriert Diageo seine Marketingbemühungen auf →Johnnie Walker und dient J&B als „the world's party blend“ an. Dass er dennoch unter den internationalen Top-5-Scotches rangiert, verdankt J&B allein seiner Fangemeinde in Spanien, die ihm seit den 1960er-Jahren ausgiebig die Treue hält (am liebsten in Verbindung mit Cola). Hergestellt wird der Blend in der →Auchroisk Distillery, aus der auch eine seiner wichtigsten Malt-Komponenten stammt; des Weiteren enthält er unter anderem →**Bowmore**, →**Bunnahabhain**, →**Glen Spey**, →**Knockando**, →**Macallan** und →**Strathmill**.

J. B. G

Deutscher Whisky aus der Gutsbrennerei Joh. B. Geuting in Bocholt, Münsterland. Abgefüllt werden je zwei Single Malts und zwei Single Grains, alle vier nach 3-jähriger Reifung in jeweils unterschiedlichen Fassarten.

J.J. NEUKOMM

US-Single Malt aus der Square One Brewery & Distillery in St. Louis, Missouri, von Steve Neukomm, einem ➛Craft Distiller, der ein Viertel des verwendeten Malzes über Kirschholz räuchert (seit 2008).

JACK DANIEL'S

Tennessee Sour Mash von ➛Brown-Forman. Die amerikanische Whiskey-Ikone gehört zu den fünf großen internationalen Spirituosenmarken und ist nach ➛**Johnnie Walker** der meistverkaufte Whisk(e)y der Welt (sieht man einmal von den nur regional relevanten ➛indischen Zuckerrohr-Whiskys ab). Seine Kundschaft, die ihm eine bisweilen kultische Verehrung entgegenbringt, rekrutiert sich aus allen gesellschaftlichen Schichten und Altersstufen – mit den Worten eines Firmenangehörigen: „friends of Jack are LDA and DND, that is, legal drinking age and damn near death". Wie von allen großen Marken gibt es auch von Jack Daniel's eine Reihe von „line extensions": Neben dem allgegenwärtigen **Old No.7 Black Label** wird ein etwas

einfacherer **Green Label** angeboten, der vor allem im Süden der USA getrunken wird, wo die Bevölkerung ärmer und der Whiskey teurer ist als in weiten Teilen des Landes; außerdem der allzu milde ➛**Gentleman Jack**, ein **Jack Daniel's Single Barrel**, der neuerdings auch in *cask strength* abgefüllt wird. Mit dem 2-jährigen **Rested Tennessee Rye** bedient Jack Daniel's seit 2015 die stetig wachsende Rye-Whiskey-Gemeinde; Likörliebhaber bekommen eine mit Honig gesüßte Variante und Sammler jede Menge Sonderabfüllungen. Jack Daniel (1846–1911), ein Nachkomme walisischer Einwanderer, eröffnete seine Brennerei in Lynchburg, Tennessee, 1866, und machte von Anfang an alles richtig: Die Marke **Old No.7** ließ er 1887 eintragen und bereits drei Jahre später führte er die typische, oft kopierte viereckige Flasche ein. Einige Jahre vor seinem Tod überschrieb Daniel die Brennerei seinem Neffen Lem Motlow. Dessen Nachkommen verkauften den Betrieb 1956 an Brown-Forman und dort begann der Siegeszug der Marke – nicht zuletzt dank der Fürsprache durch Frank Sinatra, der einst auf die Frage, ob er an Gott glaube, antwortete: „Ich bin für alles zu haben, was einen durch die Nacht bringt, sei es ein Gebet, Tranquilizer oder eine Flasche Jack Daniel's" Die Brennerei arbeitet streng nach dem für ➛Tennessee Whiskey vorgeschriebenen Lincoln County Process, der in der Brennerei selbst entwickelt worden war und im Wesentlichen eine Filtration durch eine dicke Schicht aus Ahornholzkohle beinhaltet. Die *mashbill* beträgt 80 % Mais, 12 % Roggen und 8 % Gerstenmalz, für den Rye sind es 70 % Roggen, 18 % Mais und 12 % Malz; der *sour mash*-Anteil beträgt 20 %, der Hefestamm wird seit 1938 gepflegt. Die Destillation findet in einem Durchgang in einer *column still* mit angeschlossenem *thumper* statt.

JACK WIEBERS WHISKY WORLD

Seit 1999 betätigt sich der Berliner Whisky-Importeur Lars-Göran „Jack" Wieber als ➛unabhängiger Abfüller. Er veröffentlicht vorwiegend Einzelfassabfüllungen in diversen, verspielt gestalteten Serien: **Castle Collection**, **Cross Hill**, **Prenzlow Collection**, **Jack Wiebers Auld Distil-**

lers Collection und **Gentle Noses**. Unter dem Label **Jack's Pirate Whisky**, das in der Reihe Jumping Jack Productions veröffentlicht wird, gibt es Vatted Malts aus →**Caol Ila** und →**Laphroaig**, unter **Classic of Islay** schließlich gibt es Single Casks von →**Lagavulin**.

JACOB'S WELL

Kentucky Straight Bourbon aus dem Hause →Beam; die Marke erschien in den 1990ern und trug die Aufschrift „The Original Micro Bourbon". Offenbar war das ein früher Versuch, sich an den gerade aufkommenden Trend zu →Microdistilleries zu hängen. Also ließ man sich etwas einfallen, was sich nach Innovation anhörte: Der Bourbon verbrachte nicht seine gesamte Reifezeit von 7 Jahren in den Originalfässern, sondern wurde zwischenzeitlich mit anderen, besonders ausgereiften Whiskeys vermischt und dann wieder in die Originalfässer umgefüllt (heutige →Craft Distiller wie →Hillrock Estate würden das wahrscheinlich Solera-Verfahren nennen, in Schottland nennt man es seit Langem blending oder vatting). Ob Beam damit einfach zu früh dran war oder ob es mit der Glaubwürdigkeit eines Micro-Whiskey aus einem Konzern von der Größe Beams nicht weit her war, sei dahingestellt. Die Marke konnte sich jedenfalls nicht durchsetzen. Ihr Name bezeichnete die erste Wasserquelle, die Jacob Böhm, Gründervater der Beam-Dynastie, im Jahre 1795 zur Whiskey-Herstellung anzapfte.

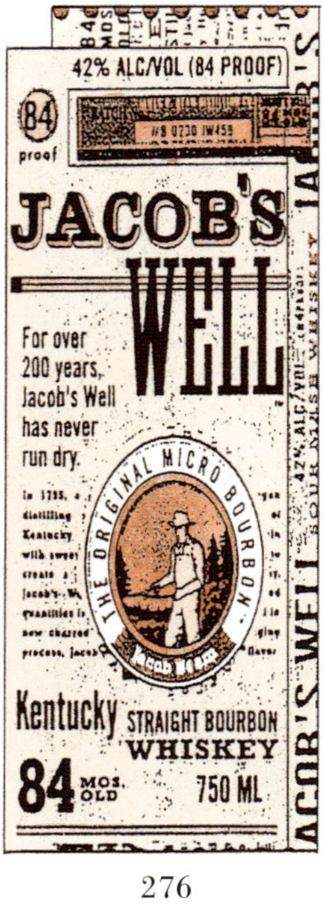

JAGATJIT INDUSTRIES LIMITED

Indischer Hersteller in Hamira, Punjab, gegründet 1944 von Ladli Pershad Jaiswal. JIL ist einer der ältesten und größten Produzenten von „Indian Made Foreign Liquor" (*IMFL*). Die erfolgreichste Marke ist →**Aristocrat**, weitere Labels sind →**AC**, →**Bonnie Special** und →**Royal Pride**. Mit →**Clan Sinclair** und →**King Henry VIII** besitzt das Unternehmen seit 2009 auch zwei echte Scotch-Marken (produziert von →Inver House Distillers).

JAMES ALEXANDER
Blended Scotch von ➛QSI (William Grant & Sons).

JAMES E. PEPPER 1776
Straight Whiskey von Georgetown Trading, angeboten als Bourbon (15 Jahre und *nas*) und als Rye (15 Jahre und *nas*). Zwei sehr interessante neue Whiskeys mit einem sehr alten Namen: Seit 1776, dem Jahr der amerikanischen Unabhängigkeitserklärung, war die Familie Pepper in der Nähe von Versailles, Woodford County, ansässig, weshalb sie später auch mit dem Slogan „Born with the Republic“ für ihren Bourbon warb (ein Witzbold hängte zu Beginn der Prohibition „Died with Democracy“ dran). Sie gründete mehrere Brennereien, darunter auch die Oscar Pepper Distillery (➛**Woodford Reserve**), in der Dr. James Crow die *sour mash*-Methode entwickelte. Dessen ➛**Old Crow** gehörte ebenso wie Oscar Peppers **James E. Pepper Old 1776** zu den ersten mit Zeitungsanzeigen beworbenen Whiskeys der USA. Auch auf Fotos vom „Fight of the Century“, bei dem Jack Johnson, der erste schwarze Schwergewichtsweltmeister seinen Titel erfolgreich gegen die „große weiße Hoffnung“ Jim Jeffries verteidigte, sind großformatige Pepper-Whiskey-Werbebanner zu sehen. Nach der Prohibition fiel der Name an ➛Schenley, in den 1960er-Jahren wurde die Produktion eingestellt. Nachdem Schenley Teil von United Distillers geworden war, kam Ende der 1980er-Jahre wieder ein **James E. Pepper** auf den Markt. UD-Nachfolger ➛Diageo gab die Marke an ➛Heaven Hill ab, doch auch dort blieb sie nicht lange. Seit Anfang des Jahrtausends wird sie von Georgetown Trading herausgegeben, einer kleinen Firma in Mount Sterling, Kentucky, die auch einen mit Safran und anderen Gewürzen aromatisierten Rye namens **Pow-Wow** anbietet. Die Whiskeys selbst stammen von ➛LDI.

JAMES MACARTHUR & CO.

Schottischer ➛unabhängiger Abfüller in Edinburgh, gegründet 1982 von Arthur Winning, der als einer der Ersten auch *cask strength*-Abfüllungen anbot. Sie erscheinen unter seinem Label **Old Master's** *(nc, ncf)*, die 43%igen laufen als Fine Malt Selection. Mit ➛**Canongate** hat das Haus auch einen Blend im Programm.

JAMESON

Blended Irish aus der ➛Midleton Distillery von ➛Irish Distillers (Pernod Ricard). Die populärste Irish-Marke und mit über 50 Millionen Flaschen jährlich unter den 20 meistverkauften Whisk(e)ys weltweit ist ein erwartbar zugänglicher, präzise ausbalancierter Blend. Derzeit gibt es neben dem Standard Jameson die Reihe **Jameson Reserve**, deren Blends sich durch ihren Gehalt an ➛Pure Pot Stills unterscheiden; darunter einen fülligen 18-Jährigen und die hochkarätige **Jameson Rarest Vintage Reserve**. Die Marke Jameson, die heute knapp 60 % des gesamten Irish-Whiskey-Bedarfs deckt, gibt es erst seit 1968, der Name Jameson aber hat schon lange einen ehrwürdigen Klang in Irland: John Jameson (1740–1823), der aus Schottland eingewanderte, mit den ➛Haigs und *Patent-still*-Erfinder Robert Stein verwandte Stammvater des Hauses betrieb seit Ende des 18. Jahrhunderts eine Brennerei in Dublins Bow Street. Unter der Führung seiner Nachkommen entwickelte sich die Firma John Jameson & Son zu einem Big Player der irischen Whiskey-Produktion, dem seinerzeit einzig ernst-

haften Konkurrenten des großen ➛**Powers**. Die Jamesons waren bekannt für ihre handwerkliche Präzision und den Wert, den sie dem Reifeprozess bereits in Zeiten beimaßen, als Whiskey noch sehr jung verkauft wurde; sie gelten auch als Pioniere der Sherryfass-Lagerung. Ihr Ruf ist umso erstaunlicher, als sie ihren Whiskey nicht selbst abfüllten, sondern an andere Händler und Abfüller verkauften. Erst 1963, über 60 Jahre nach dem Börsengang von Jameson & Sons, kam mit ➛**Crested Ten** eine eigene Marke auf den Markt, fünf Jahre später folgte der erste Jameson Blend selbst. Damals war die Firma bereits Teil der IDG (heute Irish Distillers), die die große, alte Brennerei in der Bow Street 1971 stilllegte. Sie beherbergt heute ein Whiskey-Museum.

JAPANISCHER WHISKY

Spätestens seit der Jahrtausendwende wird Japan als legitimer Mitbewerber unter den großen Whisk(e)y-Nationen wahrgenommen. Nachdem 2001 ein 10-jähriger ➛ **Yoichi** bei einer Blindverkostung des renommierten Whisky-Magazins die schottische Konkurrenz als „Best of th Best“ aus dem Feld geschlagen hatte, gab es kein Halten mehr. Japanische Whiskys und Brennereien räumten Ehrungen en masse ab – erst

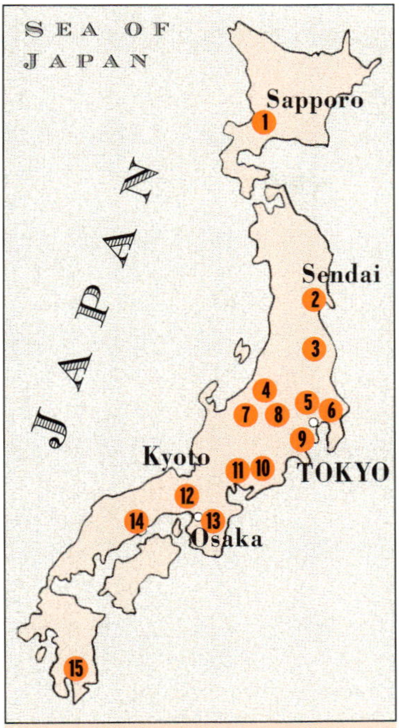

Chichibu 6
Chita 10
Fuji-Gotemba 11
Hakushu 8
Hanyu 5
Kagoshima 15
Kawasaki 9
Karuizawa 4
Miyagikyo 2
Miyashita 14
Shirakawa 3
Shinshu 7
White Oak 12
Yamazaki 13
Yoichi 1

2014 wurde ein →**Yamazaki** albernerweise zum besten Whisky der Welt gekürt – und die Preise gingen durch die Decke. Neue Brennereien wurden eröffnet (→Chichibu, →Miyashita) und längst stillgelegte wieder angefahren (→Shinshu). Der plötzliche Boom traf Japans Hersteller unvorbereitet. Die seit 1996 virulente asiatische Finanzkrise hatte den vormals florierenden Inlandsmarkt spürbar in Mitleidenschaft gezogen und so war die Produktion gedrosselt worden. Durch die gesunkene Nachfrage nach Blends wuchsen die Lagerbestände an Malt Whisky. Diese wurden zunehmend auch als Single abgefüllt, was dann letztlich die Wahrnehmung japanischer Whiskys im Ausland positiv veränderte. Der erste Single Malt kam 1976 von →Karuizawa, allerdings nur in sehr geringen Mengen. Erst mit dem 1984 erschienenen →**Yamazaki** begann die regelmäßige Vermarktung japanischer Singles (→**Akashi**, →**Asama**, →**Ichiros Malt**, →**Komagatake**). Doch bis dahin war es ein langer Weg. Die ersten Ansätze, eigene Whiskys zu produzieren, um die hohen Importzölle für den echten Stoff zu umgehen, fanden möglicherweise bereits Ende des 19. Jahrhunders statt. Mangels detaillierter Information waren das eher Versuche, Whisky mit einheimischen Gärungs- und Brennmethoden ins Japanische zu übersetzen. Dabei kamen auch Reis, Buchweizen und Hirse zum Einsatz wie es bei Shochu, der traditionellen japanischen Getreidespiri-

tuose üblich ist. Der erste bekannte Hersteller derartiger Destillate, die noch heute aktive →White Oak Distillery, ist seit 1919 im Whisky-Geschäft. Die offizielle Geschichte von Japans Whisky begann 1923 mit der Eröffnung der Brennerei →Yamazaki durch Shinjiro Torii und Masataka Taketsuru. Torii hatte Geld und einen ausgeprägten Marketinginstinkt, Taketsuru Sachverstand und eine tiefe Liebe zu Schottland. 1934 machte er sich

selbstständig und gründete ➛Nikka, heute der zweitgrößte Hersteller des Landes. Aus Toriis Firma Kotobukiya erwuchs später ➛Suntory, Japans unbestrittener Marktführer und unter dem Namen ➛Beam Suntory der drittgrößte Spirituosenkonzern der Welt. Während Nikka von Anfang an streng nach schottischem Vorbild arbeitete – „authentischen japanischen Scotch" nennen sie das hier – geht es Suntory um genuin japanischen Whisky. Leicht und unkompliziert soll er – wie Sake – mit der japanischen Küche harmonieren und vor allem einen guten Mizuwari abgeben: Whisky mit Eis und der zwei- bis dreifachen Menge Wasser aufgefüllt ist die beliebteste Darreichungsform für japanische Blends. (Wie zu erwarten ist die Fertigung dieser simplen Mischung in Japan einem gewissen Ritual unterworfen: zuerst das Eis ins Glas, dann der Whisky, dreieinhalb Mal umrühren, mit Wasser aufgießen und dreieinhalb Mal umrühren. Wer die überraschende Schönheit der beiden halben Bewegungen nicht empfinden kann, muss noch einmal von vorne anfangen.) Herstellung: Japanische Whiskys sind größtenteils Blends aus zweifach *pot still*-gebrannten Malts und kontinuierlich gebranntem Grain Whisky. Allerdings enthalten Blends hier nicht annähernd so viele verschiedene Einzeldestillate wie in Schottland, da die Hersteller sich untereinander nicht beliefern. Um möglichst viele verschiedene Komponenten selbst produzieren zu können, verwenden die Japaner daher unterschiedlich geformte *pot stills* und diverse Hefezüchtungen. Allgemein wird dem Gärungsprozess hier eine sehr viel bedeutendere Rolle zugesprochen als andernorts: „Gärung ist der Schlüssel zu allem" so ➛Miyagikyo Distillery Manager Keiichi Nakagawa (➛White Oak Distillery).

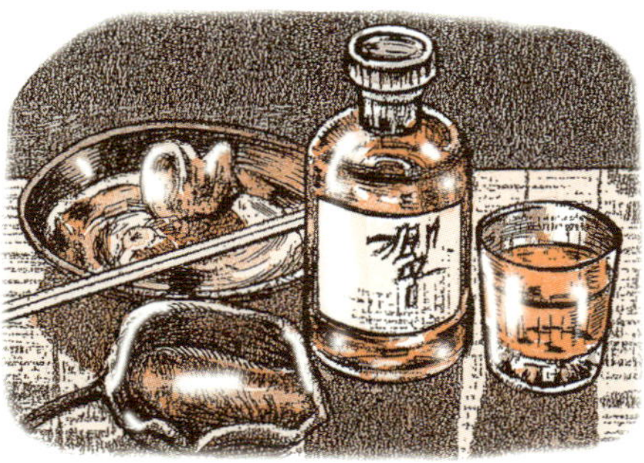

Eine weitere Möglichkeit, unterschiedliche Einzeldestillate zu erhalten, ist der Import von schottischem Malt Whisky, der in großen Mengen nach Japan verschifft und dann mit einheimischem Whisky verschnitten wird. Nicht zuletzt deshalb haben sich Suntory, Nikka und ➛Takara Shuzo schottische Brennereien zugelegt (➛Ben Nevis, ➛Morrison Bowmore, ➛Tomatin). Auch Gerstenmalz und Torf werden zum Teil aus Schottland importiert. Die Mindestreifezeit beträgt in Japan 3 Jahre, gelagert wird in Ex-Bourbon- und Sherryfässern sowie in Mizunara, japanischer Eiche, der die Entstehung von an Kokos, Sandelholz und an das in japanischen Tempeln verwendete Räucherwerk erinnernden Aromen zugeschrieben wird. Mizunara-gereifte Malts sind eine höchst begehrte Spezialität. Ganz allgemein ist hier eine gestiegene Wertschätzung einheimischer Whiskys zu beobachten, was die Japaner allerdings nicht davon abhält, weiterhin große Mengen insbesondere hochwertiger schottischer Single Malts und Bourbons zu konsumieren.

JEFFERSON'S

US-Marke von McLain & Kyne, einer Blending-Firma in Louisville, Kentucky, die *new make* und ausgereifte Whiskeys von verschiedenen Herstellern bezieht und daraus mehrere Versionen von Jefferson's zusammenstellt: Die erste war der 1998 erschienene, hochtrabend „very small batch" genannte **Jefferson's Reserve**, mittlerweile gibt es auch einen einfachen Bourbon und einen 10-jährigen Rye, der in einer kanadischen Brennerei ausschließlich aus Roggen hergestellt wird (vermutlich in ➛Alberta). Die High-End-Version **Jefferson's Presidential Select** besteht aus „hyper aged" Whiskeys (soll heißen: 15 bis 30 Jahre alt), die zum Teil aus der lange geschlossenen ➛Stitzel-Weller Distillery stammen; und dann gibt es noch den **Jefferson's Ocean Aged at Sea**, der einige Jahre auf einem Forschungsschiff um die Welt fuhr. McLain & Kyne wurde 1998 von

Trey Zoeller gegründet, der die Firma 2006 an ➛Castle Brands verkaufte, aber weiterhin als Geschäftsführer betreut (➛Sam Houston).

JERICHO

Schottischer Vatted Malt von ➛The Lost Distillery Company, benannt nach einer Brennerei, die von 1824 bis 1915 in Insch (Highlands, Aberdeenshire) betrieben wurde und zeitweise auch den Namen Bennachie trug.

JEWISH WHISKY COMPANY

Unabhängiger Abfüller in Guilford, Connecticut, gegründet von Joshua Hatton, J. Johnstone-Yellin und Seth Klaskin. Seit 2012 bietet die JWC den Mitgliedern ihrer **Single Cask Nation** *Einzelfassabfüllungen* unterschiedlicher Herkunft an. Neben schottischen Single Malts gibt es hier auch US-Craft-Whiskeys, den indischen ➛**Amrut** und einen Grain von ➛LDI. Um Mitglied der Single Cask Nation zu werden, muss man nicht mosaischen Glaubens sein – nicht umsonst bezeichnet man sich als „Nation" der Single-Cask-Liebhaber –, die Jewish Whisky Company bietet allerdings nur ➛koscheren Whisk(e)y an und hält ihre jährliche Whisk(e)y-Messe in New York nicht wie andere am Wochenende (Sabbat) ab. In der Hauptsache, so Joshua Hatton, geht es hier um Spaß am guten Stoff – L'chaim.

JIM BEAM

Kentucky Straight Whiskey von ➛Beam Suntory, hergestellt in den beiden Jim-Beam-Brennereien in Clermont und Boston, westlich von Bardstown. Jim Beam ist die bedeutendste Bourbon-Marke und ein internationaler Bestseller. Die einfache Standardversion mit dem weißen Label ist seit 1942 auf dem Markt und wird mit etwa 4 Jahren abgefüllt. **Jim Beam Black** ist ein hochanständiger, oft unterschätzter 6-Jähriger (dreimal so lange gereift wie gesetzlich vorgeschrieben und daher etwas geschwollen „Triple Aged" genannt); außerdem gibt es einen einfachen **Jim Beam Rye**, den erstaunlich günstigen 12-jährigen

Jim Beam Signature Craft und das alles andere als günstige **Jim Beam Distiller's Masterpiece**: ein 10-jähriger Bourbon mit Sherryfass-*wood finish* (frühere Versionen kamen aus dem Cognac- bzw. Portweinfass). Eine Spezialität des Hauses ist der **Devil's Cut**: Dafür wird ein 6-Jähriger mit Wasser auf Trinkstärke verdünnt, mit dem vorher gebrauchte Fässer nach einem speziellen Verfahren ausgewaschen wurden. So soll der Devil's Cut genannte Rest-Whiskey aus den Fassdauben gelöst werden – so etwas wie das Gegenteil

des →Angel's Share. Der neueste Gag der Firma heißt **Jim Beam Kentucky Dram**: eine Mischung aus Jim Beam und schottischem Single Malt von →Ardmore. Neben diesen Jim-Beam-Versionen produzieren die beiden Beam-Brennereien noch weitere Marken; sie werden aus Destillaten beider Standorte zusammengestellt: →**Baker's**, →**Basil Hayden**, →**Beam's Eight Star**, →**Booker's**, →**Kessler**, →**Kirkland**, →**Knob Creek**, →**Old Bourbon Hollow**, →**Old Crow**, →**Old Grand-Dad**, →**Old Overholt**, →**Old Tub**, →**(ri)1** und →**Sunny Brook**. Die beiden Beam-Brennereien halten ihre *mashbill* geheim, man kann aber davon ausgehen, dass sie drei verschiedene Mischungen verwenden: eine für die Ryes, eine für die Rye-lastigen Old Grand-Dad und Basil Hayden und eine für die restlichen Marken. Der Hefestamm wird seit den 1930er-Jahren gepflegt und vor der Gärung mit Hopfen versetzt.

JOHN BARR

Blended Scotch und Vatted Malt von →Whyte & Mackay; ursprünglich von der →DCL als Ersatz für →Johnnie Walker konzipiert, der Ende der 1970er-Jahre vom britischen Markt genommen wurde,

um neuen EG-Richtlinien Genüge zu leisten. John Barr – benannt nach einem damaligen Walker-Manager – erreichte trotz seiner stark an Johnnie W. orientierten Aufmachung bei Weitem nicht die Verkaufszahlen seines Vorbilds. Die Marke wurde Anfang der 1990er an →Whyte & Mackay abgegeben, die sie auf peripheren Exportmärkten anbieten.

JOHN BEGG BLUE CAP

Blended Scotch von →Diageo. Eine alte Marke, die heute noch in den USA zu finden ist. Sie geht auf John Begg den Gründer der →Royal Lochnagar Distillery zurück, dessen Sohn dem Blend mit dem einst populären Slogan „Take a Peg of John Begg“ ansehnlichen Erfolg verschaffte. Mit **John Begg Gold Cap** gab es zeitweise auch eine De-luxe-Version der Marke.

JOHN BULL

Indischer Whisky von →South Seas Distillers. Die Firma Nepal Distilleries, Kathmandu, verkauft unter dem gleichen Namen eine Premium genannte Spirituose, die zwar nicht die Bezeichnung Whisky auf dem Label führt, aber den schönen Hinweis: „A scottish experience“.

JOHN DISTILLERIES

Indischer Hersteller mit Sitz in Bangalore, Karnataka, gegründet 1992 von Paul P. John. Mit →**Original Choice** hat die Firma einen der 10 meistverkauften Whiskys weltweit im Programm und mit →**Paul John** einen der drei indischen Single Malts, die auch westlichen Standards entsprechen. Weitere Marken sind die beiden Zuckerrohr-Malzextrakt-Verschnitte **Black Pelican** und **Grand Duke**. John Distillers betreiben drei Brennereien, der Single stammt aus der 2007 eröffneten Anlage in Goa. Er wird auch in Europa vertrieben, die anderen Marken dagegen vorwiegend in Südindien, in den Vereinigten Arabischen Emiraten und in Zentralafrika.

JOHN J. BOWMAN

Virginia Straight Bourbon, Single Barrel, von →A. Smith Bowman (Sazerac Co.); ein trotz seiner 50 Vol.-% sanfter Whiskey, „mild wie eine Brise im Herbst" verspricht der Pressetext. Wie bei allen Bowman-Whiskeys stammt das erste Destillat aus Sazeracs ➛Buffalo Trace Distillery, die zweite Destillation in der *pot still* finden dann ebenso wie die Lagerung in Smith Bowmans Brennerei in Virginia statt (➛Bowman Brothers).

JOHN LEE

Kentucky Straight Bourbon, den sich ➛La Martiniquaise von einem ungenannten Hersteller abfüllen lässt.

JOHN PLAYERS SPECIAL (JPS)

Blended Scotch von ➛Hunter Laing. Der Hersteller der gleichnamigen Zigarettenmarke überließ Hunter Laing das Label auf Franchise-Basis. Es ist vor allem für den Fernen Osten bestimmt.

JOHNETT

Schweizer Single Malt aus der Etter Distillerie, einer 1870 von Paul Etter gegründeten Obstbrennerei in Zug. Seit 2007 sind die Etters in Sachen Whisky aktiv. Sie beziehen ihr Malz von der nahe gelegenen Brauerei Baar und verwenden Fässer des Qualitätsweinguts Rosenau für die Reifung. Seit 2009 besitzen sie auch die Marke ➛Swissky.

JOHNNY DRUM

Kentucky Straight Bourbon von ➛Kentucky Bourbon Distillers; die beiden einfachen Versionen mit grünem bzw. schwarzem Label unterscheiden sich nicht wesentlich und werden wohl auch nur in den seltensten Fällen pur getrunken; Johnny Drum Private Stock (ehemals ein 15-Jähriger, heute *nas*) ist da schon deutlich gehaltvoller.

JOHNNIE WALKER

Blended Scotch von ➛Diageo; ein Dauerbrenner und fast schon der Archetyp eines Scotch: Seit Jahrzehnten führt der flott ausschreitende Neo-Regency-Dandy die internationale Whisk(e)y-Hitliste an, erst neuerdings überflügelt von zwei nur regional relevanten ➛indischen Zuckerrohr-Whiskys und hart bedrängt von der US-Ikone ➛**Jack Daniel's**. Neben dem unausweichlichen **Johnnie Walker Red Label** und dem in Fachkreisen noch immer geschätzten 12-jährigen **Black Label** mit der etwas rauchigeren Variante **Double Black** (*nas*), umfasst die Markenpalette: **Gold Label Reserve** (*nas*), laut Website eine „kühne und unnachahmliche Kombination" vom „Master Blender höchstpersönlich" (na toll, wer ist denn für

die anderen zuständig?); der 18-jährige **Platinum Label** ersetzt die alte Gold-Label-Version gleichen Alters (und kostet knapp das Doppelte); **Blue Label** schließlich ist das Statussymbol schlechthin – ein guter Blend zum Preis von zwei sehr guten Single Malts. Zu billig für die neureiche Kundschaft, also wurden noch ein paar Hyper-Premiums in gnadenlos überkandidelten Ausstattungen nachgereicht, darunter: **King George V**, **Odyssey**, **Private Collection** und **The John Walker**. Das Rückgrat der Blends bilden ➛**Caol Ila**, ➛**Cardhu**, ➛**Craigellachie**, ➛**Dailuaine**, ➛Glendullan, ➛**Glenkinchie**, ➛**Lagavulin** und ➛**Talisker**. Allein mit diesem hervorragenden Ausgangsmaterial lässt sich der Aufstieg der Marke jedoch nicht erklären. Erste Erfolge verdankte sie dem offensiven Preisdumping, der Rest war cleveres Marketing. Auf diesem Feld spielten die Walkers in der gleichen Liga, wie die anderen großen Pioniere ➛Buchanan, ➛Dewar und Mackie (➛**White Horse**): Bereits 1867 füllten sie ihren damals noch **Old Highland Whisky** genannten Blend in die markante Viereckflasche, 1908 wurde **Red Label** als Marke eingetragen, versehen mit dem rotbefrackten „Striding Man", einem der ältesten und bekanntesten Logos in der Geschichte des Marketings. Ein Jahr später erschien der erste **Black Label**. John Walker (1805–1857) begann im Jahre 1820 als Lebensmittelhändler im schottischen Kilmarnock; sein Sohn Alexander Walker (1837–1889) begann 1856 mit der

Herstellung von Blended Whisky und erschloss erste Exportmärkte. Mit dem Erwerb von ➛Cardhu (1893) und ➛Mortlach (1923) machten sich die Walkers als Brenner selbstständig, 1925 trat die Firma der ➛DCL bei, für die sie zeitweise auch die Brennerei ➛Talisker betrieb. Die enorme Popularität Johnnie Walkers beflügelt nachgerade zwangsläufig die Fantasie von Markenpiraten in aller Welt. In Afrika und Asien ist zum Beispiel eine Kopie namens Johnnie Talker im Umlauf, die wahrscheinlich in Singapur hergestellt wird.

JOURNEYMAN DISTILLERY

US-Craft Distillery in Three Oaks, Michigan, gegründet 2010 von Bill Welter. In einer deutschen *Obstbrennblase* wird hier organisch angebautes Getreide zu unterschiedlichen Whiskeys verarbeitet. Bestseller ist der **Ravenswood Rye** (mashbill: 50 % Roggen, 50 % Weizen), der unter dem Label **W.R. Whiskey** auch als *new make* zu haben ist, daneben gibt es **Featherbone Bourbon**, **Silver Cross Whiskey** (*mashbill*: je 25 % Roggen, Weizen, Mais und Gerste) und **Buggy Whip Wheat**. Seit 2013 füllt Welter einmal jährlich einen **Three Oaks Single Malt** ab. Auch an ➛**Four Kings**, dem Gemeinschaftsprojekt von vier Craft Distilleries, ist Weller beteiligt. Unter dem Journeyman-Label sollen in Zukunft auch Whisk(e)ys aus anderen Ländern abgefüllt werden. Bisher erschien ein Single Malt aus der neuseeländischen Brennerei ➛Wilson/Willowbank.

J. T. S. BROWN

Kentucky Straight Bourbon von →Heaven Hill. Ein leichter, eher trockener Alltags-Bourbon mit historischem Namen: John Thompson Street Brown war Ende des 19. Jahrhunderts eine hinlänglich bekannte Persönlichkeit in der Whiskey-Industrie. Er gehörte zu den Mitbegründern des Konzerns →Brown-Forman, verließ die damals aber noch kleine Firma, als man dort allen Ernstes damit begann, den Whiskey länger zu lagern, statt das schnelle Geld damit zu machen. Brown verschwand zeitweise von der Bildfläche und gründete später noch mindestens zwei weitere Brennereien, denen allerdings kein langes Leben beschert war. Seine Nachkommen entwickelten ein ähnliches Talent für Kurzzeitgeschäfte, dennoch bestand der Name J. T. S. Brown & Sons weiter bis in die 1980er-Jahre. Dann übernahm Heaven Hill – immer auf der Suche nach alten Namen – die Überreste der Firma und machte daraus eine kleine Marke, die vorwiegend in Kentucky verkauft wird. J. T. S. Brown gibt es auch als Blended American.

JURA

Schottischer Single Malt aus der Isle of Jura Distillery (Highlands, Isle of Jura) von →Whyte & Mackay (Emperador Inc). Ein leicht öliges Weltergewicht, das seit einigen Jahren deutlich steigende Verkaufszahlen verzeichnet. Die Standardversion ist der 10-jährige **Origin**, gefolgt von **Diurach's Own** (16 Jahre), dem dezent getorften **Superstition** *(nas)* und dem deutlich getorften **Prophecy** *(nas)*. Jura wird seit 1974 als Single vermarktet, ansonsten spielt er eine wichtige Rolle in den Whyte & Mackay-Blends, in →**Cluny** und →**MacKinlay**. Die 1810 als Caol'nan Eilean gegründete Brennerei lieferte früher einen wesentlich kräftigeren, rauchigeren Malt. Erst in den 1960ern erhielt sie ihre heutige Ausstattung, entworfen vom großen Destillerie-Designer William Delmé-Evans, mit der auch der Whisky-Stil des Hauses verändert wurde. 1985 ging die Brennerei an →Invergordon Distillers und kam

damit später zu Whyte & Mackay. Die nur spärlich besiedelte Insel Jura in Sichtweite von ➛Islay hat kulturell einiges zu bieten: Hier schrieb George Orwell seinen Dystopie-Klassiker „1984“ und hier verbrannte die schottische Ambient-House-Formation KLF im Sommer 1994 eine Million britische Pfund, um zu zeigen, dass Geld nicht alles ist.

JUVENILES

Schottischer Vatted Malt von ➛Compass Box aus dem Jahr 2003 – aus Malts von ➛**Clynelish**, ➛**Glen Elgin** und ➛**Glen Ord**. Er war anfangs nur für die Pariser Weinbar Juveniles gedacht, ging bald aber auch in den offenen Verkauf. 2007 gab es dann noch einmal ein Einzelfass mit einer veränderten Rezeptur.

J. W. CORN

Straight Corn Whiskey von ➛Heaven Hill.

J. W. DANT

Kentucky Straight Bourbon von ➛Heaven Hill. Ein einfacher Alltags-Bourbon, der den Namen einer alten Brennerfamilie trägt. Die Dants waren seit 1836 im Whiskey-Geschäft; sie gründeten mehrere Destillerien und verdienten viel Geld mit ihrer Marke ➛**Yellowstone**. Die Prohibition überstanden sie als Hersteller von medizinischem Alkohol, danach wurde die Marke Dant von ➛Schenley übernommen, um schließlich beim ➛Diageo-Vorgänger United Distillers zu landen. Der gab sie 1993 an Heaven Hill ab, wo sie derzeit nur für den lokalen Markt herausgegeben wird. Heaven Hill lässt sich unter dem Dant-Label auch einen Scotch abfüllen, als dessen Hersteller albernerweise eine J. W. Dant Company in Aberdeen angegeben wird.

K

„Der Whiskey brachte ihn ins Schwitzen;
vom Bier bekam er Gänsehaut.
Die Kombination war gut für die Nerven.“
James Ellroy, „Ein amerikanischer Thriller“

KAERILIS
Französischer Hersteller in Le Palais auf Belle-Île, Bretagne. Inhaber Fabien Mueller betätigt sich vorwiegend als ➛Craft Blender, der schottische Single Malts nach einer zusätzlichen Reifung in eigenen Fässern unter dem Kaerilis-Label ohne Nennung der jeweiligen Destillerie abfüllt. Er selbst brennt erst seit 2011 kleine Mengen an Malt Whisky, den er als **Kaerilis Premier Été à Belle-Isle** (Erster Sommer auf Belle-Isle) anbietet (Kaerilis ist der bretonische Name der schönen Insel).

KAGOSHIMA
Japanischer Single Malt aus der gleichnamigen Brennerei von ➛Hombo Shuzo. Kagoshima liegt auf der Insel Kyushu und produziert heute ausschließlich Shochu; zwischen 1953 und

1985 wurde hier in zwei kleinen *pot stills* Whisky destilliert, in den 1980ern auch recht stark getorfte Malts; Anfang des Jahrtausends erschienen noch einmal 1752 Flaschen eines 20 Jahre alten Kagoshima Malts aus Sherryfässern unter dem Namen **Satsuma**, derzeit gibt es einen 25-jährigen **Malt of Kagoshima**, destilliert 1981.

KAIAPOI
Neuseeländischer Single Malt, 17 Jahre, von ➛Southern Grain Spirits, destilliert 1996 und früher unter dem Namen **Fitzpatrick** veröffentlicht.

KARUIZAWA
Japanische Brennerei im gleichnamigen Kurort, Präfektur Nagano, von ➛Mercian (Kirin). Aus dieser 2001 geschlossenen Destillerie stammen einige der derzeit gesuchtesten (und teuersten) japanischen Whiskys: die Restbestände, die die ➛Number One Drinks Co. unter dem Label ➛**Asama** anbietet, die Single Casks, die Ichiro Akuto (➛Chichibu) und die Betreiber der Website nonjatta (die informativste englischsprachige Informationsquelle zu japanischem Whisky) herausgeben und die Abfüllungen von La Maison du Whisky, Paris. Seit 1956 wurde in Karuizawa Whisky produziert, seit 1962 gehörte die Brennerei zu Mercian, die Karuizawa Malt mit Whiskys aus ➛Kawasaki zu Blends verarbeiteten, aber auch schon in den 1970er-Jahren als Single abfüllten. Allerdings nur in sehr kleinen Mengen und so blieb Japans erster Single Malt eine nahezu unbemerkte Randerscheinung. Um die Jahrtausendwende gab Mercian dann eine ganze Reihe von sehr interessanten Karuizawas heraus, darunter *Einzelfassabfüllungen* ausgewählter Jahrgänge von 1964 bis 1994. Mit der Übernahme Mercians durch die ➛Kirin Distillery Co. zerschlugen sich die Hoffnungen auf eine Wiedereröffnung der bemerkenswerten und historisch bedeutsamen Brennerei Karuizawa.

KAVALAN
Chinesischer Single Malt aus der Brennerei Yuan Shan, Yuanshan, Taiwan, im Besitz der King Car Food Industrial Company. Süß und fruchtig und sehr erfolgreich: Kavalan räumt Auszeichnungen von allen Seiten ab und verschaffte Taiwan in kürzester Zeit einen festen Platz auf der Whisk(e)y-Weltkarte. Die Marke erschien 2008 und enterte schon vier Jahre später die internationalen Märkte (und die Volksrepublik China). Die Standardversion heißt schlicht **Kavalan**, auf manchen Märkten auch **Kavalan Classic**, berühmt sind die Einzelfassabfüllungen der Reihe **Solist**, *cask*

strength, *ncf*, weitere Versionen sind **Concertmaster**, **Podium** und ➛**King Car Conductor** (man hat hier offenbar eine Schwäche für Klassische Musik). Die Brennerei wurde 2005 eröffnet. Sie bezieht Gerstenmalz aus Schottland und Finnland und verfügt über vier in Schottland gefertigte *pot stills*. Besonderer Wert wird auf die hauseigenen Hefemischungen gelegt, die für den fruchtigen Kavalan-Charakter verantwortlich sind. Der Whisky reift in Fässern aus amerikanischer Eiche und Ex-Sherryfässern, drei bis vier Jahre in der Regel, wobei dem Fassmanagement große Bedeutung dabei zukommt, die klimatisch bedingte schnellere Reifung zu steuern. Die Marke ist nach einer in Nordost-Taiwan alteingesessenen Bevölkerungsgruppe polynesischen Ursprungs benannt; die Flaschenform soll an den Taipei 101 erinnern, der bis 2007 das höchste Gebäude der Welt war. Die King Car Gruppe besteht seit 1956, Hauptgeschäftszweige sind Wasseraufbereitung, Convenience Food und Ready-to-Drink-Kaffee.

KAWASAKI

Japanischer Single Grain aus der gleichnamigen Brennerei in Kawasaki, Präfektur Kanagawa, von Sanraku Ocean (➛**Mercian**). Hätte der umtriebige Ichiro Akuto (➛**Chichibu**) nicht Anfang des Jahrtausends ein paar Fässer der Jahrgänge 1976, 1981 und 1982 aufgetrieben, dann wäre Kawasaki heute nicht viel mehr als ein Gerücht. Angeblich wurde hier in den 1950ern Malt Whisky produziert, seit Ende der 1960er-Jahre dann auch Grain, bis Kawasaki in den 1980ern spurlos verschwand. Akuto-san gab seine Fässer ab 2009 als *Einzelfassabfüllungen* heraus.

KELT Tour du Monde
Schottischer Vatted Malt, den ➛Invergordon für die Pariser Firma Atrior herstellte. Atrior gehört einem schwedischen Bäcker namens Olev Kelt, der mit der Produktion von Schokoriegeln genug Geld gemacht hatte, um sich ein Schlösschen in der Gascogne zuzulegen. Dort hörte er von der alten Erkenntnis, dass Schiffsreisen die Reifung fassweise transportierter Spirituosen beförderten. Daran anknüpfend schickte er 1990 ein mit Cognac befülltes Fass auf Seereise und fünf Jahre später diesen Whisky. Er segelte nach seiner regulären Lagerzeit drei Monate lang um die Welt. Die dabei angelaufenen Häfen sind auf jeder Flasche vermerkt.

KENTUCKY BOURBON DISTILLERS
Amerikanischer Hersteller in Bardstown, Kentucky. Die Firma war 1984 von Even Kulsveen mit dem Ziel gegründet worden, die einige Jahre vorher geschlossene ➛Willett Distillery wieder zum Leben zu erwecken (Kulsveens Gattin ist eine geborene Willett). Es dauerte fast 20 Jahre, bis sich sein Traum erfüllte: Seit 2012 stehen Willetts *pot stills* unter Feuer.

Bis der erste neue Whiskey reif zum Verkauf ist, bietet Kulsveen weiterhin einige der Marken an, mit denen er den Markt geradezu überschwemmt hatte, um die Wiedereröffnung zu finanzieren. Die Whiskeys stammen größtenteils von ➛Heaven Hill. Eine kleine Auswahl: ➛**Bourbontown Club**, ➛**Johnny Drum**, ➛**Kentucky Vintage**, ➛**Noah's Mill** ➛**Old Bardstown**, ➛**Old Commonwealth**, ➛**Pure Kentucky**, ➛**Rowan's Creek**, ➛**Vintage** und **Willett** (bei den auf den jeweiligen Etiketten angegebenen Herstellern handelt es sich um Briefkasten-Destillen – eine in den USA übliche Methode zur Verstärkung der Markenidentität).

KENTUCKY DALE

Blended American der Sazerac Co., die sich dieser Marke derart schämt, dass sie sie nicht auf ihrer ansonsten sehr ausführlichen Website listet. Zu Recht, wie man hört: Ein Gewährsmann berichtet, das Zeug sei mit Eis sogar noch schlimmer als ohne und, wenn überhaupt, nur mit derart viel Cola trinkbar, dass man den Whiskey gar nicht mehr schmeckt.

KENTUCKY GENTLEMAN

Blended American aus der Brennerei ➛Barton 1792 (Sazerac Co.). Bartons älteste Marke findet man heute eher in Trailer Parks als bei Gentlemen.

KENTUCKY TAVERN

Kentucky Straight Bourbon aus der Brennerei ➛Barton 1792

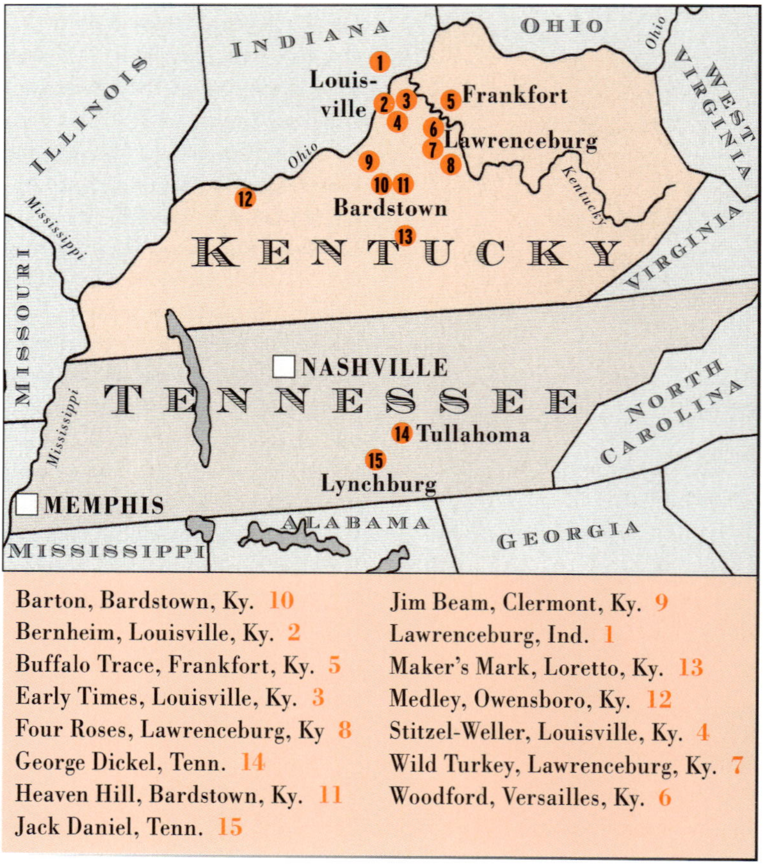

Barton, Bardstown, Ky. 10
Bernheim, Louisville, Ky. 2
Buffalo Trace, Frankfort, Ky. 5
Early Times, Louisville, Ky. 3
Four Roses, Lawrenceburg, Ky 8
George Dickel, Tenn. 14
Heaven Hill, Bardstown, Ky. 11
Jack Daniel, Tenn. 15
Jim Beam, Clermont, Ky. 9
Lawrenceburg, Ind. 1
Maker's Mark, Loretto, Ky. 13
Medley, Owensboro, Ky. 12
Stitzel-Weller, Louisville, Ky. 4
Wild Turkey, Lawrenceburg, Ky. 7
Woodford, Versailles, Ky. 6

(Sazerac Co.): Billig-Whiskey für Landeierkneipen. Die Marke existiert seit 1903; sie wurde ab 1917 in regierungseigenen Krankenhäusern und Veteranenheimen ausgeschenkt, und zu diesem Zweck auch während der Prohibition hergestellt – „medizinischer Whiskey“ nannte sich das damals. Daher war auch nach dem Ende der großen Trockenperiode ausreichend Kentucky Tavern vorhanden, und die Marke wurde ein Verkaufsschlager (damals gehörte sie ➔Glenmore). Heute wird sie hauptsächlich in Kentucky selbst getrunken, sie ist auch als Blend zu haben (noch billigerer Whiskey für Landeierkneipen).

KENTUCKY VINTAGE

Kentucky Straight Bourbon, *small batch*, von ➔Kentucky Bourbon Distillers.

KESSLER

Blended American von ➔Beam Suntory; in den USA ein Schnelldreher, in Europa nicht auf dem Markt. Ursprünglich aus dem Hause ➔Seagram trägt dieser Whiskey den Namen eines der großen, alten Männer der amerikanischen Spirituosen-Industrie: Julius Kessler (1857–1940), ein ungarischer Einwanderer, war bis zur Prohibition einer der erfolgreichsten Schnapshändler des Landes und Vorsitzender des Whiskey Trust, einer Marketing-Gemeinschaft von über 40 amerikanischen Herstellern. Er heuerte 1935 bei Seagram an, wo eigens für ihn und die nach ihm benannte Marke eine Tochterfirma gegründet wurde, die Julius Kessler Distilling Company.

KHODAY

Indischer Hersteller mit Sitz in Bangalore, Bundesstaat Karnataka, gegründet 1906 von Eshwarsa Khoday, dessen Nachkommen heute unter dem stolzen Namen „The House of Khoday" einer Vielzahl von Interessen nachgehen. Sie sind in der Pharma- und Biotechbranche aktiv, stellen Malzextrakt, Zucker, Glas und Papier her und betreiben Reisebüros sowie ein Heizkraftwerk. Sein Hauptgeschäft macht das Haus allerdings mit Bier und Schnaps. Die Khoday Brennerei in Bangalore versorgt die indische Armee mit Rum und produziert eine Reihe von Whiskys, darunter den be-

liebten ➛**Peter Scot**. Der Markenname brachte Khoday eine Klage der ➛SWA ein, die erstaunlicherweise abgewiesen wurde. Derzeit haben die Inder einen Prozess mit ➛Diageo am Hals: Die Briten, die bereits deren Whisky-Label ➛**Vat 999** nicht amüsant fanden, erheben nun Einspruch gegen Khodays Bier „Black Label". Gegen eine weitere Whisky-Marke des Hauses ist noch keine Klage anhängig: Sie heißt ➛**Democrat**.

KILBEGGAN

Irish Whiskey von Kilbeggan Distilling Co. (Beam Suntory), zu haben als Blend, als Single Grain und als 3-jähriger **Distillery Reserve Malt Whiskey**. Letzterer wird (noch) nicht als Single Malt gelabelt, da nur zweite Destillation und Lagerung bei Kilbeggan im County Westmeath selbst stattfinden. Die *low wines* kommen nach wie vor aus der Brennerei ➛Cooley, dem ehemaligen Firmensitz. Seit der Übernahme durch den US-Konzern ➛Beam (2011) spielt Cooley nur noch die zweite Geige. Die Firma wurde in Kilbeggan Distilling Company umbenannt, durchaus nachvollziehbar, denn die Marke Kilbeggan war schon immer der Bestseller des Hauses.

Selbst Cooleys erfolgreicher Single Grain ➛**Greenore** wird neuerdings manchmal unter dem Kilbeggan-Label angeboten. Aus historischer Sicht macht die Hervorhebung des Namens ebenfalls Sinn: Die Brennerei in Kilbeggan wurde bereits 1757 gegründet, damals allerdings unter dem Namen Brusna. Lange Jahre wurde sie von der Familie Locke geführt, deren Namen sie bis zur Schließung im Jahre 1957 trug (➛**Locke's**). 30 Jahre später erwarb

Cooley-Gründer John Teeling die heruntergekommene Anlage, gab ihr den Namen Old Kilbeggan Distillery und nutzte sie als Lager für seine Cooley-Whiskeys. Seit 2007 sind auch wieder zwei *pot stills* in Betrieb (eine davon hat mit ihren 180 Jahren einigen Anspruch auf den Titel „älteste aktive *pot still* der Welt“). Heute werden hier Malt, Single Pot Still und Rye Whiskeys gebrannt. Wann der erste reine Kilbeggan Single abgefüllt werden soll, ist noch nicht bekannt. Die Kilbeggan Distilling Company fungiert heute als Herausgeber der Cooley-Marken ➛**Connemara**, ➛**Tyrconnel** und ➛**Greenore**. Der Firmensitz wurde zu Beam nach Deerfield, Illinois, verlegt.

KILCHOMAN

Schottischer Single Malt (Islay) von der Kilchoman Distillery Company. Ein noch jugendliches, aber sehr vielversprechendes Mittelgewicht mit deutlichem Islay-Charakter, angeboten als **Kilchoman Machir Bay** *(nas)*, als **Kilchoman 100 % Islay** *(nas)* und in diversen limitierten *wood finish*-Varianten. Der Name 100 % Islay ist Programm: Verarbeitet wird nur Islay-Gerste, die Brennerei hat eigene *floor maltings* (30 *ppm*), bezieht aber auch stärker getorftes Malz von ➛Port Ellen (50 *ppm*), eine echte *farmhouse distillery* also (Jahreskapazität 150 000 *lpa*. Kilchoman wurde 2005 von Anthony Wills eröffnet, einem Spirituosenhändler, der seinen ursprünglichen Plan, die ➛Glen Scotia Distillery zu erwerben, aufgab, um nach Islay zu ziehen. Finanzielle Unterstützung kam vom damaligen ➛Bruichladdich-Miteigentümer John MacTaggart.

KILKERRAN
Schottischer Single Malt aus der ➛Glengyle Distillery (Campbeltown) im Besitz der Familie ➛J. & A. Mitchell. Ein dezent rauchiger, ölig-würziger Malt, der in Bourbon- und Sherryfass-gereiften Versionen zu haben ist. Bis der erste 12-Jährige Ende 2016 in die Flaschen kommt, veröffentlichen die Mitchells ihre Malts als „Work in Progress“: Seit 2009 erschienen bisher einige limitierte Abfüllungen. Zum 10. Jahrestag von Glengyles Wiedereröffnung gab es sechs 10-Jährige, die jeweils in unterschiedlichen Fässern reiften: Bourbon, Oloroso Sherry, Fino Sherry, Portwein, Madeira und Demerara Rum.

KILLYLOCH
Schottischer Malt Whisky (Lowlands) aus der gleichnamigen Destillerie von ➛Inver House Distillers. Sie produzierte zwischen 1964 und 1975 innerhalb des Brennereikomplexes ➛Moffat ausschließlich für Blends. Umso größer daher die Aufregung in interessierten Kreisen, als ➛Signatory 1994 eine Einzelfassabfüllung des Jahrgangs 1972 herausbrachte. 10 Jahre später präsentierten Inver House dann den wohl letzten Killyloch, einen 36-Jährigen von 1967.

KILT
„Kostüm; bisweilen von Schotten in Amerika und Amerikanern in Schottland getragen.“ *Ambrose Bierce „Des Teufels Wörterbuch“ (1911).*

KINCLAITH
Schottischer Single Malt (Lowlands). Ein leichter Malt von der süßen Seite, dessen Aroma M. Jackson an „mit Ingwer bestäubte Melonen“ erinnerte. Er wurde nie offiziell als Single abgefüllt, allenfalls von ➛Cadenhead und ➛Gordon & MacPhail war er früher zu bekommen. Kinclaith wurde 1957–58 als Teil des ➛Strathclyde-Komplexes errichtet, in dem ➛Long John Distillers hauptsächlich Grain Whisky produzierten. Als der britische Brauereikonzern

Whitbread hier 1975 die Regie übernahm, wurde Kinclaith abgerissen. Dementsprechend rar ist dieser Malt heute, zuletzt gab ➔Signatory 2009 eine Einzelfassabfüllung von 1969 heraus.

KING CAR CONDUCTOR

Taiwanesischer Single Malt (*ncf*) aus der Yuan Shan Distillery der King Car Food Industrial Company, die auch für ➔**Kavalan** verantwortlich ist. Diese Mischung aus acht unterschiedlichen Fasstypen erschien erstmals 2011.

KING CHARLES

Blended Scotch von ➔QSI (William Grant & Sons). Nach welchem der beiden Karls, die Schottland im 17. Jahrhundert regierten, diese Marke benannt ist, war nicht zu ermitteln.

KINGDOM

Blended Scotch, den ➔Edrington für Hite Jinro, Südkoreas führenden Bier- und Spirituosenkonzern produziert. Die Marke wird in mehreren Altersstufen angeboten und als „Room Saloon"-Whisky vermarktet: Room Saloons sind Animierschuppen der gehobenen Art, in denen Whisky meist flaschenweise geordert wird.

KING HENRY VIII

Blended Scotch, den ➔Inver House Distillers für die indische ➔Jagatjit Industries produzieren. Die Inder erwarben die Marke 2009 zusammen mit ➔Clan Sinclair von George Sinclair & Sons, einem Familienunternehmen, das von Nachkommen des schottischen Clan Sinclair geführt wird.

KING JAMES VI

Blended Scotch von ➔QSI (William Grant & Sons), benannt nach Jakob IV. (1488–1513), dem wohl kultiviertesten König des Landes und dem letzten, der noch fließend Gälisch sprach.

KING OF SCOTS

Blended Scotch von ➔Douglas Laing. Unter diesem Namen gibt es eine Reihe von De-luxe-Blends, die alle in aufwendigen Keramik- oder Kristallkaraffen abgefüllt und hauptsächlich in Lateinamerika und dem Fernen Osten verkauft werden. Die Marke existiert schon seit etwa 1880 und wurde in den 1950er-Jahren von Douglas Laing erworben.

KING ROBERT II

Blended Scotch von ➔Ian Macleod. Der Bestseller des Hauses, ist in über 40 Ländern präsent, vorwiegend im asiatischen Raum. Der namensgebende König Robert war der erste aus dem tragödienreichen Hause Stuart.

KINGSBARNS

Schottische ➛Craft Distillery in The East Neuk of Fife, Lowlands, eröffnet 2015 von The Kingsbarns Company of Distillers im Besitz der Familie ➛Wemyss. In zwei *pot stills* wird hier ein ungetorfter, fruchtiger Malt aus lokalem Getreide gebrannt. Die ursprünglichen Pläne für Kingsbarns stammen von Doug Clement, der sich Bill Lark, „the godfather of modern Australian whisky" (➛Lark), als Berater holte, aber die Finanzierung nicht geregelt bekam. Also übernahm der mächtige Wemyss-Clan 2013 die Regie und Clement darf nun das Besucherzentrum der Brennerei führen.

KINGS COUNTY

Bourbon aus der Kings County Distillery in Brooklyn, New York, gegründet 2010 von Colin Spoelman und David Haskell. Mit einer *mashbill* aus Mais und importiertem Gerstenmalz gebrannt in zwei kleinen *pot stills* und gerade mal 12 Monate in kleinen Fässern gereift, aber bereits in England, Schottland, Schweden und Japan zu finden – irgendetwas müssen die Herren richtig gemacht haben.

KINGSLAND

Japanischer Blend von ➛Nikka.

KININVIE

Schottische Malt-Destillerie in Dufftown (Speyside) von ➛William Grant & Sons. Versteckt hinter ihrer Schwester-Brennerei ➛Balvenie steht diese unspektakuläre Wellbechhalle, die neun *pot stills* beherbergt. Hier entsteht ein leichter Malt von der süßen Seite, der ursprünglich nur für die Verwendung in Blends gedacht war. 16 Jahre nach der Gründung 1990 erschien Kininvie dann doch als Single Malt, allerdings unter dem Namen ➛**Hazelwood** und nur in streng limitierter Auflage. Unter dem Brennereinamen tauchte Kininvie erstmals 2013 in Asiens Whisky-Einkaufsparadies Taiwan auf, gefolgt von zwei weiteren Abfüllungen für ausgesuchte Duty-free-Outlets (➛**Aldunie**).

KINNICKINNIC

Blended American aus der ➛Great Lakes Distillery von Guy Rehorst. Anders als die gängigen US-Blends enthält Kinnickinnic keinen Neutralsprit. Er ist vielmehr eine Mischung aus zugekauftem Bourbon und hauseigenem Rye und Malt Whiskey.

KIRIN DISTILLERY CO.

Japanischer Hersteller mit Sitz in Tokio, Teil von Kirin Holdings Industrie, die wiederum Teil des Industrie-Konglomerats Mitsubishi sind. Der drittgrößte Whisky-Produzent Japans entstand 1972 aus einem Joint Venture zwischen Kirin Brewery Co. und ➛Seagram. Das Gemeinschaftsunternehmen gründete die Brennerei ➛Fuji-Gotemba, in der fortan Blends aus einheimischen Destillaten und schottischen Whiskys von Seagram produziert wurden. Die erste Marke war ➛**Robert Brown**. Nach der Auflösung von Seagram im Jahre 2002 übernahm Kirin die Anteile der Kanadier sowie deren ➛Four Roses Distillery in Kentucky. 2006 schluckte das nun als Kirin Distillery Company firmierende Unternehmen die Firma Mercian, machte allerdings keine Anstalten, deren Brennerei ➛Karuizawa wieder zum Leben zu erwecken. Kirin produziert folgende Marken: den Single Malt ➛**Fuji Sanroku** sowie die Blends ➛**Boston Club**, ➛**Crescent**, ➛**Emblem**, ➛**Evermore**, ➛**Hips**, ➛**News** und **Robert Brown**. Der Standard-Blend Kirin 50 % ist eine beliebte Mizuwari-Basis (➛Japanischer Whisky).

KIRKLAND

Whisk(e)y-Marke, die sich die US-Großhandelskette Costco von verschiedenen Herstellern abfüllen lässt: Der Bourbon kommt von ➛**Jim Beam**, der Blended Canadian, der nur in 1,75-l-Flaschen zu haben ist, höchstwahrscheinlich aus ➛**Valleyfield** und der Scotch, tja, der Scotch ist ein 40-jähriger ➛**Glenlivet** von 1972.

KITTLING RIDGE

➛Forty Creek

KNAPPOGUE CASTLE

Irischer Single Malt von ➛Castle Brands, New York. Unter diesem Namen (geprochen etwa: niupoág) gibt es Whiskeys aus drei verschiedenen Brennereien: Der Erste war ein echter ➤Pure Pot Still aus der alten Tullamore Distillery (➤**Tullamore Dew**). Er wurde 1951 gebrannt und lagerte 36 Jahre lang in ehemaligen Sherryfässern. Einige davon kamen in den Besitz des texanischen Ölmillionärs Mark Edwin Andrews, der sie 1987 abfüllen ließ und nach seiner Burg im irischen County Clare benannte. Die noch im Umlauf befindlichen Flaschen werden heute zu Sammlerpreisen gehandelt. Erheblich günstiger sind die jüngeren Malts zu haben, die Mark Andrews jr. später auf den Markt brachte. Die Jahrgänge 1990–93 stammten aus ➤Cooley, nachfolgende Vintages dagegen kommen von ➤Bushmills. Die Marke wird hauptsächlich in den USA verkauft.

KNIGHTS

Südafrikanischer Blend von ➤Distell; eine preiswerte Mischung aus lokalem Grain und importiertem Scotch, seit 1992 auf dem Markt.

KNOB CREEK

Kentucky Straight Whiskey von ➤Beam Suntory; der Bourbon ist ein charaktervoller 9-Jähriger, wie gemacht für ein Indian-Summer-Barbecue (mit 50 Vol.-% und als kräftigerer *Single Barrel*), der Rye (*nas*) zeigt echte Größe und entschädigt für seinen faden Stallgenossen ➤**Jim Beam Rye**. Knob Creek erschien 1992 als einer von vier Whiskeys, mit denen Beam die sehr dehnbare Kategorie ➤Small Batch ins Whiskey-Marketing einführte.

KNOCKANDO

Schottischer Single Malt (Speyside, Knockando) von ➤Diageo. Ein weiches, nicht unelegantes Weltergewicht und, wie Charles Maclean meint: „Ein guter Frühstücks-Malt." Standardmäßig ist er als 12-, 15- und 18-Jähriger zu haben, die Abfüllungen tragen zusätzlich eine Jahrgangsangabe. Von 1977, als Knockando erstmals offiziell abgefüllt wurde, bis 1997 erschien der Malt nur mit Jahrgang. Damals gehörte die Marke zu den erfolgreichsten Single Malts weltweit. Heute wird er vor allem in Frankreich und Spanien getrunken. Die Brennerei entstand 1898 nach einem Entwurf von

➔Doig und fiel einige Jahre später an den renommierten Londoner Gin-Hersteller Gilbey (➔**Glen Spey**). Seit Gilbey 1962 mit dem Blending House Justerini & Brooks fusionierte, ist Knockando eine wesentliche Komponente in den ➔**J&B**-Blends.

KNOCKDHU ➔An Cnoc

KOMAGATAKE

Japanischer Single Malt von ➔Hombo Shuzo. Unter diesem Namen werden unterschiedliche Whiskys abgefüllt: Die neuesten Versionen erschienen 2014 als 3-Jährige (*cask strength*): **Komagatake Sherry & American White Oak** und **The Revival 2011 Komagatake**, beide in Hombo Shuzos Brennerei ➔Shinshu nach deren Wiedereröffnung 2011 gebrannt (8 *ppm*). Im selben Jahr kam ein 1988 destillierter Komagatake mit 22 Jahren heraus (*single cask*), der ebenso aus der alten Produktion stammte wie der im Jahr zuvor abgefüllte 24-Jährige (eine Mischung aus vier Fässern). Früher gab es Komagatake als 10-Jährigen und unter dem Label ➔**Maltage**.

KOPPER KETTLE

Virginia Whiskey aus der ➔Belmont Farm Distillery von Chuck Miller. Ein zweifach *pot-still*-gebrannter „Triple Grain" (Mais, Weizen, Gerstenmalz), in den vor der 4-jährigen Fasslagerung Eichen- und Apfelbaumholzchips eingelegt werden – für Miller Grund genug, von ➔Double Wood zu sprechen.

KORNOG

Bretonischer Single Malt (nas), aus der Brennerei ➔Glann ar Mor Celtic Whisky Compagnie). Die mit etwa 35 *ppm* getorfte Glann-ar-Mor-Variante ist seit 2010 auf dem Markt.

KOSCHERER WHISK(E)Y

Whisk(e)y, der den Gesetzen der jüdischen Religion entsprechend akzeptabel ist; dieser Status muss von einer anerkannten Autorität beglaubigt werden. Um ein derartiges Zertifikat – ein sogenanntes Hechsher – zu erhalten, dürfen beispielsweise bei der Herstellung weder Sherryfässer noch Karamellfarbe zum Einsatz kommen. Anerkannt koschere Whisk(e)ys sind **Hamashkeh** und einige ➔**Tomintouls aus Schottland** sowie die Amerikaner ➔Koval und ➔**Old Williamsburg** (➔Jewish Whisky Co.).

KOVAL
US-Craft Distillery in Chicago, Illinois, eröffnet 2008 von Robert und Sonat Birnecker. Die beiden verarbeiten ausschließlich biologisch zertifiziertes Getreide, destillieren in einer *pot* und zwei *column stills* und lassen ihre Whiskeys – für unbestimmte Zeit – in frischen, angekohlten Fässern reifen. Alle Koval-Whiskeys sind *Single Barrels* und ➛koscher. Angeboten werden ein aus einer Mais-Hirse-Maische gebrannter **Bourbon**, ein **Four Grain** (Hafer; Gerstenmalz, Roggen, Weizen), ein **Millet** (Hirse), ein **Oat** (Hafer), ein 100%iger Rye sowie limitierte Abfüllungen von weiteren sortenreinen Whiskeys. Die gibt es entweder ungelagert (White) oder nach 2- bis 4-jähriger Lagerung. Da die Birneckers weitgehend auf die Verwendung von Gerstenmalz verzichten, setzen sie bei der Maischebereitung Enzyme zu, um gärfähige Maltose zu erhalten (➛Malt Whisky). Die ersten fassgelagerten Whiskeys des Hauses erschienen 2010, damals noch unter dem Label **Lion's Pride**, heute tragen alle Versionen den Namen der Brennerei. Koval gehört zu den bekanntesten ➛Craft Distilleries der USA und ist auch auf dem europäischen Markt präsent.

KROTTENTALER
Deutscher Single Malt aus der Brennerei ➛Blaue Maus von Robert Fleischmann; erstmals erschienen 2001 und wie üblich bei Fleischmann eine *Einzelfassabfüllung*.

KUCHH NAI
Blended Scotch, den sich die britische Firma Kuchh Nai Marketing von einem ungenannten Hersteller abfüllen lässt. Dieser De-luxe-Blend erschien 1996 und wird vorwiegend in Indien und Ländern mit hohem indischstämmigen Bevölkerungsanteil angeboten (in England, Kanada und einigen ostafrikanischen Staaten). Kuchh Nai bedeutet auf Hindi „nichts", was, laut Marketingabteilung, für Spaß beim Bestellen sorgen soll: „Was hätten Sie gerne?" – „Nichts". Spitzenwitz. Kuchh Nai Marketing Pvt Ltd. ist ein Unternehmen der Familie Jabble, die seit 1962 in Großbritannien lebt.

…sie Lässt ein kleines
damenhaftes Schmatzen hören und
blumengleich den Duft von altem Scotch aufsteigen…
Thomas Pynchon, „Das Ende der Parabel“

LABEL 5

Blended Scotch von ➛La Martiniquaise, hergestellt in der ➛Glen Turner Distillery. Die Marke kam Anfang der 1980er-Jahre heraus und gehört heute zu den 10 meistverkauften Scotches der Welt; wichtigster Markt ist Frankreich.

LABROT & GRAHAM

➛Woodford Reserve

LAC'HOLL

Französischer Single Malt aus der Distillerie artisanale Gilbert Holl in Ribeauvillé, Elsass. Der erste elsässische Whisky erschien 2004, derzeit ist er als 7- und als 10-Jähriger zu haben, allerdings nur in kleinen Auflagen, denn die 1979 von Gilbert und Bernadette Holl gegründete Obstbrennerei ist wirklich winzig.

LADYBURN

Schottischer Single Malt (Lowlands) von ➛William Grant & Sons. Der Whisky stammt aus der gleichnamigen Destillerie, die von 1966–1975 innerhalb der Grain-Brennerei ➛Girvan betrieben wurde. Sie diente ausschließlich dazu, den steigenden Malt-Bedarf für die Grant-Blends zu decken. Nur ➛Cadenhead schaffte es, ab und zu ein paar Flaschen Ladyburn als Single Malt abzufüllen. Dementsprechend groß war das Hallo, als die Grants Ende 2000 noch einmal 250 Kis-

ten des Jahrgangs 1973 herausgaben. Später gab es den Malt noch einmal von ➛Signatory und von ➛Duncan Taylor, beide füllten ihn unter dem Namen **Ayrshire** ab (so heißt die Grafschaft, in der die Brennerei sich befand). In Spanien bietet die Grant-Tochter ➛QSI unter dem Namen Ladyburn einen Vatted Malt an.

LAGAVULIN

Schottischer Single Malt (Islay) von ➛Diageo. Einer von den Großen: Die massive Eleganz dieses Schwergewichtsweltmeisters hat maßgeblich zur großen Wertschätzung beigetragen, die torfgeschwängerte Whiskys heute in weiten Kreisen genießen. Lagavulin wurde bereits um 1880 als Single abgefüllt und in Alfred Barnards historischem Buch „The Whisky Distilleries of the Untited Kingdom" (1887) für seine herausragende Qualität gerühmt. Heute gibt es ihn als 12-Jährigen in *Fassstärke* und als 16-jährigen „Classic Malt", der auch als „Distillers Edition" in höchst bemerkenswerten Jahrgangsabfüllungen mit Sherry-*wood finish* angeboten wird. Die Destillerie, als deren offizielles Gründungsjahr 1816

angegeben wird, entstand aus einer der zahlreichen Schwarzbrennereien, die bereits im 18. Jahrhundert an der Südostküste Islays betrieben wurden. Ab 1860 gehörte sie James Logan Mackie, dessen Neffe Peter Mackie hier später seine berühmte Marke →**White Horse** kreierte. 1927 kam Lagavulin zur →DCL und damit später zu Diageo, die den Malt noch heute für die White-Horse-Blends verbrauchen. Die Jahreskapazität beträgt 2,4 Millionen *lpa*.

LAIRD OF FINTRY

Kanadischer Single Malt von Okanagan Spirits, einer 2004 von Frank Deiter gegründeten Firma, die zwei Obstbrennereien in British Columbia betreibt: Kelowna und Vernon. Nur Letztere produziert auch Whisky. In Kelowna gab es bereits von 1971 bis 1995 eine Brennerei namens Okanagan. Sie war von →Hiram Walker erbaut worden, um die erhöhte Nachfrage nach Canadian Club zu befriedigen. Auch Malt Whisky nach schottischem Vorbild wurde damals hier gebrannt, allerdings nur um nach Japan verschifft und dort von →Suntory zum Blending verwendet zu werden. Gerüchtehalber wurde Kelowna-Malt in Japan auch unter dem Namen **Glen Ogopogo** als Single abgefüllt (Ogopogo ist die kanadische Entsprechung zum Monster von Loch Ness und wird im Lake Okanagan lokalisiert). Auch die Marke →**Long Wood** soll ursprünglich von hier stammen. Überflüssigerweise gab es von →Cooley auch eine Irish-Whiskey-Handelsmarke namens **O'Kanagan**.

LANGATUN

Schweizer Whisky aus der kleinen Brennerei der Langatun Distillery AG von Hans Baumberger in Langenthal, Kanton Bern. Seit 2005 produziert Baumberger hier Obstbrände, Rum und Liköre, sein erster Single Malt erschien 2008. Derzeit bietet er zwei 5-jährige Malts an: **Old Deer** und **Old Bear**

(mit leichter Rauchnote) sowie einen **Old Eagle Rye** und einen **Old Mustang Bourbon**, beide als *Single Cask* und auch in *Fassstärke* zu haben. Destilliert wird dreifach in einer *Obstbrennblase*, gelagert größtenteils in Weinfässern aus europäischer Eiche. In seiner Heimat gilt Baumberger als einer der seriösesten Whisky-Brenner.

LANGS

Blended Scotch von ➛Ian Macleod. Ein sehr gepflegter Scotch – angeblich war das Queen Mums Hausmarke. Die Gebrüder Lang begannen 1861 im Keller einer Glasgower Kirche mit dem Whisky-Blending und erwarben 1875 die Destillerie ➛Glengoyne, deren Malt bis heute eine wesentliche Rolle in dem Blend spielt. 1965 verlor die Firma ihre Selbstständigkeit, seit 2003 sind Marke und Brennerei beim heutigen Besitzer.

LANGSIDE

Schottischer Abfüller; eine Tochterfirma von ➛Hunter Laing, die für die Single-Malt-Reihen **Douglas of Drumlanrig** und **Hepburn's Choice** verantwortlich ist und die Blended Scotches **Langside**, ➛**House of Peers** sowie ➛**John Players Special** herausgibt.

LAPHROAIG

Schottischer Single Malt (Islay) von D. Johnston & Co., einer Tochterfirma von ➛Beam Suntory. Eine geballte Ladung Islay: noch kompromissloser als die Nachbarbrennereien ➛Ardbeg und ➛Lagavulin bringt dieses Schwergewicht die mit Islay assoziierten Aromen von jodhaltiger Meeresbrise, Seetang und Teer zur Geltung. Angeboten wird Laphroaig als 10-, 18- und 25-Jähriger, als **Quarter Cask** *(nas)*, **Triple Wood** *(nas)*, **An Cuan Mor** *(cask strength, nas)* und seit

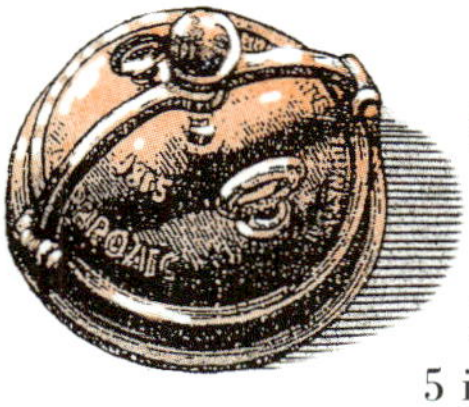

2014 als ebenfalls altersloser **Laphroaig Select**, der aus 5 in verschiedenen Fasstypen gereiften Destillaten besteht. Die Brennerei wurde 1815 von den Brüdern Alexander und Donald Johnston errichtet und blieb bis 1967 im Besitz der Familie. Damals wurde sie von ➛Schenley übernommen, bei Beam ist sie seit 2005. Laphroaig gehört zu den wenigen Brennereien, deren *floor maltings* noch in Betrieb sind; etwa 15 % des Malzbedarfs werden hier produziert (35–40 *ppm*). Die Jahreskapazität liegt bei 3,3 Millionen *lpa*.

LARCENY

Kentucky Straight Bourbon von ➛Heaven Hill, erschienen 2012. Der jüngere Bruder des großen ➛**Old Fitzgerald**: Wie dieser ist Larceny ein ➛Wheated Bourbon und wie dieser trägt er einen Namen, der an jenen Steuerbeamten Fitzgerald erinnern soll, der sich seinerzeit aus den besten Fässern der Lagerhäuser bediente (larceny ist ein englisches Wort für Diebstahl). Wie alle mit Weizen statt Roggen produzierten Bourbons ist auch Larceny ein sehr süffiger Whiskey – eine durchaus ernst zu nehmende Bourbon-Website meint, es gäbe wohl keinen Whiskey dieser Qualität, die man so gut direkt aus der Flasche trinken könne.

LARK

Australischer Single Malt aus der Lark Distillery bei Hobart, Tasmanien, von Lark Distillery Pty Ltd. Gründer und Anteilseigner Bill Lark gilt heute als der Pate des modernen ➛australischen Whiskys. Er brachte 1998 den ersten ernst zu nehmenden Single Malt von Down Under heraus und ist seither maßgeblich an mehreren Malt-Projekten beteiligt. Larks erste, 1992 in Kingston gegründete Destille wurde 2001 nach Hobart verlegt, fünf Jahre später eröffnete er eine zweite Brennerei etwas außerhalb des Ortes am Mt. Pleasant, die über eigene Getreidefelder, ein Torfmoor, zwei *pot stills* und eine Küferei verfügt, sodass hier nahezu

die gesamte Produktion vor Ort stattfinden kann. Nur eine Mälzerei fehlte noch, doch anstatt selbst eine zu errichten, beteiligte sich Lark an der ➛Redlands Estate Distillery, wo ausreichend Malz produziert werden kann, um beide Anlagen zu versorgen. Inzwischen hatte Lark einige Investoren mit ins Boot geholt (Lark Distillery Pty Ltd.) und auch die Old Hobart Distillery mit deren Marke ➛**Overeem** übernommen. Der vorläufige Höhepunkt in Larks Karriere dürfte eine Einladung nach Schottland gewesen sein, um dort an der Planung der ➛Kingsbarns Distillery mitzuwirken. Seine Whiskys sind zweifach *pot-still*-destilliert und reifen in kleinen Fässern (50–100 l), die vorher zum Teil Süßweine des renommierten Weinguts Seppeltsfield enthielten. In Europa werden sie von La Maison du Whisky vertrieben.

The LAST DROP

Blended Scotch von The Last Drop Distillers, bisher in drei Versionen erschienen und nur für vierstellige Beträge zu bekommen: Die erste war ein 48 Jahre alter Blend aus 70 Malts und 12 Grains, die 1960 zur Vermählung in Sherryfässer und 12 Jahre später in Flaschen gefüllt worden waren. Allerdings hatte man damals drei dieser Fässer übersehen und erst Jahrzehnte später wieder entdeckt. Der größte Teil dieses Whiskys wurde unter dem Namen **The Last Drop 1960** abgefüllt, der Rest erneut gelagert und später als **The Last Drop 50 Year Old** angeboten (388 Flaschen à 52 Vol.-%).

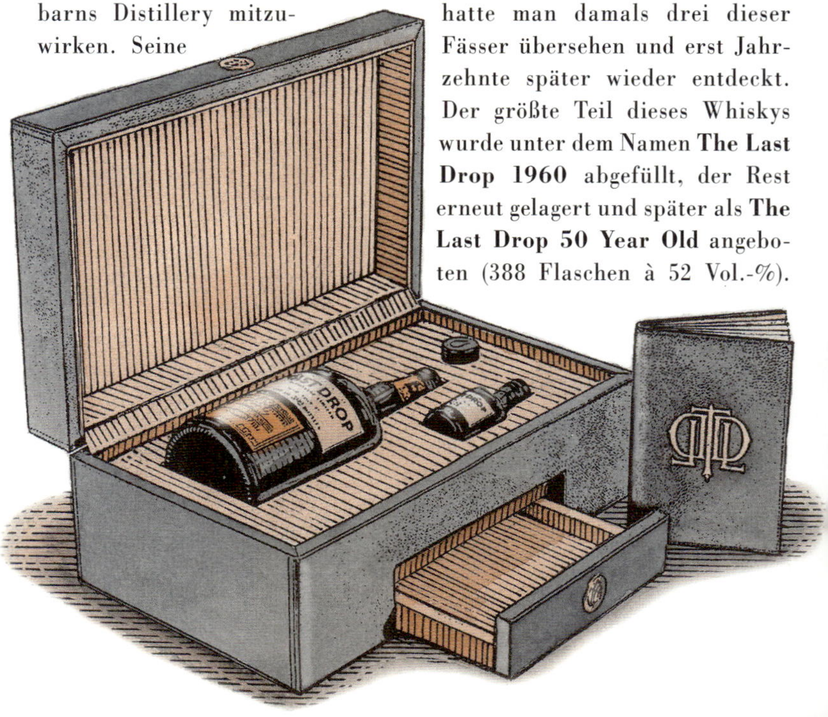

Zuletzt gab es einen **Last Drop 48 Year Old**, diesmal kein zufälliger Fund, sondern das Werk eines ungenannten Künstlers (592 Flaschen à 48,6 Vol.-%). Mastermind hinter diesem Prunkstück ist eine graue Eminenz der Spirituosenindustrie, das Marketinggenie James Espey. Er war in seiner über 40-jährigen Laufbahn für nahezu alle großen Konzerne tätig, maßgeblich beteiligt an der Entwicklung von Parademarken wie **Johnnie Walker Blue**, **Chivas 18**, Diageos „**Six Classic Malts**" und dem Likör-Bestseller **Bailey's**. 2008 gründete Espey mit zwei alten Weggefährten The Last Drop Distillers, und die Herren werden sich bestimmt noch so manches einfallen lassen (➔**Syndicate 58/6**).

LAUDER'S

Blended Scotch von ➔MacDuff International: Eine bereits im 19. Jahrhundert erfolgreiche Marke, die heute hauptsächlich in die USA und nach Lateinamerika exportiert wird. Sie wurde 1834 von Archibald Lauder entwickelt, der sie in seinen Glasgower Pubs ausschenkte. Seit 1992 ist die Marke bei MacDuff, wo ihr ein ➔**Dimple** ähnelndes Outfit und einige *wood finishes* verpasst wurden.

LDI (LAWRENCEBURG DISTILLERS INDIANA)

US-Hersteller in Lawrenceburg, Indiana, im Besitz von Midwest Grain Products (MGP). Dieser riesige Brennereikomplex ist einer der größten Trinkalkoholproduzenten der Welt und der wichtigste *contract distiller/blender* der USA. LDI verfügt über zahlreiche *warehouses* und eine große Abfüllanlage und kann von Neutralsprit über Bourbon, Corn und Rye Whiskeys mit unterschiedlichen *mashbills* bis hin zu Malt Whiskey alles liefern, was die Kundschaft wünscht. Dazu gehören kleine Markeninhaber ebenso wie

große Konzerne, die sich hier mit Spezialitäten eindecken – die wahre Quelle ihrer Whiskeys geben weder die einen noch die anderen gerne an (→**Angel's Envy**, →**Bulleit**, →**George Dickel Rye**, →**Chattanooga 1816**, →**Cougar**, →**High West Distillery**, →**James E. Pepper Old 1776**, →**Redemption**, →**Smooth Ambler**, →**Tincup**). Explizit als LDI-Produkt etikettiert erschien bisher nur ein Grain, den die →Jewish Whiskey Co. herausgab. Mit ihrem →**Metze's Select** tritt MGP neuerdings selbst als Markeninhaber auf. Die Lawrenceburg Distillery wurde angeblich bereits 1847 gegründet, mit Sicherheit war sie ab 1875 in Betrieb; während der →Prohibition produzierte sie medizinischen Alkohol, danach wurde sie von →Seagram übernommen, die sie großzügig erweiterten und in erster Linie zur Wodka- und Neutralspritproduktion nutzten. Mit dem Ausverkauf des Seagram-Konzerns fiel die Brennerei 2001 an →Pernod Ricard, die sie später an CL Financial abgaben (→**Burn Stewart**). Seit 2011 gehört LDI zu MGP, einem 1941 gegründeten Unternehmen, das Industriealkohol zu Rüstungszwecken lieferte und zeitweise auch die →McCormick Distillery besaß. Neben Spirituosen produziert MGP so ziemlich alles, was sich aus Getreidestärke machen lässt: Glutamat, Analogkäse, Instantsuppen, Salatdressings etc.

LEGACY

Blended Canadian der →Sazerac Co. Eine neue, hochgelobte Marke, die, wie so viele Canadians, in Kentucky abgefüllt wird und nur in den USA in den Handel kommt. Produktionsdetails wurden bisher nicht veröffentlicht. Ob die Wahl des Markennamens ein bewusster Affront gegen den Super Premium →**Wiser's Legacy** war, sei dahingestellt. Mit Sicherheit hatte man bei Sazerac nicht den alten Legacy Blended Scotch von →Mackinlay im Visier.

LEGEND
Indischer Whisky, *IMFL*, von ➛Som Distilleries.

LEGENDARY SCOT
Blended Scotch der ➛Tomatin Distillery Co., der schottischen Niederlassung von ➛Takara Shuzo.

LEOPOLD BROS.
US-Whiskey aus der gleichnamigen Craft Distillery in Denver, Colorado, zu haben als **Sour Mash** aus Mais und Roggen sowie als **Rye**. Die Brüder Todd und Scott Leopold begannen 1999 mit einer eigenen Brauerei in Ann Arbor, Michigan. Bald stand dort auch eine kleine Brennanlage, in der sie diverse Spirituosen herstellten. Ihre ersten Whiskeys vermischten sie noch vor der Fasslagerung mit selbst produzierten Fruchtsäften – eine im 19. Jahrhundert in den USA nicht unübliche Methode, um jungen Whiskeys die Schärfe zu nehmen und einen ansprechenden Farbton zu verleihen. Reinen Whiskey produzieren die Brüder, seit sie 2008 eine Destillerie in Denver eröffneten. Der erste **Leopold Bros. Sour Mash** erschien 2010, der Rye im Jahr darauf.

LEVIATHAN
US-Single Malt von ➛Lost Spirits. Eine *Einzelfassabfüllung* eines mit 110 *ppm* extrem stark getorften Whiskeys, gereift in kalifornischen Süßweinfässern, „weniger als 4 Jahre“, wie es auf dem Label heißt, abgefüllt in *Fassstärke*. **Leviathan I** erschien 2012, derzeit ist **Leviathan III** in Kleinstmengen im Handel.

LIGHT WHISK(E)Y
Bei diesem Begriff muss zwischen einer schottischen und einer amerikanischen Variante unterschieden werden:
Scotch: helle, mildere Scotches mit hohem Lowland-Malt-Anteil und wenig (wenn nicht ganz ohne) Karamell-*Färbung*, die speziell für den US-Markt entwickelt wurden. Es spricht einiges für die Vermutung, die Vorliebe der

Amerikaner für Light Scotches gehe auf alte Gewohnheiten zurück, da die während der ➛Prohibition verkauften Whiskys meist ziemlich blass waren. Auch die kanadischen Whiskys, die in den USA während dieser Zeit boomten, entsprechen diesem Geschmacksmuster (➛**Cutty Sark**, ➛**Inver House**, ➛**Green Plaid**, ➛**J & B**, ➛**Passport**, ➛**St. Leger**, ➛**William Lawson's**).

USA: Amerikanischer Light Whiskey wird sehr hochprozentig gebrannt, was letztlich darauf hinausläuft, dass er erst mal nach gar nichts schmeckt. Er wird dann in gebrauchten oder unbehandelten neuen Fässern gelagert, was ihn auch nicht besser macht, und schließlich mit Aromastoffen und Zuckercouleur versetzt, damit er wenigstens entfernt wie Whiskey schmeckt und aussieht. Diese Unsitte kam Anfang der 1970er-Jahre in Mode, allerdings eher bei den Herstellern als bei den Konsumenten. Während Erstere wohl dachten, damit dem allgemeinen Trend zu klaren, weniger intensiven Spirituosen (wie z. B. Wodka) entgegenzukommen, ging die Kundschaft eher vom Gegenteil aus, dass man nämlich gleich Wodka trinken kann, wenn man nicht auf tiefere Geschmackserlebnisse aus ist. Light Whiskey wurde links liegen gelassen, und das wird hoffentlich auch ➛**Thinn** widerfahren, einer neuen Light-Marke aus Ohio.

LIMEBURNERS

Australischer Single Malt aus der ➛Great Southern Distillery, erstmals abgefüllt 2008 als 3-Jähriger mit deutlichem Süßweineinfluss, spätere Versionen warten auch mit Torfnoten auf.

LIMERICK

Unter diesem Label füllte ➛Adelphi einige Irish Whiskeys aus der ➛Cooley Distillery ab: den Single Grain **Limerick Shannon** und die beiden Malts **Limerick Slaney** und **Suir**. Eine Limerick Distillery existierte von 1820 bis 1905 im gleichnamigen County im Westen Irlands. Sie gehörte zeitweise Archibald Walker, dem Großvater von Adelphi-Gründer James Walker.

LIMESTONE BRANCH

US-Craft Distillery in Lebanon, Kentucky, eröffnet 2011 von den Brüdern Stephen und Paul Beam. Bisher traten die Sprösslinge der großen Bourbon-Dynastien ➛Beam und ➛(J. W.) Dant nur durch ➛Moonshine-Fakes und ihren Sugar Whiskey genannten **Precinct No. 6** in Erscheinung, ein fassgelagertes Destillat aus Mais und Zuckerrohr. Seit sich die Firma ➛Luxco 2014 bei den Brüdern eingekauft hat, soll in

Limestone Branch nun auch echter Whiskey gebrannt werden: Das Joint Venture hat die Produktion der Traditionsmarke ➛**Yellowstone** hierher verlegt.

LIMESTONE LANDING

US-Single Malt Rye von ➛Old Pogue. Ein ungelagerter Whiskey, der bisher nur in geringer Menge abgefüllt wurde.

LINDORES ABBEY

Schottische Brennerei, deren Bau in Lindores, Grafschaft Fife, von Drew McKenzie Smith für das Jahr 2016 angekündigt wurde. Seit 1913 besitzt seine Familie das Land, auf dem noch heute die Ruinen jener Abtei stehen, die als spirituelle Geburtsstätte des schottischen Whiskys gilt. Hier wirkte der Tironenser-Mönch John Cor, auf dessen Konto die erste schriftliche Erwähnung von **uisge beatha** geht, der ursrpünglichen gälischen Bezeichnung für ➛Whisky: Ein Dokument des Schatzamtes aus dem Jahre 1494 bestätigt Cor, eine große Menge Malz erhalten zu haben, um für König Jakob IV. Schnaps zu brennen. Somit gilt 1494 als offizielles Geburtsjahr des Scotch.

LINKWOOD

Schottischer Single Malt (Speyside, Elgin) von ➛Diageo. Ein blumig-frisches, vollmundiges Mittelgewicht, das vom Hersteller derzeit nur als 12-Jähriger angeboten wird; auch in der ➛Rare Malts Selection gab es einige Linkwoods, ansonsten empfehlen sich die Abfüllungen von ➛Gordon & MacPhail und ➛Signatory. Linkwood wird für eine ganze Reihe von Blends verwendet: ➛**Bell's**, ➛Haig, ➛**Johnnie Walker** und ➛**White Horse**. Die Brennerei wurde 1821 eröffnet und mehrfach umgebaut. Zeitweise produzierten zwei Anlagen gleichzeitig – Linkwood A und Linkwood B genannt –, Erstere wurde vor einigen Jahren abgerissen. Die Jahreskapazität beträgt 5,6 Millionen *lpa*.

LINLITHGOW

Die kleine Ortschaft zwischen Glasgow und Edinburgh beherbergte einst eine Residenz der schottischen Könige (Maria Stuart kam hier zur Welt) und sieben Destillerien. Noch heute bekannt ist die 1797 eröffnete ➛St. Magdalene Distillery, die 1983 von der ➛DCL geschlossen wurde. Ihre Malts kamen bei manchen ➛Unabhängigen unter dem Namen Linlithgow heraus, und auch DCL-Erbe ➛Diageo bot 2006 einen 30-jährigen Linlithgow an.

LITTLEMILL

Schottischer Single Malt (Lowlands) von ➛Loch Lomond Distillery Co. Das war einmal ein feiner Lowland: leicht, weich und rund; was heute noch in die Flaschen kommt, stimmt eher traurig. Der große Michael Jackson formuliert es dezent: „Irgendwie nicht überwältigend“, und Jim Murray haut mal wieder auf den Putz: „Perfekt für jemanden, den Sie hassen“. Mit dem Gründungsjahr 1772 kann die Destillerie einigen Anspruch auf den begehrten Titel „älteste Brennerei Schottlands“ geltend machen. Bis in die 1930er-Jahre wurde in Littlemill dreifach gebrannt, später fanden auch wenig erfolgreiche Experimente mit modifizierten Brennblasen statt, um schneller reifende Whiskys zu produzieren. Nur für Blends waren die beiden deutlich getorften Malts **Dumbuck** und ➛**Dunglass** gedacht, Letzteren gab es zeitweise auch als Single. Littlemill wurde 1996 teilweise abgerissen, die denkmalgeschützten Überreste fielen 2005 einem Brand zum Opfer.

LOCH NESS

Blended Scotch von ➛Duncan Taylor. Ein „monströs guter Blend“ verspricht der Hersteller – na klar, Folklore und Marketing gehören zusammen (➛**Monster's Choice**).

LOCH EWE DISTILLERY
Schottlands kleinste lizensierte Brennerei befindet sich in der Garage des Drumchork Lodge Hotels in Aultbea, Wester Ross. Hotelgäste dürfen die nur 120 l fassende *pot still* benutzen und ein bisschen Schwarzbrenner spielen.

LOCHINDAAL
Schottischer Single Malt, den die ➛Bruichladdich Distillery (Rémy Cointreau) noch 2015 abfüllen will. Er wird wohl noch etwas stärker getorft sein als sein Stallgenosse ➛**Port Charlotte**, der in gewisser Weise auch sein Namensvetter ist: Die Ortschaft Port Charlotte an der Meeresbucht Loch Indaal beherbergte bis 1929 eine Brennerei, die Lochindaal oder auch Port Charlotte genannt wurde. Bei Bruichladdich trug man sich zeitweise mit dem Gedanken, hier eine neue Destillerie zu errichten, der Plan wurde jedoch aus finanziellen Gründen auf Eis gelegt. Einen Lochindaal-Single-Malt aus Bruichladdich gab es schon einmal in den 1990er-Jahren. Der wurde vom Handelsmarkenspezialisten ➛Invergordon für die britische Supermarktkette Tesco abgefüllt.

LOCH LOMOND
Schottische Brennerei (Western Highlands, Alexandria) im Besitz der ➛Loch Lomond Group (Exponent). Die eigenwilligste Brennerei Schottlands kann dank ihrer

speziellen Ausstattung eine ganze Reihe unterschiedlicher Whiskys produzieren (Jahreskapazität: 4 Millionen *lpa*): In zwei traditionellen *pot stills* wird das malzige Leichtgewicht Loch Lomond produziert (zu haben als **Original**, **Reserve** und **Signature**, alle *nas*); der etwas blumigere ➔**Inchmurrin** dagegen entsteht in einer Art Kombination aus *pot* und *patent stills*, deren Hälse mit verstellbaren Platten bestückt sind und so die Herstellung von Whiskys ungleicher Körperfülle ermöglichen (aber trotz der Namensgleichheit keine Original-*Lomond Still* ist). Neben Inchmurrin sind das ➔**Craiglodge**, ➔**Croftengea**, ➔**Glen Douglas** und ➔**Inchmoan**. Diese vier unterscheiden sich auch durch ihren Torfgehalt (bis zu 40 *ppm*), dienen allerdings nur zu Blending-Zwecken und wurden bisher kaum als Singles abgefüllt. Loch Lomond verfügt zusätzlich noch über eine *Coffey still* sowie eine eigene Grain-Brennerei und so gibt es auch einen **Loch Lomond Single Blend**, dessen sämtliche Komponenten unter ein und demselben Dach produziert werden (➔**Lochside**). Die Brennerei wurde 1965 mit Beteiligung von ➔Barton errichtet und kam 21 Jahre später in den Besitz von Sandy Bulloch. Nachdem dieser 1994 auch die Brennereien ➔Glen Scotia und ➔Littlemill erworben hatte, gründete er die Loch Lomond

Distillery Company, der alle drei Brennereien unterstanden. Zusammen mit seiner Firma Glen Catrine Bonded Warehouse Ltd. gab Bulloch das Unternehmen an die Beteiligungsgesellschaft Exponent ab, die daraus die Loch Lomond Group formte (→**Da Mhile**, →**Old Rhosdhu**).

LOCH LOMOND GROUP

Schottisches Unternehmen, das 2014 entstand, als die Familie Bulloch ihre beiden Firmen Glen Catrine Bonded Warehouse Ltd. und Loch Lomond Distillery Company an eine Kapitalbeteiligungsgesellschaft namens Exponent verkaufte. Neben Glen Catrine, mit 40 Millionen produzierten Flaschen pro Jahr (Whisky, Wodka, Ginn etc.) eine der größten Abfüllanlagen Schottlands, gehören dazu die Brennereien →Glen Scotia, →Loch Lomond und →Littlemill; ferner die Billig-Blends →**Clansman**, →**Glen Garry**, →**High Commissioner** und →**Scots Earl**. Ihr Hauptgeschäft machte die Gruppe bisher mit der Herstellung von Handelsmarken für Großhändler und Discounter, z. B. →**Dean's Finest** und →**Royal Escort**. Auch die Import-Scotches der amerikanischen →Sazerac Co. werden von Loch Lomond produziert: →**Highland Mist**, →**House of Stewart**, →**Old Barrister**. Nichts Aufregendes also, aber jede Menge Cashflow und daher ein gefundenes Fressen für ein Private-Equity-Unternehmen wie Exponent, das mit Glen Scotia und Loch Lomond außerdem über gut ausgerüstete Produktionsstätten mit durchaus entwicklungsfähigen Marken verfügt. Zu diesem Zweck engagierte man einige Leute vom Fach, zumeist ehemalige →Diageo-Mitarbeiter.

LOCHSIDE

Schottischer Single Malt (Eastern Highlands, Montrose) von →Chivas Bros. (Pernod Ricard). Ein fruchtiges Weltergewicht, das nur noch zu Sammlerpreisen zu haben ist. Zuletzt gab es einen 34-Jährigen in →Gordon & MacPhails Reihe „Rare Old". Die Destillerie entstand 1957 aus einer ehemaligen Brauerei, die von Joseph W. Hobbs für die Herstellung von Malt und Grain Whisky umgerüstet worden war (→**Ben Nevis**). Sie wurden vor Ort zusammen mit Malts anderer Destillerien zu Hobbs' Blend **Sandy Macnab's** verarbeitet, kurz-

zeitig gab es auch einen **Lochside Single Blend**, der aussschließlich aus Lochside-Destillaten bestand (➛**Loch Lomond**); ein rares Exemplar dieses Blends, destilliert 1965, brachte ➛Adelphi 2012 heraus. 1973 wurde Lochside an Destilerías y Crianza verkauft, das die Grain-Produktion einstellte und den Malt nach Spanien verschiffte, um seinem Blend ➛**DYC** auf die Beine zu helfen. DYC gehörte damals zu ➛Hiram Walker & Sons, die Lochside 1992 stilllegten. Hiram Walkers späterer Inhaber Pernod Ricard ließ die Anlage 2005 abreißen.

LOCKE'S

Irish Whiskey von der ➛Kilbeggan Distillery Co. (Beam Suntory), hergestellt in ➛Cooley. Die Marke erschien erstmals 1993 als Blend, seit 1997 gibt es sie auch als cremig-milden Single Malt. Der Whiskey ist nach Locke's Distillery in Kilbeggan, County Westmeath, benannt, wo bereits im Jahre 1757 eine Brennerei in Betrieb war. Diese Brusna Distillery wurde 1843 von John Locke (†1849) übernommen, dessen Familie sie zu einem florierenden Unternehmen ausbaute. Zu erklärten Verehrern von „Locke's Liquor" gehörten unter anderen Winston Churchill und der große irische Dichter Flann O'Brian. In den 1940er-Jahren trieben Schwarzmarktgeschäfte sowie eine politische Affäre des damaligen Inhabers die Firma in den Ruin, und Locke's Distillery wurde 1953 geschlossen (Restbestände des Whiskeys kamen später unter dem Namen **Old Galleon** in Deutschland auf den Markt). Die Rettung für die zeitweise als Schweinestall genutzte historische Anlage kam durch die Firma Cooley, die sie 1987 übernahm und ihr den Namen ➛Kilbeggan gab. Anfangs diente sie nur als Lagerhaus für die Cooley-Whiskeys (mit eigener Küferei), seit 2007 ist sie, sorgfältig renoviert, wieder in Betrieb.

LOGAN

Blended Scotch von ➛Diageo. Die De-luxe-Version der Marke ➛**White Horse** wird heute nur noch auf einigen Märkten

Lateinamerikas angeboten. Sie ist nach dem Vater von White-Horse-Schöpfer Peter Mackie benannt, James Logan Mackie, einem ehemaligen Inhaber der Brennerei →Lagavulin.

LOMBARD BRANDS

Britische Handelsfirma mit Sitz auf der Isle of Man, seit den 1960er-Jahren als Whisky-Broker im Geschäft, seit den 1990ern zunehmend auch als →unabhängiger Abfüller tätig. Neben der Single-Malt-Serie **„Jewels of Scotland"** gibt es hier die Vatted Malts →**Anchor Bay**, →**Driftwood** und →**Storm** sowie die Blends →**Golden Piper**, **Lombard's Gold Label** und →**Old Master**.

LOMOND

Schottischer Single Malt (Lowlands) aus der Brennerei →Inverleven. Er wurde von den späten 1950ern bis Ende der 1980er-Jahre in *Lomond stills* gebrannt und diente ausschließlich zur Herstellung von Blends. Nur einmal (1992) kam er als Single Malt heraus, abgefüllt von der →Scotch Malt Whisky Society als 19-Jähriger in *Fassstärke* (destilliert 1972).

LONDON DISTILLERS

Afrikanischer Hersteller in Nairobi, Kenia, Tochterfirma von →Mohan Meakin. Als Nairobi noch die Hauptstadt des britischen Protektorats Ostafrika war, wurde hier Schnaps für die Kolonialtruppen gebrannt. Aus jener Zeit stammen auch die engen Handelsbeziehungen zu Indien, die unter anderem dazu führten, dass die ehemals britische Brennerei heute einem indischen Spirituosenkonzern gehört. Wie in Indien so spielt auch hier Malz nur eine kleine Rolle, gebrannt werden hauptsächlich Melasse und Zuckerrohrsaft. Daraus entstehen eine ganze Reihe von Spirituosensorten, darunter auch Whisky, der unter den Markennamen →**Africa Safari** und →**Top Secret** angeboten wird.

The LONDON DISTILLERY COMPANY
Englische Brennerei in Battersea, London, eröffnet 2012 von Darren Rook und Nick Taylor; seit 2013 wird hier mit Single Malt und Rye Whiskys experimentiert, für die noch kein Abfülldatum festliegt. Der charaktervolle Dodd's Gin des Hauses ist bereits im Handel. Die kleine →Craft Distillery arbeitet nach eigenen Angaben mit modernsten Umweltstandards und verwendet vorwiegend organisch angebautes Getreide.

LONG JOHN
Blended Scotch von →Chivas Bros. (Pernod Ricard). Ein einfacher Standard-Blend, der schon bessere Zeiten gesehen hat. Er ist nach „Long" John Macdonald (1796–1856, 1,93 m) benannt, der 1825 die →Ben Nevis Distillery errichtet hatte und seinen Malt als **Long John's Dew of Ben Nevis** herausgab. Aus dieser Marke wurden später zwei: Der Name →Dew of Ben Nevis (und die Destillerie) blieben vorläufig im Besitz der Familie Macdonald, die den Namen Long John 1922 verkauften. Die neuen Besitzer verwendeten ihn für einen Blend und gründeten später die Firma Long John International. Die kam 1956 in den Besitz von →Schenley und produzierte einige Blends (→**Braemar**, →**Scoresby Very Rare**), bis sie 2005 bei Pernod Ricard landete und aufgelöst wurde (→**Glencoe**, →**Glenugie**).

LONG ISLAND SPIRITS
US-→Craft Distillery in Baiting Hollow, New York, eröffnet 2007 von Richard Stabile. Sein erster Whiskey war der aus Ale destillierte Single Malt →**Pine Barrens** (erschienen 2012), gefolgt von **Rough Rider Bourbon** und **Rough Rider Bull Moose Rye**.

LONG WOOD
Blended Canadian, den sich Aldi abfüllen lässt. Eine Marke dieses Namens gab es angeblich auch einmal als Single Malt. Er soll in der kanadischen Brennerei Okanagan (→**Laird of Fintry**) hergestellt worden sein.

LONGMORN
Schottischer Single Malt (Speyside, Longmorn) von →Chivas Bros. (Pernod Ricard). Ein reichhaltiges Mittelgewicht mit deutlichen Sherryfasseinflüssen, das noch längst nicht die verdiente Anerkennung neben

seinen Stallgenossen ➛**Aberlour** und ➛**Glenlivet** gefunden hat. Seine Besitzer bieten ihn als 16-Jährigen an und verwenden ihn ansonsten für die Chivas-Blends und einige kleinere Marken. Longmorn ging 1894 in Betrieb, der seither ohne Unterbrechung aufrechterhalten werden konnte – eine Seltenheit in Schottland. 1970 wurde Longmorn mit ➛Glen Grant und ➛Glenlivet zur Glenlivet Distilleries Ltd. zusammengeschlossen und kam somit acht Jahre später unter das Dach von ➛Seagram. Seit dem Ausverkauf dieses Unternehmens befindet sich die Brennerei im Besitz von Pernod Ricard. Ihre Kapazität beträgt 4,5 Millionen *lpa*.

LONGROW

Schottischer Single Malt (Campbeltown) aus der ➛Springbank Distillery von ➛J. & A. Mitchell. Ein charaktervolles, torfiges Mittelgewicht, dem das britische Weinmagazin „Decanter“ einmal das Aroma nasser Schafe und die Aggressivität eines Tigers zuschrieb; angeboten wird er als **Longrow Peated** *(nas)* und als 18-Jähriger. Longrow war seit seinem Geburtsjahr 1973 als Islay-Substitut für die Blends von Mitchell konzipiert. Er wird im Gegensatz zu seinem großen Bruder Springbank zweifach destilliert, das Malz hat einen Torfgehalt von 50 *ppm*. Anfangs wurde er nur sporadisch gebrannt und dementsprechend gesucht sind die ersten Jahrgansabfüllungen von 1973 und 1974. Seit 1990 kommt der Malt regelmäßig auf den Markt.

LORD CALVERT

Blended Canadian von ➛Luxco. Die heute vor allem in Skandinavien beliebte Marke war ursprüng-

lich ein gutes Pferd im Stall von →Seagram, fristete nach dessen spektakulärer Auflösung ein tristes Dasein unter dem Dach diverser Konzerne und erfährt seit 2013 endlich wieder etwas Aufmerksamkeit beim Louisianer Familienunternehmen Luxco. Das bezieht den Whisky aus der →Alberta Distillery in Calgary (→**Calvert Extra**).

LORD ELCHO

Blended Scotch von →Wemyss, erschienen 2012 als 15-Jähriger, benannt nach dem fünften Earl of Wemyss (1699–1756), einem Großmeister der schottischen Freimaurerloge.

The LOST BLEND

Schottischer Vatted Malt von →Compass Box; der Nachfolger von →Eleuthera erschien 2014 und besteht aus Whiskys von →**Clynelish**, →**All-à-Bhainne** und →**Caol Ila**.

The LOST DISTILLERIES BLEND

Blended-Scotch-Serie von The Blended Whisky Company, einem jungen →Craft Blender aus dem Online-Dunstkreis von →Master of Malt. Für die Lost-Distilleries-Reihe werden Whiskys aus nicht mehr aktiven Brennereien miteinander vermählt, z. B. Batch 5: →**Caperdonich**, →**Rosebank**, →**Imperial**, →**Mosstowie**, →**Brora** und →**Port Ellen** mit Grain Whisky aus →**Port Dundas** oder Batch 6: →**Mosstowie**, →**Port Ellen**, →**Glenisla**, →**Imperial**, →**Caperdonich**, →**Glen Mhor** und →**Brora** ebenfalls mit Port-Dundas-Grain.

The LOST DISTILLERY COMPANY

Schottischer Hersteller in Kilmarnock, der seit 2013 eine Reihe von →Vatted Malts herausgibt. Sie tragen die Namen längst untergegangener Brennereien und sollen auch geschmacklich an alte Zeiten erinnern. Da weder Proben noch alte Rezepturen aus den jeweiligen Brennereien vorhanden

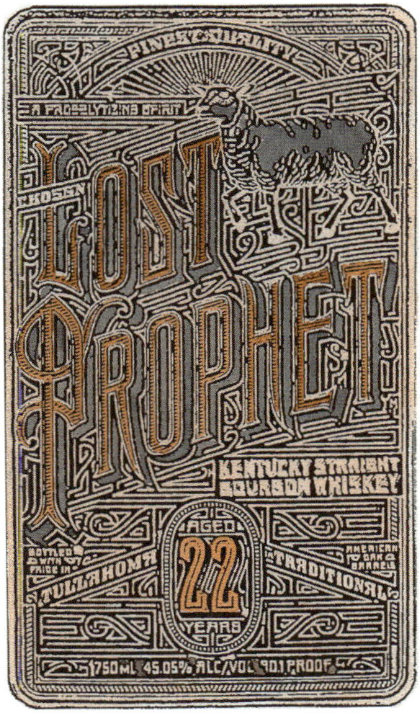

sind, werden Archive durchforstet, um möglichst umfangreiche Informationen zu den damaligen Herstellungsbedingungen (Wasserquellen, Herkunft des Getreides, technische Ausstattung der Brennereien, Fasstypen etc.) zu erhalten. Die daraus resultierenden Geschmacksprofile sollen dann durch die Kombination ausgesuchter moderner Single Malts nachempfunden werden. Dass es sich dabei keinesfalls um die tatsächliche Rekonstruktion alter Whiskys handelt, gibt man auch bei der Lost Distillery Company zu und spricht lieber von einer Neuinterpretation des „ursprünglichen Geschmacks längst vergangener Zeiten". Die Malts werden ohne Altersangabe veröffentlicht, sind also weder alt noch echte Raritäten, sondern nur junge Whiskys in alten Klamotten. Bisher erschienen ➛**Auchnagie**, ➛**Gerston**, ➛**Jericho** und ➛**Stratheden** (➛**Stronachie**).

LOST PROPHET

Kentucky Straight Bourbon, 22 Jahre, von ➛Orphan Barrel Whisky Co. (Diageo), erschienen 2014; diese *Einzelfassabfüllung* stammt wahrscheinlich aus der ➛Buffalo Trace Distillery, die zu der Zeit, als der Whiskey destilliert wurde, im Besitz des Diageo-Vorläufers UDV war.

LOST SPIRITS

US-➛Craft Distillery in Prunedale, Kalifornien, gegründet 2009 von Bryan Davis und Joanne Haruta. Neben diversen Rumsorten brennen die beiden in ihrer kleinen, aus altem Kupferdachblech selbst konstruierten *pot still* einige sehr stark getorfte Single Malts (der Torf stammt aus Kanada): **Leviathan** mit 110 *ppm*, **Ouroboros** (80 *ppm*), **Seascape** (55 *ppm*) und **Umami**, der mit einer Meerwasserlake eingemaischt wurde, um salzige Aromen zu entwickeln.

LOT N°40

Canadian Rye von ➛Corby hergestellt bei ➛Hiram Walker & Sons (Pernod Ricard): ein reiner ➛Rye Whisky (aus gemälztem und ungemälztem Roggen), der ausschließlich in der *pot still* gebrannt wird, so wie es ursprünglich in Kanada üblich war. Die Marke erschien 1998 in Corbys Reihe „Canadian Whisky Guild" – zu früh offensichtlich, denn obwohl seine beeindruckenden Qualität auch notorische Canadian-Verächter hätte überzeugen können, wurde Lot N°40 nach einigen Jahren wieder vom Markt genommen. Erst 2012 scheint man bei Corby wieder etwas Zutrauen in die Urteilskraft der Konsumenten gefasst zu haben und es bleibt zu hoffen, diese wissen es zu schätzen (➛**Pike Creek**).

LOW GAP

US-Whiskey aus der American Craft Whiskey Distillery, in Redwood Valley, Kalifornien; hier brennt Crispin Cain kleine Mengen verschiedener Whiskeys in einer alten Cognac-Alambic. Gelagert wird in neuer amerikanischer Eiche und in gebrauchten Fässern von ➛Van Winkle. Derzeit gibt es Low Gap als zweijährigen California Whiskey aus Weizenmalz und als Roggenmalzbrand, „420 Minuten in Eiche gelagert", demnächst soll auch ein Bourbon erscheinen. Exklusiv für die kalifornische Weinhandlung K & L wurde 2014 ein reiner Weizenmalz-Whiskey abgefüllt, der vier Jahre in alten Fässern von ➛Stitzel-Weller reifte.

LOWLANDS

Schottische Whisky-Region südlich der alten Steuergrenze zwischen Greenock im Westen und Dundee im Osten. Der den Lowlands häufig zugeschriebene delikate Stil mag früher tatsächlich repräsentativ gewesen sein – unter anderem deshalb, weil hier wegen der großen Kohlevorräte nur selten Torf zum Einsatz kam. Heutzutage spielen derartige regionale Gegebenheiten keine Rolle mehr, da die Hersteller sowohl bei der Rohstoffbeschaffung als auch durch ihr Know-how sehr viel flexibler geworden sind. So kann die ➔Ailsa Bay Distillery ohne Weiteres vier verschiedene Malts produzieren, und selbst die für ihre Dreifachdestillation bekannte Brennerei ➔Auchentoshan liefert beispielsweise mit ihrem **Three Wood** einen Malt, der durchaus auch von der Speyside kommen könnte. Die Lowlands lassen also ebenso wenig einen eigenen Whisky-Stil erkennen wie die anderen ➔Whisky-Regionen. Die Zahl der aktiven Lowland-Brennereien hat sich in den letzten Jahren deutlich erhöht: Neben der altbekannten ➔Glenkinchie Distillery gibt es nun noch ➔Annandale, ➔Daftmill, ➔Eden.Mill und ➔Kingsbarns (➔Bladnoch, ➔Glasgow Distillery).

LOWRIE'S

Blended Scotch von →Diageo; eine alte Marke, die heute nur noch auf einigen ostafrikanischen Märkten und im Fernen Osten zu finden ist. Namenspatron William Phaub Lowrie (1831–1916) gilt als einer der ersten Hersteller von →Blended Scotch. Er machte sich 1869 in Glasgow als Whisky-Händler selbstständig und verfügte bald über außergewöhnliche Vorräte an Malt Whiskys. Für James Buchanan entwickelte er einen Blend, den dieser als →**Buchanan's** zu einer der bis heute erfolgreichsten Scotch-Marken aufbaute. Zusammen mit Buchanan gründete Lowrie 1897 die →Glentauchers Distillery. Zehn Jahre später verkaufte er sein Geschäft an Buchanan, dessen Firma wiederum ein Jahrzehnt darauf zur →DCL und damit zum heutigen Besitzer kam.

LUXCO

US-Firma mit Sitz in St. Louis, gegründet 1958 von David Sherman und Paul A. Lux. Das Unternehmen besitzt einige bekannte alte Whisk(e)y-Marken: →**Ezra Brooks**, →**Lord Calvert** und →**Rebell Yell**, die es sich von (meist ungenannten) Brennereien herstellen lässt; seit 2014 ist Luxco selbst an der kleinen →Limestone Branch Distillery beteiligt und dort entsteht derzeit eine neue Version der Traditionsmarke →**Yellowstone**. Daneben besitzt die Firma noch eine ganze Reihe von Billigmarken, Blended Americans vor allem, aber auch Canadians und Scotches: **Bellows**, **Bourbon Supreme**, **Brookside Reserve**, **Calvert Extra**, **Dan Tucker**, **David Nicholson 1843**, **Old Ezra**, **Rebel Reserve**. Bis 2006 hieß die Firma David Sherman Corporation, die Umbenennung in Luxco trägt der Tatsache Rechnung, dass die Nachkommen von Paul A. Lux heute die Mehrheit am Unternehmen besitzen.

Macdonald war tot,
und er roch noch immer stark nach Whisky.
Raymond Chandler, „Erpresser schießen nicht“

The MACALLAN
Schottischer Single Malt (Speyside, Craigellachie) von ➛Edrington. Schottlands prestigeträchtigster Whisky ist ein vollmundig-weiches Schwergewicht und derzeit die Nr. 3 unter den Single Malts. Er gilt noch immer als Messlatte für alle Sherryfass-geprägten Malts (so Charles MacLean), obwohl seit dem Erscheinen der **Fine Oak Reihe** 2004 nicht mehr alle Abfüllungen aus Sherryfässern kommen. Die 10- bis 30-jährigen Fine Oaks wurden aus Sherry- und Bourbonfass-gelagerten Whiskys zusammengestellt. Die traditionellen 12-, 18-, 25- und 30-jährigen Sherry-Macallans erscheinen in der Reihe **Sherry Oak**; beide Serien werden längerfristig auslaufen, das Standardsortiment besteht seit 2012 aus den **1824 Series** *(nas, nc)*, die nach Farbtönen benannt werden (Gold, Amber, Sienna, Ruby) und ebenfalls aus dem Sherryfass kommen. Darüber hinaus gibt es unter anderem die **1824 Masters Series** (*nas*) für den Duty-free-Sektor, die **Fine & Rare Collection** und die **Macallan in Lalique Collection**, Abfüllungen der beiden Letztgenannten schlagen mit jeweils fünfstelligen Beträgen zu Buche. Macallans Preisgestaltung sorgt insbesondere bei langjährigen Liebhabern der Brennerei für Unmut, doch bis zur nächsten asiatischen Wirtschaftskrise werden selbst die Einstiegspreise noch weiter steigen. Die Nachfrage ist derart hoch, dass die Brennerei – mit 9,8 Millionen *lpa*

schon jetzt eine der produktivsten in Schottland – demnächst zugunsten eines gigantischen Neubaus eingemottet werden soll. Macallan ist seit 1824 in Betrieb. 1892 wurde sie von Roderick Kemp erworben, dessen Nachkommen sie 1968 an die Börse brachten. Seit 1999 gehört sie einem Konsortium, dem neben Mehrheitseigner Edrington auch ➛William Grant & Sons und ➛Suntory angehören.

MacARTHUR'S

Blended Scotch von ➛Inver House Distillers (ThaiBev), erstmals abgefüllt 1877 vom Glasgower Blending-Haus James MacArthur, das nichts mit dem ➛unabhängigen Abfüller gleichen Namens zu tun hat.

MACDUFF

Schottische Brennerei (Highlands, Banff) von John Dewar & Sons (Bacardi Ltd.). Hier wird die Basis für den erfolgreichen Blend ➛**William Lawson** produziert. Als Single kommt der Whisky unter dem Label ➛**Glen Deveron** auf den Markt, ➛unabhängige Abfüller verwenden lieber den Namen der Brennerei. Sie ging 1963 in Betrieb und wurde 1972 vom italienischen Vermouth-Riesen Martini & Rossi übernommen, der Glen Deveron für den heimischen Markt als 5-Jährigen abfüllte (die Italiener haben eine Schwäche für junge Malts). 11 Jahre später landete Martini & Rossi in den Fängen der Fledermaus, die Macduff nun von Dewar & Sons (➛Dewar's) führen lässt. Die Jahreskapazität liegt bei 3,3 Millionen *lpa*.

MACDUFF INTERNATIONAL

Schottische Herstellerfirma mit Sitz in Glasgow, die 1992 von Stewart MacDuff, Charles Murray und Ted Thomson – drei alten Hasen der schottischen Whisky-Industrie – gegründet wurde. Ihr Jahresabsatz liegt bei derzeit etwa 3 Millionen Flaschen, die wichtigsten Märkte sind die USA und Lateinamerika. Die wichtigsten Marken sind ➛**Grand Macnish**, ➛**Lauder's** (beide 1992 von ➛Hiram Walker erworben) und ➛**Islay Mist**; daneben bietet MacDuff den Single Malt ➛**Glenbeg** und die Blends **Cumbrae Castle**, **Regent** und **Strathbeag** an.

MACHRIEMOOR
Schottischer Single Malt von ➛Arran; die mit 20 *ppm* leicht getorfte Version eines Arran-Malts erschien erstmals 2010. Sie ist nach einem Torfmoor im Westen der Insel Arran benannt, in dem einige beeindruckende megalithische Monumente zu besichtigen sind.

MACKILLOP'S CHOICE
Unter diesem Label bietet ➛Angus Dundee seit 1996 eine Reihe von Single Malts an *(nc, ncf)*, oft als Einzelfassabfüllungen und mitunter echte Raritäten (➛**Rosebank**). Für französische Discounter gab es früher einfachere Abfüllungen unter dem Label **Mac Kullick's Choice**.

MACKINLAY'S
Blended Scotch von ➛Whyte & Mackay (Emperador Inc). Hier gibt es den Standard Blend **Mackinlay's Original**, der früher **The Original Mackinlay's** hieß und heute vorwiegend in Lateinamerika verkauft wird. Und dann sind da noch die Shackleton-Whisky-Replikate: Als 2007 in der Antarktis eine Kiste mit Mackinlay-Whisky aus dem Bestand des Forschungsreisenden Ernest Shackleton gefunden wurde, die dieser dort 1909 hinterlassen hatte, machte sich Whyte & Mackays Master Blender Richard „The Nose" Paterson daran, einen Whisky nach diesem historischen Vorbild zu rekonstruieren. Nach dem großen Erfolg der 2011 erschienenen Vatted Malt **Mackinlay's Discovery Edition**, kam im Jahr darauf die **Journey Edition**. Sie enthält Malts von ➛**Aultmore**, ➛**Fettercairn**, ➛**Ben Nevis**, ➛**Dalmore**, ➛**Glenfarclas**, ➛**Jura**, ➛**Mannochmore**, ➛**(Old) Pulteney**, ➛**Tamnavulin** sowie einen raren alten ➛**Glen Mhor**. Diese Brennerei hatte einst jener Charles Mackinlay gegrün-

det, dessen Name die Marke heute trägt. Mackinlay gilt als einer der ersten Hersteller von →Blended Scotches. Die von ihm gegründete Firma kontrollierte im Lauf der Zeit die Brennereien →Glen Albyn, →Glenallachie, →Isle of Jura und →Littlemill. Sie wurde 1985 von →Invergordon übernommen und kam so zu ihren gegenwärtigen Besitzern. (→**Black Dog**, →**Legacy**).

MACLEOD'S
Schottische Marke von →Ian Macleod. In dieser preisgünstigen Reihe werden je ein Highland-, Islay- und Speyside-Single-Malt angeboten, außerdem ein 12-jähriger Single Grain.

MACNAIR'S
Blended Scotch, der →Pernod Ricard mit dem Erwerb von →Hiram Walker zufiel.

MAC NA MARA
Blended Scotch von →Praban na Linne. Die dritte Marke dieser kleinen Firma kam 1995 auf den Markt. Der Name ist gälisch und bedeutet „Sohn des Meeres", durchaus passend für einen Whisky von der Insel Skye.

MacNAUGHTON
Canadian Blend aus der →Black Velvet Distillery von →Constellation Brands. Der Whisky wird zwar in Kanada hergestellt, aber ausschließlich in den USA verkauft. Die Marke stammt ursprünglich aus dem Hause →Schenley.

MacPHAIL'S
Schottischer Single Malt von →Gordon & MacPhail, die sich damit eine Eigenmarke leisten, ohne deren Herkunft zu verraten. Der Malt wird in mehreren Altersstufen angeboten, den 10-jährigen **MacPhail's Gold 106** in *Fassstärke* gibt es leider nicht mehr.

MAKER'S MARK
Kentucky Straight Bourbon von →Beam Suntory. Ein milder Konsens-Whisky (schottische Schreibweise!), der es vom Geheimtipp der 1970er-Jahre zum Szenelabel der 80er und schließlich zur internationalen Nr. 3 unter den Bourbons geschafft hat. Im Vergleich zum führenden →**Jim**

Beam ist Maker's aber immer noch ein eher kleines Licht. Tatsächlich gilt die Marke als Vorbild für die →Small-Batch-Kategorie, mit der heute hochwertige Whiskys von Massenprodukten abgegrenzt werden. Maker's Mark ist zwar nicht der erste, aber wohl der bekannteste →Wheated Whisky. Er entsteht aus einer *mashbill* mit 70 % Mais, 16 % Weizen und 14 % Gerstenmalz, der *Sour-Mash*-Anteil ist mit 32 % außerordentlich hoch. Die Hefekultur stammt noch aus Prä-Prohibitionszeiten und enthält Hopfenzusätze. Die Marke existiert seit 1959. Sie wurde von Bill Samuels sen. ent-

wickelt, der einige Jahre zuvor die runtergekommene Burks Spring Distillery bei Loretto, Nelson County, erworben und liebevoll restauriert hatte – sie ist heute neben Tuthilltown (➛**Hudson**) die einzige aktive US-Brennerei, die unter Denkmalschutz steht. Obwohl seine Familie nachweislich bereits im 18. Jahrhundert Whiskey in Pennsylvania brannte, kramte Samuels nun nicht ein altes Familienrezept hervor – im Gegensatz zu all jenen, die heute mit derlei hausieren gehen, selbst wenn ihre Vorfahren nur Milchbauern waren. Samuels wollte einen Neuanfang und der gelang ihm mithilfe seines Freundes Julian Van Winkle (➛Old Rip Van Winkle), der ihn auf die Idee brachte, Wheated Whisky zu brennen. Um mit dem Erfolg seiner Marke Schritt halten zu können, brauchte Samuels neue Vertriebswege und so verkaufte er 1981 an ➛Hiram Walker. Damals trug die Brennerei noch den Namen der Star Hill Farm, auf

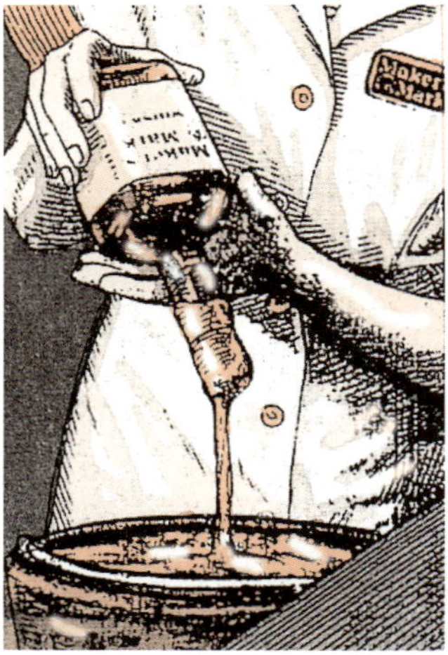

deren Land sie steht. Erst seit Beam hier 2005 die Geschäfte übernahm, heißt sie wie ihr Whisky. Die etwa 6-jährige Standardversion ist als **Red Seal** bekannt und kommt mit 45 Vol.-% (der Versuch, den Alkoholgehalt um 3 % zu reduzieren, scheiterte 2013 an massiven Internet-Protesten), **Gold Seal** kommt mit 50.5 Vol.-%, **Black Seal** ist eine etwas länger gereifte Version, die nur für Japan abgefüllt wird. 2010 erschien **Maker's 46**, der nach seiner regulären Reifung für ein paar Wochen zusammen mit angekohlten Holzscheiten erneut in Fässer gelegt wurde – ein umstrittenes Verfahren zur Aromaverstärkung, das in Schottland nicht gestattet ist (➛**Spice Tree**).

MALT CLUB

Japanischer Vatted Malt von ➛Nikka (Asahi). Die einfachere Version von Nikkas ➛All Malt wird seit Kurzem aufgrund ausgezehrter Lagerhäuser nicht mehr produziert.

MALT WHISKY

Destillat aus vergorenem Gerstenmalz, das heute in vielen Ländern der Welt hergestellt wird. Nach wie vor gilt aber der schottische ➛Single Malt als dessen edelste Form, wenn nicht gar als Krone der Spirituosenschöpfung. Diese Einschätzung konnte sich allerdings erst in den letzten Jahrzehnten durchsetzen, vordem war Malt außerhalb seiner Heimat so gut wie unbekannt. Ursprünglich – die erste schriftliche Erwähnung datiert aus dem Jahr 1494 (➛Lindores Abbey) – wurde er von Bauern für den Hausgebrauch gebrannt, die auf diesem Wege ihre Getreideüberschüsse verwerteten. Später kam auch der Landadel auf den Geschmack und im 19. Jahrhundert hatte sich seine Kunde dann bis nach London verbreitet. In jener Zeit begann auch der Siegeszug des ➛Blended Scotch, in dessen Schatten Malt Whisky nun lange Zeit die Existenz eines bloßen Geschmacksgebers fristete. Nur einige ➛unabhängige Abfüller sorgten damals dafür, dass Malt wenigstens in kleinen Mengen auch pur in die Flasche kam und als eigenständige Sorte überlebte. Als solche wird er erst seit den 1960er-Jahren vermarktet (➛**Glenfiddich**, ➛**Glen Grant**), und es dauerte weitere 20 Jahre, bis er seine verdiente Anerkennung auch außerhalb eines kleinen Verehrerkreises fand. Besonders geschätzt werden Single Malts für ihre große aromatische Bandbreite, zu der auch jene einzigartigen vom Torfrauch stammenden Noten gehören, an dem sich die Geister scheiden: Hochgenuss für die einen, ungenießbar für die anderen. Die Torfaromen entstehen bei der Malzherstellung, die heute meist von industriellen Großmälzereien wie Bairds Malt, Boortmalt, Crisp und Simpsons Malt übernommen wird. Nur ➛Ardnamurchan, ➛Balvenie, ➛BenRiach, ➛Bowmore, ➛Highland Park, ➛Kilchoman, ➛Laphroaig und ➛Springbank mälzen ihr Getreide zumindest teilweise selbst; ➛Diageo betreibt eigene Mälzereien in ➛Glen Ord, ➛Port Ellen, ➛Roseisle und Burghead. Der Sinn des Mälzens besteht darin, Getreidestärke in gärfähigen

Zucker (Maltose) umzuwandeln. Dies geschieht, indem man die Gerste in Wasser einweicht und zum Keimen bringt. Sobald die Umwandlung abgeschlossen ist, wird das Malz getrocknet. Traditionell geschieht dies über einem Torffeuer, in modernen Mälzereien wird mit Heißluft gearbeitet, der je nach Wunsch des Auftraggebers separat gewonnener Torfrauch zugeführt wird. Dessen Anteil wird in parts per million *(ppm)* angegeben. Anschließend wird das Malz gemahlen und in heißem Wasser eingemaischt, um den Zucker zu verflüssigen. Durch die Zugabe von Hefe wird nun die Gärung ausgelöst, wodurch ein bierähnliches Gebräu, *wash* genannt, entsteht, das je nach Dauer des Prozesses unterschiedliche Aromen entwickelt hat – Zitrustöne etwa – und destilliert werden kann. Laut Gesetz muss die Herstellung der Wash sowie die Destillation in der jeweiligen Brennerei selbst stattfinden. Destilliert wird in *pot stills* genannten Kupferbrennblasen, deren Form und Größe von Brennerei zu Brennerei variiert. So produzieren beispielsweise hohe, schlanke Stills leichtere Malts als gedrungene. In aller Regel wird schottischer Malt Whisky zweifach destilliert, nur ➛**Auchentoshan** und ➛**Hazelburn** sind dreifach gebrannt (➛**Benrinnes**, ➛**Littlemill**, ➛**Mortlach**, ➛**Springbank**). Der erste Durchlauf in der „wash still" liefert die „low wines" mit ungefähr 25 Vol.-%; die zweite Destillation findet in einer kleineren „spirit still" statt; hier ist darauf zu achten, dass der Mittellauf (middle cut) sorgfältig abgetrennt wird, denn nur er besitzt die gewünschte Qualität. Der methanolhaltige Vorlauf (foreshot) wird ebenso abgetrennt wie der fuselige Nachlauf (feints). Der frische, sogenannte *new make* ist farblos und enthält zwischen 65 und 75 Vol.-% Alkohol sowie zahlreiche chemische Verbindungen (congeners), die für die Entwicklung von Aromen wichtig sind. Der New

Make wird vor der Fasslagerung auf etwa 63 Vol.-% verdünnt. Diese Stärke hat sich als optimal für den Reifeprozeß erwiesen. Dauer der Lagerung und Art der Fässer haben den größten Einfluss auf Geschmack und Qualität des Whiskys (➛*Fass*). Der weitaus größte Teil aller schottischen Whiskys reift heute in gebrauchten Bourbonfässern. Sherry- und andere Süßweinfässer kommen ebenfalls zum Einsatz, werden aber meist nur für *wood finishes* verwendet, eine kurzzeitige Lagerung, in der der Whisky zusätzliche Geschmacksnoten entwickeln soll. Die vorgeschriebene Mindestreifezeit beträgt in Schottland drei Jahre (➛*Alter*, ➛*nas*). Nur etwa 8 % der gesamten Malt-Whisky-Produktion wird als ➛Single oder ➛Vatted Malt abgefüllt, der große Rest dient der Herstellung von ➛Blended Scotch. Ein Single Malt stammt aus einer einzigen Brennerei, ein Vatted Malt wird aus Singles mehrerer Destillerien zusammengestellt (im offiziellen Sprachgebrauch nennt man Vatteds heute ➛Blended Malts). Vor der Abfüllung in Flaschen werden die Whiskys mit Wasser auf Trinkstärke herabgesetzt, nur selten kommen sie mit Fassstärke in den Handel (➛*Alkoholgehalt*, ➛*Einzelfassabfüllung*). Die Einteilung Schottlands in verschiedene Whisky-Regionen hat historische Gründe, stilistisch ist die Klassifikation in ➛Highlands, ➛Islay, ➛Lowlands und ➛Speyside nicht aussagekräftig. Dies umso weniger, als manche Brennereien heute unter einem Dach höchst unterschiedliche Single Malts produzieren, z. B. ➛Auchentoshan, ➛BenRiach oder ➛Bruichladdich. Charles MacLean meint, die Einteilung in Regionen werde in erster Linie zu Marketingzwecken aufrechterhalten. Angelehnt an den aus der Welt des Weins übernommenen Terroir-Gedanken soll sie den Konsumenten helfen, sich in der außergewöhnlichen Vielfalt schottischer Malts zurechtzufinden. Um

einiges sinnvoller erscheint hier die mittlerweile gängige Methode, Malts nach ihrem Torfgehalt und der Verwendung von Sherryfässern einzuordnen.

MALTHOUSE

US-Whiskey von ➛New Holland Artisan Spirits, ein mindestens 15 Monate gereiftes Gerstenmalz-Roggen-Destillat.

MANNOCHMORE

Schottischer Single Malt (Speyside, Elgin) von ➛Diageo. Ein cremiges, florales Leichtgewicht, das kaum als Single abgefüllt wird – regelmäßig kommt er nur als 12-Jähriger in der ➛Flora & Fauna-Reihe (➛**Cú Dhub**). Mannochmore ist ein wesentlicher Bestandteil der Blends ➛**Haig** und ➛**Dimple**. Die Brennerei wurde 1971 direkt neben ➛Glenlossie errichtet und 2013 erheblich erweitert (Kapazität: 6 Millionen *lpa*). Zu der Anlage gehören 14 *warehouses*, die auch für Whiskys anderer Diageo-Brennereien genutzt werden, ebenso wie der Biomassekonverter, indem Maischerückstände verarbeitet werden.

MANSION HOUSE

Indischer Whisky von ➛Tilaknagar Industries, die unter diesem Label auch Gin und Rum anbieten. Ursprünglich war Mansion House ein Blended Scotch, den die Glasgower Firma Dew Hill für die niederländische Firma Herman Jansen herstellte. Durch ein Joint Venture mit Tilaknagar mutierte die Marke zu einem *IMFL* mit deutlichem Neutralspritgehalt. Derweil taufte Herman Jansen seine Scotch-Marke in **Glen Mansion** um.

MAQ

Blended Scotch, den sich ➛Amrut von einem ungenannten schottischen Hersteller produzieren lässt.

MAQINTOSH

Indischer Whisky, *IMFL*, von ➛Amrut Distillers; eine Mischung aus schottischen und indischen Malts.

MARDER

Deutscher Single Malt aus der gleichnamigen Obstbrennerei der Familie Marder in Albbruck-Unteralpfen, Baden-Württemberg, erstmals abgefüllt 2013 nach 3-jähriger Lagerung in neuer amerikanischer Eiche und Ex-Sherryfässern.

MARK TWAIN

Kentucky Straight Bourbon von ➛Heaven Hill, eine kleine Regi-

onalmarke, die nur in Missouri und Ohio angeboten wird – etwas mager für ein Label, das den Namen des großen amerikanischen Schriftstellers trägt, von dem der Satz stammt: „too much good whiskey is barely enough".

MARY READ
Deutscher Single Malt aus der Brennerei ➛Blaue Maus von Robert Fleischmann; wie in diesem Hause üblich eine *Einzelfassabfüllung.*

MARS
Japanischer Whisky von ➛Hombo Shuzo. Unter diesem Namen werden Whiskys aus verschiedenen Brennereien angeboten: **Mars Komagatake** ist ein Single Malt aus der Brennerei ➛Shinshu, der früher auch unter dem Namen **Mars Maltage Pure Malt** lief (➛Komagatake); **Mars Maltage Selection** dagegen war, ebenso wie **Mars Satsuma**, ein Vatted Malt: eine Mischung aus Shinshu Malt und Restbeständen aus Hombos alter Brennerei Kagoshima, wo bis 1985 sporadisch Whisky gebrannt wurde (➛Hombo Shuzo). Ebenfalls ein Vatted Malt ist **Mars Maltage 3 plus 25** (erschienen 2010): er besteht aus Kagoshima Malt, der nach 3-jähriger Reifung nach Shinshu gebracht und dort mit ebenfalls 3-Jährigem aus Hombos dritter Brennerei Yamanashi weitere 25 Jahre reifte. 2015 erschien **Mars Maltage „Cosmo"**, ein Vatted aus Shinshu und schottischen Malts. Zeitweise gab es hier auch einige Mars Blends: **Mars 3 & 7**, **Mars Amber**, **Mars Extra Blended** und **Mars Old Blended**.

LA MARTINIQUAISE
Französischer Hersteller in Charenton-le-Pont, südlich von Paris, mehrheitlich im Besitz der Familie Cayard. Das Unternehmen besitzt die Brennereien ➛Glen Moray und ➛Glen Turner und hat mit ➛**Label 5** einen der 10 erfolgreichsten Scotches im Programm. Weitere Marken sind der Single Grain ➛**Starlaw** der Blended Scotch ➛**Sir Edward's**, die Bourbons ➛**John Lee** und ➛**Old Virginia** sowie der Canadian ➛**Sam Barton**. Alles keine großen Namen, aber das gehört zum Stil des Hauses: 1934 als La Compagnie Martiniquaise d'Importation gegründet, entwickelte sich die Firma vom kleinen Supermarktlieferanten mit der Übernahme des Rum-Importeurs Bardinet zum zweitgrößten Spirituosenhersteller des Landes.

MASTER OF MALT

Unabhängiger Abfüller, der nur online präsent ist und sich in den letzten Jahren zu einem der wichtigsten Whisky-Händler zumindest Großbritanniens mauserte. Neben einem umfangreichen Sortiment von Whisk(e)ys und anderen Spirituosen aller Herren Länder und zum Teil recht günstigen eigenen Abfüllungen bietet die Seite auch „Drinks by the Dram“ an: Hier kann man 30-ml-Fläschchen mehrerer Hundert Abfüllungen erwerben, darunter auch wahre Raritäten – ein Geschenk für Liebhaber, die auf diese Weise an Whiskys kommen, die sonst nur zu Sammlerpreisen zu haben sind. Die Mannschaft hinter Master of Malt regte die Abfüllung der Marke ➔**Saint Isidore** an und ist für die Labels ➔**Darkness!** und ➔**That Boutique-y Whisky Company** verantwortlich. Mit ➔**The Lost Distilleries Blend** betätigt sich Master of Malt auch als ➔Craft Blender. Ursprünglich verkaufte die 1985 von John Lamond und Robin Tucek (➔**Blackadder**) gegründete Firma ihre Whiskys nur per Mailorder, seit 1990 dann auch in ihrem kleinen Ladengeschäft in Tunbridge Wells, Kent. 1998 erfolgte unter neuem Management die Umstellung auf reinen Online-Handel.

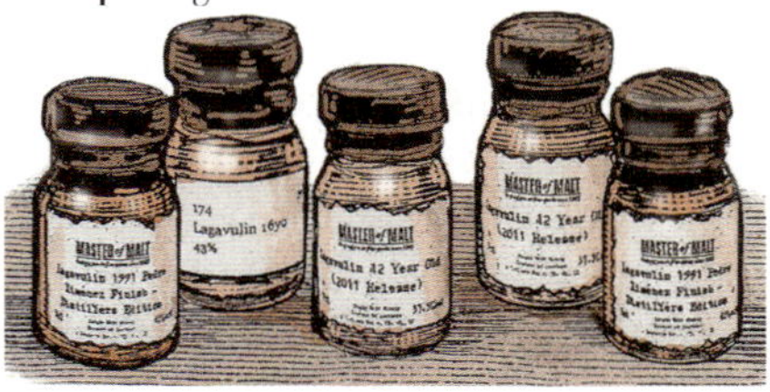

MASTER'S CHOICE

Whisky-Marke von ➔Diageo. In Venezuela, lange Jahre das Land mit dem weltweit höchsten Pro-Kopf-Verbrauch an Scotch, ist das ein „whisky nacional“ aus schottischem Malt und kanadischem Grain; in Nigeria, dem bevölkerungsreichsten Staat Afrikas ist Master's Choice ein „Premium Sprit mit Whisky-Aromen“ (seit 2013).

MASTERSON'S

Kanadische Whisky-Marke von 35 Maple Street, einem 2010 gegründeten Unternehmen in Sonoma, Kalifornien, das sich die Entwicklung hochwertiger Spirituosenmarken zum Ziel gesetzt hat. Den Anfang machte ein zu Recht gefeierter **Straight Rye** aus der ➔Alberta Distillery (100 % Roggen, 10 Jahre, 45 Vol.-%), gefolgt von einem **Straight Wheat** von ➔Highwood Distillers (100 % Weizen, 12 Jahre 50 Vol.-%) und einem **Straight Barley** (100 %

ungemälzte Gerste, 10 Jahre, 46 Vol.-%). Die Herkunft des Straight Barley wurde nicht veröffentlicht. Er ist wohl der einzige ausschließlich aus ungemälzter Gerste destillierte Whisky auf dem Markt. Sein eigenwilliges Geschmacksprofil ist ähnlich gewöhnungsbedürftig wie das von Roquefort oder Laphroaig, so Canadian-Whisky-Koryphäe Davin de Kergommeaux. Von 35 Maple Street stammt auch der Bourbon ➛**Bib & Tucker**.

MATISSE

Schottische Whisky-Marke der Matisse Spirits Company Ltd., einem chinesischen Unternehmen, das 1999 von dem lokalen Medienmogul Yang Teng-Kuei in Taiwan gegründet wurde. Angeboten als Blended Scotch, Vatted Malt und als 15- und 19-jähriger Single Malt. Seine Quelle gibt Mr. Yang nicht preis, gemunkelt wird von ➛Angus Dundee und/oder ➛Inver House Distillers. Der Whisky soll laut Website eine Fusion aus östlicher und westlicher Kultur verkörpern und damit „eine neue Ära des modernen Scotch" einleiten. Deshalb, so heißt es weiter, ist die Flasche auch unten eckig und oben rund; und irgendwie hat das alles auch mit dem Werk des französischen Malers Henri Matisse zu tun.

MATTINGLY & MORE

Kentucky Straight Bourbon von ➛Heaven Hill. Ein anständiger Alltagswhiskey, der heute nur noch für den regionalen Markt Kentuckys produziert wird. 1876 übernahmen Ben Mattingly und ➛Tom Moore die Brennerei der Familie ➛Willett im Nelson County, Kentucky. Ihre erste Marke hieß **Belle of Nelson**, erst später gab es auch einen Whiskey namens Mattingly & Moore. Der landete nach der Prohibition bei ➛Seagram, ging 1992 an ➛Heaven Hill.

McCALLUM'S PERFECTION

Blended Scotch von ➛Diageo. Eine einst sehr geschätzte Marke (*1911), die heute nur noch im asiatisch-pazifischen Raum konsumiert wird. Sie trägt noch die altertümliche Bezeichnung „Scots Whisky" (auch ➛**Cutty Sark** wurde bis vor einigen Jahren so ge-

labelt). Die Brüder Duncan und John McCallum waren Anfang des 19. Jahrhunderts als Kneipiers, Wein- und Spirituosenhändler in Edinburgh bekannt. Die daraus entstandene Firma McCallum war an der Gründung von ➔Benromach beteiligt und betrieb einige weitere Destillerien, die heute nicht mehr existieren. 1937 wurde sie von der ➔DCL übernommen, die ihr die Lizenz für ➔Cragganmore übertrug, wo noch heute einer der Kern-Malts für diesen Blend gebrannt wird.

McCARTHY'S

US-Single Malt Whiskey, 3 Jahre, aus der Clear Creek Distillery, Portland, Oregon, von ➔Hood River Distillers). Der erste echte Single Malt aus den USA (der erste falsche war ➔**Old Potrero**) wurde 1999 vorgestellt. Der amerikanischen Schreibweise zum Trotz: Geschmacklich erinnert McCarthy's eindeutig an schottischen Whisky, und das ist kein Zufall, denn er entsteht aus Gerstenmalz von der Insel ➔Islay mit einem Torfgehalt von 30–40 *ppm* – nicht in einer *pot still* allerdings, sondern in einer kleinen *Obstbrennblase*. Das ist nun auch kein Zufall, denn Steve McCarthy, der Betreiber der Clear Creek Distillery (eröffnet 1985), ist auf Eau de Vie, Grappa und Brandy spezialisiert; seit 1996 brennt er Whiskey, den er drei Jahre in Ex-Sherry- und in neuen Eichenfässern reifen lässt. McCarthy's Malts machten vom Start weg Furore und sind trotz gesteigerter Produktion immer schnell vergriffen. 2014 wurde der Betrieb von Hood River Distillers übernommen, Steve McCarthy bleibt der Brennerei aber weiterhin als Berater verbunden.

McCLELLAND'S

Schottische Single-Malt-Marke von ➔Morrison Bowmore (Beam Suntory). Angeboten werden je ein ➔Highland, ➔Islay, ➔Lowland und ➔Speyside Malt ohne Herkunftsangabe. Die ersten drei dürften aus Morrison Bowmores Brennereien ➔Glen Garioch, ➔Bowmore und ➔Auchentoshan stammen. Die Firma T. & A. McClelland entstand 1818 in Glasgow und eröffnete noch im selben Jahr die Brennerei ➔Bladnoch. McClelland wurde zeitweise von Jimmy Barclay (➔**Old Smuggler**) geführt und 1970 von Stanley P. Morrison übernommen, dem Gründer von Morrison Bowmore.

McCONNEL'S

Irischer Single Malt von der ➔Belfast Distillery Company (BDC), die mit dieser Marke die große Whiskey-Tradition der nordirischen Hauptstadt wiederbeleben will. McConnel's kam ursprünglich aus der Cromac Distillery, Belfast, ertsmals erwähnt 1776, geschlossen in den 1930ern. Die heutige McConnel's-Version erschien 2014 in einer Auflage von gerade mal 2500 Flaschen, der Malt stammte von ➔Cooley. Bis BDCs eigene, im Bau befindliche Brennerei selbst ausgereifte Whiskeys liefern kann, soll McConnel's zumindest sporadisch erscheinen – ein entsprechender Liefervertrag mit Cooley ist in trockenen Tüchern.

McCORMICK DISTILLING

US-Handelsfirma in Weston, Missouri, in deren Plunder-Sortiment auch einige Eigenmarken zu finden sind: Unter dem McCormick-Label gibt es einen **Blended American**, einen **Old Style Whiskey** (was immer das ist), einen **Canadian** und einen **Scotch**; außerdem besitzt McCormick die Marken ➔**Canadian Woods**, ➔**Platte Valley**, ➔**Stillbrook** und ➔**Triple Crown**. Die McCormick Distillery in Weston war 1856 gegründet worden und galt bis zu ihrer Schließung im Jahre 1985 als älteste kontinuierlich aktive Brennerei in den Staaten. In den 1920er-Jahren errichtete die Firma eine Brennerei in Peoria, Illinois, in der Stillbrook ursprünglich produziert wurde, die aber seit 1991 nur noch Ethanol liefert (➔LDI).

McDOWELL'S
Indischer Whisky von ➛United Spirits (Diageo). Weltweit die Nr. 2 unter den Whisk(e)ys und eine der meistverkauften Spirituosen allgemein; angeboten als **McDowell's No.1**, als **McDowell's No.1 Platinum** und als **McDowell's Single Malt**. Dies war der erste Single Malt Indiens, hergestellt in United Spirits' Brennerei in Goa aus indischem Malz, das über aus Schottland importiertem Torf getrocknet wird, gereift 3 bis 4 Jahre in Ex-Bourbonfässern. Die Marke geht auf die 1826 von Angus McDowell in Madras (heute Chennai) gegründete Handelsfirma McDowell & Co. zurück, die nach Indiens Unabhängigkeitserklärung 1949 in den Besitz von Vittal Mallya kam. Sein Sohn Vijay machte sie zum Kern seines 2006 geformten Spirituosenimperiums United Spirits, innerhalb dessen McDowell & Co. unter anderem auch für die Marken ➛**Diplomat** und ➛**Signature Rare** verantwortlich ist.

McGIBBON'S
Blended Scotch von ➛Douglas Laing, abgefüllt in Keramikkrügen in Form von Golfutensilien (Bällen, Schlägern, Säcken) und Curlingsteinen – Souvenir-Whisky, der insbesondere im Duty-free und im Fernen Osten verkauft wird. Das McGibbon's-Label – es trägt den Mädchennamen der Frau von Firmengründer Douglas Laing – war das Gesellenstück von dessen Söhnen Fred und Stewart. Auch die häufig **Provenance** genannte Single-Malt-Reihe ist ein McGibbon's-Label.

McGUINNESS SILK TASSEL
Canadian Blend der ➛Sazerac Co. Die Schwestermarke **Gold Tassel** gibt es schon länger nicht mehr, ebenso wenig wie McGuinness' Super Premium **Captain's Table** und den leichten **NC Tower**, dessen Flasche dem Fernsehturm Torontos nachgebildet war. Alle drei verschwanden zusammen mit McGuinness Distillers, nachdem diese Firma 1987 ➛Corby einverleibt worden war. Nur Silk Tassel überlebte und wurde von Corbys Mutter ➛Pernod Ricard an Sazerac verkauft. Der Whisky selbst wird aber noch in PRs ➛Hiram Walker Distillery hergestellt.

McIVOR

Blended Scotch, den Total Beverage Solutions sich von einem ungenannten Hersteller für den US-Markt abfüllen lässt: Eine kleine Standardmarke mit ordentlichem Preis-Leistungs-Verhältnis. Total Beverage Solutions ist eine Importfirma in Mount Pleasant, South Carolina, die unter anderem auch ➛Edradour und Weihenstephaner Bier in den USA vertritt.

McKENZIE

US-Whiskey von Finger Lake Distilling in Burdett, New York, zu haben als Bourbon mit Chardonnayfass-Finish, als Rye mit Süßweinfass-Finish, als 2-jähriger ➛Wheat Whiskey sowie als ➛Pure Pot Still aus gemälzter und ungemälzter Gerste. Die Finger Lake Microdistillery wurde 2007 von Brian McKenzie und Thomas E. McKenzie (nicht miteinander verwandt) gegründet, die hier auch einen Corn Whiskey namens **Glen Thunder** produzieren.

McMASTERS

Canadian Blend aus der ➛Black Velvet Distillery von ➛Constellation Brands.

McMENAMINS

US-Hersteller in Troutdale, Oregon, gegründet 1998 von den Brüdern Mike und Brian McMenamin, die eine der größten Brew-Pub-Ketten der USA betreiben. Auf ihrem riesigen Anwesen etwas außerhalb von Portland haben sie einen verspielten Freizeitpark eingerichtet, der neben Hotels, Kino, Brauerei, Weingut, Golfplatz und Schwimmbad auch die kleine ➛Edgefield Distillery beherbergt. Von hier stammen die Whiskeys ➛**Devil's Bit**, ➛**Hogshead** und ➛**Monkey Puzzle**. Seit 2002 führen sie auch die ➛Cornelius Pass Roadhouse Distillery in Hillsboro, Oregon (**Billy Whiskey**).

MEADHAN
Schottischer Single Malt von J. & G. Grant; ein Zweitetikett von ➔Glenfarclas, seit 1997 auf dem Markt.

MEDLEY
Kentucky Straight Bourbon, der von zwei verschiedenen Firmen angeboten wird: **Medley Brothers** ist eine neue Marke (*2013) von Charles W. Medley, der bereits mit seinem ➔**Wathen's** versucht hatte, die langjährige Whiskey-Tradition der Familie wiederzubeleben. Die Marke wird von einem *contract distiller* nach Medleys Rezept mit einer *mashbill* von 77 % Mais, 10 % Roggen und 13 % Gerstenmalz produziert. Die Marke **Medley's** dagegen – ebenfalls von einem ungenannten Hersteller bezogen – gehört der in Haselünne ansässigen Firma Berentzen (➔**Double Q**), die seit 2011 auch noch einen **John Medley's** anbietet: „Für Männer, die das Leben zu nehmen wissen". (Mehr zur Familien- und Markengeschichte unter dem Stichwort Wathen's.)

MELLOW CORN
Straight Corn von ➔Heaven Hill. Eine der zahlreichen alten Marken, die Heaven Hill im Lauf der Zeit erwarb und vor dem Vergessen bewahrte. Mellow Corn stammt aus der Konkursmasse des Hauses ➔Medley und wurde von den neuen Besitzern zu einer der wenigen Corn-Marken ausgebaut, die auch außerhalb des amerikanischen Südens von Bedeutung sind.

MENOMONEE VALLEY RYE
Straight Rye aus der ➔Great Lakes Distillery, ein 4-jähriger Whiskey mit einer *mashbill* aus 75 % Roggen, 12,5 % Mais und 12,5 % Gerstenmalz.

MERCIAN

Japanischer Hersteller mit Sitz in Tokio, eine Tochterfirma der →Kirin Distillery Co. Ursprünglich im Weinhandel zu Hause fusionierte Mercian 1962 mit dem renommierten Weinproduzenten Daikoku-Budosho, der seit 1956 die Brennerei →Karuizawa betrieb (→**Shirakawa**). Das neu entstandene Unternehmen erwarb die Handelsfirma Ocean Co., die einige Whisky-Labels besaß. Die Gruppe firmierte im Laufe der Jahre als Sanraku Ocean, Ocean und seit 1990 wieder als Mercian. Sie betrieb zeitweise die Brennerei →Kawasaki und gab eine Reihe von Blends unter dem Label **Ocean** heraus. Bereits in den 1970er-Jahren gab es auch ein paar Abfüllungen von Karuizawa Single Malts, doch erst um die Jahrtausendwende wurde dieser heute so begehrte Whisky regelmäßig angeboten. Nach der Übernahme durch Kirin im Jahre 2006 verschwanden die alten Mercian-Marken aus den Regalen (→**Ootori**).

METZE'S SELECT

Indiana Straight Bourbon von →LDI; die erste eigene Whiskey-Marke von LDI-Eigentümer Midwest Grain Products (MGP) erschien im Herbst 2015. Sie ist nach Master Distiller Greg Metze benannt, der den Whiskey aus drei LDI-Bourbons mit hohem Rye-Anteil komponierte: einem 2008 destillierten Bourbon, dessen *mashbill* 21 % Roggen enthält, einem 2006er mit 21 % und einem 2006er mit 36 % Roggen. Bisher war LDI nur als *contract distiller* bekannt gewesen, der Whiskeys für andere Markeninhaber produziert.

MEYER'S

Französischer Whisky aus der Distillerie Meyer in Howarth, Elsass. Der Single Malt des Hauses wird als **Meyer's Pur Malt** gelabelt, *nas*, gereift in Ex-Sauternes-Fässern. Außerdem haben die Meyers noch zwei Blends im Programm. Die 1958 von Fridolin Meyer gegründete Brennerei gehört mit ihren klassischen Eau de Vies zu den renommiertesten Häusern Frankreichs. Meyers erster Whisky erschien 2007, heute ist die Marke ein Renner in elsässischen Supermärkten.

MICHAEL COLLINS

Irish-Whiskey-Marke, die ➛Cooley bis vor Kurzem für die US-Firma Sydney Frank Importing abfüllte. Seit Cooleys neuer Eigentümer ➛Beam die Lieferung einstellte, stehen die Parteien in New York vor Gericht: Während Beam die Existenz gültiger Lieferverträge bestreitet, beharrt Sydney Frank Importing auf deren Gültigkeit und wirft Beam vor, Michael Collins zugunsten seiner eigenen Irish-Marken vom Markt drängen zu wollen. Diese David-gegen-Goliath-Episode passt nur zu gut zu der 2005 erschienenen Marke: Der historische Michael Collins war einer der Führer des Osteraufstands von 1916, er organisierte die IRA als moderne Partisanenarmee und gilt als bedeutender Betreiber der Unabhängigkeit Irlands. Collins starb 1922 während des Bürgerkriegs. Sydney Frank (1920–2006) hatte mehr Glück: Er begann als Handelsvertreter für ➛Schenley-Whiskys und ging als Manager dieser Firma in den 1950er-Jahren nach Schottland. 1972 machte er sich selbstständig und landete einen Riesenhit mit der Einführung von Jägermeister in die USA (Jägermeister ist heute die einzige deutsche Spirituose von Weltrang). 1997 schuf Frank mit Grey Goose die erste Wodka-Marke, die den Einzug ins Superpremiumsegment schaffte. Der Verkauf von Grey Goose an ➛Bacardi schließlich brachte Frank $ 2 Milliarden ein, mehr als je zuvor eine einzelne Spirituosenmarke erlöst hatte.

MICHAEL JACKSON

Blended Scotch, den ➛Berry Bros. & Rudd 2009 in memoriam des großen Michael Jackson (1942–2007) abfüllte, des Paten der modernen Whisk(e)y-Literatur. Jacksons klar und unprätentiös geschriebene Bücher zeugen von

großem Wissen und einer tiefen Liebe zum Whisk(e)y. Der auf 1000 Flaschen limitierte Blend wurde aus den geöffneten Flaschen von Jacksons Sammlung zusammengestellt.

MICHEL COUVREUR

Französischer ➛unabhängiger Abfüller in Bouze-Lès-Beaune, Burgund. Der gebürtige Belgier Couvreur (†2013) begann Mitte der 1980er-Jahre damit, seinen Weinkeller im Burgund mit jungen schottischen Malts zu füllen und diese dort in eigenhändig in Spanien ausgesuchten, alten Sherryfässern reifen zu lassen. Von Rechts wegen dürfen diese Whiskys, da sie nicht in Schottland gelagert wurden, nun nicht mehr als Scotch gelabelt werden. Derzeit liegen dort etwa 700 Fässer, der Großteil der Whiskys stammt aus den Brennereien ➛GlenDronach, ➛Glen Garioch, ➛Glenturret und ➛Macallan. Sie werden meist als *Single Casks* abgefüllt *(ncf)*, es gibt aber auch einige Vatted Malts. Die auf den Etiketten neben Bouze-Lès-Beaune angegebene Adresse Meldrum House, Old Meldrum bezieht sich auf Couvreurs Dependance in Schottland: Meldrum House heißt der ehemalige Landsitz des steinalten Adelshauses Meldrum, der heute ein reichlich britisch-betuliches Golfhotel beherbergt und, dank Couvreurs guten Beziehungen, auch ein Zwischenlager für dessen Whiskys.

MICHTER'S

US-Whiskey-Marke von Chatham Imports, New York City, angeboten als **Single Barrel Straight Rye**, **Small Batch Bourbon** (der tatsächlich ein Straight Bourbon ist), **Unblended American** (der nicht ➛Bourbon genannt werden darf, da er in gebrauchten Fässern reifte) und als **Small Batch Original Sour Mash** (der laut Hersteller weder Rye noch Bourbon ist, also wohl ein Blended American). Chatham gibt seine Quelle(n) nicht preis, gerüchtehalber stammt der Whiskey von

➛Brown-Forman. Mit Sicherheit kommt er nicht aus der Michter's Distillery in Louisville, Kentucky, die gerade erst fertiggestellt wurde; und auch nicht aus jener 1984 stillgelegten Michter's Distillery in Schaefferstown, Pennsylvania, deren Restbestände unter dem Label A. H. Hirsch abgefüllt wurden (➛**Hirsch Selection**). Sie war 1753 als Shenks's Distillery gegründet worden und von 1861 bis zu ihrer ➛Prohibitions-bedingten Schließung unter dem Namen Bomberger bekannt. 1950 wurde sie als Michter's Distillers wieder in Betrieb genommen. Anfangs produzierte man hier ausschließlich Rye Whiskey, unter der Leitung eines Brennmeisters aus der Familie ➛Beam dann auch einen Bourbon mit sehr hohem Roggenanteil, dessen zweite Destillation in einer *pot still* erfolgte. Der kam 1956 als Michter's auf den Markt, war aber immer nur ein exklusives Nebenprodukt, denn der Schwerpunkt lag weiterhin beim Rye, mit dem man bis 1984 u. a. auch ➛**Wild Turkey** und ➛**Old Overholt** belieferte. 1988 wurde der Betrieb eingestellt. Die Destillerie selbst steht seither unter Denkmalschutz, den Markennamen schnappte sich später die Firma Chatham Imports, die Michter's seit dem Jahr 2000 vermarktet und 2010 mit dem Bau der Brennerei in Louisville begann. Seit Kurzem lässt Chatham mit der Marke **Shenk's Homestead Bourbon** auch den ursprünglichen Namen der Pennsylvania-Brennerei wieder aufleben. Um die Rechte am Namen Bomberger streitet sich Chatham derzeit mit einer Gruppe von Investoren, die die alte Brennerei wieder in Betrieb nehmen wollen.

MICRODISTILLERIES

Nach dem Erfolg seiner neue Maßstäbe setzenden Anchor Steam Microbrewery machte sich Fritz Maytag 1993 daran, den Trend zu regional orientierter, nicht industriell produzierter Qualität auch in der Welt der Spirituosen zu verankern. Tatsächlich löste sein →**Old Potrero Rye** eine Welle der Begeisterung bei undogmatischen Freunden hochprozentiger Genüsse aus und ermutigte Nachwuchsbrenner im ganzen Land dazu, ihrer Experimentierfreude freien Lauf zu lassen. Die meisten der mittlerweile mehrere Hundert zählenden Alkohol-Anarchos ziehen heute allerdings den Begriff →Craft Distiller vor, ganz so, wie frühere Microbreweries sich heute Craft Brewer nennen.

MIDLETON

Irische Destillerie und Marke von →Irish Distillers (Pernod Ricard). Die erste Brennerei in Midleton, County Cork, wurde 1825 von den Gebrüdern Murphy gegründet. 1867 schlossen sich die Murphys mit vier anderen Brennereien der Gegend zur Cork Distilleries Company (CDC) zusammen, die später durch die Marke →**Paddy** berühmt wurde. Nachdem die CDC 1966 wiederum mit John Power (→**Power's**) und →Jameson zur Irish Distillers Group (heute Irish Distillers) fusionierte, entschloss man sich, alle Brennaktivitäten in Midleton zu bündeln. Wenige hundert Meter von der alten Brennerei entfernt wurde 1975 die neue Midleton-Destillerie eröffnet. Die brennt heute mit sieben *pot* und acht *column stills* und ist mit einer Jahreskapazität von 64 Millionen *lpa* die mit Abstand größte Brennerei Irlands (→Irish Whiskey). Hier werden enorme Mengen an Grain produziert (nicht nur fürs Blending, sondern auch für Wodka und Gin), außerdem drei unterschiedliche →Single Pot Stills und in geringem Maße auch Malt Whiskeys. Daraus entstehen sämtliche Irish-Distillers-Marken, allen voran der internationale Bestseller →**Jameson**, außerdem **Power's**, **Paddy** und →**Redbreast** sowie kleinere Labels wie →**Crested Ten**, →**Dunphy's**, →**Green Spot** und →**Yellow Spot** (→**Clontarf**, →**Hewitts**, →**Tulla-**

more Dew). Die Marke **Midleton Very Rare** existiert seit 1984. Dieser Super-Premium-Blend trägt das Jahr der Abfüllung auf dem Etikett und wird nur in geringen Mengen aufgelegt. Der Blend wird jedes Jahr neu zusammengestellt, und nach bescheidenen Anfängen reift hier langsam eine hochklassige Marke mit zunehmendem Gehalt an Pot-Still-Whiskeys heran (der Preis war von Anfang an unbescheiden). Mittlerweile gibt es Midleton auch als Single Pot Still in einer Reihe von bis zu 30 Jahre alten *Einzelfassabfüllungen* und als **Barry Crocket Legacy**, eine 2011 erstmals erschienene Sonderabfüllung zu Ehren des ehemaligen Master Distillers Crocket, der über 30 Jahre den Stil des Hauses prägte.

MILD & SMOOTH
Japanischer Blend von ➛Nikka (Asahi), eine ältere Marke, die derzeit nicht produziert wird.

MILESTONE 100
Indischer Wisky, IMFL, von ➛Som Distilleries; das Flaggschiff des Hauses.

MILLARS
Blended Irish Whiskey von ➛Cooley. Bis in die 1970er-Jahre war das eine Handelsmarke der Adam Millar & Co., einer 1843 von einem Vetter John Jamesons gegründeten Wein-, Tee- und Spirituosenhandlung in Dublin (sie hatte auch einen Blended Scotch namens **Glenmillar** im Programm). Anfang der 1990er-Jahre wurde **Millars Black Label** von der jungen Firma Cooley – immer auf der Suche nach neuen Marken mit alten Namen – wiederbelebt. Um ➛**Johnnie Walker Black Label** nicht in die Quere zu kommen, bekam sie alsbald den Namen **Millars Special Reserve**. Nachdem Cooley seine Unabhängigkeit an den US-Konzern Beam (heute ➛Beam Suntory) verlor, wurde die Marke eingestellt – nicht wirklich ein Verlust.

MILLBURN
Schottischer Single Malt (Highlands, Inverness) von ➛Diageo. Ein robustes, leicht rauchiges Halbschwergewicht, sofern man es noch findet. Die letzte Abfüllung in der ➛Rare Malts Collection datiert von 2005, danach kam er noch einmal 2008 von ➛Gordon & MacPhail und auch von ➛Duncan Taylor. Die Brennerei wurde möglicherweise bereits 1807 eröffnet, nachweislich war sie 1825 in Betrieb. 1943 kam sie zur ➛DCL, die sie 1985 schloss. Ein Großteil der Produktion wurde früher für den 12-jährigen Vatted Malt **The Mill Burn** verwendet.

MILLSTONE
Niederländischer Whisky von Zuidam Distillers, in Baarle-Nassau, Nordbrabant. Seit 1998 werden hier streng nach schottischem

Muster Single Malts gebrannt, gelagert in Bourbon und Sherryfässern sowie in frischen Fässern aus französischer und amerikanischer Eiche (Kapazität: 280 000 *lpa*). Der erste Millstone erschien 2002. Angeboten werden derzeit je ein getorfter und ein ungetorfter 5-Jähriger, je ein ungetorfter 10-Jähriger gereift in frischer amerikanischer bzw. französischer Eiche, ein 12-Jähriger aus Bourbon- und Sherryfässern sowie ein 14-Jähriger mit Jahrgang (Bourbon und Sherry). Außerdem gibt es einen Single Rye, 100 Monate gereift in frischer amerikanischer Eiche mit einer *mashbill* aus 51 % Roggen und 49 % Gerstenmalz. Die Familie van Zuidam ist seit 1974 als Hersteller von Genever bekannt. Tradtioneller Genever ist ein mit Wacholder und anderen Gewürzen aromatisiertes Destillat aus Roggen, Mais und Gerstenmalz.

MILROY'S

Ursprünglich hieß diese Londoner Whisky-Handlung „Soho Wine Market“ (gegründet 1964, 3 Greek Street, London W1), doch Malt-Liebhaber in aller Welt kannten sie nur unter dem Namen der Brüder John und Wallace Milroy, zwei Single-Malt-Propheten der ersten Stunde, und so wurde sie in Milroy's of Soho umgetauft. Tagsüber hat man hier die Wahl zwischen mehreren Hundert Whiskys, abends kommt man durch eine Geheimtür in die ebenfalls gut bestückte Kellerbar The Vaults. Die beiden Milroys sind mittlerweile im Ruhestand und der Laden ist nun auch wieder unabhängig, seit sich die Mitarbeiter 2014 aus dem Besitz der Londoner Wein- und Delikatessenhandelsgruppe Jeroboam herauskaufen konnten; sie hatte Milroy's um die Jahrtausendwende übernommen. Die alten Marken des Hauses **Dram House**, **Frisky Whisky**, **Milroy's of Soho** und **Silver Barley** werden zur Zeit nicht produziert.

MILTONDUFF

Schottischer Single Malt (Speyside, Miltonduff) von ➛Chivas Bros. (Pernod Ricard). Dieses samtig-malzige Mittelgewicht wird nur selten als Single abgefüllt, offiziell gab es ihn zuletzt als 16-Jährigen in Chivas' Cask Strength Edition. Die Brennerei wurde 1824 gegründet und kam 1936 in den Besitz von ➛Hiram Walker, die den Malt zum Aufbau ihrer Weltmarke ➛**Ballantine's** einsetzten. Miltonduff wurden zu einer Art Forschungsbrennerei, in der technische Neuerungen entwickelt und getestet werden konnten. Hier entwickelte Alistair Cunningham seine *Lomond stills*, die dann von 1964–81 in Miltonduff Dienst taten (➛Mosstowie). Seit 2005 gehört die Brennerei dem französischen Konzern ➛Pernod Ricard (Kapazität: 5,8 Millionen *lpa*).

MITCHELL'S

Blended Scotch von ➛J. & A. Mitchell. Dieser hochwertige, maskuline 12-Jährige ist seit 1997 auf dem Markt.

MIYAGIKYO

Japanische Brennerei von ➛Nikka (Asahi) in Sendai, Präfektur Miyagikyo. Die Schwesterbrennerei von ➛Yoichi ist das Arbeitspferd der Familie. Von hier stammen die leichteren Malt-Komponenten und die Grain Whiskys für Nikkas Blends. Miyagikyo ist eine der wenigen Brennereien, die zur ➛Grain-Produktion noch *Coffey stills* einsetzt – eine ältere und schwerer zu handhabende Version der *column still*. Nikka-Gründer Masataka Taketsuru bevorzugte die Coffey stills, da sie Grains mit etwas mehr Charakter liefern können. Miyagikyos Coffey stills standen früher in Nikkas Brennerei Nishinomiya, die seit 1999 nur noch Neutralsprit erzeugt (➛Coffey Malt). Eine Mischung aus Miyagikyo *pot-* und Coffey-Still-Malt wurde bis vor Kurzem unter dem Namen ➛**All Malt** angeboten. Die regulären Single Malts der Brennerei wurden früher unter dem Label **Sendai** abgefüllt. Erst seit 2001 tragen die Whiskys und die Brennerei selbst den Namen der

Präfektur, in der Sendai liegt. Miyagikyos gesamtes Malt-Whisky-Sortiment wurde, ebenso wie jenes von Yoichi, auf eine einzige Version ohne Altersangabe eingedampft. Als Grund gibt Nikka den stark geschrumpften Bestand in den Lagerhäusern beider Brennereien an. Sendai liegt nur etwa 150 km von Fukushima entfernt. Nach offiziellen Angaben wurden nach der nuklearen Katastrophe infolge des Erdbebens von 2011 aber keine erhöhten Strahlungswerte in der Brennerei gemessen. Sorge bereitete der japanischen Whisky-Industrie damals nur der deutliche Rückgang des Alkoholkonsums in den auf das Unglück folgenden Monaten.

MIYASHITA

Japanische Brennerei in Okayama, Präfektur Okayama, von Miyashita Shuzo, einem 1922 gegründeten Familienunternehmen. Seit 2003 wird hier neben Sake, Shochu und Bier auch Whisky hergestellt, allerdings nur in kleinen Mengen. Das Gerstenmalz wird aus Deutschland und England importiert. Destilliert wird vorerst in einer traditionellen japanischen Shochu-Brennblase, der Erwerb von *pot stills* wird vom Erfolg des Whiskys abhängig gemacht, der noch im Jahr 2016 erscheinen soll.

MOËT HENNESSY

Der Wein- und Spirituosenarm des französischen Luxusgüterkonzerns LVMH besitzt neben zahlreichen anderen edlen Tropfen auch die schottischen Brennereien ➛Ardbeg und ➛Glenmorangie. Außerdem hält er die Vertriebsrechte des amerikanischen Wodka-Hauses Belvedere, wozu auch die höchst erfolgreiche Scotch-Marke ➛**William Peel** gehört. Durch ein Vertriebs-Joint-Venture ist Moët Hennessy mit ➛Diageo verbunden.

MÖSSLEIN

Deutscher Whisky vom gleichnamigen Weingut der Familie Mößlein in Zeilitzheim, Franken. Hier gibt es einen Single Malt aus einer speziellen Röst- und Rauchmalz-

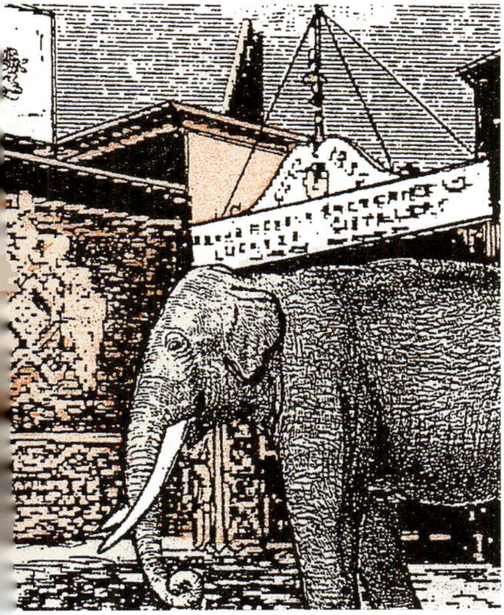

mischung und einen Single Grain aus Weizen und geröstetem Gerstenmalz. Beide Whiskys reifen 5 Jahre in Eichenfässern, die vorher Weine des Hauses enthielten. Das Getreide stammt aus eigenem Anbau.

MOFFAT

Schottische Destillerie (Lowlands, Airdrie) von ➛Inver House Distillers. In dem 1965 eröffneten Gebäudekomplex befanden sich eine Grain-Brennerei namens ➛Garnheath, die beiden Malt-Destillerien ➛Glen Flagler und ➛Killyloch sowie die damals größte Mälzerei Europas. Die gesamte Produktion wurde 1985 eingestellt, nur die *warehouses* und eine Blending- und Abfüllanlage sind noch in Benutzung.

MOHAN MEAKIN Ltd.

Indischer Hersteller in Ghaziabad, Uttar Pradesh. Die Whisky-Interessen der mächtigen Familie Mohan sind so alt wie die indische Republik: 1949 übernahm sie die Brau- und Brenngeschäfte der schottisch-irischen Dyer, Meakin & Co. 1962 begannen die Mohans mit dem Bau eines eigenen Industriezentrums in Ghaziabad, das heute den Namen Mohan Nagar („Mohan Stadt") trägt. In der gleichnamigen Brennerei wird mit *pot-* und *patent stills* gearbeitet, gebrannt werden sowohl Malz als auch Melasse; Marken: ➛**Black Knight**, ➛**Colonel's Special**, ➛**Diplomat**, ➛**Solan No.1**, ➛**Summer Hall**. Über die Tochterfirma ➛London Distillers in Nairobi, Kenia, ist Mohan Meakin auch in Ostafrika präsent, wo der indischstämmige Bevölkerungsanteil seit der britischen Kolonialherrschaft einen beachtlichen Part der Mittelschicht ausmacht. Hier werden die Marken ➛**Africa Safari** und ➛**Top Secret** produziert.

MOIDART

Schottischer Vatted Malt von ➛Cadenhead. Ein hochgelobter Whisky, der in mehreren Altersstufen angeboten wird. Er trägt den Namen einer kleinen Ortschaft an der Westküste Schottlands, in der Prinz Karl Eduard, Kronprätendent aus dem Hause Stuart, 1745 an Land ging, um ein letztes Mal um die englische Krone zu kämpfen (➛**Prince Charlie**).

MOLINO DEL ARCO ➛DYC

MONDE

Japanische Brennerei in Fuefuki City, Präfektur Yamanashi, von Mondo Shuzo, einem 1952 gegründeten Weinproduzenten, der mit **Royal Crystal** und ➛**Fuji no Sei** auch zwei Blends im Programm hat. Im Jahre 2008 tauchte auch ein Single Malt aus der Monde-Brennerei auf. Er wird unter dem Namen **Usuikyou** von der Handelsfirma Tokuoka angeboten

MONKEY PUZZLE

US-Whiskey aus der ➛Edgefield Distillery der ➛McMenamins in Troutdale, Oregon. Brennmeister Lee Medoff versetzt seinen Malt Whiskey mit Hopfen und süßt ihn mit Honig – nichts für Traditionalisten, aber typisch für die Experimentierfreudigkeit der boomenden ➛Craft-Distillery-Szene in den USA.

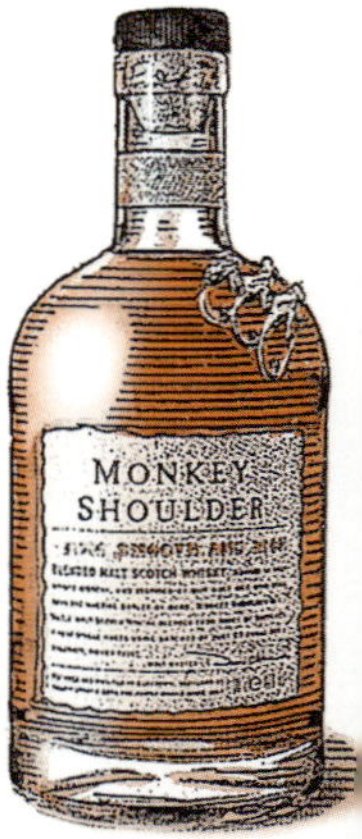

MONKEY SHOULDER

Schottischer Vatted Malt von ➛William Grant & Sons. Diese sehr süffige Kombination aus Malts von ➛**Balvenie**, ➛**Glenfiddich** und ➛Kininvie erschien 2005 und wurde von Anfang an als schicke Mix-Spirituose der gehobenen Preisklasse positioniert. Die „Affenschulter" ist ein Leiden, das sich Brennereiarbeiter durch einseitige Belastung beim Wenden des trocknenden Malzes zuziehen. Seit dies vorwiegend maschinell erledigt wird, haben die Schultern Ruhe (➛*floor maltings*).

MONSTER'S CHOICE

Blended Scotch von ➛Strathnairn Whisky (➛Gordon & MacPhail). Die Marke existiert bereits seit der Jahrhundertwende und ist, wenn nicht „Nessie's liebster Drink", wie das Etikett behauptet, so doch bei den Touristen, die Loch Ness besuchen, sehr willkommen (➛**Loch Ness**).

MOONSHINE

Amerikanische Bezeichnung für Schwarzgebrannten; wohl wird auch in Schottland und Irland noch heute illegaler Whisk(e)y gebrannt (➛Poitín), doch nicht annähernd in dem Maße wie in den USA. Moonshine ist dort nicht nur deshalb so populär, weil es bis jetzt noch Gegenden gibt, in denen Alkoholverbot herrscht, sondern auch aus prinzipieller Ablehnung staatlicher Autorität, der hohen Steuern wegen und einfach spaßeshalber. In Kentucky bekennt man sich freimütig zum Moonshine, und jeder hat dort irgendeinen Onkel oder Cousin, der „Jake" oder „Smoke" herstellt, auch „Pantherschweiß", „Tarantelsaft", „Kampfsuppe" und „Ignoranten-Öl" genannt. Abgefüllt wird der Stoff seit ➛Prohibitionszeiten in Marmeladengläser („Whiskey in the Jar"), um sich bei den Behörden nicht durch den Erwerb allzu vieler Flaschen verdächtig zu machen. Der Reiz des Verbotenen

wird gerne auch zu Marketingzwecken genutzt. Insbesondere ➛Craft Distiller bieten ihren korrekt versteuerten, ungelagerten Schnaps lieber unter Moonshine-Labels an, als ihn, wie sonst üblich, als Wodka zu verkaufen (in Irland funktioniert das mit Poitín ganz genauso).

MORRISON & MACKAY

Unabhängiger Abfüller in Bankfoot, Perthshire, der unter den Labels ➛**Càrn Mòr** und **Beinn a'Cheo** seit einigen Jahren diverse Single Malts und Grains anbietet. Mit ➛**Old Perth** hat das Unternehmen auch einen Vatted Malt im Programm, das Hauptgeschäft machen Morrison & Mackay aber mit Likören, darunter den Whisky-Sahnelikör Columba Cream und die erstaunlich süffige Whisky-Ingwer-Honig-Mischung Ginger Tam's. Morrison & Mackay wurde von Brian Morrison aus dem ➔Morrison-Bowmore-Clan und Kenny Mackay gegründet, der sein Scottish Liqueur Center in das Unternehmen mit einbrachte. Die beiden füllen auch für ➔C&S Dram von Andrea Caminneci ab.

MORRISON BOWMORE DISTILLERS

Schottischer Hersteller, Glasgow, im Besitz des japanischen Konzerns ➔Suntory. Das Unternehmen wurde 1951 von Stanley P. Morrison gegründet und betreibt die Destillerien ➔Auchentoshan, ➔Bowmore und ➔Glen Garioch. Morrison produziert unter anderem die Marken ➔**Grand Castle**, ➔**Grand Old Highland**, ➔**McClelland** und ➔**Rob Roy**. Die Firma wird nach wie vor von der Familie Morrison geleitet, die ihre Aktienmehrheit 1994 an Suntory abgab (➔**Glen Deveron**, ➔**Union Club**).

MORTLACH

Schottischer Single Malt (Speyside, Dufftown) von ➔Diageo. Ein charaktervolles komplexes Schwergewicht, früher von ➔Gordon & MacPhail in Lizenz abgefüllt, dann offiziell lange Zeit nur als 16-Jähriger in der ➔Flora & Fauna-Serie zu haben. 2010 erschien ein 70-Jähriger bei Gordon & MacPhail. Seit 2014 wird Mortlach von Diageo international als **Rare Old** *(nas)*, als 18- und als 25-Jähriger vermarktet. Die Brennerei leistet einen wesentlichen Beitrag

zu ➛**Johnnie Walker Black Label**. Sie wurde 1823 eröffnet und 100 Jahre später von John Walker & Sons übernommen, mit denen sie kurz darauf zur ➛DCL kam. Seit 2013 wir Mortlach großräumig erweitert, um die Kapazität auf bis zu 8 Millionen *lpa* zu erhöhen. Ein Teil der *low wines* wird – ähnlich wie in ➛Springbank – dreifach destilliert.

MOSSTOWIE

Schottischer Single Malt (Speyside) aus der ➛Miltonduff Distillery von ➛Chivas Bros. (Pernod Ricard). Ein malziger Aperitif-Whisky, der nur von ➛unabhängigen Abfüllern zu bekommen war, hauptsächlich von ➛Gordon & MacPhail und von ➛Signatory. Mosstowie wurde in den *Lomond Stills* hergestellt, die zwischen 1964 und 1981 bei Miltonduff in Betrieb waren.

MOUNT ROYAL LIGHT

Canadian Blend der ➛Sazerac Co. Kanada ist das einzige der klassischen Whisk(e)y-Länder, das die Bezeichnung Whisky auch bei einem Alkoholgehalt von unter 40 Vol.-% zulässt. Daher können Kunden, die zu faul sind, ihren Whisky selbst zu verdünnen, Mount Royal nicht nur mit 40 sondern auch mit 30 und mit 27 Vol.-% bekommen. Die Marke kam ursprünglich von ➛Seagram.

MOUNTAIN ROCK

Canadian Blend, eines der beiden Billig-Labels der ➛Forty Creek Distillery (Gruppo Campari). Das andere heißt ➛**Canada Gold**.

MOUNT VERNON

US-Whiskey-Marke, die den Namen von George Washingtons Landsitz in Virginia trägt. Washington (1732–1799) war nicht nur der erste Präsident der Vereinigten Staaten, sondern auch ein erfolgreicher Schnapsbrenner. Seine Brennerei in Mount Vernon wurde 1999–2006 sorgfältig restauriert und ist heute eine Touristenattraktion. Zweimal im Jahr wird hier nach den im 18. Jahrhundert üblichen Methoden ein Rye nach Washingtons überliefertem Originalrezept (60 % Roggen, 35 % Mais, 5 % Gerste) gebrannt. Bereits 2002 gab es eine mit dieser *mashbill* produzierte Sonderabfüllung, zu der mehrere Brennereien, darunter →Jack Daniel, →Jim Beam und →Maker's Mark je ein Fass beisteuerten. Mitunter tauchen auch noch ältere Mount Vernon Whiskeys auf. Seit den 1930er-Jahren benutzten diverse Hersteller den illustren Namen für Rye, Bourbon und Blended Americans (→**Hillrock Estate**).

MUCKLE FLUGGA

Schottischer Vatted Malt von Catfirth Ltd., einer Tochterfirma von City & Merchant. Ursprünglich gehörte die Marke Blackwood Distillers, die 2002 mit dem Ziel gegründet worden waren, eine Brennerei auf den Shetlands, einer windumtosten Inselgruppe im äußersten Norden Großbritanniens, zu errichten. Treibende Kraft hinter dem Projekt war Caroline Whitfield, vormals im Senior Management von Unilever. Zur Finanzierung lancierte die dynamische Dame mit beträchtlichem PR-Aufwand das Spritousenlabel Blackwood (Gin, Wodka, Sahnelikör), auch von einem Börsengang war die Rede, einen gesicherten Standort für die Brennerei allerdings gab es noch nicht. Die bis dato eingestiegenen Geldgeber wurden mit Anteilsscheinen an Muckle Flugga Whisky beruhigt, einer weiteren brillanten Idee von Whitfield: ein Blend aus mehreren Malts von →Inver House, der angeblich in geheimen Kellern und Lagern auf der Shetlandinsel Unst reifte (dort steht auch der pittoreske Leuchtturm, dessen Namen der Whisky trägt). Seriöse Geschäfte sehen anders aus und so musste Whitfield ihre Blackwood-Marken abgeben und das Unternehmen wurde 2008 li-

quidiert. Muckle Flugga geisterte eine Zeit lang als Phantom durch die Whisky-Webseiten und so war die Überraschung groß, als dann 2010 tatsächlich einige Flaschen davon auftauchten. Die Londoner Investmentgesellschaft City & Merchant hatte Whitfields Konkursmasse erworben und versilberte erst einmal den bereits abgefüllten Whisky der ehemaligen Anteilseigner. Anscheinend bekam das Projekt Shetland-Whisky damit festeren Boden unter die Füße, denn inzwischen wird Muckle Flugga regelmäßig angeboten. Er stammt weiterhin aus Festlandsbrennereien, „überwintert" allerdings eine Saison auf Unst, wie das Etikett stolz verkündet (reguläre *warehouses* sucht man auf der Insel allerdings vergebens). Jede Menge Marketing-Unfug also – aber auch ein durchaus trinkbarer, vom Sherryfass geprägter Whisky.

MULLIGAN

Unter diesem Label bietet der japanische Onlineshop Rakuten einen Blended Scotch an, und Mulligan's Grill-Restaurant in St. Louis lässt sich einen Mulligan's Bourbon abfüllen (beide Marken ohne Herkunftsangabe). Während der US-Prohibition bezeichnete Mulligan „eine Flasche Schnaps, die in Kneipen auf den Tresen gestellt wurde und an der sich die Gäste bedienen konnten, ohne dafür zu bezahlen", so Joseph Mitchell in seinem sehr lesenswerten Buch „New York Reporter".

MUIRHEAD'S

Scotch-Marke von ➛Terroir Distillers, angeboten als **Blue Seal Blend** und als **Silver Seal Single Malt**. Die Marke erschien in den 1920er-Jahren und trägt den Namen eines 1866 von Charles Muirhead in Edinburgh gegründeten Handelshauses, das 1919 von Macdonald & Muir übernommen worden war. Aus Macdonald & Muir wurde später die ➛Glenmorangie plc, die wiederum die Produktion von Blends Anfang des Jahrtausends einstellte und die Marke an Terroir Distillers abgab.

MURRAY MCDAVID

Schottischer →unabhängiger Abfüller im Besitz von Aceo. Gegründet 1996 auf →Islay von Mark Reynier, Gordon Wright und Simon Coughlin. Das kleine Unternehmen wurde durch sorgsam ausgewählte Fässer alter Jahrgänge bekannt. Pro Abfüllung wurden immer nur wenige Fässer zusammengemischt *(nc, ncf)*. Die Auswahl der Fässer besorgte der verehrte Jim McEwan, mit dem zusammen Reynier, Wright und Coughlin im Jahr 2000 die Brennerei →Bruichladdich wieder zum Leben erweckten. Nach dem Verkauf der Brennerei 12 Jahre später stellte Murray McDavid seine Tätigkeit vorübergehend ein. 2013 wurde die Firma an den Whisky-Broker Aceo verkauft, der das Geschäft nun von →Coleburn aus betreibt.

MURREE'S

Pakistanische Brennerei in Rawalpindi, im Besitz der Murree Brewery Company, eröffnet 1860 von den britischen Besatzern und eine der wenigen Destillerien, die in einem islamischen Staat betrieben wird (→Ägyptischer Whisky). Murree-Whiskys entstehen nach schottischem Muster: Das Gerstenmalz stammt zum Großteil aus Großbritannien, destilliert wird in *pot stills*, gereift in Eichenfässern, teilweise auch in Bottichen, mit anschließender Karamell-Färbung. Die Produktion ist klein, denn der Whisky ist ausschließlich nicht-muslimischen Minderheiten Pakistans vorbehalten. Neben 3- bis 21-Jährigen Single Malts werden hier die Blends **→Dew of Himalaya**, **→Lion** und **→Vat N°1** hergestellt.

What's the use of getting sober, when you gonna get drunk again?
Louis Jordan

The NAKED GROUSE
Blended Scotch von →Edrington; eine Sherryfass-gelagerte Version der →**Famous Grouse**.

NANT
Australischer Single Malt aus der gleichnamigen Brennerei in Bothwell, Tasmanien, im Besitz von Keith Batt, der die Destillerie 2008 in Betrieb nahm. Gebrannt wird mit zwei Kupferbrennblasen, gelagert in Fässern, die aus ehemaligen Bourbon- und Süßweinfässern geküfert werden. Die erste Abfüllung erschien 2010.

NASIK
Indische Grain-Brennerei von →Pernod Ricard. Die Destillerie wurde 1999 von →Seagram im Bundesstaat Maharashtra eröffnet. Zwei Jahre später übernahm Pernod Ricard das Indien-Geschäft der Kanadier; dazu gehören auch die Marken →**Blenders Pride**, →**Imperial Blue** und →**Royal Stag**, die hier aus schottischen Malts und Nasik-Grain zusammengestellt werden.

NATU NOBILIS
Brasilianischer Blend von →Pernod Ricard. Früher war dies eine kleine Scotch-Marke, von →Seagram für den nordamerikanischen Markt konzipiert, dann verlegten die Kanadier die Produktion nach Brasilien, wo Natu Nobilis heute aus einheimischem Grain und schottischem Malt zusammengestellt wird. Wie so mancher „whisky nacional" in Lateinamerika kommt auch dieser hier mit nur 39 Vol.-% in die Flasche.

NECCARUS

Deutscher Single Malt aus der Alt Enderle Bauland Brennerei in Rosenberg/Sindolsheim, Baden-Württemberg. Abgefüllt mit 4, 8, 12 und 15 Jahren ist dies einer der wenigen deutschen Malts, die nicht nur im jugendlichen, schnelles Geld versprechenden Alter in die Flasche kommen, und das zu durchaus vernünftigem Preis. Mit Joachim Alt und Michael Enderle sind hier zwei seriöse Old-School-Brenner am Werk: Ihr Getreide stammt von eigenen, bio-zertifizierten Feldern, die Brennerei verfügt über eine eigene Darre, in der auch Torf zum Einsatz kommt, gebrannt wird zweifach, gelagert in Ex-Bourbon-, Sherry- und Portweinfässern – na also, geht doch! Für die etwas weniger anspruchsvolle Kundschaft gibt es einen 4- bis 7-jährigen **Alt Enderle Malt Whisky**, für Spezialitäten-Freaks einen **Grünkern Single Grain** aus frühreif geerntetem Dinkel, der über Buchenholz geröstet wurde. Die Brennerei begann 1988 mit der Herstellung von Rum, Obstbränden und Absinth, seit dem Jahr 2000 sind Alt und Enderle auch in Sachen Whisky aktiv.

NEW HOLLAND ARTISAN SPIRITS

US-Craft Distillery in Holland, Michigan, die 2005 in der für ihr Craft Beer bekannten New Holland Brewery eingerichtet wurde. Aus diversen hauseigenen Malzarten wird hier mit Brauhefe eine Reihe von Whiskeys hergestellt: ➔**Beer Barrel Bourbon**, ➔**Bill's Michigan Wheat**, ➔**Cask & Smoke**, ➔**Double Down Barley**, ➔**Hatter Royale**, ➔Malthouse, ➔**Walleye Rye** und ➔**Zeppelin Bend**.

NEW RICHMOND RYE

US-Straight Rye aus der ➔45th Parallel Distillery in New Richmond, Wisconsin.

NEW ZEALAND MALT WHISKY CO.

Neuseeländisches Handelshaus in Oamaru, South Island, im Besitz eines Konsortiums namens Extra Eight. Unter Führung von Greg Ramsay, der bereits an der Finanzierung der ➛Nant Distillery beteiligt war, erwarb die New Zealand Malt Whisky Co. 443 Fässer Single Malt aus der ehemaligen Brennerei ➛Wilson (Willowbank). Dieser Whisky, der vorher unter dem Namen **Milford** bekannt war, ist nun als 21-jähriger ➛**South Island Single Malt** im Handel, außerdem in der Reihe **New Zealand Whisky Collection**: Da gibt es einige alte fassstarke *Einzelfassabfüllungen*, einen 25-Jährigen, den Single **Malt The 1987**, der an das Jahr erinnert, in dem die All Blacks, Neuseelands Rugby-Team, den Worldcup gewannen, sowie einen 15-jährigen Blend mit einem *wood finish* in Rotweinfässern namens **DoubleWood**. Andere Versionen sind inzwischen vergriffen: **Cyrils Singlewood** und **Diggers & Ditch** (ein Vatted Malt aus Wilson-Whisky und Malt aus einer ungenannten tasmanischen Brennerei – Nant möglicherweise).

NEWS 1000

Japanischer Blend der ➛Kirin Distillery Co. Die Marke entstand noch während der Zusammenarbeit von Kirin mit dem kanadischen ➛Seagram-Konzern und erinnert in ihrer gefälligen Art deutlich an die leichten ➛Canadian Blends.

NIKKA

Japanischer Hersteller mit Sitz in Tokio, Tochterfirma von Asahi Breweries. Nikka ist mit einem Marktanteil von 20% der zweitgrößte Whisky-Produzent Japans (nach ➛Suntory). Die beiden Brennereien ➛Miyagikyo und ➛Yoichi liefern nach schottischem Vorbild hergestellte Single Malts und Blends, die Grain Whiskys stammen aus Miyagikyo. Nikka-Gründer Masataka Taketsuru (1894–1979) gilt heute als eigentlicher Vater des modernen ➛japanischen Whiskys. Nach seinem Chemiestudium in Glasgow und Lehrzeiten in mehreren Brennereien (darunter ➛Hazelburn und

→Longmorn) kehrte er 1920 nach Japan zurück und heuerte 1923 bei Suntory-Gründer Torii an, um dessen Brennerei →Yamazaki aufzubauen. 1934 machte Taketsuru sich mit dem Bau von Yoichi selbstständig. Anfangs produzierte seine Firma Dai Nippon Kaju Kabushiki Kaisha Apfelsaft und Cider. 1936 ging die erste *pot still* in Betrieb, der erste Nikka Whisky erschien 1940. Seit 1952 firmiert Nikka unter dem heutigen Namen. Kurz darauf beteiligte sich der Bierbrauer Asahi an dem Unternehmen, das nun kräftig expandierte. Mehrere Brennereien wurden eröffnet, von denen heute nur noch Miyagikyo (*1969) Whisky erzeugt. 1989 erwarb Nikka die schottische →Ben Nevis Distillery mit den dazugehörigen Marken →Dew of Ben Nevis und →**Glencoe**. 2001 wurde Nikka komplett von Asahi Breweries übernommen. Neben den Malt Whiskys von Yoichi und Miyagikyo produziert die Firma die Marken →**All Malt**, →**Black Nikka**, →**The Blend of Nikka**, →**Coffey Grain**, →**Coffey Malt**, →**From the Barrel**, →**Gold & Gold**, →**Hi**, →**Hokkaido**, →**Kingsland**, →**Malt Club**, **Mild & Smooth**, →**Pure Malt**, →**Super**, →**Taketsuru** und →**Tsuru**. Wegen der stark gestiegenen Nachfrage in den letzten Jahren wurde das Portfolio des Hauses stark ausgedünnt. So gibt es die Single Malts nur noch ohne Altersangabe und einige Blends wurden ganz aus dem Programm genommen.

NINETY
Blended Canadian von →Highwood, erschienen 2013 als 5- und als 20-Jähriger mit für kanadische Gepflogenheiten ungewöhnlich starken 45 Vol.-%. Nach →**Century Reserve** nun schon der zweite High-End-Whisky der bis dato nicht eben für Klasse bekannten Highwood Distillers.

NOAH'S MILL

Kentucky Straight Bourbon von ➛Kentucky Bourbon. Bis vor einigen Jahren kam dieses würzige Kraftpaket als 15-Jähriger, heute enthält Noah's Mill auch deutlich jüngere Destillate. Der Alkoholgehalt von satten 57,15 Vol.-% ist ihm geblieben.

NOMAD OUTLAND WHISKY

Whisky-Marke, die der spanische Sherry- und Brandy-Produzent Gonzalez Byass 2014 in Zusammenarbeit mit ➛Whyte & Mackays Master Distillers Richard Paterson herausbrachte. Ein von Paterson komponierter Blend reift 6 Jahre in Schottland (davon 3 Jahre in Sherryfässern) und wird anschließend ein weiteres Jahr in Gonzalez Byass' Bodega in Jerez eingelagert. Da er nun nicht mehr als ➛Scotch bezeichnet werden darf, wird Nomad als „Auslands"-Whisky angeboten; die große Innovation, als die er von der Fachpresse bezeichnet wurde, ist er freilich nicht: ➛Michel Couvreur machte bereits vor 30 Jahren nichts anderes.

NORTH BRITISH

Schottische Brennerei in Edinburgh im Besitz von Lothian Distillers, einem Joint Venture der Firmen ➛Diageo und ➛Edrington Group. Mit einer Jahresproduktion von 65 Millionen *lpa* ist North British eine der größten Grain-Brennereien Schottlands. Sie wurde 1885 von ➛Usher und anderen Blending-Firmen gegründet, um gegenüber der mächtigen ➛DCL unabhängig zu bleiben. 1993 wurde North British von Lothian Distillers übernommen, die den Grain für Bestseller-Blends wie ➛**Cutty Sark**, ➛**Famous Grouse**, ➛**J & B** und ➛**Johnnie Walker** verwenden. Von der Brennerei selbst wurde der Grain nur einmal als 40-Jähriger abgefüllt, von den ➛Unabhängigen gibt es ihn regelmäßig, manchmal in noch älteren Versionen.

NORTH PORT

Schottischer Single Malt (Eastern Highlands, Brechin) von ➛Diageo. Ein etwas scharfes Leichtgewicht, das lange nur von ➛Cadenhead und ➛Gordon & MacPhail abgefüllt wurde, in den 1990ern gab es dann einige Versionen in der ➛Rare Malts Selection. Die Brennerei war 1820 eröffnet worden und kam 1922 zur ➛DCL, die sie 1983 einmottete und 1994 größtenteils abreißen ließ.

NORTHERN LIGHT

Blended Canadian der ➛Sazerac Co.

NORTHMAEN

Französische Craft Brewery in La Chapelle-Saint-Ouen, Haute Normandie, die seit 2005 auch drei Single Malts liefert. Normannischen Bauern-Whisky nennen Dominique und Frédérique Camus ihre in einer mobilen Brennblase aus selbst angebauter Gerste destillierten Brände. Die Betonung regionaler Eigenheiten ist ein Wesensmerkmal der weltweiten ➛Craft-Distiller-Bewegung. Northmaens Marken heißen **Thor Boyo** (3 Jahre), **Brut de Fût** (5 Jahre, *single cask, Fassstärke*) und **Sleipnir** (8 Jahre).

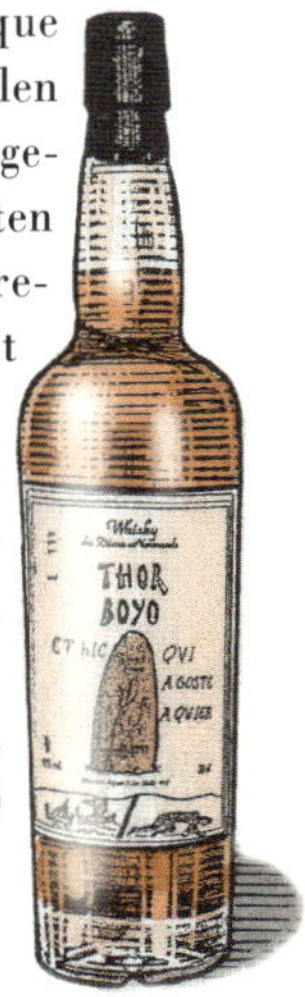

NOTCH
US-Single Malt aus der Triple Eight Distillery auf Nantucket Island, Massachusetts. Die Brennerei entstand im Jahr 2000 als Gemeinschaftsprojekt von Nantucket Vineyard und Cisco Breweries, betrieben von ein paar Ostküsten-Hippies, die in ihrer *Obstbrennblase* unter anderem auch Malzmaische aus der hauseigenen Brauerei verarbeiten. Das Ergebnis nannten sie Notch, weil es zwar Single Malt ist, aber eben „non scotch". In Anlehnung an den Brennereinamen, der wiederum von der Wasserquelle 888 abgeleitet ist, füllen sie den Whiskey mit 888,8 proof (= 44,4 Vol.-%) ab und boten ihre ersten Flaschen am 8. 8. 2008 für 888,– Dollar an. Der Stoff fand allgemein großen Anklang und ist derzeit als 10-Jähriger mit einem *wood finish* in Merlotfässern der Nantucket Winery zu bekommen – für schlappe 250,– $.

NUMBER ONE DRINKS CO.
Britischer Abfüller, gegründet 2005 von David Croll, einem in Tokio ansässigen Whisky-Händler und Marcin Miller, ehemals Chefredakteur des angesehenen „Whisky Magazine". Die beiden importieren japanische Whiskys kleinerer Firmen, die bis dato in Europa nicht erhältlich waren, z. B. Malts aus ➛Hanyu und ➛Karuizawa (➛**Asama**, ➛**Chichibu**).

NYBORG ➛Isle of Fionia

„Wo ist der Bourbon?“
Marilyn Monroe, „Manche mögen's heiß“

OAK CROSS

Schottischer Vatted Malt von ➛Compass Box, zusammengestellt aus Whiskys von ➛**Teaninich**, ➛**Clynelish** und (wahrscheinlich) ➛**Balblair**. Ein Teil der Malts bekam ein *wood finish* in speziell angefertigten Fässern aus amerikanischer und französischer Eiche.

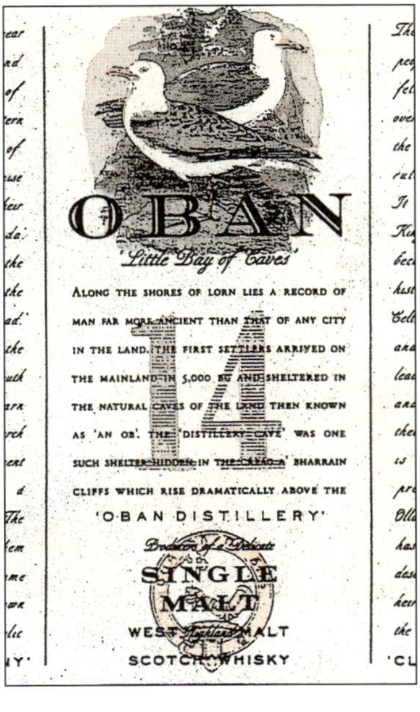

Oak Cross wurde erstmals 2006 als 10-Jähriger angeboten, heute erscheint er ohne Altersangabe.

OBAN

Schottischer Single Malt (Western Highlands, Oban) von ➛Diageo. Ein weiches Mittelgewicht mit rauchigem Charme, zu haben als 14-Jähriger in der Reihe „Six Classic Malts“ und mit *wood finish* im Amontillado-Sherryfass. Die Brennerei wurde 1793 gegründet und kam 1923 zu Scotch Whisky Brands Ltd., einem Unternehmen der Herren ➛Buchanan und ➛Dewar, das zwei Jahre später in der ➛DCL aufging. Mit einer Jahreskapazität von 870 000 *lpa* gehört Oban zu Schottlands kleineren Brennereien.

OCTOMORE

Schottischer Single Malt (Islay) aus der ➛Bruichladdich Distillery von Rémy Cointreau. Der torfigste aller Whiskys erscheint seit 2008 in kleinen Auflagen als jeweils 5-Jähriger in *Fassstärke*. Die erste Version kam mit 140 *ppm* (zum

Vergleich: →**Ardbeg** der reguläre Spitzenreiter unter Schottlands Rauchbomben hat einen Torfgehalt von etwa 50 *ppm* im Malz). Zuletzt kam 2015 die Version **7.2** mit 208 *ppm*, 59,5 Vol.-% und einem *wood finish* in Syrah-Fässern, deutlich weniger schroff als sein Vorgänger **6.3** mit 258 *ppm*. Octomore ist ein typisches Jim-McEwan-Stück: Bruichladdichs allseits beliebter Master Distiller war bis zu seinem Ruhestand ein großer Freund von Experimenten und sah es als Herausforderung an, einen Whisky zu erschaffen, der trotz höchstem Torfeinsatz noch weitere, feinere Aromen entwickelt. Octomore war der Name einer Brennerei, die von 1816–1852 in →Port Charlotte ganz in der Nähe der heutigen Bruichladdich Distillery betrieben wurde.

OFFICER'S CHOICE

Indische Whisky-Marke von Allied Blenders & Distillers (ABD). Mit einem Absatz von 270 Millionen Litern (2014) ist das die erfolgreichste Whisky-Marke weltweit (und die Nr. 3 unter allen Spirituosen). Die 1988 erschienene Standardversion besteht aus indischem Malt und Neutralsprit, **Officer's Choice Blue** aus indischem Grain und schottischem Malt, die De-luxe-Variante **Officer's Choice Black** ist ein echter schottischer Vatted Malt. ABD besitzt gerade mal 5 Abfüllanlagen in Indien und bezieht seine Whiskys von diversen Herstellern. Das Unternehmen gehört Kishore Chhabria, der ebenso wie sein Managing Director Deepak Roy zeitweise für Vijay Mallya tätig war, ehemals Großmogul des indischen Spirituosen-Business und gescheiterter Chef von →United Spirits (Roy hatte bereits den Bestseller →**Bagpiper** entwickelt und →Diageos Einstieg in den indischen Markt eingefädelt). Officer's Choice wird weltweit in 18 Ländern verkauft.

OLD & RARE

Schottisches Label, unter dem die Firma →Hunter Laing *Einzelfassabfüllungen* rarer Single Malts herausgibt, meist mit 46 Vol.-%, mitunter auch in *Fassstärke*.

OLD ADMIRAL
Indischer Whisky von ➛Radico Khaitan; eine Billigmarke, die möglicherweise Spuren von Scotch enthält. Old Admiral gibt es auch im praktischen 50-ml-Plastikbeutel und als Rum.

OLD BALLANTRUAN
Schottischer Single Malt aus der ➛Tomintoul Distillery von ➛Angus Dundee Distillers. Seit 2001 wird hier ein deutlich getorfter Malt gebrannt (55 *ppm*). Derzeit gibt es ihn als 10-Jährigen mit 50 Vol.-%. Er trägt den Namen von Tomintouls Wasserquelle.

OLD BANNOCKBURN
➛Deanston

OLD BARDSTOWN
Kentucky Straight Bourbon von ➛Kentucky Bourbon Distillers. Eine bis in die 1950er-Jahre sehr bekannte Marke; sie kam damals aus dem Hause ➛Willett.

OLD BARRISTER
Blended Scotch, den die ➛Loch Lomond Group für die amerikanische ➛Sazerac Co. produziert.

OLD BLOWHARD
Kentucky Straight Bourbon, 26 Jahre, von ➛Orphan Barrel Whisky Co. (Diageo), erschienen 2014; diese *Einzelfassabfüllung* stammt wahrscheinlich aus der alten ➛Bernheim Distillery, die zu der Zeit, als der Whiskey destilliert wurde, im Besitz von Diageo-Vorläufer UDV war.

OLD BOURBON HOLLOW
Kentucky Straight Bourbon, 50 %, aus der Clermont Distillery von Beam Suntory.

OLD BUCK
Finnischer Single Malt von Panimoravintula Beer Hunter's in Pori, Südwestfinnland. Old Buck erscheint seit 2004 in unregelmäßigen Abständen als *Einzelfassabfüllung*. Hergestellt wird er von Mika Heikkinen, der in seinem Brauhaus seit 2001 eine wirklich kleine ➛Microdistillery betreibt und nur dort ist dieser Whisky erhältlich.

OLD BUSHMILLS

Irische Brennerei in Bushmills, County Antrim (Nordirland), im Besitz von Casa Cuervo. Mit dem angegebenen Gründungsjahr 1608 wäre Old Bushmills die älteste Whisky-Brennerei der Welt. Tatsächlich bezieht sich diese Jahreszahl nur auf die Brennlizenz, die damals für die gesamte Region um die Ortschaft Bushmills erteilt wurde. Die erste Brennerei dieses Namens stammt aus dem Jahre 1784 (und ist somit jünger als beispielsweise ➛Bowmore, ➛Locke's oder ➛Littlemill). Auf deren Gelände wurde 1885 die heutige Brennerei errichtet, nachdem die alte einem Großfeuer zum Opfer gefallen war. Damals wurde die Produktion von traditionellem irischen ➛Pure Pot Still auf zweifach gebrannten Malt Whiskey umgestellt, bei der bis in die 1970er-Jahre auch getorftes Malz zum Einsatz kam. Seit den 1930ern wird hier wieder wie in Irland üblich dreifach destilliert, allerdings weiterhin ausschließlich gemälzte Gerste. Im Zweiten Weltkrieg richteten deutsche Bombenangriffe schwere Schäden bei Old Bushmills an, danach wechselte die Brennerei häufig die Besitzer (auch ➛Seagram war darunter) und kam schließlich 1972 zur Irish Distillers Group (heute ➛Irish Distillers) und damit später zum Getränkekonzern ➛Pernod

Ricard. Die Franzosen gaben Bushmills 2005 an ➛Diageo ab, die die Zahl der Brennblasen auf 10 erhöhten und auch sonst kräftig investierten, um die Marke ➛Bushmills als ernsthaften Herausforderer für Marktführer ➛Jameson zu etablieren. Mit unbefriedigendem Ergebnis scheint es: 2014 gab Diageo die alte „Mühle am Fluss Bush“ (so die wörtliche Übersetzung) im Tausch gegen den Superpremium-Tequila Don Julio an die mexikanische Casa Cuervo ab.

OLD CHARTER

Kentucky Straight Bourbon von ➛Buffalo Trace (Sazerac); solide Mittelklasse mit sehr geringem Roggenanteil und einem überzeugenden Preis-Leistungs-Verhältnis, angeboten mit 8 und 10 Jahren, sowie als **Charter 101** *(nas)*. Die Marke tauchte erstmals 1874 auf, landete nach der Prohibition bei ➛Bernheim und wurde 1999 an Sazerac verkauft.

OLD COMBER

Irischer Single Pot Still Whiskey aus der Old Comber Distillery in Belfast. Nur wenige Flaschen dieser Marke sind heute noch in Umlauf; sie stammen von der nordirischen Weinhandelsfirma James E. McCabe, die 1970 die Restbestände der 1953 geschlossenen Destillerie aufkaufte. Leider entschloss man sich erst Anfang der 80er-Jahre, den Whiskey abzufüllen, der nun zwar die eindrucksvolle Aufschrift „mindestens 30 Jahre alt“ vorweisen kann, dadurch aber nur als Beispiel für einen Whiskey dient, der zu lange im Holz war (➛Alter). Sammlern ist das selbstverständlich egal – ihnen geht es allein um den Besitz, nicht um den Genuss.

OLD CROW

Kentucky Straight Bourbon von ➛Beam Suntory. Ein einfacher Alltags-Bourbon der alten Schule, süß und etwas scharf – muss nicht pur getrunken werden. Die Old Crow Distillery wurde 1872 in Frankfort, Kentucky, eröffnet. Sie trägt den Namen des schottischen Immigranten Dr. James Crow (†1856), seines Zeichens Chemiker, der die *sour-mash*-Methode zwar nicht erfand, sie aber mit wissenschaftlichen Methoden perfektionierte; er arbeitete in der Old Oscar Pepper Distillery (➛James E. Pepper, ➛**Woodford**) und führte heute allgegenwärtige Instrumente wie Saccharo- und Thermometer ins US-Brennwesen ein, um den gesamten Gärvorgang kontrollieren zu können. Im 19. Jahrhundert genoss Old Crow ein hohes Ansehen in den USA. Bis in die 1950er konnte er seine Popularität noch halten, dann begann der Sinkflug der „Alten Krähe“, auch „Dirty Bird“ genannt. Die Brennerei wurde 1987 geschlossen und seither kommt der Whiskey aus dem Hause Beam.

OLD DISPENSARY

Kentucky Straight Corn aus der Brennerei →Barton 1792 (Sazerac Co.). Der Name sagt alles: Ein „dispensary“ ist eine öffentliche Einrichtung zur medizinischen Versorgung von Wohlfahrtsempfängern. Der Whiskey (50 Vol.-%) ist nur in den Südstaaten zu haben.

OLD DUBLIN

Blended Irish Whiskey von →Irish Distillers (Pernod Ricard). Diese kleine Billigmarke erschien 1995, wohl um den Supermarkt-Whiskeys von →Cooley Konkurrenz zu machen. Die auf dem Label als Hersteller angegebene Old Dublin Distillery ist nicht aktenkundig.

OLD EIGHT

Brasilianischer Whisky von →Heublein Do Brasil (Gruppo Campari), ein Verschnitt aus schottischen Malts und einheimischen Grains.

OLD ELGIN

Schottischer Vatted Malt von →Gordon & MacPhail, ausschließlich aus Speyside Malts zusammengestellt. Das Speyside-Städtchen Elgin ist der Sitz des Hauses Gordon & MacPhail.

OLD EZRA

Kentucky Straight Bourbon von →Luxco. Eine 7-jährige Version von →Ezra Brooks mit dem Untertitel „Rare Old Sippin’ Whiskey“. Sippin’ Whiskey ist der traditionelle Superlativ zu „Kitchen“ bzw. „Session“ Whiskey.

OLD FAHR

Deutscher Single Malt aus der Brennerei →Blaue Maus von Robert Fleischmann; wie in diesem Hause üblich eine *Einzelfassabfüllung*.

OLD FETTERCAIRN

→Fettercairn

OLD FITZGERALD

Kentucky Straight Bourbon von →Heaven Hill. Ein anständiger Alltags-Whiskey, den es in einigen einfachen Standardversionen

gibt, außerdem als →Bottled in Bond und als sehr kultivierten 12-Jährigen. Als Geburtsstätte der Marke gilt die historische Old Judge Distillery in Frankfort, Kentucky. Die war angeblich 1870 von John E. Fitzgerald eröffnet worden und belieferte anfangs nur Privatclubs und die großen Schifffahrtslinien, deren Raddampfer den Mississippi und Ohio River befuhren. Erst ab 1889 wurde die Marke einem breiteren Publikum zugänglich gemacht, ab 1904 war sie auch in Europa erfolgreich. Einer anderen Quelle zufolge ist die Brennerei um einiges jünger und gehörte einem gewissen S. C. Herbst, der neben seiner Hauptmarke **Old Judge** auch eine Deluxe-Version abfüllte, die er nach einem seiner Angestellten **John E. Fitzgerald** benannte. Der war durch sein sicheres Gespür auffällig geworden, mit dem er immer nur die besten Fässer im Lagerhaus zu persönlichen Zwecken anzapfte (→**Larceny**). Wie dem auch sei, Old Judge gilt als die erste Brennerei, die regelmäßig Weizen statt Roggen verwendete (→Wheated Whiskey) und

sie gehörte zu den Letzten, die ihren Whiskey in *pot stills* brannten (wie sie noch heute auf dem Etikett zu sehen sind). Nach der →Prohibition wurde Old Fitzgerald von →Stitzel-Weller erworben, deren Chef →Pappy van Winkle der Marke ihre Blütezeit in den 1950er- und 60er-Jahren verschaffte. In den 80ern verlegte der damalige Stitzel-Weller-Inhaber UDV (heute ➛Diageo) die Produktion in die ➛Bernheim Distillery. Von hier stammt die Marke noch heute, nach wie vor mit Weizen statt Roggen gebrannt. Brennerei und Marke gehören seit 1999 zu ➛Heaven Hill.

OLD FORESTER

Kentucky Straight Bourbon aus der Early Times Distillery von ➛Brown-Forman. Der große, alte Name in Kentucky und immer noch ein hervorragender Whisky (schottische Schreibweise) der alten Schule; sehr beliebt in Louisville, Kentucky, und bei Raymond Chandler; in Europa so gut wie nicht zu finden. Old Forester wird mit einem relativ hohen Roggenanteil gebrannt (18 %) und ist daher etwas herber als der Bourbon-Durchschnitt. Neben der Standardversion gibt es einen **Old Forester Signature** und den **Old Forester Birthday Bourbon** mit Jahrgang, alle drei mit sehr überzeugendem Preis-Leistungs-Verhältnis. Mit dem Entstehungsjahr 1872 ist Old Forester die älteste Marke aus dem Hause Brown-Forman, und der erste US-Whiskey, der als Originalabfüllung (also vom Hersteller selbst abgefüllt) verkauft wurde. Das konnte in Zeiten, in denen Zwischenhändler mangels gesetzlicher Vorschriften nach Lust und Laune panschten und verschnitten, gewiss als Qualitätsgarantie gelten. 2014 verkündete Brown-Forman, zwei alte *warehouses* im Zentrum von Louisville in eine neue Brennerei umbauen zu wollen. Sie soll 2016 als Old Fitzgerald Distillery eröffnet werden.

OLD GOLD

Indischer Whisky aus der ➛Sikkim Distillery der LA Harish Aneja Group; zu haben als 7-jähriger Single Malt und als Blend, der in einer dolchförmigen Flasche daherkommt.

OLD GRAND-DAD

Kentucky Straight Bourbon von ➛Beam Suntory. Ein deftiger Billig-Bourbon, zu haben mit 43 und mit 57 Vol.-%. Der „Alte Großva-

ter", nach dem dieser Bourbon benannt ist, hieß Basil Hayden und brannte schon im 18. Jahrhundert Whiskey im Marion County, Kentucky. Seine Nachkommen erbauten 1882 die R.B. Hayden & Co. Distillery, aus der erstmals ein Bourbon unter dem Namen **Old Grand-Dad** kam. Von 1899 bis zur Prohibition stand diese Brennerei unter der Leitung der Familie ➔Wathen. 1940 wurde eine Brennerei in Frankfort auf den Namen Old Grand Dad getauft und dort entstand die Marke, bis sie 1987 zu Beam kam. Die brennen sie heute in einer ihrer Destillerien und zwar nach einer Formel, die, ebenso wie die verwendete Hefekultur, noch aus der Zeit vor der Prohibition stammen soll. Das Rezept enthält vergleichsweise viel Roggen und entspricht in etwa demjenigen, nach dem auch die Marke ➔**Basil Hayden** hergestellt wird.

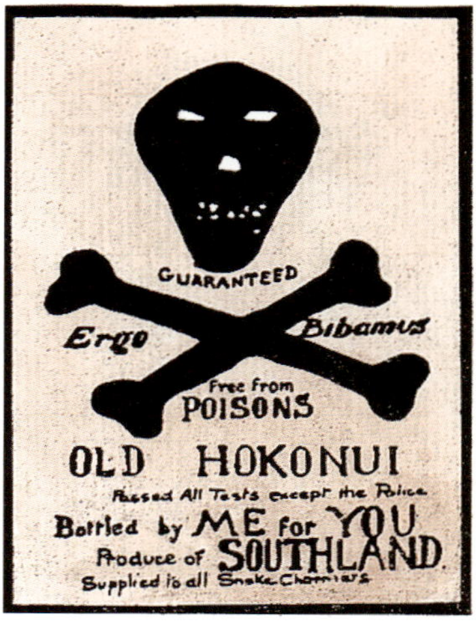

OLD HOKONUI

Neuseeländischer Whisky von ➔Southern Distillers, dessen Etikett kokett schwarzbrennerhaft daherkommt. Die Hokonui-Berge auf Neuseelands Südinsel waren einst die ➔Moonshiner-Hochburg des Landes.

OLD INVERNESS

Blended Scotch von ➔Gordon & MacPhail.

OLD MALT CASK

Schottisches Label, unter dem die Firma ➔Hunter Laing *Einzelfassabfüllungen* rarer Single Malts mit 50 Vol.-% herausgibt. Die OMC-Reihe stammt ursprünglich von ➔Douglas Laing und ist einer der klangvollsten Namen in der Welt der ➔unabhängigen Abfüller.

OLD MAN OF HOY

Schottischer Single Malt von ➔Blackadder; diese deftige 14-jährige *Einzelfassabfüllung* mit offensiven 64 Vol.-% stammt höchstwahrscheinlich von ➔Highland Park, einer der beiden Brennereien auf der Insel Orkney. Dort steht auch die säulenförmige Sandsteinklippe, deren Namen dieser Whisky trägt: The Old Man of Hoy ist mit 137 Metern die höchste derartige Formation in Großbritannien und eine Attraktion für Bergsteiger, Fotografen und stille Betrachter.

OLD MASTERS

Blended Scotch von ➔Lombard, die dieses billige Kitschlabel als speziellen Freimaurer-Whisky anpreisen – da werden die Herren sich aber freuen (➔**Lord Elcho**, ➔**Prince Charlie**).

OLD MONARCH

Blended Scotch von ➔Speyside Distilling (**Harvey's of Edinburgh**). Die Marke kam ursprünglich von Campbell & Clark, einem Blending-Haus, das seit 1989 Teil von Speyside Distillery ist.

OLD MULL

Blended Scotch, den die ➔Whyte & Mackay-Tochter Fraser & Co. herausgibt. Die Marke existiert bereits seit 1880, heute wird sie nur noch auf einigen Regionalmärkten angeboten, z. B. in Südafrika.

OLD OVERHOLT

Straight Rye von ➔Beam Suntory; ein unspektakulärer Whiskey ohne Ecken und Kanten, aber doch mit etwas mehr Ausdruck

als sein Stallgenosse ➔Jim Beam Rye. Die Marke kam ursrpünglich aus Pennsylvania (➔US-Whiskey), wo Abraham Overholt seit etwa 1810 Whiskey brannte. Während der ➔Prohibition gehörte Overholts Destillerie einem Beamten jener Bundesbehörde, die für die Einhaltung des Alkoholverbots zuständig war und selbstverständlich brannte dieser Mr. Andrew Mellon ausschließlich Alkohol zu medizinischen Zwecken. Seit 1987 gehört die Marke zum Beam-Portfolio.

OLD PARR

Blended Scotch, den die ➔Diageo-Tochter Macdonald Greenlees herausgibt (➔**Glendullan**, ➔**Sandy Macdonald**). Ein feiner, geradezu kunstvoller Blend, zu haben als 12-Jähriger **Grand Old Parr**, als 15-Jähriger **Old Parr** und als 18er **Old Parr Superior**. Die Marke existiert seit 1909 und erfreut sich großer Beliebtheit in Lateinamerika und Japan. Dort wird er auch in der Reihe **Old Parr Seasons** angeboten: vier Versionen eines Whiskys, die von Spring über Summer und Autumn bis Winter farblich und geschmacklich immer intensiver werden. Die wichtigsten Malts für diesen Blend kommen von ➛**Aultmore**, ➛**Cragganmore** und ➛**Glendullan**.

OLD PERTH

Schottischer Vatted Malt von ➛Morrison & Mackay, die mit dieser Marke an Perthshires große Whisky-Tradition erinnern wollen. Die Grafschaft in den Highlands beherbergte einst zahlreiche Brennereien (legale und illegale), auch berühmte Blends wie ➛**Bell's**, ➛**Dewar's** und ➛**Famous Grouse** waren hier entstanden, ebenso wie die Marke Old Perth. Sie kam von Peter Thomson, einem Wein- und Spirituosenhändler, der seit 1908 eigene Blends entwickelte und in den 1950ern mit seinen Beneagles-Motivkaraffen einen Hit landete: mit Whisky befüllte Keramikfiguren waren damals in Schottland und den USA eine beliebte Hausbar-Dekoration. Thomsons Old Perth verschwand in 1970ern von der Bildfläche und wurde nun 2013 von Morrison & Mackay wiederbelebt – selbstverständlich sitzt auch dieses Unternehmen in Perthshire.

OLD POGUE

Kentucky Straight Bourbon, den ➛Kentucky Bourbon Distillers

seit 2004 für die Familie Pogue abfüllt. Dynastiegründer H.E. Pogue betrieb von 1876 bis 1890 die Old Time Distillery in Maysville, Kentucky, seine Nachkommen überstanden die Prohibition mit der Herstellung von medizinischem Alkohol, bis sie 1935 aufgaben. Erst 2004 ließ die Familie das Label wieder aufleben, damit – so Jack Pogue, ein Autoreifenhändler in Campbellsville, Kentucky –, „wir einen Grund haben, uns öfter als nur Weihnachten und Thanksgiving zu treffen". Aus dem Spaß wurde Ernst: 2012 eröffnete die Familie eine schmucke, kleine Brennerei in Maysville, wo sie die Marken ➔**Five Fathers** und ➔**Limestone Landing** produzieren.

OLD POTRERO

US-Whiskey von Anchor Distilling, San Francisco. Ein exzentrischer Kraftmeier aus reinem Roggenmalz, zu haben als **Old Potrero 18th Century Rye**, der keine 2 Jahre in nicht ausgebrannten Fässern lagert, und als 3-jähriger **Old Potrero Single Malt Straight Whiskey** aus regulär angekohlten Fässern; den großartigen 11- bzw. 16-jährigen **Old Potrero Hotaling's** findet man vielleicht noch auf Auktionen. Mit Old Potrero begann ein neues Zeitalter des amerikanischen Whiskeys. Fritz Maytag hatte mit seinem Anchor Steam Beer bereits den weltweiten, mittlerweile sogar in Bayern angekommenen Craft-Beer-Trend ausgelöst, als er 1993 zwei kleine *pot still*-artige Brennblasen in seiner Brauerei installierte. Mit dem Ziel, Whiskeys im Stil der alten amerikanischen Siedler zu brennen, ignorierte er gängige Herstellungsmethoden und Geschmacksmuster und wurde damit zum Vorreiter der heute viel beachteten ➔Micro- und ➔Craft-Distiller-Bewegung. Maytag setzte sich 2010 zur Ruhe und überließ Anchor Distilling einem neuen Management, das die beiden Old Potreros nun auch international vermarktet. Seit 2008 besitzt Anchor Distilling auch die Marke ➔Hirsch.

OLD PULTENEY

Schottischer Single Malt (Northern Highlands, Wick) aus der Pulteney Distillery von →Inver House Distillers (ThaiBev). Ein frisches, trockenes Weltergewicht, durchzogen von einer feinen Nordseebrise. Angeboten ohne Altersangabe und in mehreren Altersstufen von 12 bis 40 Jahren. Die Brennerei wurde 1826 gegründet und ist neben →Glen Grant die Einzige in Schottland, die nach einer Person benannt wurde: Sir William Pulteney (1729–1805), seinerzeit einer der reichsten Männer des Landes, hatte den Bau des Hafenstädtchens Pultneytown bei Wick veranlasst, das sich im 19. Jahrhundert zu einem der bedeutendsten Fischereihäfen Europas entwickelte. Nach einer Zeit im Besitz der →DCL kam die Brennerei 1955 zu →Hiram Walker & Sons, die den Malt für ihren →**Ballantine's**-Blend verwerteten. Bis 1997 gab es Old Pulteney nur von →unabhängigen Abfüllern, erst seit Inver House hier die Regie übernommen hat, wird er auch offiziell als Single herausgegeben.

OLD RAVEN

Österreichischer Single Malt aus der gleichnamigen Brennerei in Neustift an der Lafnitz, Burgenland. Ein dreifach destillierter Whisky, der erstmals 2009 abgefüllt wurde. Die Brennerei ist seit 2004 Teil der Brauerei Rabenbräu von Andreas Schmidt.

OLD RIP VAN WINKLE DISTILLERY

Amerikanisches Familienunternehmen in Frankfort, Kentucky. Die Van Winkles besitzen zwar keine eigene Brennerei mehr, sind aber noch immer für einige der besten amerikanischen Whiskeys verantwortlich: neben der kultivierten 10-jährigen Hausmarke Old Rip Van Winkle gibt es zwei Whiskeys unter dem Label ➛**Van Winkle** und natürlich den großen alten ➛**Pappy Van Winkle**, den wohl begehrtesten Bourbon unserer Zeit. Er trägt den Namen des Dynastiegründers Julian „Pappy" Van Winkle (1874–1965). Der betrieb zeitweise die Brennerei ➛Old Fitzgerald und war Mitbegründer der legendären ➛Stitzel-Weller Distillery. Sein Sohn Julian II. sah sich 1972 gezwungen, die Brennerei zu verkaufen. Nur die Marken **Old Commonwealth** und **Old Rip Van Winkle** waren ihm geblieben und die füllte er mit zugekauften Whiskeys anderer Brennereien ab. Sie kamen größtenteils von Stitzel-Weller, nach der Schließung dieser Brennerei im Jahre 1992 dann von ➛Bernheim. Julian III. gründete 2002 die Firma Old Rip Van Winkle Distillery, ein Joint Vventure mit der ➛Buffalo Trace Distillery. Dort werden seither alle Van Winkle Whiskeys nach dem alten Familienrezept hergestellt, dessen *mashbill* Weizen statt Roggen enthält (➛Wheated Whisky, ➛**Cabin Still**, ➛**Rebel Yell**.).

OLD ROCZEK

Deutscher Whisky aus der gleichnamigen Brennerei in Wiesbaden. Ein Verschnitt aus schottischem Malt und hessischem Grain, als Marke nur von regionaler Bedeutung. Als die von Wilhelm Roczek gegründete Destillerie noch in Breslau stand, war Weinbrand das Hauptprodukt; nach dem Krieg ging die Familie in den Westen, wo Wilhelms Sohn Carlos heute neben der Brennerei und der angeschlossenen Gaststätte „Destille“ den größten Getränkemarkt Hessens führt. Dort bekommt man das ganze Roczek-Sortiment, zu dem außer Whisky auch so schöne Sachen wie ein Gummibärchen-Likör gehören.

OLD ROSDHU

Schottischer Single Malt aus der ➛Loch Lomond Distillery (Loch Lomond Group). Ein duftiges Leichtgewicht, das Michael Jackson einmal für den Genuss in Bad oder Sauna empfahl. Der 5-Jährige war einer der beiden Malts, die die Brennerei in ihren Anfangsjahren als Single herausgab, derzeit wird er nicht abgefüllt.

OLD SMUGGLER

Blended Scotch der ➛Gruppo Campari. Eine eher simpler Scotch, der vorwiegend in Argentinien, Belgien und den USA verkauft wird. Die Marke war 1835 von den Gebrüdern Stodart entwickelt worden, damals noch als Vatted Malt. Zum Blend mutiert wurde sie 1920 von James „Jimmy“ Barclay erworben, der bereits Teilhaber bei ➛**Ballantine's** war. Barclay (1886–1963), der als Laufbursche in ➛Benrinnes angefangen hatte, stand mit diesem Einkauf erst am Beginn einer interessanten Karriere: Mit Ballantine's und Old Smuggler nahm er die Chancen wahr, die sich einem talentierten Schnapshändler während der amerikanischen Prohibition boten. Er knüpfte erste Kontakte zu einem anderen kanadischen Prohibitionsgewinnler, der

Firma →Hiram Walker, der er Anfang 1936 Stodart und Ballantine's verkaufte. Gleichzeitig wurde er Direktor der schottischen Niederlassung dieses Konzerns. Bald darauf wechselte er die Fronten und vermittelte →Seagram, Hiram Walkers größtem Konkurrenten in Kanada, den Kauf der Firma →Chivas (→**Strathisla**). Später brachte Barclay es noch zum Chef von →McClelland und zum angesehenen Mitglied des britischen Spirituosen-Establishements.

OLD SPENCER

Blended Scotch von →Eaglesome (J. & A. Mitchell).

OLD ST. ANDREWS

Blended Scotch von Old St. Andrews Ltd., Kent. Die Marke wurde 1970 für den Exportmarkt kreiert; ihre Aufmachung – golfballförmige Flaschen und 2,25-l-Flaschen im Miniatur-Leder-Golfsack auf Miniatur-Trolley – verhalf ihr zu einem durchschlagenden Erfolg im golfverrückten Japan. Dort sitzen auch die Eigentümer der Destillerie →Tomatin, deren Malt eine wichtige Rolle in den Old-St.-Andrews-Whiskys spielt: im **Clubhouse Blend** und in den drei Vatted-Malt-Varianten unterschiedlichen Alters: **Twilight**, **Fireside** und **Nightcap** (→Royal & Ancient).

OLD TAVERN

Indischer Whisky von →United Spirits (Diageo); diese simple Mischung aus obskuren indischen Destillaten ist eine der 10 weltweit erfolgreichsten Whisky-Marken.

OLD THOMPSON

Blended American von →Glenmore (Sazerac Co.), benannt nach James Thompson, dem Gründer des Hauses Glenmore.

OLD VIRGINIA

Kentucky Straight Bourbon, den sich der französischen Konzern →La Martiniquaise von einem der großen *Contract Distiller* in den USA herstellen lässt.

OLD WHISKEY RIVER

Kentucky Straight Bourbon, den ➔Heaven Hill für Drinks Americas Holdings herstellt, ein Unternehmen, das auf die Vermarktung von mit sogenannten Celebrities assoziierten Getränken spezialisiert ist. In diesem Fall geht es um den Countrysänger Willie Nelson, dessen Song „Old Whiskey River“ der Marke ihren Namen gab. Jede Flasche trägt ein von Nelson signiertes Plektron um den Hals – erstaunlich, dass nicht schon früher jemand auf die Idee kam, Countrymusic als Zugpferd fürs Bourbon-Marketing einzusetzen.

OLD WILLIAMSBURG

Kentucky Straight Bourbon, den ➔Heaven Hill für die Royal Wine Corporation, New Jersey, abfüllt. Ein simpler Alltags-Whiskey und neben ➔**Koval** der einzige als ➔koscher zertifizierte Bourbon. Williamsburg ist ein Stadtviertel von Brooklyn mit einer großen jüdischen Gemeinde. Dass auf dem Label nicht die Williamsburg Bridge abgebildet ist, die das Viertel mit Manhattan verbindet, sondern die ältere Brooklyn Bridge, soll wohl an alte Zeiten erinnern, die Marke existiert allerdings erst seit 1994.

The ONE

Britischer Vatted Malt von der Lakes Distillery, einem 2014 eröffneten Betrieb im schönen Lake District, England. Bis der erste eigene Whisky abgefüllt werden kann (geplant 2017), soll The One etwas Geld in die Kasse spülen, eine Kombination mehrerer, nicht beim Namen genannter Whiskys von den Britischen Inseln (dazu gehört geografisch auch Irland). Die von Paul Currie, einem Mitbegründer von ➔Arran, geführte Brennerei verfügt über zwei *stills* mit einer Kapazität von 300 000 Litern Alkohol pro Jahr. Eine zusätzliche Brennblase liefert Gin und Wodka. Brennmeister Chris Anderson war früher für ➔Dewar's zuständig.

OOTORI

Japanischer Blend von ➔Mercian (Kirin), der 2010 in Europa erschien. Die Malts dieses 15-Jährigen stammten aus ➔Karuizawa, die Grains lassen sich nicht zuordnen. Wie alles, was mit Karuizawa in Verbindung gebracht werden kann, ist auch dieser Whisky, wenn überhaupt, nur zu Fantasiepreisen zu bekommen.

ORBIS AGED WORLD WHISKEY

Ein ➛Internationaler Whisky, dessen Komponenten aus Schottland, Irland, den USA, Kanada und Japan stammen, abgefüllt 2011 von der kalifornischen St. James Distillery (➛**Peregrine Rock**).

ORIGINAL CHOICE

Indischer Whisky von ➛John Distillers; dieser Blend aus Zuckerrohrschnaps und hauseigenen Malts erschien 1996 und gehört heute zu den 10 meistverkauften Whiskys weltweit. Die Marke existiert auch als Brandy und als Rum.

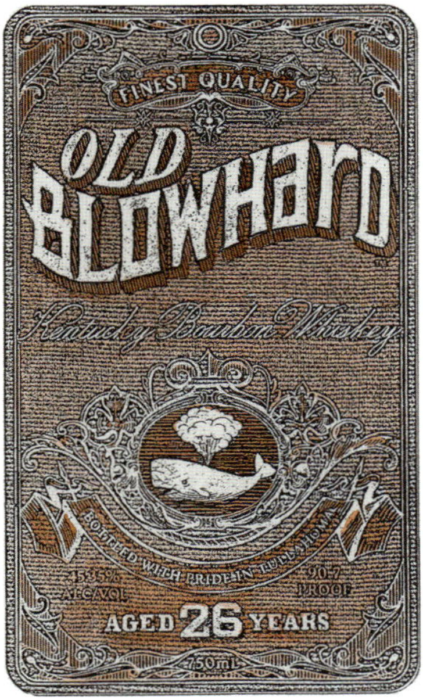

ORPHAN BARREL WHISKEY Co.

Unter diesem Namen werden in der ➛George Dickel Distillery von ➛Diageo Einzelfässer alter Bourbons aus den Restbeständen ehemals in Diageo-Besitz befindlicher US-Brennereien abgefüllt. Bisher erschienen ➛**Old Blowhard**, ➛**Barterhouse**, ➛**Rhetoric**, ➛**Forged Oak**, ➛**Lost Prophet** (Diageo ist sich offensichtlich zu fein dafür, die tatsächlichen Namen der Brennereien zu nennen, um nicht etwa PR für deren aktuelle Besitzer zu machen). Ähnliches gab es Mitte der 1990er-Jahre in der Rare Bourbon Collection von Diageo-Vorgänger United Distillers (der damals auch die →Rare Malts Selection begonnen hatte): Dort waren unter den Labels **Henry Clay** und **Joseph Finch** jeweils einige Fässer aus ungenannten Brennereien abgefüllt worden, die United Distillers bei ihrer Großeinkaufstour in Kentucky zugefallen waren (→DCL).

OUROBOROS

US-Single Malt von →Lost Spirits. Eine →Einzelfassabfüllung eines mit 80 *ppm* extrem stark getorften Whiskeys, gereift in ungarischen Süßweinfässern, abgefüllt in *Fassstärke*, ohne Altersangabe.

OVEREEM

Australischer Whisky aus der Old Hobart Distillery (Lark Distillery Pty Ltd.) in Blackmans Bay, Tasmanien; die Brennerei wurde 2007 von Casey Overeem mit tätiger Unterstützung von Bill Lark (→Lark) eröffnet. Aus dessen Destillerie stammt auch die leicht getorfte Maische, zubereitet nach Overeems Maßgaben und mit dessen eigener Hefe. Der Whisky wird zweifach gebrannt und reift in Ex-Bourbon- und Süßweinfässern. Die ersten Abfüllungen erschienen 2011. Drei Jahre später übernahm Lark Distillery Pty Ltd. Old Hobart.

OWEN

Deutscher Whisky aus der Brennerei Berghof Rabel in Owen-Teck, Baden-Württemberg, zu haben als Single Grain aus Weizen und Gerstenmalz sowie als **Albdinkel Whisky**, der ebenfalls ein Single Grain ist und aus Bio-Dinkel gebrannt wird. Beide reifen in neuen Eichenfässern und werden ohne Altersangabe abgefüllt. Von Hause aus Obstbrenner, versuchen sich die Rabels bereits seit 1990 im Whisky-Geschäft.

P

„If you drink,
don't drive. Don't even Putt."
Dean Martin

P & M

Französischer Whisky aus der Brennerei Mavela in Aléria, Korsika, von Pietra & Mavela. Abgefüllt werden zwei reichlich fruchtige Blends und ein Single Malt, dessen Eukalyptusaroma den Duft der korsischen Macchia ins Glas bringt. Die 1991 von der Familie Venturini eröffnete Brennerei produziert in erster Linie Obstbrände, seit 2001 wird hier auch Whisky gebrannt. Die mit Kastanienmehl versetzte *wash* stammt aus der Pietra-Brauerei des Miteigentümers Dominique Sialelli, der Whisky reift in Fässern, die vorher Muscat-Süßweine der Appelation Cap Corse enthielten. (Aus diesen Weinen produziert Mavela auch die lokale Aperitif-Spezialität Cap Corse Mattei).

PADDY

Blended Irish aus der ➛Midleton Distillery von ➛Irish Distillers (Pernod Ricard). Ein leichter und einfacher, in seiner Heimat schon seit Langem sehr beliebter Blend (in Deutschland derzeit die Nr. 3 unter den Irish Whiskeys). Er kam ursprünglich unter dem etwas trockenen Namen **Cork Distilleries Co. Old Irish Whisky** auf den Markt (damals schrieben nur Dubliner Brenner ihre Whiskeys mit e), 1913 wurde er nach Paddy O'Flaherty benannt, dem erfolgreichsten Handelsvertreter der 1867 gegründeten Firma. Er war durch seine Großzügigkeit derart beliebt geworden, dass die Marke bald nur noch als **„Paddy O'Flaherty's Whiskey"** bestellt wurde (Paddy ist eine Kose-

form für Patrick und daher auch eine liebevolle Bezeichnung für den Iren an sich). Zum 100. Geburtstag der Marke erschien 2013 eine 7-jährige ➛Single-Pot-Still-Version.

PAPPY VAN WINKLE'S FAMILY RESERVE
Kentucky Straight Bourbon, der bei ➛Buffalo Trace für das Familienunternehmen ➛Old Rip Van Winkle produziert wird. Einer der großen Namen in der Welt des Whiskeys, sowohl was den Namenspatron Julian „Pappy" Van Winkle (†1965) angeht, den Gründer der ➛Stitzel-Weller Distillery, als auch den Bourbon selbst, der schon wegen seines ungewöhnlich hohen Alters eine Rarität ist. Abgefüllt wird er mit 10, 15 und 23 Jahren. Letzterer enthielt bis 2014 zumindest teilweise noch Destillate von Stitzel-Weller (geschlossen 1991). Seine *mashbill* enthält, wie bei allen Van Winkle Whiskeys, Weizen anstelle von Roggen (➛Wheated Whisky). Cognoscenti in aller Welt gilt der Pappy als Krone der Bourbon-Schöpfung, für die viele liebend gerne einen vierstelligen Betrag hinlegen würden, wenn sie nur wüssten, wann und wo er mal wieder auftaucht.

PARKER'S HERITAGE COLLECTION
US-Whiskey-Reihe von ➛Heaven Hill. Seit 2007 erscheint hier jährlich eine streng limitierte Sonderabfüllung unterschiedlicher Whiskeys: *Single Cask*-Bourbon, Bourbon mit Cognac-*wood finish*, Mischungen aus Whiskeys mit unterschiedlichen *mashbills* etc. 2014 gab es eine 13-jährige Version von Heaven Hills ➛**Bernheim Original**, für 2015 ist ein 8-jähriger **Kentucky Straight Malt Whiskey** mit einer *mashbill* aus 65 % Gerstenmalz und 35 % Mais angekündigt. Mit dieser hochklassigen Reihe konnte sich Heaven Hill selbst bei den anspruchsvollsten Bourbon-

Liebhabern einen guten Namen machen. Die Whiskeys sind meist kurz nach dem Erscheinen vergriffen, ältere Ausgaben erzielen zum Teil aberwitzige Sammlerpreise. **Parker's Heritage Collection** ist nach Master Distiller Parker Beam benannte, der in dritter Generation für Heaven Hills Whiskeys und auch für die Auswahl dieser Reihe verantwortlich ist. Seit bei ihm eine ALS-Erkrankung diagnostiziert wurde, gehen 20 $ pro verkaufter Flasche an eine Forschungseinrichtung zur Bekämpfung dieser tückischen Krankheit.

PARKERS
Blended Scotch von ➛Angus Dundee

PASSPORT
Blended Scotch von ➛Chivas Bros. (Pernod Ricard). Ein simpler Standard-Blend, der vor noch nicht allzu langer Zeit weltweit zu den Top 10 Scotches gehörte. Nach herben Rückschlägen auf den launischen Märkten Asiens ist er heute vorwiegend in Lateinamerika präsent, insbesondere in Brasilien. Die Marke kam ursprünglich aus dem Hause ➛Seagram, das sie seinerzeit in den USA groß herausgebracht hatte.

PAUL JOHN
Indischer Single Malt von ➛John Distilleries. Einer der wenigen indischen Single Malts, die auch westlichen Standards entsprechen, erstmals erschienen 2012 als Einzelfassabfüllung *(cask strength, nas)*. Mittlerweile gibt es auch eine getorfte Paul-John-Version und mit **Paul John Edited** eine Mischung aus getorftem und ungetorftem Malt *(nas)*. Der Whisky wird in John Distilleries Brennerei in Goa hergestellt, das Malz stammt aus Indien, der Torf aus Schottland, gebrannt wird in zwei *pot stills*, gelagert in Ex- Bourbon- und Sherryfässsern. Paul John ist auch in Europa erhältlich und verkauft sich vorwiegend im UK und in Skandinavien.

PAUL JONES
Blended American von ➛Heaven Hill. Bis in die 1950er-Jahre war das eine große Bourbon-Marke. Damals kam sie aus der Old Pren-

tice Distillery, die heute unter dem Namen Four Roses Distillery bekannt ist. Marke und Brennerei gehörten seinerzeit dem kanadischen Konzern ➛Seagram, der Paul Jones in den 1980ern an Heaven Hill abgab. Die Marke trägt den Namen jenes Whiskey-Händlers, dem die Entstehung der Marke ➛**Four Roses** zu verdanken ist.

PEARSE LYONS RESERVE

US-Single Malt von ➛Alltech Brewing and Distilling, Lexington, Kentucky. Der erste Single Malt, der in Kentucky seit Beginn der ➛Prohibition gebrannt wurde, erschien 2010 als 2-Jähriger und trägt den Namen des Alltech-Gründers P. Lyons.

The PEAT MONSTER

Schottischer Vatted Malt *(nas)* von ➛Compass Box. Wie der Name vermuten lässt, ein recht rauchiger Whisky, aber doch eher gefällig als monströs. Peat Monster wurde erstmals 2014 abgefüllt (damals mit 10 und 15 Jahren) und gehört heute zu den Dauerbrennern von Compass Box.

PEAT'S BEAST

Schottischer Single Malt von ➛Fox Fitzgerald. Eine stark getorfte Handelsmarke aus einer ungenannten Brennerei, erstmals abgefüllt 2010.

PEMBERTON

Kanadische ➛Craft Distillery in Pemberton, British Columbia, gegründet 2009 von den Gebrüdern Schramm. Verarbeitet wird organisch zertifizierte Gerste, gebrannt in einer deutschen *Obstbrennblase*, gereift in Ex-Bourbonfässern. Bisher gab es nur einige Probeabfüllungen, der erste reguläre Single Malt soll Ende 2015 erscheinen.

PENDERYN

Walisischer Single Malt aus der gleichnamigen Brennerei der Welsh Whisky Company. Der erste und bisher einzige Single Malt aus Wales wird in mehreren Versionen angeboten: Die Standard-Range besteht aus **Penderyn Madeira, Penderyn Sherrywood** und **Penderyn Peated** (alle *nas, ncf*). Letzterer erhält seine dezenten Rauchnoten nicht durch die Verwendung von Torf bei der Malzzubereitung sondern dadurch, dass er in Fässern reift, die vorher ➔**Laphroaig** enthielten.

Auch sonst gibt man sich hier unkonventionell: Die *wash* wird nicht, wie in Schottland vorgeschrieben, in der Brennerei selbst produziert, sondern stammt aus einer nahe gelegenen Brauerei. Gebrannt wird in einem einzigen Durchgang in *pot stills*, an die je zwei *column stills* angeschlossen sind (Kapazität: 300 000 *lpa*). Seit 2012 erscheint die auf 50 Ausgaben angelegte Reihe **Icons of Wales**, die bedeutenden Personen und Ereignissen der walisischen Geschichte gewidmet ist. Den Anfang machte **Penderyn Red Flag**, der an einen Arbeiteraufstand in Südwales erinnern soll, bei dem erstmals in der Geschichte der Arbeiterbewegung rote Fahnen mitgeführt wurden (1831). Auch **Dylan Thomas** war eine Ausgabe gewidmet, dem großen walisischen Dichter und Säufer, der im Alter von 39 Jahren starb, nachdem er 18 Gläser Whisky gekippt hatte.

PENDLETON

Canadian Blend von ➔Hood River Distillers. Einer der zahlreichen Canadians, die nur für den US-Markt abgefüllt werden. Die Brennerei bleibt ungenannt. Die Marke trägt den Namen eines berühmten Rodeo-Wettbewerbs, der jährlich in Pendleton, Oregon, stattfindet – Cowboy-Whisky.

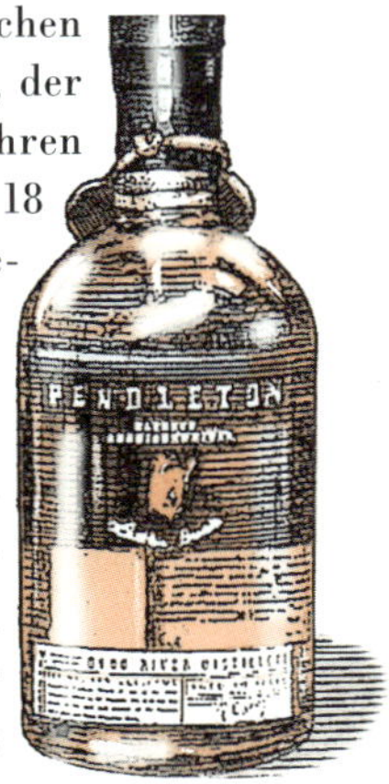

PENNYPACKER

Kentucky Straight Bourbon, den ➔Heaven Hill für das Hamburger Handelshaus Borco abfüllt (➔**Glenkenny**). Die Marke ist neuerdings auch in den USA erhältlich.

PEREGRINE ROCK

US-Single Malt von Saint James Spirits, Irwindale, Kaliforniern von Jim Busuttil. Der zweite Single Malt aus den USA nach →McCarthy's, und wie dieser aus getorftem schottischen Gerstenmalz hergestellt, ist seit 1999 auf dem Markt. Destilliert in einer deutschen *Obstbrennblase*, gereift in Fässern aus französischer Eiche. Der ausgebildete Chemiker Busuttil, seit 1995 in Sachen Spirituosen unterwegs, produziert vorwiegend Fruchtbrände, außerdem Rum und Grappa. Nebenbei züchtet der Sohn eines eingewanderten Malteser Weinbauern Wanderfalken (engl. peregrine falcons).

PERNOD RICARD

Französischer Hersteller mit Sitz in Paris, seit einigen Jahren der zweitgrößte Spirituosenkonzern der Welt (nach →Diageo). Durch seine Tochterfirma →Chivas Brothers kontrolliert er einen wesentlichen Teil des internationalen Scotch-Geschäfts. Dazu gehören Bestseller wie →**Ballantine's** und →**Chivas Regal**, 14 Malt-Brennereien: **Aberlour, Allt-à-Bhainne, Braeval, Dalmunach, Glenallachie, Glenburgie, Glen Keith, Glenlivet, Glentauchers, Longmorn, Miltonduff, Scapa, Strathisla, Tormore** sowie die Grain-Destillerie **Strathclyde**. Mit →Irish Distillers besitzt Pernod Ricard nahezu sämtliche Irish-Whiskey-Marken von Rang, allen voran den einsamen Spitzenreiter →**Jameson**. In Kanada sind die Franzosen mit den Marken von →**Corby** und →**Hiram Walker** gut aufgestellt. Im boomenden Indien besitzen sie Topseller wie →**Blender's Pride**, →**Imperial Blue** und →**Royal Stag**. Zum Pernod-Ricard-Imperium gehören außerdem Weltmarken wie Absolut Wodka, Beefeater Gin, Martell Cognac und die internationalen Vertriebsrechte von Havana Club, ferner die Champagnermarken Mumm und Perrier-Jouët. Der Konzern entstand 1974/75 durch die Fusion der Pastis-Produzenten Ricard und Pernod. Letzterer war in Schottland bereits durch den Besitz der Brennerei **Aberlour** und der Marke ➛**Clan Campbell** präsent. 1987 sicherte sich der Konzern durch die Übernahme der Irish Distillers Group (heute: Irish Distillers) für einige Jahre das Monopol auf dem Irish-Whiskey-Markt. Mit dem Erwerb wesentlicher Teile des aufgelösten Seagram-Konzerns stieg Pernod Ricard 2001 zur Nummer 3 im Scotch-Business auf und sicherte sich den Zugang zum indischen Markt. Vier Jahre später holten die Franzosen dann zum ganz großen Schlag aus und schnappten sich den Löwenanteil von Allied Domecq, dem bisherigen Zweiten im internationalen Spirituosengeschäft.

PETER DAWSON

Blended Scotch von ➛Diageo. Die Marke war in den 1920er-Jahren ein Bestseller und wird heute vor allem nach Lateinamerika exportiert. Das Blending-House Dawson entstand 1882 in Glasgow und besaß einige Destillerien. 1925 wurde die Firma Teil der ➛DCL, für die sie bis 1982 ➛**Glen Ord** führte.

PETER SCOT

Indischer Whisky von ➛Khoday. Auf dem Etikett steht „Malt Whisky", aber auch „Blended with the choicest Whiskies". Der Geschmack dieses Whiskys sowie die Tatsache, daß Khoday große Zuckerrohrplantagen kontrolliert und außerdem als Hersteller von Malzextrakt tätig ist, deuten allerdings in eine andere Richtung – bezüglich der klassischen Whisky-Terminologie vertritt man in Indien ohnehin eine eher lässige Auffassung (➛Indischer Whisky). Peter Scot ist seit 1974 als Marke registriert und damit eines der ältesten Whisky-Labels des Landes. Seine Popularität hat seit Ende der 1990er-Jahre etwas gelitten, den Prozess, den die ➛SWA wegen des an echten Scotch erinnernden Namen angestrengt hatte, konnte Khodays aber 2008 für sich entscheiden.

PHILADELPHIA

Blended American von ➛Heaven Hill

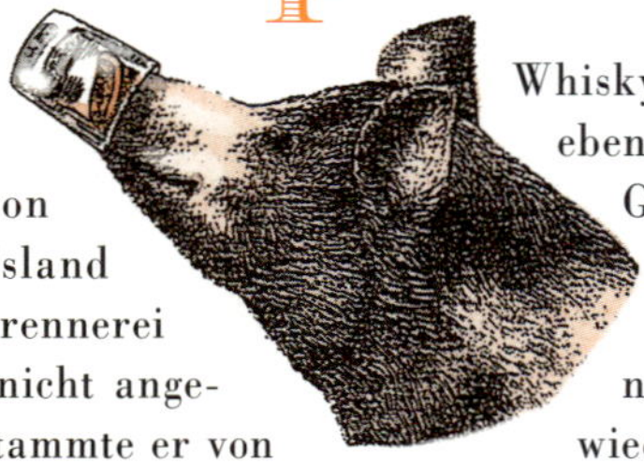

The PIBROCH
Schottischer Single Malt (Islay) von ➛Highland & Island Whisky Co. Die Brennerei wird vom Abfüller nicht angegeben, vermutlich stammte er von ➛Coal Ila. Die preisgünstige Marke wird nicht mehr produziert.

PIG'S NOSE
Blended Scotch, den ➛Invergordon Distillers für ➛Spencerfield Spirits herstellen. Weich wie eine Schweineschnauze ist dieser Whisky laut Marketingabteilung, die ihre Kundschaft wohl vorwiegend im ländlichen Bereich sucht. Ursprünglich war Pig's Nose eine Sonderabfüllung für eine Kneipe in Oldbury bei Bristol, seit 2006 gehört sie Spencerfield Spirits.

PIKE CREEK
Canadian Whisky von ➛Corby hergestellt bei ➛Hiram Walker & Sons (Pernod Ricard): ein eleganter 10-Jähriger, zweifach in kleinen Kupfersäulen destilliert, gereift in frischen Fässern mit anschließendem *wood finish* in Jahrgangs-Portweinfässern. Die Marke erschien 1998 in Corbys Reihe „Canadian Whisky Guild" und wurde ebenso wie die Guild-Genossen **Gooderham & Worts** und ➛**Lot N°40** nach einigen Jahren wieder vom Markt genommen. Seit 2012 gibt es ihn wieder – Master Distiller Dr. Don Livermore sei Dank.

PIKESVILLE
Straight Rye von ➛Heaven Hill. Bis vor Kurzem war das eine einfache kleine Regionalmarke, die fast ausschließlich in ihrer alten Heimat Maryland verkauft wurde. Angesichts der aktuellen Rye-Renaissance wagte Heaven Hill einen Relaunch und bietet den Whiskey nun als 6-Jährigen im Retrodesign an. Stilistisch soll er an die milden Whiskeys erinnern, für die Maryland früher bekannt war und wird daher mit einer speziellen *mashbill* von nur 51 % Roggen, 39 % Mais und 10 % Gerstenmalz hergestellt. Die Marke exi-

stiert seit 1895. Nach der Prohibiton kam sie aus der Monumental Distillery in Baltimore, die ihren Betrieb 1972 einstellte. Die Vorräte reichten noch für weitere 10 Jahre, doch dann verschwand auch der letzte Rye aus der einstigen Whiskey-Hochburg Maryland (➔US-Whiskey). Seit 1982 wird die Marke von Heaven Hill in Kentucky produziert.

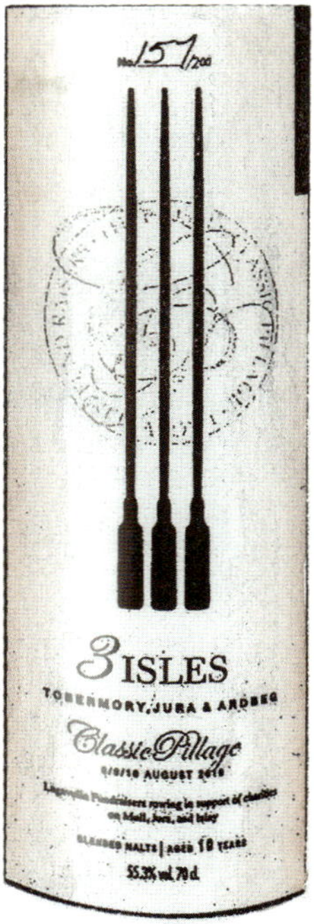

The PILLAGED MALT
Schottischer Vatted Malt, erstmals abgefüllt 2003; damals spendierten die Islay-Brennereien ➔**Ardbeg**, ➔**Bowmore**, ➔**Bruichladdich**, ➔**Bunnahabhain**, ➔**Caol Ila**, ➔**Lagavulin** und ➔**Laphroaig** jeweils 25 Liter 10-Jährigen zu wohltätigen Zwecken; das Ergebnis waren 243 Flaschen, die für insgesamt £ 25 000 versteigert wurden; für die Wiederholung dieser Aktion im Jahre 2005 machten die Brennereien jeweils 40 Liter 12-Jährigen locker und diesmal trugen auch ➔**Jura** und ➔**Bushmills** etwas bei; die resultierenden 500 Flaschen gingen etwas günstiger weg, brachten aber immerhin noch £ 40 000.

PINE BARRENS
US-Single Malt von ➔Long Island Spirits. Der erste Whiskey aus Richard Stabiles ➔Craft Distillery erschien 2012. Er wird aus flaschenfertigem Bier destilliert und lagert nicht länger als 20 Monate in kleinen Fässern aus amerikanischer Eiche.

PIPER'S CLAN
Blended Scotch, den ➔Angus Dundee von Mayell & Fraser in Rangpo, Sikkim, für den indischen Markt abfüllen lässt (➔**Castle Pride**).

PITTYVAICH
Schottischer Single Malt (Speyside, Dufftown) von ➔Diageo. Ein delikates Weltergewicht, das offiziell nur als 12-Jähriger in der Reihe ➔Flora & Fauna herausgegeben wurde. Die Brennerei war 1974 von Arthur Bell & Sons errichtet worden, die den Malt für ihre Erfolgsmarke ➔**Bell's** benötigten. 1993 wurde Pittyvaich eingemottet und 2002 abgerissen. 2009 füllte Diageo noch einmal einen 20-Jährigen in *Fassstärke* ab.

PLATTE VALLEY

Straight Corn Whiskey von ➛McCormick

POIT DHUBH

Schottischer Vatted Malt von ➛Pràban na Linne. Die Marke erschien 1982 und verkauft sich vorwiegend in Frankreich. Der Name (gesprochen etwa: potsch dju) bedeutet im Gälischen so viel wie „schwarzer Topf", und das wiederum bezeichnet eine illegale Brennblase. 2006 erschienen anlässlich von Pràban na Linnes Firmenjubiläum 710 Flaschen eines 30-Jährigen.

POITÍN

Gälische Bezeichnung für schwarzgebrannten Whisk(e)y (gesprochen etwa: patschien), englisch auch poteen oder potcheen. Mit der Einführung der Branntweinsteuer begann in Schottland (1644) und in Irland (1760) die abenteuerliche und oftmals blutige Geschichte der illegalen Brennerei. Für die besitzlosen Kleinbauern war das Destillieren überschüssigen Getreides oft die einzige Möglichkeit, an Bargeld zu kommen, mit dem sie ihre Pacht bezahlen konnten. Die neue Steuer stellte viele von ihnen letztlich vor

die Wahl, entweder zu verhungern oder gegen das Gesetz zu verstoßen. Da die Schwarzbrennerei immer auch als Akt des Widerstands gegen die englische Besatzungsmacht galt, war es geradezu selbstverständlich, dass die staatlichen Steuereintreiber in den ländlichen Gegenden Irlands und Schottlands auf erbitterte Gegenwehr stießen (zu diesen verhassten „Excisemen" gehörten zeitweise auch der schottische Nationaldichter ➔Robert Burns und Aeneas Coffey, einer der Erfinder der *column still*). Auch nachdem 1823 eine Steuersenkung vielen Brennern den Weg in die Legalität ermöglichte, lag der Anteil an Schwarzgebranntem noch viele Jahre über dem des legalen sogenannten Parliament Whiskey. Erst die große Hungersnot, die Irland 1845 heimsuchte, sowie die allgemeine Landreform zugunsten der Pächter drängten Poitín langsam in den Hintergrund. Weder in Irland noch in Schottland kam die Schwarzbrennerei jedoch gänzlich zum Erliegen, und noch heute gibt es dort mehr Poitín, als die allgegenwärtigen legalen Abfüllungen vermuten lassen. Aus Irland wird sogar eine regelrechte Renaissance der Schwarzbrennerei gemeldet, die ihre Zentren in den Vororten der Städte Dublin und Cork haben soll. Da ist es dann nur noch ein Schritt zur kommerziellen Verwertung: Neu gegründete Brennereien wie die ➔Belfast DC, ➔Glendalough und ➔Teeling bieten ihren ungelagerten Stoff selbstredend nicht als Wodka an (wie viele ihrer schottischen und amerikanischen Kollegen), sondern als Poitín. Das klingt allemal irischer und soll dringend benötigtes Bargeld in die Start-up-Kassen bringen. Der inhärente Widerspruch zwischen illegalem Schnaps und dessen legalem (versteuertem) Verkauf wurde inzwischen von der EU aufgehoben: Sie hat Poteen als geschützte Bezeichnung für „traditionelle irische weiße Spirituose" anerkannt. Die amerikanische Variante heißt ➔Moonshine.

PORT ASKAIG HARBOUR

Schottischer Single Malt (Islay) von ➔Speciality Drinks. Ein zugängliches Mittelgewicht mit guter Balance von Rauch und Süße, abgefüllt in mehreren Altersstufen und Alkoholstärken *(nc, ncf)*. Die Quelle wird offiziell nicht bekannt gegeben, die Fachwelt ist sich allerdings einig, dass wir es hier mit einem ➔**Caol Ila** zu tun haben.

PORT CHARLOTTE

Schottischer Single Malt aus der ➛Bruichladdich Distillery von Rémy Cointreau. Dieses knackig-rauchige Mittelgewicht (40 *ppm*) wird seit 2001 produziert und seit 2006 in jährlich älteren Versionen abgefüllt: Den Anfang machte der 5-jährige **PC 5**, zuletzt erschien **PC 12** (2014). Andere Abfüllungen sind nach der Herkunft des verwendeten Getreides benannt: **Port Charlotte Scottish Barley** bzw. **Islay Barley**. Der Whisky ist nach der Ortschaft benannt, in der bis 1929 eine Brennerei gleichen Namens betrieben wurde. Der Plan, hier erneut eine Destillerie zu errichten, wurde aus finanziellen Gründen auf Eis gelegt (➛**Celtic Nations**, ➛**Lochindaal**).

PORT DUNDAS

Schottische Grain-Brennerei in Glasgow im Besitz von ➛Diageo. Sie entstand 1865 durch die Zusammenlegung zweier Destillerien im Glasgower Stadtteil Port Dundas. Beide produzierten sowohl Malt als auch Grain Whisky. Port Dundas gehörte 1877 zu den Gründungsmitgliedern der ➛DCL und stellte die Malt-Produktion 1913 ein. Die riesige Anlage lieferte über 40 Millionen *lpa* und verfügte über eine eigene Küferei. 2010 wurde der Betrieb stillgelegt, 2011 begann man mit dem Abriss. Im selben Jahr erschien die bis dato erste offizielle Abfüllung dieses Grains, ein 20-Jähriger, der aus verschiedenen Fasstypen zusammengestellt worden war. In den letzten Jahren tauchten vermehrt Abfüllungen von ➛Douglas und ➛Hunter Laing auf (➛**Clan Denny**).

PORT ELLEN

Schottischer Single Malt (Islay) von ➛Diageo. Ein elegantes, rauchiges Meeresbrisen-Halbschwergewicht, nicht ganz so intensiv wie die anderen Südküsten-Islays ➛**Ardbeg**,

➛**Lagavulin** oder ➛**Laphroaig**. Lange Zeit war er bestenfalls von einigen ➛unabhängigen Abfüllern zu bekommen und dementsprechend unbekannt. Nach der Stilllegung der Brennerei im Jahre 1983 entwickelte sich Port Ellen zum Heiligen Gral aller Peat-Freaks. Zwar gab es seither mehrere Hundert verschiedene Abfüllungen, doch die *warehouses* sind so gut wie leer und Port Ellen verkommt zum reinen Spekulationsobjekt. Führend bei der Preisralley ist Diageo selbst: Deren jährliche *Cask-Strength*-Abfüllungen werden zu Summen angeboten, die – bei aller Liebe – in keinem Verhältnis mehr zur Qualität dieses (oder irgendeines) Whiskys stehen. Die Brennerei wurde 1825 gegründet, kam 1920 zu Scotch Whisky Brands Ltd. (➛Dewar's) und fünf Jahre später zum Diageo-Vorgänger ➛DCL. Heute ist nur noch die große, 1973 errichtete Mälzerei Port Ellens in Betrieb, die die meisten Islay-Brennereien mit Malz versorgt, außerdem auch ➛Jura und einige Festland-Destillerien.

POTTER'S SPECIAL OLD

Canadian Blend von ➛Highwood Distillers. Diese simple Billigmarke trägt den Namen der Brennerei, die den legendenumrankten ➛**Bush Pilot** abfüllte. Potter's Distillery wurde 2005 von Highwood gekauft, die die Lagerbestände in ihre eigenen *warehouses* überführte und Potter's 2006 stilllegte.

POWERS

Blended Irish aus der ➛Midleton Distillery von ➛Irish Distillers (Pernod Ricard). Einer der großen Namen des Irish Whiskey, ein charaktervoller und komplexer Blend mit einem hohen Anteil an Pure Pot Still Whiskey. Neben der Standardabfüllung **Powers Gold Label** gibt es einen 12-Jährigen und seit 2011 mit dem grandiosen **Powers John's Lane** endlich auch wieder einen unverschnittenen ➛Single Pot Still. Die Firma J. Power & Son wurde 1791 in Dublin gegründet und entwickelte sich im 19. Jahrhundert zum führenden Whiskey-Hersteller Irlands. Powers Ruf gründete zum einen auf seiner Qualität, zum anderen auf dem geschickten Marketing der Firma. Sie gehörte zu den Ersten, die ihren Whiskey in Flaschen abfüllten, was in zweifacher Hinsicht von Vorteil war: Erstens behielt der Hersteller dadurch die Kontrolle über das Endprodukt; das war im 19. Jahrhundert keineswegs üblich, denn der meiste Whiskey wurde damals im Fass an Händler weitergegeben. Zweitens wurde erst durch die etikettierte Flasche eine Marke geschaffen, in diesem Fall das berühmte „Gold Label" mit den drei weißen Schwalben. Die trugen dem Whiskey auch den Spitznamen „Three Swallows" ein (swallow bedeutet im Englischen nicht nur Schwalbe, sondern auch Schluck). John Power & Son gilt außerdem als die erste Firma, die ihren Whiskey in Miniaturflaschen – den sogenannten „Baby Powers" – abfüllte. Bis in die 1950er-Jahre produzierte die Destillerie in Dublins John's Lane ausschließlich Pure Pot Still Whiskey. Erst danach wurde auch kontinuierlich gebrannter Whiskey zum Verschneiden verwendet. 1966 fusionierte die Firma mit den verbliebenen irischen Herstellern zur IDG (heute Irish Distillers), 1976 wurde die Destillerie geschlossen. Seitdem kommt auch Powers aus Midleton.

P

PRÀBAN NA LINNE

Schottische Whisky-Firma mit Sitz auf der Isle of Skye (*1976). Sie gibt die Marken ➛**Mac Na Mara**, ➛**Poit Dhubh** und ➛**Té Bheag** heraus. Die gälischen Namen sind hier Programm: Firmengründer Ian Noble (†2010), ein erfolgreicher Privatbankier und Reeder, der auch im Nordsee-Öl-Geschäft mitmischte, verstand sich als Hüter des gälischen Erbes Schottlands. Zu diesem Zweck gründete er ein gälisches College und betrieb die Gründung einer Brennerei in ➛**Torabhaig** auf der Isle of Skye, die, wäre es nach ihm gegangen, nur des Gälischen mächtige Mitarbeiter beschäftigen sollte. Nobles in späten Jahren geäußerte Sorge um „die genetische Reinheit der Inselbevölkerung" ließ Zweifel an seinem Geisteszustand laut werden.

PREMIUM

Mittlere Preiskategorie (➛Standard, ➛Premium); die Preisgestaltung sagt häufig mehr über das Prestige einer Marke aus als über die tatsächliche Qualität eines Whiskys. Dies gilt insbesondere für die nun schon seit Längerem angebotenen Super-, Ultra- oder gar Hyper-Premiums. Sie haben die etwas altbackene De-luxe-Kategorie, zumindest was Preis und Präsentation angeht, längst hinter sich gelassen.

PRESTIGE

Indischer Whisky, *IMFL*, von ➛Amrut.

PREUSSISCHER WHISKY

Deutscher Single Malt aus der Preussischen Whiskydestillerie von Cornelia Bohn in Mark Landin, Uckermark. Röstmalz und über Buchenholz geräuchertes Bio-Malz sind der Grundstoff für Bohns Whisky, der in neuen Fässern aus deutscher und stark ausgebrannter amerikanischer Eiche reift. Die Brennerei ging 2009 in Betrieb, der erste Whisky erschien 2012. Mittlerweile wird er als 5-Jähriger abgefüllt, grundsätzlich in *Fassstärke (nc, ncf)*.

PRINCE CHARLIE

Blended Scotch von ➛Chivas Bros. (Pernod Ricard). Eine kleine Marke mit einem großen Namen: Bonnie Prince Charlie ist der liebevolle Spitzname, unter dem schottische Traditionalisten noch heute Karl Eduard (1720–1788), den letzten Kronprätendenten aus dem Hause Stuart, verehren. Der war 1745 aus dem italienischen Exil nach Schottland aufgebrochen, um gegen die Engländer zu kämpfen – nicht für die Unabhängigkeit

Schottlands wohlgemerkt, sondern um die englische Krone. Seine klägliche Niederlage bei Culloden im Jahre 1746 beendete ein für allemal die Hoffnungen der Stuarts, die sich fortan der (in Schottland noch heute sehr beliebten) Freimaurerei hingaben (➛**100 Pipers**, ➛**Old Masters**). Die Marke Prince Charlie kam ursprünglich von Hill, Thomson & Co. (➛**Queen Anne**).

PRINTER'S

Tschechischer Blended Whisky von der ➛Stock Spirits Group, hergestellt nach schottischem Muster in der Brennerei Bozkov bei Pilsen, abgefüllt mit 6 Jahren. Die Marke existiert seit 1998 und wird wie alle Stock-Labels vorwiegend in Osteuropa und Italien vertrieben.

PROHIBITION

Das erste staatliche Alkoholverbot in der Geschichte der Menschheit ist für das Jahr 50 v. Chr. verbürgt. Es wurde vom thrakischen König Burebista erlassen. Das bekannteste und für die Whisk(e)y-Geschichte bedeutendste herrschte vom 17. 1. 1920, 00.01 Uhr, bis zum 5. 12. 1933, 17.32 Uhr, in den USA. Das war nicht nur eine harte Zeit für die durstigen Bürger der Vereinigten Staaten, die plötzlich mit Schwarzmarktprodukten zweifelhafter Herkunft vorliebnehmen mussten und dabei ständig Gefahr liefen, sich strafbar zu machen oder zu erblinden. Es war auch die Zeit der Speakeasys – allein in New York City zählte man über 30 000 solcher Flüsterkneipen – und des organisierten Verbrechens: Skrupellose Kleingangster vom Schlage Al Capones brachten es mit Schnapsgeschäften in kürzester Zeit zu riesigen Vermögen und politischem Einfluss. Vor allem aber waren es 13 Jahre, die die Whisk(e)y-Welt in einem Ausmaß veränderten, dessen Folgen noch heute spürbar sind. Am härtesten traf es naturgemäß die

Amerikaner selbst: Nur die wenigsten Destillerien konnten sich mit der Herstellung von medizinischem Alkohol über Wasser halten, der große Rest wurde stillgelegt und verschwand von der Bildfläche. Die Trockenlegung des US-Marktes war auch ein Grund für den Niedergang der irischen Whiskey-Industrie (→Irish Whiskey), die bis dahin weltweit eine Führungsrolle innegehabt hatte und auf einen Schlag ihren wichtigsten Absatzmarkt verlor. Dass es auch anders ging, zeigten geschäftstüchtige Schotten und Kanadier: Kein Gesetz der Welt konnte →Hiram Walker, →Seagram und Co. davon abhalten, die Not ihrer Brüder und Schwestern jenseits der Grenze zu lindern und dabei selbst den Weltmarkt zu erobern – noch heute wird in den USA mehr →Canadian als einheimischer Whisk(e)y getrunken. Auch der bis heute anhaltende Erfolg des Scotch in den Vereinigten Staaten geht auf die Prohibitionszeit zurück. Der Stoff fand seinen Weg in die USA über die Karibik – mit mehr oder weniger versteckter Unterstützung der Royal Navy (→**Famous Grouse**, →**House of Lords**). Der geschmacksbildende Einfluss des Alkoholverbots zeigt sich auch darin, dass der ausdrucksvolle →Rye Whiskey, einst die führende Sorte auf dem Markt, vom maislastigen, eher süßen Bourbon verdrängt wurde: Mais war das bevorzugte Getreide der Schwarzbrenner, denn er war

schneller zu verarbeiten und daher risikoärmer als alle anderen Sorten (ein ähnlicher Geschmacksverlust war auch beim US-Bier zu verzeichnen). Schließlich war die Prohibition die große Ära der Cocktails und Mixgetränke, als man in Nachtclubs Eis und Fruchtsäfte servierte, die der Gast mit mitgebrachtem Schnaps aromatisierte (➛Anhang II). Das Ende des Alkoholverbots wurde durch die große Depression von 1929 eingeleitet: Seine Aufhebung versprach solide Arbeitsplätze und höhere Steuereinnahmen. Die gerisseneren unter den Schnapsschmugglern waren auf das Ende der Prohibition gut vorbereitet: Joseph P. Kennedy zum Beispiel, Hollywoods Number-One-Liqour-Dealer und Vater des nachmaligen Präsidenten JFK, hatte sich den US-Vertrieb für die Marken ➛**Haig** und **Dewar's** bereits vor dem Ende des Alkoholverbots gesichert (➛**Sandy Macdonald**).

PROHIBITION

Französischer Single Malt aus der Brûlerie du Revermont in Nevy-sur-Seille, Franche-Comté, im Besitz der Familie Tissot. Hier gibt es in verschiedenen Süßweinfässern gereifte Einzelfassabfüllungen: **Prohibition Macvin** (Macvin ist ein Likörwein auss dem Jura), **Vin de Paille** (Strohwein) und **Savagnin** (ein mit Traminer verwandter Vin Jaune). Die Tissots waren früher als „bouilleurs ambulants“ (Wanderbrenner, ➛Vilanova) unterwegs und verwenden noch heute eine spezielle Brennblase (Alambic Blavier) aus dem Jahr 1934, deren feine Trennschärfe insbesondere von Parfümeuren geschätzt wird.

PROMETHEUS

Schottischer Single Malt, den die ➛Glasgow Distillery seit 2015 anbietet. Er stammt aus einer ungenannten Speyside-Brennerei und soll jährlich in kleiner Auflage mit zunehmendem Alter und Alkoholgehalt abgefüllt werden. Die erste Version, ein 26-Jähriger mit 47 Vol.-%, schlägt mit 600 Euro zu Buche.

PROOF
Blended Canadian von Proof Brands, Toronto, erschienen 2010, hergestellt aus Roggen und Weizen von einer ungenannten Brennerei, vermutlich von ➛Highwood. Die als „urban whisky" angepriesene Marke wird möglicherweise in Vorstadt-Hipsterkreisen kurzzeitig Aufsehen erregen.

PULTENEY ➛Old Pulteney

PUNI
Italienische Brennerei in Glurns, Vinschgau, Südtirol, eröffnet 2010 von der Familie Ebensperger. In dem spektakulären Ziegelkubus stehen zwei schottische *pot stills*, verarbeitet werden Gerste, Roggen und Weizen aus lokalem Anbau, gemälzt wird das Getreide allerdings in Bayern. Nach einigen Probeläufen ist die Brennerei nun seit 2012 offiziell in Betrieb, erste Ergebnisse werden als „acquavite de cereali" angeboten: Da gibt es den *new*

make **Puni Pure**, einen zwei Jahre in Marsala- und Blauburgunderfässern gelagerten **Puni Alba** sowie die Reihe **Puni Opus**, in der immer wieder neue Experimente in *Fassstärke* erscheinen sollen. **Opus I** besteht aus einem 2-Jährigen aus Marsalafässern, der mit einem 1-Jährigen aus ➔Islay-Fässern vermählt wurde. Als Whisky wollen die Ebenspergers ihren Stoff erst bezeichnen, wenn die in Schottland vorgeschriebene Mindestreifezeit von 3 Jahren erreicht ist. Der erste Puni-Whisky wird also noch im Jahr 2015 erscheinen. Er soll, wegen der drei verwendeten Getreidesorten, „Triple Malt" genannt werden — keine gute Idee, denn dieser inoffizielle Begriff wurde bisher nur für Mischungen aus drei Single Malts verwendet (➔**Monkey Shoulder**).

PURE KENTUCKY XO

Kentucky Straight Bourbon von ➔Kentucky Bourbon Distillers. Eine der hochwertigeren Marken des Hauses; früher gab es Pure Kentucky als 10- und 12-Jährigen, heute verzichtet man auch in Kentucky auf Altersangaben *(nas)* und versteckt sich hinter ebenso hochtrabenden wie inhaltsleeren Bezeichnungen wie Small Batch und XO.

PURE MALT

Früher war das die in Schottland gängige Bezeichnung für Malt Whiskys, unabhängig davon, ob es sich dabei um ➔Single oder ➔Vatted Malts handelte. Erst nachdem ➔William Grant & Sons sich mit ihrem ➔**Glenfiddich** in den 1960ern aufs internationale Parkett gewagt hatten, setzte sich der Begriff Single Malt durch. Einige Firmen füllten ihre Whiskys aber weiterhin als unspezifizierte Pure Malts ab und sorgten damit für Verwirrung. Erst 2005 wurde die Bezeichnung von der ➔SWA abgeschafft (➔Blended Malt, ➔Cardhu). In Japan werden weiterhin sowohl Single als auch Vatted Malts als Pure Malt angeboten.

PURE MALT

Japanischer Malt Whisky von ➔Nikka, zu haben in mehreren Versionen: **Black** ist ein Single Malt aus ➔Yoichi, **Red** ein Single aus ➛Miyagikyo und **White** eine Mischung aus Yoichi-Malt und einem oder mehreren ungenannten schottischen Singles von der rauchigen Seite. Auch Nikkas herausragender Vatted Malt ➛**Taketsuru** erscheint in der Pure-Malt-Reihe.

PURE POT STILL

Traditionelle Bezeichnung für irischen Whiskey, der aus gemälzter und ungemälzter Gerste dreifach in *pot stills* gebrannt wird. Nach neuen EU-Regeln gilt heute die Bezeichnung ➛Single Pot Still Whiskey.

Q & U

Blended American von Manchu Inc., El Paso, Texas; diese sehr süffige Marke erschien 2004 und ist der Renner in kalifornischen Tex-Mex-Asian-Fusion-Bars.

QE 2

Schottischer Vatted Malt, den die ➛Morrison-Bowmore-Tochter Beinn Bhuidhe Holdings abfüllt.

QSI (Quality Spirits International)

Schottischer Hersteller mit Sitz in Bellshill bei Glasgow, Tochterfirma von ➛William Grant & Sons. QSI wurde 1993 gegründet, um den wachsenden Markt für „Buyers Own Label"-Whiskys zu bedienen, Handelsmarken für fremde Firmen – hauptsächlich für Großhändler und Discounter. Zu der Vielzahl der Marken von QSI gehören: ➛**Glen Corrie**, ➛**Great Macaulay**, ➛**Haddington House**, ➛**Highland Bird**, ➛**Highland Reserve**, ➛**James Alexander**, ➛**King Charles**, ➛**King James VI**, ➛**Ladyburn**, ➛**Oldmoor** und ➛**The Scottish Collie**.

QUEEN ANNE

Blended Scotch von ➛Chivas Bros. (Pernod Ricard). Um 1900 war das eine der größeren Marken; sie kam damals von Hill, Thomson & Co., einer 1857 in Edinburgh gegründeten Blending-Firma, die auch die

Marken →Something Special und →St. Leger im Programm hatte. 1970 fusionierte Hill, Thomson mit →Glen Grant und →Glenlivet zu Glenlivet Distilleries Ltd.; sieben Jahre später übernahm →Seagram diese Gruppe, und Queen Anne wurde von da an bei →BenRiach abgefüllt. Die Aufteilung des Seagram-Konzerns im Jahre 2001 bedeutete das Ende für Hill, Thomson & Co., deren Blends damals zu →Pernod Ricard kamen. Namenspatronin Queen Anne (1665–1714) war Großbritanniens erste Königin und die letzte aus dem Hause Stuart.

QUEEN ELIZABETH

Blended Scotch von →Diageo; diese kleine Exportmarke kam ursprünglich von Arthur Bell & Sons (→Bell's) und wird heute noch auf einigen Regionalmärkten wie z. B. Südafrika angeboten.

QUEEN OF THE MOORLANDS

Schottische Single-Malt-Reihe, herausgegeben von The Wine Shop in Leek, Staffordshire. Seit 2003 führen David und Léonie Wood diese Weinhandlung, seit 2004 haben sie ihr eigenes Whisky-Label. Anfangs boten sie eher günstige „easy-drinking" Whiskys an, mittlerweile gibt es hier auch hochwertige *Einzelfassabfüllungen*. Die Fassauswahl treffen die Woods zusammen mit Stammkunden, deren Namen dann auf dem Rückenetikett der jeweiligen Abfüllungen aufgeführt werden. Der historische Marktflecken Leek in Mittelengland wird auch Queen of the Moorlands genannt.

Roggen,
der, unfertiger Whiskey
Ambros Bierce, „Wörterbuch des Teufels"

RABEL ➔Owen

RACKE RAUCHZART

Deutsche Whisky-Marke, die sich das westfälische Familienunternehmen Schwarze und Schlichte in Schottland abfüllen lässt. Racke Rauchzart ist also ein echter Blended Scotch, doch das war nicht immer so: In der Nachkriegszeit ging das Weinhandelshaus A. Racke in Bingen daran, den nun wieder nach fremdländischen Genüssen dürstenden Deutschen eine Alternative zu dem durch hohe Importzölle unerschwinglichen Scotch zu präsentieren. Sie schufen einen Blend aus deutschen Korndestillaten und schottischen Malts und boten ihn als **Red Fox Whisky** an. Gegen den englischen Namen erhob die ➔SWA Einspruch und so kam der Blend 1961 als **Racke Rauchzart** auf den Markt (der „Rote Fuchs" ist noch heute auf dem Etikett zu finden). Die Marke war vom Start weg ein großer Erfolg und gehörte noch um die Jahrtausendwende zu den fünf meistverkauften Whisk(e)ys in Deutschland. Zu dieser Zeit bestand er bereits ausschließlich aus schottischen Destillaten, nur das Blending und die Fasslagerung fanden noch in Bingen statt. Die Firma Racke, die auch die Wirtschaftswunderklassiker Dujardin, Scharlachberg und Pott Rum im Programm hatte, trennte sich 2006 von ihren Spirituoseninteressen und so landete Racke Rauchzart beim Markenvertrieb Schwarze und Schlichte. Der führt neben deutschen Spezialitäten wie Schwarze Frühstücks Korn auch einen Kentucky Straight Bourbon namens **John B. Stetson**, der von einem ungenannten Hersteller in den USA abgefüllt wird.

RADICO GOLD

Indischer Whisky von ➔Radico Khaitan; ein Billig-Blend aus indischem Malt und Zuckerrohrdestillaten.

RADICO KHAITAN

Indischer Hersteller in Rampur, Uttar Pradesh, mehrheitlich im Besitz der Familie Lalit Khaitan. Der zweitgrößte Spirituosenproduzent Indiens (nach →United Spirits) betreibt fünf Brennereien und zahlreiche Abfüllanlagen im ganzen Land. Ältester und bedeutendster Betrieb ist die 1943 eröffnete Rampur Distillery, die seit ihrer Modernisierung im Jahre 1993 enorme Mengen an Alkohol produziert. In erster Linie sind das Destillate aus Melasse (Rum), aber auch Getreidesprit und *pot-still*-Malt. Wie üblich in Indien verwendet auch Radico Khaitan importierten Scotch, um die eigenen Whiskys zu unterfüttern (→Indischer Whisky). Das Unternehmen wurde 1943 als Rampur Distillery & Chemical Company Ltd. gegründet und belieferte andere Firmen mit Neutralsprit. Mit →**8PM** brachte Radico dann 1999 ihren ersten eigenen und bis heute erfolgreichsten Whisky heraus. Weitere Whiskys des Hauses sind: →**After Dark**, →**Contessa**, →**Crown**, →**Old Admiral**, →**Radico Gold**, →**Rampur N°1**, →**Special Appointment** und →**Whytehall**. Außerdem produziert Radico Khaitan große Mengen an Rum, Brandy, Wodka und Gin,

RAMPUR N°1

Indischer Whisky von →Radico Khaitan

RARE CASK RESERVE

→Ghosted Reserve

RARE MALTS SELECTION

Schottische Single-Malt-Reihe, in der →Diageo (bzw. deren Vorgänger United Distillers) von 1995 bis 2005 besonders gut gereifte, alte Whiskys aus insgesamt 36 Brennereien abfüllte, darunter Raritäten wie →**Banff**, →**Brora**, →**Coleburn**, →**Dallas Dhu**, →**Glen Albyn**, →**Glen Mhor**, →**Port Ellen** und →**St. Magdalene**.

Alle Whiskys wurden in *Fassstärke*, ohne Farbzusatz *(nc)* und Kühlfilterung *(ncf)* abgefüllt, eine Praxis, die sich Diageo von ➛unabhängigen Abfüllern wie ➛Cadenhead und der ➛Scotch Malt Whisky Society abgeschaut hatte. Die Rare Malts waren aufgrund ihrer Qualität und limitierten Stückzahl immer schnell vergriffen und sind heute begehrte Sammlerstücke (➛**Orphan Barrel**).

RARITAS DIABOLI

Ein ➛Internationaler Whisky, kombiniert aus schottischen und irischen Whisk(e)ys sowie dem bayerischen ➛**Slyrs**; eine Koproduktion des Spirituosen-Consultants und Fachautors Jürgen Deibel, der Handelsfirma Irish Lifestyle und der Brennerei Slyrs. Das Trio bringt seit 2008 jährlich eine stark limitierte Abfüllung in *Fassstärke* auf den Markt, deren nichtbayerische Komponenten geheim gehalten werden.

The REAL MACKENZIE

Blended Scotch von ➛Diageo. Die Marke kam ursprünglich aus dem Hause P. Mackenzie & Co., Glasgow, das zeitweise die Brennerei ➛Blair Athol besaß und an der Gründung von ➛Dufftown beteiligt. Sie wurde 1933 von Arthur Bell & Sons übernommen (➛**Bell's**) und kam auf diesem Wege zum heutigen Besitzer. Die Marke Real Mackenzie wurde bereits früh in die USA exportiert, heute ist China ihr wichtigster Markt.

REBECCA CREEK

US-Whiskey aus der gleichnamigen Brennerei in San Antonio, Texas, erstmals erschienen 2011. Eine Mischung aus jungem Malt Whiskey eigener Produktion und zugekauftem Bourbon. Mike Cameron und Steve Ison, die die Brennerei 2010 eröffneten, wollen bald auch einen eigenen Single Malt abfüllen.

REBEL RESERVE

Kentucky Straight Bourbon von ➛Luxco, eine ➛Small-Batch-Version von ➛**Rebel Yell**

REBEL YELL

Kentucky Straight Bourbon von ➛Luxco, die sich diesen unspektakulären ➛Wheated Whisky von ➛Heaven Hill herstellen lassen. Rebel Yell wurde 1936 von ➛W. L. Weller auf den Markt gebracht und trug damals den Vermerk „Especially for the Deep South" auf dem Etikett. Tatsächlich wurde die Marke nördlich der Mason-Dixon-Linie (der alten Grenze zwischen Nord- und Südstaaten) nicht verkauft und genoss bald regelrechten Kultstatus bei militanten Südstaatlern, Hell's Angels und ähnlich rebellisch gesinnten Querköpfen. Nachdem Rebel Yell 1984 von den (britischen) United Distillers (➛Diageo) erworben wurde, konnte man den Whiskey überall in den USA kaufen und die Rednecks hatten das Nachsehen. Die britischen Besitzer waren es auch, die die ➛Stitzel-Weller Distillery, in der Rebel Yell ursprünglich gebrannt wurde, schlossen und die Produktion nach ➛Bernheim verlegten. 1999 wurde Rebel Yell an David Sherman (heute Luxco) verkauft (➛**Rebel Reserve**).

RED BLAZER

Indischer Whisky von ➛DCM Rémy; der kleine Bruder des ➛**Blue Blazer** ist eine Mischung aus indischem Grain und schottischen Malts.

RED HOOK RYE

Kentucky Straight Rye, den Tonya LeNell Smothers 2007 in ihrem inzwischen leider geschlossenen Spirituosenladen Le Nell's im Brooklyner Stadtteil Red Hook präsentierte. Nur 228 Flaschen gab es damals von diesem sensationellen Whiskey, dessen Wucht und Geschmacksfülle den Glücklichen, die ihn kosten durften, das essenzielle Rye-Erlebnis verschaffte. Der Whiskey stammte aus alten ➛Willett-Beständen. LeNell hatte zwei Fässer, 21 und 23 Jahre alt, ergattert und in *Fassstärke* abgefüllt.

REDBREAST

Irischer Single Pot Still Whiskey aus der ➛Midleton Distillery von ➛Irish Distillers (Pernod Ricard). Das Prachtexemplar eines vollmundigen, perfekt ausbalancierten Pot Still Whiskeys, abgefüllt mit 12 Jahren (auch in *Fassstärke*), als 15-Jähriger (mit Dave Brooms Worten „Jameson on steroids“) und als fulminanter 21er. Die Marke wurde 1939 von der Firma Gilbey eingeführt (➛**Glen Spey**), die den *new make* aus ➛Jamesons Bow Street Distillery bezog und in eigenen Bourbon- und Sherry-Fässern reifen ließ. Redbreast genoss damals einen exzellenten Ruf und war auch als „The Priest's Bottle“ bekannt – ein Indiz dafür, dass der Klerus auch in Irland mit einem verwöhnten Gaumen gesegnet ist. Die Brennerei wurde 1971 geschlossen und Gilbeys Vorräte in jeder Beziehung immer dünner, deren letzte Abfüllung datiert von 1985. Die Produktion wurde nach Midleton verlegt und die Marke dümpelte jahrelang vor sich hin, bis sich Irish Distillers 2011 endlich dazu entschlossen, diese Wucht von einem Whiskey auch angemessen zu vermarkten (➛**Green Spot**).

REDEMPTION

US-Whiskey-Marke von Bardstown Barrel Selections, deren Inhaber Dave Schmier und Michael Kanbar kein Geheimnis daraus machen, dass sie ihre Whiskeys von ➛LDI beziehen, der großen Schnapsfabrik in Lawrenceburg, Indiana. Die Marke erschien erstmals 2010 als ➛Straight Rye mit einer *mashbill* aus 95 % Roggen und 5 % Gerstenmalz (➛**Riverboat Rye**); mittlerweile gibt es auch einen Bourbon mit hohem Rye-Anteil: 38,2 % Roggen, 1,8 % Gerstenmalz und 60 % Mais.

Grain verschnitten wird. Er stammt ursprünglich von ➛Seagram und wird vorwiegend in Lateinamerika und Südostasien angeboten.

2) „Old Scotch Whisky“ von Tanzania Distilleries, einer Tochterfirma von Tanzania Breweries, Daressalam. Die Frage, ob wir es hier tatsächlich mit echtem Scotch zu tun haben, oder eher mit einem einheimischen Destillat oder auch einer Mischung aus beidem bleibt unbeantwortet. Fraglos originell ist die Art der Abfüllung: Der Whisky wird im Plastikbeutel angeboten.

REDLANDS ESTATE DISTILLER

Australische Brennerei in Plenty, Tasmanien, gegründet 2013 von Peter und Elizabeth Hope mit Unterstützung von Bill Lark (➛Lark). Die auf einem romantischen Landgut aus dem frühen 19. Jahrhundert gelegene Brennerei verfügt bisher nur über eine einzige kleine *pot still* und verwendet nur eigenhändig angebaute und gemälzte Gerste. Selbst ein Küfer ist vor Ort, um gebrauchte Fässer von benachbarten Winzern für den Whisky zu konditionieren. Der erste Redlands Single Malt erschien im Sommer 2015.

REGENCY

1) Whisky-Marke von ➛Pernod Ricard. Ein sogenannter local whisky, also einer, der nur in bestimmten Region vermarktet und vor Ort aus schottischem Malt und lokalem

REISETBAUER

Österreichischer Single Malt aus der gleichnamigen Brennerei in Axberg, Oberösterreich, gegründet 1995 von Hans Reisetbauer, einem der renommiertesten Obstbrenner Europas. Reisetbauer baut seine eigene Gerste an, destilliert zweifach und lässt seine Brände in Fässern bekannter österreichischer Winzer reifen (Chardonnay und Trockenbeerenauslese). Abgefüllt werden die Malts mit 7 und mit 12 Jahren.

REPEAL RESERVE

US-Straight Rye aus der ➛Great Lakes Distillery. Dieser 5-Jährige erscheint nur einmal jährlich am 5. Dezember, dem Datum, an dem 1933 die ➛Prohibition außer Kraft gesetzt wurde (Repeal Day). Er wird mit einer *mashbill* aus 92 % Roggen und 8 % Gerstenmalz gebrannt und ist nur in der Brennerei selbst zu erwerben.

RHETORIC

Kentucky Straight Bourbon, 19 Jahre, von ➛Orphan Barrel Whisky Co. (Diageo), erschienen 2014; diese Einzelfassabfüllung stammt wahrscheinlich aus der ➛Bernheim Distillery, die zu der Zeit, als der Whiskey destilliert wurde, im Besitz von Diageo-Vorläufer UDV war.

(ri)1

Kentucky Straight Rye, von ➛Beam Suntory seit 2008 als Ultra-Premium-Cocktail-Basis angepriesen. Solange es für das gleiche Geld auch einen ➛**Rittenhouse 100°** gibt, ist dieser Posten aber bereits besetzt.

RICH & RARE

Blended Canadian von ➛Sazerac. Eine alte Marke, die mit dem 2011 erschienenen **Rich & Rare Reserve** *Small Batch* etwas neuen Glanz erhält. Bereits während der ➛Prohibition wurde Rich & Rare ausschließlich für den US-Markt produziert, anfangs bei Gooderham & Worts, dann bei ➛Hiram Walker & Sons und von dort kommt er noch heute. Der Blend wird in Kanada aus Whiskys verschiedener Brennereien kombiniert und kommt im Tank zu Sazeracs Abfüllanlage ➛Glenmore in Kentucky. Sazerac erwarb die Marke 2006 zusammen mit ➛**Royal Canadian** von ➛Pernod Ricard, die sich im Jahr zuvor Hiram Walker einverleibt hatten (➛**Caribou Crossing**).

RIEGER & HOFMEISTER

Deutscher Whisky aus der gleichnamigen Obstbrennerei von Marcus Hofmeister in Fellbach, Baden-Württemberg. Seit 2006 produziert Hofmeister auch Whisky, derzeit gibt es einen **Single Malt Schwäbischer**

Whisky und einen **Malt & Grain Schwäbischer Whisky** (den man der Einfachheit halber auch als Blend labeln könnte). Beide reiften 3 Jahre in Ex-Weinfässern aus der Region. Der erste R & H-Whisky erschien 2009.

RIP VAN WINKLE

➛Old Rip Van Winkle

RITTENHOUSE RYE

Straight Rye Whisky von ➛Heaven Hill. Ein klassischer Rye mit Biss und Würze und einem sehr überzeugenden Preis-Leistungs-Verhältnis, perfekt für Cocktails. Das gilt allerdings nur für den **Rittenhouse 100°** (➛Bottled-in-Bond), nicht für den einfachen 40%igen und leider auch nicht für die über 20-jährigen *Einzelfassabfüllungen*, die Heaven Hill noch bis 2008 anbot. Sie sind ebenso verschwunden, wie der großartige *Single Cask*, den sich das englische Handelshaus The Whisky Exchange abfüllen ließ (➛Speciality Drinks).

Die Marke kam ursprünglich aus Pennsylvania – daher auch die dort früher übliche Schreibweise Whisky.

RIVERBOAT RYE

American Rye von Bardstown Barrel Selections; „handcrafted in small batches“ heißt es auf dem Etikett, und das ist reichlich frech bei einem Produkt, das vom *contract distiller* ➛LDI kommt. Riverboat Rye ist der jüngere Bruder von ➛**Redemption Rye** und wird mit derselben *mashbill* angesetzt wie dieser.

RLOC

Internationaler Whisky, 11 Jahre, den die ➛Still Waters Distillery herausgibt, bestehend aus einem Einzelfass ➛**Royal Lochnagar** und Malt von Still Waters selbst.

ROB ROY

Blended Scotch von ➛Morrison Bowmore (Suntory), benannt nach einem schottischen Freiheitskämpfer des frühen 18. Jahrhunderts, der auch einem Roman von Walter Scott, einer Oper von Berlioz, zwei Hollywood-Schmonzetten und einem Musical als Titelheld diente.

ROBERT BROWN

Japanischer Blend von ➔Kirin Distillery Co., zu haben als **Robert Brown Special Blend, Robert Brown De Luxe** und **Robert Brown Memorial**. Kirins erste Whisky-Marke entstand noch in Zusammenarbeit mit ➔Seagram.

ROBERT BURNS

Schottischer Whisky von Isle of Arran Distillers (➔Arran), zu haben als Blend und als Single Malt. Die Marke trägt den Namen des schottischen Nationaldichters Robert Burns (1759–1796). Der gilt, neben seinem Mentor Walter Scott, als bedeutendster Vertreter der schottischen Literatur und als einer der Wegbereiter der englischen Romantik. Burns besang das

Getränk seiner Heimat als Symbol für den schottischen Widerstand gegen die Engländer („Freedom and Whisky gang thegither"), für die er allerdings selbst zeitweise als Steuereintreiber tätig war. (➔**Ferintosh**, ➔**Immortal Memory**, ➔**Timorous Beastie**).

ROCK HILL FARMS

Kentucky Straight Bourbon, der in der ➔Buffalo Trace Distillery für ➔Age International (Takara Shuzo) hergestellt wird. Für diesen würzigen Single Barrel wird, wie bei allen Age-International-Whiskeys, eine spezielle *mashbill* verwendet, die etwas mehr Roggen enthält, als sonst bei Buffalo Trace üblich.

ROCK OYSTER

Schottischer Vatted Malt von ➔Douglas Laing, erschienen 2015; die für den Blend verwendeten Malts stammen von den Inseln ➔Arran, ➔Islay, ➔Jura und Orkney (➔**Highland Park**, ➔**Scapa**).

ROCK TOWN

US-Whiskey aus der gleichnamigen Craft Distillery in Little Rock, Arkansas, gegründet 2010 von Phil Brandon. Zu haben als **Bourbon** ohne Altersangabe *(nas)*, als 3- und als 4-Jähriger sowie als *Single Barrel (nas)*. Brandon arbeitet mit unterschied-

lichen *mashbills*, die teils Weizen statt Roggen oder nur Mais und Weizen enthalten (➔Wheated Whiskey). Neben Bourbon bietet er einen **Rye Whiskey** und einen **Hickory Smoked Whiskey** an – einen Weizen-Whiskey, der mit Hickoryholz geräuchert wird. Rock Town ist die bisher einzige ➔Craft Distillery, die auch von der ➔Scotch Malt Whisky Society abgefüllt wird.

ROGUE SPIRITS

US-Hersteller in Portland, Oregon; einer der zahlreichen Craft-Beer-Brauer, die ihre Malzdestillate für kurze Zeit ins Fass legen – in Rogues Fall ein bis drei Monate – und dann mit großen Worten als einzigartige Whiskeys anpreisen. Bei Rogue ist gar von Revolution die Rede. Nicht einmal der Bügelverschluss der Flaschen bei **Rogue Farms Oregon Single Malt, Rogue Farms Oregon Rye** und dem aus verschiedenen Malzsorten produzierten ➔*Dead Guy Whiskey* ist etwas Neues – das gab es bereits bei ➔**Tangle Ridge**. (Rogue bedeutet im Englischen übrigens so viel wie Gauner oder Spitzbube.)

ROSEBANK

Schottischer Single Malt (Lowlands) von ➔Diageo. Ein elegantes, fruchtiges Leichtgewicht, das nicht mehr leicht zu haben ist. Nach älteren Abfüllungen in der ➔Rare Malts Selection und der ➔Flora & Fauna-Reihe gab Diageo Rosebank zuletzt 2014 als 21-jährigen **Special Release** *(cask strength)* heraus, im selben Jahr erschienen auch Abfüllungen von ➔Douglas und ➔Hunter Laing und bei ➔MacKillop's Choice. Die Brennerei wurde 1840 gegründet und kam 1914 unter die Kontrolle der ➔DCL. Deren Nachfolger United Distillers legte den Betrieb 1993 still. Teile der Anlage beherbergen heute ein Kettenrestaurant, andere wurden abgerissen,

eine der *pot stills* gestohlen, doch es gibt noch immer Gerüchte, besser gesagt Träume, über eine mögliche Wiedereröffnung der einst hochgeschätzten Brennerei. Rosebank war neben ➔Auchentoshan die letzte Brennerei, die ihren Whisky wie früher in den Lowlands durchaus üblich dreifach destillierte.

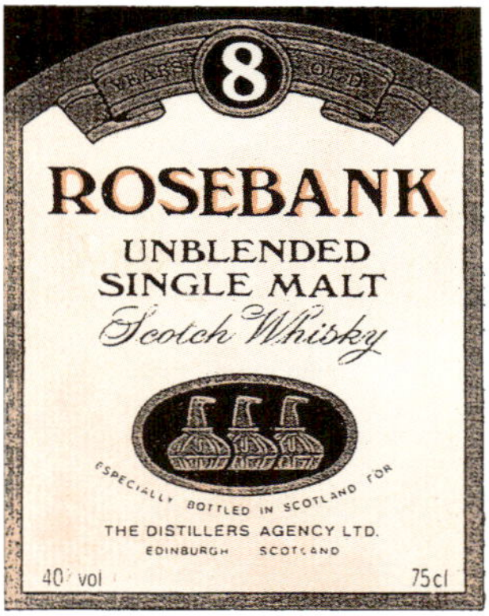

ROSEISLE

Schottische Brennerei (Speyside, Moray Firth) von ➔Diageo. Die 2009 eröffnete Anlage gilt heute als modernste Destillerie der Welt. Insbesondere im Bereich grüner Technologie setzt Roseisle neue Maßstäbe. Mit einer Jahreskapazität von 12,5 Millionen *lpa* ist sie die zweitgrößte Malt-Brennerei Schottlands (nach ➔Glenfiddich). Roseisles Whisky wurde bisher noch nicht als Single abgefüllt und das wird sich wohl nur ändern, wenn die Märkte Chinas und Russlands nicht wieder anziehen. Deren rasant gestiegenes Wachstum seit Beginn des Jahrtausends war der eigentliche Grund für den Bau der Brennerei.

ROTHAUS BLACK FOREST WHISKY

Deutscher Single Malt, den die Obstbrennerei Kammer-Kirsch in Karlsruhe seit 2006 für die badische Staatsbrauerei Rothaus – die mit dem „Tannenzäpfle“-Bier – herstellt. Die *wash* stammt aus der Brauerei, gebrannt und abgefüllt wird in Karlsruhe. Gelagert wird der Whisky 3 Jahre in Ex-Bourbonfässern und solchen, in denen vorher bereits schottische Single Malts reiften. Der erste Schwarzwald-Whisky erschien 2009 und seither gibt es jährlich eine neue Abfüllung (ca. 6000 Flaschen).

ROUGET DE LISLE

Französischer Single Malt, den die gleichnamige Brauerei in Bletterans, Franche-Comté, herausgibt. Derzeit füllt Bruno Mangin noch Whisky ab, den die Destillerie Revermont (➔**Prohibition**) in seinem Auftrag brannte. Eigene, in seiner 2012 installierten Armagnac-Brennblase destillierte Malts sollen frühestens Ende 2015 in die Flaschen kommen. Mangins Whisky trägt den Namen des Marseillaise-Komponisten Claude Joseph Rouget de Lisle (1760–1836).

The ROUGHSTOCK DISTILLERY

US-Craft Distillery in Bozeman, Montana, gegründet 2008 von Kari und Bryan Schultz. Bereits ein Jahr später füllten die beiden ihren ersten Whiskey ab, **Montana Pure Malt**, zweifach *pot-still*-gebrannt aus 100 % Gerstenmalz, gelagert in frischen Fässern aus amerikanischer Eiche. Inzwischen besteht der Pure Malt aus 2- bis 5-jährigen Whiskeys, als Single Barrel in *Fassstärke* heißt er

Black Label Montana Pure Malt. Daneben gibt es einen **Straight Montana Bourbon**, der aus vier Whiskeys mit jeweils unterschiedlicher *mashbill* (Mais, Roggen oder Weizen und Gerstenmalz) zusammengestellt wird, einen **Montana Straight Rye** aus 100 % Roggen und einen gerade mal zwei Wochen gelagerten **Montana Sweet Corn** mit 50 Vol.-%. Der Name Roughstock stammt aus der Welt des Rodeos und bezeichnet das aufeinanderfolgende Zureiten eines Bullen, eines gesattelten und eines ungesattelten Wildpferdes, soll heißen: Nichts für Weicheier!

ROWAN'S CREEK

Kentucky Straight Bourbon, den ➛Kentucky Bourbon Distillers aus ungenannter Quelle bezieht. Früher wurde er als 10- und als 12-Jähriger angeboten, mittlerweile kommt er ohne Altersangabe.

ROWSON'S RESERVE

Indischer Whisky von ➛Diageo; ein Verschnitt aus indischen Destillaten und Scotch für „den selbstsicheren Mann der neuen Generation". Mit dieser 2011 erschienenen Marke soll die Premiumisation der *IMFL*-Kategorie vorangetrieben werden.

ROYAL AND ANCIENT

Blended Scotch von Cockburn & Campbell. Seit 1913 für den Royal & Ancient Golfclub in St. Andrews hergestellt, seit 1972 auch in den Pubs der Brauerei Young & Co. zu bekommen, die Cockburn & Campbell damals erwarb. Warum sich ein so elitärer Verein wie der R&A Golfclub – die oberste Instanz für die Regeln dieses Sports – mit einem gerade mal 10-jährigen Blend zufriedengibt, ist eines der vielen Rätsel in der Welt des Golfs (→**Old St. Andrews**).

ROYAL BRACKLA

Schottischer Single Malt (Eastern Highlands, Cawdor) von John Dewar & Sons (→Bacardi Ltd.). Ein weiches, fruchtig-süßes Mittelgewicht, das durchaus mehr Aufmerksamkeit verdient. Derzeit wird der Whisky als 10-Jähriger angeboten, doch es besteht die Hoffnung, dass er bald eine etwas erweiterte Range erhält, wie bei seinen Stallgenossen bereits geschehen (→**Aberfeldy**, →**Aultmore**, →**Craigellachie**, →**Glen Deveron**). Wie diese dient auch Royal Brackla in erster Linie den →Dewar's-Blends. Die Brennerei wurde 1812 in der Nähe der Macbeth-Burg Cawdor errichtet und erhielt gute 20 Jahre später als erste von drei schottischen Destillerien die Erlaubnis, das königliche Attribut zu führen (→**Glenury Royal**, →**Royal Lochnagar**). 1943 kam Brackla zur →DCL und damit später zu Diageo, die die Brennerei aufwendig renovierten und 1998 an Bacardi verkauften (Kapazität: 4 Millionen *lpa*).

ROYAL CANADIAN

Canadian Blend von →Sazerac. Ein anständiger Standard-Canadian, der vor allem im Südosten der USA eine treue Gefolgschaft hat. Mit der 2011 erschienenen *Small Batch* Version soll nun auch die verwöhntere Kundschaft angesprochen werden (→**Caribou Crossing**). Royal Canadian kam ursprünglich aus dem Hause →Pernod Ricard, das ihn von →Hiram Walker herstellen ließ, vorwiegend in Frankreich und Taiwan vermarktete und 2006 an Sazerac verkaufte (→**Rich & Rare**).

ROYAL CHALICE

Blended Scotch von →The Vintage Malt Whisky. Chalice ist die englische Bezeichnung für Kelch und Pokal.

ROYAL CHALLENGE

Indischer Whisky von ➛United Spirits (Diageo), ein Blend aus schottischem Malt, indischem Malt und Neutralsprit. Die Marke existiert seit den frühen 1980ern.

ROYAL ESCORT

Blended Scotch der ➛Loch Lomond Group

ROYAL HOUSEHOLD

Blended Scotch von ➛Diageo. Die Marke war 1900 von James Buchanan (➛**Buchanan's**) exklusiv für den britischen Königshof geschaffen worden. Anlässlich eines Staatsbesuchs des japanischen Kronprinzen Hirohito in England 1923 erhielt dieser eine Flasche zum Geschenk, und da man den Blend bei Tennos offenbar mochte, hatte Buchanan seither zwei Königshöfe zu versorgen. In späteren Jahren wurde der Whisky auch dem gemeinen Volk zugänglich gemacht, in Großbritannien nahm man ihn aber wieder vom Markt und so gibt es Royal Household heute nur noch in Japan zu kaufen.

ROYAL LOCHNAGAR

Schottischer Single Malt (Eastern Highlands, Crathie) von ➛Diageo. Dieses trockene, dezent rauchige Mittelgewicht wird als 12-Jähriger angeboten sowie als ältere **Selected Reserve** *(nas)* mit deutlichen Sherrytönen. Die Brennerei wurde 1845 von John Begg gegründet, der bereits drei Jahre später von Queen Victoria zum Hoflieferanten ernannt wurde. Es wird berichtet, die Queen habe seither ihren Tee und auch ihren Bordeaux mit Lochnagar gepimpt. Beggs Sohn hatte später einigen Erfolg mit der Marke ➛**John Begg Blue Cup**, weitere Blends mit nennenswertem Lochnagar-Anteil sind ➛**Vat 69** und ➛**Windsor**. Die Kapazität der Brennerei liegt bei 500 000 *lpa* (➛**RLOC**).

ROYAL PRIDE

Indischer Whisky von →Jagatjit Industries, gemischt aus schottischen Malts und indischem Grain.

ROYAL RESERVE

Canadian Blend von →Corby hergestellt bei →Hiram Walker & Sons (Pernod Ricard).

ROYAL SALUTE

Blended Scotch von →Chivas Bros. (Pernod Ricard). Ein prestigeträchtiger 21-jähriger **Deluxe-Blend** (Wade-Decanter im Samtsack), der 1953 zur Krönung der englischen Königin herausgebracht wurde. Name und Alter beziehen sich auf die 21 Salutschüsse, die zu diesem Anlass von den Schiffen der königlichen Flotte abgegeben wurden. Das Rückgrat des Blends bilden Malts von →**Aberlour**, →**Glenlivet**, →**Longmorn** und →**Strahisla**. Mittlerweile gibt es diverse aufwendig gestaltete Superpremiums dieser Marke, darunter den **Royal Salute Tribute to Honour**, der aus mindestens 45 Jahre alten Malts komponiert wurde, im schwarzen, mit Diamanten verzierten Porzellankrug daherkommt und etwa so viel kostet wie ein neuwertiger Aston Martin.

ROYAL SILK
Blended Scotch, Standard, von der International Whisky Company, einer kleinen Londoner Firma, die Royal Silk, ihre einzige Marke, hauptsächlich in Südeuropa vertreibt. Für die Zusammenstellung dieses Blends konnte Jim Milne gewonnen werden, ehemals verantwortlich für die Marke ➛**J&B**, heute Produktionsleiter bei Hardie (➛**The Antiquary**, ➛**Talisman**, ➛**Tomatin**).

ROYAL STAG
Indischer Whisky von ➛Pernod Ricard. Diese Mischung aus schottischem Malt und indischem Grain gehört zu den 5 meistverkauften Whisk(e)y-Marken der Welt. Royal Stag wurde ursprünglich von ➛Seagram für den lateinamerikanischen Markt herausgebracht und dann 1954 in Indien lanciert (➛**Nasik**). Der Name Seagram steht noch heute auf dem Etikett, obwohl die Firma im Jahr bereits 2001 den Bach runterging. Seither gehört Royal Stag zum Reich der französischen Anis-Champions. Er ist angeblich der erste indische Whisky, der ohne künstliche Aromastoffe auskommt.

RUSSELL'S RESERVE
US-Whiskey-Marke aus der ➛Wild Turkey Distillery der ➛Gruppo Campari. Die oberste Schublade des Hauses enthält einen 10-jährigen Straight Bourbon (*2000), den es auch als Single Barrel *(nas, ncf)* gibt und einen 6-jährigen Rye (*2007), der angesichts des rapiden Verfalls von Wild Turkeys regulärem Rye etwas Trost spendet. Die Marke ist nach Master Distiller Jimmy Russell benannt, der seit 1954 bei Wild Turkey Whiskey-Geschichte schreibt. Russell's Reserve ist eine Gemeinschaftsarbeit von Jimmy und seinem Sohn und Nachfolger Eddie Russell.

RYE
Amerikanische Whiskey-Sorte, die sich von ➛Bourbon durch die Zusammensetzung der *mashbill* unterscheidet: Während bei Bourbon der Maisanteil mindestens 51 % betragen muss, dominiert beim Rye der Roggen (engl. rye). Das verleiht ihm eine besondere Würze und Pfeffrigkeit, derentwegen er heute zunehmend bei Whisk(e)y-Freunden Anerken-

nung findet, denen Bourbons zu süß und eindimensional erscheinen. Rye Whiskey ist die ältere der beiden Sorten und war lange Zeit der populärste Whiskey der Neuen Welt. Er wurde bereits im 18. Jahrhundert von irischen, schottischen und deutschen Einwanderern in Pennsylvania und Maryland gebrannt. Besonderen Ruf genoss der nach einem Tal in Pennsylvania benannte **Monongahela Rye**. Mit der ➔Prohibition sank der Stern der Ryes; zum einen durch die Schließung der meisten Brennereien des Landes, insbesondere der kleinen *farmhouse distilleries*, zum anderen, weil Mais leichter und schneller zu verarbeiten und daher besser zur Schwarzbrennerei geeignet ist. Auch trugen die leichten ➔Canadian Blends, die damals in großen Mengen in die USA geschmuggelt wurden, zur Veränderung des Publikumsgeschmacks bei. Nach der großen Dürreperiode galten dann süffige Bourbons als erste Wahl, die trockenen Rye dagegen noch bis Anfang des Jahrtausends in weiten Kreisen als derber Bauernschnaps. Die gegenwärtige Rye-Renaissance begann Mitte der 1990er-Jahre. Die Vorhut machte der eigenwillige ➔**Old Potrero**, spätestens mit dem großen ➔**Sazerac Rye** konnten sich dann sogar neugierige Single-Malt-Habitués anfreunden (zumindest die undogmatische Fraktion der Gemeinde). Befeuert durch Raritäten wie die Ryes von ➔**Van Winkle** und ➔**Willett** entwickelte sich nun ein neues Marktsegment, in dem Old-School-Marken wie ➔**Rittenhouse** ebenso Platz fanden wie die Neuerscheinungen ➔**Bulleit**, ➔**George Dickel**, ➔**Knob Creek** und ➔**Whistle Pig**. Zwar verharrt der Marktanteil der Kategorie noch immer im einstelligen Prozentbereich, doch der Damm ist gebrochen und heute produziert jeder ➔Craft Distiller, der auf sich hält, zumindest einen Rye. Aus historischen Gründen wird auch ➔Canadian noch heute als Rye bezeichnet, obwohl der Roggenanteil dieser Whiskys nur selten mehr als 5 % beträgt.

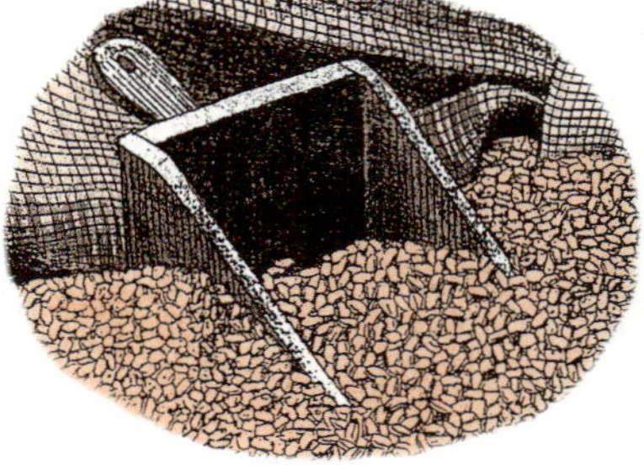

„Ein Leben ohne Inhalt wird nicht voller, wenn man Whisky hineinschüttet.“

Anna Magnani

SAINT ISIDORE

Der wohl erste Internet-generierte Blended Scotch entstand 2011 auf Anregung des renommierten Onlinestores ➔Master of Malt: 10 Whisky-Blogger erhielten ein Blending Kit mit der Bitte, das Beste daraus zu machen. Die eingesandten Rezepturen wurden produziert und online als Samples verkauft. Der von den Käufern gekürte Sieger ging schließlich in Serie und erhielt ein ansatzweise psychedelisches Etikett, auf dem es von Web bezogenen Nerd-Anspielungen nur so wimmelt (selbstverständlich wurde auch der Grafikdesigner in der Blogosphäre ermittelt). Der namensgebende Sankt Isidor ist seit 2001 der offizielle Schutzpatron der Internet-Surfer und Programmierer.

SAM BARTON

Canadian Blend aus einer ungenannten Brennerei, abgefüllt mit 5 Jahren für den französischen Markt von ➔La Martiniquaise.

SAM HOUSTON

American Straight Whiskey von Western Spirits. Als die Marke noch von McLain & Kyne kam (➔**Jefferson**), war Sam Houston ein ordentlicher 10-jähriger Straight Bourbon aus ungenannter Quelle. Nach dem Verkauf an die obskure Western Spirits Company verkam er zum „American Straight Whiskey made with Kentucky Bourbon“ ohne Altersangabe, ist also höchstwahrscheinlich ein Straight Corn mit einem Schuss Bourbon.

SAMAROLI

Der älteste ➛unabhängige Abfüller außerhalb Großbritanniens wurde 1968 von Silvano Samaroli in Rom gegründet. Das feine Gespür des ehemaligen Weinhändlers und sein leidenschaftliches Qualitätsstreben verschaffen Samarolis Abfüllungen nun schon seit Jahrzehnten einen herausragenden Ruf, und seine fantasievolle Etikettenästhetik dürfte so manchen Sammler erst auf den Geschmack gebracht haben. Heute klagt Samaroli über den durch die starke Konzentration der Whisky-Industrie bedingten Identitätsverlust vieler Brennereien und verlegt sich mehr und mehr auf Vatted Malts. Die erscheinen nun jährlich in kleiner Auflage in den Reihen **No Age** und **Evolution**. Auch einen **Samaroli Blend** gibt es, ebenfalls limitiert aber mit Jahrgang.

SANDY MACDONALD

Blended Scotch von ➛Diageo. Eine alte Marke (*1840), die vorwiegend in Lateinamerika verkauft wird. Sie kam früher von Macdonald Greenlees (➛**Old Parr**), einem Unternehmen, das bereits um 1900 stark exportorientiert war. Inhaber James Calder (1869–1962) hatte als Hersteller von Hefe und Grain Whisky begonnen und sich ab 1895 ein kleines Whisky-Imperium geschaffen, zu dem unter anderem die Brennereien ➛Clynelish, ➛Cragganmore und ➛Glendullan gehörten. Mit Sandy Macdonald belieferte er sowohl das britische Oberhaus als auch den US-Prohibitions-Markt, was ihm einen Adelstitel, einen Posten im Vorstand der mächtigen ➛DCL und gute Beziehungen zum Mobster-Anwalt Joseph E. Kennedy einbrachte, dem nachmaligen US-Botschafter und Präsidentenvater.

SANKT JOHANN
Deutscher Single Malt aus der Brennerei ➛Volker Theurer, eine 8-jährige *Einzelfassabfüllung.*

SÄNTIS MALT
Schweizer Single Malt aus der Brauerei Locher in Appenzell, erstmals erschienen 2002. Seit 1999 betreibt die Familie Locher eine kleine Brennerei innerhalb ihrer 1886 gegründeten Brauerei. Die ersten Whiskys reiften noch in alten Bierfässern, heute verwenden die Lochers Weinfässer unterschiedlicher Provenienz (➛Viking).

SAZERAC
Kentucky Straight Rye aus der ➛Buffalo Trace Distillery (Sazerac Co.). Als dieser „Berg von einem Whiskey" (Michael Jackson) 1999 erstmals zu sehen war, begann ein neues Zeitalter in der langen Geschichte des ➛Rye Whiskeys. Die schiere Kraft und Eleganz des 18-jährigen Sazerac beeindruckte sowohl das elitäre Großstadtpublikum der USA, das Rye bis dato als Hinterwäldlerschnaps abtat, als auch den Rest der Whisk(e)y-Welt, in der nur wenige Eingeweihte überhaupt wussten, dass Rye mehr sein kann, als mit Neutralspirt verschnittener ➛Canadian. Die ersten 3600 Flaschen gingen weg wie nichts, doch statt nun die gesamten Vorräte auf den Markt zu werfen, füllte man sie in Stahltanks, um die Reifung zu stoppen. Seither gibt es jährlich eine neue kleine Auflage des 18-Jährigen (45 Vol.-%), und die Spezialisten diskutieren, welchen Einfluss der zunehmende Sauerstoffgehalt in den Tanks auf den Whiskey haben könnte. Die letzte Abfüllung des 1981er-Jahrgangs erscheint 2015, danach bekommen wir es mit einem 1998er zu tun. Unter dem Sazerac-Label gibt es seit 2006 zwei weitere Ryes: einen etwas milderen 6-Jährigen im Retrodesign und den gewaltigen ➛**Thomas H. Handy**, benannt nach dem Ahnherrn des Hauses Sazerac.

SAZERAC COMPANY
US-Getränkehersteller in New Orleans, Louisiana. Sazerac ist einer der bedeutendsten Whiskey-Produzenten der USA und, neben ➛Heaven Hill, der Letzte der

Großen in Familienbesitz. Das Unternehmen betreibt die Edeldestille →Buffalo Trace, die eher bescheidene Brennerei →Barton 1792 und die kleine →A. Smith Bowman Distillery in Virginia. Die Company geht auf das Sazerac Coffee House in New Orleans zurück, das 1850 erstmals erwähnt wurde. Es gilt als Geburtsstätte des famosen Sazerac Cocktails, der wiederum den Namen der Cognac-Marke Sazerac de Forge trägt, der wichtigsten Zutat dieser effektiven Mischung (weitere Ingredienzen sind Absinthe, Zucker und Cocktailbitters; der Cognac wurde später durch Rye Whiskey ersetzt). Das Coffee House gehörte lange Jahre der Thomas Handy Company, die nach dessen Schließung 1919 in Sazerac Company umbenannt wurde.

Seit 1948 ist das Unternehmen im Besitz der Familie Goldring, Wein- und Spirituosenhändler in New Orleans, die mit ihrer ersten eigenen Marke →**Kentucky Dale** den Grundstein ihres Whisk(e)y-Geschäfts legten. 1989 übernahmen sie die Marken →**Benchmark**, →**Carstairs** und →**Eagle Rare** von →Seagram, 1992 wechselten sie mit dem Erwerb der Leestown Distillery (der heutigen Buffalo Trace Distillery) selbst auf die Herstellerseite. Die Brennerei hatten die Goldrings von →Takara Shuzo übernommen, für deren Tochterfirma →Age International sie noch heute die Marken →**Ancient Age**, →**Blanton's**, →**Elmer T. Lee**, →**Hancock's Reserve** und →**Rock Hill Farms** produzieren. 1999 sicherte sich Sazerac zwei Whiskeys aus der Hinterlassenschaft von →Diageos Amerika-Engagement: →**Old Charter** und →**W. L. Weller**. Seit 2002 besteht ein Joint Venture mit →Old Rip Van Winkle, im Jahr darauf kam →A. Smith Bowman unter Sazeracs Fittiche. 2009 schließlich sicherten sich die Goldrings durch den

Erwerb von →Barton Brands neben zahlreichen Billigmarken ein amerikaweites Vertriebsnetz. Die Firma Barton als solche wurde aufgelöst, übrig blieb allein die nun Barton 1792 genannte Brennerei in Bardstown, Kentucky. Sazerac verfügt außerdem über zahlreiche Canadian-Labels, die nur in den USA vertrieben werden (darunter →**Bowman's**, →**Canadian Host**, →**Canadian Hunter**, **Canadian Ltd.**, →**Canadian Supreme**, →**McGuinness Silk Tassel**, →**Mount Royal**, →**Northern Light**, →**Rich & Rare** und →**Royal Canadian**) und ansehnliche Vorräte an Fässern diverser kanadischer Brennereien. Aus diesen werden die neuen High-Canadians →**Caribou Crossing**, →**Legacy** und →**Tap** zusammengestellt, mit denen die Sazerac Co. laut eigener Aussage den Canadian-Markt in ähnlicher Weise aufmischen will, wie ihr das mit den Buffalo-Trace-Whiskeys in den USA gelungen ist. (Weitere Sazerac-Marken finden sich bei den Einträgen zu den Brennereien des Unternehmens: A. Smith Bowman, Barton 1792, Buffalo Trace.)

SCALLYWAG

Schottischer Vatted Malt von →Douglas Laing; die für den Blend verwendeten Malts, unter anderem →**Glenrothes**, →**Macallan** und →**Mortlach**, stammen ausschließlich von der Speyside.

SCAPA

Schottischer Single Malt (Highlands, Orkney) von →Chivas Bros. (Pernod Ricard). Ein würzig trockenes Mittelgewicht oder auch: ein Whisky wie ein Spaziergang auf einer Salzwiese. Als Single gab es Scapa lange Zeit nur von →Gordon & MacPhail, erst 2004 erschien auch eine Abfüllung von der Destillerie selbst. Heute gibt es Scapa regulär als 16-Jährigen. Der Whisky wird hauptsächlich für die Blends von →**Ballantine's**, und →**Teacher's** verbraucht. Scapa gilt heute als

die letzte Brennerei, die noch eine *Lomond still* betreibt (➛Bruichladdich). Die verstellbaren Kupferplatten im Hals dieser Brennblase wurden allerdings entfernt, sodass sie nun mehr der weniger wie eine reguläre *pot still* funktioniert, sie verfügt zusätzlich über einen *purifier*. Die Brennerei wurde 1885 eröffnet und kam 1954 zu ➛Hiram Walker & Sons., die die *Lomond still* installierten. Durch aufwendige Modernisierungsmaßnahmen wurde die Kapazität der Brennerei 2004 auf 1,1 Millionen *lpa* erhöht, im Jahr darauf kam Scapa in den Besitz von ➛Pernod Ricard.

SCHENLEY

Canadian Blend von ➛Constellation Brands, hergestellt in der ➛Black Velvet Distillery, angeboten als **Schenley Golden Wedding** und **Schenley OFC**. Die Schenley-Brennerei wurde 1892 in der gleichnamigen Ortschaft in der Nähe von Pittsburgh, Pennsylvania, gegründet. Sie erhielt während der ➛Prohibition die Lizenz, Alkohol für medizinische Zwecke herzustellen, und wurde 1923 von Lewis Rosenstiel erworben. Dieser temperamentvolle Selfmademan legte damit den Grundstein zu Schenley Industries, New York, einem Imperium, das zeitweise als größter Whiskey-Hersteller der USA galt. Es war offensichtlich, dass er sein Geld weniger mit medizinischem als mit illegalem Alkohol verdiente. Wegen Verbindungen zu notorischen Mobstern wie Meyer Lansky und Frank Costello wurde auch Anklage gegen ihn erhoben, doch seine enge Freundschaft mit FBI-Chef J. Edgar Hoover bewahrte ihn vor rechtlichen Konsequenzen. 1929 erwarb Rosenstiel die heutige ➛Buffalo Trace Distillery, nach der Prohibition folgten ➛Bernheim und ➛George

Dickel sowie ➛Henry McKenna, ➛James E. Pepper und ➛J. W. Dant; außerdem besaß Schenley seit dieser Zeit den US-Vertrieb für die ➛Dewar's Whiskys. Während der letzten Prohibitionsjahre hatte der kanadische Konzern ➛Seagram sich mit 20 % an Schenley beteiligt. Seagram-Boss Sam Bronfman – der auf ähnliche Weise Karriere gemacht hatte wie Rosenstiel – wollte sich so Zugang zum US-Markt verschaffen, um nach dem Ende der Trockenperiode seine großen Whisky-Vorräte dort unterbringen zu können. Während Rosenstiel aber in erster Linie mit lausigem Sprit schnelles Geld machen wollte, sah Bronfman die Zukunft seines Unternehmens zu Recht eher im seriösen Fach. 1933 trennten sich die beiden, um die folgenden Jahrzehnte erbittert um die Vorherrschaft auf dem nordamerikanischen Markt zu ringen. Schenley drängte nun seinerseits nach Kanada: 1945 eröffnete er die ➛Valleyfield Distillery und brachte mit **Golden Wedding** einen bald sehr erfolgreichen Blend auf den Markt (➛**Gibson**). Kurz nach Seagrams Schottland-Expansion (➛**Chivas Regal**) ging auch Rosenstiel diesen Weg: 1956 kaufte Schenley die Brennereien ➛Strathclyde und ➛Glenugie sowie die Marke ➛**Long John**. In den folgenden Jahren kamen auch die Destillerien ➛Laphroaig und ➛Tormore sowie der Blend ➛**Black Bottle** dazu. Nach Rosenstiels Tod im Jahre 1975 ging es mit Schenley rapide bergab. Die Firma ging über Jahre hinweg von Hand zu Hand und verlor dabei immer mehr an Substanz. Heute sind die alten Besitztümer in alle Winde zerstreut, der einst so stolze Name lebt nur noch in den beiden Blends fort und selbst die sind nur noch Statisten in der großen Whisk(e)y-Show.

SCHWEDISCHER WHISKY

Unter all den neuen Whisky-Nationen konnten sich die Schweden bisher den größten Respekt verschaffen: als Produzenten, als (Scotch-)Trinker, wie auch für ihren Sachverstand. Ulf Buxruds Bücher und das von Ingvar Ronde seit 2006 herausgegebene, unverzichtbare „Malt Whisky Yearbook“ zeugen von seriösem Fachwissen ebenso wie von tiefer Whisky-Leidenschaft. Auch gibt es wohl nirgends eine höhere Pro-Kopf-Dichte an aktiven Whisky-Clubs als in Schweden. Und dann ist da noch **Mackmyra**: Die erste Malt-Whisky-Brennerei des Landes (*1999) machte vom Start weg klar, dass hier auf hohem Niveau gearbeitet wird. Die internationale Anerkennung ließ nicht lange auf sich warten. Auch ➔**HVEN** und **Smögen**, der zweite bzw. dritte Single Malt des Landes, sind bereits auf Exportmärkten präsent. Weitere interessante Hersteller sind ➔**Box** und **Grythyttan**; Letztere stellten ihren Betrieb nach drei Jahren vorübergehend ein und kündigten an, ihre Brennerei auf die Insel Orkney verlegen zu wollen (wie gesagt, die Schweden haben für Schottland was übrig).

SCHWEIZER WHISKY

Wie in allen großen Obstbrennernationen gibt es mittlerweile auch in der Schweiz ernsthafte Versuche, das weltweit virulente Whisky-Fieber zu Geld zu machen. Möglich wurde dies erst nach einer Gesetzesänderung aus dem Jahr 1999, die die Destillation von Getreide legalisierte. Die erste Marke war Edi Bieris ➔**Swissky**, den es mittlerweile nicht mehr gibt, es folgten ➔**Hollen**, ➔**Säntis** und ➔**Castle Hill**. Heute wird in über 30 Brennereien Whisky produziert, darunter zum Beispiel ➔**Johnett** und ➔**Langatun**. Wie auch ihre deutschen und österreichischen Kollegen verwenden die Schweizer fast ausschließlich *Obstbrennblasen*. Eine der wenigen Ausnahmen ist die Bauernhofbrennerei ➔**Lüthy**.

SCORESBY VERY RARE

Blended Scotch von ➔Diageo: ein Billig-Blend, der nur für den US-Markt abgefüllt wird. Ursprünglich hieß die Marke **Scoresby Rare**; sie wurde von ➔Long John für ➔Glenmore produziert.

SCOTCH

Scotch muss von Rechts wegen in Schottland gebrannt und gelagert werden. Der Mindestalkoholgehalt beträgt 40 Vol.-%, die Mindestreifezeit 3 Jahre. Man unterscheidet ➛Malt, ➛Grain und ➛Blended Scotch:

Malt Whisky wird aus Gerstenmalz gewonnen, das durch Zusatz von Hefe vergoren und in sogenannten *pot stills* destilliert wird. Die Destillation erfolgt in zwei oder drei Durchgängen. Er wird in Eichenfässern gelagert (➛Fass) und vor der ➛Abfüllung in der Regel mit Wasser auf Trinkstärke herabgesetzt. Dabei darf er mit etwas Karamell (E 150, Zuckercouleur) gefärbt werden (➛Färbung). Malt wird als ➛Single oder ➛Vatted abgefüllt: Ein Single ist ein Malt, der nur aus einer Destillerie stammt, ein Vatted wird aus Malts verschiedener Brennereien zusammengestellt (➛Blended Malt). Die Herstellung von Malt ist langwierig und teuer.

Grain Whisky wird aus ungemälztem Getreide gebrannt, vorwiegend aus Mais oder Weizen, der einen kleinen Zusatz von Gerstenmalz enthält. Er wird in *patent stills* oder *Coffey stills* in einem Durchgang destilliert und ist ein sauberer, leichter und nahezu geschmacksfreier Brand, vergleichbar etwa unserem Korn. Auch Grain wird vor dem Abfüllen gelagert, allerdings nur selten als Single abgefüllt. Seine eigentliche Bestimmung ist der Blended Scotch, eine Mischung aus Malt und Grain Whisky. Grain ist – verglichen mit Malt Whisky – ein billiges Industrieprodukt, allerdings kein Neutralsprit.

Blended Scotch ist eine Mischung aus Malt und Grain Whisky. Blends enthalten in der Regel 15 bis 50 verschiedene Einzelwhiskys; zahlenmäßig haben dabei die Malts, mengenmäßig meist die Grains das Übergewicht – das Verhältnis bestimmt Qualität und Preis. Die Kunst des Blendings besteht in der Kombination der unterschiedlichen Charaktere der einzelnen Bestandteile: Während die Malts für Geschmack und Charakter des Blends ausschlaggebend sind, dienen die Grains dazu, die Intensität dieses Charakters zu mildern und zu vereinheitlichen. Der Erfolg des Scotch Whisky beruht auf dem mäßigenden Einfluss des Grains, der den Whisky leichter im Körper, vor allem aber auch billiger macht und ihm den Charakter eines Massenprodukts verleiht. Etwa 92 % des weltweiten Scotch-Verbrauchs entfallen auf Blended Whisky.

Geschichte: Historisch gesehen ist der Malt die älteste Form des Scotch. Der früheste Beleg stammt von 1494 (➤Lindores Abbey), man kann aber davon ausgehen, dass Whisky zu dieser Zeit in Schottland bereits allgemein verbreitet war. Wahrscheinlich war er anfangs ein reines Nebenprodukt der Landwirtschaft, um überschüssiges Getreide sinnvoll zu verwerten; dabei stellte es sich heraus, dass Getreide in flüssiger Form leichter zu transportieren und gewinnbringender zu verkaufen ist. Die Herstellung von Whisky begann also im häuslichen Bereich und war keinerlei allgemein verbindlichen Regelungen unterworfen. Die ersten Destillerien entstanden wahrscheinlich im 17. Jahrhundert, die ältesten heute noch aktiven Brennereien Schottlands wurden im 18. Jahrhundert errichtet. Einen wesentlichen Beitrag zur Geschichte des Scotch leistete die Steuergesetzgebung. Die Erhebung der ersten Alkoholsteuer im Jahre 1644 trieb die Brenner in die Illegalität und machte aus Whisky ➤Poitín, wie der Schwarzgebrannte hieß, der besonders im 18. und frühen 19. Jahrhundert zu einem Symbol des Widerstands der Schotten gegen die englische Besatzungsmacht wurde. Erst eine Steuerreform im Jahre 1823 ließ das legale Destillieren wieder rentabel erscheinen, und die Zahl der registrierten Brennereien stieg sprunghaft an (➤Glenlivet). Die Industrielle Revolution und damit die Neuzeit des Whiskys begann mit der Entwicklung der *patent still* ab 1830. Diese Technik ermöglichte die Herstellung des billigen und leichten Grains, der fortan mit Malt zu Blended Whisky verschnitten wurde. Die ersten Versuche in dieser Richtung unternahmen Andrew Usher (→**Usher's**), Sanderson (→**Vat 69**) und W. P. Lowrie (→**Lowrie's**) in den 60er-Jahren des 19. Jahrhunderts. Erst als Blend wurde Scotch außerhalb seines Heimatlandes bekannt, denn die schweren Malts galten südlich der Lowlands als Hinterwäldlergetränk. Im tonangebenden London trank man zu jener Zeit Brandy, meist Cognac, der vorzugsweise mit Soda verdünnt wurde. Es war allerdings nicht nur die Reblausplage (die damals in den französischen Weinbergen wütete und damit auch den Cognac-Nachschub zusammenbrechen ließ), die dem Scotch den Weg in die große Welt ebnete. Es war vielmehr die Energie und die Weitsicht jener Hersteller, die ihre Blends nicht wie früher üblich in Fässern anboten, sondern in Flaschen, die mit einem Etikett versehen waren. Die Idee des Markenzeichens war damals noch neu, und Blended Scotch gehörte zu den ersten Waren, die auf diese Weise populär gemacht wurden. Als Pioniere des Marken-Whiskys gelten die Herren →Buchanan, →Dewar, →Haig, Mackie (→**White Horse**) und →Walker (**Johnnie**), die damit Ende des 19. Jahrhunderts ein Vermögen machten und als Whisky-Barone die Londoner Gesellschaft eroberten. Auf dem Weltmarkt spielte damals allerdings noch der →Irish Wiskey die beherrschende Rolle, und es dauerte bis in die 1920er-Jahre, ehe sich dies änderte: Die große Zeit der Schotten kam während der →Prohibition in den USA. Mit stillschweigender Billigung (wenn nicht gar mit Unterstützung) der britischen Regierung taten sie sich als Blockadebrecher und Schmuggler hervor und bereiteten dem Scotch das Terrain für die Zeit nach der großen Dürre (→**Cutty Sark**, →**Light Whisky**, →**Old Smuggler**). Mit dem Ende der Prohibition übernahm Scotch die Führung auf dem Weltmarkt, die er bis heute nicht mehr abgab. Mögen noch so viele Länder Whisk(e)y produzieren (oder was sie dafür halten) – wer Whisky hört, denkt erst einmal an Scotch.

SCOTCH MALT WHISKY SOCIETY (SMWS) Whisky-Club, gegründet 1983 in Leith von einem Kreis von Puristen um Phillip Hills, einem kämpferischen Freigeist mit dem Ziel, Whisky möglichst unverfälscht in die Flasche zu bekommen. Mit ihren kompromisslosen *Einzelfassabfüllungen* ohne Kühlfiltration *(ncf)* leistete die SMWS wahre Pionierarbeit. Erst Anfang der 1990er übernahmen auch andere ➛unabhängige Abfüller diese Praxis (➛Cadenhead) und noch um einiges länger dauerte es, bis die großen Konzerne realisierten, dass sich auch mit dem wahren Stoff gutes Geld verdienen lässt. SMWS-Whiskys werden allerdings nur an Mitglieder verkauft und führen keine Markennamen auf dem Etikett. Stattdessen ist jeder Brennerei eine Nummer zugeordnet, anhand derer man in hauseigenen Publikationen die jeweiligen Charakteristika und damit auch den Hersteller ausfindig machen kann. Mittlerweile veröffentlicht die SMWS auch Whisk(e)ys aus Irland, Japan und den USA. Nach dem Abgang von Hills (1995) kam der Club etwas ins Trudeln. Er wurde 2004 von ➛Glenmorangie übernommen und kam damit später unter die Kontrolle von ➛Moët Hennessy – nicht gerade im Sinne des Erfinders. 2015 erwarb eine Gruppe privater Investoren die Society.

Membership No. 16418

SCOTCH WHISKY ASSOCIATION ➛SWA

SCOTIA ROYALE Schottische Single-Malt-Reihe, mit der sich ➛Glen Catrine Bonded Warehouse seit 2012 als ➛unabhängiger Abfüller betätigt. Die ausgewählten Malts werden in *Fassstärke* abgefüllt. Scotia Royale war früher ein Blended Scotch aus dem Hause A. Gillies & Co., das zeitweise die Brennerei Glen Scotia besaß. Der Blend wurde schon längere Zeit nicht mehr produziert, als Glen Catrine die Brennerei und mit ihr den Markennamen erwarben, den sie nun für ihre neuen Anbfüllungn verwenden.

SCOTS EARL
Blended Scotch
der →Loch Lomond Group

The SCOTTISCH COLLIE
Blended Scotch
von →QSI (William Grant & Sons)

SCOTTISH GLORY
Blended Scotch
von →Duncan Taylor

SCOTTISH LEADER
Blended Scotch von →Burn Stewart (DistelleGroup). Die Cashcow des Hauses gibt es in unterschiedlichen Qualitäten vom einfachen Supermarktstandard bis zum luxuriösen 30-Jährigen. Scottish Leader läuft in Großbritannien ebenso gut wie in Taiwan, im Baltikum und in Südafrika. Sein Rückgrat bilden Malts aus der →Deanston Distillery.

SCOTTISH PRINCE
Blended Scotch von Speyside Distillers (Harvey's of Bristol). Speysides Bestseller ist ein einfacher Blend und der schottische Prinz ist selbstverständlich →**Prince Charlie.**

SCOTTISH ROYAL
Blended Scotch
von →Angus Dundee

SCOTTISH SPIRITS
Schottische Whisky-Marke aus dem obskuren Firmenkonglomerat von Reynald Grattagliano, aka Reynald Katz, der behauptet, mehrere Millionen Flaschen Whisky jährlich zu verkaufen. Im Wesentlichen müsste das eben Scottish Spirits sein, den er als Blend, als Single Malt und als Single Grain anbietet (den 3-jährigen Grain gibt es auch in einer wiederverschließbaren Dose, wohl in der begründeten Annahme, dass kein Mensch das Zeug auf einen Sitz trinken wird). Unter dem Scottish-Spirits-Label gab es bis 2011 noch eine Reihe von Whiskys wie **Golden Dollar**, **John Bow**, **Paddington** und **Sir Edwins**, die Grattagliano nach einem Rechtsstreit mit der →Scotch Whisky Association vom Markt nehmen musste. Die SWA konnte nachweisen, dass diese durch Labeldesign und den Schriftzug Scottish Spirits stark an echten Scotch erinnernde Whiskys tatsächlich aus ungereiftem Neutralsprit, Farbstoff und künst-

S

HIGHLANDS

Aberfeldy 35
Abhainn Dearg 63
Ardnamurchan 64
Arran 57
Balblair 6
Ben Nevis 27
Blair Athol 32
Clynelish 5
Dalmore 10
Dalwhinnie 24
Deanston 39
Edradour 33
Fettercairn 28
Glen Albyn (†) 13
Glencadam 22
GlenDronach 1
Glenesk (†) 29
Glen Flagler 65
Glen Garioch 18
Glenglassaugh 22
Glengoyne 45
Glenlochy (†) 26
Glen Mhor (†) 15
Glenmorangie 7
Glen Ord 12
Glenturret 38
Glenugie (†) 16
Glenury Royal (†) 24
Highland Park 2
Isle of Jura 56
Loch Lomond 46
Lochside (†) 30
Macduff 42
Millburn (†) 15
North Port (†) 31
Oban 37
Pulteney 4
Royal Brackla 11
Royal Lochnagar 23
Scapa 3
Speyside 21
Strathearn 69
Talisker 19
Teaninich 10
Tobermory 36
Tomatin 17
Torabhaig (*) 20
Tullibardine 39
Wolfburn 70

CAMPBELTOWN

Glengyle 58
Glen Scotia 59
Springbank 60

LOWLANDS

Ailsa Bay 66
Annandale 67
Auchentoshan 49
Bladnoch 62
Daftmill 41
Glen Flagler 52
Glenkinchie 53
Kingsbarns 68
Kinclaith 71
Ladyburn (†) 61
Littlemill (†) 48
Rosebank (†) 50
St. Magdalene (†) 51

GRAIN

Alloa (†) 44
Cameronbridge 43
Dumbarton 46
Girvan 61
Invergordon 8
North British 52
Port Dundas 54
Strathclyde 55

(*) *im Bau*

(†) *außer Funktion*

Scottish Distilleries

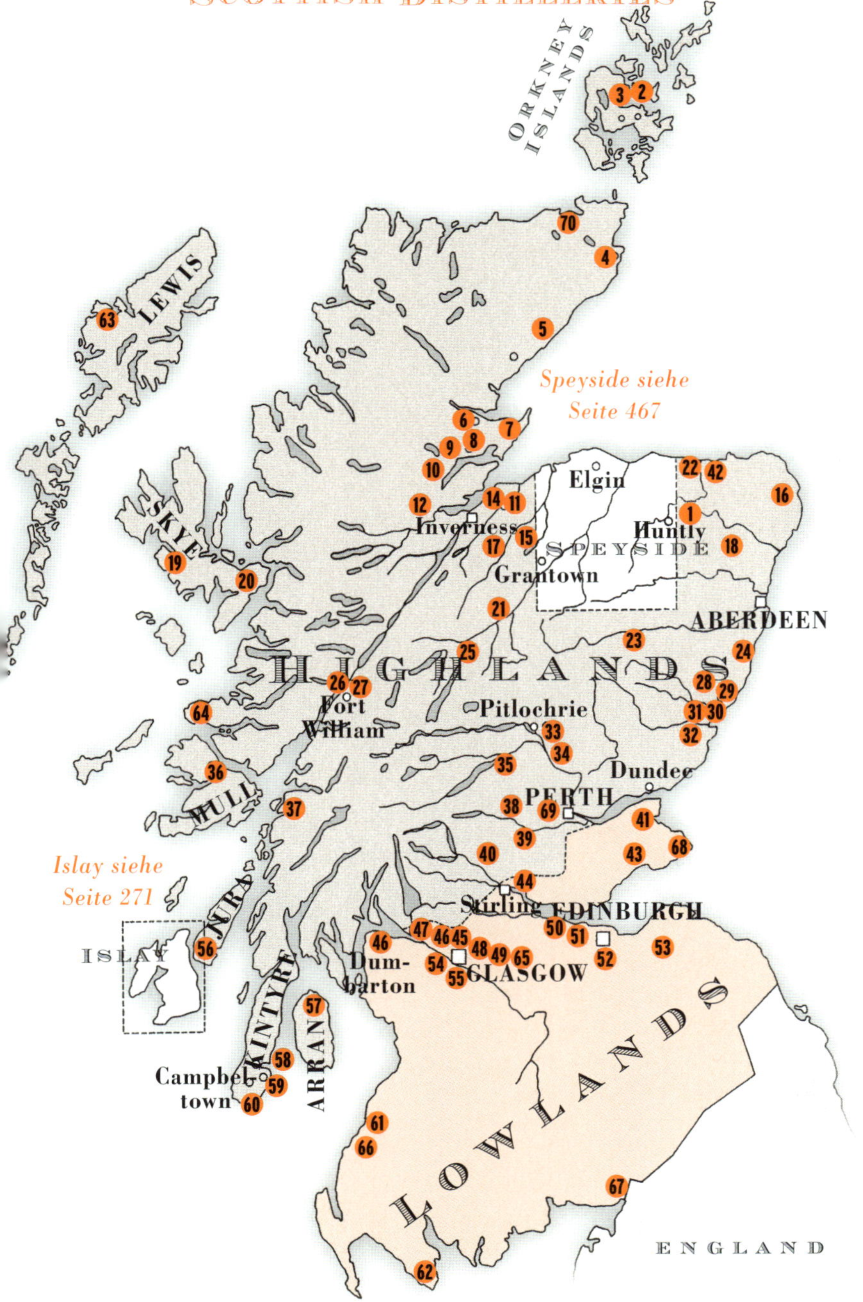

lichen Aromen bestanden und in Panama hergestellt worden waren. Dort gab es auch eine Firma namens Scottish Spirits Ltd., die nach Grattaglianos Aussage aber nichts mit der gleichnamigen Tochter seines Glasgower Handelshauses Reynald & Sons zu tun habe. Dennoch verschwand Scottish Spirits Ltd. Panama zur selben Zeit von der Bildfläche, als Grattagliano eine Briefkastenfirma gleichen Namens auf den Cayman Islands eintragen ließ. In Panama eröffnete er Worldwide Liquors Logistic, die – wen wundert's – die Marke Scottish Spirits vertreibt. Das tut auch die mexikanische Best Spirits Company, die außerdem noch einen Dosen-Whisky namens Geni anbietet. Präsidentin der Best Spirits Co. ist übrigens Grattaglianos Gattin Sylvie, ihrerseits auch verantwortlich für den alkoholfreien „Whisky" ➛**Arkay**. Jetzt reicht's aber.

SEAGRAM

Bis zu ihrer Auflösung im Jahre 2001 gehörte die kanadische Seagram Company, Montreal, zu den bedeutendsten Getränkekonzernen der Welt. Entstanden im Jahr 1928 (siehe Canadian), erreichte Seagram seine Blütezeit unter der Ägide von Sam Bronfman (1890–1971): Während der ➛Prohibition angeblich Schnapsschmuggler und Hauptlieferant des Mafiabosses Lucky Luciano, war Bronfman schon frühzeitig der Überzeugung, dass legaler und vor allem sauberer Schnaps langfristig mehr Geld bringt als gepanschter. Mit diesem Credo und einer Menge Sachverstand entwickelte Bronfman nicht nur Erfolgsmarken wie ➛**Crown Royal** und ➛**Royal Salute**, sondern mit **Seagram's 7 Crown** sogar eine eigene Whisky-Sorte – ➛Blended American, den großen Hit der 1960er-Jahre (➛**Schenley**, ➛**Four Roses**). In Schottland besaß Seagram mit ➛Chivas & Glenlivet Brennereien wie **Glen Grant**, **Glenlivet** und **Strathisla** und Weltmarken wie ➛**Chivas Regal** und ➛**Passport**. Wo immer ein neuer Markt entstand, konnte man sicher sein, dass The House of Seagram nicht weit ist: Die Firma spielte als ein-

ziger ausländischer Produzent eine Rolle im japanischen Whisky-Geschäft (➛Kirin-Seagram), das Gleiche galt für Neuseeland (➛**Wilson**), Indien (➛**Imperial Blue**, ➛**Royal Stag**) und Südkorea (➛**Top Secret**), auch in China und Thailand war Segram durch Joint Ventures vertreten. Daneben produzierte Seagram Gin und Wodka, besaß die Cognac-Marke Martell sowie das Portwein- und Sherry-Haus Sandemann und war stark im französischen Wein- und Champagnergeschäft engagiert. Die Bronfmans waren aber auch am Glitzer Hollywoods interessiert: Nachdem der Erwerb der MGM Studios der Firma Ende der 1960er-Jahre hohe Verluste beschert hatte, unternahm Seagram-Boss Edgar Bronfman jr. 1995 einen zweiten Versuch und kaufte die MCA, Muttergesellschaft der Universal Studios und Inhaber mehrer Themenparks. Zur Finanzierung verkaufte er Seagrams substanzielle Beteilung am Chemiekonzern DuPont, was Analysten damals den „dümmsten Deal des Jahrhunderts" nannten. Es sollte noch schlimmer kommen: Zusammen mit Jean-Marie Messier, Topmanager beim französischen Mischkonzern Vivendi, plante Bronfman die Bildung des weltgrößten Medien- und Unterhaltungskonzerns. Die beiden Unternehmen fusionierten per Aktientausch zu VivendiUniversal und häuften Schulden in Milliardenhöhe an, was die Familie Bronfman am Ende geschätzte drei Viertel ihres Vermögens kostete. The House of Seagram wurde 2001 den Löwen zum Fraß vorgeworfen: Den größten Brocken schnappte sich →Pernod Ricard: die Franzosen stiegen mit dem Erwerb der Chivas & Glenlivet Group zum zweitgrößten Scotch-Produzenten der Welt auf, außerdem übernahmen sie Seagrams Geschäfte in Lateinamerika und Indien. Weltmarktführer →Diageo sicherte sich die Canadian- und Blended-American-Sparte, der japanische Getränkekonzern →Kirin erwarb →**Four Roses** und Seagrams australischer Besitz ging an die Foster's Group (→**Cougar**).

SEAGRAM'S 7 CROWN

Blended American, den sich →Diageo in der →Four Roses Distillery herstellen lässt: der erste und bis heute erfolgreichste Whiskey seiner Art. Mit der Kreation dieser Marke gelang →Seagram-Chef Sam Bronfman der Sprung vom gerissenen Schnapsschmuggler zum Grandseigneur der amerikanischen Spirituosenszene (→Canadian). Seagrams Bourbon-Verschnitt – in seiner leichten und sauberen Beschaffenheit eindeutig vom Canadian inspiriert – war perfekt auf den Geschmack der Post-Prohibitionsära zugeschnitten (→Light Whisky), und Bronfmans Gespür für Marktmechanismen tat ein Übriges, um die Konkurrenz auf die Plätze zu verweisen: Er wartete mit der Einführung der Marke bis ein Jahr nach dem Ende der Prohibition. Alle anderen Hersteller hatten sofort nach deren Aufhebung enorme Mengen Whisk(e)y zum Teil sehr zweifelhafter Herkunft auf den US-Markt geworfen und ihr Pulver bereits verschossen, als Seagram sein ausgereiftes neues Produkt mit einer gigantischen Werbekampagne herausbrachte. So wurde 7 Crown vom Start im Jahre 1934 weg ein Bestseller, und sein Aufstieg zur weltweit meistverkauften Spirituose in den 1960er-Jahren bildete das Rückgrat für Seagrams Entwicklung zum größten Spirituosenkonzern der Welt. Inzwischen sind die großen Zeiten des Blended American vorbei, doch 7 Crown ist noch immer in der Liste der 50 führenden Spirituosenmarken zu finden. Getrunken wird er bevorzugt mit 7 Up gemischt als „7 'n' 7". Nach dem Untergang des Hauses Seagram fiel die Marke an →Diageo.

SEAGRAM'S V.O.

Canadian Blend, den →Diageo in seinen Brennereien →Gimli und →Valleyfield produziert. Ein weltweit populärer Alltagswhisky, der seit 1912 auf dem Markt ist und nach der Prohibition zum damals erfolgreichsten Canadian der Welt aufstieg. Die Marke war noch von Joseph E. Seagram (→Canadian, →**Canadian 83**) lanciert worden – er hatte den Blend ursprünglich für die Hochzeit seines Sohnes 1907 kreieren lassen und nannte ihn „Very Own". Nach dem Untergang des Hausas Seagram fiel die Marke an Diageo. Dort wurde ihr mit **Seagram's V.O. Gold** eine 8-jährige Version zur Seite gestellt, die in das lukrative →Small-batch-Segment vordringen soll.

SEASCAPE

US-Single Malt von →Lost Spirits. Eine *Einzelfassabfüllung* eines mit 55 *ppm* stark getorften Whiskeys, gereift in kalifornischen Süßweinfässern, abgefüllt in *Fassstärke*, *nas*. 2014 erschien **Seascape II**, dessen Maische wie bei seinem Stallgefährten →**Umami** mit Salzwasserlake angesetzt wurde. Seascape II reifte nacheinander in einem Weißwein- und einem Rumfass.

SENDAI →Miyagikyo

SENFT

Deutscher Single Malt aus der gleichnamigen Obstbrennerei der Familie Senft in Salem-Rickenbach Baden-Württemberg, erstmals abgefüllt 2012 nach 3-jähriger Lagerung in neuer amerikanischer Eiche. Die Senfts vertreten die Ansicht, man könne mit *Obstbrennblasen* einen besseren, das heißt in ihren Augen saubereren Whisky herstellen, als in traditionellen *pot stills*. O-Ton Silke Senft: „Viele der unangenehmen Aromen, die in schottischen Warehouses erst nach etlichen Jahren durch die Wechselwirkung mit dem Fass verschwinden, werden hier schon bei der Destillation abgeschieden." Dass ein allzu sauberes Destillat im Fass aber auch keine der wundervollen Aromen entwickelt, die echten Whisky ausmachen, scheint der guten Frau und vielen ihrer Kollegen entgangen zu sein (→Deutscher Whisky).

SEUTE DEERN

Deutscher Single Malt aus der Brennerei →Blaue Maus von Robert Fleischmann; wie in diesem Hause üblich eine *Einzelfassabfüllung*.

SEVEN BROTHERS OHIO WHEAT WHISLEY
US-Marke von Seven Brothers Distillers in Painesville, Ohio, gegründet 2011 von Kevin Suttman. Bei niedrigen Temperaturen unter Vakuum in einem Durchgang destilliert soll Seven Brothers durch die auf diese Weise erhaltenen delikaten Weizenaromen überzeugen. Er wird daher auch nur kurze Zeit in gebrauchten Bourbonfässern gelagert. Im Grunde ist das nichts anderes, als die bereits in den 1970er-Jahren erfolglosen ➛Light Whiskeys und fast ebenso überflüssig wie ➛**Thinn**, der andere Whiskey von Seven Brothers Distillers.

SHEEP DIP
Schottischer Vatted Malt, den ➛Invergordon Distillers für ➛Spencerfield Spirits herstellen. Der merkwürdige Name ist auf einen alten Trick schottischer Bauern zurückzuführen: Um ihren (selbst gebrannten) Whisky vor Steuereintreibern zu verstecken, füllten sie ihn in Fässer mit der Aufschrift „sheep dip“; das ist eine insektenvertilgende Lösung, mit der Schafe behandelt werden.

SHELTER POINT DISTILLERY
Kanadische ➛Craft Distillery auf Vancouver Island, British Columbia, im Besitz der Familie Evans. Seit 2011 betreibt Patrick Evans die Brennerei im Stil einer *farm house distillery* mit selbst angebauter Gerste, schottischen *pot stills* und Ex-Bourbonfässern. Mit der Abfüllung seines ersten Single Malts ist frühestens Ende 2025 zu rechnen.

SHENK'S HOMESTEAD BOURBON ➛Michter's

SHEPHERD'S
Neuseeländischer Blend von ➛Southern Grain Spirits; eine Mixtur aus importiertem Malt Whisky und einheimischem Grain.

SHIELDAIG
Schottische Marke von William Maxwell (➛Ian Macleod). Unter diesem Label gibt es eine ganze Reihe günstiger Single Malts.

SHINSHU
Japanische Brennerei in Miyata, Präfektur Nagano, von ➛Hombo Shuzo; sie wird auch Mars Shinshu oder Hombo Distillery genannt. Die 1985 eröffnete Brennerei produzierte in

zwei *pot stills* leicht getorfte Single Malts (5–14 *ppm*) aus schottischer Gerste, gelagert vorwiegend in Ex-Sherry-fässern. Sie wurden unter den Labels ➛**Komagatake** und ➛**Mars** veröffentlicht. 1972 gingen in Miyata die Lichter aus, dank des akuten Booms ➛japanischer Whiskys wurde Shinshu 2011 wieder angefahren. Die erste neue Abfüllung erschien 2014 als **The Revival 2011 Komagatake**. Hombo Shuzo nutzt neben den *warehouses* von Shinshu auch die ihrer alten Brennerei ➛Kagoshima auf Japans Südinsel Kyushu. Daher soll es in Zukunft zwei verschiedene Shinshu-Marken geben.

SHIRAKAWA

Japanische Brennerei von ➛Takara Shuzo in der Präfektur Fukushima. Die Destillerie war 1926 von Daikoku-Budosho gegründet worden, einem bekannten Weinproduzenten, der später auch ➛Karuizawa erbaute. 1947 kam Shirakawa zu Takara Shuzo, die hier einen in den 1950er- und 60er-Jahren recht populären Blend namens **King** herstellten. Später benutzte Takara nur noch Shirakawas Abfüllanlage, 2003 wurde der Betrieb eingestellt und demontiert. Anfang dieses Jahrtausends tauchte ein Fass eines wohl in den späten 1960ern destillierten Shirakawa-Malts auf, von dem einige Abfüllungen mit den Altersangaben „over 30 years old" und „32 years old" angeboten wurden. Die Bewertungen fielen recht unterschiedlich aus. Da war von wundervollen Malzaromen die Rede, aber auch vom Geschmack einer Streicholzschachtel.

SIGNATORY VINTAGE SCOTCH WHISKY CO.

Schottischer ➛unabhängiger Abfüller, gegründet 1988 in Leith von Andrew und Brian Symington. Nach eher bescheidenen Anfängen hat Signatory sich zu einem der bedeutendsten Unabhängigen gemausert, insbesondere durch Abfüllungen extrem rarer Malts wie ➛**Ben Wyvis**, ➛**Caledonian**, ➛**Craigduff**, ➛**Garnheath**, ➛**Glen Flagler**, ➛**Glenisla** und ➛**Killyloch**. Signatory war der erste Unabhängige, der sowohl Destillations- als auch Abfülldatum und die Art des Fasses auf den Etiketten vermerkte.

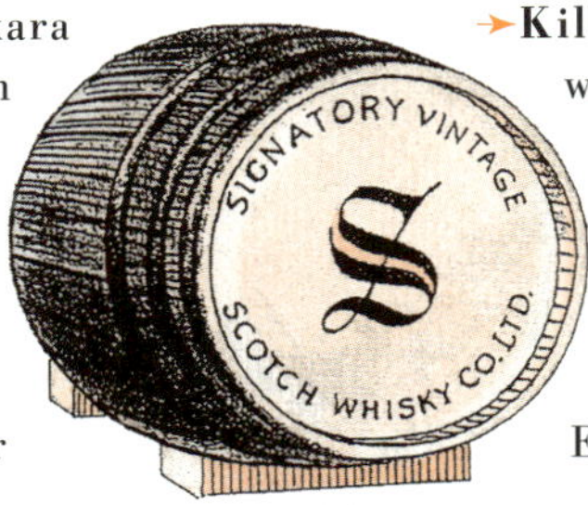

Auch mit Abfüllungen von *cask strength*-Single Malts machte das Unternehmen schon früh von sich reden. 2002 erwarb Andrew Symington – seinen Bruder hatte er 1998 ausbezahlt – die Brennerei ➛Edradour. Neben den Reihen **Cask Strength Collection** und **The Un-Chillfiltered Collection** gibt es von Signatory auch ein Zweitetikett namens ➛**Dun Eideann**.

SIGNATURE RARE

Indischer Whisky von ➛McDowell (United Spirits/Diageo). Die High-End-Marke des Hauses ist derzeit die Nr. 2 im indischen Premium-Segment.

SIKKIM DISTILLERY

Indische Brennerei in Rangpo, Bundesstaat Sikkim, im Besitz der LA Harish Aneja Group (LAHAG). Eine der wenigen Brennereien Indiens, die regulären Malt Whisky produziert: ➛**Old Gold** heißt dieser 7-Jährige; die Marke gibt es auch als Blend. Die Sikkim Distillery verfügt über eine *pot* und eine *column still* und produziert noch weitere Marken der LA Harish Aneja Group. Die betreibt allerdings noch fünf weitere Brennereien in Indien und lässt sich nicht in die Karten schauen, was Zusammensetzung und Herkunft dieser Whiskys betrifft. Sie kooperiert außerdem mit dem schottischen Hersteller ➛Ian Macleod und von dort stammt auch der Scotch, mit dem zum Beispiel LAHAGS **Royal Gold** unterfüttert wird. Weitere Marken sind **Casino Club**, **Sikkim Corn**, **Sikkim Special**, Wise **Knights**, **Dive Master** und **Black Horse**. Laut LAHAGs Webseite erfreuen sich diese Marken übrigens großer Beliebtheit in Deutschland (bislang sind allerdings bestenfalls die beiden Old-Gold-Varianten hierzulande im Handel). Die Sikkim Distillery wurde 1954 von Jimmy R. Contractor gegründet und gehörte lange zur Hälfte dem Bundesstaat Sikkim. Seit einigen Jahren ist sie Teil des Familienunternehmns LAHAG, das neben einer Vielzahl von Spirituosen auch einige Hotels besitzt und in der Immobilienbranche engagiert ist.

SINGLE GRAIN ➛Grain

SINGLE MALT

Whisk(e)y-Sorte; ein Single Malt ist ein ➛Malt Whisky, der aus einer einzigen Destillerie stammt – im Gegensatz zu einem ➛Vatted oder ➔Blended Malt, der aus mehreren Singles besteht. Schottische Single Malts gelten heute als die Krone der Whisk(e)y-Schöpfung. Das war keineswegs immer so: Bis in die 1960er-Jahre war diese Sorte außerhalb Schottlands so gut wie unbekannt. Die ersten Marken, die als Singles abgefüllt auf den internationalen Markt kamen, waren ➔**Glenfiddich** und ➔**Glen Grant**. Nur langsam zogen andere Brennereien nach und erst seit den späten 1990ern gibt es Single Malts aus allen Brennereien Schottlands. Der große Erfolg dieser Whiskys hat zur Folge, dass mittlerweile alle Whisk(e)y produzierenden Länder ebenfalls Single Malts anbieten, teils mit sehr überzeugenden Ergebnissen, wie beispielsweise Japan und Taiwan (➔**Kavalan**) oder Schweden. Der Begriff Single Malt an sich ist nicht geschützt. Nur wenn Single Malt Scotch Whisky auf dem Etikett steht, muss der Whisky in Schottland hergestellt und abgefüllt worden sein. So mancher Single Malt anderer Herkunft hat mit traditionellem Single Malt nur wenig gemeinsam. (➔Abfüllung, ➔Alter, ➔Malt Whisky, ➔Scotch).

SINGLE POT STILL WHISKEY

Offzielle Bezeichnung für traditionellen irischen Whiskey, der ursprünglich als ➔Pure Pot Still bekannt war. Die Namensänderung wurde durch eine Unsitte der Firma ➔Cooley ausgelöst, die ihre Whiskeys als „Pure Pot Still Single Malts" etikettierte. Mit der bis dahin nicht gesetzlich verankerten Bezeichnung Pure Pot Still ist unverschnittener Whiskey gemeint, der aus gemälzter und ungemälzter Gerste (wobei der ungemälzte Teil überwiegen sollte) dreifach in *pot stills* gebrannt wird. Im Gegensatz dazu wird der schottische Single Malt nur zweifach destilliert, ebenfalls in Pot Stills, allerdings ausschließlich aus gemälzter Gerste (Malt). Außer Cooleys unsinniger Wortwahl spielte hier auch der 2011 vom US-Alcohol & Tobacco Tax and Trade Bureau (TTB) geäußerte Einwand eine Rolle, demzufolge das Wörtchen pur im Kontext mit Trinkalkohol unzulässig ist. Seit 2012 ist die Bezeichnung Single Pot Still per EU-Richtlinie amtlich. Unabhängig von derlei

Haarspalterei ist festzuhalten, dass die unverschnittenen Pot-Still-Whiskeys Irlands zum Besten zählen, was die Whisk(e)y-Welt zu bieten hat: filigrane und doch kraftvolle Whiskeys von subtiler Komplexität. Barry Crockett, der ehemalige Brennmeister der →Midleton Distillery erklärt, die ungemälzte Gerste verleihe diesen Whiskeys ein „weiches, würziges, apfelartiges Aroma und eine seidige Textur". Midleton – von dort stammen alle derzeit angebotenen Single Pot Stills – liefert je eine leichte, mittelschwere und schwere Variante, die bei der Komposition der verschiedenen Blends eingesetzt werden. Angesichts des weltweit stark gestiegenen Interesses an hochwertigen Scotches und American Whiskeys realisieren endlich auch →Irish Distillers, was sie an ihren Single Pot Stills haben. Die jahrelang vernachlässigten Preziosen →**Green Spot** und →**Redbreast** werden neuerdings ernsthaft vermarktet, die High-End-Marke →**Midleton** glänzt mit einer Reihe von Single Pot Stills und selbst der gute alte →**Power's** bekommt mit **John's Lane** eine unverschnittene Version an die Seite (→ **Paddy**).

The SINGLETON Schottisches Single-Malt-Label, unter dem →Diageo seit 2006 einige Whiskys anbietet, die zuletzt nur noch in der längst vergriffenen →Rare Malts Selection als Singles vermarktet wurden. Bisher erschienen →**Glen Ord**, →**Dufftown** und →**Glendullan** (→**Auchroisk**). Es handelt sich hier allerdings nicht um *Einzelfassabfüllungen*, obwohl die Bezeichnung Singleton früher in diesem Sinne verwendet wurde. Als Marke steht die gesamte Range heute auf Platz 5 der weltweit meistverkauften Single Malts, und wenn es nach Diageo geht, wird sie noch weiterwachsen: Neuerdings werden die Singletons mit Nachdruck in →Indien vermarktet, wo schottischen Single Malts große Wachstumschancen beim jüngeren Großstadtpublikum attestiert werden.

SIR EDWARD'S Blended Scotch von →La Martiniquaise. Sir Edward's wird vor allem in Frankreich getrunken und ist derzeit weltweit die Nr. 15 unter den Scotches.

SIRIUS

Schottische Whisky-Reihe, herausgegeben von Mahesh Patel. Hier gibt es zwei alte Single Malts (➛**Dalmore** 1967, ➛**Fettercairn** 1966) und zwei Single Grains (➛**Carsebridge** 1965, ➛**North British** 1962) zu prohibitiven vierstelligen Preisen. Sirius-Eigner Patel hat es gerne teuer: Der in den USA lebende Bauunternehmer veranstaltet die protzige Universal Whisky Experience in Las Vegas, auf der seinen Angaben zufolge nur Flaschen für mindestens $ 300 ausgestellt werden, er gründete den Club Whisky Concierge, der seinen Mitgliedern Zugang zur „Welt des Luxus-Whiskys“ verspricht und bietet eine extrateure Version des Blends ➛**Syndicate 58/6** an. Da versteht es sich wohl von selbst, dass Patel eine der drei abgefüllten Flaschen **Dalmore Trinitas** à £ 100 000 besitzt.

The SIX ISLES

Schottischer Vatted Malt von William Maxwell (➛Ian Macleod), zusammengestellt aus sechs Insel-Whiskys: **Arran** (Isle of Arran), **Highland Park** (Orkney), **Jura** (Jura), **Talisker** (Skye), **Tobermory** (Mull) und einem ungenannten Islay-Malt.

SLANE CASTLE DISTILLERY

Irische Brennerei, die ➛Brown-Forman Ende 2016 auf dem Landsitz Slane, County Meath, eröffnen will. Hier sollen Blends, Pot Still und Grain Whiskeys produziert werden. Bis die reif zur Abfüllung sind, will Brown-Forman zugekaufte Whiskeys anderer irischer Brennereien unter eigenen Labels veröffentlichen. Bereits Henry Conyngham, 8th Marquess Conyngham, der frühere Besitzer von Slane Castle Estate hatte sich 2009 von ➛Cooley einen eigenen Whisky abfüllen lassen. Sein Plan, selbst eine Brennerei in seiner alten Burg einzurichten, scheiterte jedoch und so verkaufte er Slane Castle Irish Whisky Ltd. an die Amerikaner.

SLOUPISTI

Deutscher Single Malt aus der Spreewälder Feinbrand- und Likörfabrik in Schlepzig, Brandenburg, von Torsten Römer. Seit Anfang der 1990er-Jahre brennt der gelernte Radiologe Römer so ziemlich alles, was ihm an Wildfrüchten und Kräutern in die Quere kommt. Seit 2004 macht er auch in Malt, die ersten Abfüllungen des in Ex-Silvanerfässern gereiften Whiskys kamen 2007 heraus. Heute lässt Römer seine Brände auch länger reifen und verwendet neben Weinfässern frische Fässer aus deutscher Eiche und italienischem Kastanienholz. Sloupisti (niedersorbisch für Schlepzig), den es auch mit *Fassstärke* gibt, wird inzwischen in einige europäische Länder und die USA exportiert.

SLYRS

Bayerischer Single Malt aus der gleichnamigen Brennerei der Familie Stetter am Schliersee. Deutschlands auch international bekanntester Whisky wird seit 2002 abgefüllt, in der Regel als 3-Jähriger. Anfangs kam er noch aus der ebenfalls den Stetters gehörenden Obstbrennerei Lantenhammer, 2007 ging dann die Slyrs-Brennerei in Betrieb. Sie dient ausschließlich der Whisky-Produktion aus über Buchenholz geräuchertem Gerstenmalz. Destilliert wird zweifach in speziell angefertigten *pot stills*, gelagert in neuen Fässern aus amerikanischer Eiche. Kleinere Mengen erhalten ein *wood finish* in Sherry- oder Portweinfässern. Seit 2015 gibt es endlich auch einen 12 Jahre alten Slyrs, der allerdings stammt noch aus der Lantenhammer-Destillerie. Bei Slyrs wird auch der Blend ➤**Raritas Diaboli** produziert.

SMALL BATCH WHISKEY

Sammelbezeichnung für amerikanische Whiskeys, die nur in begrenzter Auflage herausgegeben werden. Im Destillerie-internen Sprachgebrauch definierte ein small batch eine Höchstmenge von 1000 Gallonen, bzw. 20 Fässern, heute dient der Begriff eher als Preiskategorie, sozusagen als modernisierte ➤De-luxe-Version. In diesem Sinne wurde small batch erstmals 1989 von ➤Beam benutzt. Mit ihrem ➤**Booker's** machten sie sich auf ins Bourbon-Oberhaus, wo bis dahin allein die ➤Buffalo-Trace-Marke **Blanton's** residierte. Im Gegensatz zu diesen beiden waren

Beams Nachfolgemarken ➔**Baker's**, ➔**Basils Hayden's** und ➔**Knob Creek** dann aber keine Single Barrel Bourbons mehr, sondern Zusammenstellungen aus besonders gelungenen Fässern. Sie orientieren sich eher an ➔**Maker's Mark**, dem ersten modernen Bourbon, der seinen Erfolg dem Motto „klein aber fein" verdankt (während bei Maker's tatsächlich nur etwa 20 Fässer pro batch gemischt werden, sind es bei Beam 300 und mehr). Beams Plan ging auf und die neue Edel-Kategorie wurde von anderen Herstellern aufgegriffen. In Kanada, wo bald darauf ebenfalls Small-Batch-Whiskys erschienen (➔**Seagram's V.O. Gold**, ➔**Wiser's Small Batch**), klappt es mit der Premiumisierung noch nicht so recht.

SMITH'S ANGASTON WHISKY

Australischer Single Malt aus der Yalumba Winery von Smith & Sons in Angaston, Barossa Valley, South Australia, dem ältesten familiengeführten Weingut Australiens. Destilliert in den Jahren 1997, 1998 und 2000 in einer alten Brennblase aus der Zeit, als hier noch Brandy produziert wurde, gereift in diversen hauseigenen Weinfässern.

SMOKEHEAD

Schottischer Single Malt von ➔Ian Macleod. Ein Whisky, der hält, was der Name verspricht.

SMOKEY JOE

Schottischer Vatted Malt *(ncf)* von ➔Angus Dundee zusammengestellt aus ungenannten Islay-Malts.

SMOOTH AMBLER

US-Whiskey, abgefüllt von Smooth Ambler Spi-

rits in Maxwelton, West Virginia, einem ➛Craft Blender (*2009), der seinen Whiskey von ➛LDI bezieht. Angeboten werden ein 7-jähriger **Old Scout Straight Bourbon** mit hohem Roggenanteil, ein junger **Yearling**, dessen *mashbill* Weizen statt Roggen enthält, und **Contradiction** eine Mischung aus beiden; außerdem ein 7-jähriger **Old Scout Straight Rye** mit hohem Roggenanteil; die beiden Old Scouts gibt es auch als *Single Barrel*. In der Smooth Ambler Distillery selbst wird bisher nur Gin und Wodka gebrannt.

SNOW GROUSE
Schottischer Vatted Grain von ➛Edrington; das Etikett empfiehlt, Snow Grouse aus dem Tiefkühler zu servieren – ist ja auch nur ein fassgelagerter Wodka.

SOLAN No.1
Indischer Malt Whisky aus der ➛Kasauli Distillery von ➛Mohan Meakin.

SOM DISTILLERIES
Indischer Hersteller mit Sitz in Neu-Delhi, Tochterfirma der Som Group of Companies. Die Som Distillery liegt in Bhopal, dem Zentrum der chemischen Industrie Indiens im Bundesstaat Madhya Pradesh. In der computergesteuerten Anlage werden hauptsächlich Industriealkohol und Neutralsprit erzeugt, aber auch Getreidedestillate, die als Grain bzw. Malt Spirit bezeichnet werden. Som Distilleries bieten eine ganze Reihe von Spirituosen an, darunter auch die Whiskys ➛**Genius**, ➛**Legend**, ➛**Milestone 100** und ➛**21st Century**.

SOMETHING SPECIAL
Blended Scotch von ➛Pernod Ricard. Ein sehr anständiger Deluxe-Blend, der heute sehr erfolgreich in Lateinamerika vermarktet wird. Die Marke stammt ursprünglich von Hill, Thomson & Co. (➛**Queen Anne**).

SONOMA COUNTY DISTILLING
US-➛Craft Distillery in Rohnert Park, Kalifornien. Seit 2010 brennt Adam Spiegel hier in einer Alambic (Cognac-Brennblase) diverse Whiskeys: **Sonoma Rye** aus 100 % Roggen, **2nd Chance Wheat Whiskey** aus Weizen und Gerstenmalz und **West of Kentucky Bourbon**.

SONS OF LIBERTY

US-➛Craft Distillery in South Kingston, Rhode Island, eröffnet 2010 von Michael Repucci, der die amerikanische Craft-Distiller-Bewegung durch programmatische Namensgebung mit der amerikanischen Revolution in Verbindung bringt. Als Sons of Liberty bezeichnete sich eine vorrevolutionäre Gruppe von Kolonisten, zu denen auch der spätere US-Präsident John Adams und die Initiatoren der Boston Tea Party gehörten. Repuccis erster, zweifach in einer kombinierten *Pot/Column Still* gebrannter Whiskey hieß denn auch schlicht ➛**Uprising** (Aufstand). Er erschien erstmals 2011, damals noch unter der unbestimmten Bezeichnung American Whiskey, inzwischen wird unter dem Uprising-Label ein Single Malt abgefüllt. Ebenfalls Single Malts sind die längst vergriffene **1765 Collection**, (im Jahr 1765 machten die historischen „Söhne der Freiheit“ erstmals von sich reden) und der 2014 erschienene ➛**Battle Cry**. Inspiriert von je nach Jahreszeit gebrauten Bieren gibt es von Sons of Liberty auch limitierte Seasonal Releases: einen aus Indian Pale Ale gebrannten und zusätzlich gehopften Sommer-Whiskey und einen mit Kürbis und Gewürzen aromatisierten für den Herbst. Als Berater konnte Repucci David Pickerell gewinnen, der als langjähriger Brennmeister bei ➛**Maker's Mark** so etwas wie der Pate aller Craft Distiller ist.

SOUTH ISLAND SINGLE MALT

Neuseeländischer Single Malt von der ➛New Zealand Malt Whisky Co. (Extra Eight), ein neues Label für einen alten Whisky aus der längst abgerissenen Brennerei ➛Wilson.

SOUTH SEAS DISTILLERIES

Indischer Spirituosenhersteller mit Sitz in Mumbay. Einer der großen Neutralspritfabrikanten Indiens hat auch einige Whisky-Marken im Programm: **Gold Rush**, **Grand National**, **John Bull**, **Million Dollar**. Außerdem bietet er „whisky concentrate“ an – was immer das ist.

SOUTHERN DISTILLERIES
Neuseeländischer Hersteller in Timaru, Southern Canterbury. In einer kleinen Brennblase werden hier einzelne Chargen von Malt und Grain Whisky produziert, die immer mal wieder unterschiedlich ausfallen können, so Produktionsleiter Peter Wheeler. Wheeler und sein Partner Malcolm Wilcott, die nach eigenen Angaben seit 25 Jahren im Geschäft sind, führten ihre bisherigen Betriebe in Canterbury bzw. Otago in Timaru zusammen. Seit der Jahrtausendwende produzieren sie hier ihre Marken: →**TheCoaster**, →**The MacKenzie** und →**Old Hokonui**, außerdem auch Rum und Liköre.

SOUTHERN FIRE
Australischer Single Malt aus der →Hellyers Road Distillery von Whisky Tasmania Pty Ltd.

SOUTHERN GRAIN SPIRITS
Neuseeländischer Hersteller in Kaiapoi, Canterbury; die auf Gin und einheimischen „Portwein" spezialisierte Firma produziert auch kleinere Mengen an Whisky. Ein 1996 destillierter Single Malt kam anfangs als **Fitzpatrick 13** heraus, mittlerweile wird er unter dem Brennereinamen →**Kaiapoi** angeboten. Daneben gibt es noch einen Blend namens →**Shepherd's**.

SOVEREIGN
Blended Scotch von →Hunter Laing

SPEAKERS Blended Scotch von →Hart Brothers

SPECIAL APPOINTMENT
Indischer Whisky von →Radico Khaitan; die nobelste Marke des Hauses besteht aus schottischem Malt und indischem Grain.

SPECIALITY DRINKS
Britischer →unabhängier Abfüller, gegründet 2005 von Sukhinder und Raj Singh in London. Die beiden Brüder betreiben seit 1999 mit The Whisky Exchange einen großartig sortierten Online-Handel und zwei Ladengeschäfte in London. Sie sind Veranstalter der hochgeschätzten Whisky Show, die jährlich Tausende interessierter Besucher aus aller Welt in die britische Hauptstadt lockt. Speciality Drinks ist für die Reihen **The Single Malts of Scotland** und **Elements of Islay** verantwortlich und gibt die Marke →**Port Askaig** heraus.

SPENCERFIELD SPIRIT COMPANY
Schottische Handelsfirma in Inverkeithing am Firth of Forth, die folgende Marken be-

sitzt: ➔The Feathery, ➔Pig's Nose und ➔Sheep Dip. Inhaber ist Alex Nicol, ehemals Marketing Director bei ➔Glenmorangie und ➔Whyte & Mackay.

SPERBER
Deutscher Single Malt aus der gleichnamigen Obstbrennerei von Helmut Sperber in Rentweinsdorf, Bayern, erstmals abgefüllt 2012 nach 3-jähriger Lagerung in neuer amerikanischer Eiche.

SPEY from SPEYSIDE
Schottischer Single Malt aus der ➔Speyside Distillery von Harvey's of Edinburgh. Ein malziges Mittelgewicht mit einem Anflug von Rauch, abgefüllt ohne Altersangabe, als 12- und 18-Jähriger. Als Harvey's die Marke im Jahr 1999 herausbrachte, war diese Blendingfirma noch Kunde und nicht Besitzer der Speyside Distillery. Seit Harvey's Inhaber John Harvey McDonough die Brennerei 2012 erwarb, ist Spey from Speyside der offizielle Name für deren Single Malts. Die Marke ist ein Verkaufsschlager in Taiwan.

SPEYBURN
Schottischer Single Malt (Speyside, Rothes) von ➔Inver House Distillers (ThaiBev). Ein süßes Weltergewicht mit freundlichen Kräuternoten, zu haben als 10- und 25-Jähriger sowie als **Bradan Orach**, *nas*. In Finnland ist Speyburn angeblich der meistverkaufte Malt und auch in den USA lief er lange Zeit recht gut. Die idyllisch gelegene Brennerei entstand 1897 nach einem Entwurf des großen Destillerie-Designers ➔Doig. 20 Jahre später gehörte sie zur ➔DCL, die sie 1974 weitestgehend neu errichtete. Seit 1991 gehört Speyburn zu Inver House Distillers, die Kapazität liegt bei 4,2 Millionen *lpa*.

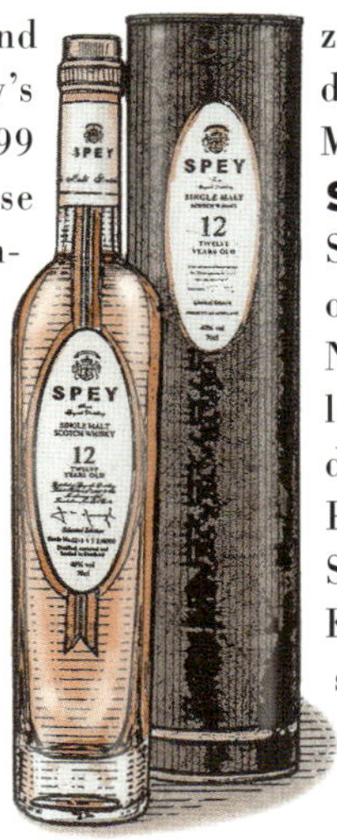

SPEYSIDE
Schottische Whisky-Region; die Speyside liegt im Nordosten der ➔Highlands und gilt als Zentrum der schottischen Whisky-Produktion. Rund um die Städtchen Elgin, Rothes, Keith und Dufftown finden sich mehr Brennereien als irgendwo sonst in Schottland – genauer ge-

sagt: 54 von derzeit 104 aktiven –, darunter auch so große Namen wie zum Beispiel **Glenfarclas**, **Glenfiddich**, **Glenlivet**, **Macallan**. Eleganz und Komplexität werden häufig als charakteristische Eigenschaften von Speyside-Malts genannt, doch die Vielfalt der hier erzeugten Whiskys ist zu groß, als dass von einem eindeutigen Stil die Rede sein könnte.

SPEYSIDE DISTILLERY

Schottische Brennerei (Highlands, Glen Tromie) von Speyside Distillers (Harvey's of Edinburgh). Es dauerte mehr als 30 Jahre, bis die pittoreske kleine Brennerei 1990 ihren Betrieb aufnehmen konnte. George P. Christie, ein umtriebiger Whisky-Entrepreneur, der bereits die ➛Strathmore Distillery besaß, hatte 1967 damit begonnen, eine aus dem 18. Jahrhundert stammende Getreidemühle zur Destillerie umzurüsten. Noch vor der Fertigstellung verkaufte Christie an ein Schweizer Unternehmen namens Scowis, das die ersten Malts der Brennerei unter dem Namen ➛**Drumguish** herausgab. 1999 erschien dann der erste Speyside Single Malt. Im Jahr darauf übernahm Christies Sohn Ricky zusammen mit zwei Investoren die Brennerei und füllte Speyside als 12- und 15-Jährigen ab. 2012 übernahm Harvey's of Bristol den Betrieb, dessen Malts nun unter dem Namen ➛**Spey from Speyside** angeboten werden.

SPICE TREE

Schottischer Vatted Malt von ➛Compass Box; die erste Version dieser Komposition aus ➛**Clynelish**, ➛**Dailuaine** und ➛**Dalmore** erschien 2005. Sie erhielt eine von Compass Box sogenannte zweite Reifung, indem stark angesengte Eichenholzplanken in die Fässer gegeben wurde. Diese aus dem Weinbau bekannte und höchst umstrittene Methode zur

S

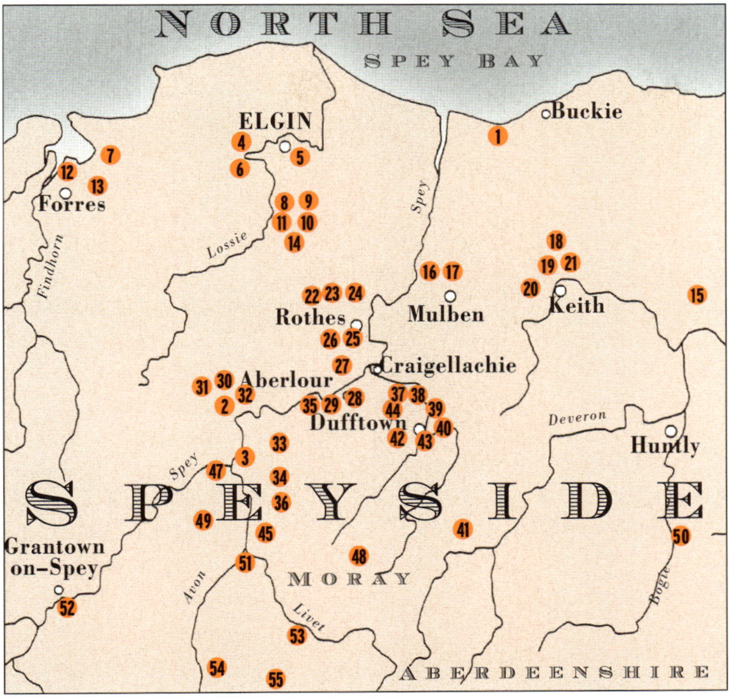

Aberlour 28
Allt-à-Bhainne 48
Ardmore 50
Auchroisk 16
Aultmore 18
Ballindalloch 56
Balmenach 52
Balvenie 40
BenRiach 9
Benrinnes 36
Benromach 12
Braeval 55
Caperdonich (†) 22
Cardhu 30
Convalmore (†) 43
Cragganmore 46
Craigellachie 27
Dailuaine 34
Dallas Dhu (†) 13
Dalmunach 3
Dufftown 42
Glenallachie 35
Glenburgie 7
Glendullan 37
Glen Elgin 14
Glenfarclas 45
Glenfiddich 41
Glen Grant 23
Glen Keith 19
Glenlivet 51
Glenlossie 11
Glen Moray 4
Glenrothes 24
Glen Spey 25
Glentauchers 17
Imperial (*) 33
Inchgower 1
Kininvie 39
Knockando 31
Knochdhu 15
Linkwood 5
Longmorn 10
Macallan 29
Mannochmore 8
Miltonduff 6
Mortlach 38
Pittyvaich (†) 44
Roseisle 2
Speyburn 26
Strathisla 20
Strathmill 21
Tamdhu 32
Tamnavulin 53
Tomintoul 54
Tormore 49

Beschleunigung des Reifeprozesses erregte das Missfallen der ➛SWA, und so wurde die Produktion von Spice Tree eingestellt. Der Relaunch der Marke kam 2009; diesmal fand die „zweite Reifung" in Form von angesengten Fassböden bzw. -deckeln statt und dagegen hatte die SWA keine Einwände.

SPINNAKER

Deutscher Single Malt aus der Brennerei ➛Blaue Maus von Robert Fleischmann; erstmals erschienen 2001 und wie üblich bei Fleischmann eine *Einzelfassabfüllung.*

SPIRIT OF FREEDOM

Blended-Scotch-Reihe von ➛J. & A. Mitchell, erschienen 2014, zu haben als 30-Jähriger und als **Spirit of Freedom 45**. Bei Letzterem bezieht sich die Zahl nicht auf das Alter, sie steht vielmehr für jene 45 % der Schotten, die beim Referendum zum Verbleib im Vereinigten Königreich für die Unabhängigkeit gestimmt hatten. Folgerichtig besteht der Blend aus Whiskys von 45 Brennereien und enthält 45 Vol.-% Alkohol statt der bei den Mitchells üblichen 46 %.

SPRINGBANK

Schottische Brennerei (Campbeltown) von ➛J. & A. Mitchell. Hier entstehen drei verschiedene Single Malts: ➛**Hazelburn**, ➛**Longrow** und Springbank selbst, ein hochrespektierter Malt, dessen Größe erst mit zunehmendem Alter erkennbar wird: Dann offenbart er eine Dichte und komplexe Aromavielfalt, ohne dabei schwer zu wirken. Springbank wurde 1828 eröffnet und ist die einzige alte Brennerei Schottlands, die noch von der Gründerfamilie geführt wird. Außerdem die Einzige, die ihren gesamten Malzbedarf selbst produziert. Auch bei der Destillation macht man eine Ausnahme: Ein Teil des *new makes* wird noch ein drittes Mal gebrannt. Selbst-

verständlich kennt man hier weder Zuckercouleur noch Kühlfiltration *(Färbung, ncf)*. Die Jahreskapazität beträgt 750 000 *lpa* (→**Burnside**, →**Cradle Mountain**, →**Da Mhile**).

ST. GEORGE
US-Single Malt aus der gleichnamigen Brennerei in Almeda, Kalifornien, gegründet 1982 von Jörg Rupf. Der Exil-Schwarzwälder Rupf gilt heute als einer der Väter der amerikanischen →Craft-Distilling-Szene. Angeblich holten sich selbst Pioniere wie Fritz Maytag und Steve McCarthy (→**Old Potrero**, →**McCarthy's**) handwerkliche Ratschläge bei ihm. Rupf hatte sich bereits mit diversen Obstbränden einen Namen gemacht, als er 1997 zusammen mit Lance Winters, heute Teilhaber und Master Distiller bei St. George, begann, in seiner kleinen *Obstbrennblase* auch Gerstenmalz zu verarbeiten. Sein erster Single Malt erschien im Jahr 2000. Einige Jahre später installierte er seine Brennerei in einem Fluzeughangar, die mit enormen Brennblasen ausgestattet ist. Die *wash* kommt aus einer Brauerei in Chico, Kalifornien, zukünftig soll sie aber vor Ort gebraut werden. Der Single Malt wird derzeit aus 4- bis 13-jährigen Destillaten zusammengestellt, gereift in Bourbon-, Sherry- und Portweinfässern. Die St. George Distillery produziert nach wie vor hauptsächlich Obstbrände, außerdem den Wodka Hangar One, Agua Azul Tequila sowie Absinthe und Gin. 2011 erschien ein Bourbon, der aus Fässern diverser Brennerei in Kentucky komponiert wurde: →**Breaking & Entering**.

ST. GEORGE'S DISTILLERY
→English Whisky Co.

ST. JAMES'S
Blended Scotch von →Berry Bros. & Rudd

ST. LEGER
Blended Scotch von →Pernod Ricard; der vorwiegend in den USA und Kanada angeboten wird. Benannt ist er nach einem Pferderennklassiker, der seit 1776 in Doncaster, Yorkshire, stattfindet. Die Marke kam ursprünglich von Hill, Thomson & Co. (→**Queen Anne**).

ST. MAGDALENE
Schottischer Single Malt (Lowlands, Linlithgow) von →Diageo. Ein für Lowland-Verhältnisse recht kräftiger Malt mit deutlichen Rauchnoten. Von Diageo gab es einige Abfüllungen in der →Rare Malts Selection und einen 30-Jährigen unter dem Namen →**Linlithgow**. Auch manche →Unabhängige füllten den Malt unter dem Ortsnamen ab. Die Brennerei wurde 1753 erstmals erwähnt und kam 1912 in den Besitz der →DCL. Nach der Stilllegung im Jahre 1983 wurden die Gebäude zu Apartments ausgebaut.

STAGG JR.
Kentucky Straight Bourbon aus der →Buffalo Trace Distillery (Sazerac Co.). Der kleine Bruder des Riesen →George T. Stagg erscheint seit 2013 mehrmals jährlich in kleiner Auflage mit 8 bis 9 Jahren, jeweils in *Fassstärke*. Was die Marketingabteilung hier geritten hat, bleibt im Dunkeln. George T. für Anfänger und/oder Sparfüchse? Der Junior ist ja gar nicht übel, aber er trägt zu schwer an seinem Namen. Freunde des alten werden sich kaum die Wartezeit bis zur sehnsüchtig erwarteten nächsten Ausgabe von George T. verkürzen, im Gegenteil: Es bleibt die Sorge, der junge könnte die knappen Vorräte für seinen großen Bruder noch weiter dezimieren.

STALK & BARREL
Kanadischer Whisky aus der →Still Waters Distillery, zu haben seit 2013 als Single Malt *(Einzelfassabfüllungen, cask strength, ncf)* sowie als Blend aus Whiskys anderer kanadischer Brennereien und bis zu 10 % Still Waters Malt.

STANDARD
Unterste Preiskategorie; die Prestigestaltung sagt häufig mehr über das Prestige einer Marke aus als über die tatsächliche Qualität eines Whiskys. Standardversionen können durchaus ein besseres Preis-Leistungs-Verhältnis haben, als →Premium- oder →De-luxe-Ausgaben.

STARLAW
Schottischer Single Grain von →Glen Turner (La Martiniquaise)

STARWARD

Australischer Single Malt Whisky aus der New World Whisky Distillery in Melbourne, Victoria, von David Vitale. Die kleine Brennerei wurde 2008 in einem ehemaligen Flugzeughangar eröffnet, damals noch unter dem Namen Victoria Valley Distillery. Der zweifach *pot still*-gebrannte Starward reift in Ex-Sherryfässern und wurde erstmals 2013 abgefüllt.

STAUNING

Dänischer Single Malt aus der gleichnamigen Brennerei in Skjern, Jütland, von Stauning A/S. Derzeit gibt es drei Standardversionen: einen 3-jährigen **Traditional**, gereift in Fässern von →Maker's Mark, einen **Peated** ebenfalls mit 3 Jahren und den 1-jährigen **Young Rye** aus reinem Roggenmalz. Die Brennerei verfügt über vier *pot stills* und eigene *floor maltings*. Gegründet wurde sie bereits 2005 von einer Gruppe von Whisky-Liebhabern, der reguläre Betrieb begann aber erst vier Jahre später.

STEPHEN FOSTER

US-Straight Rye von →Heaven Hill. Eine kleine Regionalmarke, deren Namenspatron Stephen C. Foster (1826–1864) ein im Süden der USA sehr verehrter Komponist volkstümlicher Lieder ist („My Old Kentucky Home"). Er starb mit 38 an einer Alkoholvergiftung.

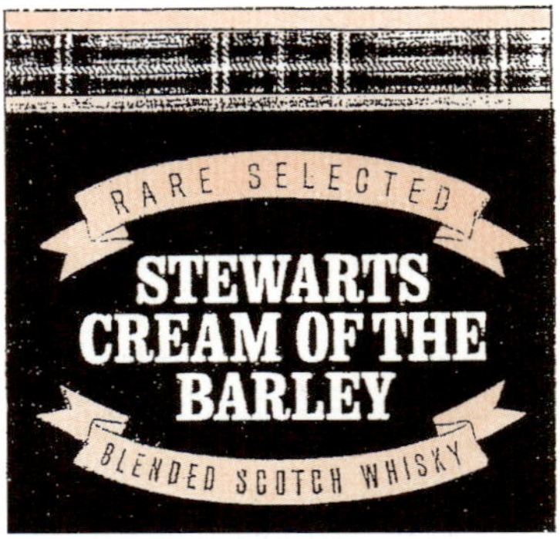

STEWART'S CREAM OF THE BARLEY

Blended Scotch von ➔Chivas Bros. (Pernod Ricard). Ein anständiger Alltags-Blend, der auf zahlreichen Märkten präsent ist. Die Marke geht auf die 1831 gegründete Firma Stewart & Son of Dundee zurück (➔**Glen Rossie**).

STILL WATERS

Kanadische Craft Distillery in Concord, Ontario, gegründet 2009 von Barry Bernstein und Barry Stein. Die beiden produzieren einen Single Malt namens ➔**Stalk & Barrel** sowie die Vatted Malts ➔**ACHN**, ➔**GLLS** und ➔**RLOC**, komponiert aus eigenen Whiskys und jeweils einem schottischen Single Malt. Diese Verbindung stammt noch aus der Zeit, als die beiden Barrys als ➔unabhängige Abfüller Malts aus Schottland importierten.

STILLBROOK

Blended American von ➔McCormick. Ursprünglich war dies ein wuchtiger Straight Bourbon; er stammte aus der Pekin Distillery in Illinois, die seit 1991 nur noch Äthanol herstellt. McCormick bezieht ihn heute von ➔Heaven Hill.

STIMULUS

US-Single Malt aus der Nashoba Valley Winery in Bolton, Massachusetts, erstmals abgefüllt 2009 mit 5 Jahren. Nach ersten Erfolgen als Winzer, Bierbrauer und Obstbrenner produziert Richard Pelletier seit 2003 nun auch Whiskey. In Zukunft soll es auch länger gereifte Malts geben, außerdem einen Rye und einen Corn Whiskey.

STITZEL-WELLER

US-Brennerei in Louisville, Kentucky, im Besitz von ➔Diageo. Bereits seit 1992 geschlossen, besitzt diese Brennerei noch immer regelrechten Kultstatus bei Bourbon-Freunden. Das verdankt sie ihrem Gründer Pappy Van Winkle (†1965), dem wohl qualitätsbewusstesten Bourbon-Produzenten der amerikanischen Nachkriegszeit. Seine Parademarke ➔**Old Fitzgerald** war und ist wie alle Stitzel-Weller-Marken ein ➔Wheated Bourbon. Heute greifen

Sammler tief in die Tasche für Whiskeys, die wenigstens noch Spuren von Stitzel-Weller-Destillaten enthalten, allen voran die Marke ➔**Pappy Van Winkle** selbst (➔**Jefferson's Presidential Select**, ➔**Old Rip Van Winkle**; ➔**Low Gap**). Die Brennerei wurde 1935 eröffnet, und produzierte die Marken ➔**Cabin Still**, ➔**David Nicholson 1843**, ➔**Rebel Yell** und ➔**W.L. Weller**; die *mashbill* betrug 75 % Mais, 5 % Gerstenmalz und 20 % Weizen. Die Van Winkles verkauften die Brennerei 1972 an einen großen Sodawasserproduzenten, der sie wiederum 1992 an United Distillers abgab. Deren Nachfolger ➔Diageo legte Stitzel- Weller 1992 still und nutzt die Gebäude seit 2015 als Showroom für ihre „Bulleit Frontier Whiskey Experience at Stitzel Weller".

STOCK SPIRITS GROUP

Britische Herstellerfirma, die 2008 von der US-Investmentgesellschaft Oaktree Capital Management ins Leben gerufen wurde, um deren vorwiegend osteuropäische Spirituoseninteressen wahrzunehmen. Dazu gehören neben diversen Wodka- und Likörmarken auch die tschechischen Whiskys ➔**Hammer Head** und ➔**Printer's** sowie die von ➔Heaven Hill produzierten Handelsmarken **Blue Barrel Bourbon** und **Gold Barrel Blended American**. Der Name Stock geht auf Lionello Stock zurück, seines Zeichens Likör- und Brandyfabrikant aus Triest, der in den 1920er-Jahren die Brennerei Bozkov bei Pilsen erwarb und dort seine Erfolgsmarke Fernet Stock produzierte. 1939 konfiszierten die Nazis den Betrieb, nach dem Krieg wurde er verstaatlicht und lieferte den im Ost-

block sehr gefragten Malt Whisky **Halberd**. 1993 konnte die Firma Stock, Triest, die Firma wieder erwerben, um zwei Jahre später selbst von der deutschen Spirituosen-Macht Eckes geschluckt zu werden. Eckes wiederum, die unter anderem Stehausschankklassiker wie Chantré und Nordhäuser besaß, zog sich 2007 aus dem Spirituosengeschäft zurück und so landete der Name Stock bei seinen derzeitigen Besitzern.

STORM

Schottischer Vatted Malt von ➛Lombard.

STRAIGHT WHISKEY

In den USA darf als Straight Whiskey nur ein unverschnittenes, mindestens 2 Jahre gereiftes Getreidedestillat verkauft werden; sobald Neutralsprit ins Spiel kommt, spricht man von ➛Blended Whiskey. Heute werden alle Straight ➛Bourbons, ➛Ryes und ➛Tennessee Whiskeys außerdem nach dem *sour mash*-Verfahren hergestellt.

STRANAHAN'S COLORADO WHISKEY

US-Single Malt aus der gleichnamigen ➛Craft Distillery in Denver, Colorado, (Proximo Spirits). Ein echter ➛Small Batch Whiskey: In Auflagen von jeweils 5000 Flaschen werden hier 2- bis 5-jährige Malts abgefüllt, zweifach destilliert, gereift in amerikanischer Eiche. Einmal jährlich wird **Stranahan's Snowflake** abgefüllt, ein S*ingle Barrel* mit unterschiedlichen *wood finishes*. Stranahan's war vom Start weg (2006) derart erfolgreich, dass 2009 eine größere Brennerei bezogen wurde. Die ursprüngliche, 2004 von Jess Graber und George Stranahan eröffnete Anlage, stand neben Grabers Flying Dog Brewery, aus der auch die für den Whiskey benötigte *wash* kam. 2010 verkauften

die beiden ihr Unternehmen an Proximo Spirits, New Jersey, eine private Handelsgesellschaft, die bereits einige große Spirituosenmarken international vermarktet (unter anderem José Cuervo Tequila und Boodles Gin). Proximo bietet Stranahan's derzeit nur noch im Bundesstaat Colorado an, um, wie es heißt, größere Vorräte anzulegen – das war's dann wohl mit Small Batch (→**Tincup**).

STRANGFORD GOLD
Blended Irish Whiskey, den sich der nordirische Unternehmer Shane Braniff seit 2005 von →Cooley herstellen lässt. Ein eher simpler Whiskey, der hauptsächlich in den USA verkauft wird.

STRATHAVON
Schottischer Vatted Malt von →Gordon & MacPhail.

STRATHCLYDE
Schottische Destillerie (Lowlands, Glasgow) von →Chivas Bros. (Pernod Ricard) in Glasgow, die Grain Whisky und Neutralsprit produziert und zeitweise eine Malt-Brennerei namens →Kinclaith beherbergte. Als Single Grain wurde Strathclyde erstmals 2004 von →Duncan Taylor abgefüllt, heute gibt es ihn auch als Originalabfüllung in Chivas' „Cask Strength Edition." Die Brennerei wurde 1927 errichtet und gehörte zeitweise →Schenley. Im Jahr 2002 wurde sie großzügig erweitert, um auch die Produktion der stillgelegten Brennerei →Dumbarton übernehmen zu können. Seit 2005 ist Strathclyde bei Pernod Ricard.

STRATHEARN
Schottische →Microdistillery (Southern Highlands, Methven), die 2013 von T. Reeman-Clar, D. Land und D. Wight eröffnet wurde. In zwei kleinen *pot stills* entsteht hier ein getorfter (35 *ppm*) und ein ungetorfter Whisky, gereift in neuen Eichen- sowie Ex-Sherry- und Portweinfässern. Die ersten Abfüllungen sind für Ende 2016 angekündigt, die Kapazität beträgt 30 000 *lpa*.

STRATHEDEN
Schottischer Vatted Malt von →The Lost Distillery Company, benannt nach einer Brennerei, die 1829 bis 1926 in Fife (Lowlands) betrieben wurde.

STRATHISLA
Schottischer Single Malt (Speyside, Keith) von →Chivas Bros. (Pernod Ricard). Ein vollmundiges, fruchtig-süßes Mittelgewicht mit dezenter Torfnote, abgefüllt als 12-Jähriger (früher gab es den Malt nur in

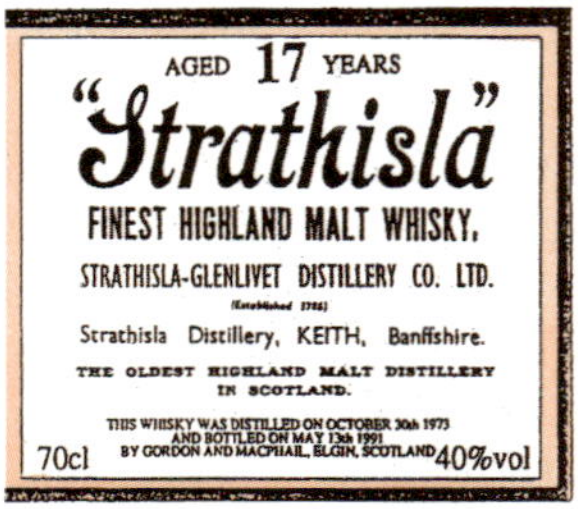

Lizenzabfüllungen von →Gordon & MacPhail). Der Löwenanteil der Jahresproduktion von 2,4 Millionen *lpa* geht in die →Chivas Regal-Blends. Die Brennerei stammt aus dem Jahr 1786 und hieß damals Milltown. Der Name wechselte später einige Male, der Whisky selbst wurde aber schon länger als Strathisla verkauft, als die Destillerie schließlich unter der Regie des →Seagram-Konzerns endgültig ihren heutigen Namen (gesprochen etwa straffaila) erhielt. Das war nachdem James „Jimmy“ Barclay, der es vom Schnapsschmuggler zu einem einflussreichen Strippenzieher im Scotch-Business gebracht hatte (→Hiram Walker), die Destillerie 1949 für die Seagram-Tochter Chivas ersteigert hatte (der Vorbesitzer saß wegen Steuerhinterziehung und Schwarzmarktgeschäften im Gefängnis). Im Jahr 2000 wurde Strathisla mitsamt Seagrams Chivas & Glenlivet Group von Pernod Ricard übernommen (→**Craigduff**).

STRATHMILL

Schottischer Single Malt (Speyside, Keith) von →Diageo. Ein sommerliches, fruchtig-würziges Weltergewicht, abgefüllt als 12-Jähriger in der →Flora & Fauna-Reihe und als 25-Jähriger. Strathmill-Malt ist ein wesentlicher Bestandteil

der Weltmarke ➛**J&B**. Die Brennerei stammt aus dem Jahre 1891. Sie wurde 1895 von W.&A. Gilbey übernommen (➛**Glen Spey**) und kam mit dieser Firma später zu Diageo. Die Brennerei hat eine Kapazität von 2,6 Millionen *lpa* und ist mit *purifiern* ausgerüstet.

STRATHMORE

Schottische Single-Grain-Rarität aus der gleichnamigen Brennerei, abgefüllt 2014 mit 44 Jahren in der Reihe „Malts of Scotland" von ➛Invergordon. Die Strathmore Distillery war 1957/58 von George P. Christie in Alloa (Lowlands) eröffnet worden. Bis 1960 wurde hier versuchsweise Malt Whisky in *Coffey stills* gebrannt, dann besann Christie sich eines Besseren und stieg auf Grain-Produktion um (➛**Alloa**). 1982 erwarb die ➛DCL die Brennerei und legte sie still – nicht wirklich überraschend, besaß der Konzern doch selbst bereits eine große Grain-Brennerei im Ort (➛Cambus). 1993 wurde Strathmore abgerissen, nur die *warehouses* stehen noch und werden von DCL-Nachfolger ➛Diageo genutzt. Die Brennerei hieß ab 1964 **North of Scotland** und unter diesem Namen gab es den Whisky in der ➛Clan-Denny-Reihe von ➛Douglas Laing und der Scott's Selection. Für die war die gleichfalls von Christie gegründete ➛Speyside Distillery verantwortlich. Auch einen Blended Scotch mit dem Namen **The Strathmore** gab es, ebenfalls von Speyside Distillery.

STRATHNAIRN WHISKY

Eine 1964 in Inverness gegründete Tochterfirma von ➛Gordon & MacPhail, die die einfacheren Labels des Hauses herausgibt: ➛**Ben Aigen**, ➛**Fraser's Supreme**, ➛**Glen Fraser** und ➛**Monster's Choice**.

The STRATHSPEY RESERVE

Blended Scotch von →William Grant, erschienen 2014 und (vorerst) nur bei World of Whiskies erhältlich, einer britischen Handelskette, die auf zahlreichen internationalen Flughäfen präsent ist. Strathspey war der frühere Name der Brennerei →**Dalwhinnie** und auch einen Vatted Malt dieses Namens gab es schon – der kam von W. & A. Gilbey, einer einst sehr angesehenen Londoner Wein- und Spirituosenhandlung (→**Glen Spey**).

STRONACHIE

Schottischer Single Malt aus der →Benrinnes Distillery, herausgegeben von →A. D. Rattray. Dass der Whisky den Namen einer 1928 geschlossenen Brennerei trägt, erklärt man bei Rattray mit seinem an Proben aus alten Stronachie-Flaschen erinnernden Geschmack – Raritätenschwindel aus der Marketingabteilung (siehe auch The Lost Blend Distillery Co.).

SUMMER HALL

Indischer Whisky von →Mohan Meakin, erschienen 1997.

SUNNYBROOK

Blended American von →Beam Suntory; Trailerpark-Treibstoff.

SUNSHINE

Japanischer Whisky von Wakatsuru Shuzo, einer 1862 gegründeten Sake-Brauerei in Toyama, der Hauptstadt der gleichnamigen Präfektur. Seit den 1950er-Jahren wurde hier sporadisch Whisky gebrannt, teils zum Verschneiden mit importiertem Scotch, manchmal aber auch als Single abgefüllt; zuletzt erschien 2015 ein 20-Jähriger mit 56 Vol.-%.

SUNTORY HOLDINGS

Japanisches Familienunternehmen, das durch seine Tochterfirmen Suntory Liquors und →Beam Suntory der drittgrößte Spirituosenproduzent der Welt ist. Suntory Liquors produziert in erster Linie

die japanischen Spirituosen des Hauses und hat in seiner Heimat einen Marktanteil von 70 %. Die Firma betreibt die Brennereien ➔Hakushu und ➔Yamazaki, in denen eine ganze Reihe unterschiedlicher Malts entstehen, sowie die Grain-Destillerie ➔Chita. Über ihre Tochterfirma ➔Morrison Bowmore Distillers besitzt Suntory die schottischen Brennereien ➔**Auchentoshan**, ➔**Bowmore** und ➔**Glen Garioch**, deren Malts auch in Suntory-Blends Eingang finden dürften. Das Unterfüttern heimischer Blends mit schottischen Importen ist in Japan nach wie vor üblich (➔Japanischer Whisky). Die älteste Marke des Hauses ist der Blend ➔**Tory**, die erfolgreichste wird **Kakubin** genannt, was so viel bedeutet wie „eckige Flasche", zu haben als **White**, **Yellow** und **Black Label**. Der auch international gut vertretene Renommier-Blend heißt ➔**Hibiki**. Daneben werden zahlreiche weitere Blends für jeden Geldbeutel angeboten, über deren Zusammensetzung man sich ausschweigt, z. B. die Topmarken **Suntory Red**, **Suntory Old**, **Suntory Re-**

serve, **Suntory Royal** und **Suntory White Label**, der ursprünglich **Shirofuda** hieß, was das Gleiche bedeutet; preisgünstige Marken sind ➔**Excellence** und **Suntory Old**; angeblich für die Damenwelt gedacht ist der „Pure Malt" **Suntory Zen**, der ein Blend, ein Vatted oder auch ein Single Malt sein könnte. Die Firma Suntory geht auf ein Weinhandelshaus namens Kotobukiya zurück, das Shinjiro Torii (1879–1962) 1899 eröffnet hatte. Torii gilt allgemein als der Vater des japanischen Whiskys. Er gründete 1923 mit Yamazaki die erste Whisky-Brennerei des Landes, in der er mithilfe seines Mitarbeiters Masataka Taketsuru (➔Nikka) erstmals genuin japanische Malt Whiskys produzierte. Erste nennenswerte Erfolge ließen bis in die 1950er auf sich warten. Damals eröffnete Torii im ganzen Land seine Tory Whisky Bars, amerikanisch anmutende Kneipen, in denen ausschließlich Toriis Whiskys ausgeschenkt wurden. Außerdem überwand er die Scheu, die seine Landsleute traditionell Spirituosen gegenüber hegten, indem er Whisky als Sake-Ersatz propagierte, der mit viel (und durchaus auch mit warmem) Wasser zum Essen getrunken werden soll. Damit traf er den Geschmack der japanischen Nachkriegsgeneration und löste einen regelrechten Whisky-Boom aus (➔Japanischer Whisky). Unter Toriis Sohn Keizo Saji begann eine neue Ära: Der alte Name Kotobukiya wurde 1962 durch das weltläufigere Suntory ersetzt, und die Firma erschloss sich neue Geschäftsfelder,

wie Bier-, Mineralwasser- und Nahrungsmittelproduktion, außerdem Weinbau, Verlagswesen, pharmazeutische und biotechnische Industrie und vieles mehr.

SUPER

Japanischer Whisky von ➛Nikka. Die Marke erschien 1962 und ist heute eines von Nikkas Zugpferden. Die Standardversion heißt **Super Rare Old**, **Super Session** ist ein Blend aus Malt, Grain und Rye Whisky und **Super Genshu** ist ein hochprozentiger Vatted Malt.

SWISSKY

Schweizer Single Malt, den Edi Bieri im Jahr 2000 als ersten ➛Schweizer Whisky herausbrachte. Dabei handelte es sich um einen *new make* aus dem Brennereizentrum Bauernhof in Baar, Schwyz. Dort entstand auch der **St. Moritzer Single Malt** für Claudio Bernasconi, in dessen Devil's Place Bar im Waldhaus am See eine der umfangreichsten Whisky-Sammlungen der Welt zu bestaunen ist. Bieri hat sich mittlerweile aus dem Geschäft zurückgezogen und seine Restbestände an die Brennerei Etter (➛**Johnett**) verkauft.

SWA

Der Interessenverband der schottischen Whisky-Industrie wurde 1917 in London gegründet, damals noch unter dem Namen The Whisky Association, denn anfangs waren auch die irischen Hersteller mit von der Partie. Erst als diese den Verband 1943 verließen, nahm er den heutigen Namen an. Hauptaufgabe der SWA ist die Lobby-Tätigkeit zugunsten der Scotch-Industrie. Dazu gehört der immerwährende und vergebliche Kampf gegen die Branntweinsteuer, der Schutz vor missbräuchlicher Verwendung jeglicher mit

Scotch verbundenen Begriffe durch nicht-schottische Unternehmen (→Blaue Maus, →Bonnie Special, →Director's Special, →G. Rozelieures, →Glenora, →Khoday, →Scottish Spirits) sowie die Erhaltung der Reinen Lehre (→**Spice Tree**). Die SWA vertritt etwa 95 % der schottischen Whisky-Industrie. Die restlichen 5 % werfen ihr mitunter vor, die Interessen der großen Konzerne bevorzugt zu behandeln.

SYNDICATE 58/6

Blended Scotch, den →Douglas Laing für das Syndicate 58/6 abfüllt, einen 1966 von Donald Smith und fünf weiteren Herren gegründeten Club in Edinburgh. Einziger Sinn und Zweck dieser Runde war der exklusive Genuss eines 1954 komponierten Blends der Marke **Taplows**, der in den Whisky-Lagern von Smiths Handelsfirma William Muir (Bond 9) reifte. Die letzten zehn Fässer der inwzischen eingestellten Marke hatte man 1958 wieder entdeckt und die werden nun seit 1966 peu à peu abgefüllt. Der Club wuchs und der Blend schwand zusehends, also beschlossen die Herren, die alten Bestände etwas zu unterfüttern: Sie baten Richard Paterson, die lebende Legende aus dem Hause →Whyte & Mackay (damals Besitzer von William Muir (Bond 9) einen neuen 12-jährigen Blend zu erstellen. Der wird seither in die Taplows-Fässer gefüllt, sobald diesen etwas Whisky entnommen wurde. Selbstverständlich nennt der Club diese simple Prozedur ein Solera-Verfahren. Dieses bei der Herstellung von Sherry verwendete System setzt allerdings die sukzessive Mischung einer ganzen Reihe von Altersstufen voraus (→**Drayman**, →**Hillrock**). Seit einigen Jahren können auch Nicht-Mitglieder den Syndicate 58/6 erwerben, der allerdings nur noch Spuren des Originals enthalten dürfte. Trotz des Geweses, das das Syndicat um das „Solera"-Verfahren und die als Sensation gefeierte Wiederentdeckung der Fässer macht (nach gerade mal vier Jahren im Keller), scheint der Blend nicht gerade ein Verkaufsschlager zu sein. Das gilt auch für die Version ohne Altersangabe, die Mahesh Patel, der Herausgeber der sündhaft teuren →Sirius Single Malts spaßigerweise für nahezu den dreifachen Preis des regulären 12-Jährigen anbietet.

T

Halt den Mund
und schenk ein!
Billy Wilder, „Das Appartement"

TAKARA SHUZO
Japanischer Spirituosenproduzent in Kyoto. Mit ➔japanischem Whisky gibt man sich bei Takara schon länger nicht mehr ab, umso mehr mit Scotch und Bourbon: 1986 erwarb die Firma mit ➔**Tomatin** die damals größte Malt-Brennerei Schottlands und den Blend ➔**Big T**, 1992 folgten die US-Marken ➔**Ancient Age**, ➔**Blanton's**, ➔**Elmer T. Lee**, ➔**Hancock's Reserve und** ➔**Rock Hill Farms**, die von ➔Sazerac im Auftrag der Japaner hergestellt werden (➔**Age International**). Seit 1996 besitzt Takara Shuzo auch den altehrwürdigen Blend ➔**The Antiquary** (➔**Ancient Clan**, ➔**Talisman**). 1947 hatte das Unternehmen die Brennerei Shirakawa erworben, in der es einen Blend namens **King** herstellte. In den 1970er-Jahren gab Takara seine japanischen Whisky-Interessen auf und entwickelte sich zu einem Big Player im internationalen Biochemie-Business.

TAKETSURU
Japanischer Vatted Malt aus der ➔Pure-Malt-Serie ➔Nikka. Diese Komposition aus Malts von ➔**Miyagikyo** und ➔**Yoichi**, abgefüllt mit 12, 17, 21 und 30 Jahren ist eine von Nikkas großen Marken. „Mehr als bezaubernd" nannte Ulf Buxrud den 21-Jährigen, dessen Finale ihn an „verklingende Schwingungen eines entfernten Streichquartetts" erinnerte (Schubert vermutlich). Die Marke trägt den Namen von Nikka-Gründer Masataka Taketsuru.

TALISKER
Schottischer Single Malt (Highlands, Isle of Skye) von ➔Diageo. Ein echtes Schwergewicht, maskulin und

charaktervoll – schon Robert Louis Stevenson pries ihn als „königliches Getränk“, prosaischere Autoren inspirierte er zu Äußerungen wie „explodiert am Gaumen“ und „geht runter wie Lava“. Abgefüllt wird Talisker als 10-Jähriger in Diageos „Classic Malts“-Reihe außerdem auch in älteren Versionen und leider immer häufiger ohne Altersangabe. Mit jährlich 2 Millionen verkaufter Flaschen gehört Talisker zu Diageos erfolgreichsten Single Malts, der Großteil der Produktion wird für ➛**Johnnie Walker** und einige von ➛Pràban Na Linnes Marken verwendet. Die Brennerei wurde 1830 eröffnet, 1925 kam sie zur ➛DCL und damit später zu ➛Diageo. Das Malz wird mit 18–20 *ppm* getorft, die Jahresproduktion beträgt 2,7 Millionen *lpa*. 1997 wurde die Brennerei komplett renoviert, seither reift ein großer Teil des Whiskys nicht mehr auf Skye, sondern auf dem schottischen Festland.

The TALISMAN

Blended Scotch der ➛Tomatin Distillery Co., der schottischen Niederlassung von ➛Takara Shuzo.

TAMBOWIE

Schottischer Vatted Malt der ➛Vintage Malt Whisky Company, benannt nach einer Brennerei, die von 1825–1914 in Dumbartonshire (Lowlands) betrieben wurde.

TAMDHU

Schottischer Single Malt (Speyside, Knockando) von ➛Ian Macleod Distillers. Ein freundliches Mittelgewicht mit dezenten Rauchtönen, offiziell derzeit nur als 10-Jähriger abgefüllt, sehr wahrscheinlich stammt aber auch die Highland-Version von Ian Macleods ➛**As We Get It** von hier. Tamdhu ging 1897 in Betrieb und gehörte seit 1899 zu Highland Distillers, jenem Konsortium, aus dem sich später die ➛Edrington Group entwickelte. Unter deren Leitung wurde Tamdhu 2009 eingemottet und zwei Jahre später an Ian Macleod verkauft. 2012 ging die Brennerei wieder in Betrieb, die Mälzerei allerdings blieb geschlossen. Tamdhu war eine der letzten Destillerien in Schottland, die noch ihren gesamten Bedarf selbst mälzten und die letzte, die dazu Saladin Boxes benutzte: große Kästen, in denen das Getrei-

de mechanisch gewendet und der Keimvorgang durch Zufuhr heißer Luft reguliert wird. Die Kapazität beträgt 4 Millionen *lpa*. Der für Single-Abfüllungen bestimmte *new make* reift in Sherryfässern, der für Blends in Ex-Bourbon. Hauptabnehmer sind ➔**Cutty Sark** und ➔**Famous Grouse**.

TAMMER DOUBLE MALT

Deutscher Vatted Malt Whisky, den ➔Volker Theurer aus zwei Sherryfass-gelagerten Singles kombiniert: Der eine stammt von ihm selbst, der andere von Gruel (➔Tecker). Vermählt wurden die beiden in einem weiteren Sherryfass, abgefüllt mit 10 Jahren. Ob diesem Einzelfassexperiment noch weitere ➔Double Malts folgen werden, hat Theurer noch nicht entschieden.

TAMNAVULIN

Schottischer Single Malt (Speyside, Tomnavoulin) von ➔Whyte & Mackay (Emperador Inc.). Dieses kräutrige Leichtgewicht wird momentan nicht als Single abgefüllt. Die 12-jährige Originalabfüllung wurde eingestellt, einige ➔Unabhängige bieten noch ältere Ausgaben an, Restbstände des 12-Jährigen gibt es unter dem Namen **Ben Bracken** bei verschiedenen Discountern. Die derzeitige Ebbe kommt daher, dass Tamnavulin von 1995 bis 2007 geschlossen war und nahezu die gesamte neue Produktion für Whyte & Mackays Blends draufgeht. Der Rest wird wohl noch einige Zeit reifen, bevor er als Single in die Flaschen kommt. Die Brennerei wurde 1966 von ➔Invergordon Distillers eröffnet und kam damit 1993 zu Whyte & Mackay. Deren damaliger Besitzer ➔Beam ließ den Betrieb zwei Jahre später einstellen. Erst nachdem ➔United Spirits die Kontrolle über Whyte & Mackay übernommen hatte, gingen auch bei Tamnavulin wieder die Lichter an. Die Jahreskapazität liegt bei 4 Millionen *lpa*.

TANGLE RIDGE

Canadian Blend aus der ➔Alberta Distillery von ➔Beam Suntory. Seit 1996 gibt es diesen 10-Jährigen reinen Rye Whisky. Er trägt den Zusatz „Double Casked“ auf dem Etikett, da er nach der regulären Fasslagerung noch mit einem

Schuss kanadischen „Sherrys" gesüßt und für kurze Zeit erneut ins Fass gelegt wird.

TANTALLAN

Schottischer Single Malt der ➛Vintage Malt Whisky Company. Aus welcher Brennerei der Whisky stammt, verrät der Abfüller nicht, nur dass sie in der ➛Speyside liegt. Möglicherweise kommt er von ➛Cragganmore; deren Malts wurden bereits früher von ➛unabhängigen Abfüllern unter dem Namen Tantallan herausgegeben.

TAP

Blended Canadian von ➛Sazerac, jenem Unternehmen, das sich mehr als alle anderen um eine Aufwertung von Kanadas Whiskys bemüht (➛**Caribou Crossing**, ➛**Rich & Rare**, ➛**Royal Canadian**). Der neueste Streich des Hauses ist die Marke Tap, die sich schon durch ihr modisches Retro-Design von den sonst eher konventionell präsentierten Canadians abhebt. Der eigentliche Clou aber ist Sazeracs offensive Vermarktung der in Kanada zulässigen Aromatisierung von Whisky mit Sherry und Ähnlichem (➛Canadian): Während dieses Verfahren üblicherweise nicht an die große Glocke gehängt wird, deklariert man hier den 8-jährigen **Tap Rye**, dem vor der Abfüllung eine Portion Amontillado-Sherry verabreicht wurde, munter als „Sherry Finished". Die Assoziation mit schottischen *wood finishes* ist ganz offensichtlich gewollt, das Verfahren allerdings weitaus simpler und billiger als die in Schottland übliche Verwendung von unterschiedlichen Fässern. Auch einen **Tap Rye Port Finished** gibt es. Er trägt die Aufschrift „bis zu acht Jahren gereift" – reichlich gewagt bei einem Blend, der aus 3- bis 7-jährigen Whiskys besteht (wobei die Jüngeren sicherlich die Mehrheit bilden). Völlig korrekt gelabelt ist dagegen der **Tap 357 Maple Rye Whisky**: Er besteht aus 3-, 5- und 7-Jährigen und wird mit Ahornsirup aromatisiert. Alle drei Tap-Blends stammen aus der ➛Alberta Distillery, sind also 100%ige Ryes, denn dort wird auch die Verschnittspirituose aus Roggen gebrannt. Wie alle Sazerac-Canadians werden auch die Taps nach Kentucky zur Abfüllung gebracht.

TARANIS

Deutscher Single Malt aus der Nordpfälzer Edelobst & Whiskydestille von Bernhard Höning in Winnweiler, Rheinland-Pfalz. Erstmals abgefüllt 2011 nach 3-jähriger Lagerung in einem Sauternesfass, 2014 kam ein 4-Jähriger aus einem Ex-Bourbonfass mit Amarone-Finish. Der gelernte Brauer Höning destilliert seit 2008 in einer kombinierten *pot/column still* und will in Zukunft auch Bourbon, Rye und Rum produzieren. Die derzeitige Kapazität liegt bei 12 Fässern Whisky pro Jahr.

TASMANIA DISTILLERY

Australische Brennerei in Cambridge, Tasmanien, gegründet 1995. Seit 2003 wird die Brennerei von Patrick Maguire betrieben, einem Adepten von Bill Lark (➛Lark). Die Whiskys seiner Vorgänger bietet Maguire derzeit noch unter dem Label **Sullivans Cove** an. Ab 2015 wird er seine eigene Produktion abfüllen. Maguire verwendet ausschließlich lokales Gerstenmalz, zwei Alambics (bei der Produktion von Cognac übliche Kupferbrennblasen) und lagert seine Brände in Ex-Bourbon- und Ex-Süßweinfässern australischer Winzer (➛**Three Capes**).

TÉ BHEAG NAN EILAN

Blended Scotch von ➛Prában na Linne. Seit 1976 auf dem Markt, ist dieser Whisky heute besonders in Frankreich und Kanada populär. Die

Malts kommen von →**Lagavulin**, →**Talisker** und →**Tamdhu**. Der gälische Name (gesprochen etwa: tschei weg nan jellan) bedeutet „Kleine Dame der Inseln“, té bheag steht im übertragenen Sinn auch für →dram, also ein Schlückchen.

TEA SPOON WHISKY

Inoffizielle Bezeichnung für ein in Schottland übliches Verfahren, bei dem man Single Malts, die zu Blending-Zwecken an Dritte verkauft werden, mit einer kleinen Menge (einem Teelöffel sozusagen) eines anderen Malts vermischt, damit der Käufer den Malt nicht etwa selbst als Single Malt abfüllen kann. Mitunter werden solche Whiskys von den Käufern als →Vatted Malts unter Fantasie-Labels verkauft, zum Beispiel →**Aldunie**, →**Burn of Speyside**, →**Burnside** (→**C & S Dram**).

TEACHER'S

Blended Scotch von Wm Teacher & Son, einer Tochterfirma von →Beam Suntory. Eine der großen alten Scotch-Marken; die sehr zugängliche Standardversion **Teacher's Highland Cream** gibt es bereits seit 1884, und sie gehört noch heute zu den populärsten Blends der Welt. Im UK ist Teacher's die Nr. 3 unter den Scotches, in Indien der Spitzenreiter im sogenannten Bottled-in-India-Scotch-Segment. Zum 50. Jahrestag der Unabhängigkeit Indiens erschien dort der 12-jährige **Teacher's 50**, dessen 50%iger Maltanteil aus 50 verschiedenen Destillerien stammt. Auch einen 25-Jährigen gibt es und schließlich einen **Teacher's Single Malt**, der eigentlich ein →Ardmore ist. Aus dieser Destillerie stammt auch die Basis aller Teacher's-Blends. William Teacher (1811–1876) gilt als einer der Pioniere des Blended Whisky und des Marketings. Er besaß 18 „dram shops“ in Glasgow, kleine Trinkstuben, in denen er seine Whiskys verkaufte (und in denen keinerlei Beimengungen zum Whisky gestattet waren, ebensowenig wie Bier oder Tabak). Sei-

ne Nachkommen ließen den Namen als Marke registrieren und kurbelten das Exportgeschäft an. Auch sonst waren sie nicht faul: Sie erbauten die Brennerei Ardmore und führten 1913 als erste Whisky-Firma den „stopper-cork" ein, jenen mit einer Holzkappe versehenen Korken, der uns seither den Korkenzieher erspart. 1960 erwarben sie ➛GlenDronach und bis zur Übernahme der Firma durch den britischen Bier- und Spirituosenkonzern Allied Lyons im Jahre 1976 führten sie jenes „family tasting" weiter, das bereits im 19. Jahrhundert zum Ritual des Hauses geworden war: Viermal die Woche traf sich der gesamte Vorstand zur Qualitätskontrolle.

TEANINICH

Schottischer Single Malt (Northern Highlands, Alness) von ➛Diageo. Ein malzig-weiches Mittelgewicht, das größtenteils in den ➛**Johnnie-Walker**-Blends verschwindet, außerdem in ➛**Haig** und ➛**Vat 69** (➛**Oak Cross**). Als Originalabfüllung gab es ihn in der ➛Rare Malts Selection und der ➛Flora & Fauna-Reihe. Teaninich (gesprochen etwa: Tjianínnik) wurde 1817 eröffnet und kam 1933 zur ➛DCL. Deren Nachfolger Diageo errichtete 1970 eine weitere Anlage auf dem Gelände, die A side genannt wird. Die alte B side steht seit 1999 still. 2014 wurde die Kapazität der A side auf knapp 10 Millionen *lpa* verdoppelt. Demnächst soll der ganze Komplex erneuert und zur zweitgrößten Malt-Brennerei Schottlands ausgebaut werden.

TECKER

Deutscher Whisky aus der Brennerei Gruel in Owen/Teck, Baden-Württemberg. Zu haben als Single Malt mit Sherryfass *wood finish (nas)* und als Single Grain, der mit 5 Jahren und in limierten Auflagen auch älter und mit *Fassstärke* abgefüllt wird. Das verwendete Getreide stammt aus eigenem Anbau, destilliert wird in einer *Obstbrennblase* in einem einzigen Durchgang. Die

Gruels, eine alteingesessene Obstbauern und -brennerfamilie, gelten als Pioniere der deutschen Whisky-Szene. Bereits 1992 füllten sie den ersten Single Grain des Landes ab, für den sie biologisch angebauten Weizen verwenden (und etwas Gerstenmalz, um den Gärprozess in Gang zu setzen). Anfangs kam er schlicht als **Schwäbischer Whisky** in den Handel, sein heutiger Name bezieht sich auf die bei Owen gelegene Gipfelburg Teck. Gruel steuerte auch ein Fass für →Volker Theurers →**Tammer Double Malt** bei.

TEELING

Irish Whiskey von Teeling Whiskey, Dublin, zu haben als Blend, Single Grain und Single Malt, alle mit 46 % *(ncf)*. John Teeling lässt nicht locker: Nachdem er bereits 1987 mit der Gründung von →Cooley Irish-Whiskey-Geschichte geschrieben hatte, nutzt er nun den satten Gewinn, den er 2012 mit dem Verkauf seiner Firma einstrich, um eine veritable Whiskey-Dynastie zu begründen. Während er selbst in Dundalk eine große, konventionelle Malt- und Grain-Brennerei bauen lässt (→Great Northern Distillery), setzen seine Söhne Stephen und Jack mit ihrer gerade in Bau befindlichen Teeling Whiskey Distillery in Dublin auf modernisierte Manufaktur (→Glenkenny). In den drei *pot stills* soll neben Gerste auch Hafer und Roggen verarbeitet werden, bei der Reifung experimentieren die Brüder mit Fässern unterschiedlichster Provenienz (Sherry, Port, Sau-

ternes, Weißer Burgunder, kalifornischer Rotwein und Rum). Der erste unter dem Teeling-Label abgefüllte Whiskey war der **Hybrid Malt Whiskey** eine Mischung aus 10-jährigen Malts von Cooley und ➛Bruichladdich, die zusammen noch einmal 4 Jahre im Fass lagen (Ähnliches hatten beide Brennereien bereits mit ihrem ➛**Celtic Nations** gemacht). Auch die anderen Teeling-Whiskeys dürften aus alten Cooley-Beständen stammen, ebenso wie jene, die für andere Firmen produziert werden, wie beispielsweise der **Jack Ryan Single Malt** für den gleichnamigen Pub in Dublin. Der 30-jährige Teeling Single Malt allerdings – der älteste Irish seit ➛**Old Comber** – kommt mit Sicherheit anderswoher, denn so alt ist Cooley noch gar nicht.

TEERENPELI
Finnischer Single Malt aus der gleichnamigen Brennerei in Lahti, Südfinnland, von Anssi Pyysing. Ein dezent getorfter Whisky, erschienen 2005, derzeit mit 8 und 10 Jahren abgefüllt. Bei Teerenpeli wird organisch angebaute Gerste verarbeitet, gebrannt in zwei *pot stills*, gelagert in Bourbon- und Sherryfässern. Die Brennerei wurde 2002 in einem Brew-Pub eröffnet und liefert derzeit etwa 40 000 *lpa* pro Jahr.

TEMPERANCE TRADER
Straight Bourbon von der Bull Run Distillery in Portland, Oregon, gegründet 2011 von Lee Medoff. Bis der eigene, zweifach *pot still*-destillierte Malt Whiskey reif zur Abfüllung ist, kauft Medoff Bourbons in Kentucky ein und gibt sie in diversen Alkoholstärken unter seinem Label heraus. Manchmal lässt er sie auch noch kurze Zeit im eigenen Fasslager nachreifen. Selbstverständlich wird das Resultat dann mit Pressetexten garniert, die von Handwerkskunst und Traditionsverbundenheit schwärmen.

TEMPLETON RYE
Iowa Straight Rye von der Firma Templeton Rye Spirits in Templeton, Iowa, erschienen 2005. Altes Familienrezept aus Prä-Prohibitionszeiten, Al Capones Lieblings-Whiskey, handgemacht, selbstverständlich ➔small batch, dazu Fotos von Roggenfeldern aus der Umgebung einer kleinen Brennerei in Iowa – etwas zu viel vom üblichen Traditions-Mumpitz, mit dem Markenentwickler gerne hausieren gehen. Insbesondere dann, wenn sich herausstellt, dass der Stoff aus einer Großbrennerei in Indiana stammt (➔LDI). Das sahen die Gerichte auch so und verdonnerten Templeton-Macher Keith Kerhoff dazu, Label und Internetauftritt entsprechend zu modifizieren; etwas Cash sollte er auch zur Seite legen, um irregeführte Kunden zu entschädigen (plus Verfahrenskosten). Kerhoff parierte, entblödete sich aber nicht anzumerken, er habe den LDI-Stoff mit Essenzen eines Geschmacksstoffherstellers vermischt und also sehr wohl ein eigenständiges Produkt geschaffen – soviel zur Traditionspflege.

TEN HIGH
Blended Bourbon aus der Brennerei ➔Barton 1792 (Sazerac Co.). Ein belangloser Billig-Whiskey, der schon bessere Zeiten gesehen hat. Seit seiner Markteinführung 1934 wurde Ten High als ➔Straight Bourbon produziert, nichts Besonderes zwar, aber dennoch ein anständiger Alltags-Bourbon und einer von Bartons Bestsellern. Die Marke war einer jener Whiskeys, mit denen der kanadische Prohibitionsgewinnler ➔Hiram Walker gleich nach der Prohibition in den US-Markt eindrang. Sie wurde bald darauf von Barton übernommen, dessen späterer Eigentümer Constellation Brands (➔**Black Velvet**) Ten High 2009 zum Blend herabstufte und im selben Jahr seine gesamten US-Interessen an Sazerac verkauf-

te. Der auf dem Etikett angegebene Abfüllort Owensboro bezieht sich auf die Brennerei ➤Medley, die Barton bis vor einigen Jahren auch als Lagerhaus nutzte. Beim Poker ist ein „Ten High" ein Straight (eine „Straße") mit der 10 als höchster Karte.

TENNESSEE

Einer der alten Südstaaten der USA und seit 1941 eine offizielle, d. h. von der Steuerbehörde anerkannte Whiskey-Sorte. Vom Bourbon unterschiedet sich Tennessee Whiskey per definitionem nur durch den sogenannten Lincoln County Process, ein spezielles Filtrierverfahren, bei dem der frische Whiskey durch eine ca. drei Meter dicke Ahornholzkohleschicht läuft. Dieses Verfahren ist auch als „charcoal mellowing" oder „leaching" bekannt und verleiht dem Whiskey ein spezielles Aroma sowie eine außergewöhnliche Milde. Es dient wohlgemerkt nur als Unterscheidungsmerkmal gegenüber Bourbon und ist nicht zwingend für Tennessee Whiskeys vorgeschrieben (➤**Benjamin Prichard's**). Da die Produktion von Alkohol in fast allen Countys bis 2009 verboten war, gab es in Tennessee lange Zeit nur zwei (legale) Brennereien: ➤Jack Daniel's und ➤George Dickel. Seit der Aufhebung des Verbots für 41 der 95 Countys sprießen auch in Tennessee kleine Destillerien wie Pilze aus dem Boden: ➤Chattanooga, ➤Collier and McKeel, ➤Corsair, ➤Benjamin Prichard's.

TERROIR DISTILLERS

Französisches Familienunternehmen in Chassagne-Montrachet, entstanden 2013 durch die Aufspaltung von Picard Vins & Spiritueux in einen Wein- und einen Spirituosenzweig. Die Familie Picard, alteingesessene Weinhändler im Burgund, handeln seit 1995 auch mit Whisky. Als sich ihr Hauptlieferant ➤Glenmorangie aus dem Blending-Business verabschiedete, erwarben die Picards dessen Marken ➤**Highland Queen** und ➤**Muirhead's**, 2011 stiegen sie mit dem Erwerb der Brennerei ➤Tullibardine in die Produzenten-Liga auf.

TEXAS CROWN CLUB

Blended Canadian, den Mexcor International, Houston, Texas, für sich abfüllen lässt. Hergestellt aus Mais, Roggen und „anderen erstklassigen Zutaten“ sei Crown Club ideal für echte Cowboys und Cowgirls, so Mexcors Marketing-Genies. Fragt sich nur, wie lange noch: Der internationale Spirituosen-Platzhirsch →Diageo erhob Einspruch gegen den Markennamen, um seinen →**Crown Royal** zu schützen und Mexcor darf sich jetzt ein neues Label einfallen lassen (→**Triple Crown**).

THAIBEV (THAI BEVERAGE)

Als Teil der thailändischen Unternehmensgruppe TCC kontrolliert ThaiBev über seine Tochterfirma International Beverage Holdings unter anderem die schottischen →Inver House Distillers mit den Brennereien →**Balmenach**, →**Balblair**, →**Knockdhu**, →Pulteney (→**Old Pulteney**) und →**Speyburn**. Sein Hauptgeschäft macht ThaiBev allerdings mit Bier, Limonaden und einheimischen Spirituosen wie dem Rum-Renner **Sang Som** und dem notorischen Zuckerrohr-Reis-Schnaps **Mekhong** (beide Marken werden aus unerfindlichen Gründen schon mal als Whisky bezeichnet) sowie mit als „Admix“ bezeichneten Spirituosen wie **Blend 285** oder **Crown 99**: Verschnitten aus schottischem Malt Whisky und einheimischem Neutralsprit, die wegen ihres 35%igen Alkoholgehalts nicht als Whisky gelten können. ThaiBev wurde 2003 ins Leben gerufen, um die vielfältigen Spirituoseninteressen von Charoen Sirivadhanabhakdi wahrzunehmen, einem Tycoon vor dem Herrn, der es als Sohn eines Straßenhändlers zum drittreichsten Mann Thailands brachte. Seit Sirivadhanabhakdi mit United Winery & Distillery den einzigen ernsthaften Konkurreten im Lande kaperte, ist er einer der Großmogule im asiatischen Alkoholbusiness.

ThaiBev betreibt 18 Brennereien in Thailand und erwarb 2001 die Yunnan Yulinquan Liquor Co., den führenden Spirituosenhersteller in der südwestchinesischen Provinz Yunnan – Thailands Tor zum chinesischen Markt.

THARCIS HEPP
Französischer Single Malt aus der Obstbrennerei Hepp in Uberach, Elsass. Seit 2005 versucht sich die Familie Hepp auch in Whisky, derzeit wird er nach 4 Jahren Lagerzeit in ehemaligen Bourbon- und Sherryfässern abgefüllt.

THAT BOUTIQUE-Y WHISKY COMPANY
Ein weiterer Spaß vom ➛Master of Malt: eine Reihe von Single Malts, in *Fassstärke* abgefüllt, versehen mit anspielungsreichen Labels von aktuellen Graphic-Novel-Künstlern.

THINN
US-Whiskey von Dominate Brands, einem Label der ➛Seven Brothers Distilling Company. Thinn wird als „Sinfully Light Whiskey" vermarktet, dessen leichter Charakter durch eine einfache, unter Vakuum stattfindende Destillation entsteht. Dominate Brands' Behauptung, es handle sich hier um den ersten ➛Light Whiskey aller Zeiten, ist reiner Quatsch –, so etwas gibt es in den USA bereits seit den 1970ern. Flaschendesign und Internetauftritt der Marke lassen eher an einen Kosmetikartikel denken als an Whiskey, und so überrascht

es nicht weiter, wenn dort auch Thinn-Flipflops angeboten werden – zum Davonlaufen.

THOMAS H. HANDY SAZERAC
Kentucky Straight Rye, aus der ➛Buffalo Trace Distillery (Sazerac Co.). Ein wuchtiger, mit Auszeichnungen überhäufter Whiskey, abgefüllt in *Fassstärke*, meist mit 6 Jahren und erstaunlich süß für einen Rye. Er erscheint seit 2006 jährlich in limitierter Auflage in Sazeracs Antique Collection. Namenspatron Thomas H. Handy betrieb Mitte des 19. Jahrhunderts das Sazerac Coffee House in New Orleans, die Keimzelle der heutigen ➛ Sazerac Company.

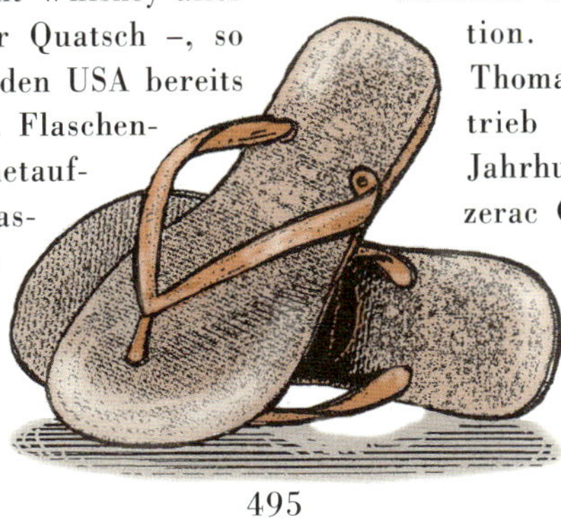

THOMSON WHISKY DISTILLERY

Neuseeländische →Microdistillery eröffnet 2014 von Rachel und Mathew Thomson in der Hallertau Brewery in Auckland. Die Brauerei liefert die Maische aus über Manuka-Holz gedarrtem Malz, die in einer einzigen kleinen *pot still* gebrannt wird. Bis der erste Single Malt reif für die Flasche ist, bieten die Thomsons Einzelfassabfüllungen alter Willowbank-Malts (→**Wilson**) unter ihrem eigenen Label an.

THREE CAPES

Australische Single-Malt-Marke aus der William McHenry & Sons Distillery, Port Arthur, Tasmanien. Die Brennerei ist seit 2012 aktiv und liefert bisher nur Wodka und Gin. Solange der eigene Whisky nicht ausgereift ist – er lagert in Fässern von →Maker's Mark –, bezieht McHenry seinen Malt von der →Tasmania Distillery.

THREE FINGERS

Inoffizielle Maßeinheit, die hauptsächlich in den USA gebraucht wird: drei Finger hoch einschenken.

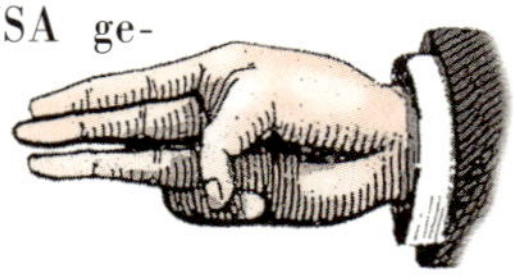

THREE SHIPS

Südafrikanischer Whisky aus der James Sedgwick Distillery in Wellington, Western Cape, von →Distell. Hier gibt es zwei Blends aus

lokalem Grain und schottischem Malt: **Select**, *nas*, und **Premium Select Five Years**; einen Blend, bei dem sowohl Grain als auch Malt vor Ort produziert werden: **Three Ships Bourbon Cask**, *nas*, und den 10-jährigen **Three Ships Single Malt**. Letzterer, der erste Single Malt Afrikas, erscheint seit 2003 in unregelmäßigen Abständen und sehr kleiner Auflage. Die James Sedgwick Distillery wurde 1886 eröffnet. Lange Zeit lieferte sie hauptsächlich Brandy, erst nachdem Anfang der 1990er-Jahre das Equipment der aufgelassenen R&B Distillery in Stellenbosch übernommen worden war, versuchte man sich hier in Whisky. Aus der R&B Distillery stammte bereits die erste Three-Ships-Version: Sie war 1977 erschienen und bestand aus ungelagertem südafrikanischem Grain und schottischem Malt. Seit die Sedgwick-Brennerei zu Distell gehört, wird Three Ships auch international vermarktet, ebenso wie →**Bain's Cape Mountain Whisky**, der Single Grain des Hauses. Die alten Sedgwick-Marken →**Harrier** und →**Knights** sind weiterhin nur regional von Bedeutung.

THREELAND WHISKY
Deutscher Single Malt aus der Avadis Distillery in Wincheringen, Rheinland-Pfalz, von Andreas und Carlo Vallendar aus dem bekannten Obstbrennerclan. Die beiden sind seit 2006 in Sachen Whisky unterwegs. Threeland ist ein zweifach in einer *Obstbrennblase* destillierter 3-Jähriger, den es mit verschiedenen *wood finishes* gibt.

THUNDER BOLT
Blended Canadian von →Highwood, mit 50 Vol.-%: als Rye Whisky etikettiertes Feuerwasser, dessen tatsächlicher Gehalt an Roggendestillat allerdings nur in homöopathischen Dosen messbar sein dürfte.

TIGER SNAKE
Australischer Whiskey aus der →Great Southern Distillery; ein leichter *sour mash* im Bourbon-Stil, erschienen 2012.

TILAKNAGAR INDUSTRIES
Indischer Hersteller in Tilaknagar, Bundesstaat Maharashtra. Die Masse macht's: Neben der eigenen Produktion von 54,8 Millionen *lpa* verbraucht das Unternehmen Fremddestillate von 24 Vertragspartnern im ganzen Land. Neben Brandy, Gin, Rum und Wodka bietet Tilaknagar 12 Whisky-Labels einfachster Machart an. Marken wie →**Mansion House**, die tatsächlich Spuren von echtem Scotch enthalten, sind da schon Luxus. Bei **Bachelor** ist immerhin noch von „ausgewähltem indischen Malt" die Rede, bei **Golden Chariot** nur noch von „Gerstenessenz" (→**Blacpower**). Tilaknagar Industries wurden 1933 von der Familie Dahanukar als Maharashtra Sugar Mills Ltd. ins Leben gerufen, seit 1987 machen die Dahanukars unter dem aktuellen Namen in Alkohol. Derzeit ist von einer Fusion mit den in Mumbai ansässigen Allied Blenders and Distillers die Rede, die mit →**Officer's Choice** zwar die derzeit erfolgreichste Whisky-Marke der Welt besitzen, aber kaum über eigene Produktionsstätten verfügen.

TIMBOON
Australischer Single Malt aus der Timboon Railway Shed Distillery in Timboon, Victoria; hier brennt Tim Marwood seit 2007 diverse Spirituosen in einer kleinen *pot still*. Seinen Whisky lässt er in gerade mal 20 Liter fassenden Fässern reifen, die aus Ex-Bourbon- und Süßweinfässern zusammengebaut werden. Der erste Malt wurde 2010 abgefüllt.

TIMOROUS BEASTIE
Schottischer Vatted Malt von →Douglas Laing, erschienen 2014; die für den Blend verwendeten Malts, unter anderem →**Dalmore**, →**Glen Garioch** und →**Glengoyne**, stammen ausschließlich aus den Highlands, der Markenname bezieht sich auf ein Gedicht von →Robert Burns.

TINCUP
US-Bourbon von Proximo Spirits, New Jersey; hergestellt von →LDI, Indiana, abgefüllt bei →Stranahan's in Denver, Colorado.

TITANIC
Blended Irish Whiskey, der von →Cooley für →Belfast Distillery Company (BDC) hergestellt wird. Die Marke erschien 2013, anfangs mit 5 und mit 10 Jahren, inzwischen ist sie nur noch als 4-Jähriger zu haben, da Cooley-Inhaber →Beam Suntory keine älteren →Grain Whiskeys mehr herausgibt (mehr dazu unter dem Stichwort Belfast Distillery Company). Titanic wird in 15 Ländern angeboten, wichtigster Markt sind die USA. Der unheilvolle Markenname erklärt sich aus der Tatsache, dass das Katastrophenschiff seinerzeit in Belfast gebaut worden war.

TOBERMORY
Schottische Brennerei (Highlands, Isle of Mull) im Besitz von →Burn Stewart (Distell). Hier werden zwei Malts produziert: **Tobermory** selbst, ein malzig-weiches Weltergewicht, angeboten mit 10, 15 und 20 Jahren und →**Ledaig**, deutlich getorft (30–40 *ppm*) mit 10 und 18 Jahren (gesprochen etwa: Ledschig). Mitunter wird auch die torfige Version von →unabhängigen Abfüllern unter dem Namen Tobermory abgefüllt. Um das Ganze noch etwas verwirrender zu gestalten,

gab es Tobermory auch schon mal als Blended Scotch und als Vatted Malt. Ähnlich unübersichtlich liest sich die Geschichte der Brennerei: Sie wurde, je nach Quelle, 1798 oder 1823 eröffnet, war unter diversen Eigentümern häufig geschlossen und diente zeitweise als Kraftwerk und Lager eines örtlichen Käseproduzenten. Seit 1989 läuft der Betrieb kontinuierlich, seit 1993 unter der Leitung von Burn Stewart, die ihn für ihre Blends ➛**Scottish Leader** und ➛**Black Bottle** verwenden. Die Jahreskapazität von 1 Million *lpa* wird derzeit nicht voll ausgenutzt.

TOGOUCHI

Japanischer Blended Whisky aus der Brennerei Chugoku Jozo, Hatsukaichi, Präfektur Hiroshima; ein sehr eigenwilliger 18-Jähriger, der europäischen Gaumen nicht auf Anhieb zugänglich ist. Die Herstellung von Whisky ist bei Chugoku Jozo nur ein kleiner Nebenerwerb, in der Hauptsache wird hier Sake und Shochu produziert.

TOM MOORE

Kentucky Straigh Bourbon aus der Brennerei ➛Barton 1792 (Sazerac Co.). Ein simpler Alltags-Bourbon und eine der ältesten noch existierenden amerikanischen Whiskey-Marken der USA. Sie trägt den Namen des Mannes, der Ende des 19. Jahrhunderts ebendort eine Brennerei betrieb, wo heute die Barton 1792 Distillery steht. Tom Moore besaß zeitweise auch die Brennerei ➛Willett, die seinerzeit ➛Mattingly & Moore hieß. Das ist dann auch das einzig Erwähnenswerte an diesem Whiskey.

TOMATIN

Schottischer Single Malt (Highlands, Tomatin) von ➛Takara Shuzo. Ein sehr zugängliches Mittelgewicht, weich und würzig, mit zunehmendem Alter ein Prachtbeispiel für füllige *wood finishes* (Sherry und Port). Allzu lange musste nahezu die gesamte Produktion für Blends wie ➛**The Antiquary**, ➛**Big T** und ➛**Talisman** herhalten, erst seit 2004 gibt es regelmäßig Originalabfüllungen, darunter: **Tomatin Legacy** *(nas)*, einen 12- und einen 14-Jährigen, den großen 18-Jährigen und mit dem erstmals 2013 erschienenen **Cù Bòcan** eine deutlich getorfte Version (15–30 *ppm*, *nas*). Die Destillerie existiert seit 1897. Sie wurde ab 1956 immer wieder erweitert und war zeitweise Schottlands größte Malt-Brennerei. Das wurde ihren Eigentümern in den Krisenzeiten der 1980er zum Verhängnis, sie meldeten Konkurs an und verkauften Tomatin an einen ihrer besten Kunden, den japanischen Spiriuosenkonzern Takara Shuzo. Der drosselte die Produktion und ließ den Löwenanteil des guten Stoffs weiterhin in ➛japanischen Blends und Tomatins Hausmarke **Big T** verschwinden, sofern er ihn nicht anderen Herstellern verkaufte. Mittlerweile hat ein Kulturwechsel stattgefunden, nicht nur was die Abfüllungen von Single Malts angeht, sondern auch produktionstechnisch: Tomatin ist die erste Brennerei Schottlands, die einen Großteil ihrer Energie aus Biomasse gewinnt und so ihren CO_2-Ausstoß um 80 % verringern konnte. Die Brennerei verfügt über eine eigene Küferei und nutzt derzeit nicht einmal die Hälfte ihrer Kapazität von 5 Millionen *lpa*.

TOMINTOUL

Schottischer Single Malt (Speyside, Ballindoch) von ➛Angus Dundee Distillers; ein fruchtig-duftiges Leichtgewicht mit einer Spur von Rauch, für Profis so etwas wie ein Frühstücks-Whisky. Die 10- bis 21-Jährigen haben ein ➛Koscher-Zertifikat, ebenso der leicht getorfte **Tomintoul Peaty Tang** *(nas)*. Daneben gibt es noch einige *wood finish*-Versionen sowie den kräftig getorften ➛**Old Ballantruan**. Die Brennerei wurde 1964 gegründet und teilte ab 1973 das wechselhafte Schicksal von ➛Whyte & Mackay. Im Jahr 2000 kam Tomintoul (Kapazität: 3,3 Millionen *lpa*) zu Angus Dundee. Die spendierten der Brennerei, die bereits in den 1980ern durch eine Parfumflakon-artige Flasche auffiel, 2009 eine 105-Liter-Flasche. Das Ding hält nun den Guinessbuch-Rekord als „größte Whiskyflasche der Welt“ – herzlichen Glückwunsch.

TOP 10

Blended Scotch, den die ➛Glenfarclas-Grants vorwiegend in Asien anbieten.

TOP SECRET

Kenianischer Whisky von ➛London Distillers (Mohan Meakin). Im Wesentlichen wohl ein Zuckerrohrdestillat, das vielleicht etwas indisches Malzextrakt enthält.

TORABHAIG

Schottische Brennerei, die derzeit auf der Isle of Skye errichtet wird und 2016 ihren Betrieb aufnehmen soll. Das Projekt wird von Mossburn Distillers geleitet, einem bis dato in Sachen Whisky unbeschriebenen Blatt, hinter dem der schwedische Investor Haydn Holding steht. Die Gruppe plant noch eine weitere Brennerei in Jedburgh, Lowlands, für die sie die erstaunliche Summe von £ 40 Millionen aufbringen will. Die Torabhaig Distillery war ein lange gehegter Traum des 2010 verstorbenen ➛Pràban-na-Linne-Chefs Sir Ian Noble, dem selbst ernannten Hüter der gälischen Kultur auf der Isle of Skye. Seine diesbezügliche Besessenheit gipfelte in der Sorge um die „genetische Reinheit“ der Inselbevölkerung. Wäre es nach Noble gegangen, hätten in Torabhaig nur Gälisch sprechende Mitarbeiter beschäftigt werden dürfen. Diese in Schottland nur noch von etwa 70 000 Menschen verstandene Sprache verfügt für solche Charaktere über ein treffendes Wort: burraidh bezeichnet eine Kombination aus Tyrann und Trottel.

TORMORE

Schottischer Single Malt (Speyside, Tormore) von ➔Chivas Bros. (Pernod Ricard). Ein malzig-weiches Mittelgewicht mit dezentem Turrón-Aroma, vom Hersteller derzeit als 14- und als 16-Jähriger abgefüllt. Tormore spielt eine wesentliche Rolle im ➔**Long-John-Blend** und wird auch für ➔**Ballantine's** verwendet. Als Single gibt es ihn seit den 1980er-Jahren. Die Brennerei wurde 1960 von ➔Schenley in Betrieb genommen und gehört seit 2005 zu Chivas. Die Jahreskapazität beläuft sich auf 4,4 Millionen *lpa*.

TORY'S

Japanischer Blend von ➔Suntory Liquors. Die erste Marke von Suntory-Gründer Shinjiro Torii erschien 1919, damals noch als aromatisierter Neutralsprit. Als Hersteller wurde eine fiktive „Torys Distillery" angegeben, und es dauerte noch vier Jahre, bevor Torii seine erste Brennerei eröffnen konnte. Tory's Whisky verschwand bald wieder, wurde aber nach dem Krieg mit dem überzeugenden Claim „Er ist gut, er ist billig" wieder aufgelegt. Was damals in die Flaschen kam, lässt sich nun nicht mehr klären, heute jedenfalls ist es echter Whisky.

TOWN BRANCH
US-Whiskey von ➛Alltech Lexington Brewing and Distilling, Lexington, Kentucky; zu haben als Straight Bourbon mit einer *mashbill* aus 51 % Mais und 49 % Gerstenmalz, erschienen 2012 und als Rye (55 % Roggen, 30 % Mais, 15 % Gerstenmalz), erschienen 2014.

TRESTARIG
Schottischer Single Malt aus der ➛Bruichladdich Distillery (Rémy Cointreau). Die erste Version dieses dreifach destillierten Whiskys erschien 2011 als 5-Jähriger in kleiner Auflage zu Foundrasingzwecken. Die offizielle Abfüllung ist für 2016 angekündigt. Der Name Trestarig kommt aus dem Gälischen und bezeichnete ursprünglich den dreifach, meist aus Hafer gebrannten Schnaps, den sich die Bewohner der Äußeren Hebriden gegen die Unbillen des dortigen Klimas genehmigten.

TRIPLE CROWN
North American Blended Whisky steht auf dem Etikett dieser ➛McCormick-Marke. Gut möglich, dass wir es hier mit einem Canadian zu tun haben, der nicht als solcher gelabelt ist um dem großen ➛**Crown Royal** nicht ins Gehege zu kommen. Dessen Besitzer ➛Diageo könnte sich allein schon durch den Triple-Crown-Schriftzug und die Kronen im Logo irritiert fühlen und die Verbindung der Wörter Crown und Canadian würde mit Sicherheit Diageos Anwälte auf den Plan rufen (➛Texas Crown Club).

TRIPLE EIGHT DISTILLERY ➛Notch

TROLDEN
Dänischer Single Malt aus der gleichnamigen Brennerei in Kolding, Syddanmark, von Michael Svendsen. Die erste Abfüllung dieses zweifach *pot still*-destillierten Whiskys wird noch für 2015 erwartet.

TRUE NORTH
Blended Canadian von ➛Highwood, abgefüllt in Plastikflaschen mit der Bezeichnung Rye Whiskey. Der tatsächliche Gehalt an Roggendestillat dürfte allerdings nur in homöopathischen Dosen messbar sein.

TSURU
Japanischer Blend von ➛Nikka. Der noble 17-Jährige im Glas- oder Keramik-Dekanter fiel der radikalen Umstrukturierung des Nikka-Portfolios zum Opfer, die im Sommer 2015 japanophile Genießer (und Sammler) in al-

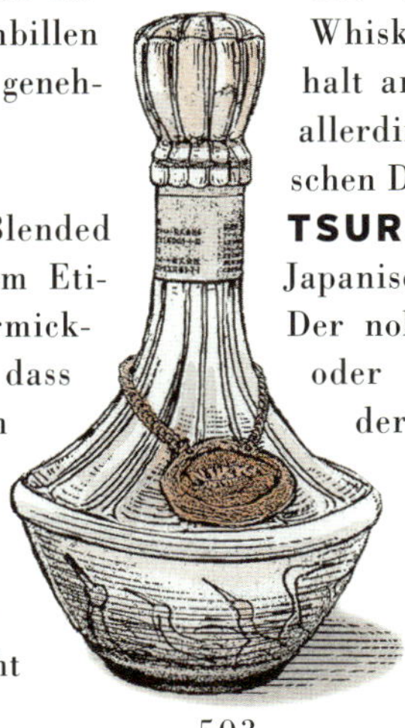

ler Welt aufschreckte (→Nikka). Tsuru bedeutet „Kranich" – das ist der Wappenvogel Japans.

TULLAMORE DEW

Irish Whiskey von →William Grant & Sons, hergestellt in →Midleton. Zu haben als leichter, um nicht zu sagen harmloser Blend und seit 2009 auch als 10-jähriger Single Malt. Weltweit ist Tullamore Dew die Nr. 2 unter den Irish Whiskeys, in Deutschland gar die Nr. 1, ebenso in Frankreich, wo man ihn charmanterweise „tout l'amour" ausspricht. Die Marke kam ursprünglich aus der 1829 gegründeten Tullamore Distillery in Tullamore, County Offaly. Ende des 19. Jahrhunderts wurde sie von Daniel E. Williams (†1921) geführt, der dem Whiskey seinen heutigen Namen gab: „Dew" bezieht sich nicht nur auf Williams' Initialen, sondern bedeutet zugleich (Morgen-)Tau (→Dew). Mit dem Slogan „Give every man his dew" machte er ihn zu einer der berühmtesten Marken Irlands. Die große Krise des →Irish Whiskey versuchte man bei Tullamore durch die Installation einer *Patent still* zu überstehen, und so wurde Tullamore Dew die erste aller Blended-Irish-Marken. Doch der Niedergang war nicht aufzuhalten. Die Brennerei wurde 1954 stillgelegt, die Marke Tullamore landete bei John Power & Son (→**Powers**) und damit später bei →Irish Distillers (die Familie Williams behalf sich derweil sehr erfolgreich mit der Produktion des Whiskey-Kräuterlikörs **Irish Mist**, der heute zur →Gruppo Campari gehört). Nach langen Jahren unter dem Dach des irischen Cider-Fabrikanten Cantrell & Cochrane kam der Dew schließlich 2010 zum schottischen Traditionshaus William Grant. Zwei Jahre später begannen die Grants mit dem Bau einer neuen Destillerie etwas außerhalb von Tullamore. Sie wurde im September 2014 auf den Tag genau 60 Jahre nach der Schließung der alten Brennerei eröfffnet und

soll innerhalb der nächsten Jahre zu einer Kapazität von 3,6 Millionen Liter *Pot still*- und 8 Millionen Liter *Patent still*-Whiskey ausgebaut werden. Bis der neue Tullamore reif zur Abfüllung ist, sind die Grants noch auf Nachschub aus ➛Midleton angewiesen.

TULLIBARDINE

Schottischer Single Malt (Highlands, Blackford) von ➛Terroir Distillers. Ein fruchtig-süßes Mittelgewicht mit floralen Obertönen, abgefüllt als **Sovereign** *(nas)* und mit drei *wood finishes*, die nach der Größe der verwendeten Fässer benannt sind: **Tullibardine 225** kommt aus Sauternesfässern, beim **Tullibardine 228** war es roter Chassagne-Montrachet und beim **Tullibardine 500** Sherry. Auch Tullibardines Vorbesitzer hatten ein Faible für *wood finishes.* Sie waren noch von John Black herausgegeben worden, dem hoch respektierten früheren Distillery Manager, der nach über 50 Dienstjahren in mehreren Brennereien 2013 verstarb. Tullibardine war 1949 vom gefeierten Destillerie-Designer William Delmé-Evans gegründet worden. Lange Jahre gehörte sie zu ➛Whyte & Mackay, seit 2011 ist sie bei dem französischen Familienunternehmen ➛Terroir Distillers. Die Kapazität beträgt 3,3 Millionen *lpa.*

The TWEEDDALE

Blended Scotch von Stonedean. Das Unternehmen wurde 2009 von Alisdair Day gegründet, Nachkomme eines Whisky-Blenders, der bis in die 1940er-Jahre in Coldstream, Scottish Borders, aktiv war. Nicht weit von dort entfernt, in Walkerburn am Tweed, plant Day den Bau einer Brennerei. Die Finanzierung ist noch keineswegs gesichert, sein Tweedale fand aber immerhin einigen Anklang.

TWO BOBS

Kentucky Straight Bourbon, der bei ➛Barton 1792 für ➛Ian Macleaod abgefüllt wird; ein 13-Jähriger mit soliden 64 Vol.-%.

The TYRCONNELL

Irischer Single Malt von der ➛Kilbeggan Distillery Co. (Beam Suntory), hergestellt von ➛Cooley. Ein fruchtiger Alltags-Whiskey,

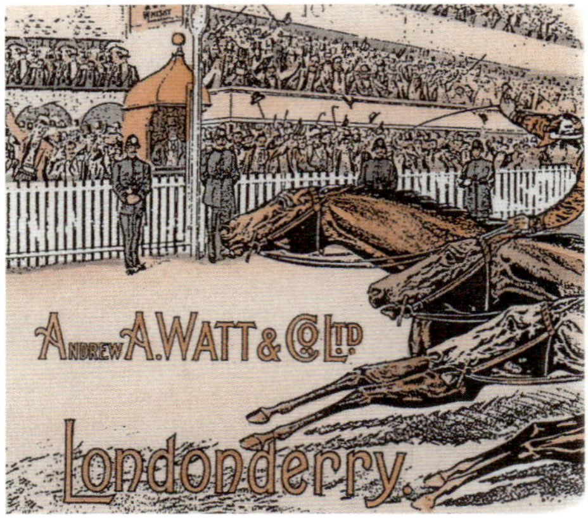

erstmals abgefüllt 1992; damals noch ein etwas dünner 3-Jähriger, heute ordentliche Mittelklasse, besonders beliebt in Frankreich, Deutschland, Nordirland und den Niederlanden. Auf dem Label steht verwirrenderweise →Single Malt und →Pure Pot Still Whiskey, was einerseits nicht ganz korrekt ist, andererseits die Zwitterhaftigkeit dieses Whiskeys deutlich macht: Die irische Bezeichnung Pure Pot Still verweist allein auf seine Herkunft und die Tatsache, dass er kein Blend ist, das (schottische) Single Malt dagegen auf seine Machart: Wie Scotch wird Tyrconnell nur zweimal gebrannt, und zwar – im Gegensatz zum Pure Pot Still – ausschließlich aus gemälzter Gerste (→Single Pot Still). Ursprünglich kam die Marke aus dem Hause A. A. Watt, das bis 1925 die Abbey Street Distillery im nordirischen Londonderry betrieb – lange Zeit die größte Brennerei Irlands und die erste, die über eine *Coffey still* verfügte (installiert 1833 von Aeneas Coffey persönlich). In den USA der Prä-Prohibitions-Zeit war Tyrconnell ein Bestseller, die darauf folgende Krise des →Irish Whiskey aber bedeutete das Ende der Firma Watt. Deren Marken wurden von Iriscot weitergeführt, einem Unternehmen, das die alten Abbey-Street-Bestände mit schottischem Malt verschnitt (damals war Tyrconnell also ein echter Zwitter) und bis 1970 tätig war. The Tyrconnell verschwand von den Regalen, bis Cooley sich seiner entsann und auch den Namen A. A. Watt wiederbelebte (→**Inishowen**, →**Kilbeggan**). Der erscheint nun auf dem neuen Tyrconnell-Etikett als Hersteller, unterhalb einer Zeichnung, die das seinerzeit berühmte Rennpferd darstellt, das sich ebenfalls im Besitz der Familie Watt befand und nach dem die Marke benannt ist.

Im Umfallen versUchte ich instinktiv,
die Whiskyflasche zu schützen, ich versuchte mich auf den Rücken
fallen zu lassen und sowohl Flasche als auch Kopf oben zu behalten.
Die Flasche blieb heil, aber mein Kopf knallte voll aufs Pflaster.
Charles Bukowski, „Die große Zen-Hochzeit“

UBERACH
Französischer Single Malt aus der Distillerie artisanale Bertrand in Uberach, Elsass, gegründet 1874. Seit 2002 befüllen Jean Metzger und Laurent Osswald ihre *Obstbrennblasen* von Zeit zu Zeit mit einer *wash* aus Gerstenmalz. Ihr erster Whisky erschien 2006, seither gab es diverse Uberach-Abfüllungen, meist in Süßweinfässern gereift, darunter auch einen 10-Jährigen und einige *Single Casks*. Eine Spezialität des Hauses ist der **Biersky**: ein Blend aus Eau de Vie de bière (Bierbrand) und Malt.

THE ULTIMATE WHISKY COMPANY →Van Wees

UMAMI
US-Single Malt von →Lost Spirits. Eine →Einzelfassabfüllung eines stark getorften Whiskeys, gereift in ungarischen Süßweinfässern, abgefüllt in *Fassstärke*, ohne Altersangabe. Die Maische wurde mit Salzwasserlake angesetzt, um herzhaft-salzige Aromen zu erhalten, die den Namen Umami rechtfertigen.

UNABHÄNGIGE ABFÜLLER
Eine insbesondere in Schottland verbreitete Art von Firmen, die Whiskys fremder Hersteller abfüllen (→*Abfüllung*). Im Grunde stammt dieses Vorgehen aus der Gründerzeit der Whisk(e)y-Industrie, als die Hersteller ihre Brände in der Regel nicht selbst abfüllten, sondern fassweise an Händler weitergaben. Erst dort wurde der *new make* eingelagert und bei Bedarf weiterverarbeitet (→Blended Scotch, →Usher's,

➛Vatted Malt). Mit zunehmendem Erfolg der Blended Scotches legten sich geschäftstüchtigere Händler selbst Brennereien zu und bildeten damit so manche Keimzelle der heute dominierenden Konzerne (➛Buchanan's, ➛DCL, ➛Dewar's, ➛Johnnie Walker). Viele kleinere Firmen verschwanden im Zuge der Konzentration seit Mitte der 1980er-Jahre, doch einige Aufrechte überlebten als unabhängige Abfüller. Namentlich ➛Cadenhead und ➛Gordon & MacPhail, die ältesten unter ihnen, gaben ihre ansehnlichen Vorräte an Single Malts bereits in Zeiten heraus, als nur ein kleiner Kreis von Eingeweihten deren Qualität zu schätzen wusste. Viele heute bekannte Malts waren lange Zeit nur von den Unabhängigen zu bekommen, da ihre Hersteller selbst sie ausschließlich für Blends verwendeten. Auch für manche seit Längerem nicht mehr produzierte Malts waren und sind sie die beste Quelle. Mit dem Aufstieg der Single Malts wuchs auch die Zahl der unabhängigen Abfüller. Nur wenige von ihnen können allerdings auf so umfassende Vorräte zurückgreifen, wie Cadenhead, Gordon & MacPhail und ➛Signatory Vintage (diese drei sind auch die Einzigen, die ihre Fässer in eigenen Lagern reifen lassen, alle anderen sind auf die *warehouses* ihrer Lieferanten angewiesen). Weitere anerkannte Größen in diesem Geschäft sind: ➛Adelphi Distillery, ➛Berry Brothers & Rudd, ➛Duncan Taylor, ➛Douglas Laing, ➛Hunter Laing, ➛Ian

Macleod, der Italiener →Samaroli und →The Scotch Malt Whisky Society; außerdem →Blackadder, →Mackillop's Choice, →Glenkeir, →Master of Malt, →Speciality Drinks, →Wemyss und viele mehr. Für sie alle haben jedoch harte Zeiten begonnen, denn die Nachfrage übersteigt das Angebot bei Weitem, seit Unternehmen wie →Diageo, →Edrington, →Moët Hennessy und →Morrison Bowmore beschlossen, ihre gesamte Produktion selbst zu verarbeiten. Daher haben sich Unabhängige, die es sich leisten konnten, mittlerweile selbst Brennereien zugelegt: →Ardnamuchan, →Benromach, →Edradour, →Glencadam, →Glengoyne, →Kingsbarns, →Tamdhu, →Tomintoul. Auch außerhalb Schottlands sind unabhängige Abfüller aktiv, allerdings geben sie mit wenigen Ausnahmen (→Jewish Whisky Company in den USA und Tokuoka in Japan) ausschließlich schottische Single Malts heraus.

UNION CLUB

Brasilianischer Single Malt aus der Union Distillery Maltwhisky do Brasil in Veranópolis, Rio Grande do Sul. Dieser 5-jährige Whisky mit 38 Vol.-% erschien erstmals 2008. Bis dahin lieferte die Brennerei ihre Malts (getorft und ungetorft) an andere Hersteller (→**Durfee Hall**). Sie war 1948 als Union of Industries gegründet worden und produzierte bis 1972 in der Hauptsache die brasilianische Rum-Variante Cachaça. Seit 1986 arbeitet man mit →Morrison Bowmore Distillers zusammen.

UNITED SPIRITS LTD. (USL)

Indiens größter Spirituosenkonzern mit Sitz in Bangalore, Bundessaat Karnataka, ist seit 2014 Teil des britischen Getränkemultis →Diageo. Der hat damit Zugriff auf 23 Produktionsstätten in ganz Indien und verfügt nun über ein weitreichendes Vertriebsnetz für seine eigenen Marken. USL kontrolliert nicht nur 59 %

des indischen Marktes, sondern ist auch in Ostfrika und Südostasien gut aufgestellt. Mit den Marken →**McDowell's N°1**, →**Old Tavern**, →**Hayward's**, →**Bagpiper**, →**Director's Special** und →**Royal Challenge** besitzt USL allein sechs der 25 weltweit erfolgreichsten Whiskys, das gesamte Porfolio des Unternehmens umfasst etwa 140 Marken. Firmengründer Vittal Mallya legte den Grundstein dieses Imperiums nach dem Ende der britischen Kolonialherrschaft mit dem Erwerb von United Breweries und McDowell & Co. Beide Firmen waren von schottischen Expats gegründet worden, die in erster Linie die britischen Besatzungstruppen mit Bier, respektive Schnaps belieferten. Mallya formte daraus den Konzern United Breweries of India und baute sein Kingfisher Beer zum Marktführer Indiens auf. Vittals Sohn Vijay übernahm 1983 die Geschäfte und machte aus United Breweries einen Global Player mit starken Interessen in der Chemie- und Pharma-Industrie (er war unter anderem Vorstand der indischen Hoechst-Niederlassung). 2005 übernahm er nach langem Kampf seinen schärfsten Konkurrenten Shaw Wallace und kam so in den Besitz der Marken →**Antiquity**, →**Director's Special**, →**Hayward's** und →**Royal Challenge**. Aus Shaw Wallace, McDowell & Co und weiteren Tochterfirmen formte Vijay 2006 United Spirits Ltd., den Spirituosenarm seines nun UB Group genannten Konzerns. Im Jahr darauf stieg Mallya mit der Übernahme von →Whyte & Mackay machtvoll ins Scotch-Business ein. Zur heimlichen Genugtuung des europäischen Spirituosenestablishments währte der Höhenflug des für sein flamboyantes Auftreten bekannten Jetsetters nicht lange: Seine Kingfisher Airline geriet ins Trudeln und Mallya sah sich 2012 gezwungen, Diageo Anteile an USL zu verkaufen. Zwei Jahre später sicherten sich die Briten die Mehrheit und begannen damit, das Unternehmen aus der UB Group herauszulösen.

UPRISING

US-Single Malt von →Sons of Liberty Spirits, Rhode Island. Für diesen Whiskey verwenden die Craft-Beer-Spezialisten ein dunkles Malz, wie es traditionell bei Stout-Bieren üblich ist. Gereift wird in frischen, angekohlten *(charred)* Fässern aus amerikanischer und erhitzten *(toasted)* Fässern aus französischer Eiche, abgefüllt erstmals 2011.

US-WHISKEY

In den USA unterscheidet man traditionell zwischen →Bourbon, →Corn, →Rye und →Tennessee Whiskey. Jüngeren Datums sind →Wheat Whiskeys sowie die zahllosen Spezialitäten diverser →Craft Distiller. Der gesetzlich vorgeschriebene Mindestalkoholgehalt beträgt 40 Vol.-%, ein Mindestalter von zwei Jahren ist nur für →Straight Whiskeys obligatorisch. Straights sind die Königsklasse der amerikanischen Whiskeys und nur Spitzenreiter →**Jack Daniel's** kann es sich leisten, auf diesen aussagekräftigen Zusatz zu verzichten. Mit Neutralsprit verschnittene Straights werden →Blended Americans genannt und sind in der Regel einfachste Billigware.

Die älteste amerikanische Whiskey-Sorte ist der **Rye** (Roggen-)Whiskey, der erst im 20. Jahrhundert vom Bourbon in den Hintergrund gedrängt wurde. Roggen war mit den Europäern nach Amerika gekommen und wurde vor allem von schottischen und irischen Einwanderern in den Staaten Pennsylvania und Maryland gebrannt. **Bourbon**, der im Wesentlichen aus Mais entsteht, wird erstmals im Jahre 1821 erwähnt, doch schon Ende des 18. Jahrhunderts begann man im Gebiet des heutigen Kentucky mit dem Maisanbau und wohl auch mit dessen Verarbeitung zu Whiskey (die erste Brennerei in dieser Gegend lässt sich im Jahr 1776 nachweisen). Die meisten Whiskeys, die damals auf den Markt kamen, waren allerdings nicht mit dem Produkt

zu vergleichen, das heute diesen Namen trägt. Mangels gesetzlicher Vorschriften konnte praktisch jedes Destillat als Whiskey verkauft werden, und da die Hersteller ihr Produkt üblicherweise gleich nach dem Brennen anboten, wurde der Markt von farblosem und unreifem Schnaps überschwemmt, der nachträglich mit Sherry oder Tee gefärbt und mit diversen Gewürzen aromatisiert wurde. Besonders derb verfuhr man mit dem Stoff, den man den Indianern im Tausch gegen wertvolle Felle, Pelze und schließlich sogar Land aufdrängte: Dieses Feuerwasser wurde mit Tabaksaft oder Tinte gefärbt und mit Schwefel und Pfeffer gewürzt. Erst das von →Colonel E. H. Taylor und anderen qualitätsbewussten Brennern inspirierte →Bottled-in-Bond-Gesetz von 1897 schuf ein staatlich garantiertes Gütesiegel, das jeden Whiskey mit der entsprechenden Aufschrift als unverschnittenen, mindestens 4 Jahre gelagerten Whiskey mit 50 Vol.-% auswies. Die Geschichte des amerikanischen Whiskeys im 20. Jahrhundert ist von der →Prohibition (1920–33) geprägt: Nur wenige Destillerien konnten sich mit der Herstellung von medizinischem Alkohol über Wasser halten, die meisten Betriebe wurden für immer stillgelegt. Da das Alkoholverbot dem Durst der Bevölkerung jedoch nichts anhaben konnte, brannte man den Stoff entweder schwarz (→Moonshine) oder holte ihn von anderswo. Canadian und Scotch wurden in enormen Mengen ins Land geschmuggelt und prägten den Whisky-Geschmack der Amerikaner bis heute (→Light Whisk(e)y). Erst in der Nachkriegszeit begann die Industrie sich langsam von diesem Schlag zu erholen, doch nun war es der Bourbon, der die meiste Popularität genoss. In den 1950er-Jahren erhielt diese Sorte allerdings starke Konkurrenz aus Tennessee: Zwar unterscheidet sich **Tennessee** Whiskey nur durch

eine spezielle Art der Filtrierung von Bourbon, doch mit einer ausgeklügelten Marketingstrategie gelang es der Firma ➛Brown-Forman, ihren Jack Daniel's als etwas Einmaliges darzustellen. Heute ist **Jack Daniel's Tennessee Sour Mash** weltweit die Nr. 1 unter den US-Whiskey-Marken, gefolgt von ➛**Jim Beam**, ➛**Seagram's 7 Crown**, ➛**Evan Williams** und ➛**Maker's Mark**. Die größten Hersteller von US-Whiskey sind: ➛Beam Suntory, ➛Brown-Forman und ➛Heaven Hill. Erst in den letzten zwei Jahrzehnten ist es den Amerikanern gelungen, ihren Whiskey als Premiumprodukt zu vermarkten. Maßgeblich dazu beigetragen haben Beams ➛Small Batch Bourbons, ➛**Parkers Heritage Collection** von Heaven Hill und nicht zuletzt die großartigen Whiskeys aus ➛Sazeracs ➛Buffalo Trace Distillery. Derartige High-Ender sind mittlerweile selbst in jenen (Ostküsten-)Kreisen salonfähig, die bisher nur **Macallan** und Ähnliches im Haus hatten. Zur Schreibweise: Die meisten US-Firmen bevorzugen die irische Schreibweise Whiskey; sie ist jedoch hier keineswegs verbindlich. Die für Alkoholfragen zuständige Bundesbehörde TTB (Alcohol and Tobacco Taxe and Trade Bureau) verwendet ausschließlich die schottische Version ohne e.

USHER'S GREEN STRIPE

Blended Scotch von ➛Diageo. Eine kleine Regionalmarke mit großem Namen: Andrew Usher (1782–1856) und sein Sohn Andrew II., Spirituosenhändler in Edinburgh, gelten als Erfinder des ➛Blended Scotch. Usher senior hatte bereits in Zeiten, als Whisky üblicherweise frisch getrunken wurde, damit begonnen, seine Malts in Fässern reifen zu lassen und bald auch damit, den Inhalt verschiedener Fässer miteinander zu vermischen – eine Methode, die seinerzeit nur bei

der Herstellung von Cognac üblich war, dem damaligen Favoriten des englischen Adels (es ist durchaus möglich, dass Usher es mit seinen Experimenten ganz bewusst auf diese Käuferschicht abgesehen hatte). Seine erste marktreife Cuvée erschien 1853 als **Old Vatted Glenlivet** (Usher besaß Vertriebsrechte für →Glenlivet). Es war sein Sohn, der dann ab 1860 auch Grain Whisky für seine Mischungen verwendete, noch vor den Herren →Lowrie und →Mackinlay, die ebenfalls als Pioniere des Blended Scotch gehandelt werden. In den folgenden Jahrzehnten florierte das Haus Usher; es war am Bau der Brennerei →North British beteiligt und auch an der Gründung der →DCL, in der es später selbst unterging. DCL-Nachfolger Diageo vermarktet den Namen Usher heute nur noch in Lateinamerika.

USQUAEBACH

Schottische Whisky-Marke, die →Douglas Laing für Cobalt Brands, New Jersey, abfüllt. Angeboten werden zwei Blends: **Usquaebach Old-Rare** (im Steingutkrug) und **Usquaebach Reserve** sowie ein 15-jähriger Vatted Malt. Diese hochwertigen Scotches werden nur für den US-Markt produziert, und das kam so: Stan Stankiwicz aus Pittsburgh, ein Whisky sammelnder Vertreter für Furnierholz, hörte von einer exklusiven Scotch-Marke, die bei Präsident Nixons Inaugurationsfeier serviert wurde; nach jahrelangen Bemühungen erhält er die Rechte am Warenzeichen, doch kein Mensch interessiert sich dafür. Stankiwicz schickt Fürst Rainier von Monaco ein paar Flaschen zum Geburtstag, bekommt eine Audienz, lernt dabei Elizabeth Taylor kennen und die seinen Scotch schätzen; Liz hat viele Bekannte, die auch gerne trinken und so weiter, Happy End. Nach Stankiwicz Tod (2001) führte seine Schwägerin die Geschäfte weiter, bis sie die Marke 2005 an denSpirituosenimporteur Cobalt Brands verkaufte. Der merkwürdige Markenname ist keine Variante von uisge beatha, der gälischen Urform des Wortes →Whisky. Laut „Cassell's Dictionary of Cookery" (um 1875) war Usquebach einst eine Bezeichnung für mit Gewürzen, Zucker und Safran versetzte Spirituosen, insbesondere Cognac oder Whisky.

USUIKYOU

→Monde

V

Ich muss verrückt sein.
Oder war es der Whisky?
F. Scott Fitzgerald, „Drei Stunden zwischen zwei Flügen“

VALERIE
Deutscher Single Malt aus der Brennerei Feller (→Augustus), kontinuierlich gebrannt und vier Jahre Bourbonfass-gelagert.

VALLEYFIELD
Kanadische Brennerei westlich von Montreal, Quebec. Die Brennerei gehört zum weltumspannenden Spirituosenkonzern →Diageo, das hier einige zweitrangige Marken wie →**Canadian 5 Star**, →**Canadian 83** und →**Seagram's V.O.** herstellt. Das mit Abstand wichtigste Valleyfield-Produkt ist aber Diageos Wodka-Champion Smirnoff, eine der drei meistverkauften Spirituosenmarken weltweit. In Valleyfield wurde seit 1939 Industriealkohol gebrannt, erst seit Schenley Industries den Komplex 1945 übernahm und komplett neu gestaltete, gibt es auch Valleyfield-Whisky (→**Gibson**, →**Schenley**). Schenley Industries wurde 1990 vom Diageo-Vorläufer United Distillers aufgekauft und liquidiert, die Brennerei selbst neun Jahre später an →Constellation Brands abgegeben. Die verlegten die Produktion ihrer Marke →**Black Velvet** nach Valleyfield, bis Diageo die Brennerei 2008 wieder zurückkaufte.

VALVONA & CROLLA
Blended Scotch, den die Edinburgher Feinkosthandlung Valvona & Crolla für sich herstellen lässt. Verwendet werden 5 bis 10 Jahre alte →Speyside- und →Islay-Malts. Gegründet 1934 von italienischen Immigranten zählt der Laden heute zu Edinburghs Top-Adressen für Pasta, Wein und ähnliche Delikatessen. Mit dem eigenen Blend führt das Haus eine ehrwürdige schottische Tradition fort: Viele der großen Marken stammen ursprünglich aus kleinen Lebensmittelgeschäften – damals *Italian Warehouses* genannt –, zum Beispiel →**Ballantine's**, →**Johnnie Walker** und →**Teacher's** (→Gordon & MacPhail).

VAN BRUNT STILLHOUSE

US-→Craft Distillery in Brooklyn, New York, eröffnet 2012 von Daric Schlesselman. Van Brunt Stillhouse Whiskey gibt es als gerade mal 9 Monate gereiften Single Malt, als Bourbon, Rye und als American Whiskey (aus Gerstenmalz, Weizen, Mais und Roggen).

VAN WEES, BV GROOTHANDEL

Niederländischer Importeur und Abfüller in Amersfoort. Dieser 1921 gegründete Familienbetrieb begann 1921 als Tabakhandlung und mauserte sich seit den 1960er-Jahren zu einem bedeutenden Importeur schottischer Malts. Mit der Reihe „The Ultimate“ tritt Van Wees unter dem Namen The Ultimate Whisky Company seit 1994 als unabhängiger Abfüller auf. Außerdem ist das Haus für die Marken →**Burn of Speyside** und →**Celp** verantwortlich.

VAN WINKLE

Kentucky Straight Whiskey von →Old Rip Van Winkle, hergestellt in der →Buffalo Trace Distillery. Die Marke gibt es als 12-jährigen Bourbon und als 13-jährigen Rye. Beide sind nicht leicht zu finden, aber die Suche lohnt sich – insbesondere beim Rye.

VAT 69

Blended Scotch von →Diageo. Ein alter Klassiker – ältere Bundesbürger kennen die bauchige Flasche noch als Kerzenhalter aus Wirtschaftswunderzeiten –, der seine große Zeit schon länger hinter sich hat. Heute läuft er noch ganz ordentlich in Indien. Die Marke wurde 1882 von William Sanderson erschaffen, zeitweise Miteigentümer der Brennereien →Glen Garioch und →North British. Die Firma Sanderson & Sons wurde 1933 von der →DCL übernommen und so kam Vat 69 zu Diageo. Fast so alt wie die Marke selbst ist der Witz, ihren Namen als „Telefonnummer des Papstes“ zu bezeichnen (tatsächlich hat die Vermittlung im Vatikan die Durchwahl 6982).

VAT 999

Indischer Whisky von →Khodays. Die Kla-

ge, die →Diageo wegen der großen Namensähnlichkeit mit ihrem Scotch →Vat 69 eingereicht hat, ist noch anhängig.

VAT N°1

Pakistanischer Blended Whisky von →Murree.

VATTED MALT

Traditionelle Bezeichnung für →Blended Malt also die Kombination mehrerer Single Malts. Sie wird in diesem Buch weiterhin verwendet, um naheliegende Verwechslungen mit dem Begriff →Blended Scotch zu vermeiden. Vatting bezeichnet den technischen Vorgang des Zusammenschüttens verschiedener Fässer in einem großen Bottich (engl. vat). Auch Malts einer einzigen Brennerei werden meist auf diese Weise gemischt, um die Unterschiede der einzelnen Fässer auszugleichen. Vatting ist historisch älter als das Blending von Malts und →Grains und führte noch vor diesem zur Entwicklung der ersten Scotch-Marken (→**Usher's**). Es wurde früher nicht nur kommerziell betrieben, sondern von Privatleuten, die sich an der sehr unterhaltsamen Zusammenstellung individueller Mischungen erfreuten. Durch den weltweiten Erfolg des Blended Scotch gerieten die Vatted Malts ins Hintertreffen. Noch tiefer sank ihr Stern, seit Single Malts und insbesondere deren **Einzelfassabfüllungen** als kultivierteste Form des Whisky-Genusses gelten. Möglicherweise verhelfen moderne Marken wie →**Monkey Shoulder** und die Vatteds von →Compass Box, →Douglas Laing und →Wemyss der angestaubten Kategorie ja wieder zu etwas Glamour

(➛Samaroli). Der Industrie wär's wohl recht, könnte sie doch ihre leidigen Single-Malt-Nachschubprobleme mit Vatted Malts weitaus flexibler handhaben. Ein gut komponierter Vatted Malt kann jedenfalls deutlich mehr Nuancenreichtum und Komplexität liefern als so mancher Single Malt.

VENTURE WHISKY

➛Chichibu

VERY OLD BARTON

Kentucky Straight Bourbon aus der Brennerei ➛Barton 1792 (Sazerac Co.). Viel Whiskey für wenig Geld, nur leider kommt der größte Teil der Produktion nicht über Kentuckys Grenzen hinaus.

VIER TANNEN

Deutscher Single Grain aus der Brennerei ➛Volker Theurer, 5 Jahre im Sherryfass gereift.

VIKING

Internationaler Whisky von Ted Lindsay; eine Mischung der beiden Single Malts ➛Abhainn Dearg (Schottland) und ➛Säntis Malt (Schweiz), initiiert von Detlef Sommer aus Hannover, der unter dem Pseudonym Ted Lindsay als Autor und Markenbotschafter für Säntis Malt tätig ist (➛Internationale Whisk(e)ys).

VILANOVA

Französischer Single Malt aus der Distillerie Castan in Villeneuve-sur-Vère, Tarn, erstmals erschienen 2013 als 3-jährige *Einzelfassabfüllung* aus einem französischen Weißweinfass (Gaillac). Seither gab es Vilanova aus diversen Fassarten, teilweise getorft, demnächst soll auch ein Roggen-Single-Malt abgefüllt werden. Jacques Castan war einer der letzten „bouilleurs ambulants" Frankreichs, jener Wanderbrenner, die mit altertümlichen Brennblasen im Schlepptau über Land zogen und Obstbauern ihre Dienste anboten (➛Bauernhofbrennerei Lüthy, ➛Prohibition). 2010 wurden die Castans sesshaft und brennen nun neben Obst auch Whisky aus Biogetreide.

VINBROS & CO.

Indischer Hersteller (*1942) in Pondicherry, Bengalen, der unter anderem den Grain Whisky **Vinbros 7 PM Onwards** und den aus hauseigenem „Whisky Concentrate" gewonnenen **Vinbros Gold Crown Selected Fine Whisky** und **Vinbros Royal Monarchy Premium Whisky** im Programm hat.

VINTAGE

US-Whisky von ➛Kentucky Bourbon Distillers, angeboten als Bourbon und als Rye. Woher KBD diese alten Preziosen (17 bis 23 Jahre) bezog, ist Thema müßiger Spekulationen (➛Stitzel-Weller oder ➛Medley?) und der gute Stoff nur noch zu Sammlerpreisen zu haben.

VINTAGE MALT WHISKY CO.

Schottischer ➛unabhängiger Abfüller mit Sitz in Glasgow, gegründet 1992 von Brian Cook. Der langjährige ➛Auchentoshan-Mitarbeiter bietet in seiner Reihe „The Cooper's Choice" diverse Einzelfassabfüllungen an *(nc, ncf)*, außerdem besitzt er die Malt-Marken ➛**Finlaggan**, ➛**Glenalmond**, ➛**Glen Andrew**, ➛**Tambowie** und ➛**Tantallan** sowie den Blend ➛**Royal Chalice**. Brian Cook ist auch Inhaber von ➛The Highlands & Islands Scotch Whisky Co.

VIRGINIA GENTLEMAN

Straight Bourbon aus der ➛A. S. Bowman Distillery (Sazerac): Die einzig verbliebene Traditionsmarke aus der einstigen Whiskey-Hochburg Virginia (➛US-Whiskey) entsteht nur zum Teil in Virginia selbst. Seit 1988 nämlich stammen die nach der alten Smith-Bowman-Rezeptur gebrannten **low wines** (das erste Destillat) aus Sazeracs ➛Buffalo Trace Distillery in Kentucky. Wesentliche Schritte, wie zweite Destillation und Fasslagerung, finden aber nach wie vor bei ➛A. Smith Bowman statt. Virginia Gentleman erschienen erstmals 1937 und erfreute sich von Anfang an großer Beliebtheit beim

geschichtsbewussten Ostküstenadel; angeblich gehörte die Marke früher auch zur Grundausstattung auf der „Sequoia", der Jacht des jeweiligen US-Präsidenten (➛**Mount Vernon**). Seit einigen Jahren sorgen einige ➛Craft Distiller für eine Renaissance der Virginia Whiskeys: ➛Belmont Farm, ➛Catoctin, ➛Copper Fox, ➛Kopper Kettle.

VIRGINIA HIGHLAND MALT

US-Malt Whisky aus einer ungenannten schottischen Brennerei, importiert von der Virginia Distillery in Lovingston, Virginia, und dort noch einmal in Süßweinfässern nachgereift. Die Marke soll etwas Geld in die Kasse der notorisch klammen Virginia Distillery bringen. Gegründet wurde die Firma 2008, erst drei Jahre später wurden zwei *pot stills* installiert und 2014 endlich die ersten Brennversuche gestartet. Als Brennereimanager konnte Andrew Shand gewonnen werden, der diesen Job früher in der ➛Speyside Distillery innehatte.

VIRGINIA LIGHTNING

Corn Whiskey aus der ➛Belmont Farm Distillery von Chuck Miller. Ein ungelagerter, zweifach *pot still*-gebrannter Whiskey, für den Miller nur selbst angebauten Mais verwendet. Der Name bezieht sich auf White Lightning (engl. weißer Blitz), einen Slangausdruck für Schwarzgebrannten, der suggeriert, dass das Zeug reinhaut wie ein Blitz (innere Verbrennungen nicht ausgeschlossen).

VOLKER THEURER

Deutsche Brennerei in Tübingen, Baden-Württemberg. Seit drei Generationen stellt die Familie Theurer schon Obstbrände her, ihre Whisky-Brennblase ist immerhin schon seit 1995 in Betrieb. Theurers wichtigste Marke ist der Blend ➛**Ammertal Whisky** (*2003), der auch als **Black Horse** oder **Schwäbischer Whisky** gelabelt wird. Daneben gibt es die Single Malts ➛**Sankt Johann** und ➛**Tammer Double Malt** sowie einen Single Grain namens ➛**Vier Tannen.**

Whisky means different things to different people in different places.
Philip Morrice, „The Schweppes Guide To Scotch“

WALDVIERTLER WHISKY J. H.
Österreichischer Whisky aus der Destillerie Haider (Whisky-Erlebniswelt J. Haider) in Roggenreith, Waldviertel, Niederösterreich. Die 1995 von Johann und Monika Haider eröffnete Craft-Brennerei brachte 1998 den ersten österreichischen Whisky auf den Markt. Nach anfänglichen Experimenten mit diversen Getreidesorten wie Dinkel und Hafer beschränken sich die Haiders jetzt auf Roggen und Gerstenmalz. Wichtigste Marke ist der **Original Rye Whisky J. H.** (60 % Roggen, 40 % Gerstenmalz), daneben gibt es verschiedene sortenreine Whiskys (Single Malt und Rye Malt) aus unterschiedlich stark geröstetem, teilweise auch getorftem Malz. Gebrannt wird in einem einzigen Destillationsgang in einer Kombination aus *pot* und *column still*. Die 3- bis 18-jährige Reifung findet in stark angekohlten Eichenfässern statt, die getorften Whiskys lagern in Ex-Süßweinfässern.

WALKERVILLE
➛Hiram Walker

WALLEYE RYE
US-Whiskey von ➛New Holland Artisan Spirits. Die *mashbill* für diesen 16 Monate in kleinen, stark angekohlten Fässern gereiften Whiskey besteht aus 60 % Rogggen und 40 % Gerstenmalz.

WALSH WHISKEY DISTILLERY ➔Hot Irishman

WAMBRECHIES
Französischer Single Malt aus der Brennerei Claeyssens in Wambrechies, Departement Nord-Pas-de-Calais, erstmals abgefüllt 2003 mit 3 Jahren. Heute gibt es ihn als 8-Jährigen sowie in zwei 12 Jahre alten Varianten: eine Madeira- und eine Sherryfass-gelagerte. Die Brennerei existiert seit 1817 und produziert in der Hauptsache Genever (franz. Genièvre), der im Nordosten Frankreichs fast ebenso beliebt ist wie bei den belgischen und niederländischen Nachbarn.

WARENGHEM
Französischer Hersteller in Lannion, Bretagne, im Besitz der Familie Leizour. Von hier stammen Frankreichs erster Single Malt ➔**Armorik** sowie die Blends ➔**Breizh**, ➔**Galleg** und ➔**WB**. Gebrannt wird mit zwei *pot stills*, gelagert in Bourbon-, Sherry- und Sauternesfässern. Die Brennerei wurde um 1900 von Leon Warenghem eröffnet, einem Likör- und Obstbrandfabrikanten. Sein Enkel nahm Yves Leizour mit ins Geschäft, dessen Familie hier nun seit 1983 auch auf Whisky setzt. Wie in der Bretagne üblich, legen die Leizours Wert auf die keltische Herkunft der Bretonen und darauf, bretonischen und nicht etwa französischen Whisky zu produzieren.

WASMUND'S
US-Single Malt aus der ➔Copper Fox Distillery von Rick Wasmund in Sperryville, Virginia. Die erste Abfüllung im Jahr 2006 reifte gerade mal 30 Tage und auch heute lässt Wasmund seine Malts selten länger als 16 Monate im Fass. Der Reifungsprozess soll allerdings durch die Zugabe von Obstholz-Chips beschleunigt werden (mehr dazu unter dem Stichwort ➔Copperfox).

WATHEN'S

Kentucky Straight Bourbon, Single Barrel, den sich Charles Wathen Medley von ungenannten Herstellern abfüllen lässt. Eine kleine Marke mit einer langen Geschichte: Die Familie Wathen zählte zu den ersten kommerziellen Whiskey-Brennern Kentuckys (erstmals erwähnt 1788). Von 1899 bis zur Prohibition leiteten sie die ➛Old Grand-Dad Distillery und während der Trockenperiode dann die American Medical Spirits Company, Kentuckys wichtigsten Lieferanten von medizinischem Alkohol. Die Wathens waren mit den ➛Medleys verschwägert, die seit 1812 in Owensboro, Kentucky, Whiskey brannten. Nach der Prohibition eröffneten die Medleys eine neue Brennerei in Owensboro, wo sie die Marken ➛**Ezra Brooks**, ➛**Mellow Corn** und ➛**Rittenhouse** produzierten. 1959 verlor das Unternehmen seine Selbstständigkeit, die Brennerei wechselte mehrfach den Besitzer und landete schließlich 1991 bei ➛Diageo-Vorläufer United Distillers. Der mottete den Betrieb ein und gab die Marken an diverse Firmen ab. Fünf Jahre später konnte Charles W. Medley, der bis zuletzt als Master Distiller in Owensboro tätig gewesen war, den alten Familienbesitz zurückkaufen. Da ihm das Geld für dringend benötigte Instandsetzungsmaßnahmen fehlte, füllte Medley seine Restbestände ab und bot sie als **Wathen's Bourbon** an. Heute bezieht er Whiskey von unterschiedlichen Herstellern. Der Schriftzug „Eigth" auf dem Etikett ist keine Altersangabe, er steht für die 8. Generation, in der die Medleys nun schon im Geschäft sind. 2014 wurde die Owensboro Distillery von Terressentia erworben, einem bis dato nur als *contract distiller* in Erscheinung getretenen Unternehmen in Ladson, South Carolina. Die Brennerei wird derzeit renoviert und heißt nun O. Z. Tyler Distillery, benannt nach Terressentia-Gründer Orville Zelotes Tyler III.

WB

Französischer Blend von ➛Warenghem, seit 1987 auf dem Markt. Die Abkürzung steht wahlweise für „Whisky Breton" oder „Warenghem, Bretagne".

THE WELSH WHISKY COMPANY ➛Penderyn

WEMYSS

Schottische Marke, die seit 2005 von der Wemyss Development Company herausgegeben wird. Im Angebot sind je ein Jahrgangs-Malt aus den Highlands, Lowlands und von Islay *(single cask, nc, ncf)* sowie eine ganze Reihe von Vatted Malts. Sie sind nach ihrer jeweils vorherrschenden Geschmacksrichtung benannt, z. B. **Peat Chimney** (Torfrauch), **Spice King** (Gewürze) und **The Hive** (Honig). Mit →**Lord Elcho** wird auch ein Blend angeboten. Die Familie Wemyss (gesprochen: wihms) ist seit dem 12. Jahrhundert in der Grafschaft Fife ansässig und gehört noch heute zu den größten Grundbesitzern des Landes. Sie sind Eigentümer der →Kingsbarns Distillery und einiger Weinberge in Frankreich und Australien.

WEST CORK DISTILLERS

Irischer Hersteller in Skibbereen, County Cork, gegründet 2003 von John O'Connell, Denis McCarthy und Ger McCarthy. Die ersten Jahre produzierten die Herren einige braune Spirituosen auf der Basis von rektifiziertem Getreidealkohol, in dem Malz eingeweicht wurde, um so etwas wie einen Whiskey-ähnlichen Geschmack zu erhalten. Mittlerweile bieten sie auch zwei einfache Supermarkt-Whiskeys an, **West Cork Blend** und **West Cork Single Malt**, und haben Frank McHardy, Ex-Master-Distiller bei Springbank und Bushmills als Berater gewonnen – vielleicht wird das ja noch etwas.

WESTLAND

US-Single Malt aus der gleichnamigen Brennerei in Seattle, Washington, gegründet 2011 von der Familie Lamb. Der erste Westland-Malt erschien 2013, und auch die seither abgefüllten Whiskeys sind kaum älter als zwei Jahre. Es werden verschiedene Versionen angeboten: einer aus fünf unterschiedlichen Malzsorten, einer aus getorftem Malz, einer aus dem Sherryfass und eine Reihe von *Einzelfassabfüllungen*. Alle außer dem Sherry Wood reifen in frischen, stark angekohlten Eichenfässern. Die

Lambs preisen ihren Whiskey als „something new and distinctly American“ an – man sollte sie also nicht mit schottischen Malts vergleichen.

WESTWARD

US-Single Malt von House Spirits, einer 2004 in Portland, Oregon, gegründeten ➛Craft Distillery. Deren Aviation Gin war als erster der sogenannten New Western Dry Gins einer der Auslöser der nun schon seit Jahren anhaltenden Gin-Flut. Mit ihrem zweifach *pot still*-destillierten, in frischer amerikanischer Eiche gereiften Westward surfen die Portlander jetzt auf einer noch größeren Welle.

WEUTZ

Österreichischer Whisky aus der gleichnamigen Brennerei von Michael Weutz in St. Nikolai im Sausal, Südsteiermark. Seit 2004 brennt Weutz diverse Whiskys, darunter traditionellen Single Malt, ein Bourbon-ähnliches Destillat auf der Basis von Mais und Gerstenmalz sowie einige Kuriositäten, die selbst wagemutige amerikanische ➛Craft Distiller überraschen dürften: Da wird die Gerstenmalzmaische mal mit Heilwasser angereichert, mal mit Traubensaft, mit Holunderblüten oder auch mit gebratenen Kastanien. Für die Reifung verwendet Weutz Fässer aus französischer Eiche.

WHEAT WHISKEY

Amerikanische Whiskey-Sorte, die ausschließlich aus Weizen (wheat) hergestellt wird (nicht zu verwechseln mit ➛Wheated Whiskey, bei dem nur ein Teil der *mashbill* aus Weizen besteht). Der erste reine Weizen-Whiskey war Heaven Hills ➛**Bernheim Original**, jüngeren Datums ist die kanadische Variante ➛**Masterson's** (weitere Marken im Register).

WHEATED WHISKEY

Amerikanische Whiskey-Sorte, hergestellt mit einer *mashbill*, die Weizen (wheat) statt Roggen enthält, was diesen Whiskeys eine gewisse Milde verleiht. Die älteste noch heute erhältliche Wheated-Marke ist ➔**Old Fitzgerald**, die bekannteste sicherlich ➔**Maker's Mark**. Kultiviert wurde diese Sorte vom großen ➔Pappy Van Winkle in dessen längst geschlossener Brennerei ➔Stitzel-Weller. Andere Wheated Whiskeys – nicht zu verwechseln mit ➔Wheat Whiskeys – sind ➔**Kopper Kettle**, ➔**Larceny**, ➔**Rebel Yell**, ➔**Smooth Ambler**, ➔**Van Winkle**, ➔**W. L. Weller** und die Bourbons der ➔Garrison Brothers.

WHESSKEY

Deutscher Whiskey aus der Brennerei Höhler in Aarbergen, Hessen. Unter diesem etwas albernen Namen (Whiskey + Hessen) gibt es einige sortenreine Destillate aus Mais, Dinkel und Roggen, einen Blend, einen Single Malt, der laut Herrn Höhler nach Rum-Traube-Nuss-Schokolade schmeckt, einen getorften Malt und einen Cara-Aroma-Malt, für den dunkles Karamellmalz verwendet wird, wie es bei Dunkelbieren üblich ist – alles ohne Altersangabe. Die Brennerei Köhler ist eine traditionelle Kornbrennerei (*1895), als Whiskey bietet sie ihre Destillate erst seit 2004 an.

WHISK(E)Y

Fassgelagertes Getreidedestillat, das in vielen Ländern auf unterschiedliche Weise hergestellt wird. Gesetzliche Bestimmungen gelten nur für die klassischen Sorten ➔Canadian, ➔Irish, ➔Scotch und ➔US-Whiskey. Mittlerweile hat sich auch Japan zur anerkannten Whisky-Nation entwickelt. Indien dagegen, wo mehr Whisky abgefüllt und konsumiert wird als irgendwo sonst auf der Welt, muss mit dem Vorwurf leben, dass der Großteil der hier als Whisky angebotenen Ware vorwiegend aus Zuckerrohrdestillaten besteht, also – zumindest nach westlichen Maßstäben – Rum ist. Vielversprechende, eigenständige Brennereien gibt es in Australien und Schweden, rein zahlenmäßig liegt Deutschland in Führung, wo ebenso wie in der Schweiz und Österreich vorwiegend Obstbrenner am Werk sind. Die These, dass bereits im alten Ägypten ein vergleichbarer Gerstenschnaps bekannt war

(➔**Usquaebach**), hat bestenfalls Unterhaltungswert, heute geht man davon aus, dass es irische Mönche waren, die erstmals uisge beatha, so der gälische Ausdruck für Lebenswasser, aus dem das Wort Whisky entstand, destillierten. Die Frage ist nur wann. Die erste schriftliche Erwähnung von uisge beatha datiert von 1494 und stammt aus Schottland (➔Lindores Abbey). Damals dürfte Whisky in Schottland und in Irland allerdings schon weithin bekannt gewesen sein. Die heute in Irland gebräuchliche Schreibweise Whiskey wurde erst im 19. Jahrhundert von Dubliner Großbrennern eingeführt, die sich damit vom landläufigen Whisky absetzen wollten. Irische Emigranten brachten sie in die USA, wo sie heute noch weitverbreitet, aber keineswegs verbindlich ist.

WHISK(E)Y-LIKÖRE

Die Likörherstellung hat, wie auch die Kunst der Destillation, ihren Ursprung im Orient. Möglicherweise gelangten beide Techniken gleichzeitig nach Europa, mit ziemlicher Sicherheit aber wurde Whisk(e)y bereits in seiner Frühzeit gern mit Kräutern, Honig, Milch und Ähnlichem vermischt getrunken. Heutzutage werden Liköre als Spirituosen definiert, die mindestens 100 g Zucker pro Liter und 15 Vol.-% Alkohol enthalten. Es gibt diverse Likörgruppen, die sich teilweise überschneiden. Die ältesten Whisk(e)y-Liköre sind Kräuterliköre wie der berühmte **Drambuie**, von dem es neben der einfachen, auf Grain-Whisky basierenden Version auch einen feinen 15-Jährigen auf Malt-Basis gibt. Die jüngste und gleichzeitig erfolgreichste Sorte sind Sahne-

oder Emulsionsliköre. Dazu gehört ➛Diageos **Baileys Original Irish Cream**, seit ihrer Markteinführung im Jahre 1975 die meistverkaufte Likörmarke weltweit, von der mittlerweile zahllose, mehr oder weniger gelungene Kopien angeboten werden. Konkurrenz bekommen diese flüssigen Desserts derzeit von Whisk(e)y-Honig-Mischungen wie ➛**Bushmills Irish Honey**, ➛**Jack Daniel's Tennessee Honey** oder ➛**Wild Turkey American Honey**. Etwas aus der Mode gekommen sind dagegen Frucht- bzw. Zitrusliköre wie der gute alte **Rock & Rye**, eine bereits im 18. Jahrhundert in den USA beliebte Kombination aus Rye, Kandiszucker und Zitrusfrüchten, die es früher von diversen Firmen gab. Der bekannte Fruchtlikör **Southern Comfort** dagegen hat allen Gerüchten zum Trotz nichts mit Whiskey zu tun, er ist nur ein mit Pfirsich- und Zitrusaroma versetzter Neutralsprit. Nicht zu den Likören zählen aufgrund ihres geringen Zuckergehalts aromatisierte Whisk(e)ys wie der würzige **Pow-Wow** (➛James E. Pepper) und die feine **Orangerie** von ➛Compass Box. Hier gibt es zahllose, meist mit künstlichen Aromastoffen traktierte Produkte, die mit Whisky ungefähr so viel zu tun haben wie Madonna mit Rock 'n' Roll.

WHISKEY DEL BAC

US-Single Malt von Hamilton Distillers in Tucson, Arizona. Seit 2011 brennt Stephen Paul hier selbst gemälzte Gerste in einer kleinen Alambic (Cognac-Brennblase). Seine Spezialität ist der **Del Bac Dorado Mesquite Smoked**, für den das Malz über Mesquitefeuer geräuchert wird. Das Holz des Mesquitebaums kommt wegen seiner Würzkraft im Süden der USA traditionell beim Barbecue zum Einsatz, wird in letzter Zeit aber auch zum Bau von Whiskeyfässern (➛**McKendric**) und eben zum Räuchern verwendet (siehe auch Colkegan).

WHISTLE PIG

US-Straight Rye von der Whistle Pig Farm in Shoreham Vermont. Ein gefeiertes, ausdrucksstarkes Schwergewicht, hergestellt aus einer 100%igen Rye-*mashbill*, zu haben als 10-jähriger **Straight Rye**, als 12-jähriger **Old World**, gereift in Madeira-, Sauternes- und Portweinfässern sowie als 13-jähriger **Boss Hog** aus frischen und Ex-Bourbonfässern. Noch bezieht Whistle-Pig-Chef Raj Peter Bhakta *new make* aus Kanada (höchstwahrscheinlich von ➛Alberta) und von ➛LDI; seit 2015 brennt er selbst und man darf gespannt sein, ob sein zukünftiger Whiskey es mit den gegenwärtigen Whistle Pigs aufnehmen kann. Bhakta, vormals erfolgloser Teilnehmer in Donald Trumps „Apprentice"-Show, gründete den Betrieb 2006 und holte sich Maker's Marks ehemaligen Master Distiller Dave Pickerell als Berater. Seine erster Rye erschien 2010.

WHITE HEATHER

Blended Scotch von ➛Chivas Bros. (Pernod Ricard). Als diese Marke noch aus dem Hause Campbell kam (➛**Clan Campbell**), gehörte sie im UK zum Standardprogramm, später verkaufte sie sich vorwiegend in Frankreich, mittlerweile ist sie nur noch in Australien zu finden.

WHITE HORSE

Blended Scotch von ➛Diageo. Ein überdurchschnittlicher Standard-Blend mit großer Vergangenheit und noch heute einer der 20 erfolgreichsten Scotches der Welt. Schon im 17. Jahrhundert führte die Familie Mackie den Gasthof The White Horse Inn im Zentrum Edinburghs. 1867 stieg James Logan Mackie mit dem Erwerb von ➛Lagavulin ins Brennereigeschäft ein, gute 20 Jahre später schuf sein Neffe Peter Mackie (1855–1924) einen eigenen Blend und benannte ihn nach dem Gasthof. Restless Peter, wie er auch genannt wurde, galt als leicht größenwahnsinniger Exzentriker, dessen Energie und Geschick die Marke bald über die Grenzen Großbritanniens hinaus bekannt werden ließ. Er übernahm später die Destillerie ➛Craigellachie, machte außerdem als Meisterschütze, Jagdbuchautor und streitsüchtiger Politiker (Tory) von sich reden und brachte es schließlich als einer der fünf Whisky-Barone zum Adelstitel. Nach seinem Tod wurde die Firma Mackie in White Horse Distillers umbenannt.

Einer ihrer erfolgreichsten Coups war die Einführung des Schraubverschlusses für Whiskyflaschen im Jahre 1926. Diese Innovation brachte eine Verdoppelung der Verkaufszahlen innerhalb von nur sechs Monaten. Ein Jahr später wurde die Firma von der ➛DCL übernommen, für deren Nachfolger UDV sie die Destillerien Lagavulin, ➛Glen Elgin und Craigellachie führte. Die liefern bis heute die Basis für den White-Horse-Blend, allerdings wurde der einst so deutliche Anteil von Lagavulin inzwischen etwas verringert (➛**Logan**). Die Marke verkauft sich vor allem in Japan, Brasilien, Russland und den USA.

WHITE OAK

1) Kanadischer Whisky von ➛66 Gilead, hergestellt mit einer an Bourbon erinnernden *mashbill* aus Mais, Roggen, Weizen und getorftem Gerstenmalz, gereift in frischer amerikanischer Weißeiche.

2) Japanische Destillerie in Akashi, Präfektur Hyogo, von Eigashima Shuzo, einem Familienunternehmen, das seit 1888 traditionellen Shochu (Getreideschnaps) herstellt. Ab 1919 gab es erste, krude Versuche mit Whisky, seit 1984 werden die beiden kleinen *pot stills* regelmäßig mit schottischem, teilweise getorftem Malz befüllt. Anfangs beschränkte sich die

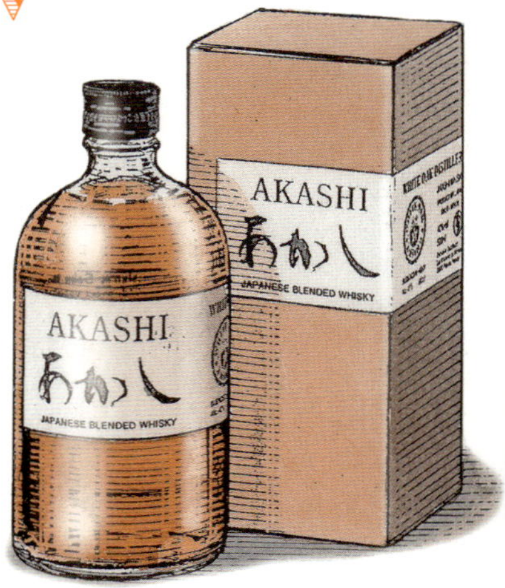

Produktion auf die Blends **White Oak Crown**, **White Oak Gold** und **White Oak Red**, seit 2007 gibt es auch einen ➛**Akashi Single Malt**. White Oak verwendet einen Koji genannten Schimmelpilz, der bei der Sake- und Shochu-Herstellung eingesetzt wird. Gemeinsam mit Hefe in die *mash* gegeben, bewirkt er, dass Verzuckerung und Vergärung in einem Arbeitsgang ausgelöst und spezielle Aromen entwickelt werden können (➛*sour mash*).

WHITE OWL

1) Blended Canadian von ➛Highwood; ein wasserklarer Whisky auf Weizen- und Roggenbasis, der nach längerer Fasslagerung durch Kohlenstaub gefiltert wird. Dass er dadurch neben seiner Farbe auch einiges an Geschmack verliert, scheint die Kundschaft nicht zu stören – die „Weiße Eule“ befindet sich in ihrer Heimat im Steilflug. Und weil’s so schön läuft, gibt es diesen Wodka, Verzeihung, Whisky auch in den Geschmacksrichtungen **Ginger Lime** und **Spiced**.

2) Unter dem Namen White Owl bietet die ➛Cornelius Pass Roadhouse Distillery von McMenamin ihren *new make* an.

WHYTE & MACKAY

Blended Scotch von Whyte & Mackay, Glasgow, im Besitz von Emperador Inc. (Alliance Global Group). Die Standardversion **Special** ist ein Musterbeispiel eines anständigen Alltags-Whiskys, sehr populär in seiner Heimatstadt Glasgow und lange Zeit die Nr. 1 in Schottland. Bei der Herstellung wird besonders auf die sogenannte Doppelte Vermählung Wert gelegt: Üblichererweise bezeichnet der Begriff Vermählung die mehrmonatige Fasslagerung nach dem Blending; die Besonderheit bei Whyte & Mackay besteht darin, dass die Komposition der Malts und die der Grains jeweils getrennt einige Monate in Ex-Sherryfässern zubringen und erst dann gemischt und erneut vermählt werden. Diese Prozedur soll den Whisky harmonischer machen. Das Herzstück der Blends stammt aus der Brennerei ➛Dalmore, die seit 1960 von Whyte & Mackay geführt wird. Das auf der Flasche angegebene Gründungsjahr 1844 bezieht sich auf eine andere Firma, in der James Whyte und Charles Mackay früher tätig gewesen waren; unter dem heutigen Namen existiert die Gesellschaft seit 1881. Fast ebenso alt ist die Marke selbst, die ihre ersten Erfolge vor allem auf Exportmärkten erzielte. Erst nach dem Zweiten Weltkrieg wurde sie auch in Großbritannien eingeführt. 1972 verlor das Unternehmen seine Selbstständigkeit. Wohl kein anderes schottisches Traditionshaus musste derart viele Besitzerwechsel über sich ergehen lassen wie W & M: Den Anfang machte ein britischer Investment Trust, unter dessen Ägide W & M die Brennereien ➛Fettercairn und ➛Tomintoul übernahm, gefolgt von zwei mehr oder weniger seriösen Beteiligungsgesellschaften und dem US-Mischkonzern American Brands (1990), der mit ➛**Jim Beam**

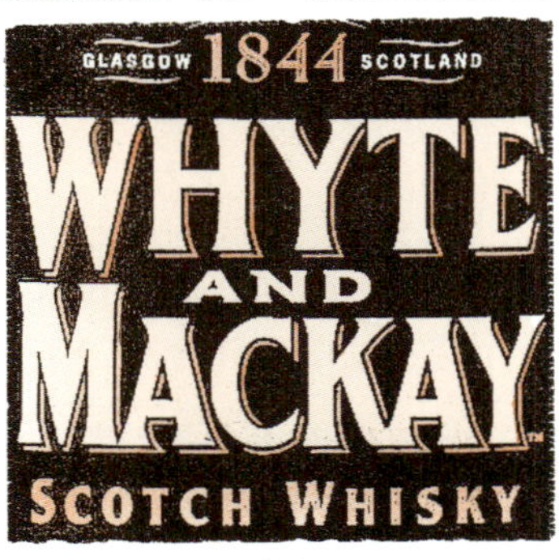

bereits eine große Marke besaß. Im Auftrag der Amerikaner übernahm Whyte & Mackay 1993 die schottischen →Invergordon Distillers mitsamt deren Destillerien →Bruichladdich, →Isle of Jura, →Tamnavulin und →Tullibardine. Allerdings ging es bei diesem Deal vordringlich um Invergordons riesige Grain-Produktion an der Cromarty Firth, die Malt-Brennereien hingegen fielen Rationalisierungsmaßnahmen zum Opfer, einzig Isle of Jura blieb in Betrieb. Ein paar Jahre durfte W & M die gesamten Scotch-Interessen ihrer Muttergesellschaft wahrnehmen, doch 1997 wurde sie von den Amerikanern gleichgeschaltet und in Jim Beam Brands (Greater Europe) umgetauft. Vier Jahre später machten sich die Schotten durch ein Management-Buy-out selbstständig. W & M und Invergordon firmierten dann aus unerfindlichen Gründen ein Jahr lang als Kyndal Group, blieben aber weiterhin ein Spielball internationaler Finanzgeschäfte: Der südafrikanische Investor Vivian Imerman, der bereits die Mittel für den Buy-out organisierte hatte, erwarb nach und nach sämtliche Aktien der Gruppe und verkaufte W & M inklusive Invergordon nach straffen Rationalisierungen 2007 mit großem Gewinn an das indische Zuckerrohrschnapsimperium →United Spirits. Als dessen Muttergesellschaft United Brewers of India durch die Verluste ihrer Kingfisher Airline ins Trudeln geriet, übernahm →Diageo 2013 die Kontrolle über United Spirits. Damit kam W & M zwar wieder in britischen Besitz, doch die Freude währte nicht lange. Nachdem die Londoner Kartellbehörde Einspruch erhoben hatte, verkaufte Diageo das Whyte & Mackay-Paket 2014 an die philippinische Alliance Global Group, die mit ihrem Brandy Emperador eine der weltweit erfolgreichsten Spirituosenmarken besitzt. Whyte & Mackay produziert unter anderem folgende Marken: **→The Caymore, →Cluny, →Glen Eagle, →Highland Pride, →John Barr, →Mackinlay's, →Northern Scott, →Old Mull, →Regal Scot, →Stewart's Finest Old.**

WHYTEHALL

Indischer Whisky von ➛Radico Khaitan, eine Mischung aus schottischen Malts und „feinstem indischen Alkohol“, wie es heißt. Die Marke hieß früher **White Hall** und war eine Gemeinschaftsproduktion von Radico und ➛Bacardi. Die Umbenennung erfolgte, nachdem Bacardi 2005 seine Joint-Venture-Anteile abgegeben hatte.

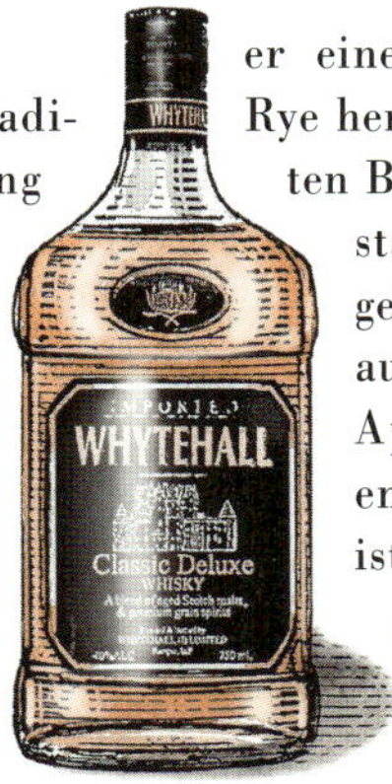

WIDOW JANE

US-Whiskey aus der gleichnamigen ➛Craft Distillery in Red Hook, Brooklyn, New York. Hier produziert Daniel Preston in einer *pot* und einer *column still* kleine Mengen Bourbon, die nach den verwendeten, organisch angebauten Maissorten benannt sind: **Wapsie Valley Bourbon**, **Bloody Butcher Bourbon** und **Bloody Butcher High Rye Bourbon** (Roggenanteil 27 %). Außerdem gibt er einen Bourbon und einen Rye heraus, die aus ungenannten Brennereien in Kentucky stammen. Der Rye reift in gebrauchten Fässern, die auch frische Eichen- und Apfelbaumholzdauben enthalten. Widow Jane ist der Name einer längst geschlossenen Kalksteinmine in Upstate New York, deren mineralienreiches Wasser Preston für seine Whiskeys verwendet.

The WILD GEESE

Irish Whiskey, den ➛Cooley für Protégé International abfüllt, zu haben als Single Malt und in mehreren Blend-Varianten. Der Markenname bezieht sich auf die als „Wildgänse“ berühmt gewordenen irischen Offiziere, die sich nach der Niederlage gegen die Engländer im Jahre 1691 in europäischen Armeen verdingten. Das 2000 in London gegründete Unternehmen Protégé International ist auf die Entwicklung von Alkohol- und Zigarettenmarken spezialisiert und gibt neben The Wild Geese noch einige belanglose Blended Scotches heraus.

WILD TURKEY

Kentucky Straight Whiskey von Austin, Nichols Distilling (➔Gruppo Campari), zu haben als Bourbon, als **Rye**, als **Wild Turkey Rare Breed** und als **Wild Turkey Kentucky Spirit Single Barrel**. Die beiden Letztgenannten sind große Bourbons alter Schule, mächtig, süß und würzig. Die beiden Standardversionen haben leider in den letzten Jahren etwas von ihrer üppigen Kraft verloren, die Wild Turkey zum Macho-Whiskey par excellence werden ließ (und zum Treibstoff für Großtrinker von Format wie David Foster Wallace und Hunter S. Thompson). Die Marke war in den 1940er-Jahren von Austin Nichols Distilling herausgebracht worden, einer New Yorker Handelsgesellschaft, die den Whiskey von der D. L. Moore Distillery bei Lawrenceburg, Kentucky, bezog. Sie war lange von den Ripys geführt worden, einer der angesehensten Brennerfamilien der Gegend, bei denen auch Jimmy Russell, die lebende Master-Distiller-Legende von Wild Turkey, sein Handwerk lernte. 1972 ewarb Austin Nichols Distilling die Brennerei, die seither Boulevard Distillery heißt.

Acht Jahre später wurde Austin Nichols von →Pernod Ricard übernommen, seit 2009 gehören Brennerei und Marke zur Gruppo Campari. Jimmy Russell, der auch nach 60 Dienstjahren noch in der Brennerei anzutreffen ist, und sein Sohn Eddie verwenden eine *mashbill* aus 75 % Mais, 13 % Roggen und 12 % Gerstenmalz für die Bourbons, beim Rye sind es 65 % Roggen, 23 % Mais und 12 % Gerstenmalz; der *sour mash*-Anteil beträgt 33 % (→**Russell's Reserve**).

WILLETT

US-Whiskey von →Kentucky Bourbon Distillers (KBD), zu haben als Kentucky Straight Bourbon und als Straight Rye in mehreren Altersstufen. Eine sehr begehrte Marke, deren Anziehungskraft nicht nur von der Qualität der Whiskeys lebt, sondern auch von der Rarität jener über 20 Jahre alten Ryes, die vor einigen Jahren erschienen und angeblich aus der alten, Anfang er 1980er-Jahre geschlossenen Willett Distillery in Bardstown, Kentucky, stammten. Tatsächlich bezog und bezieht KBD den Stoff immer vom *contract distiller* →LDI und von →Heaven Hill. Die Willetts gelten als eine der ältesten Brennerfamilien in Kentuckys Nelson County. Die erste Erwähnung findet sich im Namen der Destillerie Willett, Franke & Co., als Nächstes wurde John David Willett aktenkundig, der sich mit →Tom Moore zusammentat, der 1876 Willett, Franke & Co. übernommen und in →Mattingly & Moore umgetauft hatte. Willetts Enkel Thompson eröffnete dann nach der →Prohibiton jene Brennerei in Bardstown, die heute Kentucky Bourbon Distillers gehört. Er schuf die Marken →**Old Bardstown**, **Johnny Drum** und **Noah's Mill**, musste den Betrieb jedoch Anfang der 1980er- Jahre einstellen. KBD-Inhaber Even Kulsveen ist Willetts Schwiegersohn und brachte die alte Willett Distillery 2012 wieder in Gang.

WILLIAM GRANT & SONS

Schottischer Hersteller mit Sitz in Dufftown und Glasgow, gegründet 1887 von William Grant, dessen Nachkommen das Unternehmen noch heute führen. William Grant & Sons ist nicht nur der größte schottische Familienbetrieb im Business, sondern – neben dem Hydra-gleichen →Bacardi-Clan – auch der einzige unabhängige Big Player im von börsennotierten Konzernen dominierten Spirituosengeschäft. Zum Besitz der Grants gehört mit ➛Glenfiddich die größte Whisky-Brennerei Schottlands und mit ➛Balvenie eine der renommiertesten. Außerdem betreiben sie die Destillerien ➛Ailsa Bay, ➛Girvan und ➛Kinvinie sowie die kürzlich eröffnete ➛Tullamore Distillery in Irland. Zum Grants-Portfolio gehören der Scotch-Bestseller ➛**Grant's** sowie die Marken ➛**Clan MacGregor**, ➛**Gordon Highlanders** und ➛**Strathspey Reserve** sowie seit 2014 der Whisky-Likör-Klassiker **Drambuie**; in den USA sind sie mit dem schicken ➛**Hudson Whiskey** präsent, in Kanada mit **Gibson's** (➛**Aldunie**, ➛**Burn of Speyside**, ➛**Burnside**, ➛**Convalmore**, ➛**Hazelwood**). Ihre Tochterfirma ➛QSI produziert Handelsmarken in großem Stil. Den Grants gebührt schließlich das Verdienst, Single Malts auf dem Weltmarkt salonfähig gemacht zu haben: Bis in die 1960er-Jahre wurden Malts nur in geringen Mengen und nahezu ausschließlich in Schottland angeboten (damals übrigens meist als ➛Pure und nicht als Single Malt). Erst 1963 begann Charles Grant Gordon damit, Glenfiddich auch auf ausländischen Märkten anzubieten, insbesondere in den USA, wo die Firma bereits mit ihren Blends sehr gut im Geschäft war (➛Grant's). Laut Michael Jackson geschah dieser Schritt auch aus dem Mut der Verzweiflung, hatte doch die mächtige ➛DCL den aus ihrer Sicht allzu erfolgreichen Grants den Grain-Hahn zugedreht (woraufhin diese sich in Girvan selbst eine Grain-Brennerei bauten). Um seinen Malt abzusetzen, ließ sich Gordon Grant einiges einfallen: Er füllte Glenfiddich in die auffälligen Dreiecksflaschen und bot seine Whiskys als Erster in den damals neuartigen Duty-free-Shops an (die sind heute weltweit der zweitgrößte Markt für Single Malts). Auch sonst waren die Grants der Konkurrenz voraus: Sie scheuten sich nicht wie diese vor Fernsehwerbung und eröffneten in Glenfiddich das erste der in Schottland heute so beliebten Besuchszentren. Und so kam der Single Malt in die Welt.

WILLIAM LAWSON'S
Blended Scotch von John Dewar & Sons (➛Bacardi Ltd.). Ein typischer ➛Light Whisky, der seit einigen Jahren zu den meistverkauften Scotches weltweit zählt (derzeit Nr. 6); die wichtigsten Absatzmärkte sind Frankreich, Russland (dort ist er die Nr. 1) und Mexiko. Die Marke existiert seit 1889 (damals hieß sie Lawson's) und kam 1963 zum italienischen Vermouth-Produzenten Martini & Rossi. Der war einige Jahre zuvor ins Whisky-Geschäft eingestiegen und erwarb später auch die Brennereien ➛Macduff, die noch heute einen wesentlichen Beitrag zu diesem Blend leistet. 1992 kamen Martini & Rossi und damit auch William Lawson's zu Bacardi.

WILLIAM PEEL
Blended Scotch von Belvédère S.A. Gemessen an ihrem Erfolg ist dies wohl die unbekannteste Scotch-Marke weltweit, besser gesagt, außerhalb Frankreichs. Dort wird mehr Scotch getrunken als in jedem anderen Land der Erde und dort ist William Peel die Nr. 1, weltweit die Nr. 8 unter den Scotches. Eigentümer Belvédère, einer der großen Spirituosenproduzenten Frankreichs, besitzt noch jede Menge anderer Marken (Rum und Wodka) und wird schon seit Längerem als Übernahmekandidat gehandelt.

WILSON
1) Neuseeländische Brennerei in Dunedin, South Island. 1969 begann die Firma Wilson, die bis dahin Malzextrakt produzierte, mit der Whisky-Herstellung in Dunedin auf der Südinsel Neuseelands. Der erste Whisky kam 1974 unter dem Namen **South 45** auf den Markt, konnte sich aber gegen das in großem Stil aus Schottland importierte Original nicht durchsetzen. Erst als der kanadische Konzern ➛Seagram 1981 in die Firma einstieg, wurden Produktion und Marketing verbessert und ein konkurrenzfähiger Blend entwickelt, der unter dem Namen **Wilson's** zum meistverkauften Whisky in Neuseeland avancierte. Auch der hochgelobte Single Malt **Lammerlaw** (*1984) ging zeitweise ganz ordentlich, doch in den 1990er-Jahren brach die Nachfrage ein. 1999 ging die Brennerei an CUB, eine Tochter des australischen Brauereiriesen Foster's. Bald darauf wurde Wilson ausgeschlachtet: Die Brennblasen zur Rum-Produktion auf die Fidschis verfrachtet und die ansehnlichen Vorräte an ausgereiften Malts

versteigert. Erstaunlicherweise erhielt die damals bereits aufgelöste Brennerei dann noch den Namen **Willowbank**. Auch Lammerlaw wurde umbenannt: Warren Preston, ein lokaler Weinproduzent, der die restlichen Fässer Wilson/Willowbank-Whiskys erworben hatte, bot den Malt ab 2004 unter dem Namen **Milford** an und gab außerdem einen **Wilson Blend** mit Rotwein-Wood-Finish heraus: **Prestons Double Wood**. Aus dieser Zeit stammt auch ein 10-jähriger Single Malt, ebenfalls mit Rotwein-Finish, der heute von der amerikanischen ➛Craft Distillery ➛Journeyman angeboten wird. Prestons Plan, selbst eine Brennerei zu errichten, scheiterte und so landete der restliche Whisky bei der ➛New Zealand Malt Whisky Co., die ihn noch heute

unter dem Namen Willowbank abfüllt. Auch die kleine ➛Thomson Whisky Distillery in Auckland hat noch ein paar Fässer.

2) Blended American von ➛Heaven Hill.

WINDSOR

Canadian Blend aus der ➛Alberta Distillery von ➛Beam Suntory. Die Marke wurde 1963 von der US-Firma National Distillers unter dem Namen **Windsor Supreme** herausgebracht, seit 1987 gehört Windsor zu Beam, die sie nun als **Windsor Canadian** anbieten. Und hier die Verkostungsnotizen von Dave Broom: „Eine Explosion im Schönheitssalon. Es regnet Nagellack, während eine gelangweilte Samstagsaushilfe inmitten dieses Chaos Kaugummi kaut."

WINDSOR PREMIER

Blended Scotch von ➛Diageo, angeboten als 12- und als 17-Jähriger. Die Marke wird ausschließlich in Südkorea verkauft, einem der heißesten Scotch-Märkte Asiens. Sie war 1996 noch von ➛Seagram konzipiert worden, damals allerdings als Blend aus schottischen Malts und lokalen Grain Whiskys.

WISER'S

Canadian Blend von ➛Corby, hergestellt bei ➛Hiram Walker & Sons (Pernod Ricard) in Walkerville. Seit Pernod Ricard die große, alte Hiram-Walker-Marke ➤**Canadian Club** 2005 an ➤Beam abtraten, wird Wiser's zum wichtigsten Pferd im Canadian-Stall der Franzosen hochgezüchtet. Neben den klassischen Versionen **Wiser's De Luxe** mit 10 und **Wiser's Very Old** mit 18 Jahren gibt es nun noch einen **Wiser's Small Batch** und **Wiser's Legacy** mit einem hohen Anteil an *pot still*-destilliertem Roggenmalz. Auch der ehedem sehr beliebte **Wiser's Red Letter** wurde wieder aufgelegt. Namenspatron John Philip Wiser (1825–1911) betrieb seit 1862 eine Brennerei in Prescott, Ontario, und gilt heute als einer der Pioniere der kanadischen Whisky-Industrie. Mit hohem Qualitätsanspruch und Marketingtalent – Wiser war wohl der Erste, der sein Produkt explizit als „Canadian Whisky" etikettierte – machte er Wiser's zu einer gefragten Marke, im Inland ebenso wie in den USA und in China. Einige Jahre nach Wisers Tod fiel die Brennerei an Corby, die sie 1932 stilllegten. Bis 1987 wurden Wiser's Whiskys dann bei Corby gebrannt, seither kommen sie aus Walkerville.

W. L. WELLER

Kentucky Straight Bourbon von ➤Sazerac Co. Ein milder, gehaltvoller Whiskey, der, vielleicht gerade wegen seines guten Preis-Leistungs-Verhältnisses, meist unterschätzt wird. Er verdankt seine zugängliche Qualität der Verwendung von Weizen statt Roggen in der *mashbill*, ist also ein sogenannter ➤Wheated Whiskey. Diese Rezeptur stammt noch aus der ➤Stitzel-Weller Distillery, der eigentlichen Heimat der Marke. Namenspatron William Larue Weller (1825–1899) war einer jener Schnapshändler vom alten Schlag, die ihr Geld mit „cologne spirit" machten, hochprozentigen, minderwertigen Bränden, die durch obskure

Zusätze zu Rasierwasser, Whiskey und anderem verpanscht wurden. Einer von Wellers Handelsvertretern war ➛Pappy Van Winkle, dessen Sinn für Qualität maßgeblich zur Entwicklung des amerikanischen Whiskeys beitragen sollte. Van Winkle übernahm Wellers Firma und tat sich mit der renommierten Brennereifamilie Stitzel zusammen. Aus dieser Verbindung entstand die Stitzel-Weller Distillery in Louisville. Nach deren Stilllegung im Jahre 1992 kam die Marke W. L. Weller zu ihren gegenwärtigen Besitzern, die sie neben den drei Standardversionen **Special Reserve**, **W. L. Weller 12 Years Old** und **Old Weller Antique** auch in der High-End-Reihe „Antique Collection" als **William Larue Weller** anbieten – Finesse in *Fassstärke*.

WOLFBURN

Schottische Brennerei in Thurso, Caithness (Northern Highlands), die 2013 von der privaten Investorengruppe Aurora Brewing eröffnet wurde. Der erste Wolfburn Single Malt soll 2016 erscheinen. Die Brennerei befindet sich ein paar hundert Meter entfernt von der Ruine der 1850 geschlossenen Wolfburn

Distillery. Ein kleiner Teil des verwendeten Malzes ist leicht getorft (10 *ppm*), gebrannt wird in zwei kleinen *pot stills*, gereift zu zwei Dritteln in Ex-Bourbon- und einem Drittel in Ex-Sherryfässern.

WOOD'S TENDERFOOT WHISKEY

US-Single Malt aus Wood's High Mountain Distillery in Salida, Colorado, eröffnet 2011 von PT und Lee Wood. Die *mashbill* für diesen zweifach gebrannten, erstmals 2013 abgefüllten Whiskey

besteht aus 77 % Gersten-, 13 % Roggen- und 10 % Weizenmalz. Durch die Höhenlage der Brennerei (2340 m) und die starken Temperaturschwankungen in den Bergen wird die Reifung merklich beschleunigt. In naher Zukunft sollen zwei weitere Whiskeys erscheinen: gebrannt aus dem Stout einer lokalen Brauerei der eine, aus einer Roggen-/Gerstenmalz-Mischung der andere.

WOODFORD RESERVE

Kentucky Straight Whiskey von →Brown-Forman. Das edelste Pferd im Brown-Forman-Stall kommt als **Bourbon**, **Straight Rye** und in der experimentellen **Master's Selection**. Nur Letztere wird gänzlich in der schmucken Woodford Distillery bei Versailles, Kentucky, gebrannt, die beiden anderen stammen größtenteils aus Brown-Formans Großbetrieb →Early Times bei Louisville, wo sie auch gelagert werden. Die Brennerei in Versailles geht auf eine 1812 von der Familie Pepper errichtete Destillerie zurück. Sie wurde als Old Oscar Pepper und als Wirkungsstätte von Dr. James C. Crow berühmt, der maßgeblich an der Entwicklung der *sour mash*-Methode und damit des modernen Bourbons beteiligt war (→**James E. Pepper**, →**Old Crow**). Ab 1878 hieß die Brennerei nach ihren neuen Besitzern Labrot & Graham und unter diesem Namen kam sie 1941 zu Brown-Forman. Nach langen Jahren des Stillstands wurde sie liebevoll restauriert (sie steht heute unter Denkmalschutz) und mit zwei in Schottland angefertigten *pot stills* ausgerüstet. Die stehen seit 1996 wieder unter Feuer und liefern kräftige Whiskeys, die bei Early Times zu regulärem Woodford Bourbon bzw. Rye verarbeitet werden. Die *mashbill* beträgt 72 % Mais, 18 % Mais und 10 % Gerste für die Bourbons, für die Ryes beträgt der Roggenanteil 53 %, destilliert wird dreifach. Seit 2004 trägt die Brennerei den Namen des Woodford Countys, in dem sie liegt, und ein Jahr später erschien endlich die erste der

schon länger angekündigten Sonderedition Master's Select: **Woodford Reserve Four Grain,** 250 Flaschen des ersten kommerziellen *pot still*-Whiskeys aus den USA seit Jahrzehnten. Seither gibt es jährlich neue Spezialitäten, zuletzt kamen mit **Woodford Reserve Classic Malt** und **Straight Malt** zwei reine Malt Whiskeys, die unterschiedlich gereift wurden.

WOODSTONE CREEK

US-Whiskey aus der gleichnamigen Brennerei in Cincinnati, Ohio, gegründet 1999 von Don und Linda Outterson, einem Winzerpaar, das seit 2003 auch eine kleine Brennerei betreibt. Hier produzieren sie diverse *Einzelfassabfüllungen*: einen getorften und einen ungetorften Single Malt (10 Jahre), einen Bourbon aus zwei Sorten Mais, Gersten-, Roggen- und Weizenmalz sowie einen Blended American mit sehr hohem Neutralspritanteil.

WRITER'S TEARS

Irish Whiskey von ➛Hot Irishman; wie sein Stallgefährte ➛**The Irishman** eine Mischung aus Malt von ➛Bushmills und Single Pot Still aus ➛Midleton, erschienen 2009. Schnaps als Trost für einsame Autoren mit Schreibblockade? Den ranschmeißerischen Namen rechtfertigt das Rückenetikett wie folgt: Wenn irische Schriftsteller weinen, dann sind ihre Tränen aus Whiskey – erstaunlich eigentlich, dass das Klischee vom versoffenen irischen Dichter nicht schon früher Eingang in die Welt des Marketings fand (➛**Mark Twain,** ➛**Penderyn**).

W. W. BEAM

Kentucky Straight Bourbon von ➛Heaven Hill, die seit drei Generationen Brennmeister aus der großen ➛Beam-Familie beschäftigen und daher auch eine Marke dieses Namens führen.

„Der Whisky brannte in seiner Kehle
durch den Schlund bis in den Magen,
trocknete feuchte Kleider und erweckte in ihm die Gefühle
des kleinen Jungen, der am Samstagnachmittag von zu Hause ausriss,
um sich ein Baseballmatch anzusehen."
John Dos Passos, „Manhattan Transfer"

YAMAZAKI

Japanische Brennerei bei Kyoto, Präfektur Osaka, von ➛Suntory. Japans große, alte Brennerei, gegründet 1923 von Shinjiro Torii, der hier zusammen mit Masataka Taketsuru (➛Nikka) den Grundstein für die Whisky-Industrie des Landes legte. In 16 *pot stills* unterschiedlichster Form entstehen hier verschiedene Malts, die mit Grains aus ➛Chita zu Blends verschnitten werden. 1984 erschien mit einem 12-jährigen Yamazaki der erste Single Malt des Landes (sieht man vom nur in Kleinstmengen herausgegebenen ➛Karuizawa einmal ab). Heute umfasst Yamazakis Range einen *nas*-Single sowie 10-, 12-, 18- und 25-Jährige und *Einzelfassabfüllungen*, alle größtenteils in Ex-Bourbonfässern gereift. Frische und Ex-Sherryfässer werden ebenso verwendet wie die gleichermaßen beliebten wie raren Mizunara-Fässer aus japanischer Eiche; auch Experimente mit Zedern- und Sandelholz gab es schon.

YE FRANCISCAN

Blended Scotch, 12 Jahre, von World Wide Distillers (➛Glen Franciscan).

YE MONKS

Blended Scotch, den ➛Diageo vorwiegend in Lateinamerika ver-

kauft. Ye Monks wurde 1893 von Donald Fisher Ltd. als **Ye Whisky of Ye Monks** herausgebracht. Die Firma war 1836 in Edinburgh gegründet worden und fiel hundert Jahre später an Diageo-Vorläufer →DCL.

YELLOW SPOT

Irischer →Single Pot Still Whiskey aus der Brennerei →Midleton von →Irish Distillers (Pernod Ricard). Der ältere Bruder des famosen →**Green Spot** tauchte erst 2012 wieder aus der Versenkung auf. Er wird aus Whiskeys komponiert, die zeitweise in Ex-Bourbon-, Sherry- und Malagafässern reiften.

YELLOWSTONE

Kentucky Straight Bourbon von →Luxco. Ein mittelschwerer Alltags-Bourbon, der Ende des 19. Jahrhunderts von den Dants (→J. W. Dant) herausgegeben und nach dem damals gerade eröffneten Nationalpark benannt wurde. Die Marke gehörte zeitweise zu →Glenmore und war in den 1960er-Jahren der meistverkaufte Bourbon Kentuckys. 1993 kam sie zum Luxco-Vorgänger David Sherman. Seit 2015 wird Yellowstone in der →Limestone Branch Distillery produziert, an der Luxco beteiligt ist.

YOICHI

Japanische Brennerei von →Nikka (Asahi). Mit Yoichis Malts begann Japans Aufstieg zur international anerkannten Whisky-Nation, nachdem bei einer Blindverkostung des renommierten „Whisky Magazine“ im Jahre 2001 ein Yoichi *Single Cask* die schottische Konkurrenz als „Best of the Best“ auf die Plätze verwies. Die weltweit angesehenste Brennerei des Landes liegt in Küstennähe auf Japans nördlichster Insel Hokkaido. Hier fand Nikka-Gründer Masataka Taketsuru die besten Bedin-

gungen, um Whisky so zu produzieren, wie er es in Schottland gelernt hatte: Torfgründe, klares Gebirgswasser, Seeluft und Kohlevorkommen (nicht zu reden von den Hirschen). Auch die Brennerei kommt uns schottisch mit ihren gedrungenen Gebäuden und zahlreichen Pagodendächern. Sie liefert denn auch die schottischsten unter Japans Whiskys und kann von fülligen Malts, leichtem Lowland- und torfigem Islay-Stil diverse Blend-Komponenten produzieren (jährlich 2 Millionen *lpa* mit einem Torfgehalt bis zu 50 *ppm*). Seit Nikka mit ➛Miyagikyo eine zweite Brennerei betreibt, ist

Yoichi für die kräftigeren Komponenten zuständig. Sie bilden das Rückgrat für den gefeierten ➛**Taketsuru Vatted Malt** und die ➛**Pure Malt Blends Black** und **White**. Der erste Yoichi Single Malt erschien 1984 als 10-Jähriger, gefolgt von mehreren älteren Versionen und *Einzelfassabfüllungen*. Aufgrund der stark gestiegenen Nachfrage wurde Nikkas Portfolio eingedampft: Seit September 2015 werden nur noch Malts ohne Altersangabe abgefüllt, darunter auch ein auf 3000 Flaschen limitierter **Yoichi Heavily Peated**. Die Brennerei wurde 1934 gegründet und ging zwei Jahre später in Betrieb. Der erste Whisky erschien 1940. Seit 1952 heißt die Brennerei offiziell Nikka Whisky Hokkaido Plant.

ZACKARIAH HARRIS

Kentucky Straight Bourbon aus der Brennerei ➛Barton 1792 (Sazerac Co.): ein simpler Standard-Whiskey, äußerlich verdächtig nahe an Jack D. angelegt. Die Marke erschien 2011 und wird von der Sazerac-Tochter ➛Glenmore Distillery herausgegeben.

ZAISER SCHWÄBISCHER WHISKY
Deutscher Single Grain aus der gleichnamigen Brennerei der Familie Zaiser in Köngen, Baden-Württemberg. Zaisers Whiskys entstehen nach einem speziellen Verfahren: Der *new make* (aus Weizen und etwas Gerstenmalz einfach in einer *Obstbrennblase* destilliert) reift nacheinander in Fässern aus schwäbischer und ungarischer Eiche und in ehemaligen Sherryfässern. Die entleerten Fässer werden dann erneut mit frischem Destillat befüllt. Reihenfolge und Dauer der jeweiligen Lagerung sind unterschiedlich, denn Herr Zaiser sieht es als seine „künstlerische Freiheit" an, mit der unterschiedlichen Wirkung der Fässer auf die jeweiligen Einzeldestillate zu experimentieren. Seiner Meinung nach besteht zwischen Holz und Whisky eine komplexere Wechselwirkung als gemeinhin angenommen: Demnach integriert beispielsweise ein Sherryfass-gelagertes Destillat bestimmte Aromen in das nachfolgende Fass, die dann den nächsten darin reifenden *new make* beeinflussen können. Nach der dritten Fasslagerung werden die Whiskys in einem Apfelmostfass zusammengeführt, wo sie noch einmal für unbestimmte Zeit bis zur Abfüllung reifen. In der Regel dauert diese Prozedur 3 bis 5 Jahre. Auf 3 Jahre in ungarischer Eiche beschränkt ist die Reifung von **Zaisers Roasted Grain**, der aus über offenem Feuer geröstetem Weizen gewonnen wird. Im Herbst 2015 will Zaiser, der seit 1999 Whisky brennt, seinen ersten **Single Malt Double Cask** vorstellen, der derzeit noch in Sherry- und Apfelmostfässern reift.

ZEPPELIN BEND
US-Straight Malt Whiskey von ➛New Holland Artisan Spirits. Der Flagship Brand von New Holland erschien erstmals 2008 und ist ein echter Single Malt.

Anhang

ABFÜLLUNG

Vor der Abfüllung in Flaschen wird Whisk(e)y gefiltert, mit Wasser auf Trinkstärke herabgesetzt und bei Bedarf mit Zuckercoleur gefärbt *(Alkoholgehalt, Färbung, Filtration, nc)*. Dies geschieht entweder nach Fertigstellung eines Blends bzw. bei Malt und Straight Whisk(e)ys nach dem Zusammengießen (engl. vatting) der für die Abfüllung bestimmten Fässer: Da jedes Fass einen individuellen Whisk(e)y hervorbringt, werden in der Regel mehrere Fässer – auch solche verschiedener Jahrgänge – miteinander vermischt (vatted), um ein möglichst konstantes Ergebnis zu erzielen. Die bei Spezialisten so beliebten *Single Barrel-* oder *Einzelfassabfüllungen* haben nach wie vor Seltenheitswert. Abgefüllt wird entweder in der Destillerie selbst (das ist in Irland und in den USA noch die Regel, in Schottland aber die Ausnahme, z. B. bei ➔Glenfiddich, ➔Kilchoman und ➔Springbank) oder in riesigen Anlagen, zu denen der Whisky im Fass oder in Stahltanks transportiert wird. Füllt der Hersteller den Whisky selbst ab, spricht man von Original-Destillerie- oder Eigentümerabfüllung; im Unterschied dazu füllen ➔unabhängige Abfüller Whiskys fremder Hersteller ab; eher selten sind Lizenzabfüllungen, die ein Unabhängiger im Einverständnis oder auch Auftrag eines Eigentümers besorgt (z. B. ➔Mortlach, ➔Gordon & MacPhail). Erst seit Ende des 19. Jahrhunderts ist es üblich, Whisk(e)y in Flaschen abzufüllen. Bis dahin gaben die Hersteller das frische Destillat fassweise an Händler und Schankwirte ab, denen es überlassen blieb, den Whisk(e)y noch länger reifen zu lassen oder in irgendeiner Form weiter zu behandeln – durch Verdünnung mit Wasser oder Hinzufügen von Farb- und Würzstoffen wie Safran oder Tee beispielsweise. Was immer der Endverbraucher dann erhielt (in Fässern, Steingutkrügen oder sonstigen nachfüllbaren Behältnissen) – die Destillerie konnte keine Garantie

für die Qualität ihres Produkts abgeben. Dies änderte sich erst mit der Entstehung von Marken: wiedererkennbaren Produkten von gleichbleibender Qualität. Der Edinburgher ➛Glenlivet-Händler Andrew Usher war der Erste, der sorgfältig vermischte Fässer abfüllte und mit einem Etikett versah. Sein „Usher's Old Vatted Glenlivet", erstmals abgefüllt 1853, gilt heute als älteste Whisky-Marke (➛**Usher's Green Stripe**). Wie damals üblich bot Usher seine Whiskys in Keramikkrügen an, denn die Verwendung von Flaschen setzte sich erst mit deren industrieller Massenanfertigung ab 1887 durch. Die ersten heute noch bekannten gelabelten Flaschen waren ➛**Dewar's** in Schottland (1863), ➛**Old Forester** in den USA (1872), ➛**Canadian Club** in Kanada (1884) und ➛**Power's** in Irland (1894).

ALKOHOLGEHALT

Der gesetzlich vorgeschriebene Mindestalkoholgehalt von Whisk(e)y beträgt 40 Vol.-%, nur in Japan, Kanada und auf einigen peripheren Märkten dürfen auch leichtere Spirituosen als Whisk(e)y verkauft werden. Nach der Destillation hat der frische Brand einen Alkoholgehalt von bis zu 80 Vol.-%; um den Reifeprozess zu fördern, wird Whisk(e)y vor der Fasslagerung mit Wasser auf ca. 63 Vol.-% herabgesetzt. Während der Reifung nimmt der Alkoholgehalt in der Regel ab (➛Angel's Share), in Kentucky und einigen Regionen Kanadas dagegen steigt er. Vor der Flaschenabfüllung erfolgt eine weitere Herabsetzung auf Trinkstärke, üblich sind 40 bis 43 Vol.-%. Dies hat vor allem finanzielle Gründe, denn mit dem Alkoholgehalt sinken auch die Steuern.

Allerdings ist damit immer auch ein Geschmacksverlust verbunden. Höherwertige US-Whiskeys werden deshalb häufig mit 45 bis 50 Vol.-% abgefüllt (➛Bottled in Bond) und auch die Schotten geben ihre Single Malts mittlerweile oft mit 46 Vol.-% oder gleich mit *Fassstärke* heraus. Neben der allgemein üblichen Angabe von Volumenprozenten findet man im englischsprachigen Raum auch noch die ältere Bezeichnung „proof". In den USA meint dies die doppelte Volumenprozent-Angabe, 80° proof entsprechen demnach 40 Vol.-% Alkohol. Im britischen Raum ist die Angelegenheit selbstverständlich etwas komplizierter: Hier muss man die Proof-Zahl mit 4 multiplizieren und das Ergebnis durch 7 teilen, um die Alkoholmenge in Vol.-% zu erfahren; 70° proof bedeuten also 40 Vol.-%.

Seit 1988 gilt allerdings auch im UK die Volumenprozentangabe als offizielle Maßeinheit. Ursprünglich wurde der Alkoholgehalt mit einer ebenso simplen wie spannenden Methode geprüft: Man vermengte den frischen Schnaps mit etwas Schwarzpulver und entzündete diese Mischung. Brannte sie mit einer gleichmäßigen Flamme, so hatte man das gewünschte Ergebnis; war der Alkoholgehalt zu niedrig, kokelte die Mischung nur vor sich hin; war er zu hoch, flog sie einem um die Ohren. Eine ähnliche Methode wird noch heute in den USA angewandt, um schwarzgebrannten Whiskey (➛Moonshine) zu testen: Ein wenig von der Flüssigkeit wird auf einen Löffel gegeben und entzündet; eine gleichmäßige, blaue Flamme verspricht genießbaren Whiskey, eine gelbliche Flamme lässt vom Genuss Abstand nehmen.

ALTER

Das Alter, also die Zeit, die ein Destillat im ➛*Fass* verbringt, ist der wohl wichtigste Faktor für die Qualität eines Whisk(e)ys. Das gesetzlich vorgeschriebene Mindestalter für Scotch, Irish und Canadian Whisk(e)y beträgt 3 Jahre. Die in den USA gültige Mindestreifezeit von 2 Jahren betrifft nur ➛Straight Whiskeys; sind diese jünger als 4 Jahre, muss ihr Alter auf dem Etikett ausgewiesen sein. Für alle Whisk(e)ys, die nicht zu den genannten vier Sorten zählen, gibt es keinerlei Vorschriften das Alter betreffend. Grundsätzlich beziehen sich Altersangaben auf dem Etikett immer auf das jüngste enthaltene Einzeldestillat (➛Abfüllung). Höheres Alter bedeutet in der Regel auch höhere Komplexität. Reift ein Whisky allerdings zu lange, nehmen die Holzaromen überhand (➛**Old Comber**). Im Allgemeinen geht man davon aus, dass die Interaktion zwischen Fass und Flüssigkeit umso effektiver ist, je langsamer sie vor sich geht. Neben Art und Qualität der Fässer spielen dabei auch die klimatischen Bedingungen eine Rolle. Im vergleichsweise konstanten Klima Schottlands und Irlands geht der Reifeprozess langsamer vonstatten als in Kentucky mit seinen heißen Sommern und trockenkalten Wintern. Noch schneller (nach konservativer Auffassung zu schnell) geht es in tropischen und subtropischen Klimazonen, wie etwa in Indien. Auch der verdunstungsbedingte Flüssigkeitsverlust ist hier höher (➛Angel's Share). Naturgemäß werden Whisk(e)ys hier in jüngeren Jahren abgefüllt als in Schottland, wo Single Malts bislang selten mit weniger als 10 bis 12 Jahren angeboten wurden. Die starke Nachfrage insbesondere nach prestigeträchtigen Blended Scotches von 12 Jahren an aufwärts dezimierte die Malt-Vorräte aber mittlerweile derart, dass immer mehr Single Malts ohne Altersangabe auftauchen (➛*nas*). So können die Hersteller sich bei der Auswahl der Fässer nach dem Lagerbestand richten, ohne an bestimmte Jahrgänge gebunden zu sein.

BARREL PROOF

In den USA üblicher Ausdruck für *Fassstärke*.

CASK STRENGTH

In den Großbritannien und Irland üblicher Ausdruck für *Fassstärke*.

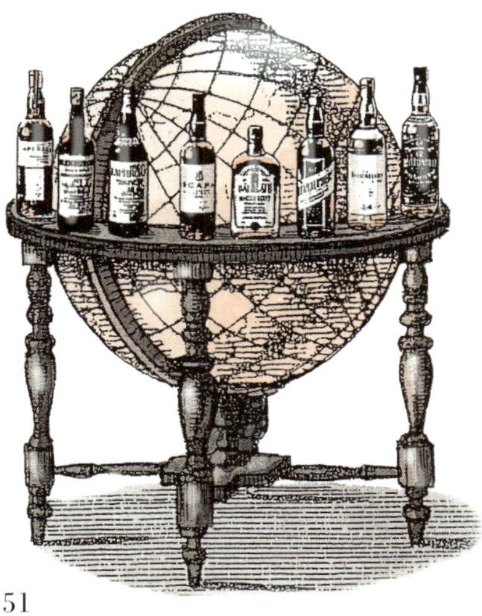

COFFEY STILL

Eine ältere Form der *column still*, benannt nach ihrem Erfinder Aeneas Coffey (1780–1852). Sie wurde ab etwa 1830 anstelle von Robert Steins *Patent still* eingesetzt, um ➤Grain Whisky zu produzieren, und später durch modernere, effektivere Anlagen verdrängt. Zu den wenigen Brennereien, die noch heute Coffey stills betreiben gehört Nikkas ➤Miyagikyo Distillery. Dort wird mitunter auch Malt Whisky mit ihnen produziert (➤Coffey Grain, ➤Coffey Malt, ➤Loch Lomond, ➤Strathmore).

COLUMN STILL

Säulenförmige Brennblase, in deren Innerem perforierte Platten für eine effektivere Alkoholabtrennung sorgen, als dies mit traditionellen *pot stills* möglich ist. In den USA findet die erste Destillation in einer einzelnen column still statt, bei der Herstellung von ➤Grain Whisk(e)y dienen mehrere miteinander verbundene Säulen (Kolonnen) als *continuous stills*.

CONTINUOUS STILL

Anlage zur kontinuierlichen Destillation; im Gegensatz zur zeit- und arbeitsaufwendigen portionsweisen Destillation in traditionellen *pot stills*, die nach jedem Durchgang gereinigt und neu befüllt werden müssen, können continuous stills ununterbrochen betrieben werden. Sie liefern außerdem saubereren und höherprozentigen Alkohol. Continuous stills bestehen aus zwei oder mehr miteinander verbundenen Säulen (*column stills*), in denen die vergorene Getreidemaische (*wash*) durch gegenläufig eingeführten Wasserdampf destilliert wird. Zahlreiche, perforierte Platten im Inneren der Säulen sorgen für eine effektive Abtrennung des Alkohols (Rektifikation). Die Entwicklung dieser Technik Anfang des 19. Jahrhunderts ermöglichte die Herstellung von ➤Grain Whisky und damit die Entstehung des ➤Blended Scotch (*Coffey still*, *Patent still*).

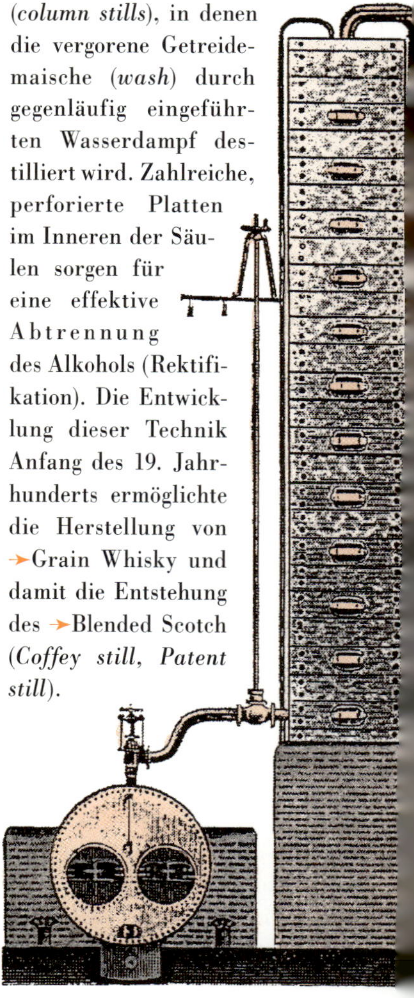

CONTRACT DISTILLING/ BLENDING

In der Spirituosenindustrie ist es schon lange üblich, das Markeninhaber sich Produkte von anderen Firmen sozusagen maßschneidern lassen. Entweder, weil sie nicht über eigene Produktionsstätten verfügen oder nicht in der Lage sind, die gewünschten Charakteristika eines Brands selbst zu erreichen. Streng genommen spricht man von contract distilling nur, wenn der Hersteller das Destillat nach Maßgabe eines Auftraggebers liefert, der den Stoff dann selbst einlagert und gegebenenfalls noch weiter verarbeitet. Contract Distilling wird von internationalen Konzernen genauso in Anspruch genommen (z.B. →**Canadian Club**, →**George Dickel Rye**) wie von so manchem →Craft Distiller, der sich seinen Stoff bei Großproduzenten besorgt und dann tatsächlich bestenfalls ein →Craft Blender ist (→**Whistle Pig**, →**High West**, →**Templeton Rye**). Tatsächlich bieten Contract Distiller aber auch fertige Produkte an und können also als Contract Blender auftreten, die Grenzen sind hier fließend. Bedeutende Contract Distiller/Blender sind →Invergordon und →QSI in Schottland, →LDI und →Heaven Hill in den USA sowie →Alberta in Kanada; die irische Brennerei →Cooley konnte nur dank solcher Aufträge überleben.

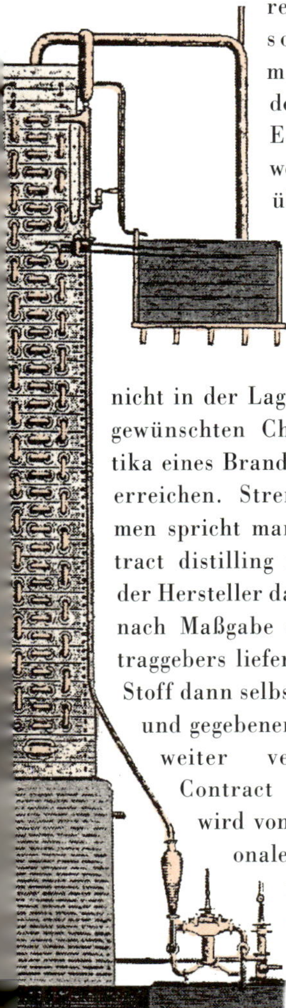

EINZELFASS-ABFÜLLUNG

Da jedes Fass einen individuellen Whisky hervorbringt, wird der Inhalt der zur *Abfüllung* bestimmten Fässer normalerweise miteinander vermischt, um die Unterschiede auszugleichen. Bei Einzelfassabfüllungen dagegen wird jedes Fass für sich abgefüllt, bei schottischen *Single Casks* meist auch ohne Kühlfilterung *(ncf)* und in *Fassstärke*. Das Ergebnis sind jeweils ein paar Hundert Flaschen, und es kann durchaus vorkommen, dass zwei Whiskys einer Marke aus demselben Jahr sich in Farbe und Geschmack deutlich voneinander

unterscheiden – ganz zu schweigen von den Unterschieden, die verschiedene Jahrgänge einer Marke aufweisen können. Natürlich sind diese Malts nicht immer so perfekt wie die regulären Abfüllungen, dafür hat man aber den echten Stoff in der Flasche (und ein exklusives Sammlerstück). Anfangs waren Einzelfassabfüllungen eine Domäne der ➛Unabhängigen wie der ➛Scotch Malt Whisky Society oder ➛Cadenhead; inzwischen haben auch die großen Hersteller diese Nische entdeckt, und prompt wurde der Verdacht laut, hier sollten auf lukrative Weise Restposten entsorgt werden. Die amerikanischen *Single Barrel Whiskeys* dagegen wurden von vornherein von den Herstellern als Spitzenprodukte aus den besten Fässern vermarktet, und so halten es heute auch die Japaner.

FÄRBUNG

Jedes frische Destillat ist wasserklar*), Färbung entsteht erst durch Holzkontakt im *Fass*. Da nun Fasslagerung zeitraubend und teuer ist, konnte sich landläufig die Meinung durchsetzen, die Farbintensität eines Whisk(e)ys stünde in direktem Verhältnis zu seinem Wert (allgemein gelten braune Spirituosen als die edelsten). Es ist also kein Wunder, wenn Hersteller in aller Welt ihren Produkten farblich auf die Sprünge helfen. Früher war alles erlaubt, Tinte, Tee und Arrope zum Beispiel (karamellisiertes Traubensaftkonzentrat aus Spanien), heute hat man sich zumindest innerhalb der EU auf E 150a geeinigt, zu deutsch Zuckercouleur oder Karamell (in den USA ist das Färben von Whiskey grundsätzlich nicht gestattet). Das kommt vor allem bei Blends zum Einsatz, wo das äußere Erscheinungsbild von entscheidender Bedeutung für das Markenimage, die Preiskategorie und vor allem die Markenkontinuität ist. Allerdings führen auch Single Malts mitunter den (neuerdings gesetzlich

vorgeschriebenen) Vermerk „Mit Farbstoff". Die Hersteller betonen die Notwendigkeit des Einsatzes für die optische Feinabstimmung und verweisen darauf, dass E 150a in den minimalen Dosen, in denen es zum Einsatz kommt (höchstens 0,01 %), geschmacklich nicht die geringste Wirkung habe. Dennoch bleibt der Ruch von industrieller Massenproduktion, und so gilt nun der Verzicht auf Farbzusatz (*nc*) insbesondere bei der Single-Malt-Gemeinde als Qualitätsmerkmal.

*) *mit Ausnahme von Kamillenbrand, der bläulich ist und als teuerster Farbstoff der Welt gehandelt wird.*

FARMHOUSE DISTILLERY

In Irland und Schottland gebräuchlicher Begriff für kleine, möglichst traditionell arbeitende Brennereien, der auf die Ursprünge des ➛Malt Whiskys im bäuerlichen Milieu Bezug nimmt. Im Idealfall führen Farmhouse Distiller den gesamten Herstellungsprozess autonom durch („from grain to glass"). Ähnlich wie bei der amerikanischen ➛Craft-Distiller-Bewegung geht es hier um die Abgrenzung vom als seelenlos empfundenen, von wenigen internationalen Konzernen dominierten Marktgeschehen. Bei allem Respekt für diese Haltung ist festzuhalten, dass die Großen immer noch verdammt guten Schnaps brennen; und dass Vokabeln wie Farmhouse, Craft sowie deren Verwandte Manufaktur und artisanal leicht zu anbiedernden Marketing-Ingredienzen gerinnen können.

FASS

Die Fassreifung ist von entscheidender Bedeutung für die Entwicklung eines Whisk(e)ys – „wood is good", so der neue Slogan von ➛Dewar's. Der offensichtlichste Effekt ist die *Färbung*. Jedes frische Destillat ist wasserklar, erst im Holz erhält es jene edlen Farbtöne, die schon vor dem ersten Schluck für Genuss sorgen. Zudem laufen im Fass jedoch eine ganze Reihe mechanischer und

Vanillearomen dezente Sandel- und Zedernholznoten. Die Europäische Eiche weist am wenigsten Vanillin auf, dafür deutlich mehr Tannine, die einen adstringierenden, pelzigen Effekt haben und körperreiche, fruchtige Noten sowie dunklere Farbtöne zur Folge haben. Typisch für amerikanische Fässer

chemischer Prozesse ab, die den Geschmack massiv beeinflussen. Nach heutiger Auffassung ist die Fassreifung für 40 bis 80 % der Whisk(e)y-Aromen verantwortlich. Dabei spielen mehrere Faktoren eine Rolle. Zum einen das Material: Laut Vorschrift muss Whisk(e)y in Eichenfässern reifen, doch Eiche ist nicht gleich Eiche. Amerikanische Eiche (Quercus alba) ist weniger porös als Europäische Eiche (Quercus robur), lässt das Destillat also langsamer eindringen; die Europäische Eiche wiederum hat eine dichtere Struktur als die in Japan verwendete Mizunara-Eiche (Quercus mongolica), die wegen ihrer sensiblen Struktur (und ihrer relativen Seltenheit) heute meist nur für eine kurze Nachreifung *(wood finish)* verwendet wird. Sie enthält mehr Vanillin als die beiden anderen und verleiht Whiskys zusätzlich zu den daher rührenden

sind ebenfalls Vanillearomen, außerdem Zimt- und Kokostöne. Diese Fässer werden nicht nur in den USA eingesetzt. Da sie für Bourbon und Rye nur ein einziges Mal verwendet werden dürfen, exportiert man sie in alle Welt, vornehmlich nach Schottland, wo über 90 % des Whiskys in ehemaligen Bourbonfässern reift. Sie sind nicht nur billiger als europäische Fässer, sondern entziehen den schottischen Destillaten auch unerwünschte Aromen und Fehltöne. Entscheidend ist hier, dass die Fässer in den USA vor der Befüllung stark ausgebrannt (charred) werden. So entsteht im Inneren des Fasses eine Holzkohleschicht, die (ähnlich wie Aktivkohle) einen reinigenden Effekt hat. Auch europäische Eichenfässer, die in Schottland Dienst tun, haben bereits eine Belegung hinter sich, meist enthielten sie vorher Sherry. Die Verwendung von gebrauchten Fässern hat weniger den Effekt, die Aromen von Bourbon oder Sherry in den Whisky zu überführen, vielmehr geht es darum, die Fässer zu konditionieren. Bourbon bzw. Sherry mildern die Wirkung frischer Fässer und gewährleisten damit eine längere Reifezeit des Whiskys. Nur durch eine langsame, ausdauernde Interaktion zwischen Fass und Flüssigkeit können Single Malts jene komplexe Aromatik entwickeln, die ihre Klasse ausmacht. Daher werden diese Fässer oft auch noch ein weiteres Mal befüllt (second fill), meist mit Whiskys, denen man eine besonders lange Reifung zugesteht. Ein weiterer Faktor ist die Größe der Fässer, denn mit ihr ändert sich auch das Verhältnis von Holzoberfläche zu Fassinhalt, je kleiner also das Fass, desto größer der Holzkontakt, und damit das Tempo der Reifung. Das gängige amerikanische Barrel fasst ca. 200 l, die nächsten Größen sind Hogshead (250 l), Puncheon (500–545 l) und das für Sherry bevorzugte Butt (500 l); eher selten wird das kleine Quarter Cask verwendet (45–80 l). Wie groß die Bedeutung der Fasslagerung für die Qualität von Whisky ist, wird erst seit den 1970er-Jahren systematisch erforscht. So entwickelte sich ein wood management, das bei der Auswahl und Belegung von Fässern planmäßig vorgeht, um bestimmte Aromen zu fördern (➛*wood finish*).

FASSSTÄRKE

Der *Alkoholgehalt*, mit dem Whisk(e)y aus dem Fass kommt (barrel proof, cask strength). Bis 1916 war es in Schottland üblich, Whisky unverdünnt abzufüllen. Während des Ersten Weltkriegs wurde von Regierungsseite eine Verdünnung auf 30 Vol.-% angeordnet, nach erbittertem Streit einigte man sich dann auf die heute üblichen 40 bzw. 43 Vol.-%. Da die elitäre Kundschaft auf der Suche nach Authentizität unverfälschten Whisky vorzieht, werden insbesondere Single Malts seit den 1990er-Jahren auch in Fassstärke angeboten (➛Cadenhead, ➛Scotch Malt Whisky Society). So kann jeder selbst entscheiden, wie viel Wasser ihm und dem Whisky guttut. Abgesehen davon bringt die schrittweise Verdünnung einzelne Aromen besser zur Geltung.

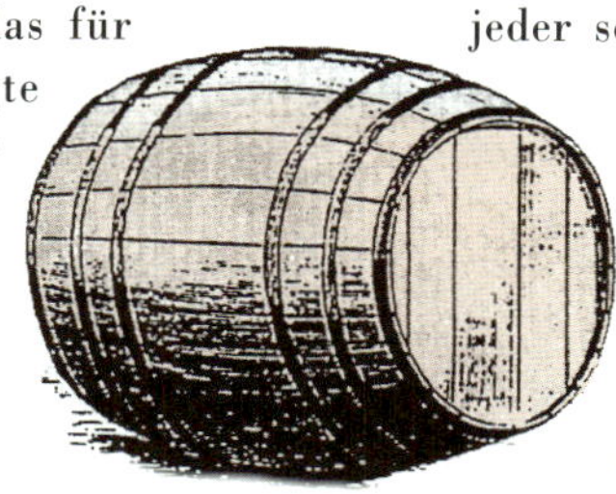

FLOOR MALTINGS

Traditionelle Mälzereien, wie sie heute nur noch in wenigen Brennereien zu finden sind (➔Balvenie, ➔Bowmore, ➔Glenfiddich, ➔Highland Park, ➔Hillrock Estate, ➔Neccarus, ➔Springbank). Und selbst hier sind die Zeiten vorbei (mit geringfügigen Ausnahmen), in denen das auf großen Darrböden (malting floors) ausgebreitete Getreide von Hand gewendet wurde (➔Monkey Shoulder). Die meisten Brennereien beziehen ihr Malz heute von einer der großen Mälzereien, z. B. von ➔Glen Ord, ➔Port Ellen oder ➔Roseisle.

HIGH STRENGTH

Eine altmodische Bezeichnung, die für hohen Alkoholgehalt verwendet wird, der aber im Gegensatz zur Fassstärke nicht von Abfüllung zu Abfüllung variiert, sondern immer gleich bleibt, z. B. ➔**Glenfarclas 105**, ➔**Springbank 100°**.

IMFL

„Indian made foreign Liquor" ist die offizielle Bezeichnung für Destillate, die in Indien hergestellt werden, aber im Gegensatz zu „Country Liquor" (einheimischen Produkten wie Fenny oder Arrak) ausländischen Vorbildern folgen. In erster Linie ist das indischer Whisky, für dessen Herstellung es keine gesetzlichen Vorschriften gibt, außer, dass er nicht mehr als 42,8 Vol.-% Alkohol enthalten darf. Er entsteht je nach Preisklasse aus einheimischen Zuckerrohr- oder Getreidedestillaten, die mit Malzextrakt, Blended Scotch oder importiertem Maltwisky verschnitten werden (➔Indischer Whisky). Sie liegen preislich zwischen Country Liquor und dem echten Stoff, der wegen hoher Einfuhrzölle in Indien noch kein Massenartikel ist. Zielgruppe der IMFL-Marken ist der indische Mittelstand, der auf dem Subkontinent zahlenmäßig etwa der Gesamtbevölkerung der USA entspricht.

KILN

Schottische Bezeichnung für jenen Teil der *floor maltings*, in dem das Malz getrocknet wird (➔Malt Whisky). Da das Mälzen heute in Schottland kaum noch in den Brennereien selbst stattfindet, wurden viele Kilns zu Besuchszentren umfunktioniert (➔Doig).

KÜHLFILTERUNG

Engl. chill filtering; bei diesem vorwiegend in Schottland angewandten Verfahren wird der Whisky auf Temperaturen um den Gefrierpunkt heruntergekühlt, wodurch sich bestimmte Stoffe verfestigen, die anschließend mechanisch herausgefiltert werden können. Dabei handelt es sich vorwiegend um Fettsäuren und Öle, die zu Eintrübungen (chill haze) führen können, insbesondere, wenn Eiswürfel ins Spiel kommen. Da Kühlfilterung im Verdacht steht, auch Aromen aus dem Whisky zu entfernen, verzichten einige Hersteller heute auf diese Art der Schönung. Den Anfang machten wie immer die ➛unabhängigen Abfüller, namentlich ➛Blackadder, ➛Cadenhead und ➛Signatory.

LOMOND STILL

Eine spezielle Form der *pot still*, die in den 1950er-Jahren für ➛Hiram Walker entwickelt wurde. Mit ihr sollte es möglich werden, in ein und derselben Brennblase verschiedene Malts herzustellen. Zu diesem Zweck erhielt der Brennkessel anstelle des üblichen eleganten Schwanenhalses einen tonnenförmigen Aufsatz, in dem sich verstellbare Kupferplatten befanden, mittels derer sich der Rücklauf (reflux) in der still regulieren ließ: Je schräger sie standen, desto weniger schwere Alkohole konnten nach oben steigen, wodurch sich körperleichtere Destillate ergaben. Aus demselben Grund konnte auch der Winkel verstellt werden, in dem der Arm am oberen Ende der Tonne (lyne arm) die Alkoholdämpfe in den Kondensator leitet. Die erste Lomond still wurde in ➛Inverleven installiert, gefolgt von ➛Glenburgie, ➛Miltonduff und ➛Scapa. In der Praxis erwiesen sich diese Apparate jedoch als schwer

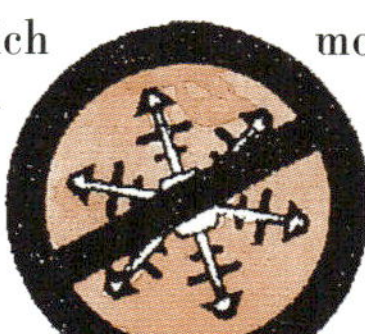

zu handhaben und nicht besonders effektiv. Nur Scapa und ➔Bruichladdich besitzen heute noch eine Lomond still: Bei Scapa funktioniert sie nach der Entfernung ihrer Kupferplatten sehr ähnlich wie eine reguläre *pot still*, bei Bruichladdich wird in der alten Inverleven-Lomond-still nur Gin gebrannt.

LPA

Abkürzung für Liter purer Alkohol.

MASHBILL

Bezeichnung für die Getreidemischung, aus der ➔US-Whiskeys hergestellt werden. Die Mischung besteht in der Regel aus Mais und Roggen sowie etwas Gerstenmalz, das die Gärung in Schwung bringt. Für ➔Bourbon muss die Mashbill einen Maisanteil von mindestens 51 % aufweisen, bei ➔Rye gilt dieser Betrag für den Roggenanteil.

NAS (no age statement)

Seit einigen Jahren häufen sich Single-Malt-Abfüllungen ohne Altersangabe und sorgen für einige Aufregung in der Welt des Whiskys. Konsumenten fürchten nicht zu Unrecht, sie würden hier mit Whiskys abgespeist, die so jung sind, dass es den Herstellern peinlich wäre, ihr ➔Alter anzugeben (von Rechts wegen beziehen sich Altersangaben auf dem Etikett immer auf den jüngsten enthaltenen Whisky). Die Produzenten dagegen betonen die Vorteile, die es bringt, bei der Auswahl der Whiskys nur auf die Reife und nicht auf deren aktuelles Alter Rücksicht nehmen zu müssen, da der Reifeprozess in jedem ➔Fass unterschiedlich und eben nicht linear abläuft. „It's all about quality, not about age" stellt Mickey Heads klar, Manager der ➔Ardbeg Distillery und einer der *nas*-Pioniere. Angesichts der in der letzten Dekade rasant gestiegenen Nachfrage, die die Vorräte an älteren Whiskys in Schottlands *warehouses* dahinschmelzen ließ, ist diese Argumentation durchaus verständlich. Statt sich an aussagekräftige Altersangaben halten zu müssen, versteckt man sich nun hinter mehr oder weniger originellen Namen („Galileo" gefällig? Oder ein „Teapot Dram"? „An Cuan Mor"?) und richtet sich bei der Auswahl der Fässer nach den aktuellen Lagerbeständen. Tatsächlich aber lassen nicht wenige dieser NAS-Malts die gewohnte Tiefe und Konstanz vermissen, da sie offensichtlich aus allzu disparaten und größtenteils eben doch arg jungen Jahrgängen zusammengestellt werden. Die Hersteller verlassen sich offenbar darauf, dass die Anziehungskraft ihrer Marken stärker ist als das Gedächtnis der Konsumenten; und der Trinkernachwuchs – die Kundschaft der Zukunft – weiß ohnehin nicht, wie gut der alte Stoff sein konnte. Folgerichtig rufen sie für ihre NAS-Abfüllungen dann auch Preise auf, die denen der vordem 10- oder 12-Jährigen in nichts nachstehen.

NC

Diese Abkürzung wird hier für „no coloring" verwendet, den Verzicht auf *Färbung*.

NCF

Diese Abkürzung wird hier für „non chill-filtering" verwendet, den Verzicht auf *Kühlfilterung*.

NEW MAKE

Englische Bezeichnung für frisches, ungelagertes Destillat, auch baby whisky (Schottland) oder white dog (USA) genannt; New-Make-Abfüllungen tauchen seit einigen Jahren vermehrt im Handel auf. Meist dienen sie zur Finanzierung junger Brennereien, die ihren frischen Schnaps gerne mit dem Ruch des Illegalen umgeben und als ➤Moonshine (USA) bzw. ➤Poitín (Irland) vermarkten. Auch alteingesessene Häuser wie ➤Buffalo Trace und ➤George Dickel geben White Dog heraus. Hier ist es natürlich interessant zu vergleichen, wie eine Marke vor und nach der Fasslagerung schmeckt, erstaunlich nur, dass der ungelagerte Stoff oft nicht weniger kostet als ausgereifter Whiskey.

OBSTBRENNBLASE

Ziel jedes Obstbrenners ist der Erhalt eines möglichst reintönigen Fruchtaromas. Zu diesem Zweck sind die Brennblasen meist mit einer Art *column still* verbunden, die alle in diesem Falle unerwünschten Geschmacksstoffe abtrennen kann (Rektifikation).

Verwendet man derartige Anlagen zur Herstellung von Whisky, beraubt man das Destillat zahlreicher Stoffe, die sich durch längere Fasslagerung zu komplexen Aromen entwickeln können.

PATENT STILL

Die älteste Form der *column still*, entwickelt in den 1820er-Jahren von Robert Stein. Sie wurde einige Jahre später von Aeneas Coffey perfektioniert und durch dessen *Coffey still* ersetzt.

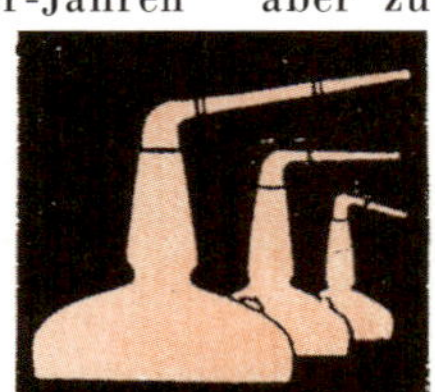

PHENOL

Phenole sind chemische Verbindungen, die beim Mälzen (➔Malt Whisky) durch Torfrauch ins Malz gelangen. Sie sind für jene Aromen verantwortlich, die häufig mit Lagerfeuer, Verbandskasten oder Teer assoziiert werden. Der Anteil von Phenolen im Malz wird in *ppm* gemessen.

POT STILL

Traditionelle Brennblase, die zur Herstellung von schottischem ➔Malt und irischem ➔Pure Pot Still Whisky dient. Diese meist zwiebel- oder birnenförmigen Kupferkessel sind zwar vergleichsweise ineffizient, was die Alkoholgewinnung und die Reinheit des Destillats angeht, produzieren aber gerade deshalb Spirituosen mit großem Potenzial: Sie enthalten chemische Verbindungen (congeners), die beispielsweise bei Obstbränden als Fehler erkannt würden, sich durch längere Fassreife aber zu komplexen Aromen entwickeln können. Form und Größe der Pot Stills variieren von Destillerie zu Destillerie und tragen maßgeblich zum Geschmack des Resultats bei – je kleiner und gedrungener beispielsweise die Brennblase ist, desto kräftiger und öliger wird das Destillat (➛*Lomond Still*, ➛*Obstbrennblase*).

PPM (parts per million)
Chemische Maßeinheit, mit der der Phenolgehalt des Malzes angegeben wird. Etwa 10 ppm im Malz ergeben eine leicht rauchige Note, ab 25 ppm spricht man von mittlerem Rauchgrad und ab 40 ppm wird's intensiv. Während des Herstellungsprozesses und der anschließenden Reifung reduziert sich der Phenolgehalt deutlich.

PURIFIER
Vorrichtung am oberen Ende einer *pot still*, die schwerere Alkohole wieder nach unten fließen lässt; so entstehen leichtere, fruchtige Aromen. Ein Purifier wurde erstmals von John Grant in ➛Glen Grant installiert, heute wird er auch in ➛Ardbeg, ➛Glenlossie, ➛Glen Spey, ➛Scapa und ➛Strathmill verwendet.

QUARTER CASK
➛*Fass*

SINGLE BARREL
In den USA übliche Bezeichnung für *Einzelfassabfüllung*. Im Gegensatz zu den meisten schottischen ➛Single Casks werden Single Barrels nur in Ausnahmefällen auch in Fassstärke abgefüllt, z. B. ➛**Booker's**, ➛**Abraham Bowman** und ➛**Blanton's Straight from the Barrel**. Mit Blanton's Debüt im Jahre 1984 begann der Aufstieg des amerikanischen Whiskeys zur High-End-Spirituose.

SINGLE CASK
Schottische Bezeichnung für *Einzelfassabfüllung*.

SOUR MASH
Verfahren bei der US-Whiskey-Herstellung, das während der Vergärung angewendet wird: Der frischen Maische (englisch: mash) wird nicht nur Hefe zugesetzt, um die Gärung in Gang zu bringen, sondern auch ein Teil bereits einmal destillierter Rückstände aus einem früheren Brennvorgang. Dieser sogenannte backset (auch setback oder thin stillage genannt) trägt nicht nur dazu bei, den Charakter des Whiskeys beizubehalten, ihn sozusagen zu vererben; er sorgt durch seinen Säuregehalt auch dafür, dass die Hefe sich optimal entwickeln kann und außerdem unerwünschte Bakterien abgetötet werden (auf demselben Prinzip beruht beispielsweise die Herstellung von Sauerteig). Der Anteil des backset am Hefezusatz variiert von Brennerei zu

Brennerei, durchschnittlich beträgt er 25 %. Alle Straight Whiskeys werden heute nach dieser Methode hergestellt, in Tennessee ist sie sogar vorgeschrieben. Sie wurde Mitte des 19. Jahrhunderts von James C. Crow (➛**Old Crow**) zwar nicht erfunden, aber zu einer kontrollierbaren Methode entwickelt.

WAREHOUSE

Heutzutage lagert Whisk(e)y meist in mehrstöckigen, mitunter klimatisierten Hallen, die Tausenden von Fässern Platz bieten (racked warehouses). Ursprünglich nur in den USA üblich, hat diese Form der Lagerung die niedrigen, unbeheizten dunnage warehouses Schottlands verdrängt.

WASH

Schottische Bezeichnung für die bierähnliche vergorene Maische; sie wird in washbacks angesetzt und bildet den Grundstoff für die erste Destillation in der wash still; in den USA lauten die entsprechenden Begriffe beer und beer still.

WOOD FINISH

Eine Form des wood managements (➛*Fass*), bei der durch gezielte Fasswechsel bestimmte Aromen in bereits ausgereifte Whiskys integriert werden sollen. Den Anfang dieser heute weitverbreiteten Methode machten die Brennereien ➛Balvenie und ➛Glenmorangie, die Malts nach ihrer regulären Lagerzeit noch für einige Monate in Fässer transferierten, die vorher Sherry enthielten. Bald kamen andere Süßweinfässer hinzu (Port, Madeira) und heute ist auch die Verwendung von Cognac-, Rum- und Weinfässern keine Seltenheit mehr.

WOOD MANAGEMENT ➛*Fass*

DIE WHISK(E)YS DER WELT

ARGENTINIEN

La Alazana

AUSTRALIEN

Antipodean →Cradle Mountain
Australian Whiskey Company
Bakery Hill
Cradle Mountain
Great Outback
Hellyers Road
Lark
Limeburners
Overeem
Redlands
Smith's Angaston Whisky
Southern Fire
Starward
Sullivans Cove
Three Capes
Tiger Snake
Timboon

BELGIEN

The Belgian Owl
Gouden Carolus

BRASILIEN

Drury's
Durfee Hall
Gold Cup
Gregson's
Natu Nobilis
Old Eight
Union Club

DÄNEMARK

Braunstein
Fary Lochan
Isle of Fionia
Nyborg →Isle of Fionia
Stauning
Trolden

DEUTSCHLAND

The Alrik
Alt Enderle →Neccarus
Ammertal
Augustus
Aureum 1865
Austrasier
Ayer's
Black Horse →Ammertal
Black-Wood
Blaue Maus
Bosch
Coillmòr
Derrina
Elbe 1
Edel Falcke →Deutscher Whisky
Fading Hill
Der Falckner →Deutscher Whisky
Finch
Gilors
Glan Iarran →Glen Els
Glan Taint →Glen Els
Glen Els
Glen Mouse →Blaue Maus
Glina
Grüner Hund
Haas
Hillock
J.B.G.
Krottentaler
Mary Read
Marder
Mößlein
Neccarus
Old Fahr
Old Roczek
Owen
Piraten Whisky →Blaue Maus
Preussischer Whisky
Racke Rauchzart
Rieger & Hofmeister

Rothaus Black Forest
Sankt Johann
Senft
Seute Deern
Sloupisti
Slyrs
Sperber
Spinnaker
Tammer
Taranis
Tecker
Threeland Whisky
Uralter Whi-Sky ➛Habbel
Valerie
Vier Tannen
Whessky
Zaiser

ENGLAND

Adnams
The English Whisky Co.
Hicks & Healey
The London Distillery Company

FINNLAND

Old Buck
Teerenpeli

FRANKREICH

Armorik
Biersky ➛Uberach
Breizh
Brenne
Brut de Fût ➛Northmaen
Eddu
Elsass Whisky
G.Rozelieures
Galleg
Glann ar Mor
Guillon
Kaerilis
Kornog
Lac'Holl
Meyer's
P&M
Prohibition
Rouget de Lisle
Sleipnir ➛Northmaen
Taol Esa ➛Glann ar Mor
Tharcis Hepp
Thor Boyo ➛Northmaen
Uberach
Vilanova
Wambrechies
WB
Whisky de France ➛G.Rozelieures

INDIEN

8PM
21st Century
AC
After Dark
Antiquity
Aristocrat
Bachelor
Bagpiper
Black Horse ➛Sikkim Distillery
Black Knight
Blacpower
Blender's Pride
Blue Blazer
Bonnie Special
Casino Club ➛Sikkim Distillery
Chancellor
Colonel's Special
Contessa
Crown
Democrat
Derby Special
Diplomat
Director's Special
Dive Master ➛Sikkim Distillery
Duke
Genius
Gold Riband
Gold Rush
Golden Chariot
Hayward's
Imperial Blue
John Bull
Legend
Mansion House
McDowell's
Milestone 100
Officer's Choice
Old Gold
Old Tavern

Original Choice
Paul John
Peter Scot
Prestige
Radico Gold
Red Blazer
Rowson's Reserve
Royal Challenge
Royal Gold ➛Sikkim Distillery
Royal Pride
Royal Stag
Signature Rare
Sikkim
Solan No.1
Special Appointment
Summer Hall
Vat 999

INTERNATIONALE WHISKYS

ACHN
Campfire ➛High West
Celtic Nations
Cradle Mountain
GLLS
Jim Beam Kentucky Dram
Orbis
Raritas Diaboli
RLOC
Still Waters
Teeling Hybrid
Viking

IRLAND

Malt

Bushmills
Celtic Cask
Clonmel ➛Celtic Whisky Compagnie
Clontarf
Connemara
Danny Boy
A Drop of the Irish
Glendalough
Hybrid Malt ➛Teeling
Hyde N° 1
Inish Turk Beg
The Irishman
Jack Ryan ➛Teeling
Knappogue Castle
Limerick
McConnel's
Teeling
Tullamore Dew
Tyrconnell
West Cork
The Wild Geese

Pot Still

Green Spot
Knappogue Castle
Midleton
Old Comber
Paddy
Powers John's Lane
Redbreast
Yellow Spot

Grain

Glendalough
Greenore
Kilbeggan
Limerick
Teeling

Blend

2 Gingers
Black Bush
Buena Vista ➛Concannon
Bushmills
Celtic Cask
Clontarf
Coleraine
Concannon
Craoi Na Móna ➛Cooley
Crested Ten
Danny Boy
Dingle
Dunphys
Dunville's
Feckin
Hewitts
Inishowen
Jameson
Kilbeggan
Locke's
Michael Collins
Midleton
Millars
Old Dublin
Paddy
Powers
Strangford Gold

Teeling
Titanic
Tullamore Dew
West Cork
The Wild Geese
Writers Tears

ITALIEN

Puni

JAPAN

Malt

Akashi
All Malt
Asama
Chichibu
Coffey Malt
Fuji Sanroku
Fujikai
Golden Horse
  Chichibu
Hakushu
Hokkaido
Ichiro's Malt
Kagoshima
Karuizawa
Komagatake
Mars
Komagatake
Miyagikyo
Miyashita
Pure Malt
Sendai ➔Miyagikyo
Sunshine
Usuikyou ➔Monde
Yamzaki
Yoichi

Grain

Chita
Coffey Grain
Kawasaki

Blend

Black Nikka
The Blend of Nikka
Boston Club
Crescent
Emblem
Evermore
Excellence
From the Barrel
Fuji No Sei
Fuji Sanroku 50
Gold & Gold
Golden Horse
Grand Age
Hi
Hibiki
Hips
Isawa
King ➔Shirakawa
Kingsland
Mild & Smooth
News 1000
Ootori
Robert Brown
Sanraku Ocean
  ➔Mercian
Suntory
Super
Togouchi
Tory's
Tsuru
White Oak

Vatted

Ginko
Ichiro's Malt
Malt Club
Mars Maltage 3 plus 7
Super Genshu
Taketsuru

KANADA

Alberta
Autumn Gold
  ➔Alberta
Black Velvet
Bowman's
Breton's
Hand & Seal
Bush Pilot's
Canada Gold
Canada House
  ➔Alberta
Canadian 5 Star
Canadian 83
Canadian Club
Canadian Hunter
Canadian LTD
Canadian Mist
Canadian Rockies
Canadian Supreme
Canadian Woods
Caribou Crossing
Centennial
Century Reserve

KENIA

NEUSEELAND

NIEDERLANDE

NORWEGEN

ÖSTERREICH

PAKISTAN

SCHOTTLAND

Malt

Campbeltown
Glen Scotia
Hazelburn
Kilkerran
Longrow
Springbank

Highlands

Aberfeldy
Abhainn Dearg
Ardlair ➔Ardmore
Ardmore
Ardnamurchan
Arran (Arran)
Balblair
Ballechin
Ben Nevis
Ben Wyvis
Black Cuillin
Blair Athol
Brora
Caermory
Clynelish
Craiglodge
Croftengea
Dalmore
Dalwhinnie
Deanston
Edradour
Fettercairn
Glen Albyn
Glen Andrew
Glen Avon
Glencadam
Glen Deveron
GlenDronach
Glen Douglas
Glen Eason ➔Arran
Glenesk
Glenfinnan ➔Celtic Whisky Compagnie
Glen Foyle
Glen Fraser
Glen Garioch
Glengoyne
Glenglassaugh
Glen Halley ➔Ian Macleod
Glenlochy
Glen Mhor
Glenmorangie
Glen Ord
Glentromie
Glenturret
Glenugie
Glenury Royal
The Hearach ➔Isle of Harris
Highland Park (Orkney)
Hillside ➔Glenesk
Inchfad
Ichmoan
Inchmurrin
Jura
Loch Lomond
Lochside
Macduff
Machrie Moor
Millburn
North Port
Oban
Old Bannockburn ➔Deanson
Old Man of Hoy
Old Pulteney
Old Rhosdhu
Robert Burns
Royal Brackla
Royal Lochnagar
Scapa (Orkney)
Talisker (Skye)
Teaninich
Tobermory/Ledaig (Mull)
Tomatin
Tullibardine
Wemyss

Islay

Ardbeg
Bowmore
Bruichladdich
Bunnhabhain
Caol Ila
Cask Islay
Finlaggan
The Ileach
Kilchoman
Lagavulin
Laphroaig
Lochindaal
Octomore
The Pibroch
The Pillaged Malt
Port Askaig Harbour
Port Charlotte
Port Ellen

Trestarig
Wemyss

Lowland

Ailsa Bay
Annandale
Auchentoshan
Ayrshire ➛Ladyburn
Bladnoch
Daftmill
Dunglass
Eden.Mill
Glen Flagler
Glenkinchie
Inverleven
Islebrae ➛Glen Flagler
Killyloch
Kinclaith
Kingsbarns
Ladyburn
Linlithgow
Littlemill
Lomond
Rosebank
St. Magdalene
Wemyss

Speyside

Aberlour
Allt-Á-Bhainne
An Cnoc
Auchroisk
Aultmore
Ballindalloch
Balmenach
Balvenie
Banff
Ben Bracken
➛Tamnavulin
BenRiach
Benrinnes
Benromach
Blairfindy
Braeval
Caperdonich
Cardhu
Coleburn
Convalmore
Cragganmore
Craigduff
Craigellachie
Cú Dhub
Dailuaine
Dallas Dhu
Dalmunach
Deerstalker
Drumguish
Dufftown
Eagle of Spey
Ferintosh
Glenallachie
Glenburgie
Glencraig
Glendullan
Glen Elgin
Glenfarclas
Glenfiddich
Glen Franciscan
Glen Gordon
Glen Grant
Glenisla
Glen Keith
Glenlivet
Glenlossie
Glen Moray
Glen Parker
Glenrothes
Glen Spey
Glentauchers
Glen Turner
Hazelwood
Highland Cattle
Imperial
Inchgower
Kininvie
Knockando
Linkwood
Longmorn
Macallan
Mannochmore
Meadhan
Miltonduff
Mortlach
Mosstowie
Old Ballantruan
Pittyvaich
Prometheus
Spey from Speyside
Speyburn
Strathisla
Strathmill
Stronachie
Tamdhu
Tamnavulin
Tantallan
Tomintoul
Tormore

Single Malt Reihen/Labels

Vatted

Chieftain's Choice
Corriemhor
Deerstalker
Double Barrel
Driftwood
Eleuthera
The Feathery
Flaming Heart
Gerston
Ghosted Reserve
Glenalmond
Glen Blair
Glencoe
Glen Corrie
Glen Elg
Glenforres
Glen Gyle
Glenkenny
Glen Kirk
Glenmoriston ➔Burn Stewart
Glen Turner
Grand Macnish
Hamiltons
Highland Harvest
Hogshead
House of Peers
Islay Connection ➔Celtic Whisky Compagnie
Jericho
John Barr
Juveniles
Kelt Tour du Monde
The Lost Blend
Matisse
Moidart
Monkey Shoulder
Muckle Flugga
Oak Cross
Old Elgin
Old Perth
The Peat Monster
Poit Dhubh
QE 2
Rock Oyster
Scallywag
Sheep Dip
The Six Isles
Smokey Joe
Snow Grouse
Spice Tree
Storm
Strathavon
Stratheden
Tambowie
Timorous Beastie
Usquaebach
Wemyss

Grain

Alloa
Black Barrel ➔Girvan
Caledonian
Cambus
Cameron Brig
Carsebridge
Deerstalker
Dumbarton
Garnheath
Girvan
Hedonism
The Invergordon
North British
North of Scotland ➔Strathmore
Port Dundas
Starlaw
Strathclyde
Strathmore

Blend

100 Pipers
Adelphi Private Stock
Ainslie's
Allan's
Ancient Clan
The Angus
The Antiquary
Asyla
Bailie Nichol Jarvie
Ballantine's
Bank Note
Barrelhound
Bell's
Bellows
Ben Aigen
Ben Alder
Beneagles ➔Old Perth
Benmore
Big T
Black & White
Black Bottle
Black Bull
Black Cock ➔Burn Stewart
Black Dog
Black Douglas
The Black Grouse
Black Prince ➔Burn Stewart

Black Top
Blue Hanger
Bowman's
Braemar
Buchanan's
Burn McKenzie ➔Burn Stewart
Burn Stewart
Campbeltown Loch
Canongate
Capercaille
Castle Pride
Catto's
Chivas Regal
Clan Campbell
Clan MacGregor
Clansman
The Claymore
Clinton
Cluny
Crawford's 3 Star
Cumbrae Castle ➔MacDuff International
Cutty Sark
Dean's Finest
Defender
Dew of Ben Nevis
Dewar's
Dimple
Doctor's Special
Dons Dram
Double Q
Drummer
The Dundee
Dunfife ➔Ian Macleod
Eagelsome's
Eternity
The Famous Grouse
Findlater's Finest
Fraser's Supreme
The General
Gillon's ➔Glenury Royal
Glamis Castle
Glen Calder
Glen Catrine
Glencorry ➔Glen Corrie
Glen Dowan
Glen Drummond
Glen Eagle
Glen Garry
Glen Mansion ➔Mansion House
Glenlassie
Glen Nevis
Glen Orson
Glen Parker
Glen Rossie
Glen Rowan ➔Burn Stewart
Glenshire ➔Ian Macleod
Glen Stuart
Glen Urquhart
Glorious 12th
Golden Piper
The Gordon Highlanders
Grand Alistair
Grand Castle
Grand Macnish
Grand Old Highland
Grant's
Great King Street
Great Macaulay
Great Scot
Haddington House
Haig
Hamashkeh
Hankey Bannister
Hart's ➔Hart Brothers
Heaven Hill
Hedges & Butler
High Commissioner
Highland Bird
Highland Breeze
Highland Dream
Highland Mist
Highland Queen
Highland Reserve
Highland Rose ➔Burn Stewart
House of Commons
House of Lords
House of Peers
House of Stuart
Immortal Memory
Inver House Green Plaid
Islay Mist
Isle of Skye
J&B
James Alexander
John Barr
John Begg Blue Cap
John Player Special
Johnnie Walker
King Charles

King Henry VIII
King James VI
King of Scots
King Robert II
King William IV ➔Glenury Royal
Kuchh Nai
Label 5
Lang's
Langside
The Last Drop
Lauder's
Legendary Scot
Loch Ness
Loch Lomond
Lochside
Logan
Lombard's
Long John
Lord Elcho
The Lost Distilleries Blend
Lowrie's
Mac Na Mara
MacArthur's
Mackinlay's
Macnair's
Maq
Marshal ➔Ian Macleod
Matisse
McCallum's Perfection
McGibbon's
McIvor
Michael Jackson
Mitchell's
Mulligan
Muirhead's Blue Seal
The Naked Grouse
Old Argyll ➔Burn Stewart
Old Barrister
Old Curlers ➔Hart Brothers
Old Fox ➔Hart Brothers
Old Galsgow ➔Hart Brothers
Old Inverness
Old Keg ➔Hart Brothers
Old Masters
Old Monarch
Old Mull
Old Parr
Old Royal ➔Burn Stewart
Old Smugger
Old Spencer
Old St. Andrews
Parkers
Passport
Peter Dawson
Pig's Nose
Piper's Clan
Prince Charlie
Queen Anne
Queen of the Moorland
Queen's Seal ➔Ian Macleod
The Real Mackenzie
Regent ➔MacDuff International
Robert Burns
Rob Roy
Roderick Dhu ➔Dallas Dhu
The Royal and Ancient
Royal Chalice
Royal Edinburgh ➔Ainslie's
Royal Escort
Royal Household
Royal Salute
Royal Silk
Saint Isidore
Sandy Macdonald
Sandy Macnab's ➔Lochside
Scoresby Rare
Scots Earl
Scots Lion ➔Hart Brothers
Scottish Castle ➔Burn Stewart
The Scottish Collie
Scottish Glory
Scottish Leader
Scottish Prince
Scottish Royal
Sir Edward's
Something Special
Sovereign
Speakers
Spirit of Freedom
St. James's
St. Leger
Stewart's Cream of the Barley
Strathbeag ➔MacDuff International
Sundowner

→Highland Park
Syndicate 58/6
The Taslisman
Té Bheag Nan Eilan
Teacher's
Top 10
Torness →Celtic Whisky Compagnie
The Tweeddale
Usher's Green Stripe
Usquaebach
Valvona & Crolla
Vat 69
White Heather
White Horse
Whyte & Mackay
William Lawson's
William Peel
Windsor Premier
Ye Franciscan
Ye Monks

SCHWEDEN

Box
Glenn
Hven
Mackmyra
Smögen

SCHWEIZ

Castle Hill
Hollen
Herr Lüthy →Bauernhofbrennerei Lüthy
Insel-Whisky →Bauernhofbrennerei Lüthy
Johnett
Langatun
Säntis Malt
Swissky

SPANIEN

DYC
Embrujo De Granada (Nomad Outland Whisky)

SÜDAFRIKA

Bain's Cape Mountain
Drayman's
Harrier
Knights
Three Ships

SÜDKOREA

Windsor

TAIWAN

Kavalan
King Car Conductor

TANSANIA

Regency

TSCHECHIEN

Hammer Head
Printer's

TÜRKEI

Ankara

URUGUAY

Dunbar

USA

Blended & Light Whiskeys

Ancient Age
Barton's
Bellows
Brookside Reserve
Calvert Extra
Carstairs White Seal
Fleischman's
Gold Barrel ➛Stock Spirits Group
J.T.S.Brown
Kentucky Dale
Kentucky Gentleman
Kentucky Tavern
Kessler
Kinnickinnic
McCormick
Michter's
Old Thompson
Philadelphia
Q&U
Sam Houston
Seagram's 7 Crown
Seven Brothers
Stillbrook
Sunnybrook
Ten High
Thinn
Van Brunt Stillhouse
Wilson
Woodstone Creek

Bourbon

291
1792
Abraham Bowman
Ancient Age
Baker's
Barterhouse
Basil Hayden's
Beer Barrel Bourbon
Benchmark
Berkshire Bourbon
Black Dirt
Black Maple Hill
Blade & Bow
Blanton's
Blue Barrel ➛Stock Spirits Group
Booker's
Border
Boone's Knoll ➛Hirsch Selection
Bourbontown Club
Bowman Brothers
Bowman's
Breaking & Entering
Breckenridge
Buck
Buffalo Trace
Bulleit
Cabin Still
Civilized
Colonel E.H.Taylor jr.
Colonel Lee
Colorado Straight Bourbon
Corner Creek
Cougar
Daniel Stewart
David Nicholson 1843
Devil's Share
Dowling
Eagle Rare
Early Times
Echo Spring
Elijah Craig
Elmer T. Lee
Evan Williams
Ezra Brooks
F.E.W.
Fighting Cock
Forged Oak
Four Roses
Garrison Brothers
Glenmore
Grand Traverse
Hancock's Reserve
Heaven Hill
Henry Clay ➛Orphan Barrel
Henry McKenna
High West
Hirsch Selection
Hudson
Ironweed
I.W. Harper
Jacob's Well
James E. Pepper 1776
Jefferson's
Jim Beam
John B. Stetson ➛Racke Rauchzart
John J. Bowman
John Lee
John Medley's

➔Medley
Johnny Drum
Joseph Finch #Orphan Barrel
Journeyman Featherbone
J.T.S. Brown
J.W. Dant
Kentucky Gentleman
Kentucky Tavern
Kentucky Vintage
Kirkland
Knob Creek
Koval Larency (wheated)
Lost Prophet
Maker's Mark (wheated)
Mark Twain
Mattingly & Moore
Medley Brothers
Medley's
Metze's Select
Michter's
Noah's Mill
Old Bardstown
Old Blowhard
Old Bourbon Hollow
Old Charter
Old Commonwealth ➔Old Rip Van Winkle
Old Crow
Old Ezra
Old Fitzgerald (wheated)
Old Forester
Old Grand-Dad
Old Pogue
Old Rip Van Winkle
Old Virginia
Old Williamsburg
Pappy Van Winkle
Parker's Heritage Collection
PennyPacker
Pure Kentucky XO
Rebell Yell
Rebel Reserve
Redemption
Rhetoric
Rock Hill Farms
Rock Town
Rogue Spirits
Rough Rider ➔Long Island Spirits
Roughstock
Rowan's Creek
Russell's Reserve
Shenk's Homestead Bourbon ➔Michter's
Smooth Ambler
Stagg jr.
Temperance
Trader
Tincup
Tom Moore
Town Branch
Two Bobs
Van Brunt Stillhouse
Van Winkle
Very Old Barton
Vintage
Virginia Gentleman
Wathen's
West of Kentucky ➔Sonoma County Distilling
Widow Jane
Wild Turkey
Willett
W.L.Weller
Woodford Reserve
Woodstone Creek
W.W.Beam
Yellowstone
Zachariah Harris

Corn

Balcones
Cabin Hollow
Corn Crib
Georgia Moon
Glen Thunder ➔McKendric
Golden Grain
Hirsch Selection
J.W.Corn
Lincoln County Lightning ➔Benjamin Pritchard's
New England Corn Whiskey ➔Berkshire Mountain
Mellow Corn
Old Dispensary
Old Gristmill ➔Hudson
Platte Valley
Roughstock
Virginia Lightning

Malt

3 Howls
Battle Cry
Cask & Smoke
Cedar Ridge
Colkegan
Cut Spike
Dead Guy
Deerhammer Down Time
Defiant
Door County
Double Down Barley
Dry Fly
F.E.W.
Five Fathers
Hudson
J.J.Neukomm
Leviathan
McCarthy's
Notch
Old Potrero
Ouroboros
Parker's Heritage Collection
Pearse Lyons Reserve
Peregrine Rock
Pine Barrens ➛Long Island Spirits
Rock Town
Roughstock
Rogue Spirits
Seascape
St. George
Stimulus
Stranahan's
Umami
Uprising
Van Brunt Stillhouse
Virginia Highland Malt
Wasmund's
Westland
Westward
Whiskey Del Bac
Wood's Tenderfoot Whiskey
Woodstone Creek
Zeppelin Bend

Rye

3 Howls
77
291
Abraham Bowman
Catoctin Creek Roundstone Rye
Civilized
Colonel E.H.Taylor jr.
Copper Fox
Dad's Hat
F.E.W.
Fleischman's
Grand Traverse
High West
Hirsch Selection
Hudson
Ironweed
James E. Pepper 1776
Jefferson's
Jim Beam
Journeyman Ravenswood Rye
Koval
Leopold Bros.
Menomonee Valley Rye
Michter's
Mount Vernon
New Richmond Rye
Old Overholt
Old Potrero
Pikesville
Red Hook Rye
Redemption
Repeal Reserve
(ri)1
Rittenhouse
Riverboat Rye
Rock Town
Rogue Spirits
Rough Rider Bull Moose ➛Long Island Spirits
Roughstock
Russell's Reserve
Sazerac
Smooth Ambler
Sonoma Rye ➛Sonoma County Distilling
Stephen Foster
Thomas H. Handy Sazerac
Town Branch
Van Winkle
Van Brunt Stillhouse
Vintage Walleye Rye
Whistle Pig
Widow Jane
Wild Turkey
Willett

1,2,3

45th Parallel Distillery
66 Gilead

A

A. D. Rattray
Adelphi Distillery
Age International
Alltech Lexington Brewing & Distilling
Amrut Distillers
Angus Dundee Distillers
A. Smith Bowman
Avadis ➔Threeland Whisky

B

Bacardi Ltd.
Barton 1792
Bauernhofbrennerei Lüthy
Beam Suntory
Belfast Distillery Company
Berghof Rabel ➔Owen
Berkshire Mountain Distillers
Berry Bros. & Rudd
Black Gate Distillery
Blackadder
Breuckelen Distillers ➔77
Brown-Forman
Bull Run Distilling ➔Temperance Trader
Burn Stewart

C

C & S Dram
Cadenhead
Campbell Distillers ➔Clan Campbell
Castle Brands
Castle Glen Distillery ➔Australian Whiskey Company
Cedar Ridge
Celtic Whisky Compagnie
Chivas Brothers
Constellation Brands
Cooley
Copper Fox Distillery
Corby
Cotswolds

D

DCL
DCM Shriram
Diageo
Distell
Douglas Laing
Duncan Taylor

E

Edrington Group

F

Feller ➔Augustus, ➔Valerie
Fleischmann ➔Blaue Maus
Frank-Lin ➔Buck

G

Gilbey ➔Glen Spey
Glasgow Distillery
Glenkeir
Glenmore Distillery
Gordon & MacPhail
Great Lakes
Great Southern Distilling
Green Mountain Distillers ➔Craft Distillers
Gruppo Campari

Die Idee, Whisky und andere Spirituosen mit Kräutern, Honig, Milch und Ähnlichem zu vermischen, dürfte so alt sein wie die Herstellung von Hochprozentigem selbst. Bauern milderten so die Schärfe ihrer derben Schnäpse, Mönche und Alchimisten laborierten an Zaubertränken und Heilmitteln herum, aus denen sich später die Gattung der Liköre entwickelte. Im 18. Jahrhundert hielten „social drinks" Einzug. Der **Toddy** zum Beispiel, gesüßter und mit heißem Wasser verdünnter Malt Whisky, wie er damals bei britischen Gentlemen in Mode kam. Der pure Genuss von Malt galt ihnen als unschicklich und blieb ungehobelten Highlandern und anti-britischen Freigeistern vorbehalten. Die feinen Herrschaften in Edinburgh und Glasgow dagegen zelebrierten die Zubereitung des Toddy mit zunehmender Finesse. Er wurde im Silberbecher mit Silberlöffel serviert, und die Frage, ob Honig dem Zucker vorzuziehen sei oder umgekehrt, konnte beinahe so heftige Diskussionenen auslösen, wie die nach der Zulässigkeit weiterer Zutaten wie Zimt, Nelken oder Muskat (wodurch der Toddy streng genommen zum Punsch wird). Der größte Affront für Toddy-Puristen alter Schule war und ist aber die Zitrone: Anfangs nur in Form einer Scheibe, dann sogar als Saft, wurde dieses Additiv bald sehr beliebt bei jenen, die sich den Toddy regelmäßig gegen Erkältung ver-

schrieben. Es ist gut möglich, dass Zitronensaft erst mit dem Siegeszug des →Blended Scotch in den Toddy kam, um die durchs Erhitzen stärker hervortretende Spritigkeit des Blends zu übertönen. Dies könnte auch der Grund dafür gewesen sein, dass der **Whisky Soda** in den 1880ern den Toddy als kultivierteste Form, Whisky zu trinken, verdrängte. Die damals in England entstandene Sodawasser-Industrie tat ein Übriges, und der Siphon gehörte fortan zur Grundausstattung jedes Gentleman. Nur regionale Bedeutung erlangte dagegen der **Whisky Mac,** für den Whisky mit einer beliebigen Menge von Ginger Wine aufgegossen wird. Ginger Wine ist ein Mitte des 18. Jahrhunderts entwickeltes, leicht alkoholisches Gebräu mit Ingwer- und Traubenaroma, dessen eigenwilliger Geschmack sich Nicht-Briten nur schwer erschließt (→Black Top). In den USA hatte sich derweil die Cocktailkultur entwickelt. Als erster genuin amerikanischer Mixed Drink gilt der **Mint Julep**, der um 1770 herum als Frühstücksgetränk in Virginia populär wurde: gesüßter, mit frischer Minze aromatisierter Whiskey, wahlweise auch Rum, Brandy oder Pfirsichbrand*). Der Mint Julep ist bis heute der traditionelle Drink beim Kentucky Derby, dem bedeutendsten Pferderennen der USA, das seit 1875 an jedem ersten Samstag im Mai in Louisville stattfindet. Dort besteht er mittlerweile aus einem lausigen Premix und wird in billigen Gläsern serviert, in anständigen Bars dagegen kommt er im Silberbecher und basiert auf hochwertigem Bourbon; eine moderne Variante ist der **Peat Julep**, der mit rauchigem Islay-Malt zubereitet wird.

Das Wort Cocktail tauchte erstmals um die Wende zum 19. Jahrhundert auf. Es bezeichnete jene Mischung aus Zucker, Aromatic Bitters (vergleichbar den heutigen Angostura Bitters) und Rye Whiskey, die bald als **Old Fashioned** berühmt werden sollte. Er ist die Keimzelle, aus der sich weitere Cocktailklassiker entwickelten: Mit etwas Absinth wird daraus ein **Sazerac** (➔Sazerac Company), mit Vermouth und ohne Zucker der elegante **Manhattan Cocktail**, der Barleute bis heute zu immer neuen Kreationen inspiriert. Der um 1880 erfundene Manhattan bestand ursprünglich zu gleichen Teilen aus Whiskey und rotem Vermouth und enthielt neben Bitters oft auch noch Maraschino und/oder Orange Curaçao. Die beiden Letztgenannten wurden später durch trockenen weißen Vermouth ersetzt, der Vermouth-Anteil insgesamt stark reduziert. In Europa verwendete man anstelle des hierzulande kaum bekannten Rye lange Zeit Canadian Whisky, erst die Rye-Renaissance der letzten Jahre verhalf dem Manhattan wieder zu seiner alten Größe. In den USA, wo die meisten Bars Bourbon-Manhattans favorisieren, kommt der Rye vornehmlich in neueren Rezepten wieder zu Ehren: im **Greenpoint** zum Beispiel (Rye, Chartreuse jaune, Vermouth rosso und Bitters) oder im **Bensonhurst** (Rye, Vermouth dry, Maraschino, Cynar). Nimmt man Scotch anstelle von Rye wird aus dem Manhattan ein Affinity oder **Rob Roy**, mit Irish heißt er **Rory O'Moore**, wobei Art und Anteil der Vermouths und Bitters stark variieren können.

Neben Bitters und Vermouth sind Zitrusaromen eine wesentliche Cocktail-Komponente, nicht zuletzt in Klassikern wie dem Whiskey Sour. Er wird wie jeder Sour im Verhältnis 4:2:1 aus Spirituose, Zitronensaft und Zucker auf Eis im Shaker gemixt und erhält durch die Zugabe von Eiweiß eine fluffig-schmeichelnde Textur. Lange Zeit trank man Whiskey Sour ohne Eis aus Champagnerflöten ähnelnden Sour-Gläsern, heutzutage wird er meist auf Eis im Tumbler serviert. Der indische Botschafter in den USA bemerkte einst: „Die Amerikaner sind ein lustiger Haufen. Sie trinken Whiskey, um sich zu wärmen; dann tun sie Eis rein, um ihn zu kühlen. Sie tun Zucker rein, um ihn zu süßen und dann Zitrone, um ihn sauer zu machen. Dann sagen sie ‚Here's to you' und trinken ihn selber." Im 21. Jahrhundert sind sie noch lustiger geworden – hier das Rezept eines New Yorker Taxifahrers: „Wieso Zitrone? Ich nehm' einfach Scotch und tu' ne Vitaminbrausetablette rein". Die große Familie der Sours kennt zahlreiche Varianten: Mit Scotch heißt er **London Sour**, mit Rye **New York Sour**, mit Soda aufgespritzt wird daraus ein **Whiskey Collins**, mit Minze ein **Whiskey Smash**. Weiter geht's mit Vermouth-haltigen Sours wie dem **Blood & Sand** beispielsweise (Scotch, Orangensaft, Cherry Heering und roter Vermouth). Traditionell mit Blended Scotch zubereitet, gewinnt auch er entschieden durch den Einsatz eines rauchigen Islay-Malts. Die Verwendung von Malt Whisky als Mixspirituose galt noch bis vor einiger Zeit als Frevel, heute nutzen viele Mixologen deren Vielfalt für neue Kreationen. Da gibt es den wuchtigen **Rapscallion** aus →**Talisker**, süßem Sherry und einem Spritzer Absinth oder den sanften

Padovani, eine verführerische Mischung aus ➛**Monkeyshoulder** und Holunderblütenlikör. Derart einfache Zweiteiler aus Whisky und Likör haben eine lange Tradition und sind hervorragend als Nightcap für den Hausgebrauch geeignet. Das Verhältnis von Whisky und Likör beträgt üblicherweise 2:1, ist aber reine Geschmackssache. Klassiker des Genres sind **Rusty Nail** (Scotch und Drambuie) und **Godfather** (Bourbon und Amaretto). Wem das zu süß erscheint, der versuche es mit einem **Lumberjack** aus ➛**Booker's Bourbon**, Bitters und Walnusslikör. Und wer danach wieder zu Kräften kommen will, nehme Zuflucht zum Irish Coffee. Die Kombination aus Irish

Whiskey mit (braunem) Zucker und heißem Kaffee, die mit leicht geschlagener Sahne bedeckt wird, ist eine Erfindung des Barkeepers Joe Sheridan. Er war in den 1940er-Jahren in Shannon tätig – dem irischen Flughafen – wo seinerzeit viele Transatlantikflüge ein Zwischenlandung einlegten.

Auf diesem Weg kam der Irish Coffee in die USA, wo er bald so beliebt war, dass eigens neue Marken geschaffen wurden, die speziell für Irish Coffee geeignet sein sollten (➛Concannon, ➛Dunphy's). Auf dem Shannon Airport ließen ➛Irish Distillers mittlerweile eine Gedenktafel zum Dank für Sheridans Verdienste um die irische Whiskey-Industrie anbringen.

**) Bei der Wahl der Grundspirituose waren und sind die Amerikaner flexibel. Die ersten Siedler hatten meist Rum im Gepäck, Brandy oder Cognac waren die luxuriöse Variante. Pfirsichschnäpse waren angeblich die ersten auf amerikanischem Boden entstandenen Destillate, wurden aber bald vom Whiskey verdrängt.*

LITERATURNACHWEIS

Barnard, Alfred: *The Whisky Distilleries of The United Kingdom.* Osnabrück, 2000 (Reprint der Originalausgabe von 1887)

Broom, Dave: *The World Atlas of Whisky.* London, 2014

Buxrud, Ulf: *Japanese Whisky.* Malmö, 2008

Buxton, Ian: *101 World Whiskies to Try Before You Die.* London, 2012

Buxton, Ian/Paul S. Hughes: *The Science and Commerce of Whisky.* Cambridge, 2014

Hills, Philipp: *Scots on Scotch.* Edinburgh, London, 1991

Jackson, Michael: *Whisky. Alle Marken und Destillerien der Welt.* London, 2005

Lockhart, R. Bruce: *Scotch. The Whisky of Scotland in Fact and Story.* Glasgow, 1957

MacLean, Charles: *Whiskypedia. A Gazeteer of Scotch Whisky.* Edinburgh, 2009

Murray, Jim: *Classic Irish Whiskey.* London, 1997

Ronde, Ingvar (Hg.): *Malt Whisky Yearbook 2006.* Shrewsbury, 2005 ff.

Udo, Misako: *The Scottish Whisky Distilleries.* Edinburgh, 2006

Whisky allgemein:

www.dramming.com
www.recenteats.blogspot.de
www.whiskyadvocate.com
www.thewhiskybusiness.com
www.whisky-distilleries.info
www.whiskyintelligence.com
www.whiskymag.com
www.whisky-pages.com
www.whiskysponge.com

Whisky regional:

www.deutsche-whiskys.de
www.canadianwhisky.org
chuckcowdery.blogspot.de (USA)
www.francewhisky.fr
www.nonjatta.com (Japan)
www.ralf-zindel.de/whiskey-irland/irische-whiskeys/

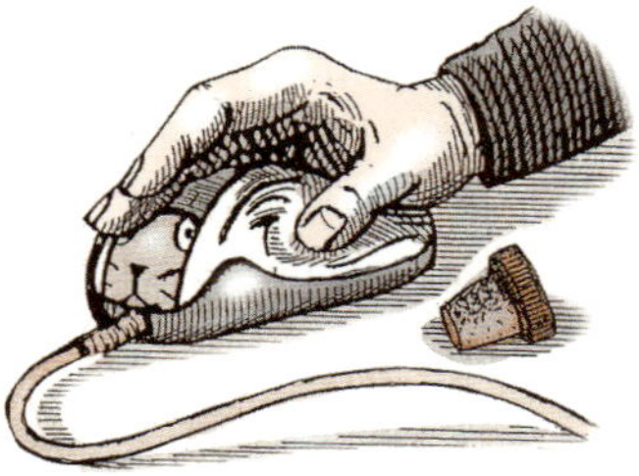

SCHUMANN'S BAR
416 Seiten
ca. 300 Abbildungen
ISBN 978-3-89883-502-2

Aktualisierte Neuauflage:
Die Bibel der Barkultur mit über 500 Originalrezepten
für Cocktails und Drinks von A bis Z.

Cocktail- und Drinkgruppen, ausführliche Warenkunde,
„The Artistry of Mixing", Ausstattung der Bar, Fachsprache usw.

Erweitert um Charles Schumanns Barphilosophie, Barfood u.a.

DANK

Dieses Buch wäre nicht möglich gewesen ohne Charles Schumann, Claudia Eilers, Wofgang Ketterer, Jörg Krause und Günter Mattei.

Bedanken möchte ich mich auch bei Julie, Ron & Tim Atkin, Becky (exit 48, Ky 127), Robert Denton, Peter Dunne, Campbell Evans, David Hines, Doug McIvor, Chris Morris, Jimmy Russell, Max L. Shapira, Julian P. Van Winkle sowie bei Prof. Dr. Johannes W. Raum, John Gerhard, Alexander Grabenhorst, Karl Rudolf, K. D. Salewski, Erik Schmitz, Günter Schöneis, Peter Schreiber, Otto Steudel, Slavica, Markus & Philipp, Roman Laga, Ken Takagi, Stephan Macha, Robin Brilleman und allen anderen, die mir geholfen haben.

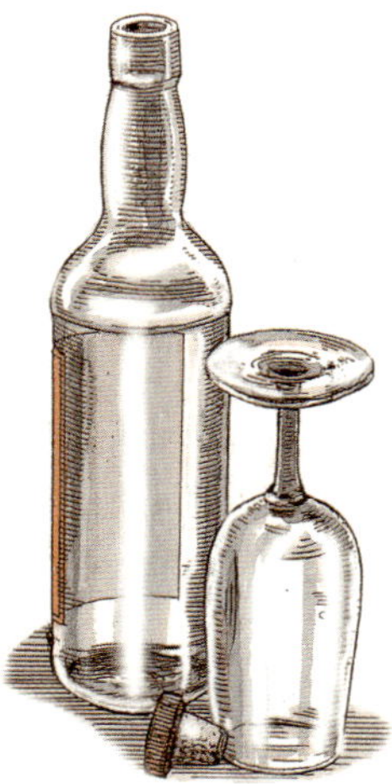